S0-BAY-767

Inégalités de revenus en Afrique subsaharienne

Tendances divergentes, déterminants et conséquences

Préface

L'adoption du Programme de développement durable à l'horizon 2030 et de ses 17 objectifs de développement durable (ODD) en septembre 2015 a attiré l'attention sur l'inégalité de revenus en Afrique subsaharienne (SSA). Afin que l'objectif de « ne laisser personne de côté » puisse être atteint d'ici 2030, le Bureau régional pour l'Afrique du Programme des Nations Unies pour le développement (PNUD) est fermement convaincu que les niveaux, les tendances et les déterminants relatifs à l'inégalité ainsi que ses conséquences dans la région doivent être correctement consignés. Le PNUD considère le Programme 2030 comme un tout intégré et indivisible. Dans ce contexte, il importe de bien comprendre que le fait de s'attaquer au défi de l'inégalité devrait permettre d'accélérer les progrès vers la réalisation de l'ensemble des ODD. Le présent ouvrage aborde systématiquement tous ces enjeux et en tire des leçons pertinentes qui pourraient contribuer à réduire les inégalités en Afrique subsaharienne. Pour combler les lacunes résultant de la rareté et de l'incohérence des données disponibles sur l'inégalité, il appuie la constitution d'un ensemble de données intégré sur l'inégalité en Afrique subsaharienne (IID-SSA).

Bien que l'Afrique subsaharienne ait observé une baisse de 3,4 points de pourcentage de la valeur moyenne non pondérée de son coefficient de Gini entre 1991 et 2011, elle reste l'une des régions qui présentent les niveaux les plus élevés d'inégalité au plan mondial. En effet, elle compte 10 des 19 pays les plus inégalitaires de la planète. Elle abrite en outre sept économies considérées comme des cas aberrants quant à leur coefficient de Gini et qui sont, à ce titre, à l'origine de l'inégalité observée dans la région. Entre 1991 et 2011, une nette dualité des tendances relatives à l'inégalité s'est dessinée entre les pays de la région. Qui plus est, 17 pays africains (principalement des économies agricoles de l'Afrique de l'Ouest et quelques pays d'autres sous-régions) ont connu une baisse de l'inégalité alors que 12 pays, situés essentiellement en Afrique australe et en Afrique centrale et caractérisés par un important secteur pétrolier et minier, ont enregistré une hausse de l'inégalité.

L'examen des principaux moteurs structurels de l'inégalité indique que ceux-ci peuvent être subdivisés en trois groupes distincts, différenciés de la manière suivante : (i) le moteur de l'inégalité découlant de **la structure hautement dualiste de l'économie**, où les emplois dans l'administration publique, les multinationales et le secteur des ressources sont réservés aux élites, alors que la majorité des travailleurs doit se contenter de bien moindres revenus tirés de l'économie formelle ou du secteur de subsistance ; (ii) le moteur de l'inégalité résultant de la **forte concentration en capital physique, en capital humain et en terres**, notamment dans les économies d'Afrique de l'Est et d'Afrique australe, et dans certains groupes ou régions spécifiques ; et (iii) le moteur de l'inégalité générée par le **rôle de distribution limité de l'État**, qui se manifeste souvent à travers la « malédiction des ressources naturelles », le parti pris urbain des politiques publiques et les inégalités ethniques et de genre. Lorsque la croissance se produit dans des secteurs caractérisés par une concentration élevée d'actifs, un niveau élevé d'absorption de capital et une forte intensité de main-d'œuvre qualifiée, comme l'exploitation minière, la finance, les assurances et l'immobilier, et le secteur public, l'inégalité s'accroît de manière générale. En revanche, l'inégalité diminue ou demeure stable si la croissance intervient dans l'industrie manufacturière, la construction ou l'agriculture, qui sont des secteurs à forte intensité de main-d'œuvre.

Le présent ouvrage fait valoir que l'inégalité est un sous-produit des impôts régressifs, des structures salariales rigides et des investissements inadéquats dans différents domaines, notamment l'éducation, la santé et la protection sociale en faveur des groupes vulnérables et des populations marginalisées. Ainsi, il apparaît clairement que l'incidence des politiques budgétaires sur la répartition s'est atténuée dans la région, puisque 29 des 47 pays pour lesquels des données en la matière sont disponibles affichent une baisse de l'efficacité distributive de leur politique budgétaire. Bien que les subventions et les transferts semblent, en grande partie, contribuer à atténuer les inégalités, le caractère régressif de la fiscalité induit par l'inégalité est un phénomène courant, puisque la plupart des pays ayant un ratio des recettes au PIB supérieur ou égal à 20 % présentent des coefficients de Gini d'au moins 0,5.

Cet ouvrage établit succinctement les vecteurs de l'égalité et de l'inégalité. Les principaux facteurs favorables à l'égalité sont les suivants : i) une meilleure répartition du capital humain (en particulier via l'enseignement secondaire), qui encourage les pouvoirs publics à assumer un rôle accru dans la fourniture de services en vue de bâtir une société plus juste ; ii) l'augmentation de la fiscalité directe et de l'efficacité de l'administration fiscale, ainsi que l'accroissement des dépenses sociales bien ciblées qui ont réduit les inégalités ; iii) l'amélioration de la productivité agricole, un facteur important dans la réaffectation du travail vers d'autres secteurs de l'économie, qui a contribué à réduire la pauvreté rurale et les écarts y afférents ainsi que les inégalités ; et iv) le processus de transformation structurelle, dépendant de la trajectoire empruntée. Les capacités productives actuelles d'un pays, représentées par l'envergure de sa structure d'exportation, influencent la mesure dans laquelle celui-ci peut orienter sa production vers une activité manufacturière accrue.

Les principaux vecteurs de l'inégalité sont les suivants : i) la hausse de l'investissement direct étranger (IDE) dans les industries extractives et la montée en flèche des termes de l'échange dans les pays riches en ressources, qui polarisent les disparités de revenus ; ii) la transition structurelle sous-optimale de l'économie, qui passe d'une agriculture de rente caractérisée par de faibles niveaux d'inégalité vers des secteurs à forte inégalité, tels que la production animale, le commerce, les transports et les services formels et informels implantés en milieu rural comme en milieu urbain, qui sont responsables des inégalités dans nombre de pays ; et iii) une répartition inégale des installations socioéconomiques et physiques (par exemple les routes, l'électricité, les écoles, les hôpitaux, l'eau et l'assainissement) entre les zones rurales et urbaines et d'une région à l'autre, qui entraîne des disparités de revenus.

Cet ouvrage met au jour les enjeux qui requièrent une étude plus approfondie et une attention prioritaire. Premièrement, il ne semble y avoir aucun lien clairement établi entre la dépendance à l'égard des ressources et l'inégalité. Il existe toutefois des caractéristiques spécifiques à la croissance dépendante des ressources, qui présentent des risques évidents d'inégalité, telles que les fuites illicites de capitaux et l'affaiblissement des institutions de gouvernance qui pourraient conduire au scénario classique de « malédiction des ressources naturelles ». Deuxièmement, l'Afrique est en retard par rapport à d'autres régions du monde en matière de transition démographique. Bien que la relation entre le taux de pauvreté et les variables démographiques soit positive, le rapport entre la croissance démographique et la réduction de l'inégalité est un véritable casse-tête. La plupart des pays présentant un taux de fécondité de 6 enfants par femme sont associés à un faible coefficient de Gini (inférieur à 0,44), alors que les pays considérés comme ayant atteint un stade avancé dans la transition démographique se caractérisent par des coefficients de Gini supérieurs à 0,54. Troisièmement, l'intensité de la pauvreté multidimensionnelle tend à susciter des conflits, mais contre toute attente, la relation entre conflits et inégalité s'avère être négative. À titre d'exemple, la plupart des pays dont le taux de pauvreté dépasse 60 % connaissent également des conflits intenses (Burundi, République centrafricaine et République démocratique du Congo), alors que les pays où les niveaux d'inégalité sont les plus élevés (Afrique du Sud, Botswana et Namibie) sont classés dans la catégorie des pays non vulnérables aux conflits. Cette conclusion rappelle les paroles du célèbre théoricien politique anglais Harold Laski, qui écrivait : « Un État dont la population est divisée entre un petit groupe de riches et un grand nombre de pauvres aura toujours tendance à se doter d'un gouvernement manipulé par les riches dans le but de préserver les avantages associés à leurs avoirs ».

Les déterminants de l'inégalité des revenus en Afrique subsaharienne sont multidimensionnels et complexes ; il n'existe aucune solution miracle qui permette de relever les nombreux défis dans ce domaine. Des réponses multiples sont nécessaires. Par exemple, cet ouvrage précurseur montre que bien qu'elle soit un vecteur clé de mobilité sociale, l'éducation ne peut pas générer le nombre d'emplois nécessaires pour lutter contre la « bombe à retardement » que constitue l'explosion démographique de la jeunesse, en l'absence d'institutions fortes et de réformes économiques saines qui donnent la priorité à la modernisation agricole, aux chaînes de valeur nationales et régionales, et à l'industrialisation. La répartition inégale des ressources nationales est un important vecteur d'inégalité en Afrique. À cet égard, l'opinion exprimée par Nelson Mandela dans son discours sur l'état de la nation en 1996 tombe à propos : « Nous devons travailler ensemble pour assurer la répartition équitable de la richesse, des opportunités et du pouvoir dans notre société ». La promotion d'une fiscalité progressive, la prise en compte des inégalités dans l'accès à la terre et l'amélioration de l'efficacité de la protection sociale et des effets induits par les politiques budgétaires sur la répartition sont des mesures tout aussi essentielles pour remédier aux disparités de revenus en Afrique.

Cet ouvrage met également en évidence la pertinence de la conclusion de Franklin D. Roosevelt sur le rôle de l'État dans la lutte contre l'inégalité : « Nos progrès ne se mesurent pas à la richesse que nous ajoutons à ceux qui la possèdent déjà ; mais à notre capacité à donner suffisamment à ceux qui ont peu ». Dans une perspective visant à générer la prospérité grâce au marché, les communautés difficiles à atteindre, les populations exclues et les personnes marginalisées ne bénéficient pas du processus de croissance. Par conséquent, la promotion de l'égalité exige de s'assurer que tous ces groupes profitent des fruits de la croissance. La prise en compte d'un plus grand nombre de mécanismes de protection sociale ciblés, susceptibles de garantir l'égalité, est un outil puissant qui devrait être utilisé pour atteindre l'objectif de Roosevelt de fournir suffisamment à ceux qui en ont trop peu. Pour s'atteler au défi de l'inégalité, la méthode qui consiste à accorder à toutes les inégalités le même traitement constitue une solution non négligeable qu'il convient d'envisager. L'inégalité de traitement entre, d'une part, les différentes régions, et d'autre part, les zones urbaines et rurales, est l'une des causes de la tendance à la hausse des taux de pauvreté et d'inégalité sur le plan territorial et régional. L'égalité de traitement des inégalités favorise la prospérité, la paix et le développement durable.

Les leçons tirées de l'examen de la situation de l'Afrique subsaharienne montrent que les politiques favorables à la réduction de la pauvreté ne sont pas nécessairement en mesure de réduire l'inégalité de revenus. Par exemple, l'éducation de qualité et la productivité améliorée sont des outils puissants, capables de réduire la pauvreté, mais si elles ne s'accompagnent pas d'une fiscalité progressive et d'une protection sociale bien ciblée, elles pourraient au contraire creuser davantage les écarts entre les revenus. La promotion de mesures complémentaires visant à s'attaquer à la pauvreté et à l'inégalité de revenus est essentielle pour transformer les tendances actuellement divergentes en matière d'inégalité en tendances convergentes annonciatrices d'un recul des inégalités dans la région. Le défi qu'il faudra relever si nous voulons nous attaquer au problème des disparités de revenus exige la prise en compte des actions suivantes : accompagner la transition démographique par la mise en place d'une protection sociale efficace ; adopter des politiques macroéconomiques susceptibles d'inverser le processus de désindustrialisation naissant ; et accroître la productivité du secteur informel. Pour s'assurer que la conception des politiques est de plus en plus fondée sur les faits, les gouvernements africains et les institutions internationales doivent investir massivement dans la production régulière de données sur les inégalités, notamment des données ventilées par genre, par origine ethnique et par région.

L'extrême inégalité nuit à la croissance et au développement, ainsi qu'à la paix et à la sécurité. La réalisation des Objectifs de développement durable requiert des gouvernements, des acteurs du secteur privé, des organisations de la société civile et des partenaires au développement de conjuguer leurs efforts pour réduire, rapidement et simultanément, la pauvreté et l'inégalité.

Je voudrais conclure mon propos par une citation de l'ancien président Mandela :

Tant que la pauvreté, l'injustice et les inégalités flagrantes persistent dans notre monde, aucun de nous n'aura de répit.

Abdoulaye Mar Dieye

Administrateur assistant du PNUD et

Directeur du Bureau régional pour l'Afrique

Remerciements

Le présent ouvrage, *Inégalités de revenus en Afrique subsaharienne : tendances divergentes, déterminants et conséquences*, a été élaboré par des experts internes et externes du PNUD en Afrique, sous la direction d'Abdoulaye Mar Dieye, Directeur du Bureau régional pour l'Afrique du PNUD, qui en a défini l'orientation stratégique générale. Selim Jahan, Directeur du Bureau du Rapport sur le développement humain du PNUD et Ruby Sandhu-Rojon, Directrice adjointe du Bureau régional pour l'Afrique en ont assuré l'encadrement administratif. Le processus de préparation et les travaux rédactionnels techniques ont été coordonnés par Ayodele Odusola, Économiste en chef et Directeur de l'équipe de stratégie et d'analyse du Bureau régional pour l'Afrique du PNUD.

Nous tenons à rendre hommage à Pedro Conceição, qui est à l'origine du projet et qui en a assuré la direction éditoriale au même titre qu'Ayodele Odusola, Giovanni Andrea Cornia et Haroon Bhorat. C'est à ce comité éditorial que nous devons l'analyse approfondie axée sur les politiques présentée dans l'ouvrage. Nous adressons également nos remerciements aux auteurs des différents chapitres pour leurs valeureuses contributions et la robustesse de leurs approches analytiques.

Cette publication n'aurait pas vu le jour sans les efforts et l'engagement assidus de l'ensemble des membres de l'équipe du projet comprenant Angela Lusigi, Eunice Kamwendo, Yechi Bekele, Jonas Mantey, Sallem Berhane et Ahmadou Mboup. Enfin, nous souhaitons remercier tout particulièrement James Neuhaus pour son travail acharné et l'énergie infatigable qu'il a déployée tout au long de la préparation du présent ouvrage, à ses différentes étapes.

Les travaux de recherche et d'analyse ainsi que les apports des différents économistes nationaux et internationaux issus des bureaux de pays du PNUD relevant du Bureau du PNUD pour l'Afrique ont permis d'améliorer la qualité des différents chapitres du livre et ont été hautement appréciés. L'ouvrage a également bénéficié de l'appui de Lamine Bal, de Sandra Macharia, de Feriel Zemzoum et de Rebecca Moudio. C'est grâce à eux que les messages clés ont été transformés en produits de communication, avec le concours technique des élèves du département Data Visualization (promotion 2017) de The New School à New York, qui ont réalisé les représentations graphiques et les visualisations des données.

La qualité du présent ouvrage a considérablement bénéficié des idées recueillies au cours de différents évènements qui ont jalonné son élaboration : la séance de travail interactive qui s'est tenue avec nos collègues de la Région Afrique de la Banque mondiale en avril 2015 à Washington ; les séminaires du Bureau régional du PNUD pour l'Afrique consacrés au projet sur les inégalités organisés en 2015 et 2016 à New York ainsi que les séances de travail réunissant Abdoulaye Mar Dieye, Selim Jahan, Nik Sekhran et l'ensemble des économistes du Bureau ; la conférence de Helsinki en septembre 2015 marquant la célébration du 30ème anniversaire de L'Institut mondial de recherche sur les aspects économiques du développement de l'Université des Nations Unies (UNU-WIDER) ; et la Conférence économique africaine à Kinshasa en décembre 2015.

Enfin, nous exprimons notre gratitude à toutes les personnes qui ont contribué à la production de l'ouvrage dans ses deux versions anglaise et française. Le dévouement et le travail acharné de Barbara Hall, qui a revu le texte en anglais a permis de simplifier et de clarifier son contenu. Barbara a été secondée dans cette tâche par Leah Brumer, Susan C. Greenblatt et Sarah Marriott. La traduction de l'anglais vers le français a été assurée par Solten Group. La version française a été revue par Armand P. Enganobel, Adla Kosseim, Julie Perry, et Strategic Agenda, et a été imprimée par GSB Digital. Nos remerciements vont également à Jennifer Bergamini (Alamini Creative Group), qui a réalisé la conception graphique du livre principal et à Lillan Munch (Phoenix Design Aid), qui a effectué celle de l'aperçu général.

Table des matières

Préface
Abdoulaye Mar Dieye iii
Remerciements vii
Sigles et abréviations xvi

PARTIE I – Inégalités : tendances et interactions avec la pauvreté et la croissance   **1**

1. Introduction, motivation et présentation   **3**
Haroon Bhorat, Pedro Conceição, Giovanni Andrea Cornia et Ayodele Odusola

1.1   Introduction et motivations 3
1.2   Inégalités et progrès vers la réalisation des Objectifs de développement durable (ODD)
      en Afrique subsaharienne (SSA) 5
1.3   Approches méthodologiques 7
1.4   Synopsis des principaux résultats 8
1.5   Questions requérant une attention particulière 20

2. Niveaux, tendances et déterminants des inégalités en Afrique subsaharienne : aperçu des principales évolutions depuis le début des années 1990   **25**
Giovanni Andrea Cornia

2.1   Contexte, motivation et approche 25
2.2   Conditions initiales : inégalités de revenus après l'indépendance 26
    2.2.1   Structure économique et répartition des revenus suite à l'indépendance et jusqu'en 1990   26
        2.2.1.1   Une agriculture à la structure dualiste 26
        2.2.1.2   Une enclave riche en ressources 28
        2.2.1.3   Un secteur urbain à la structure dualiste 28
    2.2.2   Exode rural 30
    2.2.3   Redistribution sociale régressive 31
    2.2.4   Inégalités horizontales de nature ethnique et conflits 31
    2.2.5   Inégalités entre les genres 32
2.3   Tendances des inégalités de revenus et de consommation de 1991/1993 à 2011   33
    2.3.1   Insuffisances des données relatives aux tendances de l'inégalité dans la région   33
    2.3.2   Tendance des inégalités entre 1991/1993 et 2011 dérivées de l'ensemble de données
        intégré sur les inégalités pour l'Afrique subsaharienne 33
2.4   Ventilation des inégalités totales entre inégalités intersectorielles et inégalités intrasectorielles   34
2.5   Évolution des facteurs traditionnels d'inégalité de revenus, 1991-2011 36
    2.5.1   Évolution de la structure de production 36

	2.5.1.1 Évolution de l'agriculture pratiquée par les petits exploitants et sur les grands terrains	37
	2.5.1.2 Modernisation rurale, production alimentaire et menace du changement climatique	39
	2.5.1.3 Expansion des enclaves minières	41
	2.5.1.4 Évolution des secteurs urbains formel et informel	41
2.5.2	Évolution des politiques fiscales et des transferts sociaux	42
2.5.3	Impact de la démocratisation sur l'ethnicité et les inégalités horizontales et verticales	44
2.6	Nouveaux facteurs ayant une incidence sur les inégalités : un meilleur environnement économique mondial	44
2.6.1	Améliorations des termes de l'échange	44
2.6.2	Croissance des transferts de fonds	45
2.6.3	Flux d'aide, IDE et allégement de la dette pour les pays pauvres très endettés (PPTE)	45
2.6.4	Accélération de la croissance, mais avec une faible élasticité de la réduction de la pauvreté par rapport à la croissance	47
2.7.	Évolutions endogènes et politiques à l'échelle nationale	47
2.7.1	Déclin négligeable de l'indice synthétique de fécondité et stabilité du taux de croissance de la population	47
2.7.2	Impact distributif du VIH/sida	49
2.7.3	Chocs techniques	49
2.7.4	Impact de l'évolution des politiques nationales	50
	2.7.4.1 Politiques économiques	50
	2.7.4.2 Politiques sociales	51
2.8	Conclusions	52

3. Moteurs des inégalités dans le cadre de la relation entre croissance, pauvreté et inégalités en Afrique : aperçu des principaux enjeux **59**

Haroon Bhorat et Karmen Naidoo

3.1	Introduction	59
3.2	Croissance, pauvreté et inégalités : le contexte africain	60
3.2.1	Nature, ampleur et schéma des inégalités en Afrique	61
3.2.2	Les liens entre croissance, pauvreté et inégalités en Afrique	65
3.3	Moteurs macro-économiques des inégalités : transformation structurelle et croissance	67
3.4	Moteurs des inégalités en Afrique : considérations micro-économiques et institutionnelles	70
3.4.1	Ressources naturelles et inégalités	72
3.4.2	Gouvernance et institutions	73
3.4.3	Évolutions démographiques et marché du travail	73
3.4.4	Éducation et développement du capital humain	75
3.4.5	Dimensions de genre des inégalités	77
3.5	Conclusions	78

PARTIE II – Défis et problèmes dans les secteurs-clés et effets sur les inégalités   **83**

4. Agriculture, pauvreté rurale et inégalités de revenus en Afrique subsaharienne   **85**

Ayodele Odusola

4.1   Introduction   85

4.2   L'état actuel de l'agriculture en Afrique   87

4.3   Agriculture, pauvreté et inégalité : un aperçu des questions émergentes issues de la littérature   93

    4.3.1   Théorie   93

    4.3.2   Que dit la littérature sur le lien agriculture-pauvreté-inégalité ?   94

4.4   Spécification du modèle et analyse des constatations empiriques   98

    4.4.1   Spécification du modèle et description des données   98

    4.4.2   Analyse des constatations empiriques   100

       4.4.2.1   Impact sur l'emploi   100

       4.4.2.2   L'impact sur l'inégalité et la pauvreté rurale   101

       4.4.2.3   Le rôle de la productivité globale des facteurs   103

4.5   Enseignements à intégrer dans l'élaboration des options stratégiques et conclusions   105

    4.5.1   Enseignements intégrer dans l'élaboration des options stratégiques   105

    4.5.2   Conclusions   107

5. Comprendre les déterminants du malaise du secteur manufacturier en Afrique   **111**

Haroon Bhorat, François Steenkamp et Christopher Rooney

5.1   Introduction   111

5.2   Preuves de la transformation structurelle en Afrique   112

    5.2.1   La notion de complexité économique   113

    5.2.2   Complexité économique et secteur manufacturier en Afrique   114

    5.2.3   Examen de l'espace produit   117

    5.2.4   L'espace produit et le secteur manufacturier en Afrique   118

5.3   Méthodologie et description des données   126

    5.3.1   Approche économétrique   126

    5.3.2   Spécification   127

5.4   Estimation des déterminants de la performance manufacturière en Afrique   127

    5.4.1   Explication des performances manufacturières : la spécification néoclassique   127

    5.4.2   Explication des performances de production : la spécification des variables de l'Atlas de la complexité économique   129

5.5   Conclusions et recommandations stratégiques   131

6. Dépendance à l'égard des ressources naturelles et inégalités en Afrique : effets, conséquences et solutions possibles   **137**

Haroon Bhorat, Grieve Chelwa, Karmen Naidoo et Benjamin Stanwix

6.1   Introduction   137

6.2   L'essor des ressources extractives et l'inégalité   138

6.3	Les moteurs de l'inégalité dans les pays tributaires de leurs ressources naturelles	142
6.4	Les flux financiers illicites comme menace du développement en Afrique	148
6.5	Rompre le lien entre les activités extractives et l'inégalité	153
6.6	Conclusions	159

7. Politique budgétaire, redistribution et inégalité en Afrique **165**

Ayodele Odusola

7.1	Introduction	165
7.2	Les inégalités en Afrique dans le contexte des Objectifs de développement durable	167
7.3	Vue d'ensemble des politiques budgétaire et des redistributions en Afrique	172
	7.3.1 Politiques budgétaire	172
	7.3.2 Dépenses publiques	176
7.4	Efficacité de l'effet redistributif des politiques budgétaires en Afrique	178
7.5	Analyse du lien entre politique budgétaire, redistribution et inégalité	180
	7.5.1 Le cadre de travail analytique	180
	7.5.2 Méthodologie, données et sources de données	182
	7.5.3 Analyse des résultats empiriques et options de politiques	183
7.6	Conclusions	187

8. Protection sociale et inégalités en Afrique : analyse des interactions **191**

Haroon Bhorat, Aalia Cassim, Arabo Ewinyu et Francois Steenkamp

8.1	Introduction	191
8.2	Dépenses de protection sociale	193
	8.2.1 Couverture sociale	196
	8.2.2 Montant des dépenses de protection sociale	196
8.3	Déterminants de la protection sociale	197
	8.3.1 Protection sociale et gouvernance	198
	8.3.2 Protection sociale en fonction du revenu et de la dépendance à l'égard des ressources naturelles	199
8.4	Analyse empirique	202
	8.4.1 Dépenses de protection sociale et inégalités	202
	8.4.2 Couverture et inégalités	204
	8.4.3 Montant des transferts et inégalités	205
	8.4.4 Un indice de protection sociale pour l'Afrique subsaharienne	205
	8.4.4.1 Impact sur les inégalités	205
	8.4.5 Réduction des inégalités par la protection sociale : une analyse économétrique	207
8.5	Conclusions	210

9. Inégalités de revenus et croissance démographique en Afrique **217**

Ayodele Odusola, Frederick Mugisha, Yemesrach Workie et Wilmot Reeves

9.1	Introduction	217
9.2	Présentation et tendances démographiques en Afrique	218
9.3	Lien entre les variables démographiques et les inégalités : aperçu de la littérature existante	222

9.4	Méthodologie, données et sources de données	224
9.5	Données empiriques	225
9.6	Implications en termes de politiques et conclusions	228

10. Inégalités et conflits en Afrique : une étude empirique — 235

Ayodele Odusola, Amarakoon Bandara, Rogers Dhliwayo et Becaye Diarra

10.1	Introduction	235
10.2	Présentation et tendances des inégalités et des conflits en Afrique	236
10.3	Liens théoriques et analyse documentaire	242
	10.3.1 Liens théoriques	242
	10.3.2 L'analyse documentaire	244
10.4	Caractéristiques du modèle et résultats empiriques	247
	10.4.1 Caractéristiques du modèle	247
	10.4.2 Données et stratégies empiriques	248
	10.4.3 Résultats empiriques	248
10.5	Implications politiques et conclusions	253

11. Inégalité, genre et développement humain en Afrique — 259

Shantanu Mukherjee, Angela Lusigi, Eunice Kamwendo et Astra Bonini

11.1	Introduction	259
11.2	Interactions et moteurs de l'inégalité de revenus et du développement humain	260
	11.2.1 Intersection de l'inégalité de revenus et du développement humain	260
	11.2.2 Inégalités de revenus et développement humain durable	262
	11.2.3 Moteurs de l'inégalité dans le développement humain	263
11.3	Mesure de l'inégalité en matière de développement humain	265
	11.3.1 Indice du développement humain ajusté aux inégalités	265
	11.3.2 Modélisation de l'état de l'inégalité dans le développement humain entre les régions	266
11.4	Étude des tendances du développement humain et de l'inégalité de revenus	269
	11.4.1 Tendances du développement humain par sous-région et par groupe de développement humain	269
	11.4.2 Tendances de l'inégalité par sous-région et par groupe de développement humain	273
	11.4.3 Inégalités de genre et développement humain	275
11.5	Réponse politique en faveur de la réduction de l'inégalité en matière de développement humain et de la réalisation de l'Agenda 2063 et des Objectifs de développement durable	277
	11.5.1 Mesures macroéconomiques et sectorielles aux niveaux national, régional et continental	278
	11.5.2 Mise en place de cadres pour mobiliser de nouveaux acteurs et partenaires et de nouvelles opportunités	279
	11.5.3 Domaines clés de l'investissement avec des effets multiplicateurs pour la réalisation des Objectifs de développement durable	279

PARTIE III – Étude de cas de pays   **283**

12. La dynamique des inégalités de revenus dans le cadre d'une économie dualiste : le Malawi entre 1990 et 2011   **285**

Giovanni Andrea Cornia et Bruno Martorano

12.1	Contexte	285
12.2	Origines coloniales de l'inégalité de revenus et évolution au fil du temps	286
12.3	Indépendance et adoption d'un modèle de développement tiré par l'agriculture	289
	12.3.1 Choix du modèle de développement	289
	12.3.2 Structure du secteur agricole	290
	12.3.3 Incidence des politiques agricoles sur l'inégalité	291
12.4	Croissance démographique	293
12.5	Test de l'hypothèse de « l'évolution sous-optimale de la structure de production » par micro-décomposition	296
12.6	Incidence des politiques économiques sur l'inégalité	299
	12.6.1 Libéralisation du commerce, structure économique et inégalités de revenus	299
	12.6.2 Les politiques macroéconomiques et la crise de 2009-2011	300
	12.6.3 La politique budgétaire et la redistribution des revenus	301
12.7	Conclusion	304

13. Inégalités et croissance dans un modèle de développement axé sur l'agriculture : le cas de l'Éthiopie sur la période 1995-2011   **309**

Giovanni Andrea Cornia et Bruno Martorano

13.1	Contexte, motivation et objectifs de l'étude	309
13.2	Tendances des inégalités de la consommation par habitant	310
13.3	Institutions et politiques rurales et leur impact sur la croissance et les inégalités	313
	13.3.1 Institutions et politiques rurales et inégalités rurales	313
	13.3.2 Impact des changements de politiques sur la croissance de l'agriculture et les inégalités rurales	314
	13.3.3 Limitations de l'approche ADLI de la politique rurale	315
13.4	Déterminants des évolutions des inégalités	316
	13.4.1 Déterminants de la pauvreté et des inégalités rurales	316
	13.4.2 Croissance de la population, exode rural et inégalités urbaines	320
	13.4.3 Urbanisation, transformation structurelle et inégalités urbaines	321
	13.4.4 Politique budgétaire, redistribution et inégalités	326
13.5	Résumé, conclusions quant aux politiques et suggestions pour des recherches plus approfondies	329

14. Analyse comparative des moteurs des inégalités de revenus au Burkina Faso, au Ghana et en République-Unie de Tanzanie   **333**

Ayodele Odusola, Radhika Lal, Rogers Dhliwayo, Isiyaka Sabo et James Neuhaus

14.1	Introduction	333
14.2	Tour d'horizon et dimensions spatiales des inégalités au Burkina Faso, au Ghana et en République-Unie de Tanzanie	334

14.2.2   Dimensions spatiales des écarts de revenus   336

14.3   Moteurs des inégalités au Burkina Faso, au Ghana et en Tanzanie : une analyse bivariée   339

14.3.1   Les liens entre croissance, pauvreté et inégalités sont indispensables à l'accélération de la réduction des inégalités   340

14.3.2   Les politiques budgétaires influencent fortement les inégalités spatiales à l'échelle nationale   341

14.3.3   Les disparités entre les genres et les questions liées à la fertilité accentuent les inégalités de revenus   342

14.3.4   Les disparités éducatives et les déficits de compétences freinent les progrès   343

14.3.5   Les salaires jouent un rôle crucial dans la lutte contre la pauvreté et le creusement des inégalités   345

14.3.6   L'agriculture demeure un outil puissant pour accélérer la réduction de la pauvreté et des inégalités de revenus   346

14.3.7   Il est crucial de combattre les inégalités d'accès à la santé et aux services connexes pour réduire les inégalités de revenus   348

14.3.8   L'impact des flux externes, tels que les envois de fonds et l'APD, sur les inégalités de revenus varie en fonction des pays   349

14.3.9   Les facteurs démographiques sont cruciaux pour gérer les inégalités de revenus   349

14.3.10   Les programmes de protection sociale jouent un rôle important dans l'amélioration de l'égalité, mais des obstacles persistent sur le plan de la coordination, de l'échelle, du financement et de l'accès inclusif   350

14.3.11   Il est indispensable de stabiliser l'inflation pour réduire les inégalités   352

14.4   Enseignements préliminaires et conclusions   353

PARTIE IV – Mesure et analyse économétrique des déterminants des inégalités en Afrique subsaharienne   361

15. Édification d'une base de données intégrée sur les inégalités et les « Sept péchés » de la mesure des inégalités en Afrique subsaharienne   363

Giovanni Andrea Cornia et Bruno Martorano

15.1   Introduction   363

15.2   Établir une base de données de statistiques de synthèse sur les inégalités   365

15.2.1   Bases de données existantes sur les inégalités   365

15.2.2   Un ensemble de données intégré sur les inégalités pour l'Afrique subsaharienne (Integrated Inequality Database for SSA - IID-SSA)   367

15.3   Limitations de l'IID-SSA et les « sept péchés de la mesure des inégalités » en Afrique subsaharienne   370

15.3.1   Différences temporelles dans la conception d'enquêtes pour le même pays   371

15.3.2   Différences dans les hypothèses statistiques et harmonisation des données entre les pays   371

15.3.3   Sous-échantillonnage des plus hauts revenus   373

15.3.4   Vérifications croisées des tendances du coefficient de Gini basé sur les EBM, par rapport aux tendances de la part du travail   374

15.3.5   La non-prise en considération des revenus accumulés des avoirs détenus à l'étranger par les ressortissants de l'Afrique subsaharienne   376

15.3.6 Effet distributif des différences de dynamique des prix entre les prix alimentaires
et l'IPC 378

15.3.7 Effet distributif des différences dans la prestation des avantages sociaux entre les pays ... 383

15.4 Conclusions 384

16. Une enquête économétrique sur les causes de la bifurcation des évolutions des inégalités dans les pays en Afrique subsaharienne entre 1991 et 2011   **389**

Giovanni Andrea Cornia

16. 1 Introduction 389

16.2 Cadre théorique et facteurs affectant les inégalités de consommation en Afrique subsaharienne 391

16.2.1 Causes directes des changements dans les inégalités de consommation 392

16.2.2 Causes sous-jacentes de l'inégalité 397

16.3 Ensemble de données, description des variables et stratégie d'estimation 404

16.4 Conclusions, recommandations stratégiques et cadre de recherches plus poussées 410

PARTIE V – Considérations politiques et conclusions   **419**

17. Conclusions et recommandations politiques   **421**

Haroon Bhorat, Pedro Conceição, Giovanni Andrea Cornia et Ayodele Odusola

17.1 Introduction 421

17.2 Modifier « le modèle de croissance » régional suivi entre 1999 et 2015 422

17.2.1 Moderniser l'agriculture et augmenter les rendements agricoles 423

17.2.2 Réindustrialiser 426

17.2.3 Gérer les filons de ressources et promouvoir la diversification 428

17.2.4 Augmenter la productivité et réduire l'inégalité dans les secteurs de la construction
et du travail informel urbain 430

17.3 Résoudre le « problème démographique » 431

17.3.1 Accélérer la réduction des taux de fécondité 431

17.3.2 La migration régionale et internationale et le problème démographique 433

17.3.4 Urbanisation et réduction de la fécondité 434

17.4 Le développement humain comme source de croissance et d'égalisation des chances
et des revenus 435

17.5 Élargir une protection ou une assistance sociale égalitaire 436

17.6 Réduire les inégalités pour accélérer la réalisation des ODD dans les pays pauvres 437

17.7 Un cadre macroéconomique favorable 438

17.8 Promouvoir la stabilité politique, la démocratie et une meilleure gouvernance 440

17.9 Améliorer la collecte de données pour concevoir des politiques destinées à
réduire les inégalités 440

Glossaire **445**

Liste des figures, tableaux, encadrés, infographies et annexes **453**

Index **461**

Sigles et abréviations

APD	Aide publique au développement
ARNA	Activités rurales non agricoles
BAfD	Banque africaine de développement
BNS	Bureau national des statistiques
CNUCED	Conférence des Nations Unies sur le commerce et le développement
CPIA	Évaluation des politiques et institutions nationales
DAES	Département des Affaires économiques et sociales des Nations Unies
EBM	Enquête sur le budget des ménages
EDS	Enquête démographique et de santé
EITI	Initiative pour la transparence dans les industries extractives
EMNV	Enquêtes sur la mesure des niveaux de vie
EU-SILC	Statistiques de l'UE sur le revenu et les conditions de vie
FAO	Organisation des Nations Unies pour l'alimentation et l'agriculture
FMI	Fonds monétaire international
GFI	Institut « Global Financial Integrity »
I2D2	Base de données sur la répartition des revenus dans le monde
IDA	Association internationale de développement
IDE	Investissements directs étrangers
IDH	Indice de développement humain
IDHI	Indice du développement humain ajusté aux inégalités
IID-SSA	Ensemble de données intégré sur les inégalités pour l'Afrique subsaharienne
IIG	Indice d'inégalité de genre
IPA	Indice des prix des aliments
IPC	Indice des prix à la consommation
IPM	Indice de pauvreté multidimensionnelle
ISE	Indice Institutions sociales et égalité homme-femme de l'OCDE
ISF	Indice synthétique de fécondité
LAC	Amérique latine et Caraïbes
LIS	Étude du Luxembourg sur les revenus
MCO	Moindres carrés ordinaires
MECOVI	Programme pour l'amélioration des enquêtes et la mesure des conditions de vie en Amérique latine et dans les Caraïbes
MICS	Enquêtes par grappes à indicateurs multiples
OBI	Indice du budget ouvert
OCDE	Organisation de coopération et de développement économiques
ODD	Objectifs de développement durable
OIT	Organisation internationale du Travail
OMD	Objectifs du Millénaire pour le développement

PAS	Programmes d'ajustement structurel
PFR	Pays à faible revenu
PIB	Produit intérieur brut
PIB/hab	Produit intérieur brut par habitant
PMA	Pays les moins avancés
PME	Petites et moyennes entreprises
PNUD	Programme des Nations Unies pour le développement
PPA	Parité du pouvoir d'achat
PPTE	Pays pauvres très endettés
PRI	Pays à revenu intermédiaire
PST	Protection sociale et travail
RDH	Rapport sur le développement humain du PNUD
RNB	Revenu national brut
SEDLAC	Base de données socio-économiques pour l'Amérique latine et les Caraïbes
SSA	Afrique subsaharienne
SWIID	Ensemble de données mondial normalisé sur les inégalités de revenus
TCER	Taux de change effectif réel
TMM5	Taux de mortalité des enfants de moins de cinq ans
UNESCO	Organisation des Nations Unies pour l'éducation, la science et la culture
UNU-WIDER	Institut mondial pour la recherche en économie du développement de l'Université des Nations Unies
VIF	Facteur d'inflation de la variance
WDI	Indicateurs du développement dans le monde
WIID	Base de données mondiale sur les inégalités de revenus
WTID	Base de données mondiale des plus hauts revenus

PARTIE I

Inégalités : tendances et interactions avec la pauvreté et la croissance

Cartographie des inégalités de revenus en Afrique

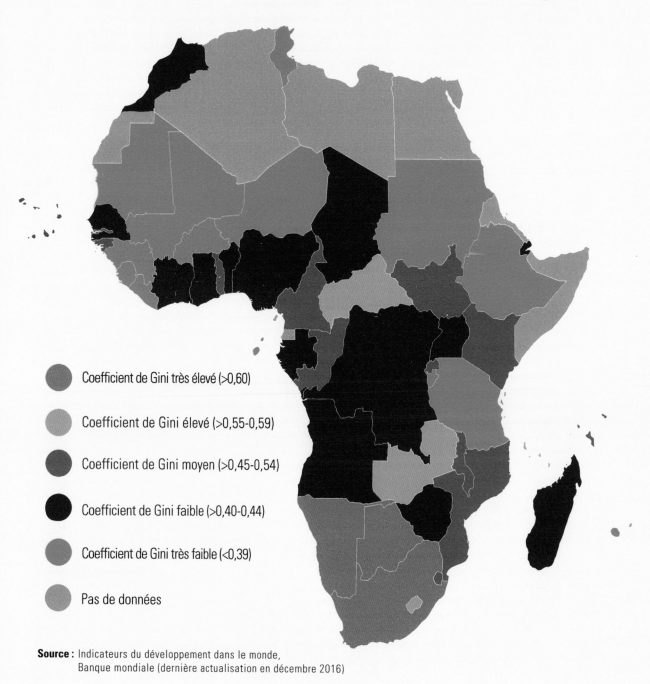

Coefficient de Gini très élevé (>0,60)

Coefficient de Gini élevé (>0,55-0,59)

Coefficient de Gini moyen (>0,45-0,54)

Coefficient de Gini faible (>0,40-0,44)

Coefficient de Gini très faible (<0,39)

Pas de données

Source : Indicateurs du développement dans le monde,
Banque mondiale (dernière actualisation en décembre 2016)

1 Introduction, motivation et présentation

HAROON BHORAT, PEDRO CONCEIÇÃO, GIOVANNI ANDREA CORNIA ET AYODELE ODUSOLA

1.1 Introduction et motivations

L'Afrique subsaharienne (SSA) a enregistré une performance économique remarquable au cours des 15 premières années du XXIe siècle. Cette tendance fort encourageante a mis un terme à une longue période de stagnation et inversé le déclin économique des 25 années précédentes dans la région. Elle s'est accompagnée d'une baisse perceptible et modeste, quoiqu'inégale, de la pauvreté globale couplée à d'importantes variations d'un pays à l'autre des effets de la croissance sur la réduction de la pauvreté. Cette évolution s'est reflétée dans l'écart des niveaux et des tendances relatifs à l'inégalité entre les pays africains, qu'elle a elle-même contribué en partie à alimenter. Il devenait de ce fait essentiel d'établir une documentation pertinente portant sur les niveaux et les tendances en matière d'inégalité dans la région, afin de mieux comprendre le rythme lent et variable du déclin de la réduction de la pauvreté. Le présent ouvrage, qui est le fruit d'une étude approfondie de l'inégalité de revenus en Afrique subsaharienne, se penche à cette fin sur les conditions initiales et les changements subséquents liés aux inégalités de revenus observés dans la région depuis le début des années 1990. Il formule des hypothèses permettant de tenir compte de cette expérience et en tire des enseignements utiles susceptibles de contribuer à l'accélération de la réduction des disparités de revenus.

La publication de cet ouvrage vient à point nommé, d'autant plus qu'elle était attendue depuis longtemps. En effet, à de rares exceptions près (Anyanwu Erhijakpor et Obi, 2016), comme dans le cas du débat classique sur « l'écart de revenus entre les zones rurales et urbaines » , la question de l'inégalité en Afrique subsaharienne a toujours suscité peu d'intérêt, que ce soit dans les travaux de recherche, les orientations générales ou les perspectives politiques. Dans cette région comme ailleurs, les premières décennies après les indépendances ont été guidées par un impératif de politique publique majeur de modernisation et de croissance. Par la suite, dans les années 1980 et 1990, l'accent a été mis sur la gestion de la dette extérieure et la nécessité de stabiliser la macroéconomie. Plus récemment, l'adoption en 2000 des objectifs du Millénaire pour le développement (OMD) a orienté la priorité vers la réduction de la pauvreté et la réalisation des objectifs à prédominance sociale au titre des OMD. Enfin, en septembre 2015, la réduction de la pauvreté et des inégalités est devenue l'objectif primordial du Programme de développement durable à l'horizon 2030 (Programme 2030).

Cependant, l'intérêt pour la répartition des revenus et des actifs s'est progressivement affirmé à partir des années 2000 et notamment en Afrique, pour diverses raisons. Qu'est-ce qui explique ce changement de priorité en matière de recherche et de conception des politiques ? Premièrement, les signes mêmes d'une inégalité sans cesse croissante méritaient qu'on s'y intéresse de plus près. La libéralisation aux plans intérieur et extérieur survenue dans les années 1980 et 1990 avait conduit, dans le cas de plusieurs pays, à une montée de l'inégalité qui a exacerbé la polarisation du revenu dont un certain nombre d'économies africaines avaient hérité à leur indépendance.

Deuxièmement, un corpus croissant de recherches théoriques et empiriques a été consacré aux effets néfastes des niveaux d'inégalité élevés et/ou grandissants sur la croissance à long terme (p. ex., Voitchovsky, 2011 ; FMI, 2014), sur l'élasticité de la pauvreté par rapport à la croissance (p. ex., UNU-WIDER, 2011 ; Berardi et Marzo, 2015) et sur la stabilité politique, la violence et les conflits (p. ex., Stewart, 2010). Par ailleurs, il convient de noter qu'une profonde disparité de revenus qui se perpétue d'une génération à l'autre bloque l'accès équitable aux biens, à l'éducation et aux opportunités parmi les personnes à faible revenu et les groupes ethniques marginalisés. Ainsi, en l'absence de réformes vigoureuses, la mobilité intergénérationnelle entre les groupes de population exclus et marginalisés est sérieusement entravée et vient exacerber les conflits et les tensions internes. L'accroissement rapide de la population africaine et le fait que la plupart des pays du continent entament seulement maintenant leur transition démographique sont également autant de facteurs qui pourraient expliquer, plus que par le passé, la dynamique actuelle des disparités de revenus dans la région.

Troisièmement, l'expansion progressive de la démocratie dans la plupart des pays de la région a suscité l'espoir d'une redistribution accrue et d'une offre plus largement répartie des « biens publics » plutôt que des « biens accordés par favoritisme », une pratique habituelle des précédents régimes non démocratiques et des pays de la région antérieurement divisés au plan ethnique (Gymah-Brempong, 2002).

Quatrièmement, l'évolution du débat sur le développement international a attiré l'attention sur les inégalités. Ce phénomène est particulièrement frappant lorsque l'on compare les cibles des OMD au Programme de développement durable à l'horizon 2030 (appelé également programme des Objectifs de développement ou ODD), qui comporte de multiples références à l'inclusion et à l'équité ainsi que des cibles explicitement liées à la répartition des revenus. De fait, tous ces développements ont ouvert la porte à un examen plus approfondi de la politique relative au lien entre, les inégalités, la croissance et la pauvreté. En particulier, comme le montre notamment Bourguignon (2003), l'élasticité de la réduction de la pauvreté par rapport à la croissance est étroitement liée au niveau initial des disparités et à son évolution dans le temps. Comme mentionné aux chapitres 2, 3 et 14 du présent ouvrage, l'Afrique subsaharienne est confrontée à un problème majeur concernant la réduction de l'incidence de la pauvreté. En effet, la croissance se produit souvent dans des secteurs caractérisés par une faible absorption de la main-d'œuvre non qualifiée, des inégalités élevées en termes de revenus et une part importante du capital dans le revenu global. Ainsi, une croissance équitable et inclusive est non seulement souhaitable en soi, mais elle est aussi porteuse d'une forte valeur instrumentale, étant donné que la réduction des inégalités a un effet positif sur la croissance, la réduction de la pauvreté et la réalisation de nombreux objectifs sociaux.

Cinquièmement, l'expansion rapide des bases de données qui constituent les référentiels des mesures de l'inégalité, telles que les enquêtes sur le budget des ménages (EBM), les études sur la mesure des niveaux de vie (LSMS), les enquêtes démographiques et de santé (EDS) et les enquêtes par grappes à indicateurs multiples (MICS), ainsi que le développement des bases de données internationales sur l'inégalité de revenus ont rendu l'analyse des niveaux, des tendances et des déterminants de l'inégalité plus réalisable que par le passé. Cependant, il importe de souligner que du fait de la disponibilité actuellement limitée des données sur l'inégalité (et des données socioéconomiques connexes) dans la région, la génération et la compilation de telles données exigent des efforts considérables. De plus, les analyses récentes de l'inégalité en matière de santé et d'éducation présentées dans le Rapport sur le développement humain du PNUD[1], de la répartition de la richesse (Davies et Shorrocks, 2005) et des évolutions des tendances liées aux revenus supérieurs[2] permettent aux chercheurs de mieux comprendre l'interaction entre les disparités de richesses, de revenus, d'éducation et de santé, et partant, les moteurs de la réalisation des OMD et des ODD.

Enfin, comme le montrent les divers chapitres de cet ouvrage, le niveau et les sources des inégalités en Afrique subsaharienne sont très hétérogènes en raison des facteurs historiques, des dotations en facteurs et des approches en matière de politique propres à la région. En outre, les tendances relatives à l'inégalité ont considérablement varié entre 1991 et 2011 (voir ci-dessous). On ne saurait invoquer une ou deux études de cas prototypiques pour justifier de la diversité des facteurs et des politiques qui sont à l'origine des tendances économiques et sociales dans la région. Par conséquent, il est impératif d'entreprendre une analyse complète des niveaux, des tendances et des facteurs sectoriels et sociaux associés à ce phénomène et, éventuellement, de ses impacts. Tel est précisément l'objectif ambitieux de cet ouvrage précurseur.

Cet ouvrage est divisé en cinq parties. La partie 1 examine les tendances relatives à l'inégalité et leurs interactions avec la pauvreté et la croissance, tandis que la partie 2 analyse les défis et les enjeux dans les secteurs clés et leur impact sur les inégalités. Des études de cas portant sur les facteurs relatifs aux inégalités de revenus dans des pays comme le Burkina Faso, l'Éthiopie, le Ghana, le Malawi et la République-Unie de Tanzanie sont présentées dans la partie 3. La partie 4 fournit quant à elle des mesures et des recherches économétriques sur les déterminants de l'inégalité et la partie 5 présente les politiques envisageables et les conclusions de l'ouvrage.

1.2 Inégalités et progrès vers la réalisation des Objectifs de développement durable (ODD) en Afrique subsaharienne (SSA)

La publication de cet ouvrage est particulièrement opportune, étant donné qu'une analyse plus détaillée et approfondie de l'inégalité et de ses tendances en Afrique subsaharienne est capitale pour la réalisation des ODD au cours des 15 prochaines années. En effet, une meilleure compréhension des éléments moteurs et des déterminants de l'inégalité dans la région reste essentielle pour réduire ses niveaux actuellement élevés en mettant l'accent sur les différents indicateurs énoncés dans l'ODD 10 sur la réduction des inégalités. Mais, comme indiqué plus haut, les niveaux d'inégalité élevés ou grandissants dans une économie affectent la réalisation d'autres ODD. En fait, il ne faut pas perdre de vue que le Programme 2030 est intégré et indivisible. Par conséquent, il est préférable de relever le défi que représentent les inégalités fortes et croissantes sans inscrire cette démarche au titre de l'ODD spécifique aux inégalités, mais en l'envisageant plutôt comme un accélérateur global des aspirations du Programme 2030.

Il n'entre pas dans le cadre du présent ouvrage de démontrer qu'en s'attaquant à l'inégalité, il est possible d'accélérer les progrès dans la réalisation de l'ensemble des ODD. En effet, cette démonstration est difficile à faire tant sur le plan général qu'abstrait, et devrait être analysée dans des contextes de pays spécifiques. Étant donné que les liens entre le revenu, la répartition des actifs et les ODD sont également dynamiques, ces relations devront être réexaminées au fil du temps. Cependant, pour illustrer la justification de cette démarche, deux exemples sont présentés dans cette section.

[1] Voir les différentes éditions du Rapport sur le développement humain du PNUD depuis 2010 pour plus de détails sur la pauvreté multidimensionnelle et l'indice de développement humain ajusté aux inégalités (IDHI).

[2] Voir la base de données mondiale sur la richesse et le revenu (World Wealth and Income Database, WID), disponible sur : http://topincomes.g-mond.parisschoolofeconomics.eu

Le premier exemple concerne l'inégalité en corrélation avec la réalisation de l'objectif du Programme 2030 visant à « ne laisser personne de côté » et l'aspiration d'atteindre en priorité les laissés-pour-compte, qui constituent les 40 % les plus pauvres de la population. Cette démarche marque un tournant radical par rapport aux OMD, dont l'objectif était de réduire de moitié le taux d'extrême pauvreté. Bien que cet objectif ait été atteint à la fois au plan mondial et individuellement par de nombreux pays, y compris en Afrique, des millions de personnes sont encore laissées pour compte. Dans les premières phases des OMD, une perspective analytique influente liée au concept de « piège de la pauvreté » était considérée comme particulièrement pertinente pour l'Afrique (Sachs *et al.*, 2004). Les implications en matière de politique qui découlent de cette perspective ont conduit à la recommandation d'interventions spécifiques dans différents domaines allant de la productivité agricole à l'éducation en passant par la santé, qui ont tous été mis en correspondance avec d'autres OMD, mais qui ont, dans le même temps, permis à certains groupes de la population d'échapper au piège de la pauvreté. En un sens, toute l'ère des OMD peut être comprise comme ayant été encadrée, même si ce n'est qu'implicitement, par cette perspective. La poursuite des OMD s'inscrit dans le prolongement des investissements accrus réalisés au titre de la santé, de l'éducation et d'autres secteurs sociaux qui ont contribué à améliorer le bien-être et à réduire la pauvreté. Atteindre l'objectif de ne laisser personne de côté implique la compréhension et la prise en compte du « dernier kilomètre » à parcourir dans la lutte contre l'exclusion, grâce à une compréhension plus profonde des facteurs qui font sombrer les populations dans la pauvreté et les empêchent de s'en extirper. Des formulations plus sophistiquées du « piège de la pauvreté » revêtent un aspect plus dynamique et établissent des liens avec les chocs et les vulnérabilités ainsi que la capacité des ménages à gérer les risques (Santos et Barrett, 2016).

Cependant, atteindre le « dernier kilomètre » dans la lutte contre l'exclusion implique également de mettre l'accent sur les déterminants de l'exclusion profondément enracinés, qui sont visibles et se reflètent dans les schémas persistants de l'inégalité dans la répartition des actifs et des revenus. Par exemple, il est désormais bien établi et consigné que les modes actuels de répartition des terres et que les régimes fonciers en Afrique reflètent encore en grande partie les modèles de peuplement datant de l'époque coloniale. Ainsi, les grandes exploitations d'Afrique de l'Est et d'Afrique australe continuent d'exclure de vastes franges de la population (Lipton, 2009 ; PNUD, 2012). Les inégalités fortes et persistantes interagissent étroitement, par le biais de l'économie politique, avec des décisions qui entravent la croissance (Birdsall, 2006 ; Alesina et Rodrik, 1994 ; Perotti, 1996) et des politiques qui visent à venir à bout du « dernier kilomètre » dans la course contre l'exclusion. Par exemple, Rajan et Zingales (2006) expliquent que la persistance de la pauvreté résulte de l'opposition des élites en place aux réformes et à l'éducation qui profitent aux pauvres. Même lorsque l'économie politique n'est pas aussi défavorable, l'inégalité peut encore interagir avec d'autres caractéristiques propres aux pays en développement qui perpétuent l'exclusion. Par exemple, lorsque les marchés des capitaux sont sous-développés et imparfaits, la répartition inégale des revenus limite l'accès au crédit, y compris pour les investissements dans le capital humain, et les familles continuent de vivre dans la pauvreté (Banerjee et Newman, 1993 ; Galor et Zeira, 1993).

Le deuxième exemple concerne les relations entre l'inégalité, la cohésion sociale et les conflits. Compte tenu de la perte de revenus provoquée par la violence et les conflits qui forcent les populations à se déplacer ou qui les plongent dans la pauvreté, il existe un lien direct entre tous ces éléments, tel que démontré par Stewart (2010) dû à l'inégalité horizontale. Cependant, le Programme 2030 intègre les aspirations à des « sociétés pacifiques et ouvertes à tous », telles qu'elles figurent dans l'ODD 16. De récents travaux se sont penchés d'une part sur les liens entre l'inégalité et la cohésion sociale, la confiance et le capital social (FMI, 2016), et d'autre part, sur la relation entre le capital social et le bien-être (voir Hamilton, Helliwell et Woolcock, 2016). Les microétudes ciblées qui passent en revue les interventions visant à renforcer la cohésion sociale et la confiance dans des contextes post-conflit vont également dans ce sens. Les essais randomisés contrôlés appliqués aux interventions allant des commissions de vérité et de réconciliation au développement communautaire montrent une cohésion sociale accrue dans des contextes précis (mesurée par la volonté de contribuer aux biens publics locaux) (Casey, Glennerster et Miguel, 2016 ; Blattman, Jamison et Sheridan, 2015). Par conséquent, dans la mesure où l'inégalité entrave la cohésion sociale et la confiance, elle peut engendrer des conditions susceptibles de déclencher l'apparition ou la récurrence des conflits et de la violence, comme on le voit au chapitre 10 du présent ouvrage.

1.3 Approches méthodologiques

Le présent ouvrage explore systématiquement les changements en matière d'inégalité survenus dans la région au cours des années 1990 et 2000. Compte tenu de la complexité de la question et en raison de données incomplètes, il adopte des approches analytiques complémentaires, comprenant des études de cas par pays, des analyses de secteurs clés et de domaines politiques, des décompositions microéconométriques des inégalités nationales au fil du temps et des régressions macroéconométriques sur données de panel. Il traite également de l'inégalité de revenus dans la région en termes généraux et inclut, à ce titre, des analyses de l'incidence des facteurs non économiques tels que les conflits politiques, ethniques et interétatiques (chapitre 10) sur l'inégalité à l'échelle du continent au cours des 30 dernières années. En outre, le chapitre 11 traite de l'impact de l'inégalité sur les dimensions du bien-être non liées au revenu, par exemple le développement humain.

Cet ouvrage examine méthodiquement les changements constatés dans les niveaux d'inégalité dans un certain nombre de pays – Burkina Faso, Éthiopie, Ghana, Malawi et Tanzanie – qui sont caractérisés par différentes structures économiques et politiques, et par des tendances diverses en termes d'inégalité. La comparaison de ces caractéristiques clés et des politiques suivies par des pays présentant des tendances dissemblables en la matière peut contribuer à démêler la récente divergence des modèles d'inégalité dans la région. Cet ouvrage présente également une analyse de la façon dont les changements survenus dans les secteurs et les domaines clés tels que l'agriculture, l'industrie manufacturière, l'exploitation minière, la protection sociale, la politique budgétaire, la redistribution, le développement humain, la croissance démographique et les conflits, ont affecté l'inégalité. Le rôle de l'agriculture est examiné au chapitre 4 ; l'impact de la dépendance à l'égard des ressources naturelles est analysé au chapitre 6 ; la relation entre les politiques budgétaires et les disparités de revenus est étudiée au chapitre 7 ; et les effets du développement soutenu par l'agriculture en Éthiopie sont au centre du chapitre 13. Plusieurs chapitres transversaux se penchent sur les causes traditionnelles de l'inégalité dans la région et sur les relations entre la croissance, l'inégalité et la pauvreté. Une analyse macroéconométrique sur données de panel de l'économie dans son ensemble, qui se fonde sur une longue liste de déterminants responsables des variations en termes d'inégalités observées au cours des 20 dernières années est également présentée. Compte tenu de la base informationnelle insuffisante qui caractérise la région, cet ouvrage accorde une attention particulière à la documentation statistique des données et des déterminants liés à l'inégalité au cours des trois dernières décennies. Cette démarche s'appuie sur l'ensemble de données intégré sur l'inégalité pour l'Afrique subsaharienne (IID-SSA) et sur un ensemble de données d'indicateurs macroéconomiques. Ces deux ensembles de données ont été explicitement créés pour étayer les analyses quantitatives incluses dans le présent ouvrage. Étant donné que celui-ci privilégie l'analyse empirique, le chapitre 16 fournit des détails sur les données d'inégalité disponibles et la construction de l'ensemble de données IID-SSA susmentionné. Compte tenu des difficultés méthodologiques rencontrées pour mesurer l'inégalité, ce chapitre aborde également les principaux pièges caractérisant les schémas de mesure des données disponibles et suggère des moyens d'améliorer la base empirique des analyses futures de l'inégalité dans la région.

En ce qui concerne l'approche causale adoptée dans l'ouvrage pour l'analyse des variations de l'inégalité, plusieurs chapitres distinguent les causes immédiates de ces niveaux et, en particulier, les changements survenus entre 1991 et 2011 et leurs causes sous-jacentes. Celles-ci sont souvent les principaux déterminants des causes immédiates, alors que dans d'autres cas, elles affectent les inégalités de manière directe. En Afrique subsaharienne, l'analyse des déterminants immédiats souligne d'abord les changements observés à long terme dans les inégalités « intersectorielles » (en raison des différences sectorielles de l'intensité des facteurs de production et des hétérogénéités intrasectorielles) et les inégalités « intrasectorielles » (en mettant l'accent sur l'évolution de la concentration des facteurs de production tels que la terre, le capital humain et le capital physique dans chaque secteur). Le rôle des facteurs démographiques (croissance démographique et taux de dépendance) est ensuite examiné. Ces causes sous-jacentes de l'inégalité, qui sont particulièrement utiles pour formuler des réponses politiques, comprennent généralement les changements exogènes de politiques (y compris en matière de fiscalité et de dépenses sociales), les changements dans l'environnement économique mondial (au titre des termes de l'échange, des transferts de fonds et de l'investissement direct étranger [IDE]) et les chocs technologiques et sanitaires. Enfin, elles incluent aussi la démocratie et la gouvernance, qui ont une incidence sur l'efficacité et l'équité des politiques publiques.

1.4 Synopsis des principaux résultats

Le présent ouvrage est le résultat d'une étude approfondie des inégalités de revenus en Afrique subsaharienne menée par le Bureau régional du PNUD pour l'Afrique entre 2015 et 2016. Il vise principalement à examiner les tendances, les causes et les conséquences des inégalités dans la région depuis les années 1990 afin de tirer des enseignements pertinents permettant d'élaborer des politiques susceptibles de contribuer à la réalisation du Programme de développement durable à l'horizon 2030 dans la région. L'exposé des résultats n'est pas séquentiel. Les parties 2 et 4 sont proposées ensemble, suivies des parties 3 et 5. Cela permet de mieux comprendre la disposition de l'ouvrage et ses conclusions.

Dans le chapitre 2, Cornia résume les conditions initiales de l'inégalité de revenus, c'est-à-dire les principaux facteurs d'inégalité en Afrique subsaharienne au cours des deux décennies ayant précédé l'année 1990. Compte tenu de la forte persistance de l'inégalité et de sa dépendance à l'égard de la trajectoire empruntée, il est primordial de bien comprendre ces conditions initiales qui expliquent les évolutions plus récentes de l'inégalité. Les principaux moteurs structurels de l'inégalité évoqués dans le chapitre concernent essentiellement la structure dualiste de l'économie où les emplois dans la fonction publique, les multinationales et le secteur des ressources sont réservés aux élites, tandis que la majorité de la population doit se contenter de bien moindres revenus tirés de l'économie informelle ou des secteurs de subsistance. D'autres moteurs de l'inégalité comprennent notamment : la forte concentration de capital physique et humain et, dans les économies des colonies d'implantation européenne en Afrique de l'Est et en Afrique australe, la forte concentrations des terres, la « malédiction des ressources naturelles » ; le parti pris urbain des politiques publiques ; le rôle de redistribution limité de l'État ; et les inégalités ethniques et de genre. Dans un deuxième temps, le chapitre 2 décrit les changements survenus entre 1991 et 2011 dans la répartition du revenu des ménages. À l'exception de deux pays, cette répartition est mesurée de manière indirecte par la répartition de la consommation moyenne des ménages par habitant. Pour résoudre les problèmes liés à la rareté et à l'incohérence des données sur l'inégalité en matière de consommation, le chapitre donne l'exemple de la construction de l'ensemble de données intégrée sur l'inégalité en Afrique subsaharienne (IID-SSA), qui couvre 29 pays africains et fournit pour chacun d'eux au moins quatre points de données de qualité, espacés de manière régulière dans le temps sur la période 1991-2011. Les pays concernés représentent 81,8 % de la population de la région et une part encore plus conséquente de son PIB. Cet ensemble de données a été explicitement conçu pour étayer l'analyse présentée dans ce livre. Elle s'appuie, en les comparant, sur les principaux ensembles de données afférents à l'inégalité actuellement disponibles au plan mondial, à savoir la version 3 de l'Ensemble de données sur l'inégalité des revenus à l'échelle mondiale (WIIDv3) de l'Institut mondial pour la recherche en économie du développement (WIDER), les bases de données POVCAL et International Income Distribution Data (I2D2) de la Banque mondiale, l'ensemble de données All the Ginis (ALG) de Milanovic et des données provenant d'études universitaires bien consignées. Les données issues de l'ensemble de données mondial normalisé sur les inégalités de revenus (SWIID) ont été délibérément exclues de la construction de l'ensemble de données IID-SSA, puisque le jeu de données SWIID inclut un plus grand nombre de points de données et quatre autres pays. Cependant, ces données sont obtenues par des imputations statistiques théoriques, opaques et arbitraires qui risquent globalement de donner une image artificielle de l'inégalité dans la région (Jenkins, 2014).

L'analyse des tendances appliquée aux données issues de l'ensemble de données IID-SSA montre que le résultat régional moyen non pondéré du coefficient de Gini de l'inégalité de la consommation des ménages par habitant a légèrement diminué au cours des années 1991-2011. Pourtant, cette tendance globale masque une réalité plus complexe, étant donné que les tendances relatives à l'inégalité ont marqué une nette bifurcation entre les pays. D'une part, 17 pays (dont neuf pays de l'Afrique de l'Ouest à prédominance agricole, ainsi que quelques autres de l'Afrique de l'Est et d'autres régions) abritant 40 % de la population de la région ont connu une diminution des inégalités, en particulier dans les années 2000. D'autre part, l'Afrique australe, l'Afrique centrale et les économies caractérisées par un important secteur pétrolier et minier affichent une inégalité croissante, en particulier à partir de 2003. Globalement, la plupart des pays peu inégalitaires ont connu un déclin en la matière alors que les économies très inégalitaires ont enregistré une hausse ou une stagnation des inégalités à un niveau élevé. Par conséquent, depuis 2000, alors que le coefficient de Gini moyen non pondéré pour l'Afrique subsaharienne a diminué, l'écart-type et le coefficient de variation de la distribution du coefficient de Gini dans les 29 pays de l'IID-SSA ont augmenté. Cela suggère que l'hétérogénéité de l'inégalité entre les pays, initialement liée au régime foncier et à la dotation en ressources, est devenue plus aiguë. Le fait de pondérer le coefficient de Gini d'un pays en fonction de la taille de sa population ne change pas ce résultat.

Bien que l'IID-SSA comprenne les données relatives aux coefficients de Gini les plus fiables et les plus soigneusement contrôlées, sélectionnées sur la base d'un protocole explicite parmi les ensembles de données existants qui servent à mesurer l'inégalité en Afrique subsaharienne, il n'en reste pas moins que ces données représentent une estimation de la limite inférieure du « vrai coefficient de Gini », tout comme dans le cas du coefficient de Gini de tous les autres ensembles de données. Cela est dû à des problèmes de mesure qui, bien qu'ils ne puissent pas être résolus immédiatement à l'échelle de la région, doivent être pris en compte lors de l'examen des données et de leurs implications politiques. La documentation claire de ces problèmes de mesure est d'autant plus critique si l'on considère que la formulation des politiques a été de plus en plus « fondée sur des preuves » au cours des deux dernières décennies. Pour illustrer ce type de difficultés, Cornia et Martorano examinent au chapitre 15 les problèmes de données rencontrés dans la mesure de l'inégalité de revenus et de la consommation, et suggèrent des corrections possibles qui permettront d'établir des chiffres plus précis. Ces problèmes, par ailleurs communs à toutes les régions développées et en développement, mais qui sont particulièrement aigus dans la région, concernent avant tout l'unité d'observation, constituée par le revenu moyen des ménages ou la consommation par habitant. Ce concept implique implicitement une répartition égalitaire du revenu entre tous les membres de la famille. Cette hypothèse largement utilisée est pourtant trompeuse, quel que soit le pays, puisque le revenu et la consommation des ménages sont inégalement répartis entre les membres d'une même famille, ce qui pénalise principalement les femmes, les jeunes enfants et les personnes âgées et favorise les hommes adultes. Toutefois, ce parti pris est particulièrement flagrant en Afrique subsaharienne où, indépendamment des dispositions des systèmes juridiques, la discrimination fondée sur le genre est aiguë et endémique (PNUD, 2016).

Les autres biais de mesure de l'inégalité identifiés au chapitre 15 comprennent les différences entre les pays quant à la conception des enquêtes, aux définitions, au niveau de désagrégation, au concept de revenu, au calendrier et à la taille des enquêtes, à la période de rappel et aux conventions de traitement des données. Ces biais tendent à réduire la comparabilité des données, ce qui peut être corrigé par une harmonisation ultérieure des microdonnées issues des enquêtes. D'autres problèmes sont liés aux pratiques bien connues de sous-échantillonnage et de sous-déclaration des revenus supérieurs. Ce biais peut être résolu en combinant les données des enquêtes sur le budget des ménages (EBM) et les données tirées des déclarations fiscales, ce qui permet d'estimer la part du revenu dans les pourcentages supérieurs à 1 ou les percentiles similaires. Trois pays ont déjà adopté cette approche et 14 autres y travaillent activement. Ces informations seront probablement largement disponibles dans quelques années. Des études similaires montrent que le vrai coefficient de Gini est sous-estimé de 2 à 5 points, y compris en Afrique subsaharienne. En outre, le fait d'ignorer les revenus qui s'accumulent au titre des actifs détenus à l'étranger (parfois illégalement acquis) par les ressortissants des pays de l'Afrique subsaharienne contribue également à la sous-estimation du coefficient de Gini. Ce phénomène est particulièrement flagrant dans les pays riches en pétrole et en minéraux. Le chapitre 15 indique une sous-estimation régionale moyenne de 2 à 3 points du coefficient de Gini en raison de ce phénomène. Ce chiffre est sensiblement plus élevé dans les pays exportateurs de pétrole. Un autre biais de mesure concerne l'inégalité de l'impact des fortes hausses de l'indice des prix des produits alimentaires par rapport à l'indice des prix à la consommation (IPC), comme cela s'est produit pendant la crise alimentaire de la fin des années 2000 et du début des années 2010. Dans les années de crise où les cours des denrées alimentaires sont élevés, la consommation réelle des pauvres (dont une part de 60 à 80 % concerne l'alimentation) peut gonfler la sous-estimation du « vrai coefficient de Gini » de 2 à 3 points de plus. Il faut espérer que le signalement des biais de mesure du coefficient de Gini que nous faisons ici alertera à l'avenir les chercheurs engagés dans l'analyse de l'inégalité dans certains pays.

La connaissance de ces biais de mesure et la nécessité de les améliorer substantiellement lors de la génération et de l'analyse des données futures étayent la structure du chapitre 2. Celui-ci présente un cadre théorique qui permet de décomposer le coefficient de Gini total d'un pays en « inégalité intersectorielle » et « inégalité intra-sectorielle », c'est-à-dire selon les différences de consommation par habitant qui existent entre et au sein des secteurs de l'agriculture, du pétrole et des mines, de la construction, des services publics, de l'industrie manufacturière, des services financiers et d'assurance, de l'hôtellerie et des restaurants, du commerce et de l'administration publique. L'évolution de la dynamique des principaux secteurs (agriculture, industrie manufacturière et secteur pétrolier et minier, dont il est question en détail aux chapitres 5 et 6), la structure globale de l'économie et la concentration des revenus et de la consommation de chaque secteur influent sur l'inégalité globale, qui est également touchée par les variations dans les tendances démographiques et la participation au marché du travail, comme on le verra plus loin. Le chapitre 2 détaille ensuite une série de conjectures théoriques inspirées de la littérature générale consacrée au sujet, et portant plus particulièrement sur l'inégalité en Afrique subsaharienne et les preuves quantitatives des causes de l'inégalité. Ces conjectures concernent le taux de croissance du PIB par habitant et le schéma de croissance (c'est-à-dire les parts de valeur ajoutée de l'agriculture, de l'industrie manufacturière et des services), qui saisissent l'inégalité « intersectorielle » et la répartition sectorielle de la dotation en facteurs de production dans les zones urbaines et rurales (lesquelles mesurent l'inégalité « intra-sectorielle »).

Le chapitre 2 soutient que le taux de croissance de l'Afrique subsaharienne est moins significatif que son schéma de croissance (c'est-à-dire la composition de sa croissance), compte tenu de l'hétérogénéité structurelle de la région. Lorsque la croissance se produit dans des secteurs caractérisés par une forte concentration d'actifs et une forte intensité de capital et de main-d'œuvre qualifiée, comme l'exploitation minière, la finance, les assurances et l'immobilier (FAI), et le secteur public, l'inégalité globale augmente. En revanche, l'inégalité diminue ou demeure stable lorsque la croissance survient dans l'industrie manufacturière, la construction et l'agriculture, des secteurs à forte intensité de main-d'œuvre (sauf lorsque la concentration des terres est très élevée). À cet égard, il convient de noter qu'entre 1990 et 2011, dans neuf pays dont l'économie était déjà dominée en 1990 par l'agriculture, la part de ce secteur a encore augmenté en raison de la hausse des rendements des terres, de l'augmentation des prix des cultures de rente et du recours à « l'économie de subsistance ». Dans une dizaine de pays, le secteur minier, qui affiche des inégalités marquées, a connu une rapide expansion ; et l'on a assisté à une « tertiarisation » de l'économie informelle dans neuf pays, l'essentiel de la valeur ajoutée et des emplois créés dans les sous-secteurs présentant un caractère hautement informel, un faible niveau de valeur ajoutée par habitant et une forte inégalité.

Comme dans d'autres régions, il a été constaté que l'amélioration de la répartition du capital humain (en particulier grâce à l'enseignement secondaire) pouvait affecter les inégalités, encourageant ainsi les autorités publiques à augmenter leur offre pour construire une société plus égalitaire. La situation est moins prometteuse en ce qui concerne la concentration des terres. Bien qu'aucune série temporelle complète ne soit disponible à ce sujet, la littérature s'y rapportant suggère que la concentration des terres, loin d'avoir été freinée, s'est peut-être même aggravée. L'évolution des conditions économiques mondiales a eu, quant à elle, un effet mitigé sur l'inégalité. Si les transferts de fonds et la hausse des cours agricoles mondiaux semblent avoir contribué à atténuer les inégalités, la hausse de l'investissement direct étranger (IDE) dans les industries extractives et la montée en flèche des termes de l'échange dans les pays riches en ressources semblent en revanche avoir concouru à les creuser davantage. Les fluctuations des flux de l'aide publique au développement (APD) ont été statistiquement non significatives, bien que ce point soit controversé et mérite des investigations plus détaillées. Cependant, l'annulation de la dette extérieure de pays admis à bénéficier de l'Initiative en faveur des pays pauvres très endettés (PPTE) dans les pays éligibles a réduit sensiblement le coefficient de Gini en augmentant la marge de manœuvre budgétaire. En outre, les changements de politique intérieure ont eu des effets de divers ordres. L'augmentation de la part des impôts directs dans les recettes totales observée dans plusieurs pays a réduit les inégalités, tout comme l'accroissement des dépenses sociales correctement ciblées en Afrique du Sud, en Éthiopie et dans quelques autres pays. L'élargissement de ces programmes pourrait induire des avancées considérables. Parmi les politiques publiques macroéconomiques, la libéralisation du commerce semble avoir aggravé les inégalités en diminuant la part de valeur ajoutée de l'industrie manufacturière, relativement égalitaire, tandis qu'une plus grande stabilité macroéconomique, une baisse de l'inflation (IPC) et un taux de change réel compétitif ont permis de réduire la polarisation du revenu, bien que la situation dans ces domaines nécessite une gestion continue. L'impact sur l'inégalité de la crise alimentaire apparue à la fin des années 2000 n'a pas pu être évalué en raison de l'absence de données systématiques relatives à l'indice des prix des produits alimentaires.

Les chocs exogènes qui ont touché la région au cours de la période étudiée ont produit des effets contrastés. Après une forte poussée de l'inégalité dans les années 1990, le modeste recul récent de l'incidence du VIH/sida a fait légèrement régresser les niveaux d'inégalité, ce qui laisse à penser qu'une baisse accélérée de l'incidence du VIH, du paludisme et de la tuberculose entraînerait une diminution encore plus sensible à cet égard dans les années à venir. Les chocs technologiques (c'est-à-dire la diffusion de technologies simples et hautement « divisibles ») n'étaient pas significatifs dans l'analyse de régression, leur impact sur l'inégalité étant susceptible d'être concave du fait que ces nouvelles technologies risquent de n'être adoptées dans un premier temps que par la classe moyenne. La diminution du nombre de conflits et l'arrêt des hostilités qui avaient provoqué d'innombrables pertes en vies humaines, la destruction des infrastructures et les déplacements forcés ont eu une incidence favorable sur la croissance et sur l'inégalité à la faveur de la disparition des marchés noirs, de la relance de la production et de l'emploi, et de la reprise des activités des organismes gouvernementaux et internationaux qui ont recommencé à fournir des services de base à la population. En revanche, les estimations économétriques formulées au chapitre 16 ne se traduisent pas par un effet distributif significatif de la démocratisation, bien que cela puisse dépendre des « indices de démocratisation » spécifiques utilisés dans le modèle de régression et, plus vraisemblablement, de la difficulté à appréhender l'incidence de la démocratisation dans des sociétés multiethniques.

Après avoir évoqué les tendances relatives à l'inégalité et les problèmes posés par la difficulté de mesurer celle-ci et présenté une analyse économétrique de ses déterminants au chapitre 3, Bhorat et Naidoo engagent le débat sur l'interaction cruciale entre la croissance, la pauvreté et l'inégalité en Afrique. Les statistiques descriptives mettent en évidence la difficulté de formuler des généralisations simples quant à la nature et au modèle de l'inégalité à travers le continent du fait que les niveaux et les fluctuations des inégalités varient considérablement dans le temps. Cependant, quelques observations clés se dégagent. Tout d'abord, l'Afrique se caractérise par des inégalités moyennes et médianes supérieures à celles du reste des régions en développement. Deuxièmement, une caractéristique notable de l'inégalité sur le continent tient à la présence de sept économies affichant des niveaux d'inégalité extrêmement élevés, que l'on a surnommées les « valeurs aberrantes africaines »[3], qui exacerbent les écarts d'inégalité en Afrique par rapport au reste du monde en développement. Troisièmement, les données disponibles indiquent qu'au fil du temps, les niveaux moyens d'inégalité ont diminué en Afrique, une baisse principalement due aux économies non classées comme étant hautement inégalitaires. Il ressort également de l'estimation de la relation entre croissance et inégalité en Afrique que dans les pays africains caractérisés par d'importantes inégalités initiales, une relation plus forte existe entre la croissance économique et les inégalités, ce qui vient confirmer les résultats des études menées à cet égard dans plusieurs pays hors d'Afrique.

La partie 2 se penche ensuite sur les changements survenus au cours des deux dernières décennies dans les secteurs économiques clés évoqués dans la partie 1 dont les répercussions sur l'évolution de l'inégalité de revenus au cours de la période considérée ont été démontrées. Au chapitre 4, Odusola examine comment l'agriculture affecte la pauvreté rurale et l'inégalité en Afrique subsaharienne. Il affirme que l'agriculture joue un rôle multidimensionnel dans le processus de développement, puisqu'elle favorise la croissance économique, génère des recettes en devises, crée des emplois, assure la sécurité alimentaire, contribue aux chaînes de valeur, réduit la pauvreté, atténue les disparités de revenus et fournit des services environnementaux. La négligence dont elle a fait l'objet a empêché l'agriculture d'assumer son rôle à part entière. Par exemple, en Afrique, la pauvreté rurale touche plus de 60 % de la population dans 17 pays et concerne 50 à 60 % des habitants dans 14 pays. Elle est particulièrement alarmante au Zimbabwe et à Madagascar, où elle affecte plus de 80 % des citoyens du pays. Pourtant, l'agriculture représente 66 % de l'emploi total en Afrique subsaharienne (à l'exception de l'Afrique du Sud). Bien que la part de l'agriculture dans le PIB ait diminué d'environ 6,4 points de pourcentage, passant de 23,9 % en 1981 à 17,5 % en 2015, la transformation structurelle envisagée n'a pas encore eu lieu. Au cours de cette période, la part de la valeur ajoutée du secteur manufacturier, qui devait bénéficier du recul de l'agriculture, a également diminué de 4,31 points de pourcentage. En effet, l'Afrique subsaharienne contourne la transformation économique structurelle, compte tenu de l'ampleur de l'informalité dans le secteur des services à l'échelle de la région. La croissance agricole en Afrique s'est améliorée au cours des deux dernières décennies. Cependant, elle n'est pas due à la productivité agricole associée à l'innovation et aux évolutions technologiques, mais plutôt à l'expansion des terres et à la mise en œuvre du système de jachère. La productivité agricole par travailleur en Afrique subsaharienne évaluée en moyenne annuelle (2005-2015) à 1 109,3 dollars US est la plus faible de toutes les régions du monde comparée respectivement à celles des membres de l'Organisation de coopération et de développement économiques (OCDE) (19 540,80 dollars US), des pays d'Amérique latine et des Caraïbes (11 820,80 dollars US) et des pays du Moyen-Orient et de l'Afrique du Nord (5 394,90 dollars US). Les pays qui ont

---

[3] Ces cas particuliers sont l'Afrique du Sud, la Namibie, le Botswana, la République centrafricaine, les Comores, la Zambie et le Lesotho.

réussi à maintenir la productivité par travailleur à 3 000 dollars US ou plus par an ont aussi ramené la part de la valeur ajoutée agricole dans le PIB à moins de 20 % et inversement, à quelques exceptions près.

Au niveau bivarié, la productivité agricole par travailleur tend à pousser la main-d'œuvre hors du secteur. L'accroissement de la productivité dans l'agriculture est un facteur important de la réaffectation de la main-d'œuvre agricole à d'autres secteurs de l'économie. En fait, un accroissement de 1 % de la part de l'agriculture dans l'emploi total augmente la pauvreté rurale de 0,14 %. Cela explique pourquoi le secteur a tendance à employer une forte proportion de pauvres à travers le continent. En outre, un déplacement de 1 % des travailleurs agricoles vers d'autres secteurs de l'économie entraîne une réduction de 0,282 % de l'écart de pauvreté en milieu rural. Par ailleurs, l'enseignement secondaire est un facteur important dans la réduction de la pauvreté et le transfert de la main-d'œuvre agricole vers d'autres secteurs. La productivité globale des facteurs joue un rôle similaire au niveau de l'éducation en termes de diminution de la pauvreté. Cependant, elle entretient un rapport positif à l'inégalité et explique environ 13 % de la variation de l'inégalité de revenus. Par exemple, quatre des sept pays affichant un indice de productivité globale des facteurs supérieur à 0,40 (Afrique du Sud, Botswana, Namibie et Seychelles) ont un coefficient de Gini supérieur à 0,55. La faiblesse de la performance agricole est due à un certain nombre de facteurs, notamment la faible utilisation d'engrais, l'accès limité aux installations d'irrigation, le manque d'accès accéléré à des semis améliorés, la mauvaise gestion après récolte et le sous-investissement dans l'agriculture. Par exemple, en 2003, les gouvernements africains ont adopté le Programme détaillé de développement de l'agriculture africaine (PDDAA) et convenu à ce titre d'affecter 10 % de leurs dépenses nationales à l'agriculture. Cependant, une décennie après cette déclaration (2013), seuls sept gouvernements auront tenu leurs engagements en la matière.

Au chapitre 5, Bhorat, Rooney et Steenkamp quant à eux passent en revue les contraintes auxquelles le secteur manufacturier est confronté en Afrique subsaharienne dans le contexte de la baisse de la part de l'industrie manufacturière dans la valeur ajoutée mentionnée dans la partie 1. Leur chapitre décrit les cadres analytiques de la *complexité économique et de l'espace produit*. L'approche analytique retenue s'attache principalement à décrire le développement et la transformation structurelle au niveau national en tant que processus d'accumulation des capacités productives permettant aux pays de créer des produits de plus en plus complexes. Les pays disposant de capacités productives plus performantes sont en mesure de fournir des produits plus complexes. Les pays qui fabriquent des produits manufacturés, c'est-à-dire qui sont bien positionnés au niveau *des espaces produit. et* qui bénéficient d'un indice de valeur d'opportunité élevé ont tendance à être plus complexes que les autres. Leurs structures productives autorisent un passage plus aisé vers la diversification dans de nouveaux produits manufacturés. L'analyse montre qu'en règle générale, les pays africains n'ont pas subi de transformation structurelle induite par la production. Néanmoins, l'analyse met en avant l'hétérogénéité de l'expérience africaine puisque certains pays du continent affichent une croissance dans leurs secteurs manufacturiers. L'étude indique que le processus de transformation structurelle est dépendant de la trajectoire empruntée. Cela signifie que les capacités de production intrinsèques à la structure d'exportation d'un pays influencent l'aptitude de ce dernier à déplacer sa production vers une activité manufacturière accrue.

Dans le chapitre 6, Bhorat, Chelwa, Naidoo et Stanwix étudient la notion selon laquelle la richesse des ressources naturelles est associée à des niveaux élevés d'inégalité au sein d'un pays. Ils passent en revue les récents progrès économiques enregistrés en Afrique, plus particulièrement dans le domaine des industries extractives, et s'intéressent à l'état de l'inégalité en vue de comprendre comment les pays fortement tributaires de l'extraction des ressources naturelles risquent d'être confrontés à des inégalités croissantes. Pour ce faire, ils s'appuient sur des données transnationales et des études de cas spécifiques. Les données suggèrent qu'il n'existe pas globalement de lien clairement établi entre la dépendance à l'égard des ressources et l'inégalité, sur la base des mesures indirectes standard et étendues. Cependant, les caractéristiques spécifiques de la croissance dépendante des ressources présentent des risques évidents d'inégalité, mis en avant dans le chapitre. Ceux-ci sont exposés plus en détail après un examen de la littérature dans ce domaine. Le chapitre conclut à l'existence de raisons valables de s'inquiéter du schéma de croissance et des risques que la dépendance à l'égard des industries extractives peut engendrer.

Au chapitre 7, Odusola analyse dans quelle mesure une politique budgétaire et un programme de redistribution élargi sont susceptibles de contribuer à réduire les inégalités dans les années à venir. La crise que le monde traverse aujourd'hui en matière d'inégalité (les individus les plus riches au monde, qui représentent 1 % de la population mondiale, détiennent plus de richesses que le reste des habitants de la planète réunis) remet en cause l'efficacité des politiques budgétaires, en particulier s'agissant des impôts et des choix de dépenses, qui visent en même temps à favoriser l'efficacité économique et à réduire les disparités de revenus. Ce chapitre fait valoir que l'inégalité est un sous-produit des impôts régressifs, des structures salariales rigides et des investissements inadéquats dans l'éducation, la santé et la protection sociale en faveur des groupes vulnérables et des populations marginalisées. Voici quelques-unes des principales conclusions du chapitre :

- L'Afrique reste l'une des régions du monde dans laquelle les inégalités sont les plus marquées, étant donné qu'elle abrite 10 des 19 pays les plus inégalitaires de la planète. Les niveaux d'inégalité élevés à travers le continent posent un sérieux défi à la réalisation de l'objectif primordial de « ne laisser personne de côté » à l'horizon 2030.

- Bien que les recettes fiscales en pourcentage du PIB aient augmenté au fil du temps à l'échelle du continent, passant de 14,4 % entre 1991 et 1995 à 16,4 % entre 2006 et 2010, elles demeurent faibles par rapport à celles des pays développés et des pays d'Asie occidentale. Cela affecte le montant des ressources publiques disponibles pour les programmes de redistribution tels que la protection sociale.

- Au regard des données provenant de la Base de données mondiale normalisée sur les inégalités de revenus (SWIDD), de nombreux pays ont connu une érosion de l'impact de leurs politiques budgétaires sur la répartition. Par exemple, sur les 47 pays pour lesquels des données sont disponibles, 29 pays ont enregistré une baisse de l'efficacité de la répartition de leurs politiques budgétaires.

- Les impôts sont généralement régressifs en Afrique ; la relation positive entre la variable fiscale et le coefficient de Gini est statistiquement significative.

- Tous les pays africains ayant un ratio des recettes au PIB supérieur ou égal à 20 % (à l'exception de l'Algérie, du Maroc et des Seychelles) se caractérisent par une inégalité de revenus (marché et coefficients de Gini) supérieure à 0,5.

- La mise en œuvre des subventions et des transferts en espèces favorise l'égalité de la répartition et sa relation aux inégalités de revenus est statistiquement établie à un niveau de signification de 1 %.

- La croissance du PIB semble être un facteur égalisateur. Une augmentation de la croissance économique de 1 % réduit l'inégalité de 0,45 % – avec un impact plus important des secteurs manufacturier et agricole que celui du secteur des services.

- L'élargissement du taux de compression des salaires est un moteur d'inégalité important à travers le continent. La promotion d'une fiscalité progressive et l'amélioration de l'efficacité de la protection sociale et de l'efficacité distributive des politiques budgétaires sont essentielles pour remédier aux disparités de revenus en Afrique.

Le chapitre 8, rédigé par Bhorat, Cassim, Ewinyu et Steenkamp, complète l'analyse du chapitre précédent. Il examine en détail dans quelle mesure l'expansion actuelle des programmes d'aide sociale et, à un degré moindre, d'assurance sociale qui ont généré d'importants effets de redistribution dans les pays de l'OCDE et de l'Amérique latine peut être étendue à des économies dotées d'un important secteur agricole de subsistance, difficile à atteindre. Ce chapitre montre que les taux de croissance élevés du PIB en Afrique ne se sont pas traduits par une augmentation des dépenses consacrées à la protection sociale. Il établit empiriquement une corrélation positive entre les dépenses de protection sociale et la présence d'un régime démocratique, suggérant par-là que les régimes démocratiques pourraient être plus susceptibles que les autres d'augmenter lesdites dépenses. Deuxièmement, en ce qui concerne le revenu, il apparaît que les pays à revenu intermédiaire (PRI) de la tranche supérieure en Afrique sont ceux qui dépensent le plus en faveur de la protection sociale, en comparaison avec les pays à revenu intermédiaire de la tranche inférieure et les pays à faible revenu (PFR). Enfin, les auteurs concluent que les pays non tributaires des ressources naturelles allouent à leurs dépenses de protection sociale un budget supérieur à celui des pays dépendants des ressources. Bien que le chapitre conclue à l'absence de clarté dans la relation entre les dépenses de protection sociale et la réduction des inégalités, il constate qu'une corrélation positive peut être observée entre la couverture assurée par les systèmes de travail et de protection sociale et la réduction des inégalités. En outre, le chapitre attribue un indice de protection sociale à l'Afrique subsaharienne évalué au moyen de l'assimilation d'une variété de sous-indicateurs hétérogènes regroupant les résultats obtenus pour la protection sociale en une seule mesure. Les avancées enregistrées sur le front de la réduction de l'inégalité sont plus substantielles dans les pays de l'Afrique subsaharienne que dans les pays qui n'en font pas partie. Par conséquent, cet indice suggère qu'il est utile de disposer d'un large éventail de programmes de travail et de protection sociale, car ceux-ci entraînent une réduction globale des inégalités. Enfin, ce chapitre procède à une analyse économétrique qui réitère les constatations antérieures concernant l'importance d'une couverture ciblant les pauvres. En effet, il a été démontré qu'en règle générale, l'extension de la couverture du quintile le plus pauvre de la population conjuguée à une augmentation de la valeur unitaire des transferts est corrélée de manière significative et positive à la réduction des inégalités.

Les trois derniers chapitres de la partie 2 traitent de problèmes qui sont nettement spécifiques à l'Afrique subsaharienne et ont une incidence sur les inégalités, à savoir l'impact de la croissance rapide de la population, les effets d'un nombre en baisse mais encore élevé de conflits ethniques et le rôle du développement humain, afin d'expliquer la dynamique de l'inégalité de revenus dans cette région.

Le chapitre 9, co-écrit par Odusola, Mugisha, Workie et Reeves, examine la relation entre la croissance démographique et l'inégalité. La population africaine devrait presque quadrupler en passant de près de 1,19 milliard d'individus en 2015 à 4,39 milliards d'habitants à l'horizon 2100. Elle représenterait alors 39,12 % de la population mondiale, contre 16,14 % en 2015. Contrairement à la plupart des régions du monde, l'Afrique n'a pas encore amorcé la transition de la fécondité. Entre 2000 et 2014, son taux de fécondité moyen était de 5,4 contre 1,6 pour l'Europe et l'Asie centrale et 1,7 pour l'Asie de l'Est et le Pacifique. Même si le taux de fécondité atteint le niveau de renouvellement des générations, avec une moyenne de deux enfants par femme, la population continuera de croître, en raison de l'augmentation du nombre de jeunes.

La forte croissance démographique dans un contexte de fortes disparités de revenus, accompagnée dans une certaine mesure d'une tendance à la baisse des inégalités exige une analyse approfondie du lien entre population et inégalité de revenus. De la Croix et Doepke (2002) soutiennent que les familles pauvres ont tendance à avoir beaucoup d'enfants et sont plus enclines à investir le moins possible dans leur éducation. Le taux de fécondité par l'accumulation de capital humain est l'un des mécanismes de transmission qui relie l'inégalité à la croissance. La relation entre la croissance démographique et l'inégalité, représentée sous la forme d'une « bosse », vient étayer la relation entre inégalité, population et croissance économique. Cependant, Deaton et Paxson (1997) ont eu recours à une théorie du cycle de vie pour affirmer que la baisse des taux de croissance de la population induit une redistribution sur le plan démographique vers des cohortes plus âgées et plus inégales et peut, de ce fait, renforcer l'inégalité au niveau national. D'une manière non conventionnelle, Campante et Do (2006) prétendent que les pays les plus peuplés tendent à être les moins inégalitaires. Les deux mesures de l'inégalité (coefficient de Gini et part du revenu détenue par les 40 % les plus pauvres de la population) semblent indiquer que les pays ayant des taux de fécondité supérieurs ont tendance à avoir des niveaux d'inégalité plus faibles. Par exemple, tous les pays pour lesquels des données sont disponibles et qui ont enregistré un taux de fécondité de 6 enfants par femme (Burundi, Mali, Niger, Nigéria, République du Congo, République-Unie de Tanzanie et Tchad) affichent un coefficient de Gini inférieur à 0,44. Cependant, la plupart des pays de l'Afrique subsaharienne situés à un stade de transition démographique avancé (par exemple, l'Afrique du Sud, le Botswana, la Namibie et les Seychelles) présentent des coefficients de Gini supérieurs à 0,6, alors que seuls Cabo Verde et Maurice ont enregistré des coefficients de Gini équivalents à ceux des pays à fécondité élevée. La corrélation entre le taux de pauvreté et les variables démographiques est positive.

La relation entre les inégalités et les conflits en Afrique est au centre du chapitre 10, rédigé par Odusola, Bandara, Dhliwayo et Diarra. Les inégalités et la pauvreté constituent des facteurs importants de l'exclusion sociale, tandis que les conflits, les troubles sociaux et l'instabilité en sont la manifestation. Les inégalités et les conflits créent un cercle vicieux qui tend à se perpétuer et à propager le sous-développement. Le risque de conflit est plus élevé dans les pays pauvres et inégalitaires que dans les pays riches et moins inégalitaires. L'Afrique figure parmi les continents qui ont été les plus exposés aux luttes armées au cours des dernières décennies, mais l'intensité des affrontements y est aujourd'hui en baisse. L'Afrique subsaharienne comptabilisait 55 % des conflits mondiaux en 2002, mais ce chiffre est tombé à 24 % en 2011. Néanmoins, 11 des 20 pays où la probabilité de conflits est la plus forte se trouvent actuellement en Afrique. L'intensité des inégalités représentée par le pourcentage du revenu dont disposent les 10 % les plus pauvres par rapport aux 10 % les plus riches de la population tend à être corrélée positivement aux divers indicateurs liés aux conflits, en particulier au niveau des griefs collectifs. Le nombre de personnes en situation de pauvreté multidimensionnelle, l'intensité de la pauvreté multidimensionnelle et l'importance de la population souffrant de privations multidimensionnelles sévères déterminent également les différents types de mesures applicables aux conflits. La plupart des pays dont le taux de pauvreté dépasse 60 % connaissent également des conflits graves ou intenses, comme le Burundi, le Nigéria, la République centrafricaine et la République démocratique du Congo. Si le coefficient de Gini a un effet significatif mais négatif sur les conflits tels que mesurés par le nombre de décès par habitant, il a peu d'incidence sur le nombre de morts. La démocratie se traduit également par un effet négatif important sur les conflits. Le PIB par habitant a quant à lui un effet significatif mais négatif sur les conflits dès lors que le nombre de décès par habitant sert de variable dépendante, mais son incidence est moindre si l'on se fonde sur le nombre de décès. Cette constatation confirme la conclusion d'Odusola (2015) selon laquelle tous les pays dont la part du revenu national affectée au quintile le plus pauvre était inférieure à 4 % entre 1980 et 2000 étaient des pays d'Afrique australe non sujets à des conflits (Afrique du Sud, Botswana, Lesotho, Namibie, Seychelles et Zambie).

Le chapitre 11, composé par Mukherjee, Lusigi, Kamwendo et Bonini, passe en revue la relation bidirectionnelle entre développement humain et inégalités. Comme nous l'avons vu dans la partie 1, non seulement les améliorations en termes de santé et d'éducation parmi les pauvres sont souhaitables en soi, mais il a été démontré dans plusieurs cas qu'elles étaient à même de réduire les inégalités de revenus et de consommation. À l'inverse, une hausse des inégalités de revenus et de consommation rend le développement humain plus problématique, car les segments de la population à faible revenu ne peuvent pas supporter les coûts privés de l'accès aux systèmes de santé et d'éducation, à l'eau, à l'assainissement et à un logement décent. L'Afrique subsaharienne a vu son indice de développement humain (IDH) progresser plus rapidement que n'importe quelle autre région du monde depuis 2000, au rythme de 1,68 % entre 2000 et 2010 et de 0,94 % entre 2010 et 2014. Cette hausse a été particulièrement remarquable dans certains pays, comme en Éthiopie, au Mozambique ou au Rwanda. Cela signifie que les gens mènent désormais une vie plus longue, plus saine et plus créative, qu'ils sont mieux informés et qu'ils ont accès aux ressources nécessaires pour s'assurer un niveau de vie décent. Cependant, il existe des différences significatives dans le développement humain des femmes et des hommes. Les privations de santé et d'éducation sont plus criantes dans les zones rurales que dans les zones urbaines, et les inégalités existent aussi dans l'accès à l'information et à la technologie. Dans le même temps, les progrès observés ont été inégaux entre les pays et les différents groupes socioéconomiques, et de graves cas de dénuement humain subsistent.

L'inégalité de revenus renforce les inégalités en matière de santé, d'éducation, d'emploi, de participation politique et de sécurité. Ces inégalités qui se chevauchent perpétuent l'exclusion et la privation tout au long de la vie et se transmettent d'une génération à l'autre. En Afrique subsaharienne, la perte de développement humain potentiel due aux inégalités s'établit à 33 %. Elle est supérieure à 25 % en Asie du Sud et dans les États arabes. La différence entre l'IDH et l'IDH ajusté aux inégalités (IDHI) est supérieure à 40 % dans quatre pays (Comores, Namibie, République centrafricaine et Sierra Leone) et comprise entre 30 % et 40 % dans 35 autres pays. C'est dans le domaine de l'éducation que les inégalités sont les plus élevées, de l'ordre de 27 %, suivi par celui du revenu, à 24 %, et de la santé, à 17 %. Les moteurs sous-jacents de l'inégalité en termes de capacités humaines comprennent : la participation inégale à la vie politique et économique ; l'accès inégal aux ressources économiques, financières et naturelles ; l'absence de sécurité humaine et le manquement aux droits de l'homme ; et les résultats et opportunités inéquitables pour les femmes par rapport aux hommes. Il existe une relation négative entre le développement humain et l'inégalité de genre en Afrique. Les pays où ces inégalités sont généralement faibles (Libye, Maurice et Tunisie, par exemple) ont tendance à avoir des niveaux de développement humain plus élevés, tandis que ceux qui affichent de fortes inégalités en la matière (Mali, Niger, République centrafricaine, République démocratique du Congo et Tchad) affichent souvent des niveaux inférieurs de développement humain.

La partie 3 présente les résultats des études de cas de pays concernant l'évolution de l'inégalité entre 1991 et 2011 (ou sur des périodes comparables). Au chapitre 12, Cornia et Martorano analysent l'évolution de l'inégalité et de son déterminant dans l'économie agraire très dualiste du Malawi. Pour ce faire, ils ont recours à une série de décompositions des variations au fil du temps du coefficient de Gini de la consommation totale des ménages par habitant par principaux secteurs de production (agriculture, industrie manufacturière et autres) ainsi qu'au le nouvel ensemble de données de l'Organisation pour l'alimentation et l'agriculture des Nations Unies (FAO) et de la Banque mondiale. Ils utilisent aussi à cet effet des données provenant de diverses sources nationales et internationales, dont des ensembles de données de la FAO et de la Banque mondiale. L'inégalité a augmenté entre 1968 et la fin des années 1980 en raison du modèle de développement agricole axé sur les exportations adopté par le régime Banda, lequel a privilégié le secteur foncier et les exploitations de taille moyenne, créant ainsi un « dualisme dans le dualisme » qui a exacerbé l'inégalité héritée de l'ère coloniale. En revanche, entre le début des années 1990 et le milieu des années 2000, l'inégalité a diminué, notamment à la suite de l'adoption du programme Starter Pack, qui a permis à tous les petits exploitants, y compris les plus pauvres, de recevoir des semences et des engrais largement subventionnés. Ce programme a finalement été remplacé par un programme moins bien ciblé, alors que l'inégalité augmentait entre 2004 et 2011. En appliquant une micro-décomposition de la variation globale du coefficient de Gini, le chapitre montre qu'un des principaux moteurs de l'augmentation récente de l'inégalité a été la transition structurelle sous-optimale de l'économie, d'une agriculture de rente caractérisée par de faibles niveaux d'inégalité vers des secteurs à forte inégalité, tels que la production animale, le commerce, les transports et les services formels en milieu rural comme en milieu urbain. L'augmentation de l'inégalité est également imputable à la baisse de la part de la valeur ajoutée de la production manufacturière à forte intensité de main-d'œuvre dans la production totale, qui a été induite entre autres par la libéralisation du commerce et la baisse correspondante du taux moyen des droits de douane.

Le chapitre 13 est consacré à l'exposé de Cornia et Martorano sur l'évolution de l'inégalité en Éthiopie entre 1991 et 2011. Ce pays a en effet connu, au cours de cette période, une croissance rapide de son PIB, une augmentation de 6 % de sa production agricole, un niveau d'inégalité faible et relativement stable, et une baisse de la pauvreté. Un élément clé du succès de l'Éthiopie a été l'adoption en 1995 d'une politique d'industrialisation fondée sur le développement agricole, qui définit l'augmentation des rendements des terres cultivées comme une condition préalable à tout processus d'industrialisation, d'urbanisation et de développement réussi, et a des effets distributifs favorables, compte tenu du régime de partage des terres équitable pratiqué au niveau du pays. Le gouvernement a promu un modèle de développement axé sur l'agriculture, porté par le marché, assisté par l'État et régionalement décentralisé. Ce modèle a permis de moderniser les institutions rurales, d'améliorer la diffusion des intrants, de favoriser la diversification des cultures, d'adopter des politiques fiscales et de dépenses progressives, et d'instaurer le Programme de filets de protection sociale productifs (Productive Safety Net Programme). Cela a permis de réduire la pauvreté rurale de deux points de pourcentage. Il a également autorisé le lancement de travaux publics urbains et de programmes de construction de logements qui ont donné lieu à la création de 1,1 million d'emplois. En dépit de ces avancées, la structure de production a évolué lentement au cours des deux dernières décennies, alors que les travailleurs désertant l'agriculture se sont retrouvés principalement engagés dans des services non marchands à forte intensité de compétences ou dans le secteur informel, inégalitaire. Jusqu'en 2011, l'emploi dans l'industrie manufacturière a enregistré une augmentation lente, bien qu'il semble avoir progressé entre 2012 et 2014 en raison d'une hausse de l'investissement direct étranger dans ce secteur. En conséquence, le coefficient de Gini urbain a enregistré une hausse de 10 points durant les années 1995-2005. Les résultats des micro-décompositions des variations du coefficient de Gini suggèrent qu'au cours de la période 2005-2011, les investissements publics dans l'éducation ont entraîné une augmentation progressive de l'offre en main-d'œuvre qualifiée et une diminution de la prime à la compétence, ce qui a permis, avec le lancement d'un grand programme de travaux publics urbains, de réduire les inégalités de six points.

En revanche, le coefficient de Gini rural a fluctué entre 0,26 et 0,28 pendant toute la période considérée. Le pays est toutefois confronté à un dilemme crucial, car la taille de ses exploitations est déjà trop petite pour faire vivre une famille et prendre en charge de nouveaux arrivants sur le marché du travail. Malgré une baisse de deux points de l'indice synthétique de fécondité (ISF) au cours des 20 dernières années, la lenteur du déclin du taux de croissance démographique demeure un défi qui exige la mise en œuvre de mesures supplémentaires pour réduire la fécondité, car les migrations vers les villes et à l'étranger ne régleront pas le problème de pénurie de terres. Les décompositions microéconomiques réalisées au chapitre 13 montrent que l'exposition au risque de pauvreté rurale est déterminée par les facteurs suivants : l'emploi du chef de ménage dans l'administration publique ; le commerce et la production rurale ; le faible taux de dépendance ; la propriété de la terre et du bétail ; et le niveau d'instruction (primaire et secondaire) du chef de ménage. Des progrès considérables sont encore nécessaires dans tous ces domaines. Malgré les limitations importantes décrites ci-dessus, l'expérience éthiopienne en matière de développement entre 1995 et 2011 constitue un exemple de la rapidité avec laquelle la croissance peut se produire dans un pays pauvre où les inégalités sont faibles et stables, et où la pauvreté recule rapidement.

Le chapitre 14 rédiger par Odusola, Lal, Dhliwayo, Sabo et Neuhaus présente une analyse comparative des moteurs de l'inégalité de revenus au Burkina Faso, au Ghana et en Tanzanie. Chacun de ces trois pays se caractérise par une tendance unique en termes d'inégalité : inégalité croissante (Ghana) ; inégalité en baisse (Burkina Faso) ; et inégalité en forme de U inversé (∩) (Tanzanie). La comparaison des expériences des pays selon les catégories d'inégalité offre la possibilité de saisir les particularités et les contextes propres à chaque groupe. Ces trois pays ont considérablement réduit leur taux de pauvreté par rapport aux autres contrées de l'Afrique subsaharienne, mais seul le Ghana a réussi à atteindre l'objectif des OMD de réduire de moitié la pauvreté à l'horizon 2015 (évaluée sur la base du seuil international de pauvreté de 1,90 dollar US par jour). Le Ghana est parvenu à faire reculer son taux de pauvreté national de 57,2 % entre 1992 et 2012, soit trois ans avant la date butoir. Viennent ensuite le Burkina Faso (47,4 % entre 1994 et 2014) et la Tanzanie (33,8 % entre 1991 et 2011). Selon les normes de l'Afrique subsaharienne, les trois pays ont obtenu de bons résultats en matière de réduction de la pauvreté. Le Burkina Faso reste l'un des rares pays africains qui ont réussi à réduire l'inégalité de revenus pendant environ deux décennies consécutives. En Tanzanie, l'inégalité a commencé à baisser en 2007 alors qu'elle a augmenté au Ghana depuis 1987. C'est aussi au Burkina Faso que l'écart des revenus entre les 40 % les plus pauvres de la population et les 10 % les plus riches est le plus élevé, suivi par la Tanzanie et le Ghana.

La dichotomie entre les économies rurales et urbaines et les différentes régions, ainsi que dans la répartition des installations socioéconomiques et physiques (par exemple l'électricité, l'eau et l'assainissement, les centres de santé et les écoles rurales) sont à l'origine des disparités dans ces trois pays. Trois facteurs expliquent le faible pouvoir de réduction de la pauvreté associé à la croissance au Burkina Faso : croissance basée sur des secteurs à faible capacité de création d'emplois ; faible productivité par travailleur dans le secteur primaire ; et augmentation démographique de plus de 3 % par an. Le Ghana a connu des déplacements d'emplois de l'agriculture (secteur favorisant l'atténuation des inégalités) au profit du secteur des services (secteur inégalitaire), qui s'est considérablement développé et représentait en 2014 plus de 50 % du PIB. Les politiques budgétaires au Burkina Faso sont progressives, ce qui explique que la répartition budgétaire y soit plus efficace et le coefficient de Gini plus faible (et en recul) par rapport au Ghana et à la Tanzanie, où les politiques budgétaires sont considérées comme régressives. Au Ghana, l'éducation contribue à combler le fossé des inégalités, notamment en ce qui concerne le taux d'inscription des filles dans l'enseignement secondaire. Le taux de compression des salaires représente à lui seul 33,6 % des variations de l'inégalité de revenus parmi les neuf pays sélectionnés (dont le Burkina Faso, le Ghana et la Tanzanie)[4]. L'accroissement de la productivité agricole joue un rôle essentiel dans la réduction des inégalités, et la transition démographique semble être associée à des niveaux plus élevés d'inégalité dans les trois pays. Le rôle des transferts de fonds et de l'APD varie d'un pays à l'autre ; il est déterminant au Burkina Faso. D'autres facteurs expliquent ces différences, notamment : le chômage ; le niveau de développement du secteur privé ; l'ampleur de la corruption et de la mainmise des élites sur l'État ; le niveau d'accès aux services sociaux ; la disparité dans l'accès à la terre ; et l'inégalité de genre dans l'accès aux opportunités économiques et sociales.

Au chapitre 17, les auteurs de l'ouvrage présentent leurs conclusions, leurs recommandations en matière de politique et leurs suggestions pour des travaux ultérieurs. Ils expliquent que pour atteindre les objectifs d'élimination de la pauvreté et de réduction des inégalités dans le cadre des ODD, et pour que la conception des politiques s'appuie de plus en plus sur des données probantes, les bureaux nationaux de statistique et les agences internationales doivent augmenter massivement leurs efforts pour produire des informations sur les inégalités, et notamment celles qui sont liées au genre et à l'origine ethnique. En effet, la base informationnelle requise pour la formulation des politiques reste sensiblement plus faible en Afrique subsaharienne que dans d'autres régions en développement. Le chapitre aborde également les questions stratégiques clés, ayant trait aux éléments suivants : la modernisation de l'agriculture, notamment l'accélération des rendements et de la productivité par travailleur ; la promotion des chaînes de valeur en faisant de l'agriculture et de l'industrie extractive les piliers de l'industrialisation ; l'utilisation des ressources engrangées grâce à l'envolée des prix des produits de base pour diversifier l'économie ; la nécessité de fournir une protection sociale solide parallèlement à la transition démographique, d'accroître le capital humain et d'en améliorer la répartition ; et l'adoption de politiques macroéconomiques qui inversent le processus de

---

[4] Les autres pays concernés sont le Bénin, la Côte d'Ivoire, le Niger, le Nigéria, le Mozambique et le Togo.

désindustrialisation à l'œuvre depuis deux décennies. Il est vital d'augmenter la productivité, d'améliorer les conditions de travail dans le secteur informel et de veiller à ce que les ressources socioéconomiques et matérielles soient réparties équitablement entre les régions, et entre les zones urbaines et rurales, afin de combler les disparités de revenus. Il est essentiel d'étendre les interventions favorisant l'égalité de l'accès à la protection sociale aux groupes exclus et marginalisés en vue d'accélérer les progrès sur le front des ODD et de l'égalité. Enfin, le chapitre note que pour mieux appréhender les tendances relatives à l'inégalité en Afrique subsaharienne comme dans d'autres régions du monde, il convient de comprendre en profondeur la nature des mouvements politiques qui mènent à une véritable démocratie et à la réduction de la corruption, ainsi que l'orientation stratégique des politiques distributives et leur impact sur l'inégalité.

1.5 Questions requérant une attention particulière

Comme mentionné précédemment, cet ouvrage pourrait constituer la première tentative de rendre compte des niveaux et des tendances relatifs à l'inégalité de la consommation moyenne des ménages par habitant dans toute la région. Il apporte également d'importantes contributions, à travers ses commentaires détaillés sur les lacunes des données existantes se rapportant aux inégalités comparables entre pays, ses propositions de stratégies pour y remédier et ses suggestions pour améliorer la qualité des données sur les inégalités. Un large panel d'experts du PNUD, issus notamment de l'équipe d'économistes du Bureau régional pour l'Afrique et comprenant des consultants indépendants possédant des compétences complémentaires ont participé à la préparation de cet ouvrage, qui a permis d'aborder un grand nombre de questions liées au problème de l'inégalité dans la région. Il s'agit là d'une réalisation importante, qui doit toutefois être complétée par d'autres travaux d'analyse dans les années à venir. Bien que de nombreuses idées clés susceptibles d'orienter la formulation de politiques aient été évoquées dans le présent ouvrage, il reste encore un certain nombre de questions qui méritent d'être examinées de plus près. En effet, ces questions n'ont pas été traitées de manière adéquate dans notre analyse faute de données chronologiques, du fait que la théorie économique et sociale dans ces domaines en soit encore à ses débuts et que les relations varient considérablement d'une sous-région à l'autre.

Certaines questions devront faire l'objet d'une plus grande attention lorsqu'un plus grand nombre de données seront disponibles, notamment : l'incidence des prix des produits alimentaires sur l'inégalité et une étude plus détaillée des effets induits par les divers types d'APD et les transferts en espèces sur l'inégalité et la réalisation des ODD ; la ventilation détaillée de l'impact de l'évolution des structures économiques vers l'industrialisation et certains sous-secteurs de services, ainsi qu'un cadre analytique explicite montrant la façon dont la lutte contre les inégalités peut accélérer la réalisation des ODD, en s'appuyant sur les propositions émises dans le présent ouvrage. Bon nombre de ces préoccupations ont été incluses dans les comptes rendus du livre et traitées quantitativement, mais il est difficile d'en tirer des conclusions, car certaines hypothèses ne peuvent pas être testées d'un point de vue économétrique en raison des limitations liées aux données.

D'autres aspects essentiels de l'inégalité et leur impact sur le bien-être ont été abordés de façon marginale. Le premier concerne l'inégalité de genre, laquelle, comme mentionné précédemment, est une source essentielle de polarisation du bien-être qui n'est pas prise en compte dans les enquêtes d'opinion sur les revenus et les dépenses des ménages, qui sont pourtant des outils d'enquête standard et largement utilisés. Bien qu'il y ait de nombreuses micro-études ciblées qui examinent l'inégalité hommes-femmes dans des contextes spécifiques, sur la base d'échantillons plus modestes, il existe peu de bases de données suffisamment étoffées sur l'inégalité entre les bénéficiaires de revenus ou en matière de consommation selon le genre et l'âge. Les dossiers administratifs contenant des informations portant notamment sur l'accès à la santé, à l'éducation et à la représentation politique comblent en partie ce vide statistique et montrent que la discrimination fondée sur le genre a généralement baissé en termes d'accès aux services de base. Cependant, comme l'indiquent les chapitres 12, 13 et 14 qui concernent le Malawi, l'Éthiopie, le Burkina Faso, le Ghana et la Tanzanie, les preuves tangibles disponibles (y compris en termes d'incidence sur le bien-être des ménages dirigés par une femme dans les micro-décompositions de l'inégalité) montrent aussi que la discrimination économique n'a guère changé et pourrait même avoir augmenté. Par conséquent, si les effets généraux de la discrimination fondée sur le genre sont évidents et ont été inclus dans l'analyse, les problèmes liés aux données ont empêché la constitution d'une documentation clairement établie de l'évolution de l'inégalité de genre au fil du temps.

Une deuxième série de déterminants de l'inégalité qui n'a pas fait l'objet d'un traitement approprié dans le présent ouvrage concerne la relation circulaire entre la croissance démographique, la durabilité environnementale et l'inégalité de revenus. Cela est dû, encore une fois, au manque de données compilées sur la répartition des ressources environnementales, mais aussi à des questions théoriques épineuses. En effet, il arrive souvent que les effets de la dégradation de l'environnement imputable à la surpopulation ou à une répartition inégale des ressources se manifestent pleinement de manière tardive. Il est donc difficile de mesurer avec précision l'effet quantitatif de l'impact de la croissance démographique sur la dégradation de l'environnement et l'inégalité à long terme. Plusieurs études de cas ont largement consigné cette relation, comme au Niger par exemple (Cornia et Deotti, 2014) et dans d'autres cas extrêmes, mais celle-ci reste toutefois difficilement appréhendable à l'échelle de l'ensemble de l'Afrique subsaharienne, et mériterait de faire l'objet d'une analyse bien structurée.

Enfin, contrairement aux analyses menées sur les changements apportés aux schémas des inégalités dans d'autres régions (voir Cornia 2014 sur la forte baisse de l'inégalité à la faveur de l'avènement de la nouvelle gauche en Amérique latine depuis 2002), le débat sur les changements de politiques introduits depuis 1991 exige une analyse détaillée des caractéristiques des régimes politiques concernés et de l'orientation politique des gouvernements qui ont initié des réformes politiques progressistes. Si plusieurs chapitres de ce livre soulignent la diminution des conflits et l'expansion de la démocratie depuis 1995, d'autres études (Stewart, 2014) suggèrent que le favoritisme à l'égard de certains groupes ethniques est toujours d'actualité. En outre, rapport de 2015 établi par de Transparency International en collaboration avec Afrobaromètre estime qu'au moins 75 millions de personnes ont eu recours à des pots-de-vin, notamment pour avoir accès à des services de base fournis par l'État, et qu'il existe un sentiment largement répandu de la montée de la corruption. En résumé, il reste encore à démontrer que le processus de démocratisation en marche a favorisé une meilleure prise en compte des droits fondamentaux des citoyens dans la région et conduit à l'élection de gouvernements moins centrés sur l'appartenance ethnique et plus universalistes et progressistes. Le présent ouvrage ne donne pas une image claire des politiques et des principes d'économie politique à l'œuvre dans les récents changements introduits en matière de politiques publiques au sein des pays ayant mis en place une fiscalité plus progressive, des transferts en espèces, des services sociaux améliorés, des infrastructures en appui à la modernisation agricole dans un contexte de répartition équitable des terres et d'autres mesures distributives progressistes. Des travaux supplémentaires dans ces domaines sont par conséquent nécessaires, notamment de la part de spécialistes en sciences politiques possédant une bonne connaissance des systèmes politiques africains.

RÉFÉRENCES

Autres références :

Alesina, Alberto et Dani Rodrik (1994). Distributive politics and economic growth. *Quarterly Journal of Economics* 109 (2) : 465–90.

Anyanwu, J.C., A.E.O. Erhijakpor et E. Obi (2016). Empirical analysis of the key drivers of income inequality in West Africa. *African Development Review*, 28(1), pp.18-38.

Banerjee, Abhijit V. et Andrew F. Newman (1993). Occupational choice and the process of development. *Journal of Political Economy*, 101 (2), p.274–98.

Berardi, N. et F. Marzo (2015). The elasticity of poverty with respect to sectoral growth in Africa. *The Review of Income and Wealth*. Disponible sur : http://onlinelibrary.wiley.com/doi/10.1111/roiw.12203/abstract

Birdsall, Nancy (2006). The World Is Not Flat: Inequality and Injustice in our Global Economy. Helsinki : Institut mondial pour la recherche en économie du développement.

Blattman, C., J.C. Jamison et M. Sheridan (2015). Experimental evidence from cognitive behavioral therapy in Liberia. Disponible sur : www.nber.org/papers/w21204.

Bourguignon, François (2003). The growth elasticity of poverty reduction: explaining heterogeneity across countries and time periods. In Eicher T. et S. Turnovsky, éd. Inequality and Growth, Theory and Policy Implications. Cambridge : The MIT Press.

Campante, F.R. et Q. Do (2006). Inequality, Redistribution and Population. Department of Economics. Disponible sur : http://web.stanford.edu/group/peg/Papers%20for%20call/april06%20papers/Campante.pdf.

Casey, K., R. Glennerster et E. Miguel (2016). Healing the wounds: learning from Sierra Leone's postwar institutional reforms. In Edwards S., S. Johnson et D.N. Weil, éd. (2016). African Successes, vol. I , Government and Institutions, pp. 15-32.

University of Chicago Press. Disponible sur : www.nber.org/chapters/c13387.

Cornia G.A. (2014). Falling Inequality in Latin America: Policy Changes and Lessons. Oxford : Oxford University Press.

Cornia, G. A. et L. Deotti (2014). Milet prices, public policy and child malnutrition: the case of Niger in 2005. *Revue d'économie du développement*, n° 1, p. 5-36.

Deaton, A.S. et C. H. Paxson (1997). The effects of economic and population growth on national saving and inequality. *Demography*, 34(1), pp. 97-114.

De la Croix, D. et M. Doepke (2002). Inequality and Growth: Why Differential Fertility Matters. Disponible sur : http://faculty.wcas.northwestern.edu/~mdo738/research/fertdif.pdf.

Fond monétaire international (2014). Retribution, inequality and growth. FMI, note de synthèse. Ostry J.D., A. Berg et C. G. Tsangarides. Disponible sur : www.imf.org/external/pubs/ft/sdn/2014/sdn1402.pdf.

_____. (2016). Growing apart, losing trust? The impact of inequality on social capital. FMI, document de travail. Gould E.D et A. Hijzen.

Galor, O. et J. Zeira (1993). Income distribution and macroeconomics. *Review of Economic Studies*, 60 (1), pp. 35–52.

Gymah-Brempong, K. (2002). Corruption, economic growth, and income inequality in Africa. *Economics and Governance*, vol 3, p.183-2009.

Hamilton, K., J.F. Helliwell et M. Woolcock (2016). Social capital, trust and well-being in the evaluation of wealth. NBER, document de travail no 22556.

Jenkins, S.P. (2014). World income inequality databases: comparing WIID and SWIID. IZA *Discussion Paper Series* No. 8501. Munich : Institute for the Study of Labour.

Lipton, M. (2009). Land Reform in Developing Countries: Property Rights and Property Wrongs. Londres : Routledge.

Nations Unies, Division de la population (2015). World Population Prospects: Key Findings and Advanced Tables, 2015 Revision. New York.

Ndikumana, L. (2014). Capital flight and tax havens: impact on investment and growth in Africa. *Revue d'Économie du Développement*, 2014/2.

Odusola, A. (2015). Fiscal Space, Poverty and Inequality in Africa. *African Development Review* 29(S1), 1-14.

Perotti, R. (1996). Growth, income distribution, and democracy: What the data say. *Journal of Economic Growth*, 1 (2), pp.149–87.

Programme des Nations Unies pour le développement (2012). *Rapport sur le développement humain en Afrique 2012 – Vers une sécurité alimentaire durable*. New York : PNUD, Bureau régional pour l'Afrique.

_____. (2016). *Rapport sur le développement humain en Afrique 2016 – Accélérer les progrès en faveur de l'égalité des genres et de l'autonomisation des femmes en Afrique*. New York : PNUD, Bureau régional pour l'Afrique.

Rajan, R.G. et L. Zingales (2006). The persistence of underdevelopment: institutions, human capital, or constituencies? CEPR, document de travail 5867, Londres : Centre for Economic Policy Research.

Sachs, J.D., JW. Mcarthur, G. Schmidt-Traub, M. Kruk, C. Bahadur, M. Faye et G. Mccord (2004). Ending Africa's Power Trap. *Brookings Papers on Economic Activity*, 1, pp.117-240. Disponible sur : www.brookings.edu/wp-content/uploads/2004/01/2004a_bpea_sachs.pdf

Santos, P. et C.B. Barrett (2016). The Economics of Asset Accumulation and Poverty Traps. Barrett C.B., M. Carter et J.P. Chavas, éd. Conférence organisée les 28 et 29 juin 2016. University of Chicago Press.

Stewart, F. (2011). Horizontal Inequalities as a Cause of Conflict. A Review of CRISE Findings. World Development Report 2011 Background Paper. Disponible sur : https://openknowledge.worldbank.org/handle/10986/9126

_____. (2014). *Justice, Horizontal Inequality, and Policy in Multi-Ethnic Societies.* In Cornia G.A. et F. Stewart, éd. Towards Human Development: New Approaches to Macroeconomics and Inequality. Oxford : Oxford University Press.

Transparency International (2015). People and corruption: Africa Survey 2015. Disponible sur : www.transparency.org/whatwedo/publication/people_and_corruption_africa_survey_2015

Université des Nations Unies, Institut mondial pour la recherche en économie du développement (2011). Growth, inequality, and poverty reduction in developing countries: recent global evidence. Augustin Kwasi Fosu, document de travail n° 2011/01. Disponible sur : www.wider.unu.edu/sites/default/files/wp2011-001.pdf

Vanhanen T. (2014). FSD1289 Measures of Democracy 1810-2014. University of Tampere. Disponible sur : www.fsd.uta.fi/en/data/catalogue/FSD1289/meF1289e.html

Voitchovsky, S. (2011). Inequality and economic growth. In Brian Nolan, Wiemer Salveddra et Thimothy Smeeding, éd. The Oxford Handbook of Economic Inequality. Oxford : Oxford University Press.

Aperçu des principales évolutions des inégalités de revenus en Afrique subsaharienne depuis le début des années 1990

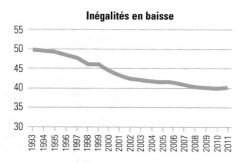

Inégalités en baisse

Inégalités en hausse

Causes traditionnelles des inégalités

- Structure de production
- Agriculture pratiquée par les petits exploitants et sur les grands terrains
- Modernisation rurale, production alimentaire et menace du changement climatique
- Expansion des enclaves minières
- Secteurs urbains formel et informel
- Politiques fiscales et transferts sociaux
- Impact de la démocratisation sur l'ethnicité et les inégalités horizontales et verticales

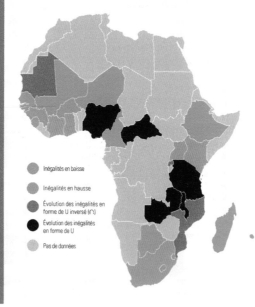

Inégalités en baisse

Inégalités en hausse

Évolution des inégalités en forme de U inversé (∩)

Évolution des inégalités en forme de U

Pas de données

Facteurs non traditionnels ayant une incidence sur les inégalités de revenus

- Amélioration des termes de l'échange
- Accroissement des transferts de fonds
- Flux d'aide, IDE et allégement de dette
- Accélération de la croissance, mais avec une faible élasticité de la réduction de la pauvreté à la croissance

Autres facteurs

- Recul négligeable de l'indice synthétique de fécondité et croissance démographique stable
- Impact distributif du VIH/sida
- Chocs techniques, dont l'existence de technologies à faible coût et hautement divisibles

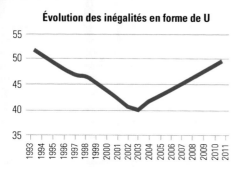

Évolution des inégalités en forme de U

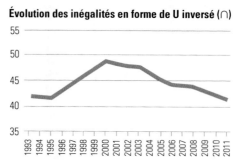

Évolution des inégalités en forme de U inversé (∩)

2

Niveaux, tendances et déterminants des inégalités en Afrique subsaharienne : aperçu des principales évolutions depuis le début des années 1990[1]

GIOVANNI ANDREA CORNIA

2.1 Contexte, motivation et approche

Au cours des 10 dernières années, la question des inégalités a bénéficié d'un regain d'intérêt. En premier lieu, la libéralisation des années 1980 et 1990 s'est traduite dans de nombreux cas par l'accroissement des inégalités. Deuxièmement, des publications de plus en plus nombreuses ont consigné les répercussions néfastes des inégalités sur la croissance à long terme, la pauvreté, la mobilité intergénérationnelle, l'état de santé, le taux de criminalité et la stabilité politique. Troisièmement, l'inclusion des inégalités parmi les Objectifs de développement durable (ODD) a, de fait, ouvert la porte à un examen rapproché des liens entre inégalités, croissance et pauvreté. En effet, comme l'ont démontré Bourguignon (2003) et d'autres, l'élasticité de la réduction de la pauvreté par rapport à la croissance dépend du niveau initial des inégalités et de leur évolution au fil du temps. Par exemple, en Amérique latine, 40 % du déclin de la pauvreté entre 2002 et 2012 était dû à la baisse des inégalités de revenus. Quatrièmement, grâce à une plus grande disponibilité de données d'enquêtes, il est davantage possible aujourd'hui de conduire une analyse des niveaux, des tendances et des déterminants des inégalités que par le passé. De surcroît, de récentes analyses des inégalités en matière d'éducation et de santé ainsi que de la répartition des richesses ont permis de mieux comprendre les interactions entre les inégalités relatives à la richesse, aux revenus, à l'éducation et à la santé. En conséquence, les décideurs prêtent désormais une attention croissante à cette question, y compris en Afrique subsaharienne (SSA), où elle ne bénéficiait encore que d'une attention limitée jusqu'à la dernière décennie.

Les conclusions des publications relatives aux tendances des inégalités mettent en lumière : (i) un creusement des inégalités de revenus au cours des années 1980 et 1990 dans 70 % des 103 pays disposant de données acceptables (Cornia, 2004) ; (ii) une « bifurcation interrégionale » des tendances des inégalités au cours des années 2000, caractérisée par des tendances favorables en Amérique latine, dans quatre pays d'Asie du Sud-Est et dans 17 pays d'Afrique subsaharienne, et défavorables dans le reste des régions en développement et développées (Cornia et Martorano, 2012) ; et (iii) une divergence des tendances des inégalités nationales « au sein de l'Afrique subsaharienne » entre le

[1] L'auteur souhaite remercier Michael Grimm et les économistes du PNUD-RBA pour leurs commentaires sur une version antérieure de ce document ainsi que Bruno Martorano et Chiara Gualdani pour leur aide au cours de l'analyse des tendances et de l'examen des publications.

début des années 1990 et 2011. En effet, les inégalités se sont accrues dans 12 pays (40 % des pays disposant de données), y compris dans de grands pays tels que l'Afrique du Sud, le Ghana et le Nigéria, tandis qu'elles ont chuté dans 17 autres, représentant 60 % du total des pays. Ces proportions s'inversent si l'on tient compte de la taille de la population.

Le présent chapitre a pour objectif de consigner les tendances des inégalités dans la région et d'identifier les facteurs expliquant l'évolution des inégalités entre le début ou le milieu des années 1990 et l'année 2011. Comme la nature des inégalités est contextuelle, ce chapitre commence par un examen de leurs causes traditionnelles. Il se poursuit par une documentation des tendances des inégalités entre 1991 et 2011 fondée sur le nouvel ensemble de données intégré des inégalités pour l'Afrique subsaharienne (*Integrated Inequality Database for SSA* - IID-SSA), présenté au chapitre 16. Il examine ensuite s'il est possible d'imputer les récentes évolutions des inégalités à une intensification de leurs causes structurelles ou à de nouveaux facteurs endogènes, exogènes et politiques. Enfin, il formule des conclusions préliminaires concernant les facteurs ayant contribué aux récentes évolutions des inégalités. Celles-ci seront soumises, au chapitre 17, à un test économétrique portant sur l'échantillon complet des pays et sur des sous-échantillons de pays suffisamment homogènes.

2.2 Conditions initiales : inégalités de revenus après l'indépendance

Avec l'Amérique latine, c'est dans les pays d'Afrique de l'Est et d'Afrique australe, ainsi que dans les économies pétrolières d'Afrique subsaharienne que les inégalités de revenus sont les plus élevées au monde. Avec un coefficient de Gini de 0,74 pour la répartition des revenus par habitant en 1993, la Namibie comptait parmi les trois pays qui affichaient les plus grandes inégalités dans le monde, et elle le demeure aujourd'hui. En revanche, les inégalités sont considérablement inférieures en Afrique de l'Ouest et dans d'autres régions du continent où dominent les régimes fonciers communaux. Quelles étaient les causes des inégalités dans les années 1970 et 1980 ? Une bonne compréhension de celles-ci est indispensable pour expliquer les inégalités d'aujourd'hui, qui dépendent de la trajectoire empruntée par chaque pays.

2.2.1 Structure économique et répartition des revenus suite à l'indépendance et jusqu'en 1990

Au cours des premières décennies suivant l'indépendance, les inégalités de revenus dépendaient principalement de la structure de l'économie, de la répartition des actifs, de leur rendement, et des politiques influençant la redistribution en espèces et en nature. Selon une perspective distributive, l'économie pouvait être divisée en cinq secteurs productifs, chacun présentant des facteurs différents en matière d'intensité, de production par habitant, d'inégalité de revenus et de part du capital dans la valeur ajoutée. Les caractéristiques de ces cinq secteurs sont décrites dans les trois prochaines sous-sections.

2.2.1.1 Une agriculture à la structure dualiste

L'agriculture de subsistance employait jusqu'à 90 % de la main-d'œuvre, comme c'était le cas au Burundi et au Rwanda. Le travail familial dominait, la production se concentrait sur les cultures vivrières et les pratiques agricoles étaient rudimentaires. L'intégration des marchés était faible, car les infrastructures routières étaient inadaptées. Le rendement des terres et la production par habitant étaient également faibles et demeuraient stables ou déclinaient. Le manque de modernisation rurale pouvait s'expliquer, entre autres, par les politiques publiques plus favorables aux milieux urbains. Par exemple, dans les neuf pays analysés par Norton (1987), la part des dépenses publiques destinées aux zones rurales représentait entre 17 % et

49 % de la contribution de ces dernières au produit intérieur brut (PIB), tandis que l'épargne rurale était absorbée au profit des villes et que les termes de l'échange sur le plan intérieur défavorisaient l'agriculture. Les droits fonciers variaient considérablement d'une sous-région à l'autre. Dans l'ouest de l'Afrique centrale, où les terres étaient alors abondantes, un système de propriété foncière communale dominait, la noblesse terrienne était inexistante (Moyo et Yeros, 2007) et les inégalités étaient faibles (tableau 2.1). En revanche, dans les économies d'Afrique de l'Ouest et d'Afrique australe sous colonisation blanche, les petites parcelles familiales, les domaines et les grandes exploitations étaient privés, la concentration des terres était élevée et les salaires ruraux étaient bas.

Cependant, dans ces mêmes nations riches en terres d'Afrique de l'Ouest et d'Afrique centrale, la croissance rapide de la population a progressivement modifié les systèmes agricoles et les régimes fonciers. Sous l'effet de la forte augmentation de la demande alimentaire, la plupart des nouvelles familles qui se constituaient chaque année migraient vers des terres marginales sujettes à l'érosion par le vent et par l'eau. Ce phénomène s'est traduit par un déclin des rendements et de la production et, dans des cas extrêmes, par l'érosion des sols. Ces processus bien consignés, que subissaient le Burundi, l'Éthiopie et le Sahel à une échelle considérable, reflétaient l'incapacité à gérer la transition d'une agriculture itinérante basée sur des terres abondantes à une agriculture sédentarisée requérant une grande quantité d'intrants. Par exemple, dans les années 1980 au Niger, les mauvaises récoltes se produisaient tous les 10 ans, alors qu'elles survenaient tous les deux à trois ans entre 1998 et 2010. Lors des années de mauvaises récoltes, les petits exploitants souffrant d'un déficit de production vendaient leurs terres à perte. Ainsi, les crises alimentaires de plus en plus fréquentes ont abouti à la formation d'une classe d'exploitants de moyenne échelle et d'une classe de travailleurs sans terre (Cornia et Deotti, 2014).

TABLEAU 2.1 Coefficients de Gini moyens de la concentration des terres par type de régime foncier			
Pays où dominent les régimes fonciers communaux	**Coef. Gini terres**	**Pays où dominent les régimes fonciers dualistes des colons blancs**	**Coef. Gini terres**
Burkina Faso (1993)	39,1	Libéria (1971)	68,1
Mali (1960)	45,1	Ouganda (1991)	57,4
Niger (1980)	31,2	Tanzanie (1960)	70,0
Sénégal (1960)	46,7	Zambie (1971)	69,9
Guinée (1989)	45,2	Afrique du Sud (1960)	64,3
Sierra Leone (1970)	42,4	Swaziland (1971)	83,5
Côte d'Ivoire (1974)	41,5	Madagascar (1970)	80,4
Ghana (1970)	53,0	Maurice (1930)	74,2
Togo (1961)	45,2		
Cameroun (1972)	40,7		
Gabon (1974)	40,2		
Congo (Zaïre) (1970)	53,2		
Éthiopie (1977)	42,4		
Mozambique (1999)	36,8		
Moyenne	**43,0**	**Moyenne**	**70,9**

Source : Basé sur Frankema (2005).
Remarque : Les années représentent les dates auxquelles se rapportent les données utilisées pour le calcul du coefficient de Gini de la concentration des terres.

En revanche, le secteur foncier opérait sous la forme d'exploitations capitalistes. Suite à l'introduction de cultures de rente, les terres se sont fortement appréciées et d'importants marchés fonciers sont apparus en même temps qu'émergeait un système de location de terres et de métayage (Ghai et Radwan, 1983). Des évolutions radicales s'en sont suivies en ce qui concerne la concentration, l'utilisation, la propriété et les rendements des terres, de même qu'une concentration de plus en plus forte des terres et des revenus. Dans les années 1970, on estimait que les grandes exploitations et les grands domaines détenaient entre 20 % et 40 % des terres, tandis qu'en 1985, on estimait que 15 % des ménages ruraux étaient sans terre et 30 % quasiment sans terre (FAO, 1988). Par exemple, au Malawi, les domaines hérités des colons blancs se sont agrandis parallèlement à l'émergence de marchés fonciers et à une réorientation des politiques publiques (chapitre 13). Ces domaines produisaient des cultures de rente (thé, cacao, tabac, coton, etc.), requéraient de plus grandes quantités de capitaux, d'intrants et de compétences, et employaient des ouvriers agricoles sans terre et faiblement rémunérés. Les inégalités étaient plus importantes que dans le cadre d'une agriculture de subsistance (*ibid.*). En outre, alors que les dépenses publiques consacrées aux routes, aux subventions aux intrants et aux services de vulgarisation étaient modestes, elles favorisaient les grands domaines au détriment des petits exploitants (FAO, 1986).

2.2.1.2 Une enclave riche en ressources

Sont ici prises en compte les ressources pétrolières et minières, particulièrement importantes dans au moins 12 pays (tableau 2.6). Les pays dotés en ressources naturelles tendent à enregistrer une croissance plus lente sur le long terme et à présenter une plus forte concentration de revenus et d'actifs (Sachs et Warner, 1995). Dans ce secteur, la production dépend surtout d'une importante injection de capitaux, mais de peu de travailleurs non qualifiés et semi-qualifiés. Ce secteur se trouvait et se trouve toujours principalement aux mains de multinationales qui transfèrent leurs bénéfices à l'étranger et dont le personnel est constitué de travailleurs expatriés rémunérés selon des échelles salariales concurrentielles au niveau international. Dans l'ensemble, les salaires représentent une faible part de ce secteur, de surcroît inégalement répartie, tandis que la part du capital est élevée.

2.2.1.3 Un secteur urbain à la structure dualiste

Le secteur informel regroupe les employés du secteur public, les sociétés étrangères et les sociétés du secteur manufacturier et du secteur des services (par exemple, transport et services publics) établis en milieu urbain, ainsi que les entreprises bien pourvues en capitaux des secteurs du commerce et des services. Au moment de leur indépendance, en conséquence des politiques coloniales, la plupart des pays africains affichaient un niveau d'industrialisation sensiblement inférieur à la « norme de Chener » et employaient, au mieux, 15 % à 25 % de la main-d'œuvre urbaine (Van der Hoeven et Van der Geest, 1999). Les salaires étaient beaucoup plus élevés dans le secteur formel que dans le secteur agricole en raison du plus grand capital humain de ses employés, du capital par travailleur plus élevé, d'accords salariaux préférentiels et de l'existence de conventions collectives. Par conséquent, les rémunérations dans le secteur formel urbain étaient deux à quatre fois supérieures aux rémunérations en milieu rural (tableau 2.2). Ce biais ne se limitait d'ailleurs pas seulement aux salaires. Sahn et Stifel (2004) ont constaté des écarts tout aussi importants en matière de santé et d'éducation dans les enquêtes démographiques et de santé (EDS) de 24 pays.

Par opposition, le secteur informel urbain employait une main-d'œuvre disposant d'un faible capital humain et des immigrants originaires des zones rurales. Ce secteur englobait notamment les microentreprises, les artisans, les employés domestiques, les travailleurs journaliers, les commerçants informels. Étant donné l'élasticité infinie de l'offre de travail et la nature néoclassique du marché de l'emploi informel, les salaires y étaient beaucoup plus bas que dans le secteur formel. Par conséquent, l'écart de revenus entre les secteurs

TABLEAU 2.2 Ratio des salaires moyens dans les secteurs manufacturier et agricole

	1980-1982	1986-1988	1989	1990	1991	1992	1993	1994	1995
Botswana	2,95	3,22	2,67	2,38	2,65	2,49	2,78	2,23	2,37
Ghana	1,49	1,82	1,88	2,15	–	–	–	–	–
Kenya	2,95	2,80	2,82	2,82	2,71	–	–	–	–
Malawi	3,81	4,25	3,96	4,36	3,51	–	–	–	–
Zimbabwe	4,53	4,23	4,41	4,35	4,66	6,55	5,09	5,43	6,45

Source : Mazumdar (avec Mazaheri) (2000).

urbains formel et informel était aussi important que l'écart séparant les milieux rural et urbain. Les programmes d'ajustement structurel (PAS) des années 1980 et 1990 ont accéléré l'« informalisation » de l'emploi dans l'économie urbaine, la libéralisation des échanges ayant entraîné la faillite de nombreuses entreprises manufacturières (tableau 2.13) si bien que leurs employés n'ont eu d'autre choix que d'accepter un emploi informel. Enfin, ce secteur se caractérisait par une répartition des revenus extrêmement polarisée.

À la lumière des informations ci-dessus, le classement du revenu brut moyen par habitant (Yc) pour les secteurs susmentionnés pouvait être représenté comme suit dans la plupart des pays[2] :

(1) $Yc_{\text{enclave de ressources}} > Yc_{\text{urbain formel}} > Yc_{\text{agriculture commerciale}} > Yc_{\text{urbain informel}} > Yc_{\text{agriculture de subsistance}}$

De plus, en tenant compte de la répartition des terres, des actifs miniers et du capital humain, mais aussi de l'offre, de la demande et des conditions institutionnelles sur le marché du travail, les coefficients de Gini de ces secteurs pouvaient être classés comme suit dans les pays où les terres sont faiblement concentrées et l'agriculture commerciale peu développée[2] :

(2) $G_{\text{enclave de ressources}} > G_{\text{urbain informel}} > G_{\text{urbain formel}} > G_{\text{agriculture commerciale}} > G_{\text{agriculture de subsistance}}$

tandis que dans les pays caractérisés par une forte concentration des terres et une agriculture commerciale développée, le classement était le suivant :

(3) $G_{\text{enclave de ressources}} > G_{\text{agriculture commerciale}} > G_{\text{urbain formel}} > G_{\text{urbain informel}} > G_{\text{agriculture de subsistance}}$

Enfin, le classement de la part de la production sectorielle variait en fonction de l'importance relative de chacun des cinq secteurs. Dans les pays où le secteur des ressources représentait une part de la production totale supérieure à 20 % (tableau 2.6), les parts de production pouvaient être classées comme suit :

(4) $Sh_{\text{enclave de ressources}} > (Sh_{\text{agriculture commerciale}} + Sh_{\text{agriculture de subsistance}}) > Sh_{\text{urbain formel}} > Sh_{\text{urbain informel}}$

tandis que dans les pays où le secteur minier/pétrolier était peu développé ou inexistant, le classement de ces mêmes parts était le suivant :

(4') $(Sh_{\text{agriculture commerciale}} + Sh_{\text{agriculture de subsistance}}) > Sh_{\text{urbain informel}} > Sh_{\text{urbain formel}}$

---

[2] Par exemple, d'après les calculs de Cogneau et al. (2007), les coefficients de Gini pour les revenus agricoles (hors secteur agricole) en Côte d'Ivoire, au Ghana, en Guinée, à Madagascar et en Ouganda étaient les suivants : 0,41 (0,59), 0,45 (0,48), 0,48 (0,53), 0,49 (0,52) et 0,46 (0,50).

2.2.2 Exode rural

Au vu des importantes différences en matière de revenu par habitant (Y/c) et d'accès aux services publics (SP), on aurait pu s'attendre à ce que les travailleurs ruraux tentent de migrer vers les zones urbaines, comme le décrit le modèle de Harris-Todaro (Harris et Todaro, 1970) ci-dessous . Cette migration se serait poursuivie jusqu'à ce que l'inégalité suivante s'applique[3] :

(5) $Y/c \text{ rural}.p_r + PS_r.p'_r < (Y/c \text{ urbain formel} . p_{uf} + Y/c \text{ urbain informel} . p_{ui}) + PS_u.p'_u$

Où p_r, p_{ui} et p_{uf} représentent la probabilité perçue de trouver un emploi dans les secteurs rural, urbain informel et urbain formel ; p_r est égal à 1 puisque les subventions à l'emploi n'existent pas en milieu rural), $p_{ui} > p_{uf}$, and $p_{uf} + p_{ui} = 1$. La décision de migrer était également influencée par la perception d'un meilleur accès aux services publics dans les zones urbaines (PS_u) relativement aux zones rurales (PS_r), où p'_u et p'_r représentent la probabilité de pouvoir accéder à ce type de services. Ce modèle suggère que la création d'emplois et un meilleur accès à la santé, à la scolarité et à l'eau en milieu urbain stimulent l'exode rural de même que l'emploi dans le secteur informel. Parallèlement, l'augmentation d'Y/c_{rural} en raison de la modernisation de l'agriculture, de la réforme de l'occupation des terres, d'une amélioration des services et ainsi de suite, se traduit par une moindre propension à migrer.

Au vu de l'écart à la fois important et persistant en matière de revenus et de services entre les zones urbaines et rurales, mais aussi de la pénurie croissante de terres agricoles sous l'effet de la croissance démographique, on aurait pu prévoir une urbanisation beaucoup plus rapide si l'on se base sur l'équation (5). Cela ne s'est pas produit (tableau 2.3). Au contraire, entre 1990 et 2010, l'urbanisation en Afrique subsaharienne a connu une croissance plus lente que dans d'autres régions moins développées. Il est possible d'expliquer ce phénomène par le déclin du secteur formel en conséquence de la désindustrialisation et de la lenteur de la modernisation des services, ou par l'augmentation des revenus des enclaves observée dans environ 10 pays. Une autre explication possible tient à la répartition des gains de santé pour les enfants qui, comme l'ont démontré Sahn et Younger (2014), a principalement favorisé les personnes pauvres vivant en milieu rural dans cinq pays d'Afrique subsaharienne. Enfin, dans certains pays, les restrictions liées aux politiques foncières (voir le chapitre 13 au sujet de l'Éthiopie) ont augmenté les coûts de la migration en raison du risque de confiscation des terres et de la perte des filets de protection sociale locaux (Gebeyehu, 2014). Pourtant, comme le ratio de terres agricoles par habitant continue de décliner et que les possibilités d'activités non agricoles sont

TABLEAU 2.3 Évolution de la part de la population urbaine

	1960	1970	1980	1990	2000	2010
Régions les moins développées	21,9	25,3	29,4	34,8	39,9	46,1
Différence par rapport à l'année précédente		*3,4*	*4,1*	*5,6*	*5,1*	*6,2*
Afrique subsaharienne	14,8	18,2	22,4	27,1	30,8	35,4
Différence par rapport à l'année précédente		*3,4*	*4,2*	*4,7*	*3,7*	*2,4*
Afrique centrale	17,7	22,0	27,5	32,2	36,8	41,5
Afrique de l'Ouest	14,7	18,7	23.6	30,2	34,7	41,6

Source : Division de la population des Nations Unies (2015).

---

[3] D'autres théories soutiennent que l'exode rural est dû à une baisse du rapport terres/hommes, à une stratégie de diversification des risques des ménages dans la mesure où les revenus urbains et ruraux sont faiblement covariables ou au caractère superflu de l'éducation formelle dans les zones rurales.

limitées en milieu rural, l'exode rural et la migration internationale deviendront inévitables et se traduiront probablement par une vive accentuation des inégalités.

2.2.3 Redistribution sociale régressive

En Afrique subsaharienne, au cours des années 1980 et 1990 la redistribution a rarement amélioré le sort des pauvres en raison de la nature régressive ou neutre des taxes et des transferts. Autour de 1990, les

recettes fiscales représentaient en moyenne 10,4 % du PIB, comprenant la taxe sur la valeur ajoutée (TVA), les taxes commerciales et les autres taxes, qui étaient toutes régressives, les cotisations de sécurité sociale (également régressives) elles représentaient 2 %, et l'impôt sur le revenu, qui lui était progressif, représentait 4 % (CNUCED, 2012, tableau 5.2). Les recettes non fiscales tirées des redevances représentaient 5,6 % du PIB (*ibid.*). Quant aux transferts sociaux, qui représentaient 1 % du PIB en 1989, ils étaient dominés par des transferts régressifs en faveur des employés du secteur formel, tandis que l'assistance sociale était inexistante (OIT, 1996). De la même manière, les subventions en nature se caractérisaient par un important biais urbain et de classe, si bien que leur impact était principalement régressif (tableau 2.4).

TABLEAU 2.4 Analyse de l'incidence bénéfique des dépenses publiques dans l'éducation et la santé dans les années 1990 en Afrique subsaharienne (moyennes non pondérées des dépenses sectorielles totales)

Nb de pays	Tous		Enseignement primaire		Enseignement secondaire		Enseignement supérieur	
	Le plus pauvre	Le plus riche	Le plus pauvre	Le plus riche	Le plus pauvre	Le plus riche	Le plus pauvre	Le plus riche
10	12,8	32,7	17,.8	18,4	7,4	38,7	5,2	54,4

Nb de pays	Tous		Soins de santé primaires		Centres de santé		Hôpitaux	
	Le plus pauvre	Le plus riche	Le plus pauvre	Le plus riche	Le plus pauvre	Le plus riche	Le plus pauvre	Le plus riche
9	12,9	28,6	15,3	22,7	14,5	23,7	12,2	30,9

Source : Extrait des tableaux 2 et 3 de Davoodi, Tiongson et Asawanuchit (2003).

2.2.4 Inégalités horizontales de nature ethnique et conflits

Alors qu'il existe de très bonnes raisons éthiques et économiques de réduire les inégalités horizontales entre les groupes ethniques, religieux et autres, les psychologues sociaux soulignent la difficulté d'atteindre une « répartition équitable » dans les sociétés hétérogènes, dans la mesure où le sentiment d'équité des individus se limite aux membres d'une communauté particulière (Stewart, 2014). Kimenyi (2006) observe que, dans la majeure partie de l'Afrique subsaharienne, la répartition des emplois publics, des contrats et de l'accès à l'éducation est souvent basée sur des critères ethniques, ce qui a des répercussions sur les inégalités régionales et globales. Les loyautés ethniques influencent les politiques publiques, ce qui explique la fourniture insuffisante de biens publics et la diffusion de biens accordés par favoritisme. Dans ces sociétés, les partisans d'une redistribution plus large sont peu nombreux. Parallèlement, les forces du marché ou les tournants historiques (tels que la décolonisation ou l'érosion de l'apartheid) ont vraisemblablement réduit les inégalités ethniques, comme ce fut le cas en Afrique du Sud entre 1975 et 1991. C'est en effet à cette période que la discrimination raciale, véritable obstacle au développement, a été progressivement abolie. Alors que les inégalités totales restaient stables, le déclin des inégalités interraciales s'est accompagné d'une polarisation intraraciale accrue tant parmi les Blancs que les Noirs (Jenkins et Thomas, 2004). La première moitié des années 1990 s'est également caractérisée par un nombre croissant de guerres ethniques, coups d'État et autres conflits (figure 2.1) que Collier et Hoffler (2000) ont attribué à la « cupidité » (conflits violents provoqués en vue de contrôler les ressources minières) ou à des « revendications » (en conséquence de la répression politique). Stewart (2000) a quant à lui souligné le rôle déclencheur des « inégalités horizontales » dans ces conflits.

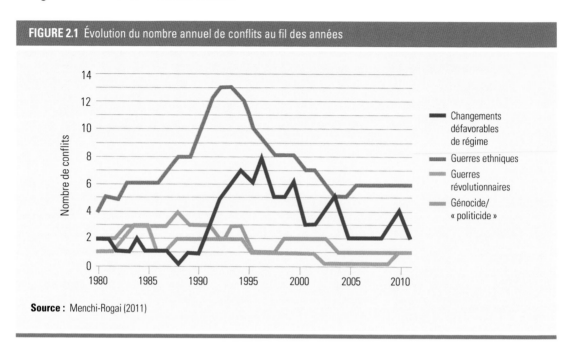

FIGURE 2.1 Évolution du nombre annuel de conflits au fil des années

Source : Menchi-Rogai (2011)

2.2.5 Inégalités entre les genres

Indépendamment des dispositions des systèmes juridiques, l'inégalité entre les genres est, aujourd'hui comme hier, ancrée dans les normes sociales et religieuses imposées aux femmes relativement aux droits fonciers, à l'héritage, au mariage, à la division du travail, à l'accès à l'éducation, au crédit, à l'emploi et à la participation à la vie sociale et politique. Par exemple, alors même que la constitution du Kenya prohibe la discrimination entre les genres, elle défend le droit coutumier discriminatoire en matière de mariage, de divorce et d'héritage. Il est difficile de mesurer les inégalités entre les genres en raison de l'absence quasi totale de données. Les enquêtes auprès des ménages se concentrent sur le ménage dans son ensemble et permettent de calculer « le revenu moyen des ménages ou la consommation par personne », ignorant ainsi de fait leur répartition par personne. Par conséquent, les coefficients de Gini sous-estiment considérablement la répartition du bien-être entre les individus. En revanche, des études ponctuelles nous aident à mieux identifier les sources des inégalités entre les genres. Nordman et Wolff (2009) ont estimé les régressions des salaires pour sept pays africains, en tenant compte du capital humain des travailleurs, des caractéristiques des emplois et de l'hétérogénéité des entreprises. Ils n'ont trouvé aucune preuve d'une différence entre les rémunérations des hommes et des femmes dans quatre de ces pays une fois les caractéristiques personnelles, des emplois et des entreprises prises en compte. Toutefois, un biais uniquement basé sur le genre était évident dans deux des pays. Par conséquent, une partie de l'écart entre les genres est due à la discrimination envers les femmes en ce qui concerne l'éducation, le type d'emploi et les caractéristiques de l'entreprise pour laquelle elles travaillent, plutôt qu'à un biais uniquement basé sur le genre.

2.3 Tendances des inégalités de revenus et de consommation de 1991/1993 à 2011

2.3.1 Insuffisances des données relatives aux tendances de l'inégalité dans la région

On en sait peu sur les inégalités de revenus et de consommation en Afrique subsaharienne. Alors que le nombre de microétudes a augmenté, très peu d'entre elles ont tenté de tracer leur évolution pour un nombre suffisamment grand de pays et d'années. Pinkovskiy et Sala-i-Martin (2010) soutiennent que les inégalités et la pauvreté connaissent un déclin rapide depuis 1995, mais leurs résultats reposent sur des hypothèses et des données peu plausibles. D'un autre côté, Chotikapanich *et al.* (2014) ont établi que les inégalités ont augmenté dans six pays entre 1997 et 2010, tandis qu'une légère baisse ou une courbe d'évolution en forme de U inversé a été observée dans quatre autres. Enfin, selon les travaux de Fosu (2014), entre le milieu des années 1990 et la fin des années 2000, l'indice de Gini a augmenté dans neuf pays, a baissé dans 13 et est resté stable dans un autre.

2.3.2 Tendances des inégalités entre 1991/1993 et 2011 dérivées de l'ensemble de données intégré sur les inégalités pour l'Afrique subsaharienne

L'une des raisons expliquant ces données divergentes provient de l'absence de base de données consolidée sur les mesures des inégalités. Afin de résoudre ce problème, le chapitre 16 décrit l'ensemble de données intégré sur les inégalités (IID-SSA) mis au point pour la présente étude, qui compile de manière comparative les coefficients de Gini tirés de toutes les sources de données existantes pour les 29 pays disposant de données suffisantes en la matière. Ces pays représentent 81 % de la population d'Afrique subsaharienne et une part encore plus élevée de son PIB. Pour chacun d'entre eux, les données relatives au coefficient de Gini ont été ajustées à une tendance dessinée entre 1991-1993 et 2011. La figure 2.2 synthétise la tendance moyenne des inégalités régionales qui en résulte, en utilisant les coefficients de Gini pondérés selon la population et non pondérés. Avec toute la prudence qui s'impose au vu la qualité des données, la figure 2.2 révèle que le coefficient de Gini régional a chuté de 3,4 points entre 1993 et 2011 (ou de 2 points pour le coefficient de Gini pondéré selon la population). Toutefois, ces deux tendances ont augmenté de 0,6 point entre 2009 et 2011, probablement sous l'effet des crises financières de 2008 et 2010, qui ont également touché l'Afrique subsaharienne.

Cependant, lorsque l'on conduit une analyse plus détaillée de la tendance à l'œuvre dans chaque pays, on s'aperçoit alors que la figure 2.2 masque plus d'informations qu'elle n'en révèle et qu'il est donc nécessaire de la ventiler en sous-groupes de pays aux tendances semblables. Cette ventilation est illustrée à la figure 2.3, qui se base sur le tableau 1 du chapitre 16. Selon la forme de leur courbe tendancielle, les pays ont été classés dans l'un des groupes suivants : en baisse, en hausse, en forme de ∩ et en forme de U. On peut alors en conclure que les inégalités :

- **ont diminué de manière constante dans 13 pays** (31 % de la population des 29 pays analysés). Ce groupe recoupe peu les 17 pays émergents identifiés comme « fers de lance » dans les domaines économique et politique. D'autres facteurs expliquent le déclin de leurs inégalités ;

- **ont augmenté de manière constante dans sept pays** (26 % de l'échantillon de population). Ces pays sont peu nombreux, mais leur population est importante (notamment le Kenya, l'Afrique du Sud, le Ghana, l'Ouganda et la Côte d'Ivoire). L'augmentation du coefficient de Gini y était en moyenne moins prononcée que le déclin observé dans le premier groupe ;

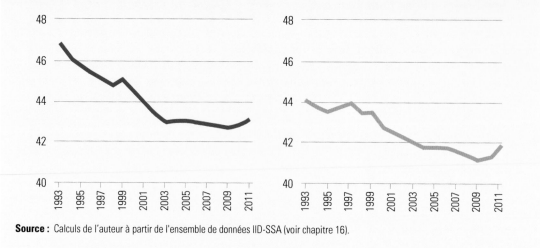

Source : Calculs de l'auteur à partir de l'ensemble de données IID-SSA (voir chapitre 16).

- ont connu une **évolution en forme de U inversé** dans quatre pays (8,5 % de l'échantillon de population) **et en forme de U** dans cinq autres, y compris au Nigéria, dont la population est élevée et dont la tendance était moins prononcée tant à la baisse qu'à la hausse. Ce dernier groupe représente 35 % de l'échantillon de population. Les variations à la hausse et à la baisse des tendances en forme de U étaient plus prononcées que celle des tendances en forme de U inversé.

La pondération de l'indice de Gini des pays en fonction de la taille de leur population modifie peu les quatre tendances identifiées, mais elle influe en revanche sur l'ampleur des variations (voir le chapitre 16). Enfin, si l'on analyse uniquement les indices de Gini non pondérés des années 2000, on obtient alors des courbes de tendance moins marquées pour les pays qui affichent des courbes en U et en U inversé sur la figure 2.2. Cela nous permet d'agréger les indices en baisse des pays suivant une courbe en U inversé, de même que les indices en hausse des pays suivant une courbe en U. Deux groupes se dégagent alors pour la période 2001-2011 : 17 pays dans lesquels le coefficient de Gini a baissé en moyenne de 3,8 points et 12 pays dans lesquels il a augmenté en moyenne de 4,4 points. Les résultats sont semblables si l'on répète ce même exercice avec des coefficients de Gini pondérés en fonction de la population, quoique la balance penche en faveur des 17 pays dont l'indice de Gini est en baisse, qui affichent une chute légèrement plus prononcée que la hausse moyenne de 1,6 point des autres pays. En résumé, même lorsqu'on limite l'analyse aux années 2001 à 2011, « l'hypothèse de la bifurcation des inégalités » tient toujours. Cependant, en raison du caractère limité des données, ces résultats doivent pouvoir s'appuyer sur une solide explication théorique des évolutions observées.

2.4 Ventilation des inégalités totales entre inégalités intersectorielles et inégalités intrasectorielles

La présente section décrit une méthodologie permettant d'identifier les facteurs influençant les inégalités et leur évolution au fil du temps en adoptant une approche en deux étapes. La première se concentre sur

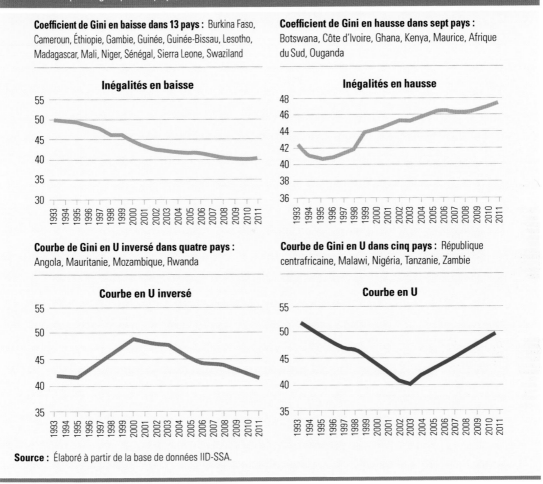

FIGURE 2.3 Évolution du coefficient de Gini non pondéré relatif aux dépenses de consommation par habitant pour quatre groupes de pays, 1993-2011

Coefficient de Gini en baisse dans 13 pays : Burkina Faso, Cameroun, Éthiopie, Gambie, Guinée, Guinée-Bissau, Lesotho, Madagascar, Mali, Niger, Sénégal, Sierra Leone, Swaziland

Coefficient de Gini en hausse dans sept pays : Botswana, Côte d'Ivoire, Ghana, Kenya, Maurice, Afrique du Sud, Ouganda

Inégalités en baisse

Inégalités en hausse

Courbe de Gini en U inversé dans quatre pays : Angola, Mauritanie, Mozambique, Rwanda

Courbe de Gini en U dans cinq pays : République centrafricaine, Malawi, Nigéria, Tanzanie, Zambie

Courbe en U inversé

Courbe en U

Source : Élaboré à partir de la base de données IID-SSA.

les « inégalités intersectorielles », à savoir les inégalités dues aux différences entre les coefficients de Gini des principaux secteurs (agriculture, immobilier, enclaves de ressources, industrie manufacturière, différents types de services, etc.). La seconde porte quant à elle sur les « inégalités intrasectorielles », qui dépendent de la répartition des revenus en fonction de leurs sources (vente de la production agricole, salaires, revenus du capital, transferts, etc.) au sein de chaque secteur. Si les données relatives aux sources de revenus ne sont pas disponibles, il est possible de se fonder sur les caractéristiques des ménages permettant de déterminer la formation de leur revenu (c'est-à-dire la possession d'actifs, le niveau d'éducation, le taux de dépendance, et la direction du ménage par une femme) en tant que valeurs de substitution des inégalités intrasectorielles. Mathématiquement, le coefficient de Gini global d'un pays peut être ventilé entre les inégalités de revenus/ de consommation intersectorielles et intrasectorielles :

(6) $\text{Gini}_t = \text{Gini}_t \text{ intersectoriel} + \Sigma \, w_{it} \, \text{Gini}_{it} \text{ intrasectoriel} + \text{Résiduel}_t$

où les pondérations w_{it} correspondent à la part de la valeur ajoutée sectorielle de chaque secteur i (c'est-à-dire l'agriculture de subsistance et de rente, les enclaves de ressources, les services urbains informels et formels) ou aux classifications sectorielles similaires utilisées, par exemple aux chapitres 12 et 13 à propos du Malawi et de l'Éthiopie. En effectuant une décomposition (6) à deux points différents dans le temps, il est possible de déduire par une analyse de la différence si l'évolution du coefficient de Gini total entre t et $t+n$ peut être imputée aux évolutions des inégalités intersectorielles (dues, par exemple, à un glissement vers des secteurs aux inégalités élevées, tels que l'extraction minière et les services modernes) ou aux évolutions des répartitions intrasectorielles en fonction des sources de revenus (dues, par exemple, à une augmentation de la part des salaires à faible indice d'inégalité dans le total).

La documentation consacrée à l'Afrique subsaharienne après les indépendances soulignait principalement les inégalités « intersectorielles » découlant, entre autres, des « biais urbains » (voir ci-dessus). En termes de politiques, si les inégalités intersectorielles dominent, on peut alors s'interroger notamment sur la répartition sectorielle des dépenses publiques, la redistribution insuffisante des rentes minières, le manque de modernisation de l'agriculture et de l'industrie manufacturière, le caractère limité des filets de protection sociale. En revanche, si la principale source d'inégalités est « intrasectorielle », les principales questions de politique concernent la répartition sectorielle des actifs et du capital humain, ainsi que leur taux de rendement. Elbers *et al.* (2003) ont émis les conclusions suivantes en ce qui concerne le Mozambique en 1996/1997 et Madagascar en 1993 : respectivement 70 % et 82 % de leurs inégalités pouvaient s'expliquer par des « inégalités intrasectorielles » ; les inégalités intrarurales étaient souvent plus importantes que les inégalités intraurbaines ; et il faut se garder de présumer que les inégalités sont plus profondes dans les communautés à faible revenu. De telles décompositions micro-économiques des inégalités intrasectorielles sont appliquées dans les chapitres 12 et 13 au sujet du Malawi et de l'Éthiopie, tandis que l'analyse de régression sur données de panel du chapitre 16 explique les évolutions des inégalités entre 1991 et 2011 en s'attachant principalement aux inégalités intersectorielles et aux changements macro-économiques.

2.5 Évolution des facteurs traditionnels d'inégalité de revenus, 1991-2011

2.5.1 Évolution de la structure de production

Alors qu'à leur indépendance, la plupart des pays d'Afrique subsaharienne ont tenté d'accroître la valeur ajoutée du secteur moderne, et plus particulièrement du secteur manufacturier, ce dernier secteur s'est principalement contracté sous l'effet de la libéralisation des échanges et des réductions des subventions imposées par les PAS dans les années 1980 et 1990, tandis que l'économie a connu un retour du secteur primaire ainsi qu'une tertiarisation informelle, que nous analysons ci-dessous. Le coefficient de Gini a décliné là où la part de valeur ajoutée de l'agriculture moderne, des industries manufacturières à forte intensité de main-d'œuvre et des services modernes n'a enregistré ni baisse ni hausse. En revanche, il a augmenté dans les pays caractérisés par la stagnation du rendement des terres, le déclin du secteur manufacturier, l'expansion des enclaves de ressources et des services à forte intensité de compétences, et l'informatisation urbaine. La Banque mondiale (2014) souligne par ailleurs que cette transition sous-optimale des secteurs peu inégalitaires aux secteurs hautement inégalitaires sous-tend la faible élasticité de la réduction de la pauvreté par rapport à la croissance en Afrique subsaharienne. Toutefois, certaines différences étaient visibles. L'Éthiopie (chapitre 13), le Cameroun et Madagascar s'étaient engagés sur la voie d'une plus grande égalité, caractérisée par une augmentation de la part de l'industrie manufacturière à forte intensité de main-d'œuvre et une réduction de la part de l'extraction minière, tandis que la réorientation vers des secteurs à forte intensité de capital (tels que les services publics, le secteur des finances, de l'assurance et de l'immobilier [FAI], transports) était moins marquée et que la production alimentaire croissait dans le contexte d'une répartition des terres relativement égalitaire (tableau 2.1). Ces exemples confirment qu'au stade de développement de la plupart des pays d'Afrique subsaharienne, l'augmentation de la productivité agricole dans le cadre d'une répartition égalitaire des terres est indispensable à la réduction des inégalités (Kelsall, 2013). La figure 2.4

confirme la relation bivariée entre les inégalités de revenus et la part de valeur ajoutée des secteurs, si l'on se base sur les données de 1980 à 2011 couvrant l'Afrique du Sud, le Botswana, l'Éthiopie, le Ghana, le Kenya, le Malawi, Maurice, le Nigéria, le Sénégal, la République-Unie de Tanzanie et la Zambie. Les quatre premiers chiffres à partir du sommet montrent que, toutes choses étant égales par ailleurs, les inégalités se réduisent suite à une augmentation de la part de l'agriculture, du commerce, de la restauration et de l'hôtellerie (tous intensifs en main-d'œuvre), du transport, du stockage et des communications et, dans une moindre mesure, de la construction. Par contre, elles évoluent peu en cas d'augmentation de la part du secteur manufacturier dans la valeur ajoutée (y compris les services d'utilité publique). Enfin, les inégalités s'accroissent nettement avec la hausse de la part dans la valeur ajoutée de l'extraction minière, du secteur FAI, des services d'utilité publique ainsi que des services communautaires et personnels (y compris les services domestiques), qui sont tous intensifs en capital ou en main-d'œuvre qualifiée.

Ces différents schémas de transition structurelle n'ont pas seulement eu une incidence sur les inégalités, mais aussi sur la pauvreté. Comme l'a observé la Banque mondiale (2014), une augmentation de 1 % du PIB du Cameroun consécutive à une hausse de la production agricole par personne a entraîné une baisse de la pauvreté deux fois plus importante qu'en Zambie, où le secteur minier, déjà fortement développé, avait continué de croître (tableau 2.6).

2.5.1.1 Évolution de l'agriculture pratiquée par les petits exploitants et sur les grands terrains

Depuis les années 1990, la pénurie de terres s'est aggravée dans la plupart des pays d'Afrique subsaharienne en raison de la croissance démographique, des conflits entre agriculteurs et éleveurs, de l'affaiblissement des institutions coutumières, de l'absence ou de la faible portée des réformes foncières, et de l'acquisition de vastes terrains (« accaparement des terres ») par des investisseurs étrangers. La conjugaison de ces facteurs, toutes choses étant égales par ailleurs, a accentué l'inégalité de la répartition des terres et fait apparaître une multitude de travailleurs sans terre recherchant un emploi dans les activités rurales non agricoles. Pour répondre à ces problèmes, les gouvernements d'Afrique subsaharienne tentent depuis le milieu des années 1990 de redéfinir les relations foncières en procédant à l'enregistrement des titres de propriété coutumiers, à la libéralisation des marchés fonciers et à la redistribution des terres en vue de parvenir à une répartition plus égalitaire. Alors que les États contrôlent toujours largement les terres, les nouvelles réformes du régime d'occupation des terres permettent les transferts fonciers ainsi que l'achat de terrains par des investisseurs étrangers. Au Rwanda, neuf millions de parcelles ont été enregistrées, ce qui a permis aux petits exploitants d'investir et de stimuler la productivité[4]. Parallèlement, en raison des coûts de transaction élevés de la délivrance de titres de propriété officiels, les administrateurs locaux ont conçu des systèmes qui, bien qu'informels, permettent d'enregistrer les transactions foncières.

La redistribution des terres est restée un phénomène rare. Dans ce domaine, les approches pouvaient revêtir la forme de réformes facilitées par le marché (comme en Afrique du Sud), d'acquisitions obligatoires (comme au Zimbabwe) ou encore de redistribution des terres (comme au Kenya et en Éthiopie). Dans ce dernier pays, l'État organise régulièrement des redistributions de terres afin de répondre à la croissance de la population (Gebreselassie, 2006), même si cela risque d'affaiblir les droits de propriété et les incitations à investir. En conséquence, au cours des 10 dernières années, les autorités ont délivré aux détenteurs de 20 millions de petites parcelles des certificats de propriété qui garantissent le droit de continuer à utiliser les terres concernées pendant 20 à 30 ans, ainsi qu'une indemnisation en cas d'expropriation des occupants enregistrés. Une enquête sur l'impact de la certification des terres a révélé une augmentation des investissements au bénéfice des pauvres et des femmes (Cheong, 2014).

---

[4] Voir http://blogs.worldbank.org/developmenttalk/land-rights-and-the-world-bank-group-setting-the-record-straight.

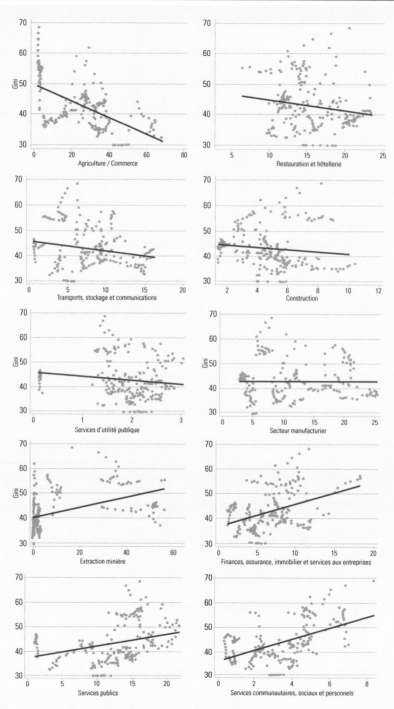

Source : Calculs à partir de la base de données *10 Sector Database* du GGDC[5].

---

[5] Base de données *10 Sector Database du GGDC*, voir www.rug.nl/research/ggdc/data/10-sector-database.

Les 20 dernières années ont été caractérisées par une augmentation des accaparements de terres avec le consentement des États. La base de données Land Matrix répertorie 375 transactions foncières dans 27 pays (voir le tableau 11 dans Cornia, 2015). Dans au moins neuf d'entre eux, les terres devant faire l'objet d'un transfert représentent plus de 20 % du total des terres arables. Tout en reconnaissant les avantages potentiels des investissements étrangers dans les terres, les autorités devraient également adopter des lois garantissant des droits fonciers équitables et la création d'institutions compétentes en matière de gouvernance foncière. En effet, l'impact de l'accaparement des terres est controversé. Deininger et Byerlee (2010) soutiennent qu'il est nécessaire de réévaluer l'importance accordée aux petits exploitants au vu de leur succès limité en matière d'accroissement de la productivité. Toutefois, avant d'approuver les accaparements de terres, il convient de s'assurer que les exploitations étrangères créeront suffisamment d'emplois ruraux (un résultat incertain étant donné leur degré élevé de mécanisation), qu'elles aideront les petits exploitants à accéder à de nouvelles technologies et à de nouveaux marchés, qu'elles promouvront un développement plus large et qu'elles ne violeront pas les droits des utilisateurs traditionnels.

2.5.1.2 Modernisation rurale, production alimentaire et menace du changement climatique

Comme nous l'avons vu à la section 2.1, la production agricole par habitant a connu un déclin continu en Afrique subsaharienne jusqu'au début des années 1990 (tableau 2.5).

Comment expliquer cette hausse de la production agricole par habitant ? Aux premiers jours de la Révolution verte, le rendement des cultures vivrières d'Afrique subsaharienne affichait une augmentation moins importante, voire nulle, par rapport aux autres régions. Cependant, d'importantes avancées ont été enregistrées depuis le milieu des années 1990 en Afrique de l'Est en ce qui concerne le rendement du maïs (tableau 2.5 et figure 2.5). Ces gains étaient dus à des investissements accrus dans les systèmes nationaux de recherche agricole et les programmes nationaux de culture du maïs, qui ont permis de produire des variétés de semences adaptées aux conditions locales, tandis que l'État stabilisait le prix des intrants et les prix à la production, fournissait quelques services de vulgarisation et subventionnait parfois les semences et les engrais. L'Éthiopie (chapitre 13) constitue un bon exemple à cet égard.

Certaines questions demeurent sans réponse quant au futur de l'agriculture africaine. Étant donné qu'un système de distribution bimodale des terres domine dans plusieurs pays, les pouvoirs publics devraient-ils viser une augmentation du rendement des exploitations de grande échelle, ou des petites exploitations également, afin d'assurer la sécurité alimentaire et un faible degré d'inégalités ? Les pouvoirs publics devraient-ils subventionner l'augmentation de la productivité des petits exploitants (voir le chapitre 12 à propos du Malawi) ? Ou devraient-ils simplement libéraliser les marchés agricoles ? Bien que cette dernière approche présente un certain potentiel, elle pourrait également accroître les inégalités dans la mesure où les marchés privés ne desservent pas les petits exploitants des zones reculées, qui bénéficient d'un faible accès au crédit et aux intrants. En outre, la croissance démographique dynamique et le changement climatique menacent l'évolution future des tendances. Certains pays du Sahel sont sur le point de tomber dans une trappe malthusienne qui aura des répercussions tant sur la pauvreté que sur les inégalités.

Comme l'ont observé Grimm, Wetta et Nikiemea (2014) au Burkina Faso, s'il a été possible de réduire les inégalités au cours des années 2000 grâce à une croissance de 1 % de la production alimentaire par habitant stimulée par l'expansion des cultures sur les terres semi-arides, cette stratégie n'est pas viable à long terme. Par ailleurs, selon le Groupe d'experts intergouvernemental sur l'évolution du climat, l'Afrique subsaharienne devrait être la région la plus touchée par ce phénomène (Ringler *et al.*, 2011). Les prévisions indiquent en effet que, d'ici 2050, en dépit d'une augmentation des terres cultivées, la production de plusieurs cultures devrait chuter de 3,2 % sous l'effet d'une baisse de 4,6 % des rendements provoquée par le changement climatique.

	1961-1965	1971-1975	1981-1985	1986-1990	1991-1995	1996-2000	2001-2005	2006-2010	2011
* Éthiopie					76,16	87,32	92,97	109,04	123,54
* Kenya	104,42	104,90	103,07	103,93	103,29	91,44	95,51	104,90	103,04
* Madagascar	150,40	157,75	134,52	128,36	115,79	103,09	96,03	104,63	103,95
* Malawi	80,45	94,11	87,92	74,13	70,16	94,16	98,91	127,94	132,51
* Mozambique	138,97	145,78	89,65	84,78	73,38	95,08	97,72	111,54	145,68
* Rwanda	94,40	108,18	118,08	100,75	100,82	92,19	98,11	111,15	134,78
* Ouganda	147,59	196,25	118,25	114,36	111,08	107,07	108,01	94,10	91,03
* Tanzanie	104,31	101,11	102,07	97,46	85,27	80,02	93,58	101,20	115,42
* Zambie	97,39	112,84	84,30	100,88	82,42	82,38	87,44	109,37	146,86
Afrique de l'Est	**122,83**	**135,41**	**112,66**	**109,36**	**98,30**	**101,02**	**97,84**	**104,21**	**114,43**
* Angola	142,18	140,91	57,52	52,36	52,86	57,06	88,73	132,18	176,05
* Cameroun	89,04	103,05	87,22	80,85	80,12	85,56	90,02	116,78	134,27
* République centrafricaine	133,76	144,77	121,85	108,65	100,65	112,26	103,02	103,21	105,41
Afrique centrale	**134,39**	**131,23**	**110,34**	**105,95**	**101,26**	**98,74**	**98,32**	**106,06**	**113,26**
* Botswana	181,06	200,36	122,51	123,03	109,13	100,73	105,36	80,27	93,38
* Lesotho	204,22	155,85	116,81	137,84	102,38	134,98	112,01	95,61	100,81
* Afrique du Sud	104,99	127,40	114,18	114,64	94,64	104,68	102,83	98,54	98,21
* Swaziland	68,44	116,66	136,86	132,40	103,20	97,98	97,02	95,21	95,19
Afrique australe	**133,65**	**140,30**	**116,94**	**118,90**	**96,32**	**104,22**	**101,95**	**94,14**	**98,68**
* Côte d'Ivoire	56,22	57,27	55,82	67,60	81,20	99,03	104,95	98,95	98,27
* Gambie	53,07	52,97	60,95	76,60	80,34	83,13	97,88	95,85	83,50
* Ghana	93,77	101,26	97,28	98,73	94,99	106,69	100,79	97,68	101,03
* Guinée	271,09	243,95	156,83	122,16	83,71	87,06	97,45	96,59	67,25
* Mali	84,75	88,45	93,51	92,27	92,16	90,13	96,36	100,56	101,42
* Mauritanie	127,21	150,85	132,31	130,70	75,93	104,21	104,21	87,42	75,22
* Niger	56,55	58,94	63,22	80,30	90,57	98,43	102,72	106,56	115,08
* Nigéria	163,15	84,78	86,15	120,57	117,58	131,85	102,41	108,11	114,73
* Sénégal	113,57	77,21	75,60	75,87	78,61	82,54	100,17	125,11	124,87
* Sierra Leone	68,78	63,53	47,07	59,02	81,39	88,43	93,25	91,70	86,68
Afrique de l'Ouest	**118,99**	**103,40**	**87,47**	**92,98**	**88,62**	**97,28**	**99,63**	**102,15**	**97,26**
Afrique subsaharienne	**127,47**	**127,58**	**106,86**	**106,80**	**96,12**	**100,32**	**99,43**	**101,64**	**105,91**

TABLEAU 2.5 Indice de production agricole par habitant (2004-2006 = 100) pour 26 des 29 pays de l'IID-SSA pour lesquels des données sur les inégalités sont disponibles

Source : Compilation de l'auteur à partir des données de FAOSTAT (http://www.fao.org/faostat/fr/#home).

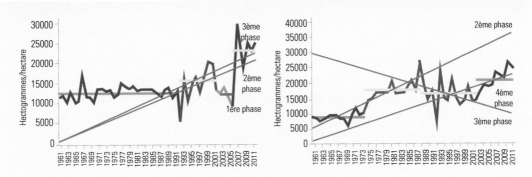

FIGURE 2.5 Phase des rendements du maïs (hectogrammes/hectare) au Malawi (panneau de gauche) et en Zambie (panneau de droite), 1961-2011

Source : Calculs de l'auteur à partir des données de FAOSTAT (http://www.fao.org/faostat/fr).

2.5.1.3 Expansion des enclaves minières

Au cours des 20 dernières années, le rapport rente minière/PIB a enregistré une hausse dans une grande partie des 27 pays du tableau 2.6. Même s'il n'existe aucune donnée sur les inégalités pour 10 de ces pays, la théorie suggère qu'elles se sont probablement accentuées en raison de l'absence d'institutions redistributives. Dans les pays pour lesquels le coefficient de Gini est disponible, les données confirment que le ratio rente minière/PIB a augmenté parallèlement à ce coefficient (figure 2.4). En effet, comme nous l'avons vu à la section 2.2, ce secteur présente les plus fortes inégalités « intrasectorielles » tandis que la hausse de ses revenus accentue également les inégalités « intersectorielles ». De surcroît, l'expansion du secteur des ressources s'accompagne également de répercussions bien connues sur le secteur des biens échangeables hors ressources, qui subit les effets de l'appréciation du taux de change effectif réel (TCER) engendrée par l'abondance des matières premières.

2.5.1.4 Évolution des secteurs urbains formel et informel

Suite à l'introduction des PAS dans les années 1980 et 1990 avec l'appui du Fonds monétaire international et de la Banque mondiale, une réduction des inégalités entre les zones rurales et urbaines était attendue sous l'effet de l'augmentation du rapport entre les prix des biens échangeables et des biens non échangeables et de l'élimination des biais à l'encontre de l'agriculture des années 1960 et 1970. On s'attendait également à des répercussions favorables sur les inégalités « intersectorielles » (Christiansen, Demery et Paternostro, 2003). Les choses se sont cependant avérées plus complexes que prévu.

Dans leur évaluation de l'impact des PAS, Eastwood et Lipton (2004) ont observé que la réduction des inégalités intersectorielles s'était accompagnée d'une augmentation des inégalités intrasectorielles tant en milieu urbain qu'en milieu rural. En outre, l'écart de revenus entre les zones urbaines et rurales n'avait baissé que partiellement, car le niveau d'éducation plus élevé des habitants des villes permettait à ces derniers de mieux exploiter les opportunités générées par la libéralisation, tandis que le biais urbain des dépenses publiques n'avait pas complètement disparu. Le capital humain et l'accès aux terres se sont révélés être des facteurs déterminants de la répartition des avantages de la libéralisation. De surcroît, les PAS excluaient les zones reculées, qui étaient mal reliées aux marchés faute d'infrastructures routières. Ainsi, l'écart rural-urbain avait pu se réduire dans les zones proches des villes, mais pas dans les zones reculées, si bien que, comme l'ont démontré Kanbur et Venables (2005), les inégalités spatiales se sont souvent creusées.

TABLEAU 2.6 Évolution de la part de la rente tirée des ressources minières dans le PIB, en pourcentage, 1990, 2000 et 2010

Pays	1990	2000	2010	Pays	1990	2000	2010	Pays	1990	2000	2010
(a) % part >20 %				**(b) % part entre 10-20 %**				**(b) % part entre 5-10 %**			
Angola*	30,5	42,3	46,9	Burkina Faso	3,5	3,3	10,5	Côte d'Ivoire*	3,0	4,5	6,4
Tchad*	4,5	5,9	38,4	Burundi	9,5	9,3	10,9	Éthiopie	6,5	10,1	6,4
R.D. Congo	16,0	21,1	31,8	Cameroun*	11,3	12,7	9,0	Ghana	4,4	5,4	8,9
Congo République*	46,0	75,6	66,4	Guinée Bissau	10,1	11,2	4,8	Malawi	6,7	5,9	3,9
Guinée équatoriale*	12,6	67,0	46,0	Guinée	18,3	10,0	18,2	Mozambique	8,6	4,5	8,7
Gabon*	34,7	50,7	50,0	Libéria	…	16,7	11,0	Sierra Leone	12,6	7,7	3,5
Mauritanie	11,6	12,3	18,0	Mali	2,4	2,9	12,3	République de Tanzanie	8,3	2,7	7,9
Nigéria*	47,5	46,9	27,7	Afrique du Sud	6,3	2,2	9,9	Ouganda	9,7	6,7	5,8
Zambie	19,3	4,4	25,8	Soudan	…	12,8	17,6	Zimbabwe	3,2	2,4	9,9
Moyenne	**24,7**	**36,2**	**42,7**	**Moyenne**	**7,7**	**9,0**	**11,6**	**Moyenne**	**7,0**	**5,5**	**6,8**

Source : Calculs de l'auteur basés sur les Indicateurs du développement dans le monde (WDI).
Remarque : * désigne les pays producteurs de pétrole selon les *Perspectives de l'économie mondiale* du FMI.

2.5.2 Évolution des politiques fiscales et des transferts sociaux

Les inégalités de revenus se sont quelque peu resserrées entre les années 1991-1993 et 2011 grâce à des améliorations en matière de perception des impôts. Toutefois, ce n'était pas le cas dans les économies pétrolières et minières, accablées par la fraude fiscale et les sorties illégales de capitaux (Ndikumana, 2014). Alors que la taxation était principalement régressive au début des années 1990, le rapport impôt/PIB s'est depuis amélioré de 6,1 % en moyenne pour l'ensemble de la région (tableau 2.7). Le poids des taxes régressives (TVA et taxes commerciales) n'a pas augmenté tandis que celui de l'impôt sur le revenu a crû de deux points. Les autres recettes (principalement, les redevances) expliquent en partie cette hausse. Cependant, pour que leur répartition ait un impact, il faut qu'elles soient taxées et transférées aux pauvres, une décision qui dépend d'une économie politique propice et de l'établissement d'institutions redistributives. Christian Aid (2014) présente une évaluation pessimiste des liens entre taxation et inégalités en se basant sur des analyses de l'Afrique du Sud, du Ghana, du Kenya, du Malawi, du Nigéria, de la Sierra Leone, de la Zambie et du Zimbabwe. L'organisme critique le consensus fiscal actuel en matière de réduction de l'impôt sur le revenu et d'augmentation de la TVA. Il affirme en outre qu'une forte dépendance envers l'imposition des ressources naturelles a pour effet d'accroître les dispositions pour échapper à l'impôt, les exonérations fiscales et les fuites de capitaux.

Qu'en est-il de l'évolution de l'assurance sociale et de l'assistance sociale ? Niño-Zarazúa et al. (2012) et l'Organisation internationale du Travail (OIT, 2014) révèlent qu'entre 1998 et 2005, l'assurance sociale couvrait entre 1,2 % (Niger) et 51 % (Maurice) de la population en âge de travailler, la moyenne se situant entre 4 % et 5 %. Ce type de programme est rarement progressif. À l'opposé, les transferts non contributifs d'assistance sociale (en particulier les pensions de vieillesse) sont devenus beaucoup plus fréquents en

TABLEAU 2.7 Évolution du rapport impôt/PIB et importance relative des instruments fiscaux en Afrique

	1990-1995	1995-2000	2000-2005	2005-2010
Total des recettes et subventions	22,1	21,0	23,8	28,2
- Recettes fiscales	14,4	14,0	15,0	16,4
- Taxe sur la valeur ajoutée	4,4	4,4	4,9	5,4
- Taxes commerciales	5,3	5,0	4,2	4,2
- Impôt sur le revenu	4,0	4,2	5,1	6,2
Dont impôt sur le revenu des entreprises	2,5	2,4	2,3	3,4
- Autres recettes fiscales	0,7	0,4	0,8	0,6
- Recettes de la sécurité sociale	2,0	1,8	2,3	2,7
- Autres recettes	5,6	5,3	6,5	9,1

Source : CNUCED (2012). **Remarque :** inclut l'Afrique du Nord.

TABLEAU 2.8 Programmes de pension non contributifs en Afrique australe

Pays	Âge d'admissibilité	Critères de sélection	Revenu mensuel transféré (US $)	% de la population ciblée	Coût en % du PIB
Botswana	65+	Âge et examen des ressources	27	85	0,4
Lesotho	70+	Âge et citoyenneté	21	53	1,4
Maurice	60	Âge	De 61 à 260 selon l'âge	100	1,7
Namibie	60+	Âge et citoyenneté	28	87	2,0
Seychelles	63	Âge	165	80	3,0
Afrique du Sud	Hommes 63+ Femmes 60+	Âge et examen des ressources	109	60	1,4
Swaziland	60+	Citoyenneté et examen des ressources	14	60	s.o.

Source : Niño-Zarazúa *et al.* (2012).

Afrique australe où, après la fin de l'apartheid, les transferts réservés aux Blancs ont été élargis à l'ensemble des citoyens pour un coût représentant entre 1 % et 3 % du PIB (tableau 2.8). Dans les autres pays d'Afrique subsaharienne, les programmes d'assistance sociale ne disposaient ni de financements suffisants ni d'institutions adaptées. À ce sujet, Garcia et Moore (2012) ont étudié la portée et les effets des transferts monétaires non contributifs dans la région. Alors que leur nombre a connu une augmentation rapide (jusqu'à 123 en 2012), ces programmes se trouvent généralement au stade pilote et sont financés par des bailleurs de fonds. Comme il n'existe pas d'analyse détaillée de leur incidence, il semble plausible que ces mesures soient efficaces sur le plan micro-économique, mais de trop faible portée pour influer sur les inégalités, sauf en Afrique australe et en Éthiopie. Pourtant, au moins une douzaine de pays riches en pétrole ou en minerais sont en mesure d'élargir considérablement leurs programmes d'assistance sociale puisqu'ils disposent de la marge budgétaire nécessaire pour introduire de nouvelles initiatives dans ce domaine.

2.5.3 Impact de la démocratisation sur l'ethnicité et les inégalités horizontales et verticales

Le retour de la démocratie et l'élection de régimes progressifs ont précédé le déclin des inégalités enregistré en Amérique latine au cours de la période 2002-2012 (Cornia, 2014). La démocratie véritable et la participation électorale peuvent réduire la concentration des pouvoirs et faciliter la transition vers des politiques non ethniques et non clientélistes (Gyimah Brempong, 2001).

Depuis le milieu des années 1990, les évolutions sont encourageantes dans ce domaine. La fin de la guerre froide et la disparition des États clients ont ouvert la porte à un lent processus de démocratisation (figure 2.1). En outre, le déclin des régimes autocratiques a permis le retour à des institutions plus responsables dans 20 pays, ce qui a pu influencer l'évolution des inégalités grâce à l'adoption de politiques moins clientélistes. Toutefois, les institutions ont la peau dure et ont besoin de temps pour évoluer. Par exemple, il n'existe aucune preuve que le passage à un régime démocratique se soit accompagné d'un déclin des inégalités horizontales (Stewart, 2014). Une analyse multivariée révèle que l'expansion des institutions démocratiques est corrélée positivement à la croissance du PIB, quoiqu'il n'existe aucune preuve de son impact sur les inégalités (*ibid.*). Par ailleurs, même les régimes élus de manière démocratique n'ont éradiqué qu'en partie la corruption bien ancrée qui sévissait dans la majeure partie de l'Afrique subsaharienne. L'indice de perception de la corruption pour les années 2005 et 2014 suggère que près de 30 pays ont connu des améliorations (mais seulement 12 d'entre eux ont enregistré des progrès supérieurs à 10-15 points), sept pays, une détérioration et deux autres, aucune évolution.

2.6 Nouveaux facteurs ayant une incidence sur les inégalités : un meilleur environnement économique mondial

2.6.1 Améliorations des termes de l'échange

Au cours des années 2000, la croissance rapide des économies émergentes s'est traduite par une augmentation considérable des prix et des volumes d'exportation pour plusieurs pays africains. Par conséquent, entre 1998-2002 et de 2003 à 2010, le rapport échanges/PIB a augmenté (tableau 2.13), tandis que les termes de l'échange régionaux ont connu un essor, passant de 100,7 en 1997-2001 à 141 en 2011 (FMI, 2013). Alors que ces améliorations des termes de l'échange étaient particulièrement favorables aux exportateurs de pétrole et de métaux, elles ont également eu des effets négatifs dans 15 pays d'Afrique subsaharienne importateurs de pétrole.

Que suggère la théorie économique à propos de l'impact de ces évolutions sur les inégalités ? La majeure partie du pétrole, des produits miniers et des cultures de rente est produite dans des enclaves ou des propriétés où, comme nous l'avons vu à la section 2, la détention d'actifs est fortement concentrée, la production se caractérise par une forte intensité de capital et l'offre de main-d'œuvre est infiniment élastique. Ainsi, les récentes améliorations des termes de l'échange ont probablement provoqué, toutes choses étant égales par ailleurs, une augmentation de la part des rentes minière et foncière dans le revenu total, de même qu'une aggravation des inégalités intersectorielles. Dans le cadre d'un régime démocratique, ces rentes pourraient être taxées par l'État et redistribuées au moyen de transferts. Toutefois, une telle option n'était pas disponible pour les pays importateurs d'énergie. Enfin, comme nous l'avons soutenu dans la section 2, l'impact distributif de l'augmentation du prix des cultures de rente (tableau 2.9) dépend de la répartition des terres. L'effet des évolutions des conditions mondiales fait l'objet d'un test économétrique au chapitre 17.

2.6.2 Croissance des transferts de fonds

Même s'ils demeurent moins élevés que dans d'autres régions, les transferts de fonds officiels ont fortement augmenté en Afrique subsaharienne (figure 2.6). Dans l'ensemble, les transferts de fonds en Afrique subsaharienne sont davantage sous-déclarés que dans les autres régions, car les envois informels et souvent non enregistrés en provenance de pays voisins plus riches, tels que la Côte d'Ivoire et l'Afrique du Sud, y sont plus volumineux qu'ailleurs (Ratha *et al.*, 2011). Les transferts de fonds sont particulièrement importants dans les petits pays tels que le Lesotho (24,4 % du PIB) et le Sénégal (11 % du PIB). Le montant des envois officiels dépasse celui de l'aide publique et n'est pas loin d'atteindre celui des investissements directs étrangers (IDE). Si l'on tient compte des envois non enregistrés, ils représentent la principale source de devises étrangères.

TABLEAU 2.9 Prix unitaire des principaux produits de base agricoles exportés par l'Afrique subsaharienne

	Prix unitaire	2005	2006	2007	2008	2009	2010	2011	2011/2005
Banane (US)	($/mt)	602	677	675	844	847	868	968	1,61
Cacao	(cents/kg)	153	159	195	257	288	313	298	1,95
Café (arabica)	(cents/kg)	253	252	272	308	317	432	597	2,36
Coton	(c/kg)	121	126	139	157	138	228	332	2,74
Huile d'arachide	($/mt)	1 060	970	1 352	2 131	1 183	1 404	1 988	1,87
Grumes (Cameroun)	($/m3)	...	318	381	527	421	428	484	1,52
Maïs	($/mt)	98	121	163	223	165	185	291	2,97
Huile de palme	($/mt)	422	478	780	948	682	900	1 125	2,67
Caoutchouc (US)	(cents/kg)	...	231	248	284	214	386	482	2,09
Sucre (US)	(cents/kg)	47	48	45	47	55	79	84	1,79
Thé (Mombasa)	(c/kg)	148	195	166	221	252	256	272	1,84
Tabac, importation US	($/mt)	2 789	2 969	3 315	3 588	4 241	4 304	4 485	1,61

Source : CNUCED (2012).

La documentation théorique suggère que les transferts de fonds ont un effet favorable à court terme sur la croissance, l'accumulation des réserves et la réduction de la pauvreté, mais qu'ils ont principalement pour effet d'accentuer les inégalités, dans la mesure où seules les classes moyennes sont en mesure d'assumer les coûts élevés de la migration, la plupart du temps illégale (FMI, 2005). Les microdonnées collectées au Ghana et en Éthiopie, qui envoient un grand nombre de médecins, pharmaciens et infirmiers au Royaume-Uni et aux États-Unis d'Amérique, confirment cette hypothèse. Ratha *et al.* (2011) parviennent à des conclusions semblables pour le Nigéria, le Sénégal et l'Ouganda. Selon toute probabilité, les transferts de fonds provenant des pays voisins sont redistribués de manière plus équitable, car les migrants concernés sont également originaires de zones rurales pauvres, et la migration est souvent saisonnière et son coût plus faible.

2.6.3 Flux d'aide, IDE et allégement de la dette pour les pays pauvres très endettés

Depuis 1997, les pays d'Afrique subsaharienne (à l'exception du Nigéria et de l'Afrique du Sud) ont bénéficié en moyenne de flux d'aide représentant environ 3 % de leur PIB, cette proportion ayant peu varié au fil du temps (figure 2.6). Ces flux représentaient en moyenne 3 % à 4 % du PIB pour les pays à faible revenu, 5 % à

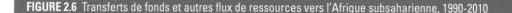

FIGURE 2.6 Transferts de fonds et autres flux de ressources vers l'Afrique subsaharienne, 1990-2010

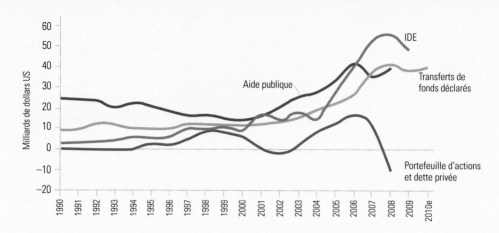

Source : Ratha et al. (2011).
Remarque : Les données pour 2010 sont des estimations préliminaires.

TABLEAU 2.10 Rapport dons officiels/PIB chez les principaux bénéficiaires de l'aide et les groupes de pays

	1997-2001	2002-2003	2004-2008	2009-2010		1997-2001	2002-2003	2004-2008	2009-2010
Lesotho	16,8	15,2	33,0	29,2	Congo (Rép. dém. du)	3,8	8,8	6,4	8,9
Burundi	4,8	14,3	17,2	16,5	Éthiopie	4,3	7,6	5,7	5,7
Rwanda	9,2	10,6	10,6	10,8	Ouganda	5,5	6,3	5,2	2,2
Malawi	7,1	10,7	10,4	12,6	Guinée Bissau	12,5	8,3	5,8	5,6
Namibie	11,6	9,6	10,8	12,5	Tanzanie	4,9	4,5	3,5	3,1
Afrique subsaharienne	1,0	1,1	1,0	1,3	Afrique subsaharienne à faible revenu			3,6	3,5
Afrique subsaharienne sauf Nigéria et Afrique du Sud	2,8	2,7	3,0	2,9	États fragiles			5,1	5,9

Source : Compilation de l'auteur basée sur différentes éditions des Perspectives économiques mondiales du FMI pour l'Afrique.

6 % pour les pays fragiles (tableau 2.10) et beaucoup plus pour les pays sortant d'un conflit. La moitié la plus pauvre des pays d'Afrique subsaharienne a enregistré des apports réguliers de dons officiels représentant de 3 % à 6 % de leur PIB, qui n'a été aucunement affecté par la récession mondiale, à partir de 2008.

L'impact de l'aide internationale est controversé. Boon (1996) soutient qu'elle accroît principalement les dépenses non productives ; d'autres, qu'elle n'est efficace que si des réformes structurelles ont été mises en œuvre. En revanche, Bourguignon et Sundberg (2007) relient son impact à la nature de la conditionnalité et de la gouvernance, de même qu'à l'adoption de politiques spécifiques, dans la mesure où les pays présentent une conditionnalité plus flexible ainsi qu'une bonne gouvernance ont enregistré de meilleurs résultats. Dans l'ensemble, l'opinion majoritaire considère que l'aide internationale peut contribuer à stimuler la croissance et combattre la pauvreté et, par là même, réduire les inégalités. Juselius Møller et Tarp (2011) ont démontré que l'aide avait eu un impact positif à long terme sur les conditions macro-économiques et l'investissement dans 33 des 36 pays étudiés.

Historiquement, les IDE en Afrique subsaharienne occupent une place marginale, mais ils sont en augmentation depuis 2004. Ils sont principalement destinés aux industries extractives à forte intensité de capital, si bien qu'il est peu probable que leur impact soit égalisateur. Comme nous l'avons remarqué, cette conclusion dépend toutefois du niveau de taxation des bénéfices et des rentes de ce secteur. Cependant, comme le soutient Ndikumana (2014), au moins 8 % de la rente pétrolière engrangée par les pays riches en or noir finissent dans les paradis fiscaux des pays avancés. À l'inverse, les IDE destinés aux secteurs à forte intensité de main-d'œuvre que sont l'industrie manufacturière et les infrastructures (comme au Ghana, en Éthiopie, au Mozambique et en Afrique du Sud) ont renforcé l'intégration des marchés intérieurs et mondiaux et, en stimulant la croissance, favorisé la réduction des inégalités.

2.6.4 Accélération de la croissance, mais avec une faible élasticité de la réduction de la pauvreté par rapport à la croissance

L'accélération de la croissance qui a commencé en 1995 et s'est poursuivie jusqu'en 2011 (figure 2.7) est un facteur potentiellement déterminant des récentes évolutions des inégalités. La croissance du PIB par habitant était de 1,5 à 2 points supérieure dans les pays exportateurs de pétrole, où les inégalités se sont principalement creusées. Dans l'ensemble, l'élasticité de la réduction de la pauvreté par rapport à la croissance s'est avérée faible : 0,27 contre environ 2 dans les autres régions en développement (FMI, 2011). Ces chiffres suggèrent que le schéma actuel de la croissance est en moyenne loin d'être inclusif puisqu'il ne génère pas suffisamment d'emplois ou de subventions pour la population inactive. Ce phénomène s'explique principalement par le fait que, au cours des 20 dernières années, la courbe de croissance des inégalités a suivi la même trajectoire que celle du PIB dans la moitié des pays, tandis que dans l'autre moitié, le niveau initialement élevé des inégalités a eu pour effet de restreindre l'élasticité de la réduction de la pauvreté par rapport à la croissance (*ibid*). Dans les pays où les inégalités se sont accentuées, la croissance concernait principalement les secteurs pétrolier/minier, immobilier et urbain informels plutôt que l'agriculture, le secteur manufacturier à forte intensité de main-d'œuvre et les services modernes (figure 2.7). Un second facteur entre également en jeu : dans de nombreux pays, les rendements du capital et de la main-d'œuvre qualifiée ont augmenté plus rapidement que les rendements de la main-d'œuvre non qualifiée. Des études de cas du FMI (2011) suggèrent que la croissance n'avait un effet égalisateur que dans les pays ayant connu une amélioration des perspectives d'emploi en milieu rural et dans le secteur manufacturier à forte intensité de main-d'œuvre.

2.7 Évolutions endogènes et politiques à l'échelle nationale

2.7.1 Déclin négligeable de l'indice synthétique de fécondité et stabilité du taux de croissance de la population

Les données de la Division de la population des Nations Unies (2015) indiquent qu'entre 1990-1995 et 2010-2015, l'indice synthétique de fécondité (ISF) n'a baissé que de 6,4 à 4,9 en Afrique de l'Est, de 6,8

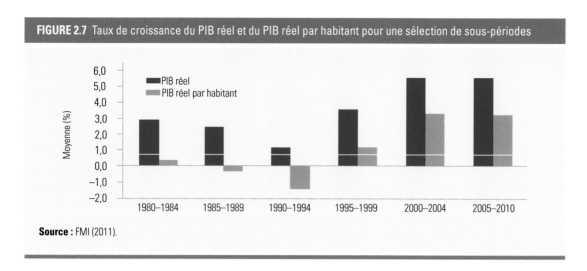

FIGURE 2.7 Taux de croissance du PIB réel et du PIB réel par habitant pour une sélection de sous-périodes

Source : FMI (2011).

à 5,8 en Afrique centrale et de 6,4 à 5,5 en Afrique de l'Ouest. Dans le cas le plus extrême, au Niger, cet indice a reculé de 7,7 à 7,6. Enfin, en Afrique australe, il est tombé de 3,5 à 2,5, une évolution conforme à la moyenne des régions les moins développées. Il existe toutefois quelques exemples d'un déclin rapide de l'ISF, notamment au Rwanda et en Éthiopie, où les politiques publiques se sont directement attaquées à cette question (chapitre 14). Le lent déclin de l'ISF ainsi que la proportion élevée de femmes en âge de procréer se sont traduits par le maintien d'une croissance démographique élevée au cours de la période étudiée (tableau 2.11). La forte croissance démographique et les importants taux de dépendance ont eu un impact négatif sur les inégalités qui, comme le démontrent les données empiriques, continuera de se faire sentir au cours des prochaines décennies. Par exemple, Leite, Sanchez et Ruggeri Laderchi (2009) ont conclu que l'augmentation des inégalités urbaines enregistrée en Éthiopie entre 1995 et 2004 était également due au fait que les classes moyennes avaient des chefs de ménages plus jeunes et instruits, vivant seuls ou avec

TABLEAU 2.11 Tendances du taux de croissance démographique dans les principales sous-régions d'Afrique subsaharienne

	1960-1965	1970-1975	1980-1985	1990-1995	2000-2005	2010-2015
Régions les moins développées	2,26	2,39	2,15	1,81	1,43	1,33
Afrique subsaharienne	2,38	2,66	2,81	2,69	2,61	2,65
Afrique de l'Est	2,62	2,86	2,92	2,54	2,74	2,83
Ouganda (le plus élevé)	3,32	2,73	3,11	3,36	3,37	3,33
Afrique centrale	2,29	2,52	2,82	3,33	2,90	2,74
Angola	1,80	2,26	3,42	3,16	3,45	3,09
Afrique australe	2,56	2,67	2,55	2,39	1,41	0,85
Namibie	2,49	2,98	2,53	3,12	1,32	1,87
Afrique de l'Ouest	2,14	2,50	2,75	2,68	2,61	2,73
Niger	2,79	2,78	2,78	3,35	3,64	3,85

Source : Division de la population des Nations Unies

leur partenaire, avec peu ou pas d'enfants. Quant aux données relatives à l'Ouganda, elles indiquent que la forte croissance démographique a retardé le développement économique et était en partie responsable du ralentissement de la réduction de la pauvreté et de l'accroissement des inégalités (Klasen, 2004).

2.7.2 Impact distributif du VIH/sida

En 2011, 80 % des 34 millions de personnes infectées par le VIH dans le monde vivaient en Afrique subsaharienne, où l'on observait une part encore plus élevée de décès connexes. Les taux d'augmentation de la prévalence du VIH/sida entre 1995 et 2011 étaient plus élevés en Afrique de l'Est et en Afrique australe (tableau 2.12). Le VIH/sida accentuait les inégalités ainsi que l'écart de revenu entre zones rurales et urbaines (Cornia et Zagonari, 2007). Selon les estimations, le PIB chutait de 0,2 à 0,3 % par an dans les pays où le VIH était peu prévalent et de 1,3 % par an dans ceux où le taux de prévalence était supérieur à 20 %. Lorsque l'épidémie de VIH est apparue, les taux d'infection étaient plus élevés parmi les classes moyennes urbaines. Cette situation a changé lorsque des campagnes de prévention ont sensibilisé ce groupe, qui a également commencé à accéder à des médicaments antirétroviraux, dont les familles rurales pauvres étaient moins susceptibles de bénéficier. Depuis le milieu des années 2000, la prévalence du VIH a entamé un déclin grâce à une meilleure prévention et à une plus grande disponibilité des traitements antirétroviraux.

TABLEAU 2.12 Prévalence du VIH chez les 15–49 ans dans les pays présentant un taux supérieur à 5 %					
	1990	**1995**	**2000**	**2005**	**2011**
Afrique australe	3,3	14,3	21,1	21,1	19,7
Afrique de l'Ouest	2,4	5,7	5,8	4,6	4,3
Afrique de l'Est	6,1	8,9	8,5	8,0	7,5
Moyenne pour l'Afrique subsaharienne	3,9	9,6	11,8	11,2	10,5

Source : Compilation de l'auteur basée sur les données des Indicateurs du développement dans le monde (WDI).

2.7.3 Chocs technologiques

Selon Kaplinsky (2014), les technologies importées d'Occident promeuvent une croissance favorisant l'exclusion dans la mesure où elles sont intensives en capital, en énergie et en normes. Pourtant, des technologies à faible coût et hautement divisibles sont apparues au cours des 10 dernières années, à l'instar des téléphones portables, de l'Internet et de l'énergie solaire, qui ont favorisé l'intégration au marché de producteurs et de consommateurs jusqu'alors marginalisés. Les nouvelles technologies qui présentent les effets potentiels les plus élevés sur le plan des inégalités sont l'Internet et les téléphones portables, le nombre d'abonnés à ces deux services ayant d'ailleurs augmenté considérablement depuis 1998. Les coûts d'entretien de ces technologies sont faibles et, en milieu rural, les téléphones portables partagés constituent la principale source de communication, qui favorise ainsi une intégration à faible coût des pauvres aux marchés dans les domaines du transport, des services postaux, de l'information et des services bancaires mobiles. Ces technologies influencent de manière favorable les inégalités, car elles se caractérisent par un faible niveau de barrières à l'entrée, d'investissement et de coûts de transaction, et par l'absence d'économies d'échelle. S'il est possible que les plus démunis n'y aient toujours pas accès, les classes moyennes inférieures pour leur part se sont intégrées aux échanges du marché grâce à la diffusion de ces technologies.

TABLEAU 2.13 Résumé des chocs macro-économiques moyens, des changements de politique et de leurs résultats en Afrique subsaharienne

	1982-1990	1991-1997	1998-2002	2003-2010
	Changements de politique			
Moyenne des droits d'importation	40,0	19,0	12,2	10,6
Rapport échanges/PIB	66,9	68,3	73,9	79,3
Indice KAOPEN d'ouverture du compte de capital*	-0,91	-0,82	-0,59	-0,56
Indice de libéralisation financière intérieure**	4,5	5,1	6,6	7,4
Régimes de change des pays hors CFA (1=fixe ; 5=chute libre)	1,81	2,77	2,98	2,43
	Chocs externes			
Termes de l'échange (marchandises) 2000=100	107,2	100,77	100,57	98,49
Flux d'aide (% du revenu national brut – RNB)	14,9	16,4	11,1	10,0
IDE (% du PIB)	0,91	1,77	3,34	3,86
	Résultats macro-économiques			
Équilibre budgétaire/PIB (déficit <0)	-5,1	-3,9	-3,5	-0,7
Recettes de l'État/PIB			21,2	24,8
Taux d'inflation	20,1	165,5	35,0	8,2
Évolution annuelle moyenne du TCER (2005=100) 1/	-20,00	-2,10	-5,13	7,32
Rapport dette publique/PIB	93,1	105,8	105,0	69,2
Solde du compte courant/PIB (dont subventions)	-6,9	-6,5	-2,5	-0,8
Encours de la dette extérieure (% du RNB)	103,4	118,2	107,0	47,9
Réserves en devises en tant que part du PIB	7,0	10,1	12,1	15,9
	Performance en matière de développement			
Taux de croissance du PIB*	3,6	2,7	3,7	5,3
Taux de croissance du PIB/habitant	0,7	0,2	1,1	2,8
Rapport investissements/PIB	19,2	20,2	19,9	22,2

Source : Cornia (2012), basé sur : *Ensemble de données sur la liberté économique (version 2011), ** Indicateurs du développement dans le monde (version 2011), ***Données Chinn-Ito pour 2011, http://web.pdx.edu/~ito/Chinn-Ito_website.htm.
Remarques : L'indice Chinn-Ito (KAOPEN) augmente en même temps que l'ouverture commerciale. L'indice de libéralisation financière intérieure est compris entre 0 et 10, où 10 correspond à un degré élevé de libéralisation et 1 ou un indice négatif indiquent une dépréciation réelle.

2.7.4 Incidence de l'évolution des politiques nationales

2.7.4.1 Politiques économiques

Selon Ndulu *et al.* (2008), les problèmes macro-économiques des années 1970, 1980 et du début des années 1990 trouvaient leur source dans les réglementations et les interventions excessives de l'État, la redistribution inefficace entre les groupes régionaux ethniques, les dépenses publiques insoutenables couvertes par l'emprunt étranger et l'effondrement de l'État. Depuis le milieu des années 1990, de nombreux pays ont adopté des politiques économiques plus judicieuses, dont l'impact a été amplifié par un environnement mondial propice et l'achèvement de l'initiative en faveur des pays pauvres très endettés (PPTE). Le tableau 2.13 résume les grands changements apportés aux politiques et leurs principaux résultats. Les marchés intérieurs ont été considérablement libéralisés. Par exemple, l'Éthiopie a supprimé le système de distribution alimentaire obligatoire par les agriculteurs, assoupli les restrictions relatives au commerce privé des grains, dévalué le birr et libéralisé le marché des changes. L'Ouganda a quant à lui libéralisé la commercialisation ainsi que l'exportation du café et du coton, supprimé les taxes à l'exportation et déprécié le taux de change (Christiansen, Demery et Paternostro, 2003). Les pays d'Afrique subsaharienne ont réduit de trois quarts leurs droits à l'importation, libéralisé en partie leur compte de capital et réformé le secteur financier, tandis que les pays extérieurs à la zone CFA ont commencé à adopter des taux de change flexibles. Ils sont également parvenus à réduire leur déficit budgétaire en accroissant leurs recettes plutôt qu'en réduisant leurs dépenses publiques. Enfin, comme indiqué plus haut, la conclusion de l'initiative PPTE a apporté des changements importants dans la mesure où elle a mis fin à la crise prolongée de la dette, réduit les transferts nets de ressources à l'étranger, ramené la dette étrangère à des niveaux soutenables et permis l'augmentation des dépenses sociales.

Si ces mesures ont permis de renforcer la stabilité macro-économique, leurs impacts sur la structure et les inégalités économiques se sont avérés mitigés dans la mesure où elles ont abouti à la désindustrialisation et à la « reprimarisation » des exportations et de la production. En 2011-2013, les combustibles et les métaux représentaient à eux seuls 64 % des exportations (Banque mondiale, 2014). L'incidence sur les inégalités est multiple : la compétitivité du taux de change effectif réel (jusqu'au début des années 2000) a accru la rentabilité du secteur des biens échangeables à forte intensité de main-d'œuvre, bien que, comme nous l'avons noté, la réduction des droits d'importation ait entraîné un déclin du secteur manufacturier, accentuant par là même les inégalités. Le développement des exportations primaires a permis d'atténuer les entraves à la croissance liées à la balance des paiements, mais aussi de créer uniquement de nouveaux emplois dans le secteur des ressources et, sous l'effet du syndrome hollandais, dans le secteur urbain des biens non échangeables. Une imposition plus élevée des ressources naturelles aurait pu réduire les inégalités en permettant d'augmenter les dépenses publiques consacrées aux transferts sociaux, au capital humain et à l'infrastructure, mais seuls l'Afrique australe et une poignée d'autres pays ont adopté une telle stratégie. Une inflation plus basse, une augmentation du rapport recettes/PIB et une politique budgétaire plus prudente ont, quant à elles, réduit la fréquence des crises budgétaires, dont les effets accentuaient fortement les inégalités. En revanche, la réglementation financière n'est pas parvenue à freiner la fuite à grande échelle des capitaux.

2.7.4.2 Politiques sociales

Entre 1990 et 2010, les dépenses publiques moyennes consacrées à l'éducation ont stagné autour de 4 % du PIB alors que les dépenses consacrées à la santé ont augmenté de 2 % à 2,9 % (WDI, 2014). Les politiques éducatives impulsées par les OMD se sont traduites par des gains notables au niveau de l'enseignement primaire, mais moins visibles au niveau du secondaire. Au Botswana, en Afrique du Sud, au Zimbabwe et au Ghana, le nombre moyen d'années de scolarité a augmenté de 5,4 à 7,7 sur la période 1990-2009, tandis qu'il est passé de 4,5 à 6,2 dans six pays d'Afrique de l'Est. En revanche, dans six pays pauvres et ruraux de cette même région (dont le Rwanda et le Burundi), ce nombre n'est passé que de 2,1 à 3,3. Enfin, dans six pays pauvres d'Afrique de l'Ouest, le nombre moyen d'années de scolarité a seulement augmenté de 1,7 à 3, ce qui met en lumière l'immense déséquilibre dans l'offre de main-d'œuvre qualifiée et non qualifiée. Par exemple, en 2009, au Niger et au Mali, on dénombrait entre 4 et 7 travailleurs ayant atteint un niveau d'éducation secondaire ou supérieur pour 100 travailleurs sans éducation ou ayant un niveau d'éducation primaire. Au Botswana et en Afrique du Sud, ce ratio s'élevait respectivement à 284 et 193 (voir, Cornia, 2015, tableau 23). De plus, toujours dans les années 2000, un problème connexe venait s'ajouter sous la forme d'une allocation régressive des dépenses publiques. À l'école primaire, le taux d'achèvement de la scolarité chez les enfants des deux derniers quintiles était inférieur de 20 à 40 points à celui des trois quintiles supérieurs (Banque mondiale, 2014), tandis qu'au niveau secondaire, les disparités du taux de scolarisation en fonction des groupes de revenu étaient encore plus importantes (figure 2.9). Ces problèmes étaient particulièrement prononcés dans les pays comptant une importante population rurale, en particulier en Afrique centrale et en Afrique de l'Ouest.

Alors que le faible niveau de formation de capital humain et sa répartition inégale sont le reflet des investissements limités et mal ciblés dans l'éducation, les faibles taux d'inscription en milieu rural sont dus à la persistance d'un biais urbain. En outre, ces derniers pourraient aussi refléter les décisions rationnelles des ménages pratiquant l'agriculture de subsistance. En l'absence de modernisation des techniques agricoles, il semble en effet peu judicieux d'investir dans l'éducation puisque l'absence d'intrants complémentaires ne permet pas d'accroître la productivité du capital humain. Par conséquent, afin d'élargir l'accès à l'éducation primaire et secondaire en milieu rural, il faut déployer parallèlement de plus grands efforts pour moderniser l'agriculture et accroître le rendement des terres.

FIGURE 2.8 Taux de scolarisation des quintiles les plus pauvres (en rouge) et les plus riches (en maron) des 15-19 ans ayant achevé leur sixième année de scolarité, fin des années 2000

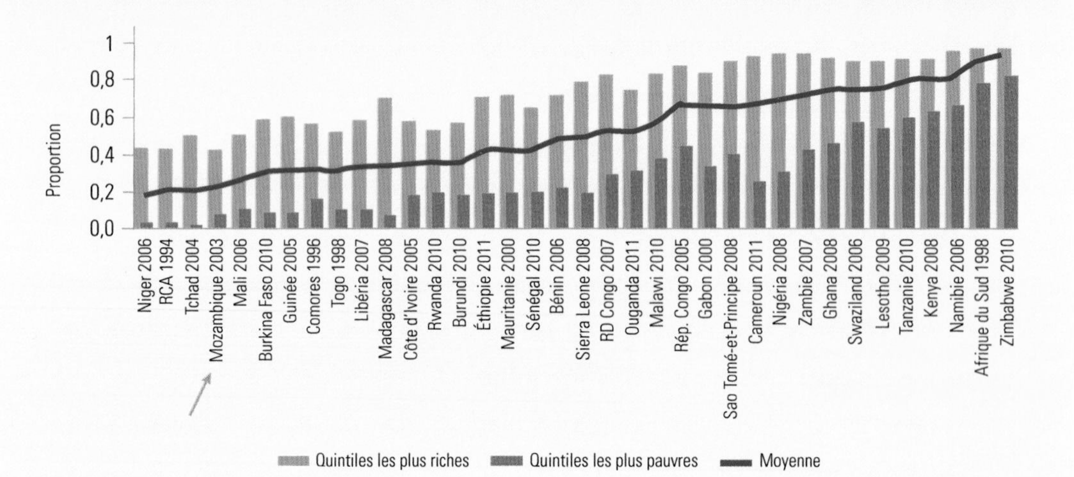

Source: Ferreira (2014).
Remarque : RCA, représente la République centrafricaine, RD Congo, la République démocratique du Congo et Rép. Congo, la République du Congo.

2.8 Conclusions

L'une des principales conclusions du présent chapitre concerne la divergence des tendances des inégalités parmi les 29 pays étudiés entre 1991/1993 et 2011. Plusieurs facteurs expliquent cette divergence (soumise à un test économétrique au chapitre 17), en commençant par le fait que, dans de nombreux pays, la composition de la valeur ajoutée s'est progressivement reportée sur les enclaves minières, les grands domaines pratiquant des cultures de rente, et les services urbains à forte intensité de capital et de compétences. Moins fréquemment, celle-ci s'est reportée sur l'agriculture à haut rendement et forte intensité de main-d'œuvre, le secteur manufacturier, la construction et les services formels à forte intensité de main-d'œuvre. Cette transition sous-optimale était en partie la conséquence de la modernisation limitée de l'agriculture vivrière, de l'augmentation du cours mondial des produits de base et de mauvais choix politiques entraînant la désindustrialisation, le retour du secteur primaire, la tertiarisation prématurée et l'expansion du secteur informel en milieu urbain, des phénomènes qui ont tous tendance à accentuer les inégalités. En revanche, dans les pays où l'agriculture a été modernisée et intégrée au reste de l'économie par le biais d'infrastructures de transport et de communication, la production alimentaire par habitant et les revenus ruraux se sont accrus tandis que le nombre de travailleurs recrutés par les industries manufacturières à forte intensité de main-d'œuvre a fortement augmenté, ce qui s'est traduit par des effets redistributifs favorables.

La question des terres est devenue plus aiguë, d'autant qu'aucune amélioration n'a eu lieu en ce qui concerne la répartition des terres arables. Alors que les réformes en matière de location des terres ont renforcé la sécurité des cultivateurs, à l'exception de l'Éthiopie, du Rwanda et de quelques autres pays, la répartition des terres ne s'est pas améliorée, tandis que les accaparements de terres et la pression démographique en ont accentué la concentration. Même si ces évolutions ne réduisent pas forcément la production, elles agissent sur les inégalités et, par là même, sur la croissance à long terme. En conséquence, l'écart des revenus ruraux-urbains s'est creusé, en dépit de la libéralisation et de la dévaluation impulsées par les PAS qui, en l'absence d'infrastructures adaptées, n'ont fait qu'amplifier le biais urbain. En outre, le faible niveau d'investissement dans le secteur manufacturier, la lente augmentation du taux de scolarisation en milieu rural et l'« informalisation » du marché du travail sont à l'origine du faible taux d'urbanisation de la plupart des pays de l'Afrique subsaharienne, une tendance qui pose un défi pour la migration interne et internationale (de même que les inégalités) à l'avenir.

Avec la fin de la guerre froide, le nombre de conflits aggravant les inégalités a connu un déclin. Un tiers de la région abrite des États démocratiques, tandis que les régimes autocratiques sont en recul. Toutefois, dans une région qui se distingue par des divisions ethniques profondément ancrées et des niveaux de corruption élevés, il est peu probable que ces évolutions aient entraîné une redistribution non fondée sur les caractéristiques ethniques. Les nouvelles données sont peu nombreuses et semblent mitigées, si bien qu'il reste beaucoup à apprendre dans ce domaine afin d'aider les politologues. Qui plus est, le manque de données sur la répartition interpersonnelle des revenus ne nous permet pas d'évaluer si les biais liés au genre se sont atténués. Les améliorations entraînées par les OMD en matière d'éducation et de santé des femmes et des filles, toutes choses étant égales par ailleurs, ont réduit ce biais, mais les données relatives à la propriété foncière, à l'emploi et à la participation politique semblent indiquer, au contraire, qu'il s'est accentué (voir le chapitre 12 à propos du Malawi).

Les changements à l'échelle mondiale et les politiques nationales ont également orienté l'évolution des inégalités. D'un point de vue théorique, les IDE destinés aux secteurs minier et pétrolier, les transferts de fonds et les exportations ont augmenté les inégalités, même s'ils ont également favorisé la croissance et une certaine réduction de la pauvreté. D'un autre côté, les flux continus d'aide et l'initiative en faveur des PPTE ont eu des conséquences favorables sur les inégalités, la croissance et la pauvreté. Les chocs exogènes ont également influé sur les inégalités. De plus, dans les pays où son incidence était élevée, le VIH/sida a lui aussi eu une incidence sur la croissance et les inégalités. Le léger recul récemment observé de l'épidémie devrait contribuer à réduire les inégalités à l'avenir. Enfin, la diffusion d'ordinateurs et de téléphones mobiles à bas prix a permis une meilleure intégration des producteurs et des consommateurs éloignés aux marchés, et renforcé la position des classes moyennes, mais probablement moins celle des plus pauvres.

Les changements apportés aux politiques nationales ont eu un impact mitigé. La correction des biais politiques du passé a permis de stabiliser les conditions macro-économiques, ce qui a eu des effets positifs. Cependant, le TCER moyen s'est apprécié au cours des 10 dernières années tandis que la libéralisation des échanges n'a pas contribué à préserver le noyau manufacturier établi après l'indépendance. Partout où les subventions en faveur de la modernisation rurale et des infrastructures ont été réduites, les inégalités intersectorielles et intrasectorielles se sont creusées (voir le chapitre 12 à propos du Malawi). Le contraire est également vrai. Les rapports recettes/PIB ont augmenté, mais comme les données relatives à l'incidence fiscale sont insuffisantes, il semble préférable de n'émettre aucun jugement quant à leur progressivité. Malgré une forte augmentation du nombre de programmes de transfert de petite envergure, l'absence de marge budgétaire et l'instauration de protections sociales à tous les niveaux de l'économie ont retardé les redistributions progressives, sauf en Afrique australe, en Éthiopie et dans quelques autres pays. Pourtant, dans les pays ayant bénéficié d'une manne financière grâce aux exportations, il existe dorénavant une marge budgétaire suffisante pour favoriser la redistribution. La tâche principale consiste aujourd'hui à orienter les institutions et les politiques en conséquence.

L'impact considérable des dépenses publiques en faveur de la formation du capital humain sur les inégalités salariales, la mobilité sociale et les inégalités en général est bien connu. Dans l'ensemble, les récentes politiques dans ce domaine ont avant tout cherché à atteindre les cibles de base des OMD. Cependant, elles n'étaient pas suffisamment financées ni ciblées, en particulier dans le domaine de l'enseignement secondaire, d'autant que les données laissent à penser que les inégalités éducatives contribuent à alimenter les inégalités intra-urbaines et rurales-urbaines. Dans les pays abritant une majorité de petits exploitants pratiquant l'agriculture de subsistance, la modernisation insuffisante de l'agriculture a diminué la demande d'enseignement secondaire.

Enfin, à ce jour, l'impact de la croissance démographique toujours élevée sur les inégalités n'a fait l'objet que d'une attention limitée. Dans de nombreux pays, l'ISF n'a connu qu'une légère baisse tandis que la croissance de la population n'a pas ralenti, sauf en Afrique australe. Seuls quelques pays bénéficient aujourd'hui d'un « dividende démographique »; dans les autres, la pression démographique toujours élevée accentue les inégalités. Il s'agit d'une question de développement cruciale, bien que négligée, à laquelle les politiques publiques doivent s'attaquer résolument si nous voulons éviter que les inégalités ne s'accroissent à l'avenir.

RÉFÉRENCES

Banque mondiale. 2014. *Africa's Pulse.* Vol. 10, Washington, D.C., Banque mondiale.

Boon, P. 1996. Politics and the effectiveness of foreign aid. *European Economic Review.* 40: 289-329.

Bourguignon, F. 2003. The growth elasticity of poverty reduction: explaining heterogeneity across countries and time periods. In T. Eicher et S. Turnovsky, éd., *Inequality and Growth. Theory and Policy Implications.* Cambridge, The MIT Press.

Bourguignon, F. et M. Sundberg. 2007. Aid effectiveness: opening the black box. *American Economic Review.* Vol.97. p. 316-321.

Cheong C. 2014. Finding the middle ground: land certification in Ethiopia. Johannesburg, Consultancy Africa Intelligence. www.consultancyafrica. com/index.php?option=com_content&view=article&id=1690:finding-the-middle-ground-land-certification-in-ethiopia&catid=92:enviro-africa&Itemid=297

Chinn, M.D. et H. Ito. 2008 et 2012. A new measure of financial openness. *Journal of Comparative Policy Analysis* 10(3), 309–322. web.pdx. edu/~ito/Chinn-Ito_website.htm

Chotikapanich, D., G. Hajargasht, W.E. Griffiths et C. Xia. 2014. Inequality and poverty in Africa: regional updates and estimation of a panel of income distributions. IARIW 33rd Conference, Rotterdam.

Christian Aid. 2014. *Africa Rising? Inequality and the Essential Role of Taxation.* www.christianaid.org.uk/images/Africa-tax-and-inequality-report-Feb2014.pdf

Christiansen, L, L. Demery et S. Paternostro. 2003. Reforms, remoteness and risk in Africa: understanding inequality and poverty during the 1990s. *UNU/WIDER Discussion Paper* 2003/70, UNU-WIDER, Helsinki.

CNUCED (Conférence des Nations Unies sur le commerce et le développement). 2012. *Trade and Development Report 2012.* Genève.

Cogneau, D., T. Bossuroy, Ph. De Vreyer, C. Guénard, V. Hiller, P. Leite, S. Masplé-Somps, L. Pasquier-Doumer et C. Torelli. 2007. *Inégalités et équité en Afrique.* Paris, Agence française de développement.

Collier P. et A. Hoeffler. 1998. Greed and grievance in civil war. Oxford Economic Papers 50(4), 563-73.

Cornia, G.A., éd. 2004. *Inequality, Growth and Poverty in an Era of Liberalisation and Globalisation.* Oxford, Oxford University Press.

_____. 2014. *Falling Inequality in Latin America: Policy Changes and Lessons* Oxford, Oxford University Press.

_____. 2015. *Income Inequality Levels, Trends and Determinants in SSA: An Overview of the Main Determinants.* New York, PNUD-RBA.

Cornia, G.A. et L. Deotti. 2014. Prix du mil, politique publique et malnutrition des enfants : le cas du Niger en 2005. *Revue d'économie du développement* 22, 5-36.

Cornia, G.A. et B. Martorano. 2012. Development policies and income inequality in selected developing countries, 1980-2010. U*NCTAD Discussion Paper 210.* Geneva.

Cornia G.A. et F. Zagonari. 2007. The HIV and AIDS impact on the rural and urban economy. In AIDS, Public Policy and Child Well-being, pp. 181-208. Cornia, G.A., éd. Florence, UNICEF Innocenti Research Centre.

Davoodi, H., E. Tiongson et S. Asawanuchit. 2003. How useful are incidence analyses of public expenditure on education and health? *IMF Working Paper 03/2007.* Washington.

Deininger, K. et D. Byerlee. 2011. *Rising Global Interest in Farmland: Can it Yield Sustainable and Equitable Benefits?* Washington, D.C., Banque mondiale.

Division de la population des Nations Unies. 2015. *World Population Prospects: the 2015 Revision.* New York.

Eastwood R. et Lipton M. 2004. *Rural and urban income and poverty: does convergence between sectors offset divergence within them? Inequality, Growth and Poverty in an Era of Liberalisation and Globalisation,* Oxford, Oxford University Press. G.A. Cornia, éd. 2004.

Elbers, J., P. Lanjouw, J. Mistiaen, B. Ozler et K. Simler. 2003. Are neighbours equal? Estimating local inequality in three developing countries. Helsinki, *UNU/WIDER Discussion Paper 2003/57.*

FAO (Organisation des Nations Unies pour l'alimentation et l'agriculture) (1986). Africa's Agriculture: the Next 25 Years: Main Report. Rome.

Ferreira, F. 2014. Growth, inequality and poverty reduction in Africa. PowerPoint presentation at the FEEM Conference. World Bank and IZA, Milan, 24 septembre 2014.

FMI (Fonds monétaire international). 2005 et 2013. Perspectives économiques mondiales pour l'Afrique. Washington, D.C.

_____. 2011. *Perspectives économiques mondiales.* Washington, D.C.

Fosu, A.K. 2014. Growth, inequality, and poverty in sub-Saharan Africa: recent progress in a global context. *CSAE Working Paper 2014/17.* Oxford, Center for the Study of the African Economies.

Frankema, E. 2005. The colonial origins of inequality: exploring the causes and consequences of land distribution. *Discussion Papers 119,* Gottingen, Ibero-America Institute for Economic Research of Georg-August-Universität Göttingen.

Garcia, M et C.M.T. Moore. 2012. *The Rise of Cash Transfer Programs in Sub-Saharan Africa.* Washington, D.C., Banque mondiale.

Gebreselassie, S. 2006. Land, land policy and smallholder agriculture in Ethiopia: options and scenarios. *Discussion Paper on Future Agricultures 008.*

Ghai, D. et S. Radwan. 1983. *Agrarian Poverty and Rural Poverty in Africa.* OIT, Genève.

Ghebeyehu, Z.H. 2014. Rural-urban migration and land and rural development policies in Ethiopia. Document présenté lors de l'édition 2014 de la Conférence de la Banque mondiale sur la terre et la pauvreté, Washington, D.C., Banque mondiale, 24-27 mars 2014.

Grimm, M. C. Wetta et A. Nikiemea. 2014. Burkina Faso: shipping around the Malthusian trap. Helsinki, *UNU/WIDER Working Paper 2014/124.*

Gyimah-Brempong K. 2002. Corruption, economic growth and income inequality in Africa. *Economic of Governance,* 2002, 3 : 183-209.

Harris, J.R. et M.P. Todaro. 1970. Migration, unemployment, development: a two-sector analysis. *American Economic Review,* 60 (1) : 126-142.

Jenkins, C et L. Thomas. 2004. *The Changing Nature of Inequality in South Africa.* Cornia, éd. 2004. *Inequality, Growth and Poverty in an Era of Liberalisation and Globalisation,* Oxford: Oxford University Press.

Juselius, K, N., F. Møller et F. Tarp. 2011. The long-run impact of foreign aid in 36 African countries: Insights from Multivariate Time Series Analysis. Helsinki, *UNU/WIDER Working Paper 2011/51.*

Kanbur, R. et A. Venables. 2005. *Spatial Inequality and Development.* Oxford, Oxford University Press.

Kaplinsky, R. 2014. Innovation for pro-poor growth: from redistribution with growth to redistribution through growth. In T*owards Human Development: New Approaches to Macroeconomics & Inequality.* G.A. Cornia et F. Stewart, éd. Oxford, Oxford University Press.

Kelsall, T. 2013. *Business, Politics, and the State in Africa.* London Zed Books.

Kimenyi, M. 2006. Ethnicity, governance and the provision of Public Goods. *Journal of African Economies,* 15(1): 62–99. en, S. 2004. Population growth, per capita economic growth and poverty reduction in Uganda: a brief summary of theory and evidence. Gottingen University, Mimeo.

Leite, P. A. Sanchez et C. Ruggeri Laderchi. (2009). The Evolution of Urban Inequality in Ethiopia. Mimeo, Banque mondiale et université d'Oxford.

Mazumdar, Dipak et Ata Mazaheri. 2000. Wages and Employment in Africa (version provisoire). *RPED Working Paper 109.* Washington. D.C., Banque mondiale. Disponible à l'adresse : http://siteresources.worldbank.org/EXTAFRSUMAFTPS/Resources/rped109.pdf

Menchi Rogai, L. 2011. Democracy and Development in Sub-Saharan Africa: New Trends. Masters' thesis, Université de Florence.

Moyos, S. et P. Yeros. 2007. *Reclaiming the land: the Resurgence of Rural Movements in Africa, Asia and Latin America.* Londres, Zed Books.

Ndikumana, L. 2014. Capital flight and tax havens: impact on investment and growth in Africa. *Revue d'économie du développement,* 2014/2.

Ndulu, B.J., S. O'Connell, R. Bates, P. Collier, et C. Soludo. 2008. *The Political Economy of Economic Growth in Africa, 1960–2000,* Vol. 1. Cambridge, Cambridge University Press.

Niño-Zarazúa, M, A. Barrientos, D. Hulme et S. Hickey. 2012. Social protection in sub-Saharan Africa: Getting the politics right. *World Development* 40(1): 163-170. Janvier 2012. In Nordman, C.J. et F.C. Wolff. 2009. Gender differences in pay in African manufacturing firms, C. J. Nordman and F.C. Wolff. 2009. https://hal.archives-ouvertes.fr/hal-00421227

Norton, R.D. 1987. Agricultural issues in structural adjustment programs. *FAO Economic and Social Development Paper.* Rome.

OIT (Organisation internationale du Travail). 1996. *Le coût de la sécurité sociale, Quatorzième enquête internationale, 1987-89.* Genève.

_____. 2014. Rapport mondial sur la protection sociale 2014-15. Genève.

_____ .1988. The Impact of Development Strategies on the Rural Poor. Second Analysis of Country Experiences in the Implementation of the WACARRD Programme of Action. Rome.

Pinkovskiy M. et Sala-I-Martin, X. 2010. African poverty is falling…much faster than you think! The National Bureau of Economic Research. Washington, D.C. *NBER Working Paper 15775.*

PNUD (Programme des Nations Unies pour le développement). 2012. *Africa Human Development Report: Toward a Food Secure Future.* New York.

Ratha, D, S. Mohapatra, C. Ozden, S. Plaza, W. Shaw et A. Shimeles. 2011. *Leveraging Migration for Africa. Remittances, Skills, and Investments.* Washington, D.C., Banque mondiale.

Ringler, C., T. Zhu, X. Cai, J. Koo et D. Wang. 2011. IFPRI Policy Briefs 15-20. Washington, D.C. www.cosv.org/download/centrodocumentazione/climate%20change%20impacts%20on%20food%20security.pdf

Sachs, J. D. et A.M. Warner. 1995. Natural Resource Abundance and Economic Growth. *NBER Working Paper.* Washington, D.C., NBER.

Sahn D. E. et D.C. Stifel. 2004. Urban-Rural Inequality in Living Standards in Africa. Research Paper 2004/4. Helsinki, UNU-WIDER.

Sahn D. et S. Younger. 2014. The Incidence of Recent Child Health Improvements. Paper presented at the WIDER Conference on 'Inequality Measurements, Trends, Impacts and Policies', 5-6 September, Helsinki. Disponible à l'adresse : www1.wider.unu.edu/inequalityconf

Stewart, Frances. 2000. Horizontal inequalities as a cause of conflict: A review of CRISE findings. Disponible à l'adresse : www.qeh.ox.ac.uk/pdf/pdf-research/crise-research-findings

_____. 2014. Justice, horizontal inequality, and policy in multi-ethnic societies. In T*owards Human Development: New Approaches to Macroeconomics and Inequality.* G.A. Cornia et F. Stewart, éd. Oxford, Oxford University Press.

Van der Hoeven, R. et W. Van der Geest. 1999. The missing institutions of Africa's adjusted labour markets. *Adjustment, Employment and Missing Labour Market Institutions in Africa.* W. Van der Geest et R. Van der Hoeven, éd. 1999. Londres, James Curry.

La capacité de la croissance à réduire la pauvreté est faible en Afrique subsaharienne

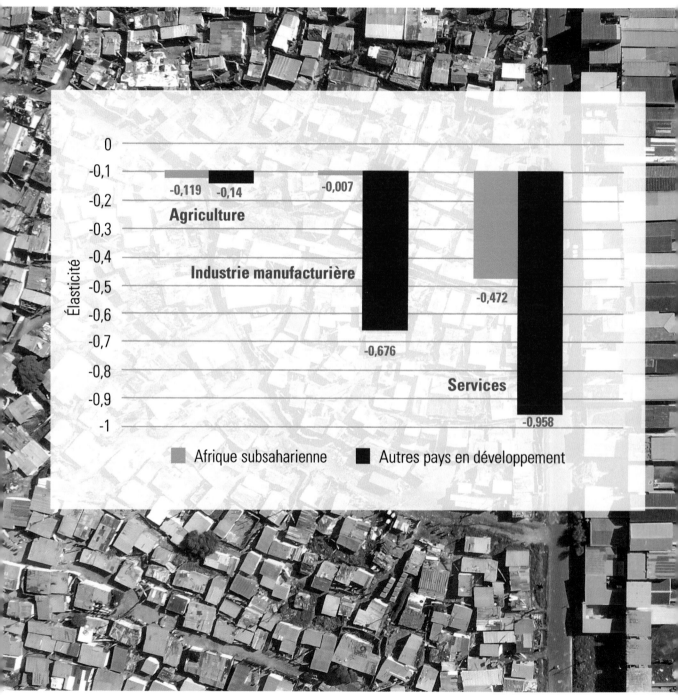

Adapté de la Banque mondiale 2014

3

Moteurs des inégalités dans le cadre de la relation entre croissance, pauvreté et inégalités en Afrique : aperçu des principaux enjeux

HAROON BHORAT ET KARMEN NAIDOO

3.1 Introduction

Environ un tiers de la population pauvre du monde vit en Afrique. Des données récentes révèlent que les inégalités pourraient effectivement représenter un défi plus important en Afrique que dans les autres régions en développement. Des niveaux élevés de pauvreté et d'inégalité persistent sur ce continent, alors même qu'il s'agit de l'une des régions ayant affiché l'une des croissances les plus dynamiques ces 10 dernières années. Six des 10 économies ayant enregistré la croissance la plus rapide entre 2001 et 2010 se trouvent en Afrique subsaharienne (SSA) (The Economist et FMI, 2011). Plus spécifiquement, les économies africaines ayant affiché la croissance la plus dynamique au cours de cette décennie (2001-2010) étaient l'Angola, suivi du Nigéria, de l'Éthiopie, du Tchad, du Mozambique, du Rwanda et de la Guinée équatoriale.

En Afrique, la période qui s'étend des années 1970 jusqu'à la fin des années 1990 peut généralement être considérée comme une période de décennies perdues depuis l'indépendance. Elle se caractérisait par les éléments suivants : une combinaison de graves défaillances en matière de gouvernance ; des investissements faibles et sous-optimaux dans la santé, l'éducation et les autres services sociaux ; des déséquilibres macro-économiques considérables ; des infrastructures en mauvais état ; et des déficits commerciaux structurels. À l'inverse, le boom économique africain de l'après-2000 s'appuyait sur un ensemble de facteurs, tels que la technologie (mobile en particulier) ; la croissance démographique, l'urbanisation et l'éclosion de nouvelles villes africaines dynamiques ; l'amélioration des politiques macro-économiques ; le renforcement de la coopération et de l'intégration régionales ; des politiques sociales mieux ciblées ; et des améliorations considérables sur le plan de la qualité de la gouvernance et des institutions. Ces facteurs ont permis de prolonger cette dynamique de croissance sur le continent. Toutefois, les variables socio-économiques africaines n'ont pas suivi ces impressionnantes performances économiques, si bien que de nombreuses économies africaines continuent de souffrir de la pauvreté et de niveaux élevés d'inégalité. Dans un tel contexte, le présent chapitre examine de plus près l'évolution des inégalités sur le continent africain au fil du temps, de même que certains de leurs principaux moteurs.

Des études sur les économies en développement permettent de dégager trois faits stylisés à propos des liens entre croissance, pauvreté et inégalités, que Ferreira et Ravallion (2008) ont su synthétiser avec clarté. Premièrement, le taux de croissance des pays en développement ne présente quasiment aucune corrélation avec l'évolution de leurs inégalités. Deuxièmement, en l'absence d'une telle relation, une solide corrélation entre la croissance et l'évolution de la pauvreté doit exister. Les données empiriques montrent clairement que les économies dont la croissance est des plus rapides sont celles où la pauvreté recule le plus vite. Enfin, la croissance perd une partie de sa capacité à atténuer la pauvreté lorsque les inégalités sont initialement élevées, et plus encore si ces inégalités s'accentuent au cours du processus de croissance. Partant de ces faits stylisés, le présent chapitre fait la lumière sur la nature, l'ampleur et l'évolution des moteurs des inégalités dans le contexte africain.

Le présent chapitre étudie les questions suivantes : la section 3.2 examine les interactions entre croissance, pauvreté et inégalités dans le contexte africain puis s'attache à définir l'ampleur des inégalités en Afrique et la forme qu'elles revêtent ; la section 3.3 étudie la transformation structurelle dans les schémas de croissance économique ; la section 3.4 analyse plus en détail les moteurs potentiels des inégalités en Afrique sur le plan micro-économique et institutionnel ; enfin, la section 3.5 conclut le chapitre.

3.2 Croissance, pauvreté et inégalités : le contexte africain

Il existe peu de publications consacrées aux liens entre croissance, pauvreté et inégalités en Afrique. Selon les conclusions de Fosu (2009), conformes à des travaux précédents, les différences initiales en matière d'inégalités peuvent entraîner des différences considérables de l'élasticité de la pauvreté par rapport à la croissance, non seulement entre l'Afrique subsaharienne et les autres régions, mais aussi entre les différents pays d'Afrique subsaharienne, ce qui met en lumière la dépendance de ce phénomène vis-à-vis de la trajectoire empruntée. Des travaux plus récents de Fosu (2014), qui analysent en détail l'évolution de la pauvreté au début des années 1990 et à la fin des années 2000 dans 23 pays africains, démontrent que la croissance économique explique la plupart des évolutions de la pauvreté dans le groupe de pays où cette dernière a connu un déclin. En revanche, là où la pauvreté s'est accentuée, les inégalités étaient un facteur plus décisif pour expliquer cette évolution. En outre, il est important de relever que, même parmi les pays ayant enregistré un déclin de la pauvreté, la réduction des inégalités en était, dans quelques cas, le facteur principal. Une telle hétérogénéité montre à quel point il est important d'étudier individuellement les pays. Dans chaque pays, les relations entre croissance, pauvreté et inégalités sont indubitablement influencées par des questions telles que la dépendance à l'égard des ressources naturelles, les conflits et la fragilité, ou encore la gouvernance. Cependant, il existe toujours actuellement peu de données systématiques confirmant que l'élasticité de la pauvreté ou l'élasticité des inégalités par rapport à la croissance dans les économies africaines est influencée de manière disproportionnée par l'un quelconque de ces facteurs ou une combinaison de ceux-ci.

Depuis ces 20 dernières années, les niveaux élevés de pauvreté en Afrique et les questions de développement connexes constituent le sujet central des publications consacrées au développement en Afrique. L'évolution des niveaux de pauvreté, l'élasticité de la pauvreté par rapport à la croissance et les moteurs macro-économiques de la pauvreté ont fait l'objet de nombreuses études. En revanche, on peut dire que la question des inégalités a été relativement négligée au cours de cette même période, ce qui s'explique probablement en partie par le manque de données chronologiques crédibles sur l'évolution de la répartition des revenus dans les économies africaines[1].

---

[1] L'absence de systèmes statistiques robustes dans la plupart des pays africains empêche de suivre de manière satisfaisante les tendances de la pauvreté et des inégalités au niveau national et infranational, ce qui rend également l'identification des facteurs déterminants qui sous-tendent ces tendances plus difficile.

3.2.1 Nature, ampleur et schéma des inégalités en Afrique

Plus récemment, le constat selon lequel l'Afrique abrite certaines des économies les plus inégalitaires du monde tend à s'imposer de plus en plus. En utilisant le coefficient de Gini comme mesure des inégalités de revenus au sein des pays, le tableau 3.1 montre que ce coefficient moyen est de 0,43 en Afrique alors qu'il est de 0,39 dans le reste du monde en développement. De surcroît, la limite supérieure de l'éventail de coefficients de Gini du continent dépasse celle des autres pays en développement, révélant ainsi que les inégalités extrêmes constituent également une caractéristique distinctive du continent africain. En utilisant une autre mesure de ces inégalités, on peut avancer qu'en moyenne, le quintile supérieur de l'échelle africaine des revenus dispose d'un revenu plus de 10 fois supérieur à celui du quintile inférieur. Pour les autres économies en développement, la moyenne est inférieure à 9.

L'observation des coefficients de Gini illustrés à la figure 3.1 révèle que la distribution des coefficients africains se situe à la droite de celle des autres pays en développement[2], ce qui confirme notre constat précédent quant aux niveaux élevés d'inégalité en Afrique. En fait, 60 % des pays africains de cet échantillon

---

TABLEAU 3.1 Les inégalités en Afrique comparativement aux autres économies en développement

	Afrique		Autres pays en développement		Différence
Gini					
Moyenne	0,43	(8,52)	0,39	(8,54)	0,04**
Médiane	0,41		0,38		
Minimum	0,31		0,25		
	(Égypte)		(Ukraine)		
Maximum	0,65		0,52[a]		
	(Afrique du Sud)		(Haïti)		
Ratio des revenus :					
Quintile supérieur/quintile inférieur	10,18		8,91		
Coefficient de Gini moyen					
Faible revenu	0,42	(7,66)	0,39	(11,84)	0,03
Revenu intermédiaire, tranche inférieure	0,44	(8,31)	0,40	(8,55)	0,05*
Revenu intermédiaire, tranche supérieure	0,46	(11,2)	0,40	(8,29)	0,06*

Source : UNU-WIDER (2014) ; Banque mondiale (2014b), Indicateurs du développement dans le monde (2014).

Remarque :

1. Les autres économies en développement ont été choisies en suivant la classification des économies en développement de la Banque mondiale, qui inclut une série de pays d'Amérique latine, d'Asie et d'Europe de l'Est.
2. Les dernières données disponibles ont été utilisées pour chaque pays (après 2000).
3. Les écarts-types sont indiqués entre parenthèses.
4. En raison de la petite taille de l'échantillon d'autres pays en développement appartenant au groupe à faible revenu, il est difficile d'en déterminer la signification statistique.
a. Le coefficient de Gini le plus élevé (0,61) dans la catégorie « autre pays en développement » est celui de la petite nation insulaire des États fédérés de Micronésie ; il a été exclu ici à des fins de comparabilité.
** Indique un seuil de signification de 5 %. Ces résultats proviennent de simples tests T.
* Indique un seuil de signification de 10 %. Ces résultats proviennent de simples tests T.

---

[2] Les tests de Kolmogorov-Smirnov sur l'égalité des répartitions sont rejetés au seuil de 5 %, ce qui suggère que la répartition des inégalités en Afrique est différente de celle du reste des pays en développement.

(soit 30 pays sur 50) ont un coefficient de Gini supérieur à la valeur médiane pour l'ensemble des économies en développement.

L'une des caractéristiques marquantes de ce graphique est la prévalence d'inégalités extrêmes en Afrique, absentes dans les autres économies en développement. On dénombre en effet 15 pays africains dans le quatrième quartile de la répartition des coefficients de Gini pour l'ensemble des économies en développement. De plus, sept économies africaines présentent des valeurs aberrantes, dans la mesure où leur coefficient de Gini est supérieur à 0,55 : Lesotho, République centrafricaine, Botswana, Zambie, Namibie, Comores et Afrique du Sud. La plupart d'entre elles sont des pays à revenu intermédiaire d'Afrique australe, qui affichent tous des niveaux considérablement élevés d'inégalités, la fourchette de leur coefficient de Gini se situant entre 0,57 et 0,64.

Cependant, il est à noter que certains des pays du continent dont la population est élevée et en forte croissance, à l'instar du Nigéria, de la République-Unie de Tanzanie et de la République démocratique du Congo, présentent un coefficient de Gini sensiblement inférieur, de l'ordre de 0,34 à 0,44. En se basant sur les données démographiques tirées des Indicateurs du développement dans le monde (WDI, 2014), le coefficient de Gini pondéré en fonction de la population a été calculé à 0,41 pour l'ensemble de l'Afrique ; environ 10 % de la population africaine vit dans les sept économies les plus inégalitaires.

Étant donné la mauvaise qualité des données économiques historiques, il est difficile d'évaluer l'évolution des inégalités en Afrique au cours du temps. Néanmoins, l'Institut mondial pour la recherche en économie

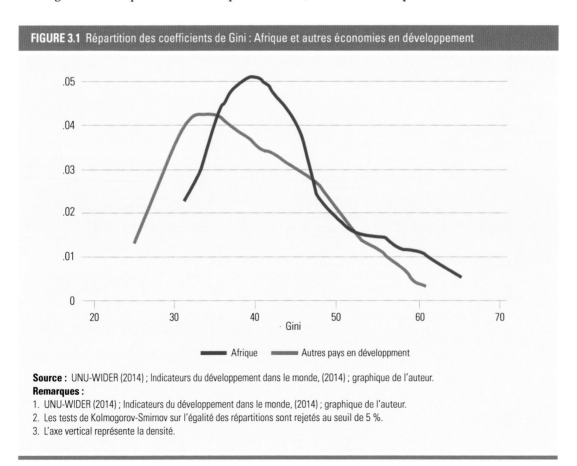

FIGURE 3.1 Répartition des coefficients de Gini : Afrique et autres économies en développement

Source : UNU-WIDER (2014) ; Indicateurs du développement dans le monde, (2014) ; graphique de l'auteur.
Remarques :
1. UNU-WIDER (2014) ; Indicateurs du développement dans le monde, (2014) ; graphique de l'auteur.
2. Les tests de Kolmogorov-Smirnov sur l'égalité des répartitions sont rejetés au seuil de 5 %.
3. L'axe vertical représente la densité.

du développement de l'Université des Nations Unies (UNU-WIDER) a compilé les meilleurs coefficients de Gini disponibles au fil du temps dans l'ensemble de données mondial sur l'inégalité (WIID), sur lequelle s'appuie la figure 3.2. Ces estimations révèlent qu'en moyenne, une légère réduction du coefficient de Gini a eu lieu en Afrique, passant de 0,48 au début des années 1990 à 0,43 aujourd'hui, soit un déclin de 10,4 %.

Si l'on exclut les sept pays africains aux valeurs aberrantes, on observe alors que le coefficient de Gini moyen pour le reste du continent a chuté, passant de 0,45 au début des années 1990 à 0,40, son niveau actuel. Comparée aux données du tableau 3.1, cette dernière moyenne est presque égale à celle du reste des pays en développement. En substance, les données présentées ici semblent suggérer que ce sont ces sept pays africains extrêmement inégalitaires qui expliquent les niveaux d'égalité supérieurs de l'Afrique par rapport aux autres économies en développement.

La figure 3.3 montre quant à elle qu'après 1999, le déclin des inégalités dans le sous-échantillon des économies africaines présentant de « faibles inégalités » a influé de manière disproportionnée sur le déclin général des inégalités en Afrique. La cohorte des économies africaines à « fortes inégalités » a atténué la diminution du niveau global des inégalités africaines.

Les moyennes illustrées à la figure 3.3 masquent toutefois la plupart des variations observées entre les

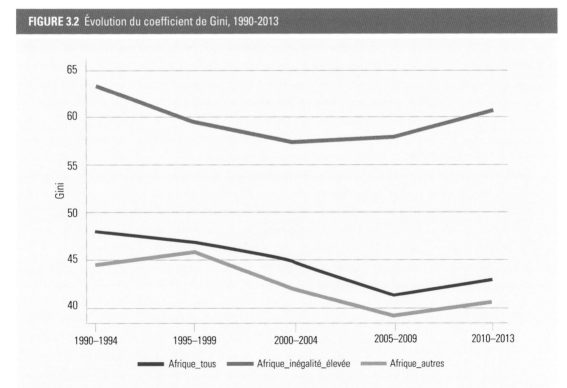

FIGURE 3.2 Évolution du coefficient de Gini, 1990-2013

Légende : Afrique_tous — Afrique_inégalité_élevée — Afrique_autres

Source : UNU-WIDER (2014) ; Indicateurs du développement dans le monde, (2014) ; graphique de l'auteur.
Remarques :
1. La moyenne pour l'Afrique se base sur les tailles d'échantillon suivantes par période : 27 pays (1990-1994), 24 pays (1995-1999), 38 pays (2000-2004), 28 pays (2005-2009) et 25 pays (2010-2013).
2. Les pays présentant de fortes inégalités sont les suivants : Afrique du Sud, Angola, Botswana, Comores, Namibie, République centrafricaine et Zambie. La taille des échantillons par période est la suivante : cinq (1990-1994), deux (1995-1999), sept (2000-2004), trois (2005-2009) et trois (2010-2013).

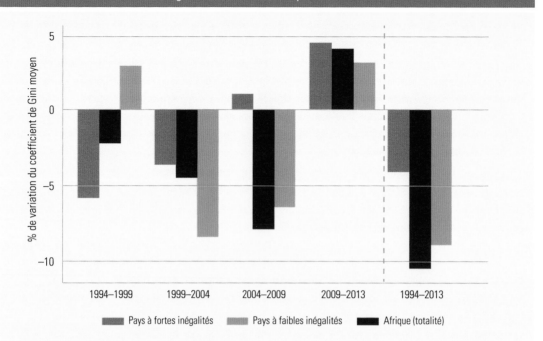

FIGURE 3.3 Taux de variation des inégalités de revenus en Afrique

Source : UNU-WIDER (2014) ; Indicateurs du développement dans le monde. (2014) ; graphique de l'auteur.
Remarques :
1. La moyenne pour l'Afrique se base sur les tailles d'échantillon suivantes par période : 27 pays (1990-1994), 24 pays (1995-1999), 38 pays (2000-2004), 28 pays (2005-2009) et 25 pays (2010-2013).
2. Les pays présentant de fortes inégalités sont les suivants : Afrique du Sud, Angola, Botswana, Comores, Namibie, République centrafricaine et Zambie. La taille des échantillons par période est la suivante : cinq (1990-1994), deux (1995-1999), sept (2000-2004), trois (2005-2009) et trois (2010-2013).

différents pays. Plusieurs études confirment en effet l'hétérogénéité des expériences des pays africains vis-à-vis de la relation entre croissance, inégalités et pauvreté (Bigsten et Shimeles, 2004 ; Demombynes et Hoogeveen, 2004 ; Canagarajah et Thomas, 2001 ; Appleton, 1999 ; Ssewanyana *et al.*, 2004 ; McCulloch, Baulch et Cherel-Robson, 2000). Ainsi, en raison de la multiplicité d'expériences de ces différents pays, il est nécessaire d'examiner de manière plus approfondie les sources de croissance et les niveaux initiaux des inégalités afin d'expliquer les tendances observées.

En se basant sur les coefficients de Gini et les données données de la Banque mondiale (2014) relatives à la croissance, la présente analyse met en lumière la relation ténue entre le taux de croissance économique et la variation du coefficient de Gini pour un grand échantillon d'économies africaines. En revanche, cette relation est nettement plus forte pour le sous-échantillon d'économies dont le coefficient de Gini était initialement élevé[3].

De plus, la corrélation entre les inégalités initiales et les inégalités actuelles pour l'échantillon de pays africains ci-dessus est statistiquement significative au seuil de 1 %, avec une magnitude de 0,56. Ces résultats indiquent uniquement que les inégalités initiales seraient susceptibles d'expliquer une grande partie des niveaux actuels d'inégalité, en soulignant la dépendance de ce phénomène vis-à-vis de la trajectoire

---

[3] Pays présentant un coefficient de Gini supérieur à 0,5 dans les années 1990.

empruntée. On pourrait alors en déduire que les inégalités sont non seulement influencées par les sources de croissance, mais également par les conditions initiales.

La synthèse des observations des auteurs et des résultats des publications permet de dégager un ensemble de conclusions préliminaires. Premièrement, il est difficile d'identifier un scénario clair et homogène concernant la nature et le schéma des inégalités à travers l'Afrique, étant donné que leur niveau et leur évolution varient sensiblement au fil du temps. Deuxièmement, bien que les données semblent provisoirement indiquer que les inégalités ont, en moyenne, connu un déclin en Afrique, on peut supposer que ce sont principalement les économies non catégorisées comme étant fortement inégales qui en sont à l'origine. Troisièmement, l'Afrique affiche des niveaux moyen et médian d'inégalités plus élevés que le reste des régions en développement. Quatrièmement, l'une des caractéristiques importantes des inégalités sur le continent concerne la présence de « valeurs aberrantes africaines » : sept économies affichant un degré d'inégalité extrêmement élevé. Lorsque ces valeurs aberrantes sont exclues, il devient évident que le niveau des inégalités en Afrique est proche de celui des autres économies en développement. Enfin, l'estimation de la relation entre la croissance économique et les inégalités suggère que celle-ci est solide dans le cas des pays dont les inégalités étaient initialement élevées.

3.2.2 Les liens entre croissance, pauvreté et inégalités en Afrique

En dépit de sa remarquable performance macro-économique au cours des 10 dernières années, l'Afrique accuse un retard relativement à ses objectifs de réduction de la pauvreté. Bien que la pauvreté extrême ait chuté depuis 1990, près de 50 % de la population africaine (413 millions de personnes) continuent de vivre en dessous du seuil d'extrême pauvreté (Banque mondiale, 2014b). Aujourd'hui, la pauvreté recule sur le continent, mais pas aussi rapidement qu'en Asie du Sud et de l'Est. En conséquence, la part de l'Afrique dans la pauvreté mondiale a augmenté, passant de 22 % 1990 à 33 % en 2010 (Africa Progress Panel, 2014).

Les données de 2014 de la Banque mondiale (PovcalNet) nous permettent d'observer que dans la majeure partie de l'Afrique, à l'exception de l'Afrique du Nord, la proportion de la population vivant sous le seuil d'extrême pauvreté est en moyenne semblable et oscille entre 39 % et 46 % de la population. Ces chiffres sont sensiblement plus élevés que les taux de pauvreté des autres régions en développement de l'Asie du Sud ainsi que de l'Amérique latine et des Caraïbes (LAC). Par exemple, la proportion de personnes en situation d'extrême pauvreté en Afrique centrale est 2,5 fois plus élevée qu'en Asie du Sud-Est et 4,6 fois plus élevée que dans la région LAC. De toute évidence, les niveaux de pauvreté varient fortement entre les différents pays. Quatre des pays africains les plus peuplés (Nigéria, Éthiopie, République démocratique du Congo et République-Unie de Tanzanie) abritent près de la moitié des pauvres du continent africain, si bien que les progrès de ce dernier en matière de réduction de la pauvreté sont inextricablement liés à la performance de ces pays.

De plus, le degré de pauvreté est plus extrême en Afrique. En effet, le niveau de consommation moyen des Africains vivant en dessous du seuil de pauvreté est de 0,70 dollar par jour, un niveau considérablement inférieur à celui des autres régions, qui s'approchent toutes du seuil de 1 dollar par jour (Africa Progress Panel, 2014). Cette situation s'observe également dans la figure 3.4, qui montre qu'environ deux tiers de la population des quatre régions africaines (à l'exception de l'Afrique du Nord) vivant en dessous du seuil de pauvreté fixé à 2 dollars par jour vivent en fait dans l'extrême pauvreté ; l'autre tiers dispose pour vivre de 0,25 à 2 dollars par jour. En comparaison, en Asie du Sud, 60 % des pauvres vivent avec un revenu moyen se situant entre 1,25 et 2 dollars par jour.

À l'évidence, des obstacles entravent la possibilité pour la croissance africaine de réduire la pauvreté. En effet, l'élasticité de la pauvreté par rapport à la croissance en Afrique subsaharienne au cours des deux décennies depuis 1990 s'élève à -0,7 ; autrement dit, on estime qu'une croissance du PIB de 1 % permet de réduire la pauvreté de 0,7 % (Banque mondiale, 2013). Toutefois, pour le reste du monde (à l'exception de la Chine), cette élasticité est sensiblement plus élevée, de l'ordre de -2.

Comme on pouvait s'y attendre, les inégalités sont un important facteur médiateur de la relation entre croissance et pauvreté. Il a en effet été prouvé que, lorsque les inégalités initiales sont plus élevées, elles limitent les effets de la croissance en matière de réduction de la pauvreté (Ravallion, 1994 ; Fosu, 2009). En particulier, les calculs de l'élasticité des revenus par rapport à la croissance effectués par Fosu (2009) pour 30 pays sur la période 1977-2004 révèlent de fortes variations dans les estimations, qui vont de 0,63 en Namibie (pays fortement inégalitaire) à 1,4 en Éthiopie.

De plus, comme nous l'avons remarqué précédemment, il n'y a pas que la croissance qui compte, mais aussi ses sources. Il a été démontré que la croissance des secteurs à forte intensité de main-d'œuvre, par exemple l'agriculture ou l'industrie manufacturière, a généralement une plus forte incidence sur la réduction de la pauvreté que la croissance des secteurs à forte intensité de capital, tels que l'extraction minière (Ravallion et Datt, 1996 ; Khan, 1999 ; Ravallion et Chen, 2007 ; Loayza et Raddatz, 2010). La trajectoire de croissance de nombreuses économies africaines dominées par les industries extractives serait donc un facteur déterminant des faibles niveaux d'élasticité de la pauvreté par rapport à la croissance observés dans la région.

Afin de corroborer l'importance de ces facteurs, on peut observer que, lorsqu'ils sont pris en compte à travers diverses variables, l'élasticité de la pauvreté par rapport à la croissance en Afrique subsaharienne avoisine celle du reste du monde (Banque mondiale, 2013). L'impact de la croissance sur la réduction de la pauvreté

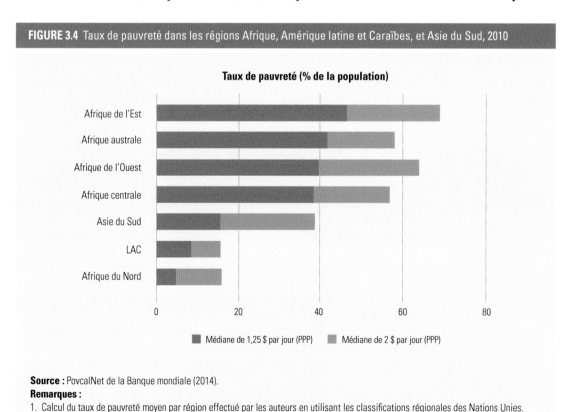

FIGURE 3.4 Taux de pauvreté dans les régions Afrique, Amérique latine et Caraïbes, et Asie du Sud, 2010

Source : PovcalNet de la Banque mondiale (2014).
Remarques :
1. Calcul du taux de pauvreté moyen par région effectué par les auteurs en utilisant les classifications régionales des Nations Unies.
2. PPP = parité de pouvoir d'achat ; LAC = Amérique latine et Caraïbes.

est moindre lorsque les niveaux des inégalités initiales et de la dépendance envers les ressources minérales sont plus élevés (*ibid.*). Ainsi, des niveaux d'inégalités à la fois élevés et en augmentation constituent une entrave de taille à l'atténuation de la pauvreté sur le continent, et sans doute même le plus grand défi du siècle sur le plan du développement. Les sections suivantes dévoilent certains des principaux moteurs des inégalités en Afrique.

3.3 Moteurs macro-économiques des inégalités : transformation structurelle et croissance

En dépit des taux de croissance récemment enregistrés en Afrique, les préoccupations sont bien réelles quant à la viabilité de la rapide expansion économique de l'Afrique et, plus encore, quant à la possibilité de s'appuyer sur cette croissance au niveau national pour atteindre les principaux objectifs de développement tels que la réduction de la pauvreté, une répartition plus équitable des revenus, une plus grande accumulation de capital humain et l'amélioration des infrastructures. Les moteurs de la croissance économique sont donc cruciaux pour comprendre si celle-ci est susceptible de s'inscrire dans la durée et, surtout, d'être plus inclusive. Tant la théorie économique que les expériences des différents pays suggèrent qu'une base économique plus diverse accroît la probabilité d'une performance économique durable au niveau national. Cela est également vrai dans la mesure où les gains dérivés d'une croissance tirée par une plus large palette de secteurs économiques sont plus susceptibles d'être répartis de manière plus équitable. Comme nous le verrons ci-dessous, une distribution plus équitable des revenus engendre une classe moyenne capable de devenir le moteur de la consommation intérieure.

La transformation structurelle implique la redistribution du travail des secteurs faiblement productifs aux secteurs fortement productifs ; lorsque cette évolution se déroule rapidement, elle peut stimuler considérablement la croissance. Comme on peut le constater dans la typologie des processus de croissance de Rodrik (2014), une industrialisation rapide ou une évolution structurelle en faveur des secteurs fortement productifs peut permettre aux pays d'atteindre rapidement le statut de pays à revenu intermédiaire ou supérieur. De ce fait, Rodrik conclut que les industries manufacturières modernes convergent de manière inconditionnelle vers la frontière de productivité mondiale (*ibid.*). Il s'agit du schéma de croissance classique dans les pays à faible revenu, où une stratégie de diversification économique tirée par les exportations incite la main-d'œuvre excédentaire à délaisser les activités agricoles en faveur des emplois industriels. Toutefois, dans les dernières phases de ce processus de développement, la croissance commence à reposer de manière disproportionnée sur les capacités fondamentales, telles que la disponibilité et la qualité des institutions et du capital humain. Pour les pays dans lesquels le processus de développement est déjà plus avancé (c'est-à-dire, les pays à revenu intermédiaire), la croissance se caractérise généralement par une plus forte intensité en capital et en compétences ainsi qu'une dépendance accrue vis-à-vis du secteur des services. Dans ces pays, la demande intérieure est un élément essentiel au maintien de la croissance économique ; par conséquent, l'impact de la croissance sur la répartition des revenus présente un important défi, dans la mesure où cette répartition influence la taille des classes moyennes (Kharas et Kohli, 2011). Dans la section 3.2, nous avons constaté que plusieurs économies à revenu intermédiaire d'Afrique australe affichaient un niveau élevé d'inégalités de revenus, ce qui révèle la présence d'une petite classe moyenne, et indique que la courbe de croissance de ces économies était inférieure à celle des autres pays étudiés. C'est en tenant compte de ces différents contextes que l'on parvient à saisir pleinement la complexité des liens entre croissance, inégalités et pauvreté.

En Afrique, le secteur agricole continue de représenter une part considérable du PIB, en particulier en Afrique de l'Ouest, en Afrique de l'Est et en Afrique centrale, où elle s'élève à 29 %, 36 % et 40 % du PIB respectivement (tableau 3.2). Cependant, le secteur agricole traditionnel a progressivement perdu de son importance au fil des années, mais pas en faveur de l'industrie manufacturière, comme le voudrait le schéma classique de développement économique suivi par les pays européens industrialisés et, plus récemment, les pays d'Asie de l'Est. En effet, là où l'industrie[4] s'est développée en Afrique, elle est dominée par les activités d'extraction minière, ce qui pointe le déclin considérable de la valeur ajoutée des industries manufacturières depuis les années 1990 et 2000 dans l'ensemble du continent. En revanche, le secteur tertiaire des services a absorbé la majeure partie de la main-d'œuvre qui s'est détournée de l'agriculture, au point de finir par représenter la plus grande part du PIB dans la plupart des régions du continent.

Un examen plus rapproché des dynamiques du secteur secondaire dans les économies africaines révèle

TABLEAU 3.2 Ventilation de l'activité économique par secteur en Afrique, 1990, 2000 et 2010-2012

Région	Secteur	1990	2000	2010	2011	2012	Évolution 1990-2000	Évolution 2000-2012
Afrique du Nord	Agriculture (% du PIB)	21,46	18,81	14,18	14,33	14,95	-2,65	-3,87
	Industrie* (% du PIB)	31,83	34,40	35,59	35,65	35,69	2,58	1,29
	Dont : industrie manufacturière (% du PIB)	15,17	14,28	13,87	13,93	12,89	-0,89	-1,38
	Services (% du PIB)	46,71	46,78	50,24	50,02	49,36	0,07	2,58
Afrique de l'Ouest	Agriculture (% du PIB)	34,97	34,47	31,27	29,54	28,83	-0,50	-5,64
	Industrie (% du PIB)	21,82	23,41	22,37	24,47	29,18	1,59	5,77
	Dont : industrie manufacturière (% du PIB)	9,56	8,91	6,00	5,87	5,99	-0,65	-2,92
	Services (% du PIB)	43,21	42,12	47,26	47,12	43,08	-1,10	0,96
Afrique de l'Est	Agriculture (% du PIB)	39,91	32,74	32,63	32,92	35,95	-7,17	3,21
	Industrie (% du PIB)	16,60	16,58	18,45	18,65	17,06	-0,02	0,49
	Dont : industrie manufacturière (% du PIB)	8,82	7,81	8,41	8,26	7,84	-1,01	0,03
Services (% du PIB)		43,49	50,68	48,92	48,43	46,99	7,19	-3,69
Afrique centrale	Agriculture (% du PIB)	30,83	25,01	32,32	32,13	39,73	-5,83	14,72
	Industrie (% du PIB)	27,26	38,49	36,71	37,90	27,59	11,23	-10,90
	Dont : industrie manufacturière (% du PIB)	10,97	7,05	4,06	4,13	4,35	-3,91	-2,71
	Services (% du PIB)	41,91	36,51	30,97	29,97	32,68	-5,40	-3,83
Afrique australe	Agriculture (% du PIB)	18,44	14,68	12,15	11,78	9,15	-3,76	-5,54
	Industrie (% du PIB)	34,68	33,21	32,84	32,98	31,73	-1,47	-1,49
	Dont : industrie manufacturière (% du PIB)	17,92	15,39	14,78	14,16	11,44	-2,53	-3,95
	Services (% du PIB)	46,88	52,40	55,01	55,24	59,13	5,52	6,72

Source : Indicateurs du développement dans le monde (2014) ; calcul des moyennes et des évolutions régionales par les auteurs.
Remarque : L'industrie correspond à la Classification internationale type, par industrie (CITI), divisions 10-45, et inclut l'industrie manufacturière : divisions CITI 15-37. Elle englobe la valeur ajoutée dans les secteurs de l'extraction minière, de l'industrie manufacturière (représentée également en tant que sous-groupe distinct), de la construction, de l'électricité, de l'eau et du gaz.

---

[4] L'industrie englobe la valeur ajoutée des secteurs de l'extraction minière, de la construction, de l'électricité, de l'eau, du gaz et de l'industrie manufacturière, cette dernière étant également représentée séparément dans le tableau.

que, depuis 2000, la part de l'industrie manufacturière dans le PIB a augmenté dans seulement 15 des 50 pays africains inclus dans l'échantillon et que cette évolution était de faible ampleur dans de nombreux cas (figure 3.5). La figure 3.5 illustre l'évolution, exprimée en pourcentage du PIB, de l'industrie manufacturière par rapport à celle du secteur minier et des services d'utilité publique sur la période 2000-2010. Un processus d'évolution structurelle positive au cours de cette décennie se caractériserait par un transfert de la valeur ajoutée tirée de l'extraction minière au profit de la valeur ajoutée tirée des industries manufacturières, ce que représente le premier quadrant. Seuls six pays africains de notre échantillon appartiennent à cette catégorie. En revanche, cette figure montre que dans la plupart des économies africaines (35 pays sur les 50 représentés ici), la part du secteur minier et des services d'utilité publique dans le PIB a augmenté au cours de cette période. C'est en Zambie, au Burkina Faso, au Tchad, en Guinée et en Côte d'Ivoire, économies en forte croissance et riches en ressources naturelles, que l'on observe certains des plus importants transferts d'activité économique vers ces deux secteurs. À l'inverse, l'Angola, le Nigéria, le Ghana et le Mozambique, dont la croissance est également rapide, ont connu un déclin important du secteur minier et des services d'utilité publique au cours de cette même période. Il s'agit toutefois d'économies qui partaient d'une base de référence particulièrement élevée puisque l'extraction minière y représente une part très importante du PIB. Par exemple, en Angola et au Nigéria, l'extraction minière et les services d'utilité publique continuent de contribuer au PIB à hauteur de 53 % et 44 % respectivement.

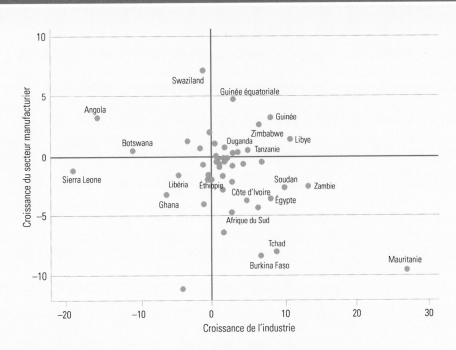

FIGURE 3.5 Évolution de la part de PIB de l'industrie et du secteur manufacturier, en points de pourcentage (2000-2010)

Source : Indicateurs du développement dans le monde (2014) ; calcul des évolutions au fil du temps par les auteurs.
Remarques :
1. L'industrie englobe la valeur ajoutée dans les secteurs de l'extraction minière, de la construction, de l'électricité, de l'eau et du gaz. L'industrie manufacturière a été exclue de cette catégorie et représentée séparément.
2. Pour certains pays pour lesquels les données de 2010 n'étaient pas disponibles, nous avons utilisé les données de la dernière année disponible après 2005.

Globalement, la transition de l'Afrique, qui se caractérise par un déclin du secteur primaire et une réorientation favorisant principalement les activités du secteur tertiaire, ne s'est pas traduite par les résultats escomptés en matière de développement économique. En effet, ces activités sont largement informelles, sans être particulièrement productives, d'où le fait que leur croissance dans un secteur majoritairement informel reste concentrée dans des domaines faiblement productifs de l'activité économique. Dans leurs efforts pour calibrer cette transition, McMillan, Rodrik et Verduzco-Gallo (2014) ont estimé que l'évolution structurelle observée en Afrique entre 1990 et 2005 a apporté une contribution négative considérable à la croissance économique générale, de l'ordre de 1,3 % par an en moyenne[5]. La main-d'œuvre s'est déplacée dans la mauvaise direction, vers des secteurs moins productifs.

La trajectoire de croissance africaine se définit donc par les éléments suivants : une forte dépendance à l'égard des ressources naturelles ; une performance jusqu'alors médiocre du secteur manufacturier, qui a la capacité d'intégrer l'excédent de main-d'œuvre dans des secteurs plus productifs ; et une dépendance excessive vis-à-vis de l'agriculture de subsistance. De plus, les déséquilibres qui caractérisent la propriété foncière et l'accès aux terres agricoles ont probablement un impact important sur les revenus en milieu rural. Bien qu'il existe peu d'informations sur les investissements publics destinés à l'agriculture, les données disponibles pour 12 pays africains révèlent que 3,2 % seulement de la surface totale des terres agricoles sont irrigués et que cet échantillon de pays utilise de manière limitée les machines agricoles (c'est-à-dire, les tracteurs) (Banque mondiale, 2014b). Par conséquent, ce sont les secteurs à plus forte intensité de capital qui bénéficient des fruits de la croissance économique. En raison de ce manque de diversification économique, en particulier dans les pays tributaires des ressources naturelles, les économies africaines sont plus vulnérables aux chocs externes. Cette situation peut aboutir à un environnement macro-économique plus volatile, face auquel les personnes les plus pauvres sont les plus vulnérables.

La question de la transformation structurelle positive est un élément important pour l'analyse relative aux inégalités, dans la mesure où un secteur manufacturier dynamique donnera naissance à un grand nombre d'entreprises à forte intensité de main-d'œuvre qui, à leur tour, stimuleront l'emploi salarié. Il en résultera alors une compression de l'échelle des salaires et, par là même, une réduction des inégalités de revenus. À l'inverse, les secteurs à forte intensité de capital ont la possibilité d'induire une plus forte croissance économique, mais de créer moins d'emplois. Par conséquent, selon la nature de la relation entre croissance et inégalités dans chaque économie (influencée par les sources de croissance et les conditions initiales), chacune des deux trajectoires de croissance décrites ci-dessus peut avoir un impact différent sur la répartition des revenus.

3.4 Moteurs des inégalités en Afrique : considérations micro-économiques et institutionnelles

Nous résumons ici la perspective institutionnelle historique décrite par Acemoglu, Johnson et Robinson (2001), Acemoglu et Robinson (2010), et Bratton et Van de Walle (1997). Selon ces publications, historiquement, l'Afrique a toujours été en retard sur le plan de la formation des institutions. Au début de l'époque moderne en Europe, la réforme de l'État a joué un rôle important dans le soutien de la croissance économique en s'éloignant de l'absolutisme (c'est-à-dire, un système dans lequel le pouvoir du souverain est absolu, sans être limité par les institutions [Acemoglu et Robinson, 2010]) et du patrimonialisme (c'est-à-dire, un système dans lequel l'État est associé au souverain lui-même, si bien qu'il n'y a aucune distinction

---

[5] Des résultats semblables ont été observés en Amérique latine. L'Asie était la seule des trois régions où l'évolution structurelle au cours de cette période avait contribué de manière positive à la croissance économique. Les auteurs reconnaissent également la forte hétérogénéité des expériences des différents pays africains.

entre la richesse ou les actifs de l'État et ceux du souverain). Pendant que cette transition se déroulait en Europe de l'Ouest, l'absolutisme et le patrimonialisme se maintenaient, et peut-être même s'intensifiaient, en Afrique. Par la suite, l'amplification du commerce transatlantique des esclaves des XVIIᵉ et XVIIIᵉ siècles a stimulé les guerres sur le continent africain et les importations de pistolets et de munitions que les Européens échangeaient contre des esclaves. Cette combinaison de conflits et d'esclavage a eu des conséquences néfastes sur la formation économique et institutionnelle des pays, et dénaturé les motivations des acteurs au pouvoir : les institutions devinrent « perverties par le désir de capturer et de vendre des esclaves » (Acemoglu et Robinson, 2010 : 30). La fin du commerce des esclaves a réduit la demande externe dans ce domaine, mais a également donné lieu au « commerce légitime » (c'est-à-dire, l'exportation de marchandises africaines vers les puissances économiques mondiales), dans le cadre duquel les personnes qui auraient été vendues en tant qu'esclaves ont été recrutées dans les industries extractives. Par la suite, la période coloniale européenne du XIXᵉ siècle a eu pour conséquence de consolider la trajectoire institutionnelle de l'Afrique, de supprimer toute possibilité de réforme institutionnelle endogène et de créer une « économie dualiste ». La plupart des Africains avaient alors très peu de possibilités d'opérer la transition d'une économie traditionnelle vers une économie moderne, ou même d'acquérir les moyens de le faire, par exemple l'éducation.

L'Afrique postcoloniale s'est montrée largement incapable de réformer les structures absolutistes intégrées aux systèmes politiques et institutionnels coloniaux. Ces idées reposent sur une forme de dépendance à l'égard de la trajectoire empruntée. De surcroît, les puissances coloniales européennes ont regroupé de manière arbitraire des groupes ethniques très différents et créé des pays qui allaient s'avérer à la fois difficiles à gouverner et vulnérables aux conflits au cours de la période postcoloniale.

Il convient également de noter que le fractionnement ethnique reste l'un des moteurs des inégalités horizontales dans la mesure où il influence la manière dont les États mettent en œuvre les politiques et fournissent les biens et les services publics (Stewart, 2002). En se basant sur les données de 18 pays d'Afrique subsaharienne, Jackson (2013) démontre que l'accès à l'eau, à l'électricité et à l'éducation est inférieur dans les communautés multiethniques. Il conclut notamment que les membres du groupe ethnique dominant bénéficient d'un meilleur accès à l'éducation. Cela pourrait être dû au fait que la langue d'instruction en milieu scolaire désavantage les enfants issus de minorités et réduit la valeur de leur éducation, ou encore que les groupes minoritaires bénéficient de perspectives inférieures sur le marché du travail, ce qui diminue le rendement de leur éducation par rapport au groupe majoritaire. Alwy et Schech (2004) confirment ce constat au Kenya, où ils montrent que l'accès et la qualité de l'éducation sont tous les deux plus élevés dans les provinces d'origine de l'élite au pouvoir.

Enfin, il a été démontré que la diversité ethnique influence la capacité d'une communauté à agir collectivement : l'action collective est plus efficace au sein d'un même groupe ethnique qu'entre différents groupes et, dans les faits, les membres des communautés diverses sont moins disposés à contribuer au bien public (Vigdor, 2004 ; Miguel et Gugerty, 2005). Ce phénomène joue sur la capacité des communautés à unir leurs forces pour exiger des comptes aux autorités et, par là même, perpétue les inégalités horizontales historiques. Le chapitre 10 fournit des données empiriques prouvant le lien entre les inégalités de revenus et les conflits en Afrique. Il en conclut que les conflits sont motivés par des inégalités multidimensionnelles, notamment d'ordre économique, social et politique.

En résumé, les richesses naturelles de la région, en façonnant la nature des institutions coloniales, ont également contribué au niveau initialement élevé des inégalités en Afrique subsaharienne (Van de Walle, 2009 ; Bigsten et Shimeles, 2004), et donc créé les conditions des niveaux d'inégalités toujours élevés que l'on constate aujourd'hui. D'aucuns affirment que ces importantes inégalités post-independance qui caractérisaient de nombreuses économies africaines provenaient principalement de la présence de petites populations européennes (qui continuaient de concentrer les richesses), de petites administrations fortement axées sur l'extraction de ressources et de la priorité accordée à l'ordre public plutôt qu'au développement économique. Ensuite, au moment de l'indépendance, les richesses ont seulement été transférées à une élite africaine peu nombreuse. Qui plus est, des tensions infrantaionales (ethniques, religieuses et/ou raciales) ont également influencé la distribution initiale des ressources et pourraient déterminer encore aujourd'hui la fourniture des biens publics et l'accès aux possibilités sur le marché du travail. Dans ce contexte, la présente section propose d'explorer brièvement le rôle des industries extractives en tant que moteur des inégalités en Afrique, principalement par leur impact sur la gouvernance. Ce sujet sera également abordé plus en détail au chapitre 6.

3.4.1 Ressources naturelles et inégalités

Comme illustré au chapitre 6, lorsque l'on compare la répartition des coefficients de Gini pondérés selon la population pour les pays tributaires des ressources naturelles et ceux qui ne le sont pas, on constate que les niveaux moyens sont semblables, mais qu'un certain nombre de pays tributaires présentent des niveaux particulièrement élevés d'inégalité (un coefficient de Gini se situant autour de 0,60) et recoupent largement les sept économies aux valeurs aberrantes identifiées précédemment. On peut ainsi en déduire qu'il existe un plus grand risque d'inégalités élevées dans les pays plus dépendants vis-à-vis des ressources naturelles.

De nombreux rapports ont souligné que le boom des produits de base de ces 10 dernières années a alimenté la croissance impressionnante de nombreuses économies africaines. Toutefois, cet essor ne s'est pas toujours traduit par des gains de bien-être pour les populations concernées. Comme les niveaux de revenus ont augmenté rapidement dans des économies profondément inégalitaires, les gains apportés par la croissance ont profité de manière disproportionnée au groupe restreint des personnes les plus riches. Cela s'est traduit par des niveaux d'égalité élevés et un échec généralisé à atteindre de nombreux objectifs de développement, même dans certains pays à revenu intermédiaire comme l'Afrique du Sud. Nous décrivons ci-dessous plusieurs mécanismes par lesquels la dépendance à l'égard des industries extractives peut contribuer à creuser les inégalités au sein des pays (ce sujet est abordé de manière approfondie au chapitre 6).

Un nombre croissant de publications suggèrent que la dépendance vis-à-vis des ressources naturelles influence de manière plus indirecte les inégalités et le développement en général par le biais de son impact sur les institutions publiques (Bulte, Damania et Deacon, 2005). L'État est sans aucun doute le plus important acteur capable de catalyser la redistribution des revenus dans les sociétés hautement inégalitaires, en mettant en œuvre des politiques budgétaires équitables (y compris un système progressif de collecte de l'impôt et des dépenses en faveur de services publics de qualité) et en réglementant les structures du marché (voir le chapitre 7 consacré à la relation entre les politiques budgétaires, la redistribution et les inégalités de revenus en Afrique. La relation entre les institutions et la dépendance à l'égard des ressources est complexe : les institutions sont influencées par le type de ressources détenues et le schéma de dépendance, tandis que les gains apportés par cette dépendance sont tributaires de la solidité initiale des institutions. En termes plus concrets, la dépendance à l'égard des ressources peut influencer le processus démocratique en affaiblissant la transparence du processus électoral et de l'octroi des licences d'exploitation minière, ce qui a pour effet d'entraver l'efficacité des autorités et l'engagement de la société civile dans le processus de gouvernance.

La dépendance à l'égard des ressources et les industries extractives pourraient également engendrer des inégalités de plusieurs autres manières : (i) leur forte intensité en capital limite généralement la création d'emplois peu qualifiés ; (ii) l'industrialisation insuffisante (pour créer des emplois diversifiés) peut provenir du syndrome hollandais ou de l'opposition à ce processus par les élites contrôlant les ressources ; (iii) les flux financiers illicites, l'évasion fiscale illégale et la falsification des prix amputent des ressources qui pourraient être consacrées à des investissements productifs et favorisant la réduction des inégalités ; et (v) les pays fortement dépendants à l'égard des ressources utilisent moins efficacement la protection sociale et la fiscalité progressive.

3.4.2 Gouvernance et institutions

En dépit des défis qui perdurent dans la plupart des pays africains sur le plan de la gouvernance et des institutions, le continent a opéré une transition en faveur d'une plus grande démocratisation au cours des 20 dernières années. Selon Freedom House (2014), alors que l'Afrique comptait seulement quatre véritables démocraties électorales en 1990, ce chiffre est passé à 20 en 2014. Même si la démocratisation se produit par vagues, les pays connaissant une succession de régimes démocratiques et autres, ces principes commencent à s'enraciner dans certaines sociétés. Toutefois, les élections dans les pays d'Afrique ne portent pas toujours au pouvoir des gouvernements représentatifs, et comme les électorats sont peu instruits, il est difficile de demander des comptes aux représentants publics.

La section précédente s'attachait plus explicitement aux relations entre les institutions liées aux ressources naturelles et leur impact possible sur les inégalités. Toutefois, de manière plus générale, l'État a la possibilité de jouer un rôle de premier plan dans la réduction des inégalités. Fondamentalement, la gestion efficace des fonds publics et des investissements dans des domaines clés tels que l'éducation et les industries génératrices d'emplois ne peut que contribuer positivement à la réduction de la répartition des revenus. De plus, elle pourrait également créer la marge budgétaire permettant de mettre en œuvre des politiques de protection sociale ciblant les plus vulnérables. En outre, comme indiqué dans la section précédente, la réglementation des structures du marché représente un autre aspect important de la réglementation publique, qui pourrait contribuer à créer des structures de marché plus équitables.

Ces éléments de gouvernance dépassent la simple adhésion au processus démocratique et requièrent la capacité de concevoir et mettre en œuvre des politiques efficaces, et d'appliquer des réglementations de manière efficiente, ainsi que la volonté politique d'éradiquer les éléments négatifs tels que la corruption, qui servent uniquement à enrichir les élites politiques dans des pays à faible revenu[6]. Dans ces domaines, les gouvernements africains affichent une mauvaise performance.

3.4.3 Évolutions démographiques et marché du travail

En ce qui concerne les interactions entre croissance, pauvreté et inégalité, tant la nature que la réponse du marché du travail sont importantes. Premièrement, lorsqu'on examine la relation entre inégalités et croissance, les réponses apportées à la demande de main-d'œuvre pendant une période de croissance économique façonneront et influenceront souvent les répercussions redistributives de la croissance dans le secteur privé. On peut citer comme exemple typique de cette réponse, en se basant sur des observations dans différents pays, les évolutions de la demande de main-d'œuvre privilégiant les compétences, dans le cadre desquelles les économies nationales ont connu une augmentation disproportionnée de la demande de main-d'œuvre qualifiée relativement à la demande de main-d'œuvre non qualifiée au cours des périodes de croissance économique.

La question des inégalités de revenus initiales nous apporte un second exemple de l'importance du marché du travail dans ces débats de plus grande ampleur. Il est tout à fait possible que les niveaux initialement

---

[6] Même lorsque des investissements publics sont réalisés, ils ne sont souvent pas répartis de manière équitable au sein des pays, ce qui pourrait accentuer les inégalités à caractère géographique (par exemple, les inégalités entre zones rurales et urbaines) et exacerber les conflits intérieurs

élevés des inégalités de revenus puissent principalement trouver leur source dans le marché du travail. En effet, un niveau élevé d'inégalités salariales initiales dans une société pourrait être précisément le reflet, sur le marché du travail, de la manière dont les inégalités de revenus initiales influencent les élasticités de la pauvreté par rapport à la croissance. Par exemple, un niveau de revenus relativement plus élevé dans le secteur formel que dans le secteur informel de l'économie pourrait être un facteur déterminant des inégalités de revenus initiales dans une société[7]. Par conséquent, si les coefficients de Gini sont si peu élastiques vis-à-vis de la croissance économique, cela est peut-être dû en partie à la difficulté de transformer un système éducatif inégal et de mauvaise qualité au sein d'une économie, et au temps nécessaire avant que les rendements de cette transformation ne se matérialisent. La formation du capital humain est donc l'une des principales questions à étudier pour identifier à la fois la cause des faibles élasticités de la pauvreté par rapport à la croissance découlant des niveaux élevés d'inégalités et la solution pour les corriger. Le chapitre 11 aborde les liens entre inégalités et développement humain en Afrique.

Ces considérations sont d'autant plus importantes au vu des évolutions démographiques prévues en Afrique, où la population jeune en âge de travailler devrait connaître une croissance rapide. Les projections des taux de croissance démographique régionaux sur la période 2010-2030 indiquent que la croissance de la main-d'œuvre mondiale sera tirée par l'Asie, l'Amérique latine et l'Afrique[8]. Plus précisément, elles indiquent que l'Afrique est la région où la croissance de la population en âge de travailler sera la plus rapide, au point d'atteindre 793 millions en 2030, soit une augmentation de 70 % par rapport aux 466 millions actuels.

Il est important de comprendre la composition de la croissance de la population en âge de travailler, car l'arrivée rapide de jeunes sur le marché du travail devrait très probablement exercer des pressions sur celui-ci. En Afrique, la population jeune en âge de travailler (15-24 ans) devrait croître à un taux plusieurs fois supérieur à celui de l'Amérique latine et de l'Asie pendant les 15 prochaines années (Bhorat et Naidoo, 2015). Dans certains pays tels que le Nigéria, cette population jeune en plein essor (15-24 ans) représentera un tiers de la population active jusqu'en 2030 au moins (Lam et Leibbrandt, 2013).

Ces informations nous permettent de déduire que les évolutions démographiques projetées pour l'Afrique ont deux grandes incidences sur sa population active. Premièrement, la croissance de la population en âge de travailler à l'échelle mondiale sera principalement alimentée par l'Afrique, dont la part dans la population active mondiale devrait passer à 15 % d'ici 2030 alors qu'elle était de 10 % en 2010 (OIT, 2011). Deuxièmement, la majeure partie de cette croissance sera le fait de jeunes travailleurs africains, qui s'apprêtent à entrer sur le marché du travail à un taux moyen annuel supérieur à 2 %[9] au cours de la période 2010-2030, ce qui représente une opportunité de croissance potentielle, mais aussi un défi, puisqu'il faudra promouvoir une croissance créatrice d'emplois.

Si l'on considère le paysage actuel du marché mondial du travail, Bhorat (2013)[10] montre que, sur les trois milliards de personnes composant la population active mondiale, seule la moitié exerce un emploi salarié, défini vaguement comme un emploi formel (contrat officiellement reconnu) ou informel (contrat oral ou implicite) assorti d'un salaire. En revanche, une grande majorité (74 %) des 297 millions de personnes employées en Afrique subsaharienne n'exercent pas d'emploi salarié formel, mais plutôt un

---

[7] Par exemple, des décompositions standard du coefficient de Gini en fonction des sources de revenus (voir Lerman et Yitzhaki, 1985) peuvent permettre d'identifier de manière empirique la contribution du salaire régulier ou du revenu tiré de l'emploi indépendant aux inégalités globales – par rapport, par exemple, aux transferts publics du revenu des intérêts.

[8] Projections démographiques des Nations Unies (2010).

[9] Au total, le nombre de jeunes travailleurs (15-24 ans) augmentera de 55 % sur la période 2010-2030.

[10] En s'appuyant sur des données issues de la base de données de la Banque mondiale sur la répartition des revenus dans le monde (I2D2), qui est un ensemble harmonisé d'enquêtes auprès des ménages et de la population active provenant d'un grand nombre de pays.

emploi indépendant[11]. Par conséquent, les revenus de la plupart des employés en Afrique subsaharienne dépendent directement des profits de leur propre entreprise, qui présentent généralement une plus grande variabilité que les revenus tirés de l'emploi salarié. Cette région se distingue également par une autre caractéristique unique : en moyenne, 56 % de la main-d'œuvre travaille dans le secteur agricole, contre 25 % à l'échelle mondiale, mais aussi dans les autres pays non membres l'Organisation de coopération et de développement économiques (OCDE). Par ailleurs, 77 % des personnes exerçant un emploi autonome en Afrique subsaharienne travaillent dans le secteur agricole, contre 55 % pour les autres pays non membres de l'OCDE.

Pour comprendre les différents aspects du marché du travail des économies africaines en développement, il faut nécessairement prendre en compte le travail informel, et plus particulièrement le travail agricole informel ainsi que la dynamique du travail qui le caractérise. Comme l'activité dans la région est principalement liée au travail de la terre en milieu rural (généralement peu rémunérateur), l'emploi dans le contexte actuel (emploi agricole indépendant associé à des revenus insuffisants) ne permettra pas à lui seul de réduire l'échelle de répartition des revenus ni, par conséquent, les inégalités de revenus.

Les données susmentionnées mettent en évidence la typologie du défi africain en matière d'emploi. En premier lieu, comme l'agriculture occupe une place si centrale dans l'économie africaine moyenne, il est crucial de mettre en place des politiques visant à promouvoir la croissance de ce secteur, à renforcer sa compétitivité à l'échelle mondiale et, plus fondamentalement, à servir de mécanismes de réduction de l'incidence de la pauvreté parmi les travailleurs, de même que les inégalités de revenus. Deuxièmement, un nombre élevé de personnes majoritairement jeunes arrivent dans les villes en plein essor du continent africain pour y rechercher un emploi. La plupart d'entre elles rejoignent la catégorie des travailleurs indépendants urbains ou celle des chômeurs urbains. Afin de créer une trajectoire de croissance plus équitable, il est essentiel de transformer le secteur informel en une forme d'emploi plus durable, de tisser des liens avec le secteur formel et de mettre en place un environnement commercial propice à la prospérité de ce secteur. Enfin, les gouvernements africains doivent faire de l'expansion de l'emploi salarié en Afrique, dont la base est actuellement minuscule, une stratégie clé pour réduire les inégalités et développer leur économie nationale.

3.4.4 Éducation et développement du capital humain

Le taux moyen d'inscriptions à l'école primaire en Afrique a dépassé les 80 %, ce qui a suscité de nombreux éloges de la part de la communauté internationale du développement. Néanmoins, au-delà de cette réussite, le problème principal pour surmonter les obstacles au développement économique reste la valorisation du capital humain sur la majeure partie du continent africain. La mauvaise qualité des systèmes éducatifs, conjuguée aux faibles taux d'inscription au niveau post-primaire, se trouve au cœur des défis africains en matière de capital humain, qu'il est crucial de surmonter pour rendre la trajectoire de croissance et de développement plus équitable.

Les données de l'Institut de statistique de l'Organisation des Nations Unies pour l'éducation, la science et la culture (UNESCO, 2013) montrent clairement que, bien que l'Afrique subsaharienne soit à la traîne en matière de scolarisation au niveau primaire comparativement aux autres régions du monde en développement, la situation de l'enseignement secondaire est encore plus préoccupante. Les données relatives à la cohorte d'apprenants de 2012 révèlent que le taux de scolarisation médian dans le secondaire

---

[11] Selon l'OIT (1993), « l'emploi salarié » se rapporte aux emplois dont le titulaire détient un contrat de travail explicite (écrit ou oral) qui lui assure une rémunération de base sous la forme d'un salaire. « L'emploi indépendant » est défini comme « un emploi dans lequel la rémunération dépend directement des bénéfices (ou du potentiel de bénéfices) tirés des biens et des services produits (la consommation personnelle étant considérée comme faisant partie des bénéfices). »

était inférieur de près de 30 points de pourcentage au taux de l'Asie du Sud et de 57 points à celui de l'Asie occidentale. Ainsi, les différences entre les taux de scolarisation augmentent nettement et considérablement de l'enseignement primaire à l'enseignement secondaire. Ces évolutions marquées qui caractérisent les taux de scolarisation entre ces deux niveaux d'enseignement suggèrent fortement que la performance du système secondaire dans la région d'Afrique subsaharienne est sensiblement inférieure à celle des autres régions du monde. Toutefois, pour que l'économie africaine puisse évoluer vers des secteurs à forte productivité, non seulement en vue de soutenir la croissance, mais aussi afin de réduire les inégalités en générant des emplois rémunérateurs pour ses citoyens, elle a besoin d'un bassin de travailleurs qualifiés en nombre suffisant.

La variation régionale du tableau 3.3 montre que l'Afrique centrale présente le plus faible taux de scolarisation dans le secondaire, avec une différence de près de 50 points de pourcentage entre le taux de scolarisation primaire et secondaire. Si l'on exclut l'Afrique du Nord, qui affiche les meilleurs taux de scolarisation en Afrique, c'est en Afrique australe que l'on observe le deuxième taux de scolarisation le plus élevé dans l'enseignement secondaire, bien que celui-ci demeure toujours plus de deux fois inférieur au taux de scolarisation dans le primaire.

TABLEAU 3.3 Taux de scolarisation en Afrique, 2011

% brut	Afrique centrale	Afrique de l'Est	Afrique du Nord	Afrique de l'Ouest	Afrique australe
Préscolaire	22,85	24,92	56,94	69,34	15,72
Primaire	108,55	99,31	108,57	120,23	98,84
Secondaire	32,99	43,99	69,17	51,27	45,73
Supérieur	6,88	6,92	23,03	10,20	9,78

Source : Indicateurs du développement dans le monde (2014).
Remarques :
1. Dernières données disponibles.
2. Les taux bruts de scolarisation peuvent dépasser les 100 %, car ils tiennent compte des élèves plus âgés et plus jeunes scolarisés de manière précoce ou tardive, et de ceux qui ont redoublé.

En plus du taux d'inscription, la qualité de l'instruction dispensée aux élèves est également insuffisante. Le baromètre sur l'apprentissage de la Brookings Institution (2012)[12] révèle qu'une proportion élevée des élèves dans différents pays africains n'apprend pas de manière efficace, un taux qui atteignait 50 % au Nigéria et entre 30 % et 40 % en Afrique du Sud, en Namibie et en Ouganda. Les conséquences de cet apprentissage inefficace deviennent plus évidentes si l'on compare les élèves africains à ceux des autres pays en développement. Par exemple, il est possible de comparer les résultats des tests standardisés de mathématiques et de sciences en se basant sur les données de 2011 des Tendances internationales dans l'enseignement des mathématiques et des sciences (TIMSS) pour les élèves de huitième année. Le classement des pays les moins performants aux plus performants révèle que cinq pays africains inclus dans les données (Ghana, Afrique du Sud, Maroc, Botswana et Tunisie) affichent des performances inférieures à d'autres pays tels que la Turquie, la Thaïlande et le Chili, et occupent le bas du tableau.

En vue de combiner les questions de l'inscription scolaire et de la qualité du système éducatif, Bhorat (2015) calcule le « taux de conversion » de l'Afrique, c'est-à-dire la part des élèves d'une même cohorte scolarisés

---

[12] Il englobe 28 pays et s'appuie sur des évaluations régionales et nationales pour identifier les seuils d'apprentissage minimaux en 4èet en 5è année d'enseignement primaire.

en primaire puis ayant achevé leur scolarité secondaire avant de poursuivre des études supérieures[13]. Pour l'Afrique, les données révèlent un effondrement identique du taux de conversion entre l'enseignement primaire et l'enseignement secondaire puis entre l'enseignement secondaire et l'enseignement supérieur. Ces données contrastent avec la performance des autres régions du monde. En substance, les données africaines indiquent que, sur 100 élèves en âge de fréquenter l'école primaire, seuls quatre devraient parvenir à s'inscrire dans une institution de l'enseignement supérieur. En revanche, dans la région de l'Amérique latine et des Caraïbes, 36 élèves sur 100 élèves d'une même cohorte devraient parvenir à poursuivre des études supérieures tandis que, même en Asie du Sud et de l'Ouest, ce taux est de 14 élèves sur 100. Ces chiffres mettent en lumière l'érosion rapide dont souffre le système scolaire et qui constitue un puissant indicateur de l'inefficacité du système éducatif africain.

Selon la perspective de la croissance économique à long terme actuellement épousée, entre autres, par Thomas Piketty, l'accumulation de capital humain est l'un des mécanismes clés permettant de s'affranchir d'une trajectoire de croissance caractérisée par un taux de rendement du capital (r) supérieur au taux de croissance économique (g), c'est-à-dire $r>g$. Afin de produire une croissance plus égalitaire, et donc d'équilibrer r et g, on soutient que la scolarisation et le système éducatif jouent potentiellement un rôle crucial dans la trajectoire de croissance à long terme d'une économie. En Afrique, si l'on se base sur les données disponibles du côté de l'offre, il apparaît clairement que le continent est loin de proposer un système scolaire et d'enseignement supérieur capable de réduire suffisamment les inégalités. Le chapitre 11 offre une analyse plus approfondie des liens entre les inégalités et le développement humain en Afrique.

3.4.5 Dimensions de genre des inégalités

Alors que les défis relatifs au marché du travail et au système éducatif contribuent aux inégalités, les disparités entre les genres au sein de ces institutions constituent également une source importante d'inégalités en Afrique. L'indice d'inégalité de genre du PNUD est une mesure composite qui reflète l'inégalité des progrès entre les hommes et les femmes sur trois plans : santé reproductive, autonomisation et marché du travail. Plus son score est faible, plus on s'approche de la parité entre les genres. Sur les pays pour lesquels on dispose de données (152 pays), seuls trois pays africains obtiennent un indice supérieur à la médiane : Libye, Tunisie et Maurice. Les pays africains sont généralement concentrés à l'extrémité supérieure de l'échelle de répartition, 28 d'entre eux sur 39 appartenant au dernier quartile des scores. Les pays d'Asie du Sud-Est tels que l'Inde, le Pakistan et le Bangladesh obtiennent un meilleur score sur l'indice d'inégalité de genre que des pays tels que le Malawi, la Zambie et le Mozambique, dont le revenu est pourtant relativement plus élevé.

L'accès à l'éducation est un important moteur des inégalités entre les genres, qui demeure primordial pour déterminer la trajectoire des individus sur le marché du travail. Depuis la fin des années 1990, certains progrès ont été réalisés en vue d'égaliser le niveau d'accès des garçons et des filles à l'éducation en Afrique subsaharienne. Cependant, c'est principalement dans l'enseignement primaire que ces progrès ont été réalisés (The Economist, 2013, en se basant sur des données de l'ONU). Au cours de cette même période, aucun progrès n'a été enregistré en moyenne en ce qui concerne la parité entre les genres dans l'enseignement secondaire tandis que, pour ce qui est de l'inscription dans l'enseignement supérieur, les inégalités entre les genres se sont accrues. Pourtant, dans la plupart des autres régions du monde, des améliorations sensibles ont été observées en matière de parité aux niveaux d'enseignement les plus élevés.

Ces différences de niveau d'instruction sont importantes, car elles sont des signes avant-coureurs des écarts entre les genres en matière d'emploi et de revenus. Selon le rapport 2012 sur les Tendances mondiales de

---

[13] Les données relatives à l'enseignement et à la formation techniques et professionnels (EFTP) n'étaient pas suffisamment fiables pour être incluses dans ces séries. Il est toutefois peu probable qu'elles auraient changé la nature des résultats obtenus.

l'emploi pour les femmes de l'Organisation internationale du Travail, seules 14 % des femmes actives en Afrique exercent un emploi rémunéré, contre 29 % des hommes employés (OIT, 2012b). Un peu moins de 40 % des femmes actives sont un membre actif de leur famille, contre 80 % des hommes. Les revenus sont associés à l'autonomisation et au pouvoir décisionnel au sein des ménages, des domaines dans lesquels les femmes restent désavantagées.

Le PNUD (2016) a conduit une analyse exhaustive pour comprendre comment les inégalités entre les genres freinent le développement humain en Afrique. Globalement, les inégalités dans les services sociaux (par exemple, les services éducatifs et sanitaires) se traduisent par de moindres opportunités économiques pour les femmes en particulier, et pour la société dans son ensemble. L'amélioration du statut économique des femmes a une incidence positive sur la situation économique de familles entières. De fait, rien que sur le marché du travail, les inégalités entre les genres ont coûté environ 95 milliards de dollars par an à l'Afrique subsaharienne entre 2010 et 2014 (PNUD, 2016).

3.5 Conclusions

L'objectif du présent chapitre était de donner un aperçu général de la nature et du schéma des inégalités en Afrique. Les statistiques descriptives révèlent qu'il est difficile d'établir de simples généralisations à ce sujet à l'échelle de l'Afrique, d'autant que leur niveau et leur évolution varient sensiblement au fil du temps. Il est néanmoins possible d'établir quelques constats fondamentaux. Premièrement, les valeurs moyenne et médiane du coefficient de Gini en Afrique sont supérieures à celles du reste du monde en développement. Deuxièmement, l'une des caractéristiques notables des inégalités sur le continent tient à la présence de sept économies affichant des niveaux extrêmement élevés d'inégalités (les « valeurs aberrantes africaines »), qui accentuent également le différentiel avec le reste du monde en développement dans ce domaine. Troisièmement, si l'on se base sur les données disponibles, les niveaux moyens des inégalités ont décliné au cours du temps, principalement sous l'effet des économies n'étant pas catégorisées comme étant fortement inégalitaires. De plus, lorsqu'on estime la relation entre la croissance et les inégalités en Afrique, une plus forte relation apparaît pour les pays qui présentaient initialement des niveaux élevés d'inégalités, ce qui corrobore les données collectées dans d'autres pays hors d'Afrique.

En ce qui concerne les moteurs des inégalités en Afrique, les informations présentées ci-dessus montrent que la dépendance à l'égard des ressources naturelles, de même que ses effets délétères sur la construction d'institutions efficaces, transparentes et redevables, demeurent des facteurs déterminants des niveaux élevés d'inégalités sur le continent. Deuxièmement, en raison de la structure du marché du travail de nombreuses économies africaines, de vastes segments de la population active exercent un emploi indépendant autonome dans le secteur agricole ou un emploi dans le secteur informel qui, lorsqu'on les compare à la faible proportion d'emplois salariés, exacerbent souvent les inégalités. Le faible stock de capital humain est également un élément central de ce phénomène. Les personnes ayant reçu une instruction de qualité et suffisante sont en mesure de bénéficier d'importants avantages salariaux sur le marché formel du travail. Mais tant que l'offre de travailleurs qualifiés ne sera pas suffisante, la valorisation des compétences sur le marché du travail continuera d'accroître les inégalités en Afrique.

De toute évidence, la croissance ne suffit pas à elle seule à réduire les inégalités et la pauvreté à un rythme suffisamment rapide. Il est peu probable qu'une croissance tirée par des secteurs à forte intensité de capital permette de créer les types d'emploi formel nécessaires pour réduire l'échelle de répartition des revenus. En outre, il faut améliorer la base industrielle des économies africaines et mettre en place des institutions d'enseignement supérieur efficaces, qui soient capables de répondre aux demandes d'une économie en expansion. Les économies africaines se placeraient ainsi sur une trajectoire de croissance plus inclusive et égalitaire.

RÉFÉRENCES

Acemoglu, D. et J.A. Robinson. 2010. Why is Africa poor? *Economic History of Developing Regions*, Vol. 25, No. 1, pp. 21-50.

Acemoglu, D., S. Johnson et J.A. Robinson. 2001. The Colonial Origins of Comparative Development: An Empirical Investigation. *American Economic Review*, N° 91, p. 1369-1401.

Africa Progress Panel. 2014. Grain Fish Money: Financing Africa's Green and Blue Revolutions.

Alwy, A. et S. Schech. 2004. Ethnic inequalities in education in Kenya. *International Education Journal*, Vol. 5, N° 2.

Appleton, S. 1999. Changes in poverty in Uganda, 1992-1997. *Economic Series Working Papers, WPS/1999-22.* Université d'Oxford, Department of Economics.

Banque mondiale. 2013. Africa's Pulse: An Analysis of Issues Shaping Africa's Economic Future. Washington, D.C.

_____. 2014a. "An analysis of issues shaping Africa's economic future". Africa's Pulse. Vol. 10, octobre 2014. Washington, DC., Banque mondiale.

_____. 2014b. Indicateurs du développement dans le monde. 2014. Washington, D.C. Disponible à l'adresse : http://data.worldbank.org/data-catalog/world-development-indicators

Bhorat, H. 2013. The Challenge of Job Creation: Input to the Post-2015 HLP Agenda. Cape Town, Development Policy Research Unit, université de Cape Town. (Disponible à la demande).

_____. 2015. Growth, employment creation and poverty reduction: an overview of evidence and possible applications to Africa. *Economic Growth and Poverty Reduction in Sub-Saharan Africa: Current and Emerging Issues*. A. McKay et E. Thorbecke, éd. Oxford, Oxford University Press.

Bhorat, H. et K. Naidoo. 2015. Africa's Jobs Challenge. *Africa at a Fork in the Road: Taking Off or Disappointment Once Again?* Ernesto Zedillo, Olivier Cattaneo et Haynie Wheeler, éd. New Haven, Yale Center for the Study of Globalisation eBook.

Bigsten, A. et A. Shimeles. 2004. Prospects for pro-poor growth in Africa. *UNU-WIDER Research Paper N° 2004/02.*

Bratton, M. et N. Van de Walle. 1997. *Democratic Experiments in Africa: Regime transitions in comparative perspective.* New York, Cambridge University Press.

Bulte, E. H., R. Damania et R.T. Deacon. 2005. Resource intensity, institutions, and development. *World Development*, 33 (7), 1092-1044.

Canagarajah, S. et S. Thomas. 2001. Poverty in a wealthy economy. International Monetary Fund. *IMF Working Papers, 02/114.*

Demombynes, G. et J.G.M. Hoogeveen. 2004. Growth, inequality, and simulated poverty paths for Tanzania, 1992-2002. World Bank Policy Research Working Paper, 3432.

Ferreira, F. et M. Ravallion. 2008. Global poverty and inequality: a review of the evidence. *World Bank Policy Research Working Paper.*

Fosu, A. K. 2009. Inequality and the impact of growth on poverty: comparative evidence for sub-Saharan Africa. *Journal of Development Studies*, 45 (5), 726-745.

_____. 2014. Growth, inequality and poverty in sub-Saharan Africa: Recent progress in the global context. *CSAE Working Paper WPS/2014-17.* Oxford, université d' Oxford.

Freedom House. 2014. Freedom in the World 2014. Disponible à l'adresse : https://freedomhouse.org/report/freedom-world/freedom-world-2014#.VGscBPmUd8E

Institut de statistique de l'UNESCO. 2012. Adult and Youth Literacy, UIS Factsheet N° 20. Disponible à l'adresse : www.uis.unesco.org/literacy/Documents/fs20-literacy-day-2012-en-v3.pdf

Jackson, K. 2013. Diversity and the distribution of public goods in sub-Saharan Africa. *Journal of African Economies*, 22 (3), 437-462.

Khan, H. 1999. Sectoral growth and poverty-alleviation: a multiplier decomposition technique applied to South Africa. *World Development.* 27 (3), 521-530.

Kharas, H. et H. Kohli. 2011. What is the middle income trap, why do countries fall into it, and how can it be avoided? *Global Journal of Emerging Market Economies*, 3 (3), 281-289.

Lam, D. et M. Leibbrandt. 2013. Global demographic trends and their implications for employment. Document de référence pour la recherche présenté au Groupe de haut niveau sur le Programme de développement des Nations Unies pour l'après-2015.

Lerman, R. et Yitzhaki, S. 1985. Income inequality effects by income source: a new approach and applications to the United States. *The Review of Economics and Statistics*, 67 (1), 151-156. doi:1.

Loayza, N.V. et C. Raddatz. 2010. The composition of growth matters for poverty alleviation. *Journal of Development Economics*, 93 (1),

137-151.

McCulloch, N., B. Baulch et M. Cherel-Robson. 2000. Poverty, inequality and growth in Zambia during the 1990s. *Working Paper.* Institute for Development Studies, université du Sussex.

McMillan, M., D. Rodrik et I. Verduzco-Gallo. 2014. Globalisation, structural change, and productivity growth, with an update on Africa. *World Development,* 63, 11-32.

Miguel, E. et M.K. Gugerty. 2005. Ethnic Diversity, Social Sanctions and Public Goods in Kenya. *Journal of Public Economics,* Vol., 89, p. 2325-68.

OIT (Organisation internationale du Travail). 1993. quinzième Conférence internationale des statisticiens du travail, Rapport de la conférence. Genève : ICLS/15/D.6 (Rev. 1), Bureau international du Travail.

_____. 2011. World Population Prospects: The 2010 Revision. New York.

_____. 2012a. Global Employment Trends 2012: Preventing a Deeper Jobs Crisis. Genève.

_____. 2012b. Global Employment Trends for Women. Genève. Disponible à l'adresse : http://ilo.org/wcmsp5/groups/public/---dgreports/---dcomm/documents/publication/wcms_195447.pdf

ONU (Organisation des Nations Unies). 2010. Perspectives démographiques mondiales, révision de 2010. New York, Nations Unies.

PNUD (Programme des Nations Unies pour le développement). Bureau régional pour l'Afrique, 2016. *Rapport sur le développement humain en Afrique 2016 : Accélérer les progrès en faveur de l'égalité des genres et de l'autonomisation des femmes en Afrique.* New York.

Ravallion, M. 1994. Can high-inequality developing countries escape absolute poverty? *Economics Letters,* 56, 51-57.

Ravallion, M. et S. Chen. 2007. China's (uneven) progress against poverty. *Journal of Development Economics,* 82, 1-42.

Ravallion, M. et G. Datt. 1996. How important to India's poor is the sectoral composition of economic growth. *The World Bank Economic Review,* 10, (1), 1-25.

Rodrik, D. 2014. An African Growth Miracle? Princeton, Institute for Advanced Study.

Ssewanyana, N.S., A.J. Okidi, D. Angemi et Y. Barungi. 2004. Understanding the determinants of income inequality in Uganda. *Working Paper, WPS/2004-29,* Centre for the Study of African Economies, université d'Oxford.

Stewart, F. 2002. Horizontal Inequalities: A Neglected Dimension of Development. *QEH Working Paper Series QEHWPS81,* Centre for Research on Inequality, Human Security and Ethnicity. Oxford, université d'Oxford.

The Brookings Institution. 2012. Africa Learning Barometer. Disponible à l'adresse : www.brookings.edu/research/interactives/africa-learning-barometer

The Economist et FMI (Fonds monétaire international). (2011). Africa's Impressive Growth. Disponible à l'adresse : www.economist.com/blogs/dailychart/2011/01/daily_chart

The Economist. 2013. Adapté de données des Nations Unies. Disponible à l'adresse : www.economist.com/blogs/freeexchange/2013/11/gender-inequality

UNU-WIDER (Institut mondial pour la recherche en économie du développement. 2014. World Income Inequality Database V3.0B. UNU-WIDER. Disponible à l'adresse : http://www.wider.unu.edu/research/WIID3-0B/en_GB/database/

Van de Walle, N. 2009. The institutional origins of inequality in sub-Saharan Africa. *The Annual Review of Political Science,* Vol. 12, p. 307-327.

Vigdor, J. L. 2004. Community composition and collective action: analyzing initial mail response to the 2000 Census. *The Review of Economics and Statistics,* Vol. 86, p. 303-12.

PARTIE II

Défis et problèmes dans les secteurs clés et effets sur les inégalités

Vers une réduction accélérée de la pauvreté et des inégalités de revenus en milieu rural induite par l'agriculture en Afrique subsaharienne

Moteurs d'une mauvaise performance du secteur agricole en Afrique

 Richesse en ressources naturelles à effets néfastes

 Sous-investissement et sous-capitalisation

 Insuffisances des politiques et défaillances institutionnelles

 Régimes commerciaux défavorables

Effets de l'accroissement de la productivité agricole

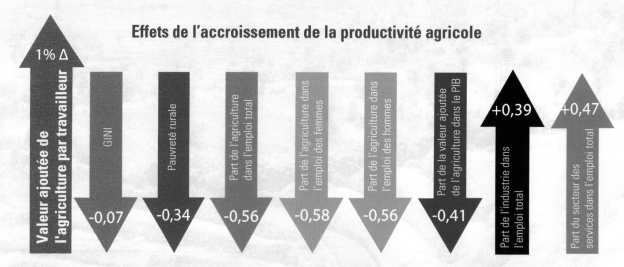

1% Δ

Valeur ajoutée de l'agriculture par travailleur

GINI — -0,07

Pauvreté rurale — -0,34

Part de l'agriculture dans l'emploi total — -0,56

Part de l'agriculture dans l'emploi des femmes — -0,58

Part de l'agriculture dans l'emploi des hommes — -0,56

Part de la valeur ajoutée de l'agriculture dans le PIB — -0,41

+0,39 Part de l'industrie dans l'emploi total

+0,47 Part du secteur des services dans l'emploi total

Enseignements à tirer

 Adopter des technologies agricoles

 Accroître l'investissement public dans l'agriculture

 Améliorer l'accès aux marchés dans les pays de l'OCDE

 Lutter contre la corruption dans la gestion du secteur agricole

 Associer les agriculteurs à la planification et à la mise en œuvre des politiques et programmes agricoles

 S'attaquer aux obstacles tarifaires et non tarifaires aux produits agricoles et agroindustriels

 Élargir l'accès à la terre, en particulier pour les femmes

 Rendre les politiques, processus et règles agricoles plus prévisibles et crédibles

 Améliorer l'accès à des intrants agricoles modernes à coût abordable

4 Agriculture, pauvreté rurale et inégalités de revenus en Afrique subsaharienne

AYODELE ODUSOLA

4.1 Introduction

L'importance de l'agriculture en tant que facteur de développement est reconnue depuis longtemps dans la littérature spécialisée. Le secteur agricole est en effet au cœur de l'activité économique dans la plupart des pays en développement et constitue le moteur de la croissance industrielle et de la transformation structurelle de ces économies. Qui plus est, l'agriculture joue un rôle multidimensionnel dans le développement, qui touche aux diverses composantes du processus, tels que la relance économique, la création d'emplois, la contribution aux chaînes de valeur, la réduction de la pauvreté, la baisse des disparités de revenu, la garantie de la sécurité alimentaire, la fourniture des services environnementaux et la génération des recettes en devise. C'est en raison de la négligence dont l'agriculture a fait l'objet que le développement a été entravé dans nombre de pays. Cela explique que 75 % de la pauvreté mondiale soit rurale, que les écarts de revenus sectoriels soient vertigineux et que l'insécurité alimentaire sévère ainsi que la dégradation environnementale soient aussi étendues (Banque mondiale, 2007 ; Byerlee, de Janvry et Sadoulet, 2009).

En 2015, 62,3 % des Africains subsahariens vivaient encore dans des zones rurales, une proportion supérieure à 80 % dans des pays tels que le Burundi, l'Éthiopie, l'Ouganda, le Malawi, le Niger et le Soudan du Sud[1]. L'agriculture demeure le pilier de l'économie rurale africaine et la principale source de revenus des habitants des zones rurales. En 2010, le secteur agricole employait une part significative de la population active de l'Afrique, établie à 54,2 %, contre 54,4 % en Asie de l'Est, 13,5 % en Asie du Sud, 65 % dans les pays les moins avancés et 40,6 % dans le monde (Gollin, 2010 : 3829). En outre, le secteur est désormais le principal pourvoyeur d'emplois pour 74,4 % de la population active en Afrique de l'Est. La proportion de femmes travaillant dans l'agriculture dépasse quant à elle les 80 % au Burundi, en Guinée, au Mozambique et au Rwanda (Odusola, à paraître).

En 2015, l'agriculture représentait 17,5 % de la valeur ajoutée totale du PIB en Afrique, et plus de 50 % en Sierra Leone et au Tchad. De fait, sur les 15 pays du monde où l'agriculture contribuait pour plus de 30 % au PIB national, seul un pays (le Népal) ne se trouvait pas en Afrique subsaharienne[2]. Entre

---

[1] Pour plus d'informations, consulter les Indicateurs du développement de la Banque mondiale, à l'adresse suivante : http://donnees.banquemondiale.org/indicateur/SP.RUR.TOTL.ZS.

[2] Les autres pays étant le Burkina Faso, le Burundi, les Comores, l'Éthiopie, le Kenya, le Mali, le Niger, la République centrafricaine, la République-Unie de Tanzanie, le Rwanda, la Sierra Leone, le Soudan, le Tchad et le Togo.

2005 et 2015, 16 des 33 pays à l'échelle mondiale dont la moyenne annuelle des matières premières agricoles en pourcentage des exportations de marchandises était supérieure à 5 % étaient africains. Par conséquent, la taille et les dimensions des activités agricoles ont nécessairement un effet substantiel, non seulement sur l'ensemble de l'économie, mais aussi sur les moyens de subsistance et les conditions de vie des populations, notamment rurales et pauvres.

La pauvreté mondiale demeure un problème éminemment rural, avec plus des trois quarts des personnes extrêmement pauvres vivant dans les zones rurales (Dercon, 2009, Byerlee, de Janvry et Sadoulet, 2009, Banque mondiale, 2013). En l'absence de modernisation dans son secteur agricole, l'Afrique est caractérisée par une agriculture pluviale de subsistance et une production rudimentaire à faible productivité, qui explique la nature endémique de la pauvreté et sa forte incidence à l'échelle du continent. En Afrique, la pauvreté rurale touche plus de 60 % de la population dans 17 pays, et entre 50 % et 60 % des habitants dans 14 autres pays. Elle est particulièrement alarmante à Madagascar et au Zimbabwe, où plus de 80 % de la population en zone rurale en souffre (figure 4.1).

Le phénomène de la pauvreté rurale est structurel, particulièrement en raison des taux de fécondité élevés en Afrique rurale et le parti pris urbain des politiques de développement. Le fait que la proportion des emplois agricoles soit supérieure à la valeur ajoutée du secteur agricole en pourcentage du PIB indique clairement que le rendement par travailleur est plus faible en agriculture que dans les secteurs non agricoles. Cet écart varie de 6 à 29 fois dans des pays tels que le Burkina Faso, le Burundi, Madagascar, le Malawi, le Niger, l'Ouganda, le Sénégal, la République démocratique du Congo, le Rwanda, la Zambie et le Zimbabwe (Gollin, 2010). Combler le fossé qui sépare l'agriculture des autres secteurs en matière de productivité pourrait constituer un antidote efficace contre la pauvreté et l'inégalité dans les économies agraires et les communautés rurales.

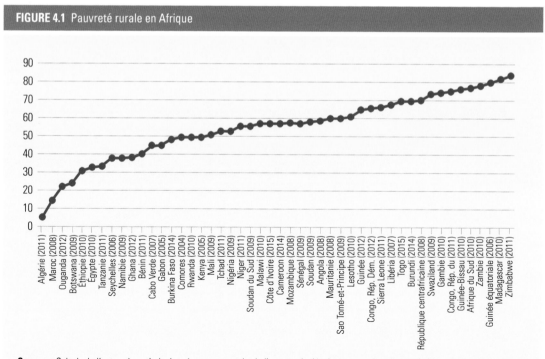

FIGURE 4.1 Pauvreté rurale en Afrique

Source : Calculs de l'auteur à partir de données provenant des Indicateurs du développement dans le monde (consultés en décembre 2016).

L'intérêt pour l'agriculture en tant que moteur du développement économique en Afrique est ravivé par de multiples facteurs. Le premier est la prise de conscience croissante de la nécessité d'une transformation agricole au titre du développement économique, notamment par la création d'emplois décents et de richesse, par la diversification de l'économie, par la génération de recettes en devises et par la stimulation de la croissance économique. Le second facteur découle du rôle de l'agriculture en tant que pivot de l'industrialisation. Le troisième facteur se rapporte à l'envolée des cours des denrées alimentaires amorcée en 2008 et à leur hausse soutenue même pendant le fléchissement des prix des produits primaires. Ce constat a relancé le besoin pressant d'atteindre les cibles d'élimination de la faim liées aux les Objectifs de développement durable (ODD) et la nécessité croissante de nourrir la population urbaine en plein essor. Enfin, les expériences menées en Chine et en Inde, où le déploiement efficace de stratégies visant à appuyer les petits propriétaires agricoles dans la commercialisation de leurs produits a contribué à réduire la pauvreté et l'inégalité jusqu'à un certain degré constituent un argument de poids en faveur de l'investissement dans l'agriculture pour stimuler le développement économique.

Il devient de plus en plus évident que la promotion d'un programme de développement axé sur l'agriculture est essentielle à la réalisation des ODD en Afrique subsaharienne, au regard des éléments suivants : la taille étriquée du secteur agricole, dont dépendent les 3/4 environ de la population économiquement active ; une pauvreté rurale estimée à plus de 50 % dans au moins 33 pays ; et le fait que l'agriculture soit le secteur qui utilise le plus de ressources naturelles.

Ce chapitre se penche sur la manière dont l'agriculture a contribué à façonner la pauvreté et les dynamiques de l'inégalité en Afrique. Pour cela, le reste du chapitre est divisé en quatre parties. La section 2 dresse le tableau de l'état actuel de l'agriculture en Afrique. La section 3 traite de la relation entre l'agriculture, la pauvreté et les inégalités de revenus. Les enseignements et les options de politiques stratégiques sont présentés dans la section 4, tandis que la section 5 conclut le chapitre.

4.2 L'état actuel de l'agriculture en Afrique

L'état actuel de l'agriculture en Afrique subsaharienne peut être mieux compris si l'on observe la proportion de la population qui en dépend pour sa subsistance. La réserve de main-d'œuvre employée dans le secteur agricole rend ce dernier essentiel au développement. L'agriculture représente 66 % de l'emploi total en Afrique subsaharienne (à l'exception de l'Afrique du Sud). Ce taux est extrêmement élevé par rapport à d'autres régions en développement comme l'Amérique centrale (21 %) et l'Asie de l'Est (54 %), et plus globalement au plan mondial (41 %) (Gollin, 2010). Cependant, la moyenne continentale tend à occulter certaines spécificités. En effet, compte tenu de la transformation structurelle en cours dans des pays tels que l'Afrique du Sud, l'Algérie, Maurice ou les Seychelles, l'agriculture représente moins de 20 % des emplois ; de fait, ce taux est même inférieur à 5 % aux Seychelles et en Afrique du Sud (PNUD, 2012 ; Odusola, à paraître). Toutefois, en raison du caractère rural des économies et du poids de l'agriculture dans le PIB global, l'emploi agricole domine, à plus de 70 %, au Burundi, en Éthiopie, en Guinée, à Madagascar, au Mozambique, en Ouganda et au Rwanda.

La composition hommes-femmes dans la main-d'œuvre agricole est également révélatrice. Le pourcentage des hommes travaillant dans le secteur agricole est plus élevé en Afrique de l'Ouest (Bénin, Burkina Faso, Ghana, Mali, Niger, Nigéria, Togo,) et en Afrique australe (Afrique du Sud, Botswana, Lesotho, Namibie) qu'en Afrique de l'Est et en Afrique centrale. Par contre, la proportion de femmes employées dans ce secteur est beaucoup plus importante au Burundi, au Cameroun, au Kenya, en République du Congo et au Rwanda (Odusola, à paraître). Cela dénote l'importance du rôle de l'agriculture dans la lutte contre l'inégalité entre les genres, la pauvreté et les inégalités, en particulier dans la répartition des biens agricoles (par exemple, les terres) et des intrants (par exemple les engrais et les semences améliorées).

La part de l'agriculture dans le PIB global a diminué progressivement au cours des quatre dernières décennies. La contribution du secteur agricole à l'ensemble des activités économiques s'élève à 17,5 % en Afrique subsaharienne, qui occupe la deuxième place à cet égard derrière l'Asie du Sud (17,6 %), devant l'Amérique latine et les Caraïbes (5,3 %) et les pays membres de l'Organisation de coopération et de développement économiques (OCDE) (1,6 %) (Odusola, à paraître). La part élevée du secteur agricole dans le PIB montre que la transformation de l'agriculture n'a pas eu lieu en Afrique et que son potentiel n'a pas encore été pleinement exploité pour servir de moteur de croissance économique et de facteur de génération de revenu et de création de richesse. L'Afrique doit pouvoir tirer profit du formidable levier que représente le secteur agricole pour porter la croissance et le développement, comme cela a été le cas en Amérique latine et aux Caraïbes ainsi qu'en Asie de l'Est et au Pacifique (Byerlee, de Janvry et Sadoulet, 2009 ; Banque mondiale, 2007 ; Ravallion et Chen, 2007).

Bien que la part de l'agriculture dans le PIB ait diminué d'environ 6,4 points de pourcentage, passant de 23,9 % en 1981 à 17,5 % en 2015 (figure 4.2), la transformation structurelle envisagée reste à mettre en place. Au cours de cette période, le secteur manufacturier qui devait bénéficier, selon Arthur Lewis et d'autres chercheurs, de l'apport tant attendu de main-d'œuvre et d'investissements en provenance du secteur agricole en déclin a également connu une baisse de 4,31 points de pourcentage. Cela confirme le processus de désindustrialisation en Afrique tel que démontré par Odusola (2015), renforcé à la faveur de la déréglementation non surveillée, la mondialisation et l'inertie institutionnelle. Les pertes subies dans les secteurs agricole et manufacturier ont été absorbées par le secteur des services dominé par l'activité informelle. En raison de la faible productivité, des bas revenus et des mauvaises conditions de travail qui caractérisent le secteur informel, couplés à la nécessité d'y recourir pour faire face à la pauvreté et au chômage dans la plupart des pays d'Afrique subsaharienne, la réaffectation de la main-d'œuvre n'a pas permis d'engager ces transformations indispensables tant espérées. En effet, l'Afrique subsaharienne est

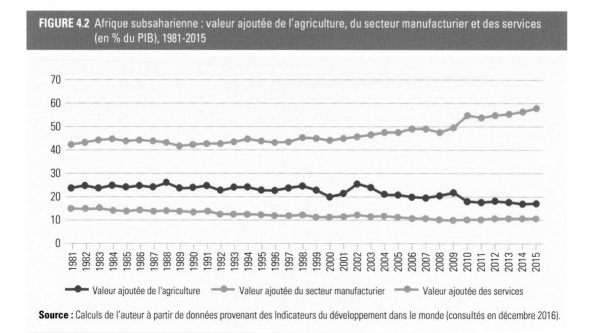

FIGURE 4.2 Afrique subsaharienne : valeur ajoutée de l'agriculture, du secteur manufacturier et des services (en % du PIB), 1981-2015

Valeur ajoutée de l'agriculture Valeur ajoutée du secteur manufacturier Valeur ajoutée des services

Source : Calculs de l'auteur à partir de données provenant des Indicateurs du développement dans le monde (consultés en décembre 2016).

en train de contourner la transformation économique structurelle. Ceci, encore une fois, offre à la région l'occasion unique d'utiliser l'agriculture pour stimuler l'industrialisation et propulser la croissance et le développement par l'amélioration de la productivité.

La croissance agricole en Afrique s'est améliorée au cours des vingt dernières années. Contrairement aux deux décennies ayant précédé l'année 2000, lorsque la croissance agricole en Afrique était à la traîne par rapport à l'Amérique latine et aux Caraïbes d'une part, et à l'Asie de l'Est et au Pacifique de l'autre, le continent a réussi à surpasser ces régions à partir de l'an 2000 (figure 4.3). La demande en production alimentaire a également augmenté en raison de l'accroissement de la population africaine, en particulier celle des jeunes. Toutefois, cette croissance n'est pas due à la productivité agricole ou à l'intensification des exploitations, mais plutôt à l'expansion des terres et à la mise en œuvre du système de jachère. Encore une fois, l'Afrique n'a pas réussi à concrétiser son potentiel de puissance mondiale dans la réalisation du développement. Au lieu de s'appuyer sur le changement technologique pour stimuler l'innovation et la productivité dans le secteur et accroître l'efficacité de leurs exploitations, les agriculteurs africains ont consacré leurs efforts à l'exploitation d'une partie des 600 millions d'hectares de terres arables non cultivées (environ 60 % du total mondial) (Odusola, 2014)[3].

Malgré l'abondance de ses terres arables fertiles à faible densité de population, l'Afrique détient le taux de productivité agricole par travailleur le plus faible parmi les régions du monde. Ainsi, au cours de la période 2005-2015, la moyenne annuelle de la productivité agricole par travailleur en Afrique subsaharienne était de 1 109,30 dollars US contre 19 540,80 dollars US pour les pays membres de l'OCDE, 11 820,80 dollars US pour l'Amérique latine et les Caraïbes et 5 394,90 dollars US pour le Moyen-Orient et l'Afrique du Nord. Selon le PNUD (2012), une productivité plus soutenue permettrait non seulement de garantir la sécurité alimentaire, une meilleure nutrition et des prix plus bas pour les denrées alimentaires, mais aussi de contribuer à l'augmentation des revenus de millions de petits exploitants, à l'amélioration du niveau de vie, de la santé et de l'éducation, et partant, au renforcement des capacités des populations. C'est en

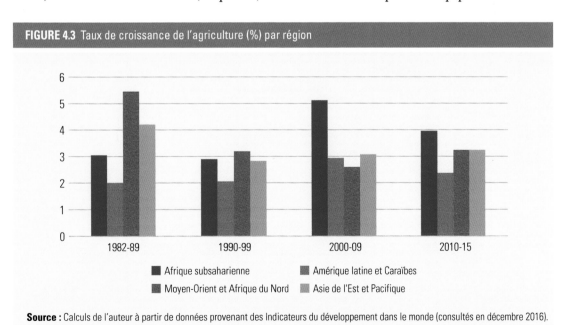

FIGURE 4.3 Taux de croissance de l'agriculture (%) par région

- Afrique subsaharienne
- Amérique latine et Caraïbes
- Moyen-Orient et Afrique du Nord
- Asie de l'Est et Pacifique

Source : Calculs de l'auteur à partir de données provenant des Indicateurs du développement dans le monde (consultés en décembre 2016).

---

[3] Odusola (2014) soutient que la tendance grandissante à l'accaparement des terres en Afrique trouve son origine dans la présence d'une très grande étendue de terres arables fertiles non cultivées sur le continent.

adoptant des technologies et des innovations adaptées que la productivité agricole peut promouvoir la sécurité alimentaire, réduire l'importation de denrées alimentaires et donner une meilleure impulsion à la gestion de l'environnement, y compris les services de gestion des terres et des eaux.

Pour stimuler la productivité, il est nécessaire d'utiliser efficacement des engrais et les semences améliorées, d'élargir l'accès aux systèmes d'irrigation et aux services de vulgarisation agricoles et d'apprendre à utiliser l'eau et les engrais à bon escient. Le mauvais usage des engrais, lié dans une large mesure à leur accessibilité restreinte, explique la faible productivité agricole en Afrique. Par rapport à d'autres régions du monde, l'Afrique subsaharienne affiche un piètre rendement quant à l'utilisation d'engrais (figure 4.4). En 2013, à titre d'exemple, la quantité d'engrais par hectare utilisée en Afrique subsaharienne a représenté seulement 5,1 % de celle de l'Asie de l'Est et du Pacifique et 11,5 % de celle de l'Asie du Sud. L'accès aux systèmes d'irrigation est plus déficient encore. Ainsi, les terres ont été irriguées dans une proportion allant de 1 % à 5 % seulement dans sept pays (Afrique du Sud, Algérie, Cabo Verde, Madagascar, Maroc, Seychelles et Tunisie). Sur l'ensemble des autres pays africains, moins de 1 % des terres ont été irriguées, sauf à Maurice où 22,1 % des terres arables ont été irriguées. L'utilisation restreinte des équipements agricoles à haute valeur ajoutée technologique explique dans une large mesure pourquoi les rendements céréaliers en Asie de l'Est et au Pacifique sont près de 3,5 fois supérieurs à ceux de l'Afrique subsaharienne, et environ 3 fois plus que ceux de l'Amérique latine et des Caraïbes. Par exemple, en 2010-2014, avec un rendement moyen de 1 421,8 kg par hectare, l'Afrique subsaharienne était à la traîne par rapport à d'autres régions du monde : l'Asie de l'Est et le Pacifique (4 809,1 kg), l'Amérique latine et les Caraïbes (3 998,7 kg) et l'Europe et l'Asie centrale (3 518,9 kg)[4].

Les pays qui ont réussi à maintenir la productivité par travailleur à au moins 3 000 dollars US par an ont également réduit la part du secteur agricole dans le PIB national à moins de 20 %. À l'exception du Nigéria,

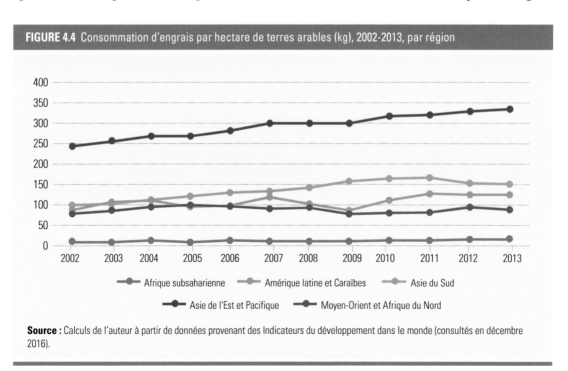

FIGURE 4.4 Consommation d'engrais par hectare de terres arables (kg), 2002-2013, par région

Source : Calculs de l'auteur à partir de données provenant des Indicateurs du développement dans le monde (consultés en décembre 2016).

---

[4] Voir la base de données Indicateurs du développement dans le monde, consultée en décembre 2016.

FIGURE 4.5 Productivité et valeur ajoutée de l'agriculture dans le PIB

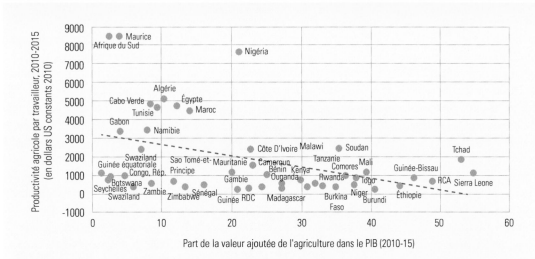

Source : Calculs de l'auteur à partir de données provenant des Indicateurs du développement dans le monde (consultés en décembre 2016).
Remarque : RCA = République centrafricaine et RDC = République démocratique du Congo.

les pays dont la part agricole dans le PIB dépasse 20 % présentent une productivité par travailleur très faible (figure 4.5). L'objectif d'amélioration de la productivité agricole est essentiel pour promouvoir une transformation structurelle susceptible d'impulser les économies rurales agricoles et non agricoles ainsi que le processus d'industrialisation urbaine.

Plusieurs facteurs expliquent la faible performance du secteur agricole à l'échelle du continent. L'adoption partielle de la mutation technologique, l'inertie institutionnelle, l'insuffisance des capacités humaines et le manque de volonté politique y participent. Un examen approfondi des conditions de production en Afrique et en Asie mené par Karshenas (1995 et 2001) tente d'apporter une explication aux performances médiocres et au faible rendement de l'Afrique subsaharienne. Les terres abondantes de l'Afrique par rapport à la main-d'œuvre et le petit stock de capital généré par l'homme dans l'agriculture africaine contrastent avec les conditions de production en Asie, qui se caractérisent par des terres rares, une main-d'œuvre abondante et un stock de capital agricole relativement important, tel que l'irrigation. Cela explique que les salaires non agricoles en Asie soient aussi bas et concurrentiels par rapport à des salaires non agricoles supérieurs en Afrique. Une forte densité de population, une main-d'œuvre abondante et de meilleures infrastructures ont permis à l'agriculture dans les pays d'Asie de s'intégrer dans l'économie nationale beaucoup plus aisément que l'Afrique.

Le parti pris urbain des politiques de développement en Afrique a perpétué une dualité économique qui a soutenu le drainage continu du surplus agricole et de la productivité à l'échelle du continent. L'instauration de programmes d'ajustement structurel dans la plupart des pays africains où la grande majorité des politiques de développement était axée sur le développement urbain a conduit au délaissement du développement rural. Cela a été aggravé par la faiblesse des investissements dans l'agriculture. En 2003, les gouvernements africains ont adopté le Programme détaillé pour le développement de l'agriculture africaine (PDDAA) et ont convenu de consacrer 10 % de leurs dépenses nationales à l'agriculture (Déclaration de Maputo). Depuis 2013, toutefois, seuls sept pays se sont constamment conformés à cet engagement (Burkina Faso, Éthiopie,

Niger, Mali, Malawi, Sénégal et Zambie), tandis que des pays tels que le Burundi, la République du Congo, la Guinée, le Ghana, Madagascar et le Zimbabwe ont atteint cet objectif une seule fois sans pouvoir s'y maintenir (Bahiigwa et Benin, 2013).

Les pertes après récolte sont élevées en Afrique. En 2011, l'Organisation des Nations Unies pour l'alimentation et l'agriculture (FAO) a estimé que 37 % des denrées alimentaires produites en Afrique subsaharienne étaient perdues entre la production et la consommation. La FAO a également évalué à 20,5 % les pertes de céréales, et à seulement 8 % les pertes dues à la manutention et à l'entreposage après récolte. Selon le Système d'information sur les pertes post-récolte en Afrique (APHLIS), les pertes après récolte seraient de l'ordre de 10 à 12 % (Banque mondiale, 2015). Les données fournies par Affognon *et al.* (2014) révèlent que les insuffisances des méthodes d'évaluation entraînent des estimations inexactes des pertes post-récolte. Elles indiquent également que la plupart de ces estimations concernent l'entreposage à la ferme, principalement des récoltes de maïs, alors que la population en Afrique subsaharienne se nourrit d'une variété d'autres produits de base, ce qui signifie que les pertes post-récolte pourraient également advenir à divers stades de la chaîne d'approvisionnement. Ce constat signale clairement la nécessité de procéder à des évaluations supplémentaires des pertes post-récolte à travers l'ensemble des chaînes de valeur de différents produits alimentaires ayant une importance nutritionnelle pour les Africains. De plus, il est désormais prouvé que les technologies d'atténuation des pertes actuellement utilisées ne sont pas adaptées à la prise en charge des dynamiques liées aux chaînes d'approvisionnement. Les pertes post-récolte augmentent avec l'humidité et la chaleur, sans compter le coût de construction des installations de stockage. Néanmoins, il est possible de les diminuer par l'élargissement de l'accès aux marchés, le renforcement de l'éducation post-primaire, des variations de prix saisonniers plus importantes, une meilleure expérience de production, l'efficacité technologique, l'adhésion à des associations d'agriculteurs, l'accès aux agents de vulgarisation et l'amélioration des pratiques de stockage (Banque mondiale, 2015 ; et Affognon *et al.*, 2014).

Les moteurs de la mauvaise performance du secteur agricole africain sont décrits avec pertinence dans l'article de Binswanger et Townsend (2000), qui en distingue principalement quatre : (i) les effets négatifs découlant du contraste entre l'abondance de terres arables et la faible densité de la population et son isolement, qui rend les coûts des transactions agricoles très élevés ; (ii) l'insuffisance des politiques et les défaillances institutionnelles ; (iii) le sous-investissement et le sous-financement ; (iv) les régimes commerciaux défavorables instaurés par les pays de l'OCDE ainsi que l'accès restreint aux marchés et les subventions qui entraînent des distorsions de prix et portent préjudice à la compétitivité des produits agricoles issus des pays en développement. Les barrières tarifaires et non tarifaires imposées à l'agriculture africaine et au commerce agro-industriel sont très pesantes (*ibid.*). Le taux élevé de la taxation agricole (par le biais des prix fixés ou des dispositifs des termes de l'échange) constitue une autre entrave à la croissance et à la transformation du secteur. Les produits agricoles africains sont soumis à une double peine : les taxes à l'exportation imposées par les gouvernements africains et les droits d'importation exigés par les pays de destination (Lipton, 1987 et 2009).

Les arguments en faveur de l'incitation par les prix qui sont souvent mis en avant dans la littérature spécialisée ne peuvent pas être appliqués aux petits agriculteurs de subsistance, en raison des coûts de transaction élevés imputables notamment au manque d'intégration du marché, à l'insuffisance des infrastructures, aux coûts de transport prohibitifs et aux coûts élevés de la main-d'œuvre (Oyejide, 2008). L'évolution technologique limitée a également contribué à la baisse de la productivité agricole. C'est en partie la conséquence du sous-investissement et du sous-financement dans le secteur agricole de la part des gouvernements, du secteur privé et des investisseurs étrangers.

Nombreux sont les pays africains qui ont signé des accords bilatéraux, régionaux et multilatéraux qui entravent, directement ou indirectement, l'accès des produits agricoles africains aux marchés mondiaux.

Comme l'a souligné Oyejide (2008), les conditions d'accès au marché africain sont régies par un arsenal d'accords commerciaux préférentiels qui, de diverses manières, ont un impact sur l'accès aux marchés. Malgré tous ces accords et dispositions, le continent reste confronté à de multiples difficultés d'accès aux marchés constituées par les crêtes tarifaires et la progressivité des droits de douane, les mesures de contingence, les normes de produits, les normes sanitaires et phytosanitaires (SPS), les subventions à l'exportation qui faussent les échanges, les pratiques de dumping et les structures non compétitives des marchés d'exportation des produits de base (*ibid.*, 2008 : 4). L'élimination de ces barrières devrait être au centre des préoccupations des décideurs politiques non seulement aux niveaux national et régional, mais aussi au niveau mondial.

Le changement climatique rapide devient une menace sérieuse à la prospérité d'une région dominée par des écosystèmes fragiles : la superficie de l'Afrique subsaharienne est constituée à 75 % environ de zones arides ou désertiques ; l'énergie africaine provient à hauteur de 80 % de la biomasse ; et le PIB du continent est alimenté à près de 20 % par l'agriculture pluviale. En 2011, 20 pays africains avaient déjà enduré une pénurie d'eau et 12 autres pays connaîtront le même sort d'ici 2035 (Juma, 2011). Comme l'a suggéré Juma, l'Afrique doit renforcer sa capacité d'adaptation en conservant son patrimoine naturel, en construisant des infrastructures solides, en améliorant ses capacités humaines et en promouvant l'esprit d'entreprise.

4.3 Agriculture, pauvreté et inégalité : un aperçu des questions émergentes issues de la littérature

4.3.1 Théorie

Les premiers travaux de l'abondante littérature qui existe à ce sujet relient l'agriculture au développement global à travers des cadres dominés par le marché[5]. La plupart d'entre eux (Lewis, 1954, Fei et Ranis, 1961) reconnaissent à la fois le rôle du secteur agricole (traditionnel) et celui du secteur industriel (moderne) dans le processus de développement. Ces études considèrent par ailleurs l'agriculture de subsistance comme un pourvoyeur d'emplois par défaut et comme un bassin ou une réserve de main-d'œuvre. Le secteur traditionnel se caractérise par des bas salaires, tandis que le secteur moderne bénéficie de salaires supérieurs au niveau d'équilibre. Les interactions de ces deux secteurs par le biais du marché des facteurs de production entraînent des niveaux de salaire équilibrés au sein de l'économie. Selon cette école de pensée, l'absorption progressive par le secteur moderne (industriel) ou de haute productivité, de la main-d'œuvre excédentaire du secteur traditionnel (agricole) ou de faible productivité induit une réduction de la pauvreté.

Plusieurs experts, tels que Schultz (1964), Mellor (1995 et 1996) et Gollin (2010) soutiennent que les changements technologiques, avec la mise en œuvre de variétés de cultures et de pratiques d'élevage améliorées, sont importants pour transformer l'agriculture locale. Selon eux, l'augmentation de la productivité agricole entraîne des effets d'équilibre général qui stimulent davantage la création d'emplois et la croissance équitable et engendrent des retombées plus spectaculaires en matière de richesse et de stabilité pour la société. Selon Gollin (2010 : 3844), ces effets intégrés sont les suivants : (i) une augmentation du revenu et de la rentabilité agricoles induisant l'amélioration des conditions de vie des agriculteurs et des populations rurales pauvres ; (ii) une réduction des prix alimentaires, qui bénéficie à la fois aux consommateurs ruraux et urbains, y compris aux agriculteurs qui sont des acheteurs nets de produits alimentaires ; (iii) une baisse des salaires nominaux allant de pair avec l'augmentation des salaires réels qui permet au secteur industriel de réduire ses coûts ; (iv) la croissance de la demande intérieure en biens industriels ; (v) une meilleure

---

[5] Il s'agit notamment des travaux de Rosenstein-Rodan (1943), Lewis (1954), Johnston et Mellor (1961), Fei et Ranis (1961) et Schultz (1964).

compétitivité des exportations agricoles et industrielles entraînant une amélioration des recettes en devises ; et (vi) le développement du secteur industriel national qui permet de réaffecter la main-d'œuvre et les investissements du secteur agricole au secteur industriel. La modernisation rapide du secteur agricole grâce à une technologie fondée sur la recherche scientifique qui renforce la productivité agricole est essentielle pour maximiser ses répercussions sur l'équilibre général.

Les canaux de transmission de l'agriculture au profit du développement, largement mis en évidence, ont été classés en six groupes (Pingali, 2010) : (i) transfert de main-d'œuvre pour renforcer les effectifs du secteur industriel urbanisé ; (ii) production de denrées alimentaires pour des populations en pleine expansion ayant des revenus plus élevés ; (iii) injection de l'épargne dans les investissements en faveur de l'industrie ; (iv) élargissement des marchés pour la production industrielle ; (v) affectation des recettes d'exportation au paiement des biens d'équipement importés ; et (vi) fourniture de matières premières aux agro-industries.

L'hypothèse de Kuznets, fondée sur la courbe en U inversé décrivant la relation entre les niveaux d'inégalité et de développement d'un pays suppose qu'au stade initial du développement, l'inégalité augmente à mesure que le revenu par habitant augmente. Cela s'explique, en grande partie, du fait de l'accroissement des écarts entre les milieux rural et urbain et des disparités entre les secteurs urbains. La progression de l'inégalité est inévitable en raison de la montée de l'industrialisation urbaine et des différences entre l'augmentation des salaires des travailleurs et les profits des propriétaires du capital. Néanmoins, cette tendance s'inverse une fois que de nombreux ménages tirent parti du processus d'industrialisation et de la hausse des salaires ruraux due à une demande croissante de main-d'œuvre dans les secteurs agricole et non agricoles en zone rurale (Bourguinon et Morrisson, 1998 ; Banque mondiale, 2007 ; Hazell, 2010, Estudillo et Otsuka, 2010). Par ailleurs, Foster et Rosenzweig (2003) ont élaboré un modèle théorique et récolté des preuves empiriques sur les conséquences de la répartition de la croissance dans les secteurs agricole et non agricoles en Inde. Ils soutiennent que la façon dont une intervention augmente les dotations des pauvres ou les revenus des dotations que possèdent les pauvres est très importante pour déterminer comment l'agriculture agit sur l'inégalité de revenus, en particulier dans les zones rurales.

4.3.2 Que dit la littérature sur le lien agriculture-pauvreté-inégalité ?

L'expérience des régions en développement dans l'utilisation de l'agriculture comme base pour stimuler la croissance économique, moderniser l'économie et réduire la pauvreté et l'inégalité varie d'un pays à l'autre. Cette section présente les éléments concrets qui, dans la littérature, prouvent comment l'agriculture impulse le développement.

Le Rapport sur le développement dans le monde de 2008 (Banque mondiale, 2007) affirme que l'agriculture est essentielle pour stimuler la croissance dans les autres secteurs de l'économie, lutter contre la pauvreté et améliorer la sécurité alimentaire en Afrique subsaharienne (Banque mondiale, 2007). Cela dépend toutefois de la manière dont les pays accélèrent la révolution de la productivité dans les petites exploitations agricoles, en soutenant les petits exploitants agricoles, notamment dans les zones reculées, en promouvant des produits à haute valeur ajoutée (par exemple, les légumes et les produits laitiers), en utilisant l'agriculture pour stimuler l'entrepreneuriat et l'emploi dans les zones rurales et en améliorant la gestion des ressources naturelles, comme celle de l'eau.

Estudillo et Otsuka (2010) mettent en lumière la façon dont l'Asie du Sud-Est a pu tirer avantage du secteur agricole pour réduire la pauvreté et l'inégalité. De nombreux ménages ruraux de cette région ont pu sortir de la pauvreté de diverses manières. Premièrement, ils ont augmenté leurs revenus issus de la production de riz grâce à un meilleur accès à la terre (notamment par l'augmentation de la superficie des zones cultivées) et l'adoption de technologies modernes (dont un accès accru aux pompes d'irrigation et aux semences améliorées), en particulier aux Philippines et en Thaïlande. Deuxièmement, ils ont bénéficié d'une diversification de leurs revenus provenant des activités agricoles et non agricoles qui ont relancé l'offre d'emplois non agricoles aux travailleurs ruraux.

La mise en œuvre de la révolution verte en Asie du Sud, en particulier au Bangladesh et au Pakistan, a grandement contribué à la réduction de la pauvreté, mais ces pays n'ont pas réussi à réduire l'inégalité entre les ménages et les régions, probablement en raison des migrations saisonnières des régions les moins favorisées vers les régions les plus favorisées (Hazell, 2010). En Asie du Sud, la proportion des terres agricoles affectées aux cultures des variétés modernes de céréales (riz, blé et maïs) qui était presque nulle en 1965 est successivement passée à 71 %, puis à 94,5 % pour retomber à 53,5 % en 2000. Cette transformation a été rendue possible par une allocation budgétaire accrue, l'amélioration des travaux de recherche et développement dans les domaines de développement prioritaires visés, la libéralisation du marché et l'implication du secteur privé et des organisations de la société civile dans la recherche et le développement et les services de vulgarisation. Cette approche a généré plus de retombées que les seuls programmes de développement rural.

C'est en effectuant une modélisation dynamique des secteurs agricole et non agricoles que les chercheurs Imai et Gaiha (2016) ont constaté une plus grande incidence de la croissance agricole sur la réduction de la pauvreté que sur celle de l'inégalité. Ils ont également établi que l'effet de la croissance agricole sur l'inégalité était affaibli par la fragmentation ethnique qui contribue à perpétuer l'inégalité. Cela confirme leur conclusion précédemment observée (Imai et Gaiha, 2014) selon laquelle la croissance agricole est le facteur le plus important dans la réduction de la pauvreté et de l'inégalité au niveau des pays en développement.

Thirtle, Lin et Piesse (2003) font valoir qu'en Asie, une augmentation de 1 % de la productivité des cultures équivaut à la réduction de la pauvreté de 0,46 %. Plus précisément pour l'Inde, les données fournies par Ravallion et Datt (1996) montrent qu'une augmentation de 1 % de la valeur ajoutée agricole par hectare entraîne une réduction de la pauvreté de 0,4 % à court terme et de 1,9 % à long terme. Ces auteurs constatent également que la croissance dans les secteurs agricole et tertiaire exerce un impact plus important sur la réduction de la pauvreté que la croissance dans le secteur manufacturier. Quant à la croissance rurale, elle influe davantage sur la réduction de la pauvreté que la croissance urbaine, en raison des niveaux de productivité agricole supérieurs dans certains pays[6]. Fan, Hazell et Thorat (2000) observent également qu'une augmentation de 1 % de la production agricole en Inde diminue la pauvreté de 0,24 %.

Par ailleurs, Ravallion et Chen (2007) ont estimé que la croissance agricole en Chine a contribué jusqu'à quatre fois plus à la réduction de la pauvreté que la croissance portée par l'industrie et les services, en raison d'une répartition équitable des terres. Ces constatations confirment les observations antérieures de Bourguinon et Morrison (2002), selon lesquelles l'augmentation du niveau de productivité dans l'agriculture traditionnelle pourrait être devenue le moyen le plus efficace de réduire l'inégalité et la pauvreté dans de nombreux pays en développement où la productivité relative du travail et la répartition des terres avaient été désignées comme les facteurs responsables de l'inégalité de revenus, en particulier dans les années 1980. Compte tenu de ses relations en amont et en aval avec le reste de l'économie, l'agriculture a de fortes retombées sur l'ensemble des autres secteurs. Les données de Rangarajan (1982) montrent qu'en Inde, un accroissement de 1 point de pourcentage du taux de croissance de l'agriculture a entraîné une hausse de 5 % de la production industrielle et une augmentation de 0,7 % du revenu national.

---

[6] La croissance agricole n'est pas la seule solution à la réduction de la pauvreté en Inde. Les données de Foster et Rosenzweig (2004) suggèrent une omplémentarité avec la croissance du secteur rural des biens commercialisables non agricoles dans les pays où la productivité agricole a connu une plus faible croissance.

Christaensen, Demery et Kuhl (2006) constatent que dans les pays à faible revenu, l'effet de la croissance agricole sur la pauvreté (c'est-à-dire l'élasticité de la pauvreté par rapport à la croissance agricole) est 2,3 fois supérieur que celui de la croissance des secteurs non agricoles. En Afrique subsaharienne, l'effet produit par la croissance de l'agriculture est de 4,25 fois plus élevé que l'impact de la croissance du secteur des services. Les auteurs en concluent que l'agriculture est sensiblement plus efficace pour réduire la pauvreté parmi les groupes les plus pauvres (mesurée par l'écart de pauvreté de 1 dollar US par jour au carré) et jusqu'à 3,2 fois plus performante pour diminuer l'indice de la pauvreté de 1 dollar US par jour dans les pays à faible revenu riches en ressources naturelles.

Pingali (2010) souligne que les investissements dans la recherche et le développement en agriculture sur le continent ont un impact beaucoup plus important que les autres dépenses publiques (non liées à la recherche). L'effet à long terme de la recherche et développement dans le domaine agricole, en particulier sur la baisse des prix alimentaires, touche en priorité les habitants des zones urbaines, en particulier en Chine et en Inde, où le processus d'urbanisation a fait de grandes avancées.

S'appuyant sur des modèles d'équilibre général calculable (EGC) et de microsimulation appliqués à l'Afrique du Sud, Herault et Thurlow (2009) constatent que l'élimination des distorsions liées aux produits agricoles (tabac, sucre, coton, bétail et produits laitiers) est de nature à augmenter la production agricole, générer davantage d'emplois pour les travailleurs peu qualifiés en agriculture et dans l'industrie agroalimentaire, et réduire la pauvreté et les inégalités. Ils en concluent que les pertes d'emplois dans les secteurs non agricoles seront compensées par les gains d'emplois dans l'agriculture. L'emploi net positif pour les travailleurs des secteurs formel et informel (respectivement de 0,83 % et 6,67 %) entraîne une amélioration du niveau de vie des travailleurs ruraux et une réduction conséquente du taux de pauvreté (établi à 2 dollars US par jour) de 1,12 % à l'échelle nationale (1,32 % en milieu rural et 0,96 % en milieu urbain). Toutefois, la réduction de l'inégalité de revenus est relativement faible, de l'ordre de 0,005 % à l'échelle nationale (0,004 % en milieu rural et 0,006 % en milieu urbain).

Tschirley et Benfika (2001) montrent qu'au Mozambique, les salaires sont concentrés entre les mains des petits propriétaires ruraux aisés, ce qui tend à accroître les inégalités plutôt qu'à les réduire. Ceux qui en ont bénéficié sont essentiellement des ménages éduqués disposant de richesses précédemment acquises. Toutefois, les salaires ont contribué à réduire la pauvreté relative, en particulier dans les ménages dirigés par une femme.

Les caractéristiques socio-économiques des agriculteurs jouent un rôle important dans la détermination du niveau de pauvreté et d'inégalité dans la société. Ayinde et al. (2012) rapportent les résultats d'une étude de cas menée dans l'État d'Ekiti au Nigéria, qui montrent que l'inégalité de revenus est plus élevée en milieu urbain qu'en milieu rural, et davantage encore parmi les travailleurs agricoles que non agricoles tant en zone rurale qu'en zone urbaine. Cependant, le niveau de revenu ainsi que la taille de l'exploitation ou du ménage ont une répercussion sur l'inégalité aussi bien dans les zones rurales que dans les zones urbaines.

L'investissement dans les secteurs qui entretiennent des liens en amont et en aval avec les autres secteurs présente un potentiel relativement plus élevé pour stimuler la croissance dans l'ensemble des secteurs de l'économie. Nseera (2014) confirme cette idée en ce qui concerne les secteurs agricole et textile au Lesotho, mais constate que la distribution du revenu est considérablement biaisée par rapport aux zones rurales où vit la majorité de la population pauvre. L'introduction de changements dans les allocations budgétaires pour favoriser ces secteurs a aidé le pays à promouvoir la croissance économique et à accélérer la réduction de la pauvreté et de l'inégalité, compte tenu de la supériorité des multiplicateurs liés aux secteurs de l'agriculture et du textile.

Erickson et Vollrath (2004) mettent l'accent sur la relation entre l'inégalité de répartition des terres et le développement économique. Ils établissent une étroite corrélation entre l'inégalité en matière d'accès à la terre dont sont victimes les populations agricoles et les faibles niveaux d'instruction de ces dernières.

Nielsen (1994) montre que la relation entre inégalité et développement s'explique par la diffusion de l'éducation, la transition démographique, le dualisme généralisé (le taux de natalité), les évolutions de la main-d'œuvre et le dualisme sectoriel. Ce dernier aspect contribue à accroître l'inégalité de revenus, tandis que le pourcentage de la population active dans l'agriculture le réduit. Byerlee, de Janvry et Sadoulet (2009) soutiennent, quant à eux, qu'en dépit de la croissance économique rapide des deux dernières décennies, la persistance de la pauvreté rurale en Afrique montre la difficulté de la redistribution des revenus issus des secteurs non agricoles et l'immobilité professionnelle qui découle des difficultés de reconversion des travailleurs au fur et à mesure de la restructuration des économies.

Par ailleurs, les données économétriques fournies par d'autres experts confirment que l'effet de l'économie rurale sur la réduction de la pauvreté est plus important que celui de l'économie urbaine ou d'autres secteurs[7]. L'analyse par décomposition menée par la Banque mondiale (2007) montre que 81 % de la réduction globale de la pauvreté rurale entre 1993 et 2002 est liée à l'amélioration des zones rurales et que l'effet de la migration à cet égard n'est que de 19 %. Une croissance de 1 % du PIB trouvant son origine dans l'agriculture a accru les dépenses des cinq déciles les plus pauvres de 3,7 %, contre 0,9 % seulement pour la croissance trouvant son origine dans le reste de l'économie (Ligon et Sadoulet, 2007). Les données de Bravo-Ortega et Lederman (2005) montrent également qu'une augmentation du PIB général venant de la productivité du travail agricole se révèle en moyenne 2,9 fois plus efficace pour augmenter les revenus du quintile le plus pauvre qu'une augmentation équivalente du PIB venant de la productivité du travail non agricole. La croissance qui contribue à la réduction de la pauvreté provient des revenus des petits agriculteurs et des salaires des travailleurs dans les grandes exploitations agricoles. Byerlee, de Janvry et Sadoulet (2009) évoquent également les disparités croissantes entre les habitants ruraux et urbains dans environ 35 pays, dont le Brésil, la Chine, l'Inde, l'Indonésie et le Pérou, où les revenus urbains sont environ 80 % plus élevés que les revenus ruraux.

Le commerce interafricain restreint constitue une autre entrave à la croissance agricole et son impact sur le développement en général. Les données fournies par Pratt et Diao (2008) montrent qu'il existe de nombreuses opportunités de croissance agricole par le biais des liaisons régionales en Afrique australe. En raison de leur proximité géographique, les pays à revenu faible et intermédiaire devraient bénéficier de la production, de la productivité, du commerce et de l'investissement régionaux si l'intégration régionale est axée sur les produits agricoles.

Le rôle de l'agriculture est mieux appréhendé dans le contexte d'une approche élargie du développement. Selon Byerlee, de Janvry et Sadoulet (2009), si l'agriculture recevait l'attention et la priorité qu'elle mérite, elle pourrait jouer un rôle clé en tant que principale source de produits, de facteurs de production et de devises, contribuer à la croissance industrielle et faciliter la réduction de la pauvreté et des disparités de revenus. Néanmoins, le contexte dans lequel ces rôles sont exercés est influencé par un certain nombre de facteurs, tels que la mondialisation, l'évolution technologique rapide, les innovations institutionnelles et les contraintes environnementales. Pour optimiser ces fonctions multidimensionnelles, il est nécessaire d'opérer un changement de paradigme qui met l'accent sur la lutte contre les préjugés défavorables à l'agriculture,

---

[7] Pour une analyse approfondie de ces articles et sur l'importance du rôle des revenus agricoles dans la réduction rapide de la pauvreté en Chine, en Inde et au Viet Nam, et le faible impact des revenus agricoles en Bolivie, au Brésil et au Pérou, où la croissance se concentre sur les secteurs orientés vers l'exportation, voir Byerlee, de Janvry et Sadoulet (2009).

le renforcement de la gouvernance du secteur et la priorité données aux fonctions agricoles par rapport au contexte de chaque pays.

L'accroissement de la proportion des terres détenues par les pauvres revalorise non seulement leurs revenus, mais aussi leur influence et leur statut. Lipton (2009) explique à ce propos que la terre est le principal actif productif des pauvres. L'accès des pauvres à la terre est certes essentiel à la transformation du secteur agricole, mais il l'est tout autant pour l'augmentation de leurs revenus de multiples façons : via le revenu du travail agricole, le revenu issu de la terre à titre de locataire ou de propriétaire, le revenu provenant des exploitations agricoles et le revenu non agricole, sans compter l'impact de l'accès à la terre sur l'ensemble de l'économie, dont l'effet est favorable à la croissance des petits propriétaires et des agriculteurs sans terre. La concentration des terres dans les pays en développement augmente l'inégalité tout en réduisant le rendement agricole et la croissance économique. Griffin, Khan et Ickowitz (2001) font valoir également que l'amélioration de la répartition des terres en Chine a conduit à la revalorisation du revenu agricole avec un effet égalisateur sur le revenu global à l'échelle du pays. Lipton (2009) a par ailleurs observé que la pauvreté et la privation des terres en Afrique du Sud et en Bolivie sont essentiellement observées dans les populations rurales. La redistribution des terres a contribué à une réduction rapide de l'incidence de la pauvreté en Amérique latine et en Asie, en particulier en Chine et au Viet Nam (Lipton, 2009). L'absence de sécurité d'occupation et de détention des terres entrave les investissements d'envergure dans l'amélioration des terres et la gestion des ressources en eau. La propriété foncière et l'inscription au cadastre accentuent la participation des populations pauvres au système foncier, en leur permettant d'y jouer un rôle actif et d'en tirer parti (Manji, 2006). Cela renforce également le marché du crédit en milieu rural, ce qui aide les populations pauvres à sortir de la pauvreté et à s'orienter vers une augmentation de la richesse.

L'amélioration de la propriété foncière est nécessaire pour mettre à profit l'agriculture dans la réduction de la pauvreté parmi les ménages ruraux, dans la réduction de l'inégalité de revenus entre les plus pauvres et les plus riches, et dans l'atténuation des inégalités horizontales (notamment en ce qui concerne les femmes et certaines tribus et communautés éloignées) (Agrawal, 1994 ; Stewart, 2008 ; Lipton, 2009).

4.4 Spécification du modèle et analyse des constatations empiriques

4.4.1 Spécification du modèle et description des données

L'examen des études précitées fournit le cadre pour définir la relation entre la pauvreté et l'inégalité de revenus et l'agriculture. La spécification du modèle fait suite aux cadres théoriques étudiés dans la section 4.3. Les analyses développées par Lewis (1954), Schultz (1964), et Kirkpatrick et Barrientos (2004) fournissent les canaux et les mécanismes de transmission par lesquels l'agriculture influence le développement, et en particulier la pauvreté et l'inégalité de revenus. Ces mécanismes fonctionnent en allouant les ressources du secteur où la main-d'œuvre est abondante (agriculture) au secteur où la main-d'œuvre est rare (industrie). L'offre illimitée de main-d'œuvre issue du secteur agricole autorise une accumulation durable du capital à long terme dans le secteur industriel.

Lorsque la main-d'œuvre agricole excédentaire est saturée, les salaires dans le secteur commencent à augmenter. Cette évolution comble les disparités de revenu entre l'agriculture et le reste de l'économie. L'élimination de la main-d'œuvre agricole excédentaire génère des innovations qui favorisent l'amélioration de la productivité. Cela tire les salaires du secteur industriel vers le haut et réduit les niveaux de profit. À ce stade, les disparités de revenu entre les travailleurs et les détenteurs de capitaux s'amenuisent. Le processus d'accumulation de capital marque le pas. L'augmentation de la demande de main-d'œuvre induit une augmentation des rendements du capital humain. De plus, l'importance décroissante de l'agriculture dans les revenus des ménages se traduit par la croissance des activités non agricoles, en particulier dans les communautés où les conditions agricoles sont défavorables (Johnson et Mellor, 1961 ; Mellor, 1995 et 1996 ; Gollin, 2010). Par conséquent, la transformation du secteur agricole entraîne une réduction de la pauvreté et des disparités de revenus.

Les variables qui servent de mesures indirectes pour cette transformation comprennent la valeur ajoutée agricole et l'emploi dans les secteurs agricole et industriel. Le capital humain est évalué indirectement par le degré d'instruction au niveau de l'enseignement secondaire. Estudillo et Otsuka (2010) prédisent une relation inversée entre l'éducation et la pauvreté, tandis que Lindert et Williamson (1985) estiment que cette relation se présente sous la forme d'une courbe linéaire.

Le mécanisme de transfert de la main-d'œuvre agricole réaffectée aux autres secteurs qui touche la pauvreté et l'inégalité de revenus est correctement saisi par le dualisme sectoriel, comme l'expliquent Nielsen (1994), et Estudillo et Otsuka (2010). Il est défini comme le pourcentage de la population agricole active dont on soustrait la part de l'agriculture dans le PIB (Nielsen, 1994). Le dualisme sectoriel, qui constitue un indicateur de l'évolution de la main d'œuvre libérée par l'agriculture et une mesure qui détermine la différence de revenu moyen entre les secteurs d'activité, devrait augmenter ou baisser à mesure que l'économie se développe. Le déplacement de la main-d'œuvre hors du secteur agricole pourrait mener à une relation ambiguë, en fonction de son incidence nette sur l'agriculture et sur le secteur industriel. Le PIB par habitant et la productivité totale des facteurs ont des répercussions négatives sur la pauvreté, mais un impact positif sur l'inégalité de revenus (Nielsen, 1994 ; Hazel, 2010 ; Mellor, 1995 et 1996).

Le modèle est basé sur un ensemble de données de panel de 39 pays africains[8] utilisant le principe des moindres carrés ordinaires (MCO) pour évaluer les différents paramètres. Le modèle est exécuté sur 39 points de données. À l'exception de la productivité globale des facteurs, toutes les données proviennent des Indicateurs du développement dans le monde de la Banque mondiale et des bases de données de l'Organisation des Nations Unies pour l'alimentation et l'agriculture (FAO), tandis que les données sur la productivité globale des facteurs sont extraites de la base de données de l'Organisation des Nations Unies pour le développement industriel (ONUDI). Toutes les variables sont sous forme logarithmique. Les éléments suivants ont été utilisés : les taux moyens de la pauvreté rurale ; l'écart de pauvreté en milieu rural et le coefficient de Gini (2000-2013) ; la part de l'emploi dans l'agriculture, l'industrie et les services dans l'emploi total (2005-2015) ; la valeur ajoutée agricole par travailleur (2010-2015) ; la valeur ajoutée agricole (2010-2015) ; le taux de naissance chez les adolescentes pour 1 000 naissances vivantes (2000-2015) ; l'accès à l'électricité (2000-2012) ; le taux d'inscription dans l'enseignement secondaire (2000-2013) ; la productivité globale des facteurs (1990-2010) ; et la lutte contre la corruption (2005-2010).

Les variables explicatives sont celles indiquées dans l'équation 1 ci-dessous. Une analyse de sensibilité de l'impact des variables agricoles est également appliquée.

$$Yi = ß_0 + ß_iX_i + \mu \qquad (1)$$

Où : Yi représente le vecteur des variables dépendantes (pauvreté rurale, écart de pauvreté en milieu rural et coefficient de Gini). Xi représente les variables indépendantes dans les mesures suivantes : la part de l'agriculture dans l'emploi total ; la part de l'industrie dans l'emploi total ; la part du secteur des services dans l'emploi total ; la valeur ajoutée agricole par travailleur ; la valeur ajoutée agricole ; le taux de naissances

---

[8] Ces pays sont les suivants : l'Angola, le Bénin, le Botswana, le Burkina Faso, le Burundi, Cabo Verde, le Cameroun, les Comores, la Côte d'Ivoire, l'Éthiopie, le Gabon, le Ghana, la Guinée, la Guinée-Bissau, le Kenya, Lesotho, le Libéria, le Madagascar, le Malawi, le Mali, la Mauritanie, le Maroc, le Mozambique, la Namibie, le Niger, le Nigéria, l'Ouganda, la République centrafricaine, la République démocratique du Congo, la République-Unie de Tanzanie, le Sénégal, la Sierra Leone, le Soudan, le Tchad, le Togo, la Zambie et le Zimbabwe.

chez les adolescentes pour 1 000 naissances vivantes ; l'accès à l'électricité ; le dualisme sectoriel ; le taux d'inscription dans l'enseignement secondaire ; la productivité globale des facteurs ; et la lutte contre la corruption. Plusieurs analyses de sensibilité et tests de robustesse ont été effectués sur les résultats de la régression.

La crédibilité d'un modèle multivarié est déterminée par l'absence de problème de biais lié à la multicolinéarité. Pour éviter la multicolinéarité dans l'équation (1) spécifiée ci-dessus, on applique le facteur d'inflation de la variance (FIV), généralement défini comme $(1/(1-R^2)^9$. La règle empirique est qu'un FIV supérieur à 10 présente des signes de sérieuse multicolinéarité et doit être corrigé. Là où apparaît un biais de multicolinéarité, les modèles ont été revus pour corriger le biais.

4.4.2 Analyse des constatations empiriques

Les analyses bivariées et multivariées servent à déterminer le rôle de l'agriculture et d'autres variables comme facteurs significatifs de la dynamique de la pauvreté et de l'inégalité en Afrique. L'effet des activités dans le secteur agricole sur l'emploi, la pauvreté rurale et l'inégalité de revenus sont examinés ci-dessous.

4.4.2.1 Impact sur l'emploi

Le tableau 4.1 montre l'impact de la productivité agricole sur l'emploi. Au niveau bivarié, la valeur ajoutée agricole tend à attirer l'emploi dans le secteur, avec une certaine tendance à réduire les inégalités et les écarts de pauvreté en milieu rural. En revanche, la productivité agricole par travailleur tend à faire migrer la main-d'œuvre hors du secteur avec un indice de corrélation compris entre 0,54 et 0,58 respectivement pour l'emploi des hommes et des femmes dans l'agriculture (tableau 4.2). Pour éviter le biais de multicolinéarité, et à partir du signal donné par le FIV, la productivité agricole par travailleur a été exclue de l'analyse multivariée. Une attention particulière a été accordée à son impact sur l'emploi total dans l'agriculture, l'industrie et les services. La productivité agricole pousse les travailleurs et notamment les travailleuses, hors du secteur (tableau 4.1). Ceci n'est pas surprenant. Compte tenu de l'augmentation de la productivité par travailleur, il y a de moins en moins besoin de main-d'œuvre dans le secteur agricole. De ce fait, la main-d'œuvre désertant l'agriculture est absorbée par l'industrie et les services, en raison des liens étroits en amont et en aval entre l'agriculture et les deux autres secteurs. La productivité accrue du secteur agricole est un

TABLEAU 4.1 Impact de la productivité agricole sur l'emploi total en Afrique subsaharienne

Variables	Statistiques du model			
	Ordonnée à l'origine	Coefficients (statistiques T)	R^2	Statistiques F
La part du secteur agricole dans l'emploi des femmes	2,775*	-0,369 (-4,071)*	0,309	16,569*
La part du secteur agricole dans l'emploi des hommes	2,446*	-0,257 (-3,466)*	0,245	12,013*
La part du secteur agricole dans l'emploi total	2,524*	-0,281 (-3,692)*	0,269	13,635*
La part du secteur industriel dans l'emploi total	0,531***	0,157 (1,792)***	0,079	3,210***
La part du secteur des services dans l'emploi total	0,887*	0,205 (3,098)*	0,206	9,597*

Source : Calculs de l'auteur.
Remarque : * et *** sont significatifs statistiquement au seuil de 1 % et 10 % respectivement.

---

[9] Pour une analyse détaillée des processus requis pour le calcul du FIV, voir Kutner, Nachtsheim et Neter. (2004).

TABLEAU 4.2 Indice de corrélation entre les variables d'intérêt

	Coefficient de Gini	EPR	PR	AEF	AEH	AEG	IEG	SEG	AVA	AVApt	DS	AE	TFA	IS	CC	PIBh	PTF
Coefficient de Gini	1,00	0,39	0,23	-0,07	-0,08	-0,09	0,02	0,10	-0,30	-0,07	-0,26	-0,05	-0,03	0,16	0,33	0,23	0,12
EPR		1,00	0,75	0,00	-0,04	-0,05	-0,04	-0,08	-0,38	0,01	-0,40	-0,08	-0,15	-0,02	-0,18	0,13	-0,11
PR			1,00	0,57	0,55	0,56	-0,46	-0,31	0,08	-0,34	-0,31	-0,57	-0,12	-0,55	-0,41	-0,39	-0,69
AEF				1,00	0,90	0,96	-0,72	-0,73	0,41	-0,58	-0,24	-0,68	-0,03	-0,76	-0,47	-0,64	-0,71
AEH					1,00	0,99	-0,77	-0,77	0,43	-0,54	-0,24	-0,78	0,00	-0,81	-0,44	-0,72	-0,80
AET						1,00	-0,78	-0,78	0,43	-0,56	-0,24	-0,76	-0,01	-0,82	-0,48	-0,71	-0,79
IET							1,00	0,80	-0,38	0,39	0,14	0,74	-0,13	0,67	0,42	0,63	0,55
SET								1,00	-0,36	0,47	0,17	0,64	-0,13	0,67	0,29	0,69	0,54
AVA									1,00	-0,41	0,77	-0,36	0,12	-0,34	-0,28	-0,62	-0,28
AVApt										1,00	-0,04	0,45	-0,03	0,41	0,26	0,40	0,46
DS											1,00	0,16	0,13	0,22	0,04	-0,16	0,27
AE												1,00	0,13	0,75	0,31	0,76	0,64
TFA													1,00	-0,01	0,16	-0,06	0,12
IS														1,00	0,58	0,64	0,70
LC															1,00	0,34	0,63
PIBh																1,00	0,63
PGF																	1,00

Source : Calculs de l'auteur.

Remarques : EPR = écart de pauvreté en milieu rural ; PR = pauvreté rurale ; AFE = part de l'agriculture dans l'emploi des femmes ; AEH = part de l'agriculture dans l'emploi des hommes ; AET = part de l'agriculture dans l'emploi total ; IET = part de l'industrie dans l'emploi total ; SET = part des services dans l'emploi total ; AVA = part de la valeur ajoutée dans le PIB ; AVApt = valeur ajoutée agricole par travailleur ; DS = dualisme sectoriel ; AE = accès à l'électricité ; TFA = taux de fécondité des adolescents ; SSE = inscription dans le secondaire ; LC = Lutte contre la corruption ; GDPpc = PIB par habitant ; PGF = productivité globale des facteurs.

facteur important dans la réaffectation de la main-d'œuvre à d'autres secteurs de l'économie. La nécessité d'améliorer la productivité agricole afin d'encourager le transfert de la main-d'œuvre agricole aux secteurs des services et de l'industrie est une préoccupation majeure qui doit être prise en compte dans l'élaboration des politiques.

4.4.2.2 L'impact sur l'inégalité et la pauvreté rurale

Le rôle de l'agriculture en tant que moteur du développement n'est pas seulement déterminé par l'emploi que le secteur génère ou la contribution de sa valeur ajoutée en pourcentage du PIB. Il l'est aussi par son influence sur la pauvreté et l'inégalité. Tout en reconnaissant la contribution prépondérante de l'agriculture au développement, en ce sens qu'elle a une incidence directe sur les populations en milieu rural et urbain, l'analyse de la pauvreté est principalement axée sur la population rurale, qui concentre l'essentiel des activités agricoles. En raison de leurs bas salaires et maigres revenus et de leur statut de réservoir de main-d'œuvre excédentaire, de nombreux travailleurs agricoles se retrouvent en dessous du seuil de pauvreté. Les parts de l'agriculture respectivement dans l'emploi des femmes, dans l'emploi des hommes et dans l'emploi total présentent une corrélation positive avec la pauvreté rurale. La relation positive entre la part de l'agriculture dans l'emploi total et la pauvreté rurale est démontrée comme étant significative du point de vue statistique, avec un intervalle de confiance de 95 %. De fait, une hausse de 1 % de la part de l'agriculture dans l'emploi total entraîne une montée de la pauvreté rurale de 0,14 % (tableau 4.3). Cela explique pourquoi le secteur occupe en général une proportion élevée des populations pauvres du continent, comme l'ont fait remarquer Lewis (1954) ainsi que Fei et Ranis (1961). L'emploi agricole contribue à la pauvreté rurale en partie à cause de la prédominance de l'agriculture de subsistance. La plupart des Africains considèrent l'agriculture comme un mode de vie plutôt que comme une entreprise commerciale. Pourtant, cette dernière notion est essentielle si l'on veut espérer accroître la productivité, augmenter les revenus décents et améliorer le bien-être rural et la sécurité alimentaire. L'emploi dans l'agriculture contribue à réduire les écarts de pauvreté en milieu rural, mais il n'a pas d'impact significatif sur l'inégalité.

Le rôle du dualisme sectoriel en tant que moteur de la relation entre développement et inégalité, représenté par une courbe en U inversé, a été mis en avant depuis longtemps par Kuznets (1955). Les données de l'analyse bivariée montrent que le dualisme sectoriel tend à avoir une corrélation négative avec la pauvreté rurale, l'écart de pauvreté en milieu rural et l'inégalité (tableau 4.2). Cela réduit aussi en général l'emploi des hommes et des femmes dans l'agriculture ainsi que l'emploi total. Bien que le transfert de la main-d'œuvre agricole vers d'autres secteurs de l'économie devrait réduire la pauvreté rurale et l'écart de pauvreté en milieu rural, ceci n'a été jusqu'à présent démontré que pour l'écart en milieu rural. Par exemple, un transfert de main-d'œuvre hors du secteur agricole de 1 % entraîne une réduction de 0,282 % de l'écart de pauvreté en milieu rural, mais aussi une augmentation concomitante de 0,071 % de la pauvreté rurale. Cela laisse supposer que la plupart des travailleurs qui quittent le secteur agricole sont relativement bien lotis, en particulier ceux qui ont fait des études secondaires.

L'écart endémique de pauvreté en milieu rural devient une préoccupation majeure du développement, car il accentue la pauvreté rurale. Par exemple, une augmentation de 1 % de l'écart de pauvreté en milieu rural accroît la pauvreté rurale d'environ 0,7 % (tableau 4.3). Cette relation solidement ancrée est un argument majeur pour repenser l'orientation politique si l'on veut remédier à la pauvreté rurale. La valorisation du revenu rural par la diversification de l'économie rurale et l'application des programmes de protection sociale contribuera à réduire l'écart de pauvreté en milieu rural et la pauvreté rurale globale. La vague croissante de programmes de protection sociale dans de nombreux pays africains, notamment en Afrique du Sud, au Burkina Faso en Éthiopie, au Ghana, au Malawi, au Nigéria, au Sénégal et au Rwanda devrait être renforcée et cibler les plus démunis. Cela devrait également dépendre des principales cibles liées au développement, telles que la scolarisation des filles et la participation des femmes enceintes aux services prénatals et postnatals, afin d'améliorer l'efficacité de tels programmes.

L'éducation confère du pouvoir. Le rôle de l'enseignement secondaire dans l'élaboration de la dynamique du développement est évident. Au niveau bivarié et multivarié, il s'agit d'un véritable instrument de réduction de la pauvreté rurale (tableaux 4.2 et 4.3). Au niveau bivarié, le coefficient de corrélation est de -0,55. Cette relation est statistiquement établie au niveau multivarié. Par exemple, une augmentation de 1 % du taux d'inscription dans le secondaire réduit la pauvreté rurale de 0,13 %. Cette relation est également statistiquement établie à un intervalle de confiance de 95 %. Cela joue généralement un rôle important dans la réaffectation de la main-d'œuvre agricole (avec un coefficient de corrélation compris entre 0,76 et -0,82) et le déplacement des ressources au profit de l'industrie et des services (coefficient de corrélation de 0,67). L'éducation est capable de soutenir la transformation économique structurelle puisque l'enseignement secondaire participe à la réduction de la part de la valeur ajoutée agricole en pourcentage du PIB. Ce résultat confirme les observations de la Banque mondiale (2015) et d'Affognon *et al.* (2014) selon lesquelles l'éducation contribue à valoriser l'adoption de technologies et à réduire les pertes post-récoltes.

D'autres moteurs importants de l'écart de pauvreté en milieu rural sont également pris en compte. Le PIB par habitant et le transfert de la main-d'œuvre agricole hors de l'agriculture (dualisme sectoriel) contribuent à réduire l'écart de pauvreté en milieu rural : tous deux sont significatifs statistiquement au seuil de 5 %.

Valeur ajoutée du secteur manufacturier comme variable dépendante

Variables/statistiques du modèle	Pauvreté rurale	Écart de pauvreté en milieu rural	Inégalité
Ordonnée à l'origine	0,676 (2,875)*	0,586 (0,384)	1,687 (5,889)*
Part de l'agriculture dans l'emploi total	0,141 (2,097)**	-01783 (-1,874)***	0,040 (0,568)
Part des services dans l'emploi total	0,107 (1,416)		
Dualisme sectoriel	0,071 (2,317)**	-0,282 (-1,870)***	
Inscription dans le secondaire	-0,126 (-2,072)**		
Écart de pauvreté en milieu rural	0,672 (21,776)*		0,456 (3,540)*
Contrôle de la corruption		-0,099 (-0,826)	0,038 (1,624)***
Part de la valeur ajoutée de l'agriculture dans le PIB			0,031 (0,828)
PIB par habitant		-0,405 (-2,017)***	0,060 (1,414)
Pauvreté rurale			-0,522 (-2,790)*
Coefficient de Gini		1,628 (2,602)**	
Productivité totale des facteurs		-0,270 (-0,329)	
Part de l'agriculture dans l'emploi des femmes		1,236 (1,962)***	
R^2	0,946	0,409	0,510
Statistiques F	115,185*	3,058**	5,559
Facteur d'inflation de la variance (FIV)	9,483	1,200	1,352

Source : Calculs de l'auteur.
Remarque : *, ** et*** sont significatifs statistiquement au seuil de 1 %, 5 % et 10 % respectivement.

Toutefois, l'emploi des femmes dans l'agriculture et le niveau d'inégalité sont des entraves à la réduction des écarts de pauvreté en milieu rural. Les faibles salaires des femmes constituent l'un des facteurs de l'écart de pauvreté en milieu rural. Par conséquent, remédier à l'inégalité des revenus est un impératif de développement qui contribue à réduire cet écart.

4.4.2.3 Le rôle de la productivité globale des facteurs

Le rôle de la productivité globale des facteurs est similaire à celui de l'éducation. Son effet est négatif sur la pauvreté rurale et positif sur l'inégalité (tableau 4.2). La relation est statistiquement établie à un intervalle de confiance de 1 %. En effet, la productivité globale des facteurs explique à elle seule environ 13 % des variations dans l'inégalité de revenus. Les performances des différents pays tant en matière de productivité globale des facteurs qu'en termes d'inégalité de revenus sont détaillés par Odusola (à paraître). Par exemple, sur les sept pays ayant un indice de productivité globale des facteurs supérieur à 0,40, quatre (Afrique du Sud, Botswana Namibie et Seychelles) ont un coefficient de Gini supérieur à 0,55[10]. Maurice et la Tunisie présentent des résultats positifs concernant ces deux indicateurs, avec un coefficient de Gini inférieur à 0,36. Ces pays veillent à toujours accompagner le développement de leur productivité par une protection sociale efficace pour les populations marginalisées, en particulier celles qui ne bénéficient pas directement des effets de la productivité accrue. Par contre, sur les 29 pays qui ont enregistré une productivité globale des facteurs inférieure ou égale à 0,20, 24 (environ 82,7 %) ont un coefficient de Gini inférieur à 50.

---

[10] Les autres pays sont le Gabon, Maurice et la Tunisie. Voir Odusola (à paraître) pour des informations plus détaillées sur la relation entre la productivité globale des facteurs et le coefficient de Gini dans les pays africains.

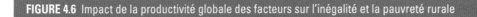

FIGURE 4.6 Impact de la productivité globale des facteurs sur l'inégalité et la pauvreté rurale

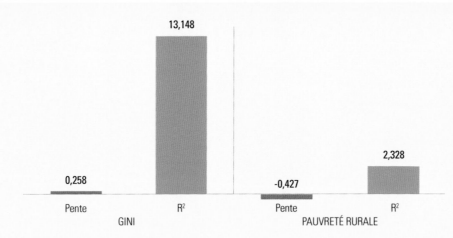

Source : Calculs de l'auteur à partir de données des Indicateurs du développement dans le monde (consultés en décembre 2016).

FIGURE 4.7 Corrélation entre pauvreté nationale et productivité multifactorielle

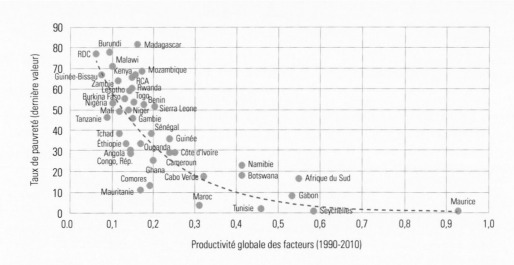

Source : Calculs de l'auteur à partir de données provenant des Indicateurs du développement dans le monde (consultés en décembre 2016).
Remarque : RDC = République démocratique du Congo et RCA = République centrafricaine.

La figure 4.7 illustre la relation entre la pauvreté et la productivité globale des facteurs en Afrique. Le coefficient de détermination de 0,51 est très élevé. Huit des dix pays affichant les taux de pauvreté les plus faibles de la région (moins de 20 %) affichaient un indice de productivité globale des facteurs supérieur ou égal à 0,30. En revanche, la plupart des pays présentant un taux de pauvreté élevé avaient un indice de productivité des facteurs inférieur à 0,30. Cela confirme les conclusions du CSLS (2005) selon lesquelles la productivité permet de mieux rendre compte des variations de la pauvreté que la seule croissance économique. Les pays africains devraient accorder la priorité au renforcement de leur productivité nationale pour accélérer la réduction de la pauvreté rurale.

4.5 Enseignements à intégrer dans l'élaboration des options stratégiques et conclusions

4.5.1 Enseignements à intégrer dans l'élaboration des options stratégiques

L'agriculture au service du développement, qu'il convient désormais d'ériger en priorité, fait appel à un changement de paradigme qui met l'accent sur l'élimination des préjugés nationaux ou étrangers défavorables à l'agriculture, afin d'asseoir la stratégie de développement national. En outre, le renforcement de la gouvernance du secteur agricole exige d'accorder une attention toute particulière aux petits et moyens exploitants agricoles et d'améliorer l'accès aux terres agricoles, à l'eau et aux systèmes d'irrigation. Ces mesures sont essentielles pour faire de l'agriculture un moteur de croissance et de développement.

Le mode de croissance est tout aussi important à déterminer pour réduire la pauvreté et les disparités de revenus. Afin de garantir à l'agriculture de réaliser les objectifs à court, moyen et long terme de la croissance et de la réduction de la pauvreté et de l'inégalité, sa transformation devrait se concentrer sur l'amélioration de la productivité des petits et moyens exploitants, y compris par l'adoption de technologies qui répondent aux besoins des agriculteurs exclus ou marginalisés. De telles stratégies induites par la productivité agricole ont un effet de transformation sur les zones rurales par le renforcement des activités non agricoles et l'amélioration de l'emploi et des salaires en milieu rural (Pingali, 2010), avec des effets directs et indirects sur la réduction de la pauvreté et de l'inégalité. L'intensification de l'agriculture par l'adoption de technologies modernes, telles que la recherche et développement et les services de vulgarisation, est primordiale pour la transformation agricole.

La démarche qui consiste à imposer des idées, des approches et des technologies aux agriculteurs sans les associer effectivement à la planification, la formulation et la mise en œuvre des politiques agricoles est une entreprise vouée à l'échec (Siqwana-Ndulo, 2007 : 21). Il est indispensable d'impliquer les agriculteurs des zones rurales dans la planification et la mise en œuvre des politiques et des programmes agricoles et d'en tirer toutes les conséquences à l'avenir. L'avancement de l'agriculture au service du développement exige des améliorations urgentes et rapides de la gouvernance agricole au niveau local, national et mondial. La capacité de l'État à concevoir et mettre en œuvre une politique agricole au service du développement doit être renforcée en conséquence, afin de faciliter la coordination des différents secteurs d'activité et de créer des partenariats avec le secteur privé et les représentants de la société civile, ainsi qu'avec les partenaires du développement.

Les améliorations apportées aux politiques, aux institutions et aux dépenses publiques sont essentielles pour accélérer la transformation économique agricole et rurale, ainsi que pour réduire la pauvreté rurale et les disparités de revenus. Il s'agit notamment de favoriser des politiques macroéconomiques saines ciblant le secteur agricole, telles que des taux de change stables et des prêts agricoles à des taux à un chiffre, et d'instaurer des mécanismes efficaces de prévention et de lutte contre la corruption. Le fait d'assurer la prévisibilité et la crédibilité des politiques, des processus et des règles est essentiel au progrès, tout comme le renforcement de la capacité de l'État et du secteur privé à veiller à leur bon fonctionnement. Les stratégies qui encouragent la concurrence et incitent le secteur privé à investir et à s'engager dans l'agriculture sont un autre facteur d'amélioration. Le renforcement de la gestion des ressources naturelles (terres et eaux) devrait contribuer à la pérennité de l'impact de ces mesures.

L'augmentation de l'allocation budgétaire et l'utilisation efficace de ces ressources aident à combler les lacunes en matière de connaissances, d'information et d'infrastructure dans l'agriculture. Il est essentiel de mobiliser les ressources en faveur du développement agricole et rural en provenance des secteurs public et privé, à partir de sources nationales ou étrangères, et d'établir des partenariats solides entre les secteurs public et privé. Les investissements dans les exploitations consentis par les agriculteurs et les acteurs du secteur privé devraient se concentrer sur les intrants, l'élevage, la gestion des sols, les machines agricoles, les capitaux, l'irrigation et le capital humain. En plus d'établir des exploitations agricoles, les gouvernements nationaux et locaux devraient également unir leurs efforts en faveur de l'investissement dans les infrastructures des transports, l'électrification, la communication, l'approvisionnement en eau, l'irrigation, les services de vulgarisation, la gestion post-récolte, et la recherche et développement axés sur les sciences, la technologie et les innovations. Les partenaires de développement devraient consacrer une grande partie de leur aide à l'agriculture et au développement rural.

Le rôle de la communauté internationale est essentiel pour rompre avec la faible élasticité de la demande de produits agricoles de base en Afrique. Cela comprend la prise en compte des barrières tarifaires et non tarifaires auxquels se heurtent les produits agricoles et agroalimentaires, l'amélioration de l'accès aux marchés des pays de l'OCDE, notamment en s'attaquant aux subventions aux effets perturbateurs sur les échanges commerciaux, et la mise au point d'instruments pour faire face aux fluctuations des cours des produits agricoles.

La productivité agricole et les innovations menées par des institutions solides qui contribuent à créer et à diffuser les meilleures pratiques et les avancées technologiques en Afrique sont essentielles. Malgré le développement des systèmes de communication, la géographie joue toujours un rôle clé dans la diffusion des innovations agricoles au plus grand nombre. La promotion des regroupements ou des exploitations agricoles en est un bon exemple et pourrait ouvrir des pôles de croissance économique transformatrice dans de nombreux pays africains, comme cela a été le cas dans les années 1960 dans l'ouest du Nigéria. Qui plus est, cela attire généralement les jeunes dans le secteur.

Il est évident que la réaffectation de la main-d'œuvre agricole aux autres secteurs de l'économie n'est pas automatique. La part de la valeur ajoutée de l'agriculture est un facteur d'attraction qui incite la main-d'œuvre à se maintenir dans le secteur tandis que la productivité agricole agit comme un facteur moteur, qui pousse la main-d'œuvre hors du secteur. Pour que les gouvernements africains appuient efficacement la réaffectation des travailleurs agricoles au secteur industriel où les revenus sont suffisamment élevés pour permettre aux populations de s'extirper de la pauvreté, les politiques devraient se concentrer sur l'amélioration de la productivité. Les mesures stratégiques visant à accroître la productivité sont les suivantes : l'amélioration de l'accès aux engrais et de leur utilisation ; l'extension des installations d'irrigation ; la promotion des pratiques de culture minimale ; l'accès aux intrants agricoles, aux semences améliorées, aux herbicides et aux insecticides ; et la promotion de l'accès à un crédit abordable. Il convient d'accorder une attention spéciale à l'évaluation et à la gestion post-récolte, au-delà de la simple prise en compte des pertes survenues pendant l'entreposage ou des seules pertes de maïs. Il importe en effet de considérer les chaînes de valeur entières des divers produits alimentaires qui ont une valeur nutritionnelle pour les Africains. Les approches axées sur une participation vaste et profonde des utilisateurs aux activités de diffusion, de gestion et de mise en application des connaissances tirées des expériences post-récolte doivent être encouragées, de même que l'appui aux techniques de gestion post-récolte.

La plupart des politiques destinées à réduire la pauvreté ne sont pas nécessairement indiquées réduire l'inégalité de revenus. L'éducation postsecondaire et la productivité globale des facteurs sont essentielles dans la lutte contre la pauvreté, mais dans la plupart des cas, elles accentuent l'inégalité de revenus. La promotion de stratégies de grande envergure, portant notamment sur l'amélioration de l'éducation, l'élargissement des possibilités d'emploi et le renforcement de programmes complémentaires de protection sociale en faveur des personnes marginalisées sont indispensables pour résoudre les divergences entre pauvreté et inégalité. Les efforts stratégiques visant à promouvoir l'adaptation au changement climatique par l'introduction de semences résistant à la sécheresse et de méthodes d'élevage propices aux aléas climatiques, ainsi que l'intensification des investissements dans la recherche et développement dans le domaine agricole sont des mesures clés pour aller de l'avant.

4.5.2 Conclusions

La productivité agricole par travailleur en Afrique est la plus faible de toutes les régions du monde en développement. Cela s'explique en grande partie par l'utilisation limitée d'engrais et par l'accès restreint aux installations d'irrigation. Plusieurs facteurs sont à l'origine de la mauvaise performance du secteur agricole sur le continent : l'adhésion limitée aux évolutions technologiques ; le parti pris urbain des politiques de développement ; l'inertie institutionnelle ; les investissements insuffisants dans l'agriculture ; la faible capacité des ressources humaines et le manque de volonté politique ; les taux d'imposition élevés appliqués à l'agriculture ; et les régimes commerciaux défavorables des pays occidentaux. Le renforcement de la productivité agricole doit rester à l'ordre du jour des priorités politiques des gouvernements africains afin de promouvoir la transformation structurelle de l'économie.

Ce chapitre appelle à une renaissance de l'agriculture africaine qui s'inscrit dans une compréhension approfondie du rôle fondamental de l'agriculture dans le processus global du développement et implique un engagement renouvelé à cet égard, notamment en faveur de la croissance économique et de la réduction de la pauvreté et de l'inégalité à long terme. La promotion de l'agriculture au service du développement exige un certain nombre de mesures : accélérer la productivité des petites exploitations agricoles en aidant les petits exploitants à accéder aux terres, aux intrants agricoles et aux installations post-récolte, notamment dans les régions éloignées ; investir dans la gestion post-récolte ; promouvoir des produits à haute valeur ajoutée comme les légumes et les produits laitiers ; s'appuyer sur l'agriculture pour stimuler l'esprit d'entreprise et la création d'emplois dans les zones rurales, en particulier au niveau des activités non agricoles ; et améliorer la gestion des ressources naturelles, y compris la terre et l'eau. La productivité agricole est un facteur clé de la réaffectation de la main-d'œuvre agricole aux autres secteurs de l'économie. Il convient à cet égard de faciliter l'accès aux engrais, l'expansion des installations d'irrigation, les pratiques de culture minimale et l'investissement dans la recherche et développement dans le domaine agricole en vue de promouvoir la productivité agricole de manière à associer l'agriculture à la réduction de la pauvreté et de l'inégalité en Afrique.

RÉFÉRENCES

Affognon, H., C. Mutungi, P. Sanginga et C. Borgemeister. 2014. Unpacking postharvest losses in sub-Saharan Africa: a meta-analysis. *World Development*, 66, 49–68.

Agrawal, B. 1994. A Field of One's Own: Gender and Land Rights in South Asia. Cambridge : Cambridge University Press.

Ayinde, O.E., M. Muchie, R.O. Babatunde, K. Ayinde, et O. Ibitoye. 2012. Analysis of income inequality in Nigerian agricultural economy: a case study of Ekiti State. Document présenté lors de la Conférence triennale de l'Association internationale des économistes en agriculture (IAAE), Foz do Iguacu, Brésil, 18-24 août 2012.

Bahiigwa, G. et S. Benin. 2013. « Complying with the Maputo Declaration Target: Trends in Public Agricultural Expenditures and Implications for Pursuit of Optimal Allocation of Public Agricultural Spending », Conférence annuelle 2013 du Système régional d'analyse stratégique et de gestion de connaissances (ReSAKSS), Dakar, Sénégal, 12-13 novembre 2013.

Banque mondiale. 2007. *World Development Report 2008: Agriculture for Development.* Washington D.C. : Oxford University Press for the World Bank.

_____. 2013. Global Monitoring Report 2013: Monitoring the MDGs. Washington, D.C.

_____. 2015. Is post-harvest loss significant in sub-Saharan Africa? *Africa Myths and Facts Brief.* Disponible à l'adresse suivante : www.worldbank.org/en/programs/africa-myths-and-facts/publication/is-post-harvest-loss-significant-in-sub-saharan-africa

Binswanger, H.P. et R.F. Townsend. 2000. The growth performance of agriculture in sub-Saharan Africa. *American Journal of Agricultural Economics,* 82 (5), 1075-1086. *Proceedings Issue,* décembre 2000.

Bourguinon, F. et C. Morrisson. 1998. Inequality and Development: The Role of Dualism. *Journal of Development Economics,* 57, 233-257.

_____. 2002. Inequality among world citizens: 1820-1992. *The American Economic Review,* 92: 727-744.

Bravo-Ortega, C. et D. Lederman. 2005. Agriculture and national welfare around the world: causality and international heterogeneity since 1960. *Document de travail et de recherche 3499.* Washington, D.C. : World Bank.

Byerlee, D., A. de Janvry et E. Sadoulet. 2009. Agriculture for development: Toward a New Paradigm. *Annual Review of Resource Economics,* 1,15-18.

Centre for the Study of Living Standards (CSLS). 2005. Productivity Growth and Poverty Reduction in Developing Countries. Disponible à l'adresse suivante : www.csls.ca/reports/10-03-05_poverty.pdf

Christiaensen, L., L. Demery et J. Kuhl. 2006. The role of agriculture in poverty reduction: an empirical perspective. Document de travail et de recherche no 4013. Washington DC : Banque mondiale.

_____ 2011. The (evolving) role of agriculture in poverty reduction: An empirical perspective. *Journal Development Economics,* 96(2), 239-254.

Dercon, S. 2009. Rural poverty: old challenges in new contexts. *The World Bank Research Observer,* vol. 24, no 1, p.1-28.

Erickson, L. et D. Vollrath. 2004. Dimensions of land inequality and economic development. Document de travail FMI WP/04/158.

Estudillo, J.P. et K. Otsuka. 2010. Rural poverty and income dynamics in Southeast Asia. p. 3435-3468. Handbook of Agricultural Economics. P. Pingali et R. Evenson, éd. New York : Elsevier.

Fan, S., P. Hazell et S. Thorat. 2000. Government spending, growth and poverty in India. *American Journal of Agricultural Economics,* 82(4), 1038-1051.

Fei, J.C.H. et G. Ranis. 1964. *Development of the Labour Surplus Economy: Theory and Policy.* Homewood, Illinois. The Economic Growth Center. Yale University, Richard D. Irwin, Inc.

Foster, A.D. et M.R. Rosenzweig. 2003. *Agriculture, Industrialization and Rural Inequality.* Disponible à l'adresse suivante : http://sticerd.lse.ac.uk/dps/eid2003/Foster.pdf

_____. 2004. Agricultural productivity growth, rural economic diversity, and economic reforms: India, 1970-2000. *Economic Development and Cultural Change,* 52(3): 509-42.

Gollin, D. 2010. Agricultural productivity and economic growth. pp. 3825-3866. In *Handbook of Agricultural Economics.* P. Pingali et R. Evenson, éds. New York : Elsevier.

Griffin, K., A. Khan et A. Ickowitz. 2001. Poverty and the Distribution of Land. Riverside, Department of Economics, University of California. Disponible à l'adresse suivante : www.economics.ucr.edu/papers/papers00/00-09.pdf

Hazell, P.B.R. 2010. An assessment of the impact of agricultural research in South Asia since the Green Revolution, p. 3469-3530. In *Handbook of Agricultural Economics.* P. Pingali et R. Evenson, éd. New York : Elsevier.

Herault, N. et J. Thurlow. 2009. Agricultural distortions, poverty and inequality in South Africa. *Agricultural Distortions Working Paper* 104.

Imai, K.S. et R. Gaiha. 2014. Dynamic and long-term linkages among growth, inequality and poverty in developing countries. *Série de documents de discussion DP2014-33.* REIB Kobe University.

Imai, K.S., R. Gaiha et W. Cheng. 2016. Does Agricultural Growth Reduce Poverty and Inequality in Developing Countries? *Série de documents de discussion DP2015-23, REIB Kobe University.* Disponible à l'adresse suivante : www.rieb.kobe-u.ac.jp/academic/ra/dp/English/DP2015-23.pdf

Johnson, D.G. et J.W. Mellor. 1961. The role of agriculture in development. *American Economic Review,* 51(4): 566-593.

Juma, C. 2011. The New Harvest: Agricultural Innovation in Africa. New York : Oxford University Press.

Karshenas, M. 1995. Industrialisation and Agricultural Surplus: A Comparative Study of Economic Development Asia. Oxford : Oxford University Press.

_____. 2001. Agriculture and development in sub-Saharan Africa and Asia. *Cambridge Journal of Economics,* vol. 25, no 3, *Special Issues on African Economic Development in a Comparative Perspective,* p. 315-342.

Kirkpatrick, C. et A. Barrientos. 2004. The Lewis model after fifty years. Development Economics and Public Policy Working Paper Series Paper n° 9, septembre 2004.

Disponible à l'adresse suivante : http://unpan1.un.org/intradoc/groups/public/documents/nispacee/unpan018979.pdf

Kutner, M. H., C.J. Nachtsheim et J. Neter. 2004. *Applied Linear Regression Models (4th ed.). McGraw-Hill Irwin.*

Kuznets, S. 1955. Growth and income inequality. *American Economic Review,* 45, 1-28.

Lewis, W. A. 1954. Economic Development with unlimited Supplies of Labour. Manchester School of Economics, 20, 139-191.

Ligon, E. et E. Sadoulet. 2007. Estimating the effects of aggregate agricultural growth on the distribution of expenditures. Background Note for the World Development Report 2008. Washington, D.C. : World Bank.

Lindert, P. H. et J.G. Williamson. 1985. Growth, equality and history. *Exploration in Economic History 22*, 341-77.

Lipton, M. 1987. Agriculture and the central physical grip infrastructure, Chapter 16, p. 210-27. In *Accelerating Food Production in Sub-Saharan Africa*. J.W. Mellor, C.L. Delgado et M.J. Blackie, éd. Baltimore, MD : The Johns Hopkins University Press.

_____. 2009. *Land Reform in Developing Countries: Property Rights and Property Wrongs*. New York : Routledge.

Lucas, R. 2004. Life earnings and rural-urban migration. *Journal of Political Economy,* 112(S1), pp. 29-59.

Manji, A. 2006. *The Politics of Land Reform in Africa: From Communal Tenure to Free Markets*. New York : Zed Books.

Mellor, J.W. 1995. Introduction. In *Agriculture on the Road to Industrialization*. J.W. Mellor, éd. Baltimore : Johns Hopkins University Press for the International Food Policy Research Institute (IFPRI).

_____. 1996. Agriculture on the road to industrialization. In *Development Strategies Reconsidered*. J. P. Lewis et V. Kallab, éd. New Brunswick, N.J. : Transaction Book for Overseas Development Council.

Nielsen, F. 1994. Income inequality and industrial development: dualism revisited. *American Sociological Review*, 59 (5), 654-677.

Nseera, E. 2014. Growth and distributional impact of agriculture, textiles and mining sectors in Lesotho. Groupe de la Banque africaine de développement, document de travail no 206. Août 2014.

Odusola, A. 2015. Africa's structural transformation: from strategy to action. *Nigerian Journal of Legislative Affairs*, 7 (1), 109-134.

_____. 2014. Land grabin Africa: a review of emerging issues and implications for policy options. Centre international de politiques pour une croissance inclusive du PNUD, document de travail no 124, avril 2014.

_____. À paraître. Assessing the impact of agriculture on rural poverty and income inequality in sub-Saharan Africa. Série de documents de travail du Bureau du PNUD pour l'Afrique.

Oyejide, T.A 2008. Introduction and overview. In African Imperatives in the New World Trade Order. Vol. 1 : Case Studies of Agriculture and Food Security. T.A. Oyejide et D. Njinkeu, éd. An African Economic Research Consortium Research (AERC) Publication.

Pingali, P. 2010. Agriculture renaissance: making "agriculture for development" work in the 21st century, p. 3867-3894. Handbook of Agricultural Economics. P. Pingali et R. Evenson, éd. New York : Elsevier.

PNUD (Programme des Nations Unies pour le développement). 2012. Rapport sur le développement humain en Afrique 2012 : Vers une sécurité alimentaire durable. New York : Bureau régional du PNUD pour l'Afrique.

Pratt, A. N. et X. Diao. 2008. Exploring Growth Linkages and Market Opportunities for Agriculture in South Africa. *Journal of Economic Integration*, 23 (1), 104-137.

Rangarajan, C. 1982. Agricultural Growth and Industrial Performance in India. Rapport de recherche no 33. Washington, D.C. : IFPRI.

Ravallion, M. et G. Datt. 1996. How important to India's poor is the sectoral composition of economic growth? *World Bank Economic Review,* 10 : 1-25.

Ravallion, M. et S. Chen. 2007. China's (uneven) progress against poverty. *Journal of Development Economics*, 82(1), pp.1-42.

Ravallion, M., S. Chen et P. Sangraula (2007). New evidence on the urbanisation of global Poverty. Rapport de recherches sur les politiques de la Banque Mondiale 4199. Washington D.C. : Banque mondiale.

Schultz, T.W. (1964). *Transforming Traditional Agriculture*. New Haven : Yale University Press.

Siqwana-Ndulo, N. 2007. Rural agriculture: Where do poor women farmers stand? *Agenda: Empowering Women for Gender Equity*, 1 (1), 21-31.

Stewart, F. 2008. *Horizontal Inequalities and Conflict: Understanding Group Violence in Multi-ethnic Societies*. Basingstoke : Palgrave MacMillan.

Thirtle, C., L. Lin et J. Piesse. 2003. The impact of research-led agricultural productivity growth on poverty reduction in Africa, Asia and Latin America. *World Development*, 31(12) : 1959-1975.

Tschirley, D. L. et R. Benfica. 2001. Smallholder agriculture, wage labour and rural poverty in land-abundant areas of Africa: evidence from Mozambique. *The Journal of Modern African Studies*, 39 (2), 333-358.

Qu'est-ce qui accélère la performance du secteur manufacturier africain ?

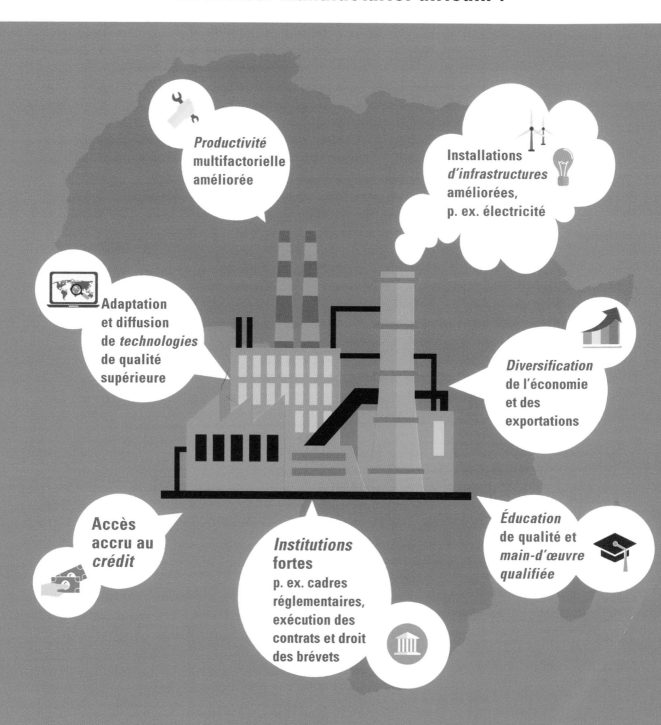

5

Comprendre les déterminants du malaise du secteur manufacturier en Afrique

HAROON BHORAT, FRANÇOIS STEENKAMP ET CHRISTOPHER ROONEY[1]

5.1 Introduction

Depuis 2000, l'Afrique connaît des niveaux élevés de croissance économique. Entre 2000 et 2015, l'Afrique subsaharienne a affiché une croissance de 5,04 % par an (Banque mondiale, 2016). Cependant, une grande partie de la population n'en n'a pas bénéficié. En 2012, 42,7 % de la population de l'Afrique subsaharienne disposaient de moins de 1,90 dollar par jour pour vivre (Beegle *et al.*, 2016). En 2010, le coefficient de Gini de l'Afrique était de 0,435 (Cornia, 2016)[2]. Le nombre de pauvres est passé de 280 millions à 330 millions en 2012 (Banque mondiale, 2016). Une enquête effectuée dans 35 pays africains a montré que « peu d'éléments concrets indiquaient une réduction systémique de la pauvreté vécue » (Dulani, Mattes et Logan, 2013 : 1).

La persistance de la pauvreté et des inégalités est principalement due à la lenteur de la croissance de l'emploi, en particulier pour les jeunes (15-24 ans). Entre 2000 et 2008, la population active africaine (15-64 ans) est passée de 443 à 550 millions, mais seulement 73 millions d'emplois ont été créés pendant la même période (BAfD *et al.*, 2012 ; OIT, 2011). Les jeunes n'ont obtenu que 16 millions de ces emplois, soit 22 % (OIT, 2011). Le manque d'emplois pour cette population a entraîné un chômage des jeunes représentant 60 % du taux de chômage total (BAfD *et al.*, 2012). Sur un continent où la moitié de la population est âgée de moins de 25 ans (Brooks *et al.*, 2014), une transformation économique est nécessaire pour tirer profit de la forte augmentation de la population jeune.

Pour réduire la pauvreté et les inégalités, la seule option à la disposition des décideurs politiques (du moins en termes de politique industrielle) est de créer davantage d'emplois avec des niveaux plus élevés de productivité et de rémunération (Söderbom et Teal, 2003). Pour accroître la productivité et les revenus globaux, un pays doit opérer une transformation structurelle, c'est-à-dire passer du secteur de l'agriculture à faible productivité à des secteurs plus productifs (McMillan, Rodrik et Verduzco-Gallo, 2014). La croissance économique est une condition préalable à la création d'emplois mieux rémunérés, mais sans accès à ces emplois, la réduction de la pauvreté sera modeste (Söderbom et Teal, 2003).

---

[1] Les auteurs tiennent à remercier Catherine Pham et Adrienne Lees pour leur contribution aux recherches documentaires.

[2] Ce calcul est basé sur des échantillons de 29 pays (BCornia, 2016), tandis que Beegle et al. (2016), se fondant sur un échantillon de 23 pays, a obtenu une valeur supérieure, soit -0,56 pour l'année 2008.

Dans le contexte africain, la plupart des nouveaux emplois à forte productivité devraient idéalement être créés dans le secteur manufacturier. Celui-ci présente deux avantages distincts par rapport à d'autres secteurs à forte productivité, tels que l'exploitation minière ou les services. Il s'agit d'un secteur qui est à la fois à forte intensité de main-d'œuvre et tourné vers l'exportation (ibid.). Ce dernier avantage est particulièrement pertinent pour l'Afrique, car les marchés intérieurs du continent sont exigus et ne peuvent pas assurer les niveaux élevés de croissance requis pour réduire la pauvreté et les inégalités.

Toutefois, l'expérience récente en Afrique montre que, malgré une forte croissance économique au cours de la dernière décennie, le secteur manufacturier a décliné. Entre 1981 et 1985, la part moyenne du secteur manufacturier en Afrique (à l'exception de l'Afrique du Sud) était de 14,7 % du PIB (Banque mondiale, 2016). Celle-ci a chuté à 10,4 % entre 2010 et 2014 (Banque mondiale, 2016). De même, l'emploi dans l'industrie manufacturière a connu peu de changements (Banque mondiale, 2013). Rodrik (2014) et McMillan et Harttgen (2014) trouvent que le principal moteur du « miracle de la croissance africaine » est l'essor considérable du secteur des services. De fait, la période de croissance qui a suivi l'an 2000 a été marquée par un déclin de l'agriculture et de l'industrie manufacturière et par une augmentation significative de l'importance des services.

Étant donné qu'une transformation structurelle est vitale pour une croissance et un développement économiques soutenus sur le long terme, les éléments laissant à penser que cette transformation structurelle demeure limitée constituent une source majeure d'inquiétude quant à la trajectoire de développement de l'Afrique. Le maintien de la performance économique africaine à long terme est important, car il a un impact sur la capacité du continent à atteindre des objectifs clés de développement, tels que la réduction de la pauvreté, une répartition plus équitable des revenus, une accumulation accrue de capital humain et de meilleures infrastructures.

Au regard de la performance marginale de l'industrie manufacturière en Afrique, ce chapitre étudie les facteurs qui pourraient entraver sa croissance. Si celle-ci joue un rôle central dans la transformation structurelle qui favorise la croissance économique, il est primordial de comprendre les facteurs qui limitent ce type de croissance. La question concernant les contraintes qui pèsent sur le secteur manufacturier en Afrique est abordée à l'aide du cadre analytique de *l'Atlas de la complexité économique* élaboré par Hausmann *et al.* (2011). Dans un premier temps, nous utilisons ce cadre pour étudier les éléments concrets qui témoignent de la transformation structurelle en Afrique, ensuite pour l'adapter afin d'avoir un aperçu de la performance du secteur manufacturier dans les pays africains. Puis, nous intégrons les indices de la complexité économique et de la valeur d'opportunité issus du cadre analytique de *l'Atlas de la complexité économique* aux estimations de régression qui étudient les facteurs entravant la performance de l'industrie manufacturière.

Ce chapitre est organisé de la façon suivante : dans un premier temps, il examine sur la base du cadre analytique de *l'Atlas de la complexité économique* l'étendue de la transformation structurelle en Afrique, avant de décrire la méthodologie et les données utilisées dans l'analyse économétrique, puis de commenter les résultats de la régression. Enfin, il énonce quelques-unes des implications stratégiques de cette analyse.

5.2 Preuves de la transformation structurelle en Afrique

Le cadre analytique et les outils empiriques de *l'Atlas de la complexité économique* sont utilisés dans cette section pour évaluer d'abord l'étendue de la transformation structurelle survenue dans les pays africains, puis pour comprendre ce processus. La transition vers des activités manufacturières est un élément clé de cette transformation structurelle. Une meilleure compréhension de ce processus peut ainsi donner un aperçu des facteurs qui influent sur les performances des pays africains dans le secteur manufacturier[3].

5.2.1 La notion de complexité économique

Selon Hausmann et al. (2011), le processus de développement économique implique une accumulation de capacités ou de connaissances productives qui permettent à un pays de produire une diversité de biens de plus en plus complexes. Hidalgo, Hausmann et Dasgupta (2009) décrivent ces capacités de production comme des réseaux non échangeables de savoir-faire collectif, tels que les réseaux de logistique, les réseaux financiers, les réseaux d'approvisionnement et les réseaux de connaissances. La notion de pays acquérant des capacités productives est contenue dans l'indicateur « complexité économique » conçu par Hidalgo, Hausmann et Dasgupta (ibid.), et davantage développé par Hausmann et al. (2011) dans l'Atlas de la complexité économique.

L'idée sous-jacente est décrite par Hausmann *et al.* (*ibid.*) qui établissent une analogie avec le jeu du scrabble. Chaque joueur est un pays, chaque mot qu'un joueur compose est un produit, et chaque lettre de l'alphabet représente une capacité nécessaire pour produire un mot (produit). Si un joueur (pays) a beaucoup de lettres (capacités), il peut créer plus de mots (produits). Par conséquent, la diversité des mots (produits) qu'un joueur (pays) peut former dépend du nombre de lettres (capacités) qu'il a en sa possession. Le nombre de joueurs (pays) qui peuvent former un mot (produit) fournit des indications sur la variété de lettres (capacités) nécessaires pour former un mot (produit). Les mots longs (produits complexes) ont tendance à être plus rares, car seuls quelques joueurs (pays) possèdent les lettres nécessaires (capacités) pour les former. Les mots plus courts (produits moins complexes) ont tendance à être plus répandus, car plus de joueurs (pays) sont susceptibles de disposer des lettres nécessaires (capacités) pour les former.

La mesure de la complexité économique conçue par Hidalgo, Hausmann et Dasgupta (2009) correspond à l'estimation de la portion de l'alphabet qu'un joueur possède (les capacités d'un pays), sur la base des informations relatives au nombre de mots qu'un joueur peut former (le nombre de produits qu'un pays peut fabriquer) et au nombre d'autres joueurs qui peuvent former ces mêmes mots (combien d'autres pays peuvent fabriquer ces produits). Dans cette optique, le processus de développement économique implique l'accumulation de capacités qui permettent à un pays de produire une plus grande diversité de produits de plus en plus complexes.

Hidalgo, Hausmann et Dasgupta (2009) utilisent la structure de réseau bipartite du commerce, où les pays sont connectés aux produits qu'ils produisent, afin de mesurer la complexité de l'économie d'un pays. La mesure de la complexité économique d'un pays repose sur deux éléments : premièrement, la diversité de sa structure d'exportation, et deuxièmement, l'ubiquité des produits qu'il exporte. La combinaison de ces deux mesures et l'utilisation d'une méthode de calcul itérative, la méthode des réflexions, engendrent des mesures quantitatives de la complexité. Ces deux mesures de complexité sont l'indice de complexité économique (ICE) et l'indice de complexité du produit (ICP). L'ICE est une mesure des capacités de production spécifiques à chaque pays et l'ICP, des capacités productives requises pour fabriquer chaque produit[4]. L'encadré 5.1 présente une explication technique sur la mesure de la complexité économique.

---

[3] *L'Atlas de la complexité économique* a été conçu par une équipe de chercheurs du Centre pour le développement international (CID) de l'université de Harvard. Le CID a publié un ouvrage détaillant la méthodologie et le cadre analytique sous-jacents, ainsi que les principales conclusions qui peuvent être tirées de cet outil (Hausmann *et al.*, 2011). Les données sont accessibles à l'adresse suivante : http://atlas.media.mit.edu/en. Des explications formelles sur la théorie et les principes sous-tendant *l'Atlas de la complexité économique* peuvent être consultées dans Hidalgo, Hausmann et Dasgupta (2009) et Hausmann et Hidalgo (2011). Des publications antérieures sur l'évolution des idées sous-jacentes à cet atlas peuvent être consultées dans les études de Hausmann et Klinger (2006), Hausmann et al. (2007) et Hidalgo *et al.* (2007).

[4] Ces mesures sont disponibles sur le site Internet de l'observatoire de la complexité économique (Simoes et Hidalgo, 2011). En outre, une explication sur l'élaboration de ces mesures est disponible sur ce site et une version plus détaillée, dans Hidalgo, Hausmann et Dasgupta (2009) et Hausmann et Hidalgo (2011)

Élaborée sur la base de données commerciales bilatérales, M_{cp} est une matrice égale à 1 si le pays c produit le produit p, et à 0 dans le cas contraire. La diversité et l'ubiquité sont mesurées en additionnant les lignes ou les colonnes de la matrice. Elle est formulée comme suit :

$$Diversité = k_{c,0} = \sum_{p} M_{cp}$$

$$Ubiquité = k_{c,0} = \sum_{c} M_{cp}$$

Pour générer une mesure plus précise de la quantité de capacités disponibles dans un pays ou requis par un produit, il est nécessaire de corriger l'information donnée par la diversité et l'ubiquité en utilisant l'une pour corriger l'autre. Pour les pays, cela implique de calculer l'ubiquité moyenne des produits qu'ils exportent, la diversité moyenne des pays qui fabriquent ces produits et ainsi de suite. Pour les produits, il convient de calculer la densité moyenne des pays qui les fabriquent et l'ubiquité moyenne des autres produits fabriqués par ces pays. Cela peut être formulé comme suit :

$$k_{c,N} = \frac{1}{k_{c,0}} \sum_{p} M_{cp} \cdot k_{p,N-1}$$

$$k_{p,N} = \frac{1}{k_{p,0}} \sum_{c} M_{cp} \cdot k_{c,N-1}$$

En combinant cette formule avec la précédente, on obtient :

$$k_{c,N} = \frac{1}{k_{c,0}} \sum_{p} M_{cp}, k_{p,N-1} \frac{1}{k_{p,0}} \sum_{c} M_{cp}, k_{c,N-2}$$

$$k_{c,N} = \sum_{c'} k_{c,N-2} \sum \frac{M_{cp}, M_{c'p}}{k_{c,0} k_{p,0}}$$

Qui peut être reformulée comme suit :

$$k_{c,N} = \sum_{c'} \tilde{M}_{cc'} k_{c,N-2}$$

Cela est vérifié lorsque $k_{c,N} = k_{c,N-2} = 1$. Il s'agit du vecteur propre de $\tilde{M}_{cc'}$ qui est associé à la plus grande valeur propre. Le vecteur propre associé à la seconde plus grande valeur propre permet de déterminer le plus grand niveau d'écart dans le système et constitue la mesure de la complexité économique, telles que définie par Hausmann *et al.* (2011).

5.2.2 Complexité économique et secteur manufacturier en Afrique

La complexité économique telle que mesurée dans l'ICE est étroitement liée au niveau de développement d'un pays et à sa croissance économique future (Hausmann *et al.*, 2011). À cet égard, il est intéressant d'examiner le classement des pays africains par rapport à d'autres pays, comme illustré à la figure 5.1, montrant la relation entre le logarithme du PIB par habitant et la complexité économique dans un échantillon de pays à revenu faible, intermédiaire et élevé. Comme décrit par Hausmann *et al.* (ibid.), la relation positive entre les capacités productives d'un pays et son niveau de développement économique, est évidente, et apparaît encore plus clairement si l'on regroupe les pays selon leur niveau de développement économique.

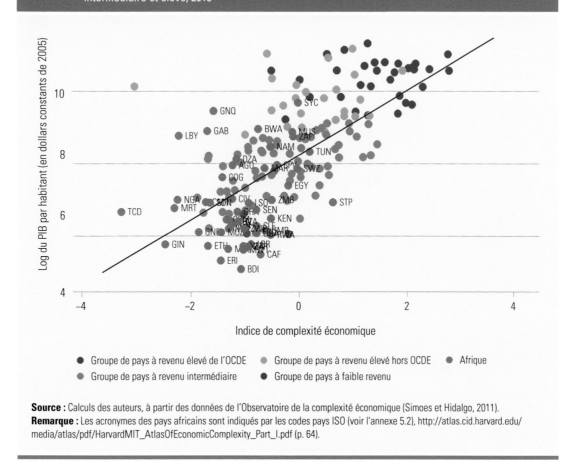

FIGURE 5.1 Indice de complexité économique et logarithme du PIB par habitant pour les pays à revenu faible, intermédiaire et élevé, 2013

Axe vertical : Log du PIB par habitant (en dollars constants de 2005)
Axe horizontal : Indice de complexité économique

Légende :
- Groupe de pays à revenu élevé de l'OCDE
- Groupe de pays à revenu élevé hors OCDE
- Afrique
- Groupe de pays à revenu intermédiaire
- Groupe de pays à faible revenu

Source : Calculs des auteurs, à partir des données de l'Observatoire de la complexité économique (Simoes et Hidalgo, 2011).
Remarque : Les acronymes des pays africains sont indiqués par les codes pays ISO (voir l'annexe 5.2), http://atlas.cid.harvard.edu/media/atlas/pdf/HarvardMIT_AtlasOfEconomicComplexity_Part_I.pdf (p. 64).

Le positionnement des pays africains (identifiés par les marques rouges) est cependant plus intéressant. Le regroupement de ces marques rouges dans l'angle inférieur gauche de la figure 5.1 indique que les économies africaines sont associées à des niveaux inférieurs de complexité économique et donc, à des niveaux de développement économique plus faibles. Il convient de noter que le contexte africain est hétérogène. À l'exception de la Tunisie, tous les pays africains se caractérisent par de faibles niveaux de complexité économique (figure 5.1).

Pour approfondir l'analyse du contexte africain, notamment en ce qui concerne le secteur manufacturier, la relation entre la complexité économique et le nombre de produits manufacturés exportés par un pays en 2013 est étudiée. Cette relation est illustrée dans la figure 5.2, qui montre que des niveaux plus élevés de complexité économique sont associés à des structures d'exportation caractérisées par une plus grande diversité de produits manufacturés.

Dans la figure 5.2, un certain nombre de points méritent d'être mentionnés. Tout d'abord, les pays africains qui sont des « exportateurs importants » de produits manufacturés, tels que l'Afrique du Sud (ZAF), la Tunisie (TUN), le Maroc (MAR) et l'Égypte (EGY), présentent généralement des niveaux de complexité

---

[5] Le code ISO du pays est indiqué entre parenthèses pour chaque pays.

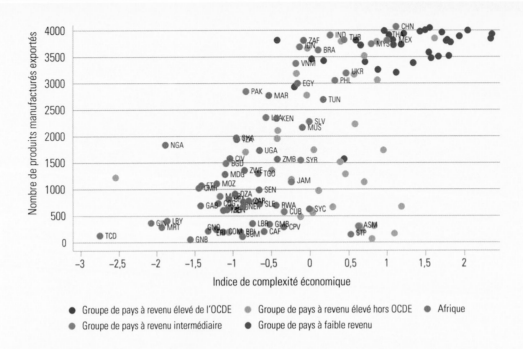

FIGURE 5.2 Complexité économique et nombre de produits manufacturés exportés, 2013

Source : Calculs des auteurs, à partir des données de l'Observatoire de la complexité économique (Simoes et Hidalgo, 2011).
Remarque : Échantillon réduit de pays à revenu intermédiaire non africains. (Pour la liste complète des codes ISO, voir l'annexe 5.2).

économique plus élevés. Deuxièmement, un groupe de pays africains – Maurice (MAR), la Côte d'Ivoire (CIV), le Kenya (KEN), l'Ouganda (UGA) et la Zambie (ZMB)[5] possède des niveaux de complexité économique relativement élevés et des secteurs manufacturiers conséquents par rapport à leurs pairs. On pourrait affirmer que ces « économies à la frontière manufacturière » ont le potentiel pour devenir des pôles manufacturiers régionaux. Troisièmement, comparativement aux pays émergents les plus performants, tels que la Chine (CHN), le Mexique (MEX), la Malaisie (MYS), la Turquie (TUR), la Thaïlande (THA), le Brésil (BRA) et l'Inde (IND), les principaux exportateurs de produits manufacturés d'Afrique affichent des niveaux de complexité économique plus faibles, et, par conséquent, des niveaux inférieurs sur le plan des capacités productives.

Néanmoins, en dépit d'une certaine hétérogénéité, les niveaux relativement faibles de *complexité économique* dans les pays africains impliquent de faibles capacités productives. Cela a des répercussions sur l'aptitude de ces économies à acquérir des capacités plus productives pour passer à des activités manufacturières plus complexes. Ce phénomène est examiné à l'aide d'un autre outil analytique, contenu dans *l'Atlas de la complexité économique*, l'analyse de l'espace produit conçue par Hausmann et Klinger (2006) et Hidalgo *et al.* (2007).

5.2.3 Examen de l'espace produit

La théorie néoclassique communément acceptée en matière de commerce suggère que la structure productive d'un pays ou son modèle de spécialisation sont déterminés par les caractéristiques sous-jacentes de ce pays, telles que la dotation en facteurs de production et les technologies dont il dispose. Les changements dans la structure de production sont déterminés par l'accumulation de ces caractéristiques sous-jacentes. Par exemple, le théorème de Rybczynski, dérivé du modèle de Heckscher-Ohlin, affirme que l'accumulation de ces facteurs, comme le capital, se traduit par une réorientation de la production vers des produits plus intensifs en capital. Ces modèles ne fournissent que très peu d'indications sur l'influence de la structure de production actuelle d'un pays sur ces évolutions. Cependant, Hausmann et Klinger (2006), et Hidalgo et al. (2007), en s'appuyant sur le cadre analytique de l'espace produit, soutiennent que la structure productive actuelle d'un pays influe sur sa structure productive future. Par conséquent, le processus de transformation structurelle est dépendant de la trajectoire empruntée.

Le raisonnement qui sous-tend le cadre l'espace produit est expliqué par Hausmann *et al.* (2011) par le biais du problème de «l'œuf et de la poule». L'accumulation de capacités productives, qui est associée à des niveaux plus élevés de développement économique, va de pair avec le développement de nouvelles industries qui utilisent ces connaissances. S'il n'existe pas de demande en la matière, rien n'encourage les pays à accumuler les capacités productives en question. Cependant, sans ces capacités productives, il est impossible de développer de nouvelles industries. Par conséquent, comme le soutiennent Hausmann *et al.* (*ibid.*), les pays ont tendance à passer des produits qu'ils produisent actuellement aux produits « proches ». Les produits « proches » désignent des produits pour lesquels les capacités productives requises sont similaires aux capacités productives présentes dans la structure productive actuelle du pays. Ainsi, il est plus facile de passer de la production de chemises à celle de vestes, que de celle des chemises à celle des convertisseurs catalytiques. Cela suggère, de façon cruciale et particulièrement pertinente pour le contexte africain, que le processus de transformation structurelle dépend de la trajectoire empruntée.

Hausmann et Klinger (2006) ont étudié l'hypothèse selon laquelle les pays se diversifient en se mettant à fabriquer des produits qui exigent des capacités de production similaires aux produits qu'ils produisent déjà, et ont formulé le cadre de l'espace produit. L'espace produit est une représentation graphique de la distance entre les produits, où celle-ci est une mesure de la différence entre les capacités de production nécessaires pour les produire[6]. Des produits très proches requièrent des capacités de production similaires ; il est donc plus facile pour les pays de faire évoluer leur structure productive vers des produits proches. Les distances et les liens entre les produits génèrent la structure de l'espace produit. L'encadré 5.2 fournit plus d'informations sur l'analyse du graphique de l'espace produit.

Un aspect important de l'espace produit est la présence d'un noyau et d'une périphérie. Le noyau est constitué de produits relativement proches et connectés, typiquement des produits manufacturés, tandis que la périphérie est constituée de produits relativement moins proches et connectés, généralement des produits primaires. Cela a des implications sur le processus de transformation structurelle et la capacité à s'orienter vers des produits manufacturés plus complexes. Si la structure productive d'un pays est représentée par un certain nombre de produits au sein même de l'espace produit, alors sa capacité à se diversifier avec de nouveaux produits est facilitée, car il existe de nombreux produits « proches », qui nécessitent des

---

[6] Hausmann et Klinger (2006) et Hidalgo *et al.* (2007) calculent cette distance en mesurant l'éventualité d'une co-exportation d'une paire de produits. L'éventualité que des paires de produits soient exportées simultanément renseigne sur le degré de similarité de ces produits. Plus la probabilité qu'un pays exporte simultanément ces deux produits est élevée, plus on est en droit de conclure que ces deux produits nécessitent des capacités de production similaires.

ENCADRÉ 5.2 Analyse du cadre de l'espace produit

Pour conceptualiser l'espace produit, Hidalgo et al. (2007) utilisent des données de transaction par produit selon le code à quatre chiffres du Système harmonisé (SH) (1 241 groupes de marchandises) et de la Classification type pour le commerce international (CTCI) (1 033 groupes de marchandises). Chaque nœud représente un produit. La taille du nœud est déterminée par la part du produit dans le commerce d'exportation total de chaque pays. Les nœuds sont liés en fonction de la probabilité qu'une paire de produits soit exportée par deux ou plusieurs mêmes pays, les probabilités les plus élevées étant représentées par des lignes plus épaisses et plus sombres. On estime qu'un pays exporte un produit si la mesure de l'avantage comparatif révélé pour cette combinaison pays-produit est supérieure ou égale à l'unité (ainsi, il s'agit d'une exportation importante dans le portefeuille d'exportations d'un pays).

Les liens entre les produits définissent la structure de l'espace produit et donc la connectivité et la distance entre les produits. Les produits qui sont proches possèdent des savoirs productifs et des exigences de capacité similaires. Cela implique que les pays trouvent relativement plus facile de réorienter leur structure productive vers des produits proches. Inversement, il est beaucoup plus difficile de se réorienter vers des produits plus éloignés de la structure productive actuelle d'un pays. La structure de l'espace produit implique que le processus d'accumulation des savoirs productifs et l'évolution vers de nouveaux produits ne sont pas aléatoires, mais plutôt dépendants de la trajectoire empruntée. Par conséquent, les marchandises que produit actuellement un pays ont une influence sur les produits qu'il sera capable de fabriquer à l'avenir.

La couleur de chaque nœud représente les groupes de marchandises. Ceux-ci sont plus étroitement liés les uns aux autres, car ils ont davantage tendance à être co-exportés que les marchandises isolées. Cela implique que les marchandises au sein d'un même groupe nécessitent les mêmes capacités de production.

Source : Hausmann *et al.* (2011) et Hausmann *et al.* (2014).

capacités productives similaires à celles qu'il possède déjà. À l'inverse, si la structure productive d'un pays est plus périphérique, alors sa capacité à se diversifier avec des produits dans le noyau de l'espace produit (généralement des produits manufacturés) est limitée, car ses capacités productives sont éloignées de celles dont il aurait besoin pour se diversifier.

5.2.4 L'espace produit et le secteur manufacturier en Afrique

L'utilisation de l'outil espace produit sur le site Internet de *l'Atlas de la complexité économique*, a permis d'analyser l'espace produit de nombreux pays africains. Pour des raisons de concision, la figure 5.3 présente l'espace produit de deux pays africains, l'Ouganda et le Ghana. Ces deux pays représentent deux groupes de pays africains qui se distinguent sur le plan de la solidité de leurs secteurs manufacturiers[7].

---

[7] Les auteurs ne sont pas en mesure de présenter un espace produit « africain agrégé » et ni d'intégrer l'espace produit de chaque pays africain, faute de place. C'est pourquoi ils présentent l'espace produit de deux pays qui représentent deux groupes de pays africains mis en lumière par les données ; le premier, qui correspond à des pays possédant des secteurs manufacturiers marginaux, est représenté par le Ghana ; le second, qui rassemble les pays dotés de secteurs manufacturiers existants ou émergents, est représenté par l'Ouganda. Ce chapitre est également disponible en version document de travail, qui présente des graphiques de l'espace produit pour un plus grand échantillon de pays africains (disponible à l'adresse : www.africa.undp.org/content/rba/en/home/library/working-papers/africa-s-manufacturing-malaise.html).

Le Ghana représente l'espace produit total africain, emblématique d'un secteur manufacturier faible d'un grand nombre de pays africains. La structure productive de ces pays africains a tendance à être, globalement, périphérique. Des observations complémentaires révèlent que la situation n'a pas beaucoup changé au cours de la période allant de 1995 à 2013. Ces produits périphériques sont principalement des produits primaires (par exemple, les grands nœuds pour le Ghana sont l'or, les fèves de cacao et le pétrole), qui donnent un aperçu des niveaux globaux de complexité économique et donc des capacités productives inhérentes au Ghana (et à la majeure partie des économies africaines). Les produits primaires sont associés à des niveaux plus faibles de complexité des produits, ce qui se traduit par des niveaux de complexité économique plus faibles, comme l'illustre clairement la figure 5.2. De même, le caractère périphérique de leurs structures de production est compensé par la pénurie de produits manufacturés (c'est-à-dire très peu de nœuds occupés dans le noyau de l'espace produit).

La nature périphérique des structures productives de l'espace produit global africain (représenté par le Ghana) a des répercussions pour la transformation structurelle. Les produits primaires situés à la périphérie de l'espace produit sont relativement éloignés des produits manufacturés qui se trouvent dans le noyau de l'espace produit. Cela indique que les capacités productives intervenant dans la production de produits primaires relativement moins complexes sont éloignées des capacités requises pour la fabrication des produits manufacturés situés dans le noyau de l'espace produit. La nature périphérique des structures productives de ce groupe d'économies africaines laisse penser qu'une diversification de la structure productive vers de nouveaux produits s'avère difficile, en particulier s'agissant des produits relativement « distants ».

Bien que l'on puisse soutenir que la structure productive « africaine agrégée » est périphérique, certains éléments pointent une certaine hétérogénéité à travers les économies africaines. Par exemple, l'espace produit pour l'Ouganda, représentée dans la partie inférieure de la figure 5.3, représente une « économie à la frontière manufacturière ». L'Ouganda est emblématique d'un petit nombre d'économies africaines, comme le Kenya, l'Afrique du Sud, Maurice, le Maroc, la Tunisie et l'Égypte, dont le secteur manufacturier est existant et émergent. Dans ces économies, le nombre de nœuds occupés dans le noyau de l'espace produit est plus élevé.

L'Ouganda est un exemple intéressant de la manière dont la structure productive actuelle d'un pays influence sa future structure productive. La figure 5.4 se concentre sur le noyau de l'espace produit de l'Ouganda, et présente la manière dont sa structure productive a évolué sur la période de 2005 à 2013. Les nœuds avec les cercles en pointillés représentent les produits exportés en 2005, les tirets jaunes et rouges représentant respectivement les produits qui continuent d'être fabriqués et ceux dont la fabrication va s'interrompre. Les lignes blanches indiquent les produits liés au produit manufacturé concerné, SH1905 « Produits de boulangerie ».

En 2005, l'Ouganda a fabriqué trois produits dans cette section du noyau de son espace produit. Par la suite, en 2013, le pays a étendu sa production à 12 autres produits manufacturés, en lien avec les produits de boulangerie SH1905, exportés en 2005. Ce cas de figure montre clairement comment les pays se diversifient leur production en se tournant vers des produits « proches ». Les capacités de production associées aux produits de boulangerie étaient assez proches des capacités de production nécessaires pour ces 12 produits manufacturés. Ainsi, l'Ouganda a pu se diversifier en proposant un plus grand nombre de produits manufacturés. Ce modèle de diversification montre qu'une fois qu'un pays acquiert les capacités productives nécessaires à la fabrication d'un produit « connecté » dans le noyau de l'espace produit, la trajectoire à emprunter pour diversifier sa structure productive est beaucoup plus claire.

Le cadre de l'espace produit fournit à la fois une représentation visuelle de la connectivité de la structure d'exportation d'un pays et une mesure de cette connectivité. Hausmann *et al.* (2011) fournit une mesure

FIGURE 5.3 Espace produit : comparaison du Ghana et de l'Ouganda, 2013

GHANA

OUGANDA

Source : CID (2014).

qui évalue la valeur des nouvelles opportunités de production ou de la connectivité associée à la structure actuelle des exportations d'un pays, à savoir l'indice de valeur d'opportunité (voir encadré 5.3). Lorsque le produit est situé dans le noyau fortement connecté de l'espace produit (associé à un indice de valeur d'opportunité plus élevé), les processus de réorientation vers de nouveaux produits et de complexification d'une économie s'avèrent relativement plus aisés. Cela suggère que les capacités productives associées à la structure de production actuelle d'un pays sont relativement proches des capacités productives requises pour orienter la production vers de nouveaux produits. Inversement, le fait d'être situé dans la périphérie moins connectée (associée à une valeur d'opportunité inférieure) entrave la capacité à s'orienter vers de nouveaux

FIGURE 5.4 Évolution de l'espace produit en Ouganda, 2005-2013

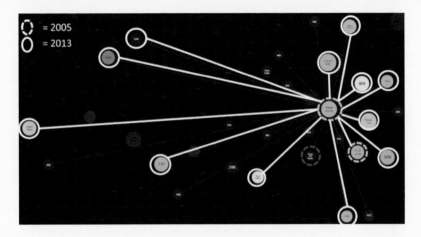

Source : Harvard.

FIGURE 5.5 Complexité économique et valeur d'opportunité en 2013

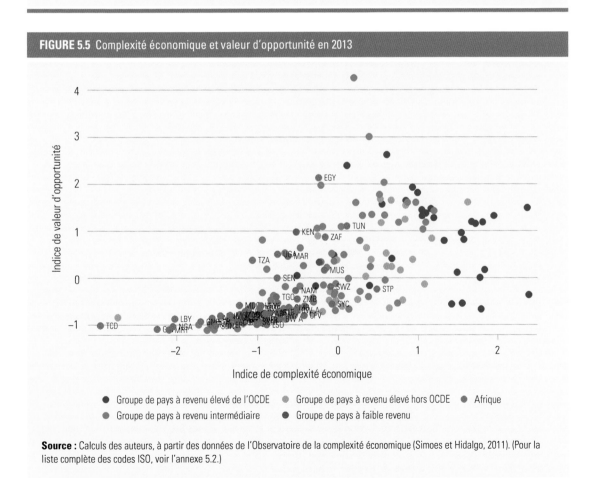

Source : Calculs des auteurs, à partir des données de l'Observatoire de la complexité économique (Simoes et Hidalgo, 2011). (Pour la liste complète des codes ISO, voir l'annexe 5.2.)

Il convient d'interroger davantage la notion de valeur d'opportunité et la façon dont elle est mesurée afin de mieux comprendre son importance dans l'analyse de ce chapitre.

D'un point de vue empirique, Hausmann *et al.* (2011) constatent que les pays évoluent dans l'espace produit en développant des produits proches de ceux qui constituent leur portefeuille d'exportation existant. Il est également évident que les pays exportent une variété de produits appartenant à leur portefeuille d'exportation. Par conséquent, celui-ci est proche d'une gamme d'autres produits qui composent l'espace produit. La similitude entre deux produits donnés et, de ce fait, la similitude sur le plan des connaissances productives (ou capacités) requises pour les produire est appelée « proximité ». Cependant, Hausmann *et al.* (*ibid.*) s'intéressent également à la « proximité » globale entre les produits qui constituent le portefeuille d'exportation actuel d'un pays et les produits qu'il n'exporte pas encore, qu'ils appellent « distance ».

La « distance » est définie comme la somme des proximités reliant un nouveau produit p à tous les produits qu'un pays c n'exporte pas encore. Pour la formuler, on divise la distance par la somme des proximités entre tous les produits et le produit p. En tant que telle, la « distance » est la proportion des produits liés à la marchandise p que le pays c n'exporte pas, contrôlée par les proximités. La mesure de la « distance » implique que si le pays c exporte la plupart des produits connectés au produit p, la distance sera courte ou proche de 0. Inversement, si le pays c n'exporte qu'une faible part des produits proches du produit p, alors la distance sera grande ou proche de 1. Pour la formuler, on a recours à l'équation suivante :

$$d_{c,p} = \frac{\sum_p (1 - M_{c,p'}) \phi_{p.p'}}{\sum_{p'} \phi_{p.p'}}$$

La « distance » indique jusqu'où se situe chaque produit, compte tenu du portefeuille actuel d'exportation d'un pays. Hausmann *et al.* (*ibid.*) Hausmann *et al.* (*ibid.*) sont allés plus loin et ont conçu une mesure des possibilités associées à la position d'un pays dans l'espace produit. Cette mesure comprend non seulement la distance dc,p aux produits, mais aussi leur complexité. Le raisonnement qui sous-tend la prise en compte de la complexité des produits qu'un pays n'exporte pas tient à l'idée que lorsqu'un pays fabrique des produits relativement complexes, compte tenu de leur niveau de revenu actuel, ils ont tendance à croître plus rapidement.

Le positionnement d'un pays dans l'espace produit a des répercussions sur les possibilités de diversification qui s'offrent à lui. Par exemple, certains pays se situent principalement à la périphérie de l'espace produit et sont donc situés près de quelques produits peu connectés et relativement simples, alors que d'autres pays sont situés au cœur de l'espace produit, à proximité de nombreux produits hautement connectés et relativement complexes et, disposent de ce fait d'une panoplie d'opportunités inexploitées. Par conséquent, Hausmann *et al.* (*ibid.*) affirment que les pays diffèrent non seulement sur le plan de ce qu'ils produisent, mais également sur celui de leurs opportunités productives. La mesure de la « valeur d'opportunité » est la valeur des options ou des produits non exploités disponibles pour un pays, compte tenu de son portefeuille d'exportation actuel. Pour quantifier la « valeur d'opportunité » des options d'exportation non exploitées d'un pays, on peut ajouter le niveau de complexité des produits qu'il ne produit pas encore, contrôlé par la distance entre ces produits et le portefeuille d'exportation actuel d'un pays, tel que formulé dans l'équation suivante :

$$\text{valeur d'opportunité}_c = \sum \frac{\phi_{p.p'}}{\sum_{p'} \phi_{p.p'}} (1 - M_{c,p'}) PCI_{p'} - (1 - d_{c,p'}) PCI_p$$

Où PCI est l'indice de complexité du produit p. Une valeur d'opportunité plus élevée indique une proximité avec plus de produits et/ou avec des produits plus complexes.

Source : Hausmann *et al.* (2011) et Hausmann et al. (2014).
Remarque : Mc,p =1 si le pays c produit le produit p, et 0 dans le cas contraire.: Hausmann *et al.* (2011) et Hausmann *et al.* (2014).

produits et à accroître la complexité d'une économie. Cela démontre que les capacités productives associées à la structure de production actuelle d'un pays sont relativement éloignées des capacités productives requises pour orienter la production vers de nouveaux produits.

La figure 5.5 illustre la relation entre la valeur d'opportunité d'un pays et l'indice de complexité économique. Il est évident que des niveaux plus élevés de complexité économique sont associés à une connectivité accrue ainsi qu'à un plus grand potentiel de diversification et donc, de transformation structurelle. Toutefois, l'examen plus approfondi de ce lien entre valeur d'opportunité et complexité économique nous pousse à apporter quelques nuances.

Les pays présentant de faibles niveaux de complexité économique, principalement des pays africains, ont des structures de production relativement déconnectées. Leur capacité à se diversifier et à opérer une transformation structurelle est donc limitée. De fait, cela suggère que ces pays ne possèdent pas les capacités productives nécessaires pour orienter leur structure de production vers des produits manufacturés plus complexes. La nature périphérique de leur espace produit ne leur permet pas de se diversifier et de gagner en complexité. Deuxièmement, dans le cas de certains pays de l'OCDE à revenu élevé (marques bleues), qui occupent déjà une grande partie de l'espace produit, les possibilités de diversification sont

FIGURE 5.6 Valeur d'opportunité sur le plan de l'exportation de produits manufacturés purs en 1995

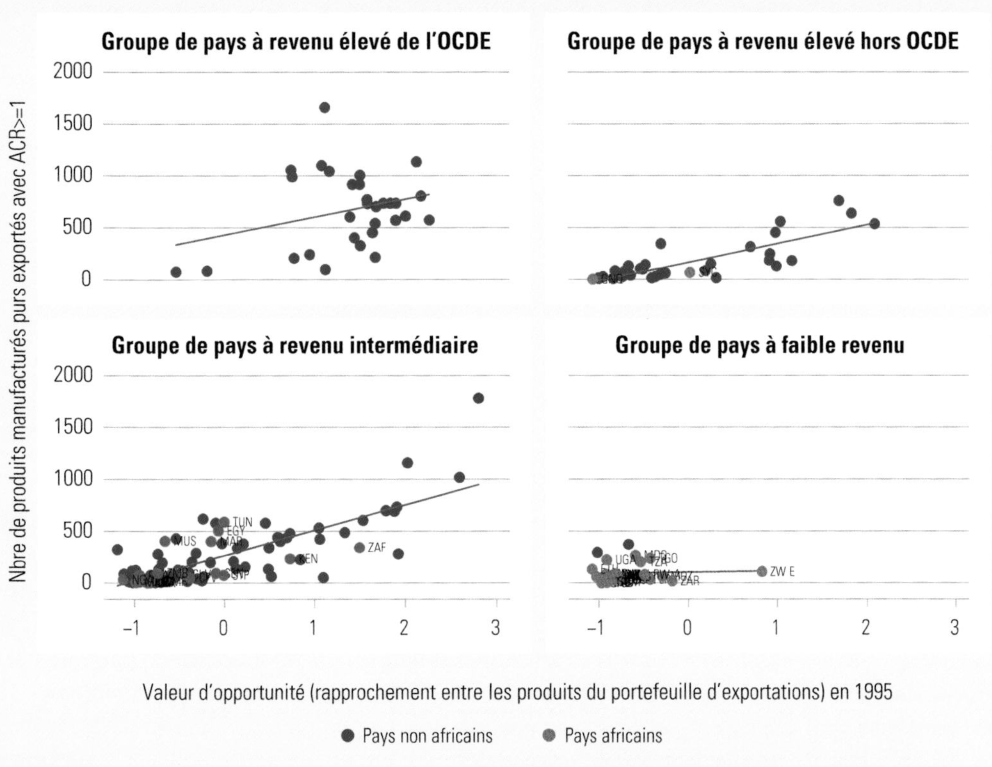

Valeur d'opportunité (rapprochement entre les produits du portefeuille d'exportations) en 1995

● Pays non africains   ● Pays africains

Source : Calculs des auteurs à partir des données de l'Observatoire de la complexité économique (Simoes et Hidalgo, 2011).
Remarques :
(i) L'Allemagne a été exclue de l'échantillon de pays de l'OCDE à revenu élevé puisqu'elle constituait une valeur aberrante.
(ii) ACR = avantage comparatif révélé.
(iii) Voir annexe 5.2 pour les codes des pays.

faibles. Troisièmement, les pays affichant un niveau intermédiaire de complexité économique présentent des niveaux de connectivité variables et donc, un potentiel de diversification ultérieure également variable.

La figure 5.5 suggère un lien non linéaire entre la capacité d'une économie à se diversifier et à opérer de ce fait une transformation structurelle, et son niveau de complexité économique. Pour aller plus loin, on examine la relation entre la connectivité de la structure d'exportation d'un pays sur une période initiale, 1995, et le nombre de produits manufacturés purs qu'il exporte en 2013. Cette relation est étudiée au regard de différents niveaux de développement, dont on sait qu'ils sont étroitement liés à la complexité économique, comme l'illustre la figure 5.6. L'objectif de cette analyse est de déterminer si la structure initiale d'exportation d'un pays ainsi que les capacités productives et la connectivité qui lui sont associées ont un impact sur sa capacité à opérer une transformation structurelle, en s'orientant en particulier vers des produits manufacturés plus complexes.

Du point de vue africain, la figure 5.6 présente des informations intéressantes. Premièrement, pour les économies à faible revenu (principalement africaines), il n'y a pas de corrélation entre la connectivité de leurs structures d'exportation en 1995 et le nombre de produits manufacturés purs qu'ils ont fabriqués en 2013. Cela suggère que la nature périphérique de leur structure de production initiale offre peu de possibilités de diversification dans les produits manufacturés.

Toutefois, dans le cas des pays à revenu intermédiaire, il est évident qu'une corrélation positive existe entre la connectivité de leur structure d'exportation en 1995 et le nombre de produits manufacturés purs qu'ils ont fabriqués en 2013. Cela suggère que les structures d'exportation initiales de ces économies relativement plus complexes, dont certaines sont africaines, leur ont permis de se diversifier par la suite vers des produits manufacturés.

Les cas de pays à revenu faible et intermédiaire illustrés dans la figure 5.6 indiquent qu'il existe une relation non linéaire entre la valeur d'opportunité d'un pays en 1995 (période initiale) et le nombre de produits manufacturés purs qu'il exporte à une période ultérieure. Cela donne à penser que les capacités productives symbolisées par les portefeuilles d'exportations de ces pays à faible revenu sont éloignées des capacités productives requises pour fabriquer des produits manufacturés plus complexes à un stade ultérieur. Cependant, dans le cas des pays à revenu intermédiaire, il semble qu'un seuil en matière de valeur d'opportunité ait été atteint en termes de capacités productives, ce qui facilite dans une certaine mesure une réorientation vers des produits manufacturés plus complexes. Ainsi, le processus de transformation structurelle — le passage à des produits manufacturés plus complexes — est entravé par les capacités de production actuelles d'un pays.

Le lien entre l'indice de valeur d'opportunité d'un pays et la performance de son secteur manufacturier, plus spécifiquement dans le contexte africain, fait ici l'objet d'une étude. La figure 5.7 montre dans quelle mesure la croissance des activités manufacturières pures sur la période 1995-2013 dans un échantillon de pays africains est liée à la valeur d'opportunité de ces pays en 1995. Elle suggère un lien positif, mais avec un certain nombre de réserves. Les pays dotés des portefeuilles d'exportations les mieux connectés en 1995 bénéficiaient généralement d'un meilleur accès aux nouveaux marchés d'exportation de produits manufacturés purs (par exemple, la Tunisie, l'Égypte, la République-Unie de Tanzanie, Madagascar et Maurice). Cependant, il est également évident que certains pays ayant des *indices de valeur d'opportunité* plus élevés ont enregistré une sous-performance, en particulier l'Afrique du Sud et le Zimbabwe. Cela suggère que d'autres facteurs (par exemple, les facteurs liés à la politique ou à la stratégie) peuvent influencer le modèle de transformation structurelle d'un pays, malgré ce que sa structure initiale d'exportation offre en termes de potentiel.

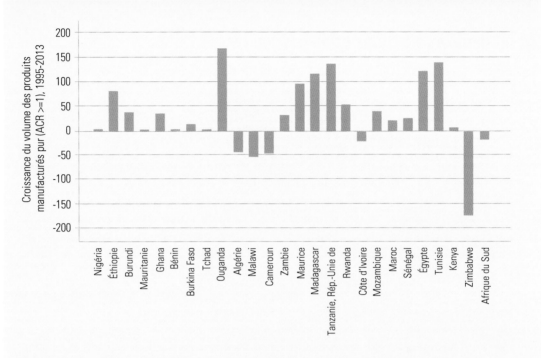

Source : Calculs des auteurs, à partir des données de l'Observatoire de la complexité économique (Simoes et Hidalgo, 2011).
Remarque : ACR = Avantage comparatif révélé.

Les outils et le cadre de *l'Atlas de la complexité économique* conçus par Hausmann et al. (2011) ainsi que l'analyse ci-dessus suggèrent que la structure productive initiale d'une économie et donc son niveau initial de capacités productives ont un impact sur le nombre des produits manufacturés qu'elle est en mesure de fabriquer et d'exporter par la suite. Cela indique que le processus de transformation structurelle est un processus qui dépend de la trajectoire empruntée. Les structures exportatrices des économies africaines et, par conséquent, l'éclairage que les *variables de l'Atlas* jettent sur la structure de ces économies indiquent qu'elles se caractérisent par de faibles niveaux de complexité économique. Leurs capacités productives sont limitées et élémentaires. La nature « périphérique » de l'espace produit de nombreuses économies africaines implique que les capacités productives associées aux structures d'exportation de ces économies sont éloignées des capacités productives nécessaires à une réorientation vers des produits manufacturés plus complexes.

Cependant, il est également évident que le contexte africain est hétérogène et qu'un certain nombre de pays ont vu leur secteur manufacturier croître au cours des deux dernières décennies. L'analyse suggère que ces économies africaines (par exemple l'Ouganda, la République-Unie de Tanzanie, Madagascar, Maurice, la Tunisie et l'Égypte) disposaient de structures productives témoignant d'un niveau de capacités productives suffisant pour permettre une transition vers des produits manufacturés plus complexes. Elle examine également dans quelle mesure la complexité économique et les indices de valeur d'opportunité expliquent la variation de la performance du secteur manufacturier dans un échantillon de pays développés

---

[8] Voir l'annexe 5.1 pour une description des variables de dépendance et explicatives utilisées dans l'analyse ainsi que les sources de ces données.

et en développement, dont certains sont africains. Ces indices permettent de déterminer si les capacités productives d'un pays, par exemple les institutions, les infrastructures et l'environnement des affaires, expliquent la performance du secteur manufacturier.

5.3 Méthodologie et description des données

Cette section décrit l'approche économétrique et fournit de plus amples informations concernant les spécifications qui font l'objet d'une étude dans la section 4. Les différentes données utilisées dans les estimations de régression sont également décrites[8].

5.3.1 Approche économétrique

Pour examiner les facteurs qui peuvent entraver la performance de la production manufacturière en Afrique, on utilise l'approche économétrique suivante. Tout d'abord, les variables néoclassiques standard seront analysées, dans un échantillon de pays africains et non africains, afin de déterminer si celles-ci expliquent la variation de la performance du secteur manufacturier au fil du temps. Dans ce premier ensemble de spécifications, les dotations en facteurs des pays qui figureraient dans une fonction de production standard sont pondérées, entre autres, par le capital par travailleur, la technologie et l'abondance de ressources naturelles.

Deuxièmement, l'analyse de la section 2 montre que les pays ayant des niveaux de complexité économique plus élevés et, par conséquent, davantage de capacités productives, sont plus susceptibles d'avoir des secteurs manufacturiers bien établis. De plus, la capacité d'un pays à s'orienter vers des produits manufacturés plus complexes est d'autant plus grande que ses capacités productives actuelles (reflétées dans sa structure de production actuelle) sont plus proches de celles nécessaires à la production de ces produits. Dans le second ensemble de spécifications, les indices de la complexité économique et de la valeur d'opportunité conçus par Hausmann *et al.* (2011) sont inclus comme variable de contrôle des capacités productives d'un pays.

Troisièmement, pour mieux cerner « l'effet africain », une variable muette a été incluse pour tenir compte du facteur régression dans les pays africains. Les estimations initiales se sont concentrées sur un échantillon de pays africains. On a eu recours à l'estimateur des effets fixes pour étudier les déterminants de la performance du secteur manufacturier. Cependant, les estimations initiales étaient problématiques pour deux raisons : les données collectées à travers les pays africains et au fil du temps ne correspondaient qu'à un très petit échantillon et les performances manufacturières dans les pays africains sont généralement au niveau le plus bas de la répartition, tous pays confondus. Ainsi, il semble qu'il y ait trop peu de fluctuation pour travailler avec un si petit échantillon. Par conséquent, pour constituer un échantillon plus important, des pays non africains ont été inclus. En outre, pour comprendre l'effet africain, on a introduit la variable muette africaine et eu recours à l'estimateur des effets aléatoires ; son coût correspond à l'incapacité d'utiliser l'estimateur des effets fixes et à contrôler les effets fixes dans le pays et dans le temps.

Enfin, l'on s'interroge sur l'existence d'une relation non linéaire entre l'indice de valeur d'opportunité d'un pays et la performance de son secteur manufacturier. La figure 5.6, qui suggère que le lien entre l'indice de valeur d'opportunité d'un pays et sa performance manufacturière varie selon le niveau de revenu du pays fournit des premières indications. Pour y parvenir, on fait interagir l'indice de valeur d'opportunité et une variable muette du revenu du pays.

5.3.2 Spécification

L'équation de forme réduite suivante est calculée à l'aide de l'estimateur des effets aléatoires :

$$M_{ct} = \alpha c + \beta_1 N\acute{e}oclassique_{ct} + \beta_2 Afrique_c + \beta_3 Structure\ productive_{ct} + \mu_{ct}$$

Où M_{ct} est la mesure de performance manufacturière dans le pays c durant l'année t. Le logarithme naturel du nombre de produits manufacturés exportés a été choisi comme mesure de la performance manufacturière, car il est compatible avec le cadre de l'espace produit, où la croissance est mesurée par une présence accrue au niveau des différents nœuds qui composent cet espace[9]. De plus, on peut supposer que l'exportation de produits manufacturés constitue une mesure plus efficace de la solidité du secteur manufacturier d'un pays, car la capacité à percer et affronter la concurrence sur les marchés mondiaux démontre un certain niveau de maîtrise sur le plan de la structure de production.

$N\acute{e}oclassique_{ct}$ désigne les variables néoclassiques de contrôle des dotations factorielles d'un pays c sur l'année t. Dans les estimations présentées ci-dessous, les dotations factorielles suivantes sont contrôlées par le capital par travailleur, la productivité globale des facteurs et l'abondance de ressources naturelles.

$Structure\ productive_{ct}$ désigne les mesures provenant de *l'Atlas de complexité économique* (Hausmann *et al.*, 2011), avec lesquelles les capacités productives d'une économie sont contrôlées. Les indices de complexité économique et de valeur d'opportunité ont notamment été utilisés. $Afrique_c$ est la variable muette qui détermine si un pays est situé en Afrique.

Enfin, μ_{ct} ctest le terme d'erreur composite.

5.4 Estimation des déterminants de la performance manufacturière en Afrique

Cette section analyse les facteurs qui peuvent entraver la performance du secteur manufacturier en Afrique dans un contexte multivarié. Dans la mesure où la croissance de ce secteur est essentielle à la transformation structurelle qui favorise la croissance, il est alors primordial de comprendre les facteurs qui limitent la croissance du secteur. Comme décrit dans la section 3, pour analyser les facteurs qui peuvent entraver la performance manufacturière en Afrique, deux spécifications générales sont étudiées ci-après.

5.4.1 Explication des performances manufacturières : la spécification néoclassique

Les estimations des spécifications néoclassiques présentées dans le tableau 5.1 permettent d'évaluer dans quelle mesure les dotations déterminent la performance manufacturière d'un pays. Dans chacune de ces spécifications, l'emploi, le stock de capital, la technologie et l'abondance de ressources naturelles sont pris en compte. La technique d'estimation des effets aléatoires est utilisée pour effectuer des analyses de régression sur un panel non compensé de données relatives à divers pays pour la période 1995-2013.

Les coefficients positifs et statistiquement significatifs du logarithme de la variable capital par travailleur indiquent que plus le capital par travailleur est important dans un pays, plus celui-ci produit des biens manufacturés. Cela apparaît logique, car les processus de fabrication exigent généralement des niveaux de capital relativement plus élevés par travailleur. Cela suggère que les restrictions que les marchés des capitaux

---

[9] Il est important de noter que lorsque l'on utilise pour évaluation le nombre de produits manufacturés exportés, les performances à l'exportation sont définies comme la diversification de la structure d'exportation d'un pays.

TABLEAU 5.1 Explication des performances du secteur manufacturier en Afrique, 1995-2013 : la spécification néoclassique

	Logarithme du nombre total de produits manufacturés exportés
Logarithme du capital fixe par travailleur	0,255***
Productivité globale des facteurs	0,131
	[0,091]
Total des rentes provenant des ressources naturelles (% du PIB)	0,002
	[0,002]
Afrique	-0,392*
Constante	4,847***
Observations	1 750
Nombre de groupes	104
R^2	0,420

Remarques:
1. Erreurs-types entre parenthèses.
2. *** p<0,01, ** p<0,05, * p<0,1
3. Le «total des rentes provenant des ressources naturelles» est utilisé comme indicateur de l'abondance de ressources naturelles dans un pays.
4. «Afrique» est une variable muette qui permet de prendre en compte le fait qu'un pays soit un pays africain.
5. La «productivité globale des facteurs», une variable indicative utilisée pour prendre en compte les technologies , est mesurée sur la base des PPA actuelles avec
États-Unis = 1.

font éventuellement peser sur les entreprises en matière d'accès aux réseaux du marché du crédit pour financer l'investissement en capital physique peuvent constituer une entrave importante à la croissance de la production manufacturière.

Les coefficients estimés des mesures qui tiennent compte de la technologie et de l'abondance de ressources naturelles sont positifs, mais non statistiquement significatifs concernant ces deux spécifications. Cela suggère que ces deux dotations factorielles, qui figurent généralement dans les équations des fonctions de production, n'expliquent pas la variation des performances du secteur manufacturier entre les pays au fil du temps.

Curieusement, la variable muette concernant les pays africains est négative et statistiquement significative. Cela suggère que s'il existait deux pays identiques en termes de dotations, l'un étant africain et l'autre situé dans une autre région du monde, le pays africain aurait un rendement inférieur. Il est probable qu'il existe des caractéristiques liées aux pays qui échappent à l'observation et que ces spécifications ne mettent pas en évidence. Par exemple, il peut y avoir un « effet africain » en ce qui concerne les perceptions des investisseurs étrangers, ce qui se traduit par un afflux d'IDE moins axés sur le secteur manufacturier dans les pays africains.

---

[10] Cet échantillon de pays est déterminé en fonction de la disponibilité des données. L'échantillon est composé de 104 pays, dont 20 pays africains, à savoir le Bénin, le Burundi, le Cameroun, la Côte d'Ivoire, l'Égypte, le Kenya, la Mauritanie, Maurice, le Maroc, le Mozambique, le Niger, le Rwanda, le Sénégal, la Sierra Leone, l'Afrique du Sud, la République centrafricaine, la République-Unie de Tanzanie, le Togo, la Tunisie et le Zimbabwe.

5.4.2 Explication des performances de production : la spécification des variables de l'Atlas de la complexité économique

Le tableau 5.2 présente les résultats de la spécification. Les variables issues de *l'Atlas de la complexité économique* y sont étudiées pour déterminer si elles expliquent les performances du secteur manufacturier d'un échantillon de pays durant la période 1995-2013[10]. Ces spécifications élargissent la spécification néoclassique en incluant la valeur d'opportunité et la mesure de la complexité économique. La colonne 2 illustre cette estimation, tandis que la colonne 3 étend le champ de l'analyse en s'attachant aux preuves de non-linéarité en ce qui concerne la façon dont la valeur d'opportunité influe sur la performance de la

TABLEAU 5.2 Explication des performances manufacturières sur la période 1995-2013

	Logarithme du nombre total de produits manufacturés exportés	Logarithme du nombre total de produits manufacturés exportés
Logarithme du capital fixe par travailleur	0,261***	0,247***
	[0,053]	[0,056]
Productivité globale des facteurs	0,152*	0,190**
	[0,085]	[0,085]
Total des rentes provenant des ressources naturelles (% du PIB)	0,003	0,002
	[0,002]	[0,002]
Afrique	-0,272	-0,266
	[0,198]	[0,180]
Indice de complexité économique	-0,026	-0,044
	[0,064]	[0,056]
Indice de valeur d'opportunité	0,151***	
	[0,033]	
Indice de valeur d'opportunité * Variable muette pays à faible revenu		0,361
		[0,246]
Indice de valeur d'opportunité * Variable muette pays à revenu intermédiaire		0,227***
		[0,060]
Indice de valeur d'opportunité * Variable muette pays de l'OCDE à revenu élevé		0,095***
		[0,024]
Indice de valeur d'opportunité * Variable muette pays hors OCDE à revenu élevé		0,139*
		[0,081]
Constante	4,670***	4,827***
	[0,631]	[0,653]
Observations	1 750	1 750
Nombre de groupes	104	104
R^2	0,553	0,602

Remarques :
1. Erreurs-types robustes entre parenthèses.
2. *** $p<0,01$, ** $p<0,05$, * $p<0,1$
3. Le « total des rentes provenant des ressources naturelles » est utilisé comme indicateur de l'abondance de ressources naturelles dans un pays.
4. « Afrique » est une variable muette qui permet de prendre en compte le fait qu'un pays soit un pays africain.
5. La « productivité globale des facteurs », une variable tenant compte de la technologie, mesurée sur la base des PPA actuelles avec USA=1,
6. La spécification de la variable de *l'Atlas de la complexité économique* (Hausmann *et al.* 2011) a été utilisée pour l'estimation.

production industrielle selon les niveaux de revenu[11]. Ces spécifications sont évaluées à l'aide d'un estimateur des effets aléatoires.

Conformément à la spécification néoclassique, le coefficient estimé de la variable désignant le stock net de capital par travailleur est positif et statistiquement significatif. Encore une fois, cela indique l'importance de la dotation en capital physique d'un pays pour expliquer la performance de son secteur manufacturier.

Contrairement aux estimations de la spécification néoclassique, la variable de productivité globale des facteurs qui rend compte du niveau technologique d'un pays est dorénavant statistiquement significative et positive. Ce résultat est logique, puisque les processus sous-tendant la production du secteur manufacturier nécessitent certaines technologies et que les pays les plus aptes à les acquérir sont les mieux placés pour développer leur secteur manufacturier. Lall (2000) distingue les productions manufacturières selon qu'il s'agit de produits de faible moyenne et de haute technologie, et fait valoir que le succès économique des Tigres d'Asie de l'Est s'explique en partie par leur capacité à passer des produits manufacturés à faible valeur technologique aux produits manufacturés de moyenne et haute technologie.

En se concentrant sur la variable d'indice de complexité économique, le coefficient estimé est négatif et non significatif statistiquement. Cela s'explique probablement par le fait que les pays dont les niveaux de complexité économique sont les plus élevés sont généralement des pays à revenu élevé. Bien qu'ils possèdent généralement un secteur manufacturier de pointe, ces pays ont tendance à s'orienter vers le secteur des services à mesure qu'ils se développent, tandis que le secteur manufacturier perd de l'importance. Il est prouvé notamment que la taille de ce dernier dans les pays à revenu élevé diminue sous l'effet de la hausse importante de la production manufacturière dans les marchés émergents, en particulier en Chine (Fontagné, Gaulier et Zignago, 2008).

Les résultats dans le tableau 5.2 montrent que l'indice de valeur d'opportunité est positif et statistiquement significatif, ce qui indique que plus la structure d'exportation d'un pays est connectée, meilleure est la performance de son secteur manufacturier. Cela suggère que les capacités productives d'un pays, telles que reflétées dans son portefeuille d'exportations actuel, constituent une contrainte majeure au regard de la performance de son secteur manufacturier. L'idée clé qui se dégage de cette estimation est que les pays dont les capacités productives sont les plus proches de celles qui sont nécessaires à la production d'une plus grande gamme de produits manufacturés sont ceux dont le secteur manufacturier affiche la meilleure performance.

Il est intéressant de noter que, une fois que la structure d'exportation d'un pays et sa complexité économique sont prise en compte, « l'effet négatif Afrique » disparaît[12]. Cela implique qu'une fois que les capacités productives d'un pays et le potentiel qu'elles offrent en termes d'accroissement de son activité manufacturière sont pris en compte, les secteurs manufacturiers dans les pays africains n'enregistrent plus de sous-performance par rapport à ceux des pays des autres régions du monde. Par conséquent, si les pays africains étaient en mesure de développer les capacités productives susceptibles de garantir le dynamisme de son secteur manufacturier, les entreprises de ces pays seraient en mesure de rivaliser sur le marché mondial[13].

---

[11] Des résultats similaires ont été obtenus lorsque la variable dépendante mesurait les exportations de produits manufacturiers purs.

[12] Étant donné que la « variable muette Afrique » n'est pas statistiquement significative, cette spécification s'appuie sur l'estimateur des effets fixes comme variable indicative des effets fixes du pays et de l'année. Les résultats ainsi obtenus sont cohérents avec ceux du tableau 5.2.

[13] Hidalgo, Hausmann et Dasgupta (2009) décrivent ces capacités de production comme des réseaux non échangeables de savoir-faire collectif, tels que les réseaux logistiques, les réseaux financiers, les réseaux d'approvisionnement et les réseaux de connaissances. Par exemple, un viticulteur doit pouvoir accéder à des réseaux financiers pour financer son exploitation, à des réseaux de distribution pour se procurer des intrants tels que les engrais, à des réseaux logistiques pour transporter le produit jusqu'au consommateur, à des réseaux de connaissances pour affiner ses techniques de vinification et obtenir des conseils sur l'accès au marché international, et ainsi de suite.

Sur le plan de la stratégie politique, il est important d'identifier ces capacités productives. Cependant, compte tenu de l'hétérogénéité des pays africains et du fait que l'Afrique ne saurait être assimilée à un seul grand pays, des analyses d'études de cas constitueraient la meilleure approche pour identifier les contraintes spécifiques rencontrées par les entreprises manufacturières dans les différents pays africains.

Enfin, les estimations présentées dans la troisième colonne du tableau 5.2 visent à déterminer si le lien entre la connectivité des portefeuilles d'exportations des pays et leur performance manufacturière est non linéaire sur le plan des revenus. Le coefficient — positif, mais statistiquement non significatif — de la variable qui a créé une interaction entre le statut de pays à faible revenu et l'indice de valeur d'opportunité montre que la connectivité de ces pays n'affecte pas leurs performances à l'exportation. Cela peut être dû au fait que les secteurs manufacturiers de ces pays sont quasi inexistants.

Les coefficients estimatifs des termes d'interaction relatifs aux pays à revenu intermédiaire ou élevé de l'OCDE et aux pays à revenu élevé hors OCDE, sont de toute évidence positifs et statistiquement significatifs. Cela suggère que la connectivité des structures d'exportation de ces pays est positivement liée à leur performance manufacturière.

Il est intéressant de noter que l'ampleur des coefficients estimés augmente à mesure que l'on passe des pays à revenu élevé de l'OCDE aux pays à revenu élevé OCDE et pays à revenu intermédiaire. Cela signifie que les pays à revenu intermédiaire recueillent de meilleurs dividendes en termes d'amélioration de la performance manufacturière par rapport à la connectivité de leurs portefeuilles d'exportations. Ce constat apparaît logique, puisque les pays à revenu intermédiaire disposant des capacités de production nécessaires disposent d'une plus grande marge de manœuvre pour fabriquer de nouveaux produits manufacturiers et, par conséquent, assurer la croissance du secteur manufacturier (c'est-à-dire qu'ils partent d'un niveau plus bas, avec des « gains plus faciles à obtenir »). À l'inverse, les pays à revenu élevé possèdent déjà des secteurs manufacturiers bien établis. Par conséquent, la perspective d'expansion grâce à de nouvelles activités est limitée.

En outre, ce résultat semble cohérent avec les études ayant exploré le lien entre la diversification des exportations et le développement économique (Cadot, Carrère et Strauss-Kahn, 2011 ; Klinger et Lederman, 2011). Généralement, ces études montrent qu'au fur et à mesure que les pays se développent, ils diversifient leurs structures d'exportation et produisent plus de produits manufacturés. À mesure que les pays atteignent des niveaux plus élevés de développement, ils s'orientent vers le secteur des services et la croissance manufacturière se stabilise. En ce qui concerne le potentiel de croissance de la production manufacturière dans les pays africains, ce résultat est réconfortant, car un petit nombre de pays africains sont récemment passés au statut de pays à revenu intermédiaire. Ces pays semblent disposer du plus grand potentiel de croissance quant à leur secteur manufacturier.

5.5 Conclusions et recommandations stratégiques

Les analyses précédentes suggèrent essentiellement que la transformation structurelle implique principalement la diversification constante d'une économie domestique vers des nouvelles formes d'activités et de production manufacturières de plus en plus sophistiquées. Par conséquent, la compréhension des facteurs qui peuvent entraver cette croissance régulière de la production manufacturière revêt une importance capitale.

À l'aide des outils analytiques et empiriques proposés par *l'Atlas de la complexité économique*, on constate que les capacités productives en Afrique restent relativement faibles, ce qui se traduit par de faibles niveaux de développement économique. L'analyse de l'espace produit montre que les portefeuilles d'exportations des économies africaines sont périphériques et donc dominés par les produits primaires. L'indice de valeur d'opportunité indique que la nature périphérique du portefeuille des exportations africaines a des répercussions sur la capacité de la région à opérer sa transformation structurelle. Il est clair que les capacités productives inhérentes à la structure productive d'une économie africaine caractéristique sont éloignées des capacités productives requises pour orienter la production vers des activités manufacturières plus complexes.

L'analyse économétrique indique que les dotations factorielles, telles que le capital physique par travailleur, ont une incidence positive sur la performance du secteur manufacturier. En revanche, on peut constater que le fait d'être un pays situé en Afrique a un effet négatif sur celle-ci et que ce résultat est assez conforme dans toutes les spécifications. Ce dernier résultat indique que, même après pondération d'une série de facteurs, il existe encore des variables non observables qui nuisent à la performance du secteur manufacturier de l'Afrique. Toutefois, une fois que la complexité économique d'un pays et la connectivité de sa structure d'exportation sont contrôlées, l'« effet négatif de l'Afrique » disparaît.

En ce qui concerne la valeur d'opportunité, un effet non linéaire peut être observé. Plus précisément, on peut observer que l'effet positif s'amplifie si l'on passe des pays à revenu élevé aux pays à revenu intermédiaire. Il en résulte que les pays à revenu intermédiaire ont le plus à gagner d'investir dans leurs capacités productives. Cependant, il n'y a pas d'effet statistiquement significatif dans le cas des pays à faible revenu. Cela peut être dû au fait qu'il n'existe aucun secteur manufacturier dans ces pays ; par conséquent, leurs capacités de production actuelles inhérentes à leur structure productive sont trop éloignées de celles qui s'avèreraient nécessaires pour opérer aisément une diversification vers le secteur manufacturier.

Cette analyse montre que, pour s'assurer une croissance économique durable, un pays doit diversifier son panier d'exportations. Par conséquent, les politiques de croissance économique doivent se concentrer sur les industries qui fabriquent des produits relativement sophistiqués ou sur celles qui ont le potentiel pour fabriquer des produits plus sophistiqués à l'avenir (Zahler *et al.*, 2014). Pour identifier de telles industries, il est nécessaire de mener une évaluation détaillée des opportunités et des défis dans chacune d'entre elle, sans ingérence politique ni pression de la part de groupes d'intérêts, (*ibid.*). Le Chili, par exemple, a eu recours au Boston Consulting Group (un tiers externe neutre) pour identifier les industries à fort potentiel de croissance (*ibid.*). À partir de là, le gouvernement doit déterminer de concert avec le secteur privé les intrants publics les plus appropriés — sur le plan des infrastructures (par exemple, les réseaux électriques), des institutions (par exemple, des lois strictes sur les brevets) ou de l'éducation — pour faciliter l'accroissement des capacités productives du secteur et favoriser ainsi la fabrication de produits plus sophistiqués.

Il convient somme toute de reconnaître qu'il n'y a pas de solution miracle pour l'Afrique. Bien au contraire, les possibilités et les défis de chaque pays sont beaucoup plus nuancés que ceux présentés dans cette étude. Il est plus vraisemblable que des études axées sur les pays permettront de dégager des orientations stratégiques plus précises et plus adaptées.

RÉFÉRENCES

BAfD (Banque africaine de développement). 2012. *African Economic Outlook 2012: Promoting Youth Employment.* Organisation pour la coopération et le développement économiques, Programme des Nations Unies pour le développement et Commission économique des Nations Unies pour l'Afrique. 2012. Paris : OECD.

Banque mondiale. 2016. Indicateurs du développement dans le monde. http://data.worldbank.org/indicator/NV.IND.MANF.ZS

Beegle, K. L. Christiaensen, A. Dabalen et I. Gaddis. 2016. *Poverty in a rising Africa.* Washington, D.C. Banque mondiale. Disponible à l'adresse : http://hdl.handle.net/10986/22575

Cadot, O., C. Carrère et V. Strauss-Kahn. 2011. Export diversification: What's behind the hump? *The Review of Economics and Statistics,* 93(2), 590–605.

CID (Center for International Development). Atlas of Economic Complexity. Boston : Université de Harvard 2014. Disponible à l'adresse : http://atlas.cid.harvard.edu/explore/product_space/export/usa/all/show/2013/

Cornia, G.A. 2016. An Econometric Analysis of the Bifurcation of Within-Country Inequality Trends in sub-Saharan Africa, 1990-2011, Série de documents de travail du RBA du PNUD n ° 4 (UNDP-RBA/WPS/4/2016).

Feenstra, R.C., R. Inklaar et M. Timmer. 2013. The next generation of the Penn World Table. *American Economic Review*, 105(10), 3150–3182. Disponible à l'adresse : www.ggdc.net/pwt

Hausmann, R., B. Cunningham, J. Matovu, R. Osire et K. Wyett. 2014. How should Uganda grow? CID Working Paper N° 275. Boston, université de Harvard.

Hausmann, R., C.A. Hidalgo, M. Coscia, S. Chung, J. Jimenez, A. Simoes et M. A. Yıldırım. 2011. *Atlas of Economic Complexity.* Cambridge, Massachusetts : Puritan Press.

Hausmann, R. et C.A. Hidalgo. 2011. The network structure of economic output. *Journal of Economic Growth*, 16(4), p. 309–342.

Hausmann, R., J. Hwang et D. Rodrik. 2007. What you export matters. *Journal of Economic Growth*, 12(1), 1–25.

Hausmann, R. et B. Klinger. 2006. Structural transformation and patterns of comparative advantage in the product space. CID Working Paper N° 128, Université de Harvard. Disponible à l'adresse : http://ksgnotes1.harvard.edu/Research/wpaper.nsf/rwp/RWP06-041

Hidalgo, C.A., B. Klinger, A.-L. Barabási et R. Hausmann. 2007. The product space conditions the development of nations. *Science, New Series*, 317(5837), 482–487. Disponible à l'adresse : www.jstor.org/stable/20037448

Hidalgo, C.A., R. Hausmann et P.S. Dasgupta. 2009. The building blocks of economic complexity. *Proceedings of the National Academy of Sciences of the United States of America*, 106(26), 10570–10575. Disponible à l'adresse : www.jstor.org/stable/40483593

Klinger, B. et D. Lederman. 2011. Export discoveries, diversification and barriers to entry. *Economic Systems*, 35(1), 64–83. Disponible à l'adresse : http://dx.doi.org/10.1016/j.ecosys.2010.12.001.

Lall, S. 2000. The technological structure and performance of developing country manufactured exports. 1985-98. *Oxford Development Studies*, 28(3), 337–369. Disponible à l'adresse : http://dx.doi.org/10.1080/713688318.

McMillan, M., D. Rodrik et I. Verduzco-Gallo. 2014. Globalisation, structural change, and productivity growth, with an update on Africa. *World Development*, 63, 11–32. Disponible à l'adresse : www.sciencedirect.com/science/article/pii/S0305750X13002246

McMillan, M.S. et K. Harttgen. 2014. What is driving the "African growth miracle"? Cambridge, Massachusetts. Disponible à l'adresse : www.nber.org/papers/w20077

Rodrik, D. 2014. An African growth miracle? Cambridge, Massachusetts. Disponible à l'adresse : www.nber.org/papers/w20188

Simoes, A. et C.A. Hidalgo. 2011. The Economic Complexity Observatory: An Analytical Tool for Understanding the Dynamics of Economic Development. *Workshops at the Twenty-Fifth AAAI Conference on Artificial Intelligence*. Disponible à l'adresse : http://atlas.media.mit.edu/en

Söderbom, M. et F. Teal. 2003. How can policy towards manufacturing in Africa reduce poverty? A review of the current evidence from cross-country firm studies. Centre for the Studies of African Economies, Université d'Oxford. Disponible à l'adresse : https://www.unido.org/uploads/tx_templavoila/How_can_policy_towards_manufacturing_in_Africa_reduce_poverty.pdf

Zahler, A., C. Bravo, D. Goya et J.M. Benavente. 2014. Public Private Collaboration on Productive Development in Chile. *Document de travail IDP n°* IDP-WP-502, Banque interaméricaine de développement.

Variable	Description	Source
Capital fixe par travailleur	La variable capital par travailleur est calculée à partir des données sur l'emploi et sur le stock de capital (en dollars constants de 2005).	Penn World Table, Version 8.1 (Feenstra *et al.*, 2013)
Productivité globale des facteurs (PGF)	La PGF est calculée en dollars américains en PPP, en utilisant les données sur le stock de capital, l'apport de main-d'œuvre et la part du revenu du travail. Voir Feenstra et al. (2013) pour plus d'information.	
Indice de valeur d'opportunité	Il mesure combien de produits sont proches de l'ensemble des capacités productives d'un pays.	Observatoire de la complexité économique (Simoes et Hidalgo, 2011)
Indice de complexité économique	Il mesure la distance entre les capacités de production inhérentes à la structure d'exportation actuelle d'un pays et les capacités de production associées aux produits qu'il n'exporte pas encore.	
Total des rentes provenant des ressources naturelles (% du PIB)	Le total des rentes provenant des ressources naturelles correspond à la somme des rentes générées par le pétrole, le gaz naturel, le charbon (dur et mou), des rentes minières et des rentes forestières.	Indicateurs du développement dans le monde de la Banque mondiale
Nombre de produits manufacturés exportés	Mesure le nombre de produits manufacturés exportés.	Base de données du BACI sur le commerce international au niveau du produit

Pays	ISO	Pays	ISO	Pays	ISO	Pays	ISO
ALBANIE	ALB	ESTONIE	EST	LIBYE	LBY	ARABIE SAOUDITE	SAU
ALGÉRIE	DZA	ÉTHIOPIE	ETH	LITUANIE	LTU	SÉNÉGAL	SEN
ANGOLA	AGO	FINLANDE	FIN	MACÉDOINE	MKD	SERBIE	SRB
ARGENTINE	ARG	FRANCE	FRA	MADAGASCAR	MDG	SINGAPOUR	SGP
AUSTRALIE	AUS	GABON	GAB	MALAWI	MWI	RÉP. SLOVAQUE	SVK
AUTRICHE	AUT	GÉORGIE	GEO	MALAISIE	MYS	SLOVÉNIE	SVN
AZERBAÏDJAN	AZE	ALLEMAGNE	DEU	MALI	MLI	AFRIQUE DU SUD	ZAF
BANGLADESH	BGD	GHANA	GHA	MAURITANIE	MRT	ESPAGNE	ESP
RÉP. DU BELARUS	BLR	GRÈCE	GRC	MAURICE	MUS	SRI LANKA	LKA
BELGIQUE	BEL	GUATEMALA	GTM	MEXIQUE	MEX	SOUDAN	SDN
BOLIVIE	BOL	GUINÉE	GIN	RÉP. DE MOLDAVIE	MDA	SUÈDE	SWE
BOSNIE HERZÉGOVINE	BIH	HONDURAS	HND	MONGOLIE	MNG	SUISSE	CHE
BOTSWANA	BWA	HONG KONG, CHINE	HKG	MAROC	MAR	RÉP. ARABE SYRIENNE	SYR
BRÉSIL	BRA	HONGRIE	HUN	MOZAMBIQUE	MOZ	TADJIKISTAN	TJK
BULGARIE	BGR	INDE	IND	NAMIBIE	NAM	TANZANIE	TZA
CAMBODGE	KHM	INDONÉSIE	IDN	PAYS-BAS	NLD	THAÏLANDE	THA
CAMEROUN	CMR	IRAN, RÉP. ISLAMIQUE	IRN	NOUVELLE-ZÉLANDE	NZL	TRINITÉ-ET-TOBAGO	TTO
CANADA	CAN	IRLANDE	IRL	NICARAGUA	NIC	TUNISIE	TUN
CHILI	CHL	ISRAËL	ISR	NIGERIA	NGA	TURQUIE	TUR
CHINE	CHN	ITALIE	ITA	NORVEGE	NOR	TURKMÉNISTAN	TKM
COLOMBIE	COL	JAMAÏQUE	JAM	OMAN	OMN	OUGANDA	UGA
CONGO, RÉP.	COG	JAPON	JPN	PAKISTAN	PAK	UKRAINE	UKR
COSTA RICA	CRI	JORDANIE	JOR	PANAMA	PAN	ÉMIRATS ARABES UNIS	ARE
CÔTE D'IVOIRE	CIV	KAZAKHSTAN	KAZ	PAPOUASIE NOUVELLE-GUINÉE	PNG	ROYAUME-UNI	GBR
CROATIE	HRV	KENYA	KEN	PARAGUAY	PRY	ÉTATS-UNIS	USA
CUBA	CUB	CORÉE, RÉP.	KOR	PÉROU	PER	URUGUAY	URY
RÉP. TCHÈQUE	CZE	KOWEÏT	KWT	PHILIPPINES	PHL	OUZBÉKISTAN	UZB
DANEMARK	DNK	RÉP. DU KIRGHIZISTAN	KGZ	POLOGNE	POL	VENEZUELA	VEN
RÉP. DOMINICAINE	DOM	RÉP. DÉMOCRATIQUE POPULAIRE LAO	LAO	PORTUGAL	PRT	VIETNAM	VNM
ÉQUATEUR	ECU	LETTONIE	LVA	QATAR	QAT	RÉP. DU YÉMEN	YEM
RÉP. ARABE D'ÉGYPTE	EGY	LIBAN	LBN	ROUMANIE	ROU	ZAMBIE	ZMB
EL SALVADOR	SLV	LIBÉRIA	LBR	FÉDÉRATION DE RUSSIE	RUS	ZIMBABWE	ZWE

Vers une stratégie du secteur des industries extractives favorable à l'équité

Circuits tributaires des ressources induits par les inégalités

Délivrance d'un nombre limité de licences dans les secteurs extractifs

Le coût élevé de l'entrée dans le secteur des industries extractives se prête à des structures oligopolistiques

Les recettes générées par les ressources sont habituellement importantes et courent un risque élevé de transfert vers l'étranger via des circuits illicites

La malédiction des ressources (syndrome hollandais) exacerbe l'inégalité des résultats sur le plan du développement

Forte intensité de capital et création d'emplois limitée du secteur

Faible intégration en amont et en aval au reste de l'économie

Briser le lien industries extractives - inégalités

Imposition juste du secteur extractif et examen régulier des contrats miniers

Politiques fiscales progressives et programmes de transferts sociaux

Utilisation efficace de la richesse issue des industries extractives

Épargne régulière en période d'expansion

Institutions fortes et gouvernance responsable et transparente

Gouvernance participative, notamment mobilisation accrue des organisations de la société civile

Industries extractives

Équité

6 Dépendance à l'égard des ressources et inégalités en Afrique : effets, conséquences et solutions possibles

HAROON BHORAT, GRIEVE CHELWA, KARMEN NAIDOO ET BENJAMIN STANWIX

6.1 Introduction

Depuis 10 ans, l'Afrique abrite de plus en plus de pays affichant la croissance la plus rapide au monde. Ces progrès récents ont engendré une vague d'optimisme dans de nombreuses régions du continent où les perspectives de développement économique se sont améliorées. Cet optimiste s'est toutefois accompagné de préoccupations quant au degré d'ouverture et à la durabilité des processus de croissance actuels, largement liés aux industries extractives. En outre, il convient de situer la croissance observée dans un cadre historique plus vaste. Un optimisme similaire avait entouré la croissance de relativement courte durée qui a suivi la Seconde Guerre mondiale (1950 à 1970) et dont les bienfaits à long terme se sont avérés limités : un précédent qui peut éventuellement servir d'avertissement dans le climat actuel de croissance (Broadberry et Gardner, 2013). En remontant encore plus loin dans le temps, Jerven (2010) suggère que les performances économiques de la région se sont caractérisées pendant plusieurs siècles par des périodes de croissance rapide suivies de renversements de tendance, la demande de produits de base restant le moteur principal de ces fortes fluctuations.

Si les ressources naturelles permettent d'accroître rapidement les richesses, une dépendance excessive à l'égard des industries extractives peut s'accompagner de problèmes (la célèbre « malédiction des ressources »), en particulier lorsque certains des facteurs institutionnels et structurels susceptibles de favoriser une transition réussie vers une croissance soutenue ne sont pas réunis. Ce chapitre étudie les récents progrès économiques observés sur une grande partie du continent en insistant particulièrement sur les industries extractives et l'inégalité à l'aide de données transnationales et d'exemples concrets au niveau des pays. Il commencera par examiner l'évolution de la croissance en Afrique après 2000 et souligne la relation empirique entre celle-ci et l'inégalité dans un contexte marqué par une forte dépendance à l'égard des ressources. Il abordera ensuite les interactions complexes entre cette dépendance et la croissance. Il explorera certains des moteurs possibles d'inégalité dans des pays tributaires de leurs ressources naturelles, en détaillant brièvement la façon dont les revenus des industries extractives sont étroitement liés à des mouvements illicites de capitaux, un phénomène qui appauvrit le continent. Pour finir, il énumère des recommandations de politiques générales, qui apportent quelques solutions élémentaires aux défis associés aux industries extractives en Afrique.

6.2 L'essor des ressources extractives et l'inégalité

La croissance du PIB de l'Afrique subsaharienne avoisinait 6 % en 2013, derrière l'Asie de l'Est. Durant les cinq années qui ont précédé 2013, 32 pays de la région ont systématiquement enregistré des taux de croissance de plus de 3 %, tandis que 17 ont connu une croissance exceptionnelle de plus de 5 % par an sur la même période. Il est cependant essentiel de noter que sur ces 17 pays, 14 appartiennent à la catégorie des pays tributaires de leurs ressources naturelles. Un pays est considéré comme étant dépendant de ses ressources naturelles si sur une période de cinq ans, 25 % ou plus de ses revenus d'exportation proviennent des ressources naturelles[1]. La figure 6.1 montre le degré de dépendance de 51 pays d'Afrique subsaharienne vis-à-vis des ressources naturelles et la figure 6.2 illustre le lien entre la croissance du PIB et la dépendance à l'égard des ressources naturelles des 17 pays mentionnés plus haut et dont la croissance a été particulièrement rapide.

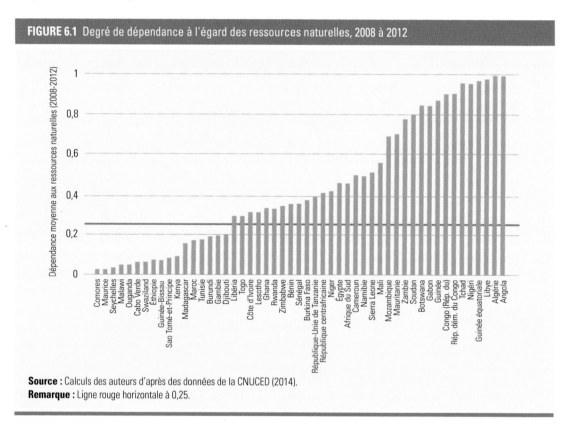

FIGURE 6.1 Degré de dépendance à l'égard des ressources naturelles, 2008 à 2012

Source : Calculs des auteurs d'après des données de la CNUCED (2014).
Remarque : Ligne rouge horizontale à 0,25.

Sur la figure 6.1, il apparaît clairement que la croissance économique de nombreux pays du continent est largement liée à leurs ressources naturelles. De fait, 34 des 51 pays (67 %) sont considérés tributaires de leurs ressources naturelles selon la définition présentée ci-dessus, et un groupe important d'entre eux est presque exclusivement dépendant de l'industrie extractive. Il est utile de comprendre, pour ces pays dépendants, la part des différentes ressources dans cette dépendance. La figure 6.2 ventile la dépendance à l'égard des ressources selon les rentes provenant du pétrole, des minéraux et du gaz naturel, et montre la contribution

---

[1] C'est une définition désormais largement reconnue et utilisée dans les publications (voir FMI, 2012). Les auteurs ont privilégié « la part des revenus d'exportation » plutôt que « la part des exportations dans le PIB » dans la lignée de Sala-i-Martin et Subramanian (2003).

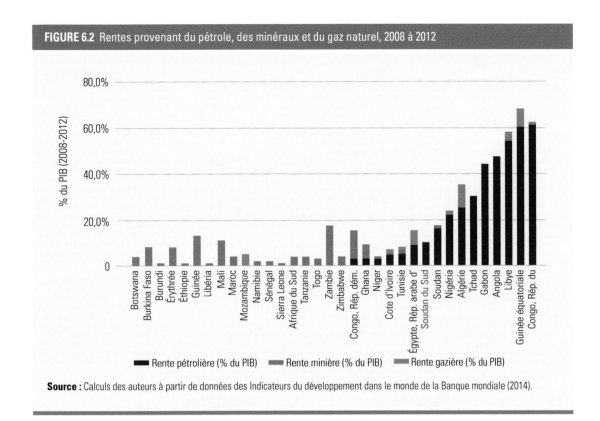

FIGURE 6.2 Rentes provenant du pétrole, des minéraux et du gaz naturel, 2008 à 2012

Source : Calculs des auteurs à partir de données des Indicateurs du développement dans le monde de la Banque mondiale (2014).

de chaque ressource au PIB sur cette même période de cinq ans (2008 à 2012). Si pour plusieurs pays affichant des niveaux plus faibles de dépendance vis-à-vis des ressources naturelles, les rentes provenant de l'exploitation minière sont cruciales, il est évident que pour la majorité des États, le pétrole constitue de loin la plus grande source de revenus.

La figure 6.3 relie quant à elle la dépendance globale vis-à-vis des ressources naturelles et la croissance, en s'intéressant aux pays qui ont connu la croissance la plus rapide sur une période de cinq ans. Elle montre que si la croissance n'est pas intégralement tributaire des ressources, celles-ci n'en restent pas moins essentielles pour la grande majorité des économies à croissance rapide sur le continent, qui ont bénéficié d'une forte demande de produits de base et d'une flambée des prix depuis 2000. Certains pays comme le Mozambique, bien que classés parmi les pays tributaires de leurs ressources naturelles, ont affiché une croissance impressionnante, quoique partant d'une base faible, qui a précédé la récente exploitation à grande échelle des ressources naturelles.

Le résultat idéal de ce scénario serait que les gains de cette croissance importante et continue se traduisent par une baisse rapide du niveau de pauvreté. Les données suggèrent cependant que pour cette région, l'élasticité de la pauvreté par rapport à la croissance est sensiblement inférieure à celle observée pour la plupart des autres pays en développement. En d'autres termes, en moyenne, pour le même niveau de croissance économique, les seuils de pauvreté en Afrique n'ont pas diminué autant que dans d'autres régions en développement (Christiaensen, Chuhan-Pole et Sanoh, 2013)[2]. L'une des raisons principales pour lesquelles une croissance

---

[2] Il convient néanmoins de souligner que l'Afrique subsaharienne a enregistré certains progrès en ce qui concerne la réduction de la pauvreté. Martin Ravallion et ses collègues ont ainsi estimé que le pourcentage de personnes disposant de 1,25 dollar ou moins par jour pour vivre a baissé de 10 % entre 1999 et 2008 (voir : http://blogs.worldbank.org/africacan/node/2100).

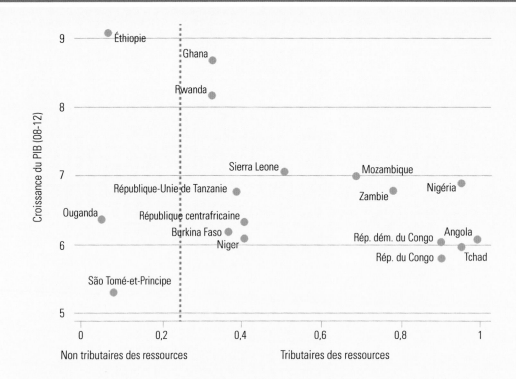

FIGURE 6.3 Croissance du PIB et degré de dépendance à l'égard des ressources naturelles (2008- 2012)

Source : Calculs des auteurs d'après les données de la Banque mondiale (2014) et de la CNUCED (2014).
Remarque : Les pays situés à la droite de la ligne rouge en pointillé sont classés comme étant tributaires de leurs ressources naturelles.

économique soutenue ne se traduit pas toujours par une réduction rapide de la pauvreté est que ladite croissance peut avoir des effets négatifs sur l'inégalité[3]. Une inégalité élevée et en augmentation entrave les effets de la croissance sur la pauvreté et, de bien des façons, prive en quelque sorte les pays des gains de la croissance susceptibles de faire reculer ce fléau (Ravallion, 1997 ; Fosu, 2009). En effet, une inégalité élevée peut en soi être un obstacle et nuire à la croissance (Ostry, Berg et Tsangarides, 2014). Si une croissance rapide engendre invariablement des résultats inégaux du fait des conditions et dotations initiales dans de nombreux pays en développement, des formes particulières de croissance économique induisent des hausses particulièrement marquées des niveaux d'inégalité de revenus. C'est pourquoi un schéma de croissance axé sur des secteurs à forte intensité de main-d'œuvre (tels que le secteur agricole et l'industrie légère) a tendance à davantage faire reculer la pauvreté (et à induire moins d'inégalités) qu'une trajectoire à forte intensité de capital, dans la mesure où la première option offre bien plus de possibilités d'emploi que la seconde (Ravallion et Datt, 1996 ; Khan, 1999 ; Ravallion et Chen, 2007 ; Loayza et Raddatz, 2010).

Le boom des ressources naturelles au cours de la dernière décennie a contribué à une forte hausse de la construction et du développement des infrastructures, créant ainsi de nombreux emplois peu qualifiés. De nombreux pays ont puisé dans leur flux de recettes futures provenant des ressources naturelles et ont utilisé ces fonds 'pour construire des routes, des ponts, et pour moderniser les moyens de production d'énergie.

---

[3] Si la démarche se focalise essentiellement sur la pauvreté du revenu, d'autres dimensions méritent également d'être étudiées. Cependant, faute de données systématiquement disponibles dans tous les pays, les analyses transnationales concernant ces autres aspects restent problématiques.

Par exemple, depuis 2012, la Zambie a émis des euro-obligations afin d'augmenter les dépenses dans les infrastructures nationales. Cependant, le caractère temporaire des emplois ainsi créés ne peut que susciter des inquiétudes et dans l'ensemble, du fait de l'intensité relative du capital dans les industries extractives, il n'est guère surprenant que pour des économies largement tributaires de ce secteur, la pression en matière de répartition des revenus soit d'autant plus grande (Goldstein, Pinaud AMD Reisen, 2006)[4].

La figure 6.4 étudie le lien entre la dépendance vis-à-vis des ressources et l'inégalité, mesurée par le coefficient de Gini, dans les pays d'Afrique subsaharienne tributaires et non tributaires des ressources naturelles. Cette figure montre que pour la plupart des pays africains, l'inégalité telle que mesurée par le coefficient de Gini se situe entre 0,30 et 0,50. En moyenne, les pays tributaires des ressources naturelles affichent des valeurs légèrement inférieures. On observe cependant un pic dans la partie supérieure de la courbe, indiquant qu'un grand nombre de pays largement dépendants de leurs ressources (tels que l'Afrique du Sud et le Botswana) ont des niveaux très élevés d'inégalité – proches ou au-dessus de 0,60. Cela montre que si, dans l'ensemble, l'articulation entre l'inégalité et la dépendance d'un pays vis-à-vis de ses ressources naturelles ne semble pas évidente, les économies fortement tributaires de ces ressources sont davantage susceptibles de présenter d'importantes inégalités. Cette éventualité est abordée plus en détail ci-après. Il est également important d'examiner les évolutions des inégalités de revenus dans le temps. La figure 6.4 montre l'évolution des inégalités de revenus sur une période de 20 ans (1990-2010) dans 34 pays africains pour lesquels des données sont disponibles[5]. Ces pays sont de nouveau répartis entre pays dépendants et non dépendants des ressources. Une fois encore, aucune tendance claire ne se dessine : 55 % des pays tributaires de leurs ressources naturelles ont connu une hausse de l'inégalité, contre 50 % des pays qui ne dépendent pas de leurs ressources.

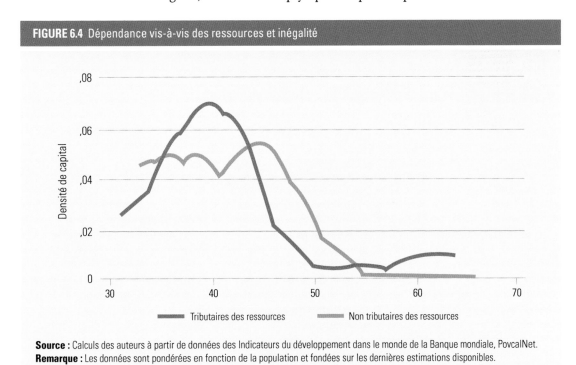

FIGURE 6.4 Dépendance vis-à-vis des ressources et inégalité

Source : Calculs des auteurs à partir de données des Indicateurs du développement dans le monde de la Banque mondiale, PovcalNet.
Remarque : Les données sont pondérées en fonction de la population et fondées sur les dernières estimations disponibles.

---

[4] Comme mentionné ci-après, des facteurs supplémentaires à l'échelle nationale, tels que des systèmes de taxation inefficaces, une mauvaise gouvernance et des niveaux élevés de corruption, peuvent accroître les risques d'inégalité dans les économies tributaires des ressources.

[5] Les auteurs ont sélectionné des données concernant les années 1990 et 2000 (données les plus récentes).

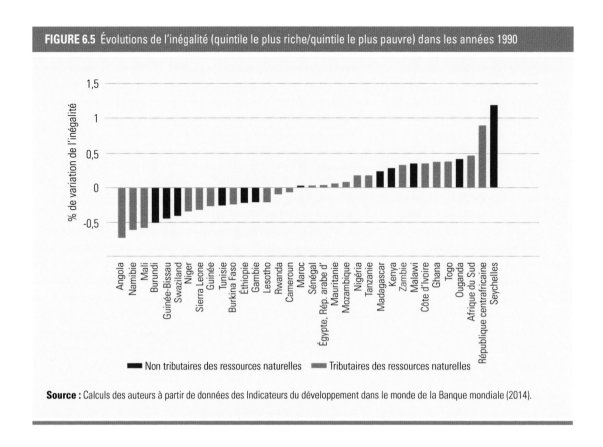

FIGURE 6.5 Évolutions de l'inégalité (quintile le plus riche/quintile le plus pauvre) dans les années 1990

Source : Calculs des auteurs à partir de données des Indicateurs du développement dans le monde de la Banque mondiale (2014).

6.3 Les moteurs de l'inégalité dans les pays tributaires de leurs ressources naturelles

Bien qu'aucune relation globale évidente n'émerge entre la manne des ressources naturelles et l'inégalité, il convient de prendre en compte la menace que représente une dépendance excessive à l'égard des industries extractives dans des pays où la croissance est élevée à moyen terme. L'analyse qui suit se fondera essentiellement sur la documentation existante relative à la dépendance à l'égard des ressources naturelles et à la croissance en mettant en exergue certains des principaux facteurs susceptibles de faire de cette dépendance un moteur de l'inégalité au sein d'un pays.

Les éléments recueillis dans les différents pays concernant l'incidence de la dépendance vis-à-vis des ressources sur la croissance et le développement manquent de cohérence et sont sujets à discussion, mais une littérature de plus en plus abondante en la matière suggère que la qualité des institutions nationales joue un rôle déterminant sur l'incidence négative ou positive de la dotation en ressources naturelles d'un pays (Robinson, Torvik et Verdier, 2006 ; Bulte, Damania et Deacon, 2005). L'État est incontestablement la plus importante des diverses institutions auxquelles il est fait référence dans ces documents". Il peut directement organiser la redistribution des revenus par le biais de politiques budgétaires et de régulations structurelles des marchés de produits et des facteurs de production. Si, une fois de plus, aucun consensus ne semble se dégager sur la nature des liens spécifiques entre institutions et dépendance à l'égard des ressources naturelles, des explications ont été avancées à ce sujet, appuyées par des exemples de pays. Les études menées par Mehlum, Moene et Torvik (2006) étayent notamment l'argument selon lequel l'abondance de ressources est une bénédiction pour les pays dotés de bonnes institutions et une malédiction pour ceux dotés d'institutions inadaptées. Un point de vue légèrement plus nuancé suggère que le cadre institutionnel d'un pays est, en effet, endogène et qu'il peut évoluer en fonction des richesses naturelles (Jensen et Wanchekon, 2004 ; Robinson, Torvik et Verdier, 2006). Dans le cas présent, Jensen et Wanchekon (2004) affirment que la dépendance à l'égard des ressources naturelles peut avoir des effets négatifs graves tant pour la transition démocratique que pour la consolidation de la démocratie. Pour finir, certains résultats transnationaux, non circonscrits à l'Afrique, suggèrent qu'un lien de causalité peut en effet être établi entre la faiblesse des institutions et la dépendance vis-à-vis des ressources naturelles, car des secteurs de production non primaires ont moins de chances de voir le jour dans des pays aux institutions fragiles (Brunnschweiler et Bulte, 2008).

Néanmoins, en raison de la complexité de la question et du manque de travaux empiriques solides sur le sujet, la compréhension de ce lien reste limitée. Un des axes d'étude de la relation de causalité pourrait partir du postulat que la dotation en ressources naturelles affaiblit les institutions, indépendamment du degré initial de leur solidité. Au cours des cinq dernières années, la mise au jour de ressources naturelles dans la vallée du Rift, en Afrique de l'Est (pétrole), ainsi qu'au large des côtes du Kenya, de la République-Unie de Tanzanie et du Mozambique (gaz naturel) ont généré beaucoup d'optimisme. Si cela ouvre en effet de belles perspectives pour les sous-régions du continent, il subsiste des inquiétudes qui pourraient rejoindre les points de vue décrits précédemment.

Cependant, ce lien de causalité peut tendre vers le contraire. Pour un pays doté d'institutions faibles, la découverte de ressources naturelles sur son territoire ou l'accroissement de la dépendance à l'égard de telles ressources amoindrit les capacités de l'État à transformer la croissance en gains socioéconomiques. En revanche, un pays dont les institutions sont déjà fortes, transparentes et responsables est en mesure de tirer au mieux parti des bénéfices de la croissance alimentée par les ressources naturelles. Le Ghana, un pays doté d'institutions solides et tributaire de ses ressources naturelles, illustre fort bien ce cas de figure. Depuis la découverte de ressources pétrolières au large de ses côtes en 2007, le secteur des ressources naturelles a gagné en importance en tant que moteur de la croissance nationale. Les indicateurs socio-économiques du Ghana ont largement continué à progresser, soutenus par des institutions démocratiques relativement fortes et indépendantes (pour plus de détails sur cet exemple, voir l'encadré 6.1). Les hypothèses ci-dessus sont liées à l'interaction au fil du le temps entre la dépendance à l'égard des ressources naturelles et les institutions. Pour certains pays africains, la découverte de ces ressources naturelles date de l'ère coloniale, lorsque les institutions fondées sur les industries extractives et exclusives représentaient la norme. Dans d'autres pays, elle a coïncidé avec l'indépendance. Dans d'autres encore, les ressources n'ont été mises au jour qu'après l'indépendance. Même dans les pays démocratiques et prospères qui font un bon usage des rentes issues des ressources naturelles, les spécificités de l'industrie extractive posent problème dans le cadre d'un programme de développement piloté par l'État et rendent en particulier difficile la réduction de l'inégalité. Certaines de ces spécificités sont étudiées ci-après.

En premier lieu, un élément essentiel, mais souvent négligé, tient au nombre limité de licences octroyées pour l'extraction de ressources naturelles. Lorsque la procédure d'attribution des licences d'exploitation est laissée à la discrétion des fonctionnaires, manque de transparence et surtout, n'est pas concurrentielle, les risques de récupération politique des rentes tirées des ressources naturelles est bien réel. Même un appel d'offres concurrentiel peut tomber dans les mêmes écueils s'il "n'est pas transparent. En outre, les détails des contrats conclus sont rarement accessibles au public, et il en va de même pour les revenus issus de la plupart des secteurs miniers.

Deuxièmement, les coûts élevés d'entrée sur les marchés des ressources naturelles contribuent au développement de monopoles ou d'oligopoles. Si cela n'est pas spécifique au secteur des ressources naturelles, il s'agit néanmoins d'une de ses spécificités, susceptible en tant que telle d'engendrer une croissance inégalitaire. Au fait qu'une augmentation des cours entraîne une répartition sous-optimale des ressources dans l'économie, s'ajoutent deux problèmes liés aux marchés contrôlés par une seule ou quelques entreprises. Premièrement, l'excédent généré par la hausse des cours (transférés des consommateurs aux détenteurs de monopole) contribue directement à l'inégalité. Deuxièmement, la concentration des revenus par les détenteurs de monopole lui confère une plus grande influence sur les politiques susceptibles de modifier la structure du marché et favorise un environnement plus propice à la corruption[6]. Sur la base des résultats composites de l'indice de gouvernance des ressources présenté à la figure 6.6, qui prend en compte les procédures d'octroi des licences et de passation des marchés, 32 des 58 pays de l'échantillon des économies dépendantes des ressources possèdent des structures de gouvernance faibles ou défaillantes en matière de ressources naturelles. La moitié de ces pays sont africains. En d'autres termes, plus de 75 % des pays africains inclus dans l'indice ont des organes de gouvernance des ressources naturelles faibles ou défaillants.

En outre, la dépendance par rapport aux ressources naturelles peut être associée à des niveaux faibles de protection sociale. La figure 6.7 présente les scores issus des Indicateurs du développement dans le monde concernant la protection sociale dans une série d'économies africaines en fonction de leur degré de dépendance vis-à-vis des ressources naturelles[7]. Il est évident que si tous ces pays africains ont des résultats médiocres, allant de 1 à 6, ce sont les pays fortement dépendants des ressources naturelles qui affichent les pires résultats, soulignant la répartition potentiellement inégale des revenus tirés de l'exploitation de ces ressources.

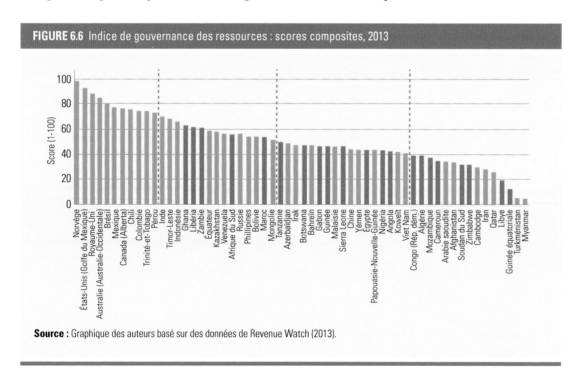

FIGURE 6.6 Indice de gouvernance des ressources : scores composites, 2013

Source : Graphique des auteurs basé sur des données de Revenue Watch (2013).

---

[6] Un exemple souvent cité sur les questions de corruption est le procès en 2003 de plusieurs ex-dirigeants d'Elf Aquitaine, une compagnie étatique française, qui avaient acheté les faveurs de l'élite politique congolaise en échange d'un accès à des ressources pétrolières.

[7] Le classement des résultats en matière de protection sociale s'effectue sur une échelle de 1 à 6 et a été créé par l'Association internationale de développement (IDA). Ces résultats prennent en compte « les politiques gouvernementales en matière de protection sociale et de réglementation du marché qui réduisent les risques de devenir pauvre, soutiennent les personnes démunies afin de mieux gérer les risques éventuels, et garantissent un niveau minimum de bien-être à tous les citoyens » (voir les notes sur les métadonnées à l'adresse suivante : http://data.worldbank.org/indicator/IQ.CPA. PROT.XQ).

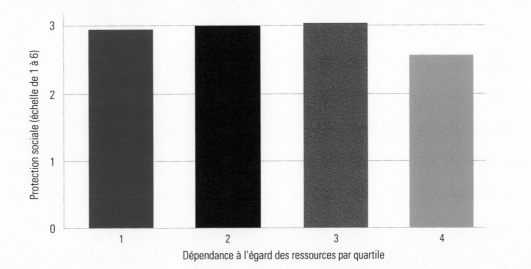

Source : Calculs des auteurs à partir de données des Indicateurs du développement dans le monde de la Banque mondiale (2014).

Troisièmement, des résultats inégaux en matière de développement peuvent être exacerbés par le syndrome hollandais, à savoir lorsque le secteur des ressources naturelles prospère au détriment d'autres secteurs de l'économie. Par exemple, la découverte de ressources naturelles ou une flambée des cours des produits de base peut entraîner une appréciation substantielle de la monnaie locale. Cette surévaluation peut nuire à des secteurs à haute intensité de main-d'œuvre et dépendants des exportations, tels que l'agriculture et l'industrie. Cette situation est également préjudiciable lorsqu'un secteur des ressources naturelles en plein essor offre des rémunérations attirant les éléments les plus brillants issus des autres secteurs de l'économie.

Comme mentionné plus haut, les industries extractives s'accompagnent souvent d'une forte intensité de capital et d'une création d'emplois limitée. Les rares postes ainsi créés sont généralement très qualifiés et dans la mesure où une 'main-d'œuvre faiblement qualifiée est souvent caractéristique des pays africains à faible revenu, ce personnel hautement qualifié vient souvent de l'extérieur. Ces deux facteurs, à savoir un quotient de création d'emplois bas et une demande de main-d'œuvre prioritairement axée sur des profils très qualifiés, contribuent à maintenir ou à accroître les niveaux élevés d'inégalité dans de nombreuses économies africaines tributaires des ressources naturelles. Les industries extractives pourraient pourtant créer des emplois en misant sur la valeur ajoutée à l'échelle locale. Le secteur des mines de cuivre en Zambie, à l'époque où il était dirigé par l'État, fournit un bon exemple en la matière (voir l'encadré 6.3). Sans valeur ajoutée locale, le secteur minier continuera d'employer très peu de personnes hautement qualifiées et restera largement déconnecté des objectifs de développement plus larges.

Quatrième point, lié à ce qui précède, les degrés d'enrichissement et de création d'une industrie secondaire sont relativement faibles, entravant une fois de plus la création d'emplois à grande échelle et en particulier, de postes de meilleure qualité. Les économies qui dépendent des ressources naturelles affichent une croissance élevée en matière de formation de capital. La figure 6.8 présente la croissance en formation brute de capital pour les 20 économies dont la croissance a été la plus rapide entre 2008 et 2012. De plus, un grand nombre de ces pays ont également observé une baisse des produits manufacturés en pourcentage du

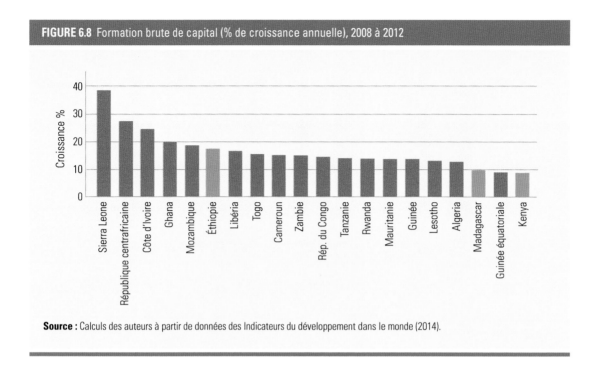

Source : Calculs des auteurs à partir de données des Indicateurs du développement dans le monde (2014).

PIB. Ce phénomène peut s'expliquer en partie par le syndrome hollandais, par l'éviction des investissements non liés aux ressources naturelles (Papyrakis et Gerlagh, 2004) ou par une croissance ralentie du secteur financier (Beck, 2011). En outre, certaines publications récentes dans le domaine de l'économie politique suggèrent que les pays où les élites contrôlent les revenus liés à ces ressources peuvent être réfractaires à l'industrialisation, qui risque d'affaiblir leur assise politique et économique (Isham *et al.*, 2003).

Cinquièmement, les revenus des ressources sont en général conséquents et risquent fortement de sortir du pays par diverses voies illégales, réduisant la capacité d'investissement de l'État dans des biens publics. Les flux financiers illicites s'opèrent à travers un certain nombre de canaux, notamment des incitations fiscales offertes par des pays en développement ; des planifications fiscales abusives par les multinationales ; la falsification des prix par le biais d'échanges entre sociétés apparentées (ou intragroupe) ; et plus simplement, l'évasion fiscale (Zucman, 2014). Au sommet de la chaîne d'investissement des industries extractives en Afrique dominent des entreprises comme Glencore, Rio Tinto et Anglo American. Glencore déclare ainsi des revenus annuels 11 fois supérieurs au PIB de la Zambie et 14 fois supérieurs à celui de la République démocratique du Congo. La présence de sociétés enregistrées à l'étranger dans ces structures de propriété limite les exigences en matière de divulgation des résultats, et le recours à des filiales et à des entités affiliées pour des échanges intragroupe favorise la falsification des prix ainsi que l'évasion fiscale dans la mesure où ils peuvent optimiser les profits déclarés dans des pays où le taux d'imposition est faible. Ces questions sont étudiées plus en détail ci-après.

Pour terminer, ce qui précède suggère également qu'il existe un nombre de voies susceptibles de conduire les économies tributaires des ressources naturelles vers une inégalité croissante. Les problèmes qui découlent de telles situations sont tous inextricablement liés à une mauvaise gouvernance et à un manque de transparence dans les décisions de dépenses publiques et de recouvrement et répartition des recettes budgétaires. De plus, les répercussions négatives sur la croissance et le développement se perpétuent dans un environnement où les groupes de la société civile ne sont pas libres de s'engager activement dans le processus de gouvernance

L'industrie extractive du Ghana domine son économie depuis des siècles. Avec la découverte de gisements de pétrole au large de ses côtes en 2007 et la production de pétrole qui en a résulté à partir de 2010, les taux de croissance du Ghana ont considérablement augmenté. Ces cinq dernières années (2011-2014), ce pays figurait parmi les économies du continent et de la planète qui connaissaient la plus forte croissance, avec un taux moyen annuel de 7,7 %. Sur la base des données de 2010 pour le PIB par habitant révisées de la Banque mondiale, le Ghana a été reclassé pays à revenu intermédiaire de la tranche inférieure. Il faut néanmoins préciser qu'il traverse actuellement une crise économique liée aux mauvaises performances du marché des produits de base et à une mauvaise gestion financière.

Le fait que l'histoire du Ghana soit marquée par des institutions démocratiques fortes est souvent cité comme l'une des raisons pour lesquelles la situation socio-économique du pays s'est améliorée au cours des deux dernières décennies. Ces institutions ont été récemment mises à l'épreuve lors de la transition réussie après le décès du président Atta Mills en 2012. Le Ghana a accompli des progrès importants en ce qui concerne la réduction de la pauvreté. Dans les années 1990, l'indice moyen de pauvreté était environ de 50 %, contre à peu près 25 % en 2005. Il affiche également des résultats au-dessus de la moyenne des pays d'Afrique subsaharienne pour le taux de mortalité des enfants de moins de cinq ans, la mortalité des mères lors de l'accouchement, l'accès aux sources d'eau salubre et le taux d'alphabétisation des jeunes (FMI, 2013). Certains domaines touchant à l'égalité des femmes restent néanmoins à la traîne par rapport à la moyenne du continent. Le coefficient de Gini a augmenté légèrement au Ghana, passant de 40,75 en 1998 à 42,76 en 2005, mais il reste en dessous de la moyenne de l'Afrique subsaharienne et des pays de référence tels que le Kenya et le Nigéria.

Indicateurs associés à quelques OMD

	Premières observations	Dernières observations
Taux de pauvreté (en dessous du seuil de 1,25 dollar/jour, % de la population)	1991 : 47,38 %	2005 : 25,19 %
Taux de mortalité des enfants de moins de cinq ans (pour 1 000 naissances d'enfants vivants)	1990 : 128,1	2012 : 72
Taux de mortalité maternelle (pour 100 000 naissances d'enfants vivants)	1990 : 580	2010 : 350
Services améliorés d'assainissement (% de la population qui a accès)	1990 : 6,5 %	2011 : 13,5
Taux d'alphabétisme des jeunes (% de la population entre 15 et 24 ans)	2000 : 70,7 %	2010 : 85,7
Taux de scolarisation des filles par rapport aux garçons dans l'enseignement supérieur (%)	1991 : 30,6 %	2012 : 61,1 %

Sources : Indicateurs du développement dans le monde, 2014.

En octobre 2010, le Ghana se conformait pleinement à l'Initiative pour la transparence dans les industries extractives (ITIE) pour les secteurs minier et pétrolier, et les rapports de l'ITIE faisaient état d'un écart très faible entre les paiements des entreprises et les recettes publiques. En outre, s'il existait des inquiétudes quant à la transparence des transferts à l'échelle infranationale en 2004, des rapports plus récents ont confirmé des améliorations notables. Au cours des dernières années, le Ghana a fait des efforts pour introduire des mesures visant à améliorer la transparence, la responsabilité et l'efficacité en matière de gestion publique des ressources telles que des enquêtes sur les dépenses publiques en matière d'éducation et de santé. Fait important, en 2011, plusieurs contrats de compagnies pétrolifères ont été publiés sur le site Web de la Commission des opérations de bourse des États-Unis (*Securities and Exchange Commission*) et peu de temps après, le ministre ghanéen de l'Énergie avait ordonné la publication de ces contrats sur le site Internet du ministère.

Autre point essentiel, le succès du Ghana quant à l'amélioration des conditions de vie d'un grand nombre de ses citoyens s'est appuyé sur une gouvernance à l'efficacité avérée. Le Ghana est depuis longtemps très bien classé au regard des indicateurs de gouvernance mondiaux ainsi que des indicateurs du rapport Doing Business de la Banque mondiale, et il continue de progresser. Les trois indicateurs de l'Évaluation des politiques et institutions nationales de la Banque mondiale (CPIA) surlignés dans le tableau ci-dessus placent le Ghana au-dessus du 75ᵉ percentile des pays d'Afrique. En outre, l'indice de gouvernance lié aux ressources classe le Ghana au 15ᵉ rang sur 58 pays pour ses résultats composites. Ses résultats en matière de cadre légal et institutionnel, de garanties et contrôle de qualité, soutiennent favorablement la comparaison avec la Norvège, les États-Unis et l'Australie.

Lors des phases initiales d'une croissance économique forte, il n'est pas improbable que les disparités augmentent légèrement, même si la pauvreté a considérablement baissé. Il s'agit ici de l'expérience au cours des cinq à 10 dernières années du Ghana, qui grâce à des institutions fortes et à un mode de gouvernance efficace a pu mettre la croissance économique au service d'une réduction de la pauvreté et du développement. L'inégalité croissante ne doit pas être négligée au fil du temps, car si elle perdure, elle entravera l'incidence de la future croissance sur le plan de la réduction de la pauvreté. L'État ghanéen doit réévaluer ses objectifs en matière de développement et trouver des moyens de garantir une croissance plus inclusive. Il sera essentiel de mettre l'accent sur les éléments essentiels de l'économie suivants : définir les compétences requises pour promouvoir les secteurs à croissance rapide en dehors des ressources naturelles, investir dans des infrastructures de base et maintenir des normes de bonne gouvernance et de gestion des fonds publics. Une solution stratégique pour limiter les facteurs liés à la croissance qui favorisent les inégalités consiste à accroître la main d'œuvre qualifiée et semi-qualifiée afin de réduire les primes des salaires élevés qui engendrent souvent des inégalités dans de nombreux pays en voie de développement comme le Ghana. Les mécanismes de transfert social ciblés et adaptés ont également apporté la preuve de leur efficacité pour améliorer les revenus des personnes qui se trouvent en bas de l'échelle des revenus dans d'autres pays et pourraient s'appliquer au contexte du Ghana.

Sources : Revenue Watch Institute (2010) : www.revenuewatch.org/countries/africa/ghana/transparency-snapshot ; Consultation du FMI au titre de l'Article IV concernant le Ghana, 2013 ; Indicateurs du développement dans le monde, 2013.

---

par le biais de médias ouverts, de manifestations légales ou d'initiatives de sensibilisation des communautés. La question des flux financiers illicites est traitée plus en détail ci-après.

6.4 Les flux financiers illicites comme menace du développement en Afrique

S'il est difficile d'évaluer avec précision l'ampleur des flux financiers illicites en dehors de l'Afrique, selon des estimations actuelles, les chiffres annuels pourraient être de l'ordre de milliards de dollars. Sur la période de 1980 à 2009, selon une estimation prudente, l'Afrique a perdu entre 1 200 et 1 400 milliards de dollars via des flux financiers illicites, atteignant, en valeur réelle, 103,7 milliards de dollars en 2007 (BAfD et

GFI, 2013). Au cours de ces 30 années, les flux financiers illicites provenant de l'Afrique subsaharienne ont dépassé ceux de l'Afrique du Nord et émanaient essentiellement de l'Afrique de l'Ouest et de l'Afrique centrale (Nigéria, République du Congo et Côte d'Ivoire) et de l'Afrique australe (Afrique du Sud, Angola et Zimbabwe), toutes des économies tributaires des ressources naturelles (BAfD et GFI, 2013). Un point qui souligne d'autant plus le risque encouru par les pays dépendants 'de leurs ressources naturelles de voir leurs revenus amputés par ces flux financiers illicites.

La figure 6.9 montre que durant la période de 2000 à 2009, les flux financiers illicites cumulés représentant 28,9 milliards de dollars en République du Congo étaient équivalents à au moins la moitié du PIB pour cette même période. En ce qui concerne le Tchad, les flux financiers illicites cumulés dépassent près du quart du PIB ; pour le Gabon, ces flux sont équivalents à un peu moins d'un quart du PIB. Comme le montre la figure 6.9, les pays affichant les ratios les plus élevés de flux illicites par rapport au PIB sont des pays dépendants vis-à-vis de leurs ressources naturelles. En outre, les flux illicites illustrés sous forme de pourcentage des dépenses destinées à la santé et à l'éducation montrent le coût qu'ils représentent en matière d'économie et de développement social. En République du Congo, par exemple, les flux illicites annuels représenteraient, selon les estimations, 35 % des dépenses annuelles moyennes de santé publique et 18 % de celles destinées à l'enseignement public.

Plusieurs facteurs ont contribué à l'essor de ces flux financiers illicites problématiques. La mondialisation a fait évoluer le mode de fonctionnement des entreprises. Des tensions surviennent entre des entreprises internationales qui interviennent dans de nombreux pays et des régimes fiscaux qui relèvent de la juridiction

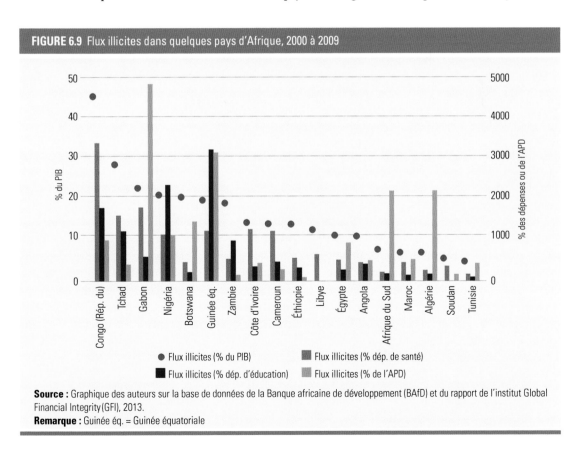

FIGURE 6.9 Flux illicites dans quelques pays d'Afrique, 2000 à 2009

Source : Graphique des auteurs sur la base de données de la Banque africaine de développement (BAfD) et du rapport de l'institut Global Financial Integrity (GFI), 2013.
Remarque : Guinée éq. = Guinée équatoriale

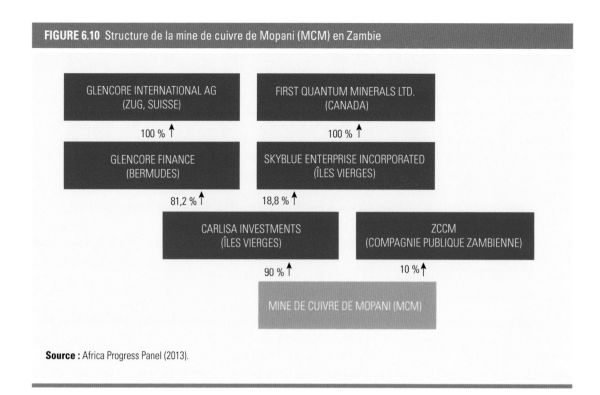

FIGURE 6.10 Structure de la mine de cuivre de Mopani (MCM) en Zambie

GLENCORE INTERNATIONAL AG
(ZUG, SUISSE)

FIRST QUANTUM MINERALS LTD.
(CANADA)

100 % ↑

100 % ↑

GLENCORE FINANCE
(BERMUDES)

SKYBLUE ENTERPRISE INCORPORATED
(ÎLES VIERGES)

81,2 % ↑

18,8 % ↑

CARLISA INVESTMENTS
(ÎLES VIERGES)

ZCCM
(COMPAGNIE PUBLIQUE ZAMBIENNE)

90 % ↑

10 % ↑

MINE DE CUIVRE DE MOPANI (MCM)

Source : Africa Progress Panel (2013).

des autorités nationales d'autre part (Oxfam, 2014). Différents États présentent même parfois des structures législatives concurrentes ou contradictoires, et des objectifs politiques qui permettent aux entreprises multinationales de tirer parti de la situation. De plus, en raison du processus connexe de libéralisation et de sophistication des marchés de capitaux, il devient plus facile d'effectuer des transferts monétaires internationaux et plus difficile de contrôler ces derniers.

Les flux illicites des revenus tirés de l'exploitation des ressources naturelles en Afrique se mettent en place à travers différents canaux, comme cela a été précisé plus haut, mais peut-être surtout à travers la falsification des prix. Cette méthode consiste, pour de grandes entreprises, à opérer des transactions dans le cadre de leur propre groupe, en surestimant le prix des intrants importés et en sous-estimant le prix des biens vendus à des entités affiliées par le biais d'un système de propriété commune avant de diminuer le montant de leurs impôts. Ces arrangements sur les prix de transfert intersociétés sont illégaux et ne respectent pas les principes de l'OCDE applicables en matière de prix de transfert à l'intention des entreprises multinationales et des administrations fiscales (Africa Progress Panel, 2013). Enquêter sur cette activité est une vraie gageure, car il est très difficile d'établir les prix de vente finaux des minéraux et des ressources, tout comme les prix de référence, ainsi que d'obtenir des informations sur les transactions intersociétés. Un exemple de falsification des prix par une société minière possédant une structure de propriété complexe est celui de Glencore International (figure 6.10), qui détient la participation majoritaire de la mine de cuivre de Mopani (MCM) en Zambie, à travers un réseau d'entreprises associées.

La théorie économique a longtemps mis l'accent sur l'importance des investissements pour soutenir une croissance économique à long terme, qui est une condition sine qua non pour alléger la pauvreté et soutenir le développement en général. Comme cela a été évoqué par Ndikumana (2013), les faits montrent que la capacité d'un pays à maintenir des taux de croissance élevés est liée à des niveaux suffisamment importants d'investissements nationaux (De Long et Summers, 1992), comme clairement démontré par les pays récemment industrialisés d'Asie de l'Est (Rodrik, 1995 ; Young, 1995). En conséquence, les fuites de capitaux et les flux financiers illicites ont une incidence négative directe sur la croissance économique en diminuant la réserve de ressources disponibles pour l'investissement (réduction de l'épargne nationale) dans les infrastructures, la formation de capitaux, ainsi que d'autres services sociaux tels que l'éducation et les soins de santé. L'Afrique a une longue tradition d'investissement local faible. Cette situation qui rend difficile le financement de nombreux objectifs de développement énoncés, par exemple, dans le cadre des objectifs du Millénaire pour le développement (OMD) et plus récemment des Objectifs de développement durable (ODD). Ndikumana (2013) propose une évaluation économétrique de la fuite de capitaux (qui inclut les flux financiers illicites), montrant ses effets négatifs et significatifs sur l'investissement intérieur en Afrique.

En 2008, l'administration fiscale zambienne, en collaboration avec une équipe d'audit internationale a contrôlé quelques sociétés minières, dont la MCM. Les conclusions de leur étude indiquaient que la MCM vendait du cuivre à Glencore (Suisse) à des prix bien en deçà des cours internationaux, un indice révélateur d'arrangements sur les prix de transfert[8]. Le rapport signalait qu'entre 2003 et 2008, des anomalies de plus en plus importantes avaient été relevées concernant les revenus liés au cuivre que la MCM déclarait et que la différence cumulée représentait approximativement 700 millions de dollars sur cette période.

Les grandes multinationales ont également le pouvoir de négocier des avantages fiscaux auprès de gouvernements qui sont en compétition pour attirer les investisseurs étrangers. Les entreprises en abusent pour limiter au maximum le montant de leurs impôts. Une analyse d'Abbas *et al.* (2012) suggère que les pays en développement, plus particulièrement en Afrique, sont en partie englués dans une course au moins disant fiscal. Les incitations fiscales se sont notamment multipliées depuis les années 1980 sur le continent, où la majorité des pays offrent des exonérations fiscales temporaires aux investisseurs. En conséquence, les zones franches et industrielles sont actuellement utilisées pour attirer les investisseurs étrangers. C'est ainsi qu'ActionAid en collaboration avec l'organisation *Malawian Economic Justice Network*, a estimé les pertes résultant des incitations fiscales au Malawi au cours de la période 2008 à 2012 à 3,3 milliards de dollars, presque l'équivalent de l'impôt sur le revenu des sociétés collecté durant cette période. Plus précisément, la majeure partie du manque à gagner concerne le secteur minier (ActionAid, 2013). Le cas de figure de la société française Areva, spécialisée dans le traitement de l'uranium et du Gouvernement du Niger constitue un autre exemple récent des difficultés que rencontrent les pays pauvres en matière de négociation d'accords fiscaux équitables. Le coût pour le Niger des avantages fiscaux concédés à Areva représenterait entre 23 et 30 millions d'euros par an de recettes potentielles. Les efforts du Gouvernement pour mettre en place une nouvelle loi en matière d'exploitation minière qui supprime ces avantages fiscaux se sont heurtés à une vive opposition (voir encadré 6.2) (Reuters, 2014).

Toujours en matière de flux financiers, il existe une troisième voie : le recours à des stratégies de planification fiscale abusives par les entreprises multinationales, qui souvent correspondent à un transfert des bénéfices d'une juridiction fiscale où les impôts sont élevés à une juridiction avec un faible taux d'imposition ou à des transactions transfrontalières pour éviter l'imposition. Pour ce faire, les entreprises enregistrent des sociétés-écrans dans des paradis fiscaux, qui souvent gèrent des comptes anonymes (ONU, 2013). Un des défis majeurs à relever réside dans le fait que les deuxième et troisième options présentées ici, si elles demeurent légales, ne nuisent pas moins aux efforts déployés pour réduire l'inégalité. Une quatrième option pratiquée par les multinationales est la fraude fiscale, difficile à démasquer en raison des structures de propriété complexes à plusieurs niveaux et du manque de transparence dans l"information financière. Les

---

[8] Le rapport de l'audit sur la société MCM par le cabinet Grant Thornton est disponible à l'adresse : www.scribd.com/doc/48560813/Mopani-Pilot-Audit-Report

Le Niger se trouve dans la position peu enviable de lanterne rouge du classement selon l'Indice de développement humain (IDH) de l'ONU, avec 45,7 % de sa population disposant de moins de 1,9 dollar par jour pour vivre en 2014. Pour autant, il s'agit du quatrième plus grand pays producteur d'uranium. Le pays a très peu bénéficié de l'exploitation de ses ressources naturelles précieuses. L'uranium continue de représenter 70 % de ses exportations, mais il ne constitue que 5 % du budget du pays.

Areva, une entreprise française (dont le capital est détenu en majorité par le Gouvernement français), leader sur le marché mondial de l'énergie nucléaire, exploite des mines d'uranium au Niger depuis plus de 40 ans. Au cours de cette période, elle a négocié un certain nombre d'avantages fiscaux tels que l'exemption des droits de douane, de la TVA et des taxes sur les carburants, ainsi qu'un accord pour éviter qu'une partie de ces profits ne soit imposée. Le Niger est pourtant l'une des nations les plus pauvres au monde, avec 75 % de sa population qui vit avec moins de 2 dollars/jour, tandis qu'Areva est l'une des plus grandes entreprises du monde, avec un chiffre d'affaires mondial de 12,56 milliards de dollars en 2013, soit presque deux fois la valeur de l'économie du Niger (Reuters, 2014). Le dernier accord sur 10 ans entre Areva et le Gouvernement nigérien a expiré à la fin de l'année 2013 et les deux parties ont négocié un nouveau contrat. Le Gouvernement souhaitait appliquer une nouvelle loi qui éliminerait les exemptions sur les droits de douane et la TVA et modifierait le taux de redevance (qui passerait progressivement de 5,5 à 12 %, en fonction des résultats de l'entreprise). Comme point de comparaison, le taux de redevance au Canada dans la province de Saskatchewan qui produit de l'uranium s'élève presque à 13 %.

Areva s'est vivement opposée à ces changements. Lorsque le contrat a pris fin le 31 décembre 2013, les négociations étaient dans l'impasse. La société soutenait que le paiement de ces impôts rendrait l'activité non rentable. Areva continue malgré tout à chercher activement de nouveaux gisements et entend poursuivre ses activités minières. Dans la mesure où la société ne révèle pas les bénéfices générés par cette activité au Niger, il est très difficile de contester ses déclarations. Dans ce que l'on tient pour une tactique de négociation, Areva a suspendu la production sur deux sites à la mi-décembre en 2013, avant de la redémarrer en février 2014. Aux dernières nouvelles, après 18 mois de négociation, Areva et le Gouvernement du Niger avaient signé un nouveau contrat à la fin du mois de mai 2014. Dans le cadre de ce contrat, Areva avait accepté d'exploiter les sites conformément au code minier de 2006 du Niger. Les détails exacts du contrat n'ont pas encore été rendus publics.

Dans la mesure où le budget national du Niger ne s'élève qu'à environ 2,7 milliards de dollars, le pays a désespérément besoin de recettes supplémentaires pour assurer et améliorer des services de base tels que l'éducation et un accès gratuit à des soins de santé (un droit actuellement menacé), ainsi que pour investir dans l'agriculture afin de lutter contre la menace que les crises alimentaires récurrentes font peser sur les vies et les moyens de subsistance de la population. L'aide publique ne représente actuellement que 40 % du budget du pays. La suppression de l'exonération de la TVA dont bénéficie Areva, pourrait rapporter à elle seule jusqu'à 20 millions de dollars par an. En 2013, cette somme représentait 5,6 % du budget de l'éducation du pays (Gouvernement du Niger, 2013). Ce montant pourrait notamment couvrir les frais scolaires de 200 000 enfants scolarisés en primaire (UNESCO, 2011).

Cet exemple montre à quel point l'économie politique des ressources naturelles est un sujet complexe, car les grandes multinationales peuvent, grâce à un rapport de forces déséquilibré, fragiliser des États souverains. Le Niger a un besoin urgent de recettes. Une telle situation peut pousser son gouvernement à passer des accords peu avantageux. De plus, la France est le plus grand fournisseur d'aide au Niger, ce qui complique d'autant la relation avec Areva, une société détenue par l'État français.

Source : Reuters (2014) ; Gouvernement du Niger (2013) ; Institute for Statistics (2011).
Remarque : Cet encadré a été mis à jour à partir de données fournies par Oxfam (2014a).

initiatives visant à redéfinir les règles fiscales internationales[9] sont essentielles pour mettre en lumière les mécanismes d'évasion fiscale à l'échelle internationale et pour concevoir des politiques efficaces visant à les combattre. Pour finir, la corruption nationale reste également l'une des causes de la fuite des ressources tirées des ressources naturelles des économies africaines, bien que son ampleur ne puisse rivaliser avec celle de l'évasion et de l'évitement fiscal pratiqués par les grandes sociétés (Nkurunziza, 2012).

Il est donc clair que des flux financiers illicites provenant des économies africaines dépendantes des ressources naturelles, en particulier via les mécanismes de falsification des prix et de transfert de bénéfices, contribuent largement au maintien de niveaux élevés d'inégalités dans certains de ces pays. L'érosion de l'assiette fiscale de ces économies signifie moins de fonds à affecter aux mesures de réduction des inégalités et à des projets de développement.

6.5 Rompre le lien entre les activités extractives et l'inégalité

Le défi pour les pays qui dépendent de leurs ressources naturelles est de transformer les recettes considérables tirées des industries extractives en une prospérité partagée et bien gérée qui produit des bénéfices partagés, et non pas tout simplement une richesse réservée à une élite et à quelques privilégiés bien placés. Si la richesse tirée des ressources naturelles ne favorise pas des inégalités dans tous les pays, il y a bien des cas où un boom des ressources naturelles peut être un puissant facteur d'inégalité. À cet égard, garantir que les richesses ainsi produites constituent une bénédiction plutôt qu'une malédiction dépend souvent en grande partie de facteurs propres aux pays (voir les exemples du Chili et de la Zambie présentés dans l'encadré 6.3). Cependant, il existe trois facteurs clés qui peuvent favoriser une croissance plus inclusive fondée sur les ressources naturelles, à savoir des institutions fortes et une bonne gouvernance, des politiques budgétaires progressives et une société civile plus impliquée.

Il est clairement établi que des institutions fortes et une bonne gouvernance sont essentielles à une croissance inclusive. Une économie trop dépendante des industries extractives et dont les institutions de gouvernance seraient fragiles risque d'affaiblir encore plus ces structures, faisant sombrer le pays dans la trappe 'classique de la « malédiction des ressources naturelles », caractérisée par une généralisation de la corruption et la confiscation d'immenses richesses issues des ressources naturelles par les autorités ainsi que l'élite économique. Le contraire est tout aussi vrai : lorsqu'il existe des structures de gouvernance stables, la richesse issue des ressources naturelles peut également être utilisée de manière productive pour renforcer les institutions en place qui ont la capacité de faire respecter l'État de droit, de garantir une fiscalité équitable et d'engager des dépenses à caractère redistributif. Il est donc essentiel dans le cadre d'une démarche plus inclusive, et ce quelle que soit la stratégie de croissance suivie par un pays, de mettre en place des institutions stables et de favoriser une plus grande transparence. Les initiatives internationales telles que l'Initiative pour la transparence dans les industries extractives (ITIE), qui encouragent la publication de rapports et

---

[9] À titre d'exemple, consulter le Plan d'action concernant l'érosion de la base d'imposition et le transfert de bénéfices de l'OCDE ainsi que l'Initiative pour la transparence dans les industries extractives (ITIE).

la transparence sur le plan des négociations, s'avèrent d'une aide précieuse à cet égard, mais le fait que la communication d'informations sur les pays et les entreprises s'effectue sur une base volontaire demeure un inconvénient majeur. Le système mondial actuel de gouvernance économique présente une sérieuse lacune, qui permet à des flux monétaires internationaux d'échapper à tout contrôle. Il s'agit là d'un symptôme de l'inadéquation des systèmes fiscaux des pays en développement, qui laissent des entreprises transférer leur argent à l'étranger sans payer des impôts. Il y a lieu de rationaliser les incitations fiscales dans l'ensemble des pays en développement, afin de garantir que les industries extractives soient imposées de manière équitable et de veiller à la transparence des systèmes fiscaux. Il est également impératif, pour une 'mobilisation de ressources nationales concluante, que les pays où sont établies les grandes multinationales soient disposés à partager leurs informations fiscales. Une institution internationale spécialement chargée de contrôler les flux monétaires internationaux et la fiscalité aiderait à endiguer les flux illicites et à éviter les fuites fiscales. Comme l'a récemment suggéré un rapport d'Oxfam, une telle institution :

> *...pourrait suivre de manière indépendante l'évolution de la fiscalité dans le monde et collecter des statistiques ; être un forum pour des discussions sur des questions internationales relatives à la politique fiscale ; lutter contre la concurrence fiscale en fixant des taux d'imposition minimums communs pour empêcher une course au moins disant en matière de fiscalité des entreprises ; exercer une pression par les pairs sur les pays/juridictions qui permettent aux entreprises de bénéficier d'un régime de faveur ; et mettre en place de bonnes pratiques et des codes de conduite sur des questions d'ordre fiscal (Oxfam, 2014a).*

TABLEAU 6.1 Échelle et incidence budgétaire de programmes élargis de protection sociale en Afrique

Programme de protection sociale	Nombre de bénéficiaires (en millions)	Couverture (% de la population nationale)	Prestations annuelles moyennes par ménage (en dollars)	Incidence budgétaire (% du PIB)
Afrique du Sud : toutes les aides en matière de sécurité sociale	15	30	450-2 000[a]	6.0
Éthiopie : programme de filet de protection sociale productifs (*Productive Safety Net Program*)	5	10	137[b]	1,2
Rwanda : Mutuelles de santé	10	91	235[c]	1,2[d]
Lesotho : Allocations vieillesse (*Old Age Grants*)	0,07	3[e]	350	3
Comparaisons internationales				
Brésil : *Bolsa Familia*	44	25	84-540	0,5
Mexique : *Oportunidades*	28	25	Fourchette[f]	0,3
Inde : NREGA*	235[g]	20	192[h]	0,004[i]

Source : Rapport sur la stratégie de protection sociale de la Banque mondiale en Afrique, 2012-2022.

Remarques :

* Loi de garantie de l'emploi rural national.

a La valeur des transferts dépend de l'éligibilité.

b Équivalent à 40 % du panier alimentaire d'un ménage.

c Calculé sur une base de 47 dollars par personne pour un ménage comptant en moyenne 5 personnes. Équivalent aux dépenses totales de santé.

d Contributions de l'État et de donateurs aux *Mutuelles*. Dépenses totales de santé équivalant à 10,7 % du PIB.

e 100 % de la population de plus de 70 ans.

f Dépend de subventions multiples ; équivaut à 8 % des dépenses des familles bénéficiaires.

g Sur la base des 47 millions de ménages participant au programme et pour un ménage comptant en moyenne cinq personnes.

h En prenant pour base de calcul 100 jours de travail par ménage et une rémunération moyenne de 1,92 dollar par jour.

i Calculé en divisant les dépenses annuelles du programme par le PIB du pays en 2010.

ENCADRÉ 6.3 Structures de propriété et croissance inclusive : les cas du Chili et de la Zambie

Les pays riches en ressources naturelles les gèrent et les exploitent de différentes manières. Dans certains pays, elles sont exploitées et gérées par des organismes publics dans d'autres, par le secteur privé et dans d'autres encore, dans le cadre de projets conjoints entre l'État et le secteur privé. Cet encadré aborde les exemples du Chili et de la Zambie, deux pays qui ont nationalisé leurs mines de cuivre au même moment, mais dont les structures de propriété ont évolué différemment. Ces deux cas de figure montrent également que ces structures de propriété influent sur la réalisation d'objectifs de développement plus larges.

Le Chili

D'importants gisements de cuivre ont été découverts au Chili au début des années 1900. En raison de lacunes en matière de savoir-faire technique et d'assise financière, des entreprises américaines ont dominé l'exploration et l'exploitation du cuivre chilien durant la majeure partie de la première moitié du XXᵉ siècle. En 1964, Eduardo Frei Montlava, du parti démocrate-chrétien du Chili, est devenu président et s'est immédiatement attelé à la nationalisation partielle des principales mines de cuivre. L'État chilien devint ainsi propriétaire de 51 % des parts des mines de El Teniente, Chuquicamata et El Salvador. L'objectif primordial du programme de nationalisation partielle était de garantir que les recettes de l'exploitation du cuivre profitent à tous les Chiliens. En 1971, le nouveau Gouvernement de Salvador Allende alla plus loin et nationalisa l'ensemble de l'industrie du cuivre du Chili. En 1976, le Gouvernement militaire d'Augusto Pinochet créa la corporation nationale du cuivre du Chili (CODELCO) pour gérer et exploiter les mines de cuivre nationalisées sous le Gouvernement d'Allende. La CODELCO continue de posséder et de gérer l'ensemble des mines de El Teniente, Chuquicamata et El Salvador au nom de l'État chilien. Le conseil d'administration de la CODELCO est également constitué de représentants des travailleurs. Les investissements directs étrangers (IDE) dans l'industrie du cuivre du Chili sont uniquement encouragés dans le cadre d'opérations menées conjointement avec la CODELCO et, même dans ce cas, seulement dans les nouveaux projets miniers.

Depuis 1971, la CODELCO a versé 100 milliards de dollars (en dollars de 2012) de dividendes à l'État chilien. Une partie de cet argent a financé le système de protection sociale relativement généreux du Chili. Par exemple, les dépenses pour les services sociaux ont triplé en termes réels entre 1990 et 2006. Au cours de cette période, le taux de pauvreté par habitant est passé de 40 % en 1990 à 18 % en 2003. De plus, une part des bénéfices de l'exploitation minière de la CODELCO a été versée sur un fonds de stabilisation du cuivre qui vise à protéger l'économie chilienne des effets préjudiciables des fluctuations des prix des produits de base.

La Zambie

Dans le cadre de la charte royale de 1989, la British South Africa Company (BSAC) a obtenu les droits d'exploiter des mines dans ce qui était alors connu comme la Rhodésie du Nord. L'exploitation des mines a commencé au début du XXᵉ siècle et l'ensemble de l'activité sur le territoire était alors aux mains de l'Anglo American Corporation (AAC) et de la Rhodesian Selection Trust (RST). En 1964, la Rhodésie du Nord a obtenu son indépendance du Royaume-Uni pour devenir la Zambie. L'objectif stratégique de l'AAC et de la RST après l'indépendance était cependant largement déconnecté des objectifs sociétaux plus vastes du nouvel État. En 1969, le Gouvernement zambien nationalisa partiellement les mines qui appartenaient à ces deux entreprises en prenant 51 % des parts. La société Zambia Consolidated Copper Mines (ZCCM) fut ensuite constituée en 1982 pour exploiter les ressources en cuivre dans l'intérêt du pays. À la différence du Chili, la Zambie ne nationalisa pas l'intégralité de ses mines. Mais peu après cette démarche, le cours réel du cuivre s'effondra brutalement, chutant de 70 % entre 1970 et 1999. Malgré les défis liés au le marché du cuivre, la ZCCM a joué un rôle prépondérant dans la prestation de services sociaux dans la province de Copperbelt. Des écoles, des hôpitaux et des logements ont été construits et mis à disposition de la plupart des habitants de la province (qui a été et reste encore la région la plus peuplée de la Zambie), largement à titre gracieux.

À la fin des années 1990, lors d'une vague de privatisation, le Gouvernement zambien a vendu sa participation en capital dans les mines. Les différents départements de la société ZCCM furent dégroupés et vendus à des intérêts privés distincts. La privatisation marqua ainsi la fin du vaste éventail de prestations de services sociaux de base dans la province de Copperbelt.

Cela ne permit pas non plus à la Zambie de profiter, à l'instar du Chili, du boom des prix du cuivre qui s'amorça au début des années 2000. Entre 2000 et 2010, les prix réels du cuivre ont bondi de 230 %. Le pays est engagé dans un processus de longue haleine visant à récupérer à son profit une grande partie de cette manne.

Source : Leniz (année non déterminée) ; Osvaldo Larranaga (2009).

La Banque des règlements internationaux (BRI), par exemple, est probablement bien placée pour intégrer cet axe de travail à son mandat (voir le chapitre 7 pour une analyse détaillée du rôle des politiques budgétaires dans la répartition des revenus et la réduction des inégalités de revenus).

Au-delà de la transparence, la politique budgétaire (notamment la taxation progressive et efficace, ainsi que les transferts budgétaires) a des chances de réduire la pauvreté et les inégalités tout en favorisant une croissance inclusive. Les recettes fiscales ont une fonction déterminante dans la réduction des inégalités de revenus si les systèmes sont progressifs, équitables et efficaces. Veiller à ce que les compagnies minières payent les impôts auxquels elles sont légalement assujetties est essentiel pour garantir un système budgétaire équitable, ce qui fera en sorte que le fardeau fiscal ne pèse pas de manière disproportionnée sur les particuliers ou sur des formes d'imposition régressive (comme la TVA) qui touchent davantage les plus démunis. En outre, investir ces recettes dans les services publics, tels que la santé et l'éducation constitue un autre outil efficace de réduction des inégalités. Un rapport récent du FMI suggère que l'imposition progressive est sous-utilisée en tant qu'outil de redistribution dans les pays en développement, l'impôt sur le revenu, en particulier, présentant la possibilité de réduire sensiblement les inégalités, comme c'est le cas 'dans bien de pays développés (FMI, 2014).

La stratégie consistant à transférer des revenus aux populations pauvres a bénéficié d'une attention croissante et fait l'objet de recommandations dans plusieurs analyses et études de cas importantes ces dernières années (Gelb et Majerowicz, 2011 ; Moss et Young, 2009 ; Devarajan *et al.*, 2013). D'après des études de cas concernant des pays d'Afrique et d'Amérique latine, le coût des programmes de sécurité sociale dans de nombreux pays d'Afrique n'est pas prohibitif. Le tableau 6.1 montre que l'incidence budgétaire de certains programmes sociaux va de 1,2 % à 6 % du PIB par an. L'Afrique du Sud se situe à la limite supérieure de cette tranche, car elle est dotée du programme de sécurité sociale le plus complet du continent, où la couverture sociale s'étend à 30 % de la population sud-africaine et comprend une allocation annuelle

ENCADRÉ 6.4 Le Botswana : une utilisation efficace des richesses minières

Le Botswana est le premier producteur de diamants au monde. Ce pays se hisse régulièrement au premier rang des pays les moins corrompus d'Afrique, ce qui en fait un cas particulier en ce qui concerne la « malédiction des ressources ». Au cours des 20 dernières années, le Botswana a connu une croissance annuelle de 5 %. Bien que l'inégalité reste un problème, les taux de pauvreté et d'inégalité ont baissé, les dépenses en matière d'éducation sont désormais proches de 8 % du PIB et les dépenses de santé ont presque quadruplé depuis 1994, pour s'établir à plus de 5 % du PIB. D'après les indicateurs mondiaux de gouvernance de la Banque mondiale, présentés dans le tableau ci-dessous, le Botswana affiche de bons résultats en matière d'efficacité de ses pouvoirs publics, de qualité de sa réglementation et de lutte contre la corruption.[1]

Indicateurs mondiaux de gouvernance

Indicateurs de gouvernance	Botswana	Moyenne en Afrique
Lutte contre la corruption (-2,5 → 2,5)	0,94	-0,72
Efficacité des pouvoirs publics (-2,5 → 2,5)	0,44	-0,72
Qualité de la réglementation (-2,5 → 2,5)	0,69	-0,71

Source : Calculs des auteurs fondés sur les indicateurs mondiaux de gouvernance (2014) de la Banque mondiale.

Le succès global du pays a été attribué à différents facteurs clés : une tradition d'institutions politiques précoloniales solides ; une exploitation coloniale britannique limitée ; un leadership stable depuis l'indépendance ; et un engagement fort des élites en faveur de la qualité des institutions (Acemoglu, Johnson, et Robinson [2002]). Iimi (2007) identifie quatre aspects de la gouvernance en matière de ressources qui ont eu une incidence positive au Botswana :

- Malgré le manque de financements du gouvernement et des donateurs ces dernières années, des dispositifs permettant à la société civile de demander des comptes aux grandes entreprises et au gouvernement existent.

- Le Botswana a fait preuve de sagesse dans l'utilisation des revenus liés aux ressources extractives, en combinant des investissements dans la santé, l'éducation et les infrastructures avec une épargne à long terme par le biais d'un fond d'immobilisations.

- Des règles transparentes régissant l'accès aux concessions minières sur le long terme ont été mises en place. Les concessions pour l'exploitation de mines de diamant sont, par exemple, généralement attribuées pour une période de 25 ans.

- Les niveaux de corruption sont bas : le pays s'est doté d'une direction de lutte contre la corruption et la criminalité économique (DCEC), d'un organisme indépendant et habilité à signaler directement des cas de corruption au Président et d'un Procureur général qui est constitutionnellement indépendant des questions politiques et de gouvernance[2].

Il semblerait qu'un facteur supplémentaire ait contribué au succès du développement du Botswana. Une relation publique-privée apparemment saine existe en effet entre les pouvoirs publics et la société De Beers, la plus grande entreprise d'extraction du pays. Si de tels liens entre le secteur privé et les institutions publiques ne sont pas toujours fructueux, ou peuvent même s'avérer désastreux (lire Oxfam

2014b), au Botswana, les résultats observés semblent positifs. La société fonctionne sous la forme d'une coentreprise détenue à 50 % par l'État et la moitié des dirigeants sont botswanais. En 2013, les ventes de diamants bruts ont été transférées du Royaume-Uni à Gaborone. Contrairement à d'autres pays d'Afrique, et à la différence d'entreprises concurrentes, De Beers a également investi dans l'enseignement et la santé (par exemple en finançant la lutte contre le VIH/sida) et dans des infrastructures de base. Il convient cependant de noter que même si la responsabilité sociale des entreprises peut se concrétiser par des bénéfices pour les pays africains, l'importance d'une fiscalité équitable appliquées aux multinationales ne doit pas être sous-estimée. Cependant, la vision de l'entreprise, qui consiste à considérer les investissements allant au-delà de l'exploitation minière comme étant également bénéfiques à long terme, constitue sans doute un point essentiel. Les industries extractives doivent travailler de concert avec les pouvoirs publics pour planifier l'avenir et éviter de tout miser sur les profits à court terme. Le défi consiste pour les entreprises privées, les gouvernements et la société civile, aux côtés des institutions internationales, à encourager cette approche.

Remarques :

1. Voir http://info.worldbank.org/governance/wgi/index.aspx#doc pour de plus amples détails sur les indicateurs de gouvernance mondiaux.
2. L'efficacité de ces fonctions requiert l'attention du pouvoir exécutif, du parlement et du public. Les résultats concrets obtenus devraient faire l'objet de rapports annuels ou ponctuels au parlement et au public dans son ensemble afin de garantir que les institutions du Botswana fonctionnent efficacement dans la pratique.

---

moyenne allant de 450 à 2 000 dollars US par ménage. À l'autre bout de l'échelle, on trouve le programme éthiopien de filets de protection sociale productifs, le troisième plus important sur le continent, dont l'efficacité dans l'amélioration de la sécurité alimentaire des ménages et la protection de leurs actifs a été reconnue (Banque mondiale, 2010). Un programme de base en matière de protection sociale, peut, de fait, contribuer efficacement à la réduction de la pauvreté, sans représenter pour autant une part très élevée du PIB, ce qui en fait donc une stratégie particulièrement abordable pour toutes les économies tributaires des ressources naturelles en Afrique.

Transférer un pourcentage de la rente des ressources naturelles directement aux pauvres sous forme d'allocations en espèces offre un certain nombre d'avantages directs et indirects. Des études sur plusieurs pays ont montré que des transferts de revenus ciblés avaient une incidence considérable sur la pauvreté, ainsi que sur la scolarisation, même lorsqu'ils n'étaient pas assortis de conditions. Ainsi, 'une évaluation récente d'un programme zambien d'allocations sans conditions axé sur les enfants a constaté qu'il avait amélioré significativement la scolarisation et notamment augmenté le taux de poursuite de la scolarisation dans l'enseignement secondaire (Handa, et al. 2015). Le Transfer Project a étudié 19 programmes de transferts sociaux en espèces en Afrique subsaharienne et a observé des retombées positives importantes sur les résultats scolaires avec très peu, voire aucun effet défavorable (Davis et Handa, 2014). En outre, augmenter les revenus de ceux qui se trouvent au bout de la chaîne de répartition des revenus réduit les inégalités. Au-delà de ces effets directs, les transferts en espèces peuvent contribuer à réorienter les mesures incitatives gouvernementales et rendre les systèmes fiscaux plus efficaces, en augmentant le nombre de contribuables et donc, les recettes fiscales, de sorte que l'État ne dépende plus de la rente tirée de l'exploitation des ressources comme principale source de revenus. Cela crée également un nouveau système de responsabilisation où l'État a intérêt à contrôler les versements effectués aux particuliers et où ces derniers sont à leur tour encouragés à demander des comptes aux autorités sur l'utilisation des revenus issus de l'industrie extractive. Ce transfert direct des richesses tirées de l'exploitation des ressources naturelles aux citoyens est un principe qui a été adopté par plusieurs pays ou États dont la Bolivie, la Mongolie, et l'État de l'Alaska aux États-Unis. De nombreux pays tributaires de leurs ressources naturelles ont déjà mis en place un système d'allocations sociales susceptible d'être associé aux revenus provenant des industries extractives. Le cas de l'Alaska est instructif, car un fonds de stabilisation a été établi afin de limiter le gaspillage au niveau des dépenses gouvernementales et d'encourager la responsabilisation des citoyens.

Concernant les pays sur le continent africain, Devarajan et al. (2013) ont étudié les coûts et les incidences projetées sur la pauvreté d'un système de transfert en espèces pour huit pays dépendants des recettes de l'exploitation des ressources naturelles. C'est ainsi qu'en Guinée Équatoriale, si l'on redistribuait 10 % de ces recettes, chaque personne recevrait plus de 600 dollars. Dans des pays plus peuplés comme l'Angola et le Gabon, une mesure similaire permettrait de combler l'écart de pauvreté.

Pour finir, donner voix au chapitre aux groupes de la société civile et aux communautés directement touchées par l'extraction des ressources pour leur permettre de prendre part au débat public et de peser sur la gestion des ressources naturelles constitue une démarche essentielle pour favoriser un développement durable et inclusif (Easterly, 2014). Cette approche doit s'accompagner de la reconnaissance des droits des communautés et des pauvres à prendre part à l'élaboration d'un programme politique relatif aux ressources naturelles fondé sur un consentement préalable et éclairé. Il convient également de ne pas négliger le rôle essentiel d'une presse nationale libre et critique en tant que partenaire pour garantir la transparence. Une telle démarche démocratique confère des responsabilités importantes à l'État et à la société civile ; celle de faire en sorte, pour le premier, que les consultations, contrats et budgets soient soumis à l'examen du public et pour la seconde de collaborer avec des organismes internationaux au contrôle de l'État et des entreprises afin de garantir la bonne gestion des fonds. Les exemples du Ghana et du Botswana offrent des enseignements positifs sur cet aspect en Afrique, même si des préoccupations subsistent dans chaque cas. Le chapitre 8 explore les interactions entre la protection sociale et les inégalités en Afrique, en se fondant à la fois sur des analyses quantitatives et qualitatives.

6.6 Conclusions

La forte croissance observée depuis 2000 en Afrique a entraîné des changements rapides et positifs sur l'ensemble du continent. Il serait néanmoins juste de noter qu'une grande partie des gains liés à cette croissance économique récente est attribuable aux cours mondiaux élevés des produits de base, qui offrent un rendement conséquent aux économies africaines, riches en ressources. Une forte dépendance à l'égard ces ressources peut cependant engendrer une trajectoire de croissance spécifique favorisant l'accroissement des inégalités de revenus et entravant la réduction de la pauvreté. En outre, des études portant sur différents pays soulignent que de nombreux pays dépendants de leurs ressources naturelles affichent des lacunes institutionnelles et gouvernementales, qui risquent encore plus de les engager sur une trajectoire de croissance inégalitaire. Sans oublier que de nombreuses économies africaines doivent relever le défi posé par les pertes conséquentes de recettes liées aux flux financiers illicites. Des fonds qui pourraient pourtant être consacrés à la réduction de la pauvreté. Ces lacunes peuvent interagir de diverses manières avec les industries extractives. Dans certains cas, la découverte de ressources naturelles peut affaiblir les institutions existantes, exacerber la corruption et d'autres pratiques qui ont des effets néfastes sur le développement. Dans d'autres, la dépendance excessive à l'égard de ces ressources peut être la conséquence d'institutions faibles, incapables de favoriser la diversification.

S'il n'existe pas vraiment de cas exemplaires, des pays comme le Botswana et le Ghana permettent de tirer des leçons positives utiles pour la mise en place de mécanismes institutionnels en vue de gérer les recettes provenant de l'exploitation des ressources naturelles. Il est possible d'aller encore plus loin en collaborant avec les initiatives internationales visant à promouvoir la transparence et la responsabilisation afin de renforcer la gouvernance à l'échelle d'un pays. Des systèmes fiscaux progressifs peuvent également contribuer à la réduction de la pauvreté, mais il est avant tout essentiel que les gouvernements veillent à ce que les multinationales du secteur minier s'acquittent des impôts dont elles sont redevables. Utiliser les recettes fiscales pour financer les systèmes de transferts sociaux destinés aux pauvres entre également dans le cadre des interventions applicables dans de nombreux pays africains et susceptibles de réduire considérablement la pauvreté ainsi que les inégalités. Enfin, garantir des droits démocratiques tels qu'une presse libre et critique et des mouvements citoyens ayant voix au chapitre tant à l'échelle locale que nationale peut aussi contribuer à une meilleure gestion des rentes provenant de l'exploitation des ressources naturelles.

La période actuelle de croissance forte que connaît l'Afrique n'est pas une première. Le continent a déjà traversé des périodes d'essor rapide, mais qui étaient suivies de phases de déclin économique qui anéantissaient une bonne partie des acquis de la croissance. Afin d'éviter cette alternance de périodes d'expansion et de récession qui a marqué l'économie de l'Afrique pendant la majeure partie du XXᵉ siècle, une utilisation plus prudente de ces ressources et des revenus économiques qu'elles génèrent s'avère indispensable pour engager le continent sur la voie d'une croissance économique plus équitable et inclusive.

RÉFÉRENCES

Abbas, S.M., S. Klemm, S.M. Bedi et J. Park. 2012. A Partial race to the bottom: corporate tax developments in emerging and developing economies. IMF Working Paper WP/12/28.

Acemoglu, D., S. Johnson et J.A. Robinson. 2002. An African Success Story: Botswana. CEPR Discussion Paper N° 3219.

Action Aid. 2015. The poorest country in the world lost US$43 million in six years to combination of tax avoidance and tax breaks by a single mining company. Disponible à l'adresse : www.actionaid.org/news/poorest-country-world-lost-us43-million-six-years-combination-tax-avoidance-and-tax-breaks-sing

ActionAid. 2013. Give us a break: how big companies are getting tax-free deals. Disponible à l'adresse : www.actionaid.org/sites/files/actionaid/give_us_a_break_-_how_big_companies_are_getting_tax-free_deals_2.pdf

Africa Progress Panel 2013. Africa Progress Report 2013: Equity in Extractives.

Banque africaine de développement (BAfD) et Global Financial Integrity. 2013. Illicit financial flows and the problem of net resource transfers from Africa: 1980-2009. Tunis-Belvedère, Tunisie.

Banque mondiale. 2010. Designing and implementing a rural safety net in a low income setting: lessons learned from Ethiopia's productive safety net Program 2005-2009. Disponible à l'adresse : http://siteresources.worldbank.org/SAFETYNETSANDTRANSFERS/Resources/EthiopiaPSNPLessonsLearnedLite.pdf

_____ . 2014. Indicateurs du développement dans le monde. 2014. Washington, D.C., Banque mondiale.

_____ . 2015. Commodity Markets Outlook, Quarter 2, A World Bank Quarterly Report. Avril 2015. Disponible à l'adresse : www.worldbank.org/content/dam/Worldbank/GEP/GEPcommodities/GEP2015b_commodity_Apr2015.pdf

Beck, T. 2011. Finance and oil: Is there a resource curse in financial development? European Banking Center Discussion Paper N° 2011-004.

Broadberry, S. et L. Gardner. 2013. Africa's growth prospects in a European mirror: A historical perspective. CAGE Online Working Paper Series. Coventry, Royaume-Uni : Department of Economics, University of Warwick. (CAGE Online Working Paper Series).

Brunnschweiler, C.N. et E. H. Bulte. 2008. The resource curse revisited and revised: a tale of paradoxes and red herrings. *Journal of Environmental Economics and Management*, 55 (3), 248-264.

Bulte, E. H., R. Damania et R.T. Deacon. 2005. Resource intensity, institutions, and development. *World Development* Vol. 33 N° 7, 1092-1044.

Byanyima, W. 2015. Pourquoi Oxfam réclame un sommet mondial sur la fiscalité. Disponible à l'adresse : https://blogs.oxfam.org/fr/blogs/15-01-23-pourquoi-oxfam-r%C3%A9clame-un-sommet-mondial-sur-la-fiscalit%C3%A9

Christiaensen, L., P. Chuhan-Pole et A. Sanoh. 2013. Africa's growth, poverty and inequality nexus - fostering shared prosperity. Washington, D.C. Banque mondiale.

Conférence des Nations Unies sur le commerce et le développement (CNUCED). 2014. World Investment Report 2014: Investing in the SDGs: An Action Plan. UNCTAD/WIR/2014. Disponible à l'adresse : http://unctad.org/en/PublicationsLibrary/wir2014_en.pdf

Collier, P. et A. Hoeffler. 1998. Greed and grievance in civil war. *Oxford Economic Papers*, 50 (4), 563-573.

Davis, B. et S. Handa. 2014. The broad range of cash transfer Impacts in sub-Saharan Africa: Consumption, Human Capital and Productive

Activity. Brief N° 2014-01. Disponible à l'adresse : www.cpc.unc.edu/projects/transfer/publications/briefs/TransferProjectBrief_201401_BroadImpactsofSCT.pdf

De Long, J. B. et L. H. Summers. 1993. How strongly do developing economies benefit from equipment investment? *Journal of Monetary Economics*, 32(3), 395-415.

Devarajan, S., M. Giugale with H. Ehrhart, T. Minh Le et H.M. Nguyen. 2013. The case for direct transfers of resource revenues in Africa. CGD Working Paper 333.

Easterly, W. 2014. *The Tyranny of Experts: Economists, Dictators, and the Forgotten Rights of the Poor.* New York, Basic Books.

EITI 2013. The EITI Standard. Disponible à l'adresse : http://eiti.org/files/English_EITI%20STANDARD_11July_0.pdf

FMI (Fonds monétaire international). 2012. Regional Economic Outlook: Sub-Saharan Africa, Chapter 3, Washington, D.C.

_____ 2014. Fiscal Policy and Income Inequality. IMF Policy Paper. Washington, D.C.

_____. 2015. Ghana ; 2013 Article IV Consultation. IMF Country Report No. 13/187, Washington D.C.

Forstater, M. et V. Ramachandra. 2015. Taxing multinationals: is there a pot of gold of finance for development? Disponible à l'adresse : www.cgdev.org/blog/taxing-multinationals-there-pot-gold-finance-development

Fosu, A.K. 2009. Inequality and the impact of growth on poverty: comparative evidence for Sub-Saharan Africa. *Journal of Development Studies*, 45 (5), 726-745.

Gelb, A. et Majerowicz, S. 2011. Oil for Uganda – or Ugandans? Can cash transfers prevent the resource curse? CGD Working Paper 261.

Global Witness. 2014. Congo's Secret Sales. Rapport daté du 13 mai 2014. Disponible aux adresses : www.globalwitness.org/campaigns/oil-gas-and-mining/congo-secret-sales/ www.globalwitness.org/campaigns/corruption/oil-gas-and-mining/republic-of-congo

Goldstein, A., N. Pinaud. et H. Reisen. 2006. The Rise of China and India: What's in it for Africa? OECD Development Centre Policy Insights, N° 19. Paris, OECD Publishing.

Gouvernement du Niger. 2013. Loi de finances. Disponible à l'adresse : www.statniger.org/statistique/articles.php?lng=fr&pg=680

Handa, S., L. Natali, D, Seidenfeld, G. Tembo et Zambia Cash Transfer Evaluation Team. 2015. The impact of Zambia's unconditional child grant on schooling and work: results from a large-scale social experiment. UNICEF Working Paper WP-2015-1.

Isham, J., M. Woodcock, L. Pritchett et G. Busby. 2003. The varieties of resource experience: how natural resource export structures affect the political economy of economic growth. Middlebury College Economics Discussion Paper 03-08. Vermont, Middlebury College.

Jensen, N. et L. Wanchekon. 2004. Resource wealth and political regimes in Africa. *Comparative Political Studies*, Vol. 37, N° 7, 816-841.

Jerven, M. 2010. African growth recurring: an economic history perspective on African growth episodes, 1690–2010. *Economic History of Developing Regions*, 25 (2): 127–54.

Khan, H. 1999. Sectoral growth and poverty alleviation: a multiplier decomposition technique applied to South Africa. *World Development*, 27 (3), 521-530.

Larranaga, O. 2009. Inequality, poverty and social policy: recent trends in Chile. OECD Working Paper.

Leniz, F.C. Année non déterminée. Histories of nationalization and privatization: the cases of the Chilean and Zambian Copper Industries. Disponible à l'adresse : www.eisourcebook.org/cms/Histories%20of%20Nationalization%20and%20Privatization.pdf

Limi, A. 2007. Escaping from the resource curse: evidence from Botswana and the rest of the world. *IMF Staff Papers*, Vol. 54 N° 4.

Loayza, N. et C. Raddatz. 2010. The composition of growth matters for poverty alleviation. *Journal of Development Economics*, 93 (1), 137-151.

Mehlum, H., Moene, K. et Torvik, R. 2006. Institutions and the resource curse. *The Economic Journal*, 116, 1-20.

Moss, T. et L. Young. 2009. Saving Ghana from its oil: the case for direct cash distribution. CGD Working Paper 186.

Ndikumana, L. 2013. Capital flight and tax havens: impact on investment and growth in Africa. Political Economy Research Institute Working Paper.

Nkurunziza, J.D. 2012. Illicit financial flow: a constraint on poverty reduction in Africa. Association of Concerned Africa Scholars. *Bulletin* N° 87, automne 2012.

ONU (Nations Unies). 2013. Finance : ces capitaux qui fuient l'Afrique. Disponible à l'adresse : http://www.un.org/africarenewal/fr/magazine/d%C3%A9cembre-2013/finance-ces-capitaux-qui-fuient-l%E2%80%99afrique

Ostry, J.D., A. Berg. et C. G. Tsangarides. 2014. Redistribution, inequality, and growth. IMF Staff Discussion Note, avril 2014.

Oxfam. 2014a. Business among friends, Briefing Paper #185 p.19. Disponible à l'adresse : www.oxfam.org/sites/www.oxfam.org/files/bp185-business-among-friends-corporate-tax-reform-120514-en_0.pdf

_____. 2014b. Will the IFC's flagship health public–private partnership bankrupt Lesotho's Ministry of Health? Oxfam Briefing Note.

Papyrakis, E. et R. Gerlagh. 2004. The resource curse hypothesis and its transmission channels. *Journal of Comparative Economics*, 32(1), 181-93.

_____. 2006. Resource windfalls, investment, and long-term Income. *Resources Policy*, 31 (2), 117-28.

Ravallion, M. 1997. Can high-inequality developing countries escape absolute poverty? *Economics Letters*, 56, 51-57.

Ravallion, M. et S. Chen. 2007. China's (uneven) progress against poverty. *Journal of Development Economics*, 82 (2007), 1-42.

Ravallion, M. et G. Datt. 1996. How Important to India's poor is the sectoral composition of economic growth? *The World Bank Economic Review,* 10 (1), 1-25.

Reuters. 2014. Special Report: Areva and Niger's uranium fight. Disponible à l'adresse : www.reuters.com/article/2014/02/05/us-niger-areva-specialreport-idUSBREA140AA20140205

Revenue Watch Institute. 2010. Revenue Watch Index 2010. www.resourcegovernance.org/rwindex2010/index.html

Robinson, J.A., R. Torvik et T. Verdier. 2006. Political foundations of the resource curse. *Journal of Development Economics,* vol. 79, 447-68.

Rodrik, D. (1995). Getting interventions right: How South Korea and Taiwan grew rich.

Sala-i-Martin, X. et A. Subramanian. 2003. Addressing the natural resource curse: an illustration from Nigeria. IMF Working Paper 03/019. Fonds monétaire international, Washington, D.C.

The Economist. 2012. Eastern El Dorado? Disponible à l'adresse : www.economist.com/node/21552265?fsrc=scn/fb/wl/ar/easterneldorado

Think Africa Press. 2012. Reserving judgement on Tanzania's natural gas discoveries. Disponible à l'adresse : http://thinkafricapress.com/tanzania/nascent-gas-industry-potential-or-potentially-dangerous-430billion

Transparency International. 2010. Biens mal acquis Case: French Supreme Court overrules court of appeal's decision. Disponible à l'adresse : https://star.worldbank.org/corruption-cases/node/18489

Young, A. 1995. The tyranny of numbers: confronting the statistical realities of the East Asian growth experience. *Quarterly Journal of Economics,* 110(3), 641-680.

Zucman, G. 2014. Taxing across borders: tracking personal wealth and corporate profits. *Journal of Economic Perspectives,* 28(4), 121-148.

Vers des politiques budgétaires favorables à l'équité en Afrique

Nouvelles données factuelles sur les politiques budgétaires et les inégalités de revenus en Afrique

1 La plupart des pays enregistrant un **ratio recettes/PIB** supérieur à 20 % affichent un indice des **inégalités de revenus** (Gini) supérieur à 0,5

2 Les politiques budgétaires sont un puissant outil de **réduction** des **inégalités de revenus** en Afrique

3 L'imposition en Afrique est essentiellement **régressive** - elle **pèse plus sur les pauvres que sur les riches**

4 Rente totale issue des ressources naturelles en part du PIB du fait :
1. de la prévalence du syndrome hollandais
2. de la concentration de la propriété des actifs
3. des inefficacités associées qui tendent à **favoriser les inégalités**

5 Le faible niveau d'imposition et de dépenses sociales **limite l'effet redistributif des politiques budgétaires en Afrique**

6 **Une croissance** qui crée des emplois et est renforcée par les compétences et tirée par le développement humain **réduit les inégalités**

L'efficacité redistributive de la politique budgétaires varie d'un pays à l'autre en Afrique

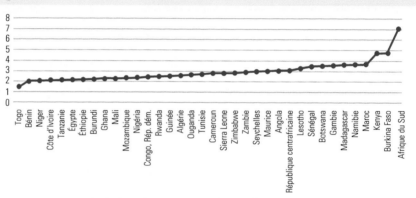

Rendre les politiques budgétaires favorables à l'équité en Afrique

1 **Améliorer l'imposition progressive** en augmentant les taux d'imposition marginaux et en accordant une plus grande attention à l'impôt sur les personnes physiques et à l'impôt sur les sociétés

2 **Diversifier les recettes publiques** en déplaçant l'accent du secteur extractif vers l'impôt sur les personnes physiques et l'impôt sur les sociétés

3 **Améliorer les contreparties dans la gestion fiscale** aide à stimuler les recettes et à promouvoir la prévisibilité

4 **Améliorer la conception et l'efficacité opérationnelle des subventions et des transferts** grâce à un meilleur ciblage

5 **Investir dans les programmes d'acquisition de connaissances** au profit des travailleurs non qualifiés ; promouvoir une éducation de qualité et des taux plus élevés de passage du primaire au secondaire

6 **Cibler les dépenses publiques sur les familles pauvres, les personnes âgées, les chômeurs et les marginalisés**

7 **Adopter un dosage approprié de politiques budgétaires** visant à infléchir l'horizon de la redistribution budgétaire

AYODELE ODUSOLA

7 Politique budgétaire, redistribution et inégalité en Afrique

7.1 Introduction

Au cours des cinq dernières décennies, le rôle de la croissance économique dans la réduction de la pauvreté a fait l'objet d'une attention toute particulière. Ce parti pris est fondé sur l'effet de ruissellement de la croissance économique à long terme sur la pauvreté et les inégalités, selon la théorie formulée par Simon Kuznets. Toutefois, comme l'expérience l'a maintes fois montré partout dans le monde, une croissance économique forte et une réduction rapide de la pauvreté ne se traduisent pas systématiquement par une réduction accélérée des inégalités (Stiglitz, 2015 ; Reid-Henry, 2015 ; Piketty, 2015). À cet égard, la Chine et le Rwanda offrent des exemples pertinents de l'absence d'effet de ruissellement sur les inégalités, dès lors que la croissance économique rapide s'accompagne d'un accroissement des inégalités de revenus[1]. La théorie de Kuznets a été réfutée par la crise mondiale des inégalités, qui atteint de nouveaux sommets, puisque les 1 % les plus nantis sont désormais plus riches que les 99 % restants de la population[2]. Ce constat remet plus que jamais en question l'efficacité des politiques budgétaires dans la promotion de l'efficience économique et de l'efficacité du développement.

Les inégalités de revenus ne résultent pas seulement de forces économiques telles que la croissance économique, elles sont également une conséquence de l'action publique. Elles se présentent souvent comme le sous-produit d'impôts régressifs, de structures salariales rigides, et surtout de salaires minimums stagnants face à des ratios élevés de compression des salaires et des investissements inadaptés en faveur de l'éducation, la santé et la protection sociale des populations vulnérables et marginalisées. La capacité à gérer le parti pris de l'urbanisation est également importante dans le traitement des inégalités. Les politiques budgétaires ont une incidence directe sur les inégalités, par la progressivité des impôts, les transferts bien ciblés et la qualité des dépenses publiques, et un

---

[1] Ces deux pays ont connu une croissance rapide à un taux annuel moyen de plus de 9 % entre 1995 et 2015. Pourtant, l'inégalité de revenus (mesurée par le coefficient de Gini) s'est accrue dans les deux cas, passant de 0,289 en 1984 à 0,504 en 2013 au Rwanda, et de 0,291 en 1981 à 0,473 en 2013 en Chine. Voir les Indicateurs du développement dans le monde pour la croissance économique des deux pays et les inégalités au Rwanda ; et voir Wang, Wan et Yang (2014) pour l'inégalité de revenus en Chine.

[2] Voir Oxfam (2016), Reid-Henry (2015) et Piketty (2015) en ce qui concerne la crise mondiale des inégalités et le manque de pertinence de la théorie de Kuznets pour expliquer le lien entre croissance et inégalités dans la théorie économique contemporaine du développement. Oxfam (2016) en particulier conclut que les 1 % les plus riches de la population mondiale se sont accaparés l'économie mondiale, 46 % de la croissance totale des revenus mondiaux entre 1998 et 2011 allant aux 10 % les plus riches de la planète. Rien qu'en 2016, la richesse combinée de 62 individus était équivalente à celle de 3,6 milliards de personnes, soit la moitié la plus pauvre de l'humanité.

impact indirect sur d'autres facteurs influençant les inégalités de revenus et de richesse. Bien que le rôle distributif de la politique budgétaire sur l'inégalité de revenus soit largement reconnu, il a été quelque peu négligé depuis les années 1980, en particulier suite au Consensus de Washington, qui a accordé une importance démesurée aux rôles de la stabilité macroéconomique et de l'efficacité de la répartition.

Le niveau élevé des inégalités de revenus en Afrique a relancé le débat sur l'effet distributif des politiques budgétaires de l'État, en particulier en matière de fiscalité et de choix des dépenses publiques. Le débat en faveur d'une politique de répartition efficace s'est intensifié depuis les consultations portant sur le programme de développement des Nations Unies pour l'après-2015, engagées il y a environ cinq ans. Une nouvelle réalité s'impose désormais, selon laquelle le niveau élevé des inégalités nuit à la stabilité macroéconomique et à la croissance économique, réduit l'élasticité de la pauvreté par rapport à la croissance et limite la mobilité économique des jeunes générations. Cette nouvelle donne explique également pourquoi les acteurs du développement en Afrique, notamment les décideurs et la société civile, se préoccupent davantage du rôle des politiques budgétaires et des programmes de redistribution dans la lutte contre la pauvreté et les inégalités. Les preuves attestant de la bifurcation dans la progression des inégalités de revenus constatée dans les pays africains[3] ont renforcé le rôle des politiques budgétaires et des programmes de redistribution dans le fait que certains pays soient parvenus à remporter leur combat contre l'inégalité alors que d'autres sont en passe de le perdre.

Les préoccupations à l'égard des inégalités ont atteint leur point culminant lorsque les Objectifs de développement durable (ODD) ont été approuvés par l'Assemblée générale des Nations Unies en septembre 2015 à titre de cadre de travail pour l'élaboration du programme de développement mondial pour les 15 ans à venir. Le Programme de développement durable à l'horizon 2030, dont le principal objectif est d'éradiquer la pauvreté et de réduire rapidement les inégalités, est destiné à « ne laisser personne de côté » dans le processus de développement d'ici à 2030. Comme convenu dans le document final de la troisième Conférence internationale sur le financement du développement, la mise en œuvre de systèmes fiscaux progressifs et efficaces, l'instauration d'une protection sociale et la fourniture de services publics essentiels pour tous sont d'une importance capitale pour la réalisation des ODD, en particulier l'objectif 1 « Pas de pauvreté » et l'objectif 10 « Inégalités réduites ».

Pour bâtir un monde meilleur, il est indispensable d'aborder la nature disproportionnée de la répartition des revenus et de la richesse. Les politiques budgétaires ont un rôle primordial à jouer à cet effet. Il est important de déterminer quels sont les bénéficiaires des programmes de dépenses publiques et quels sont ceux qui contribuent à les financer. À cet égard, il est nécessaire d'acquérir une compréhension approfondie de la manière dont les politiques budgétaires et les programmes de répartition mis en place par les gouvernements pourraient contribuer à réduire l'inégalité de revenus et à favoriser une prospérité partagée. Dans le cadre du Programme de développement durable à l'horizon 2030, le fait de s'attaquer aux inégalités n'est pas seulement crucial pour la stabilité politique et la cohésion sociale, mais relève également d'une pratique judicieuse de l'économie et constitue un impératif de développement.

Bien que la littérature spécialisée reconnaisse le rôle central de la politique budgétaire pour lutter contre les inégalités, notamment par l'instauration d'un régime fiscal progressif, la mise en place de politiques de transferts bien ciblés et l'adoption de dépenses publiques de qualité, les travaux empiriques suscités par ces questions en Afrique ont été limités. L'objectif de ce chapitre est d'examiner l'incidence des politiques budgétaires et des programmes de répartition sur les inégalités et, à partir des résultats de l'analyse, de suggérer comment ces politiques peuvent contribuer à accélérer la réduction des inégalités sur le continent.

---

[3] Pour des informations détaillées sur la bifurcation, les tendances et les moteurs de l'inégalité de revenus en Afrique, voir le chapitre 2 du présent ouvrage.

7.2 Les inégalités en Afrique dans le contexte des Objectifs de développement durable

En Afrique subsaharienne, le débat à propos des niveaux et des dimensions des inégalités de revenus ne permet pas de tirer de conclusions probantes, car les points de vue divergent sur ces questions.Les inégalités de revenus sont élevées, et selon les derniers chiffres disponibles du coefficient de Gini, elles se sont réduites, passant de 0,475 à environ 0,435 entre 1993 et 2010 (Cornia, 2016 : 6). Elles ont pourtant augmenté de 3 points de pourcentage dans un pays sur quatre de la région.

Cela étant, la réalité d'aujourd'hui est que l'Afrique demeure l'une des régions les plus inégalitaires au plan mondial. En effet, 10 des 19 pays les plus inégalitaires au monde se trouvent en Afrique (voir figure 7.1). La plupart de ces pays sont situés dans la région de l'Afrique australe, l'Afrique du Sud étant celui qui bat tous les records en termes d'inégalité à l'échelle planétaire. Les inégalités y sont encore déterminées par une structure économique déséquilibrée imposée par les régimes de l'apartheid dans la région, notamment un accès inégal à la terre et aux opportunités économiques, des problèmes qui ne peuvent pas être réglés du jour au lendemain.

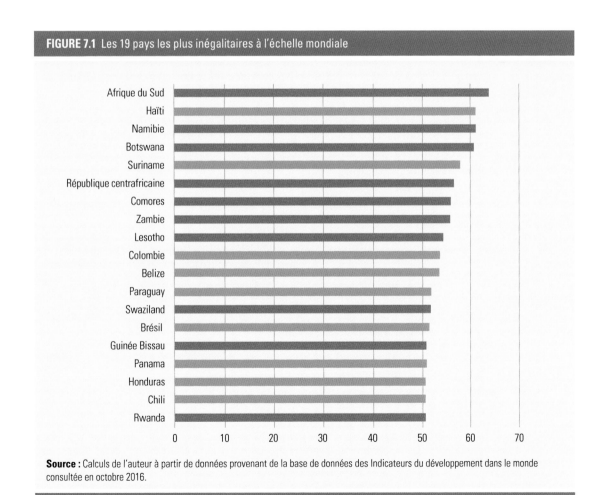

FIGURE 7.1 Les 19 pays les plus inégalitaires à l'échelle mondiale

Source : Calculs de l'auteur à partir de données provenant de la base de données des Indicateurs du développement dans le monde consultée en octobre 2016.

Les inégalités de revenus sont une arme à double tranchant. Certains suggèrent qu'une dose spécifique d'inégalités de revenus peut être propice à la croissance économique[4]. Toutefois, une autre école de pensée s'appuie sur une approche économique axée sur la demande pour affirmer que les inégalités extrêmes sont préjudiciables à la croissance économique mondiale et au développement humain. Ses partisans sont convaincus qu'une société plus égalitaire favorise le développement de la classe moyenne et des groupes à faible revenu ayant une forte propension à consommer. Par ailleurs, en application du principe de l'accélérateur, une société plus égalitaire incite souvent les entreprises à investir davantage et à créer davantage d'emplois. Stiglitz (2015 : 287) écrit à ce propos : « …une fois que les inégalités deviennent extrêmes, les conséquences nocives sur le plan social, économique et politique deviennent manifestes. Les inégalités extrêmes tendent à entraver la croissance économique et à fragiliser à la fois l'égalité politique et la stabilité sociale ». Les inégalités extrêmes sont problématiques sur le plan social, parce qu'elles peuvent être destructives en provoquant le ressentiment social, les conflits et les insurrections, autant de conséquences qui entravent le développement à long terme[5]. La montée des inégalités de revenus et des inégalités de chances réduisent la demande globale[6], notamment en application du principe de l'accélérateur, ralentissant ainsi la croissance économique. Stiglitz (2012) lie les inégalités aux cycles de croissance écourtés. Une interprétation erronée des cycles courts de croissance économique, en particulier par le biais d'incitations destinées aux riches, peut mener à l'instabilité économique. Stiglitz (2015) avance que les pays qui connaissent un niveau élevé d'inégalités tendent à investir moins dans les biens publics tels que l'infrastructure, l'éducation et la technologie, qui sont d'une importance cruciale pour la croissance économique à long terme et la prospérité partagée. À cette fin, la poursuite d'un objectif de croissance sans équité est contreproductive, alors qu'une croissance riche en emplois, renforcée par les compétences et portée par le capital humain tend à renforcer la croissance à long terme, la prospérité partagée, le développement humain et la cohésion sociale.

Le niveau élevé des inégalités en Afrique constitue un défi majeur pour la réalisation de l'objectif primordial de « ne laisser personne de côté » d'ici à 2030. À moins que des idées innovantes ne soient formulées et mises en œuvre, la réalisation de l'ODD 1 (Éliminer la pauvreté sous toutes ses formes et partout dans le monde) et de l'ODD 10 (Réduire les inégalités dans les pays et d'un pays à l'autre) est pratiquement impossible. Les inégalités excessives réduisent l'élasticité de la pauvreté par rapport à la croissance et entravent la stabilité macroéconomique, politique et sociale, qui sont les conditions nécessaires à une croissance et un développement durables pour tous.

En particulier, l'une des cibles de l'ODD 10 prévoit « d'ici à 2030, [de] faire en sorte, au moyen d'améliorations progressives, que les revenus des 40 pour cent les plus pauvres de la population augmentent plus rapidement que le revenu moyen national, et ce de manière durable » (ONU, 2015). Comment l'Afrique pourrait-elle atteindre cet objectif ? C'est en tentant d'apporter une réponse à cette interrogation à ce stade précoce qu'il est possible de fournir une bonne base de référence pour mesurer les progrès accomplis et déterminer les politiques qui favorisent leur réalisation sur le long terme.

Entre 1990 et 2012, la part des revenus des 40 % les plus pauvres de la population est passée en moyenne de 13,99 % à 15,24 %, ce qui représente une hausse de 1,25 point de pourcentage. La part des revenus des 40 % les plus pauvres a augmenté dans 25 pays (avec en tête la Zambie), marqué le pas dans deux pays (République démocratique du Congo et Maurice) et régressé dans 15 pays (conduits par le Cameroun)

---

[4] Cette école de pensée explique que trop d'*égalité* de revenus non seulement réduit l'incitation à l'innovation et à la productivité, mais diminue également l'instinct inné de chacun, qui consiste à prendre des risques pour créer de la richesse (Becker et Murphy, 2007 ; Conard, 2016). Elle reconnaît la puissance d'une approche de l'économie axée sur l'offre, en ce sens qu'une société inégalitaire promeut la recherche du profit et favorise les groupes à revenu élevé qui ont une plus grande propension à économiser, entraînant ainsi un haut niveau d'investissement et de croissance économique.

[5] Pour une meilleure compréhension des risques et des menaces que fait peser l'inégalité, voir Easterly, 2007, Stiglitz, 2015 et PNUD, 2013 et 2016.

[6] D'après la loi d'Engel, les riches ont tendance à dépenser une part moins importante de leurs revenus que les pauvres.

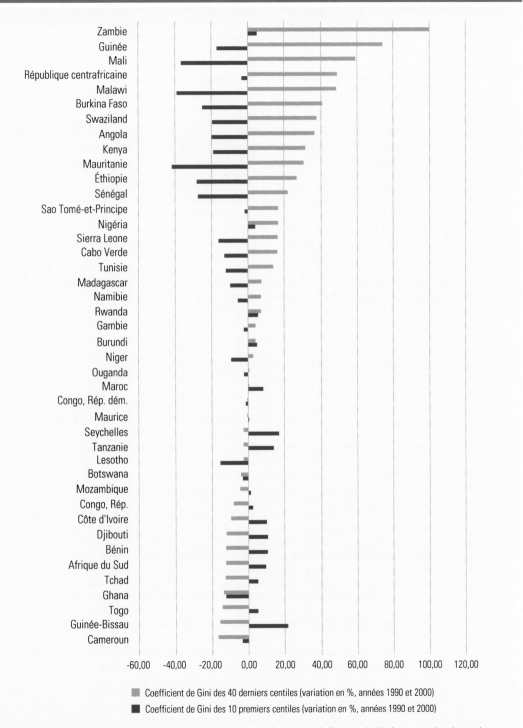

FIGURE 7.2 Variations du coefficient de Gini des 10 premiers et des 40 derniers centiles, années 1990 et 2000 (%)

Coefficient de Gini des 40 derniers centiles (variation en %, années 1990 et 2000)

Coefficient de Gini des 10 premiers centiles (variation en %, années 1990 et 2000)

Source : Calculs de l'auteur à partir de données provenant de la base de données des Indicateurs du développement dans le monde consultée en octobre 2016.

(figure 7.2). La plupart des pays qui ont affiché une augmentation de la part des revenus des 40 % les plus pauvres ont réussi à réduire la part des revenus des 10 % les plus riches et vice versa. La part des revenus de ces deux groupes a régressé au Botswana, au Cameroun, au Ghana et au Lesotho, peut-être à la suite d'une tendance à la hausse des revenus au sein de la classe moyenne, laquelle, à titre d'exemple, constitue 47,6 % de la population du Botswana[7].

Afin d'éviter la variabilité associée à la mesure des inégalités sous forme de centiles ou de quintiles extrêmes, un indice de sévérité de la part relative des 40 % les plus pauvres par rapport aux 10 % les plus riches est utilisé pour mesurer la sévérité des inégalités dans l'ensemble des pays africains. En moyenne, l'indice a augmenté de 6,7 points de pourcentage, passant de 40,8 % dans les années 1990 à 47,51 % dans les années 2000. Il a progressé dans 25 pays (allant de 0,43 point de pourcentage en République démocratique du Congo à 46,97 points de pourcentage au Mali) et a régressé dans 17 pays (de -0,21 point de pourcentage au Botswana à -13,56 points de pourcentage en Guinée-Bissau). Le revenu des 40 % les plus pauvres représente moins de 20 % de celui des 10 % les plus riches en Afrique du Sud, au Botswana et en Namibie, ce qui indique que les inégalités de revenus y sont très marquées. L'indice dépasse les 70 % à Sao Tomé-et-Principe, au Mali, en Éthiopie, en Guinée, au Burundi, en Sierra Leone, au Niger et en Mauritanie, ce qui suggère une meilleure répartition des revenus dans ces pays (voir la figure 7.3 pour les variations entre les pays en fonction de la disponibilité des données).

FIGURE 7.3 Part de revenu des 40 derniers centiles dans les 10 premiers centiles

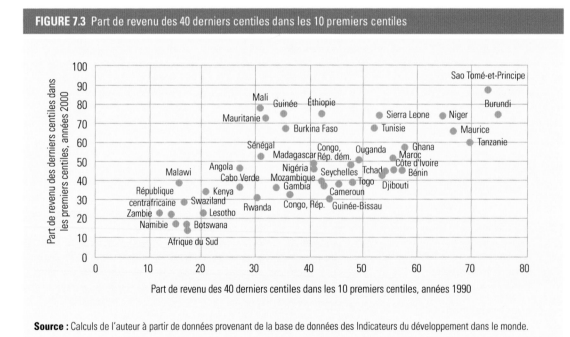

Source : Calculs de l'auteur à partir de données provenant de la base de données des Indicateurs du développement dans le monde.

Certaines politiques et certains programmes ont exercé une influence significative sur la réduction des inégalités en Afrique. Il s'agit notamment de mesures ayant eu un rôle déterminant pour combler le fossé entre les 40 % les plus pauvres et les 10 % les plus riches de la population, notamment : les systèmes de protection sociale bien ciblés mis en œuvre dans de nombreux pays africains (par ex., en Éthiopie et au Sénégal) ; les politiques facilitant la scolarisation et la transition entre les systèmes de l'enseignement primaire, secondaire et supérieur (par ex., à Cabo Verde et en Mauritanie) ; les services de santé de base gratuits pour les populations marginalisées (par ex.,

---

[7] Pour une cartographie de la classe moyenne en Afrique, voir www.integreon.com/pdf/Blog/Grail-Research-The-Rising-Middle-Class-Africa_225.pdf

à Maurice et en Tunisie) ; la réforme des institutions du marché du travail, en particulier l'adoption de salaires minimum (par ex., au Mali, au Burkina Faso et en Zambie) (BAfD *et al.*, 2011).

L'accroissement du ratio de compression des salaires est un important moteur d'inégalité à l'échelle du continent[8]. De nombreuses études reconnaissent que le fait qu'une part croissante de revenus revienne aux personnes les mieux rémunérées est un moteur d'inégalité majeur (Piketty et Saez, 2006 ; McCall et Percheski, 2010 ; Atkinson, Piketty et Saez, 2011 ; Piketty, 2014 et 2015 ; Odusola, 2015). L'Organisation internationale du travail met en évidence la manière dont la compression des salaires influe sur l'inégalité salariale (OIT, 2008). La réduction des inégalités a été principalement induite en France par les compressions de salaires entre les salaires médians et les salaires les plus bas, au Brésil par le resserrement de l'écart entre les salaires médians et les salaires les plus élevés et au Mexique par le resserrement de l'écart entre les salaires les plus bas et les salaires les plus élevés.

Alors que les pays dans d'autres régions s'efforcent de resserrer les écarts salariaux entre les revenus les plus faibles et les revenus les plus élevés, on constate l'inverse dans de nombreux pays africains. On peut citer à cet égard le fossé grandissant entre les salaires des responsables politiques et le revenu national par habitant. Les hommes et les femmes politiques contribuent à la détermination du montant de leurs émoluments en faisant peu de cas du contexte du développement de leur pays. Les salaires de certains législateurs africains par rapport aux salaires minimum et au revenu national par habitant affichent des ratios de compression élevés. Alors que les législateurs des pays de l'Organisation de coopération et de développement économiques (OCDE) gagnent moins de huit fois le revenu par habitant dans leur pays (dans une plage comprise entre 1,3 fois pour la Norvège et 7,1 fois pour le Royaume-Uni), ce rapport est respectivement de 64 fois au Nigéria, de 60 fois au Kenya et de 15,1 fois en Afrique du Sud (Odusola, 2015). Sur la base des données disponibles dans la base des Indicateurs du développement dans le monde, le ratio de compression des salaires en Afrique, qui varie de 8 (Burkina Faso) à 32 (Malawi) est l'un des pires[9], comparé aux ratios des pays de l'OCDE, qui se situent entre 1,5 (Royaume-Uni) et 3,3 (États-Unis d'Amérique), ou encore à ceux de la région Amérique latine et Caraïbes compris entre 2,6 (Suriname) et 33 (République dominicaine).

Un bon indicateur du ratio de compression lorsque des données comparables ne sont pas disponibles est l'écart entre le salaire le plus élevé et le revenu par habitant (variable indicative du revenu médian). Un indice de corrélation de 0,401 est établi entre ces variables. Les données observées dans la figure 7.4 indiquent qu'un écart prononcé entre les salaires et émoluments des parlementaires et le revenu par habitant dans leur pays tend à entraîner une disparité de revenus.

Sur la base des données disponibles, l'indice de corrélation entre la variation de la part des 40 % les plus pauvres (entre les années 1990 et les années 2000) et le salaire minimum est de -19,94. Le salaire minimum joue un rôle important dans la réduction des écarts entre les très riches et les pauvres. Le resserrement des écarts entre les salaires en Afrique pourrait contribuer à accélérer la réduction des inégalités sur le continent.

La corruption, qui se manifeste sous la forme de prestations de services de piètre qualité, est un fléau générateur de pauvreté et d'inégalités dans plusieurs pays. L'indice de corrélation entre les variations de la part que représentent les revenus des 40 % les plus pauvres dans celui des 10 % les plus riches de la population et l'indice de la transparence et de la corruption[10] est de 0,18. Le caractère inadapté du

---

[8] Cette situation s'explique par plusieurs facteurs, dont le progrès technologique, le commerce international, une forme de démocratisation qui conduit à l'accaparement de l'État, ainsi que les réformes des marchés et de la fiscalité (voir Odusola, 2015).

[9] La compression des salaires désigne le rapport entre les hauts salaires et les bas salaires sur la grille principale des salaires du gouvernement central. Voir http://data.worldbank.org/data-catalog/wage-bill-pay-compression

[10] Ceci est basé sur la note attribuée à la qualité des politiques et des institutions (CPIA) pour le critère relatif à la transparence, la redevabilité et la corruption dans le secteur public (sur une échelle allant de 1 (faible) à 6 (élevé)), publiée dans les Indicateurs du développement dans le monde.

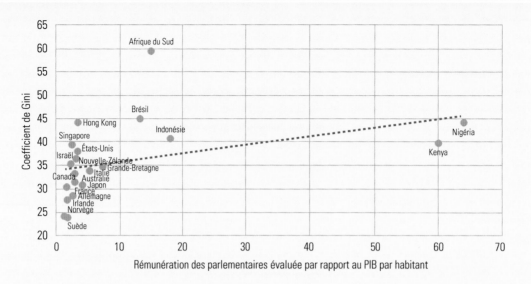

FIGURE 7.4 Corrélation entre le coefficient de Gini et la rémunération des parlementaires évaluée par rapport au revenu par habitant dans leur pays

Source : Odusola (2015) et Ensemble de données mondial normalisé sur les inégalités de revenus (SWIID), version 5.

système éducatif, qui va à l'encontre de la réalité du marché du travail, est un facteur supplémentaire qui tend à compliquer la disparité de revenus. La dynamique des structures économiques, en particulier une agriculture traditionnelle prédominant au cœur de l'agriculture commerciale, une industrie extractive isolée du reste de l'économie et un secteur financier et des télécommunications avancées contribue fortement à la génération de disparités de revenus dans de nombreux pays africains. La dichotomie entre l'économie rurale et l'économie urbaine entraîne également des disparités (Cornia, 2015). Le large fossé qui existe entre zones urbaines et zones rurales dans l'accès aux services en matière d'éducation, de santé et de logement aggrave les inégalités de revenus, limite les opportunités et réduit les chances de mobilité intergénérationnelle (Lipton, 2013). Le recours aux politiques budgétaires pour influencer les déterminants des inégalités en Afrique pourrait contribuer à améliorer la redistribution des revenus.

7.3 Vue d'ensemble des politiques budgétaires et des répartitions en Afrique

7.3.1 Politiques budgétaires

La politique budgétaire est un outil important que les gouvernements à travers le monde utilisent pour promouvoir la stabilité macroéconomique, affecter les ressources à des projets et des activités prioritaires, fournir des biens publics pour corriger les défaillances du marché et redistribuer les revenus et la richesse aux populations marginalisées et défavorisées. Si elle est correctement formulée et mise en œuvre, une politique budgétaire est d'une importance cruciale pour entraîner la croissance économique, la stabilité sociale et le développement national. Les impôts, les dépenses et les transferts sont des instruments clés pour atteindre ces objectifs. Cependant, comme le souligne la Conférence des Nations Unies sur le commerce et le développement (CNUCED 2012), le rôle distributif des politiques budgétaires a été négligé depuis les années 1980, un accent excessif ayant été mis sur la stabilité macroéconomique et sur l'efficacité d'allocation des politiques budgétaires.

L'imposition joue un double rôle dans la promotion des principes d'équité. Premièrement, une combinaison optimale d'instruments fiscaux directs et indirects savamment dosés joue un rôle important dans la répartition des revenus. Les impôts progressifs tels que l'impôt sur le revenu des personnes physiques (notamment en ce qui concerne les revenus les plus élevés), l'impôt sur les revenus du capital et de la fortune, et les impôts indirects qui frappent davantage la consommation ostentatoire, tendent à favoriser les politiques de redistribution. Deuxièmement, l'imposition lève des ressources nécessaires au financement des dépenses sociales pour porter assistance aux populations pauvres, vulnérables et marginalisées. À cet égard, les niveaux des impôts et leurs composantes revêtent une importance particulière pour appuyer les objectifs de répartition du gouvernement[11].

Bien que les niveaux des recettes budgétaire et des subventions ainsi que la part des recettes fiscales dans le PIB aient augmenté au fil des ans, ces éléments demeurent encore faibles en Afrique par rapport à ce qui est pratiqué dans les pays développés et les pays d'Asie occidentale (tableau 7.1 et figure 7.5). Ces faibles niveaux réduisent la flexibilité budgétaire pour le financement des dépenses sociales, y compris les importants investissements dans des services de qualité en matière d'éducation, de santé et de protection sociale sur le continent. L'accroissement du niveau d'aide publique au développement (APD) et des recettes non fiscales provenant de la hausse considérable des prix des matières premières a été à l'origine de l'accroissement de la part des recettes et des subventions dans le PIB.

Les institutions jouent un rôle important au fur et à mesure que la marge de manœuvre budgétaire prend de l'ampleur en Afrique. L'Indice sur le budget ouvert (OBI) présente un aperçu complet d'un processus budgétaire participatif, transparent et responsable, comprenant la génération et la gestion des recettes[12]. L'indice de corrélation entre l'OBI et la marge de manœuvre budgétaire est de 0,23 ; le coefficient de détermination est de 5,1 %. Par exemple, en 2010, l'Afrique du Sud a été classée au premier rang mondial du point de vue de l'OBI. Il n'est donc guère surprenant que cela soit l'un des pays disposant de la marge de manœuvre budgétaire la plus importante du continent. La Namibie, le Botswana, le Ghana et l'Ouganda ont également obtenu des coefficients élevés ces dernières années, et figurent aussi parmi les pays africains présentant un ratio des recettes par rapport au PIB de plus de 10 %. En revanche, des pays ayant une cote institutionnelle faible à l'échelle de l'OBI, tels que le Nigéria, la République démocratique du Congo et le Cameroun, sont au nombre des pays ayant une très faible marge de manœuvre budgétaire sur le continent (Odusola, 2015 et 2017). Le lien étroit entre les institutions et la marge de manœuvre budgétaire attire l'attention sur la nécessité urgente de traiter les questions institutionnelles relatives à l'administration et à la gestion de l'impôt afin d'accroître les recettes fiscales. Les questions liées à la fraude, à l'évasion fiscale et aux exonérations fiscales discrétionnaires doivent être examinées en profondeur et des mesures concrètes doivent être prises. Les exonérations temporaires d'impôt endémiques accordées aux entreprises étrangères créent des inégalités d'opportunités entre les entreprises étrangères et les entreprises locales qui se traduisent dans de nombreux cas par l'éviction de ces dernières.

---

[11] Voir PNUD (2009) sur la façon de rendre la marge de manœuvre budgétaire favorable aux pauvres.

[12] Le Questionnaire sur le budget ouvert mesure la transparence, la participation et le contrôle du processus budgétaire dans les différents pays. Un ensemble minimal de normes a été établi à cet effet, qui prévoient la mise en place de certains éléments au titre des budgets nationaux : des états prébudgétaires, des projets de budget de l'exécutif, un budget des citoyens, un budget adopté, un rapport sur le suivi budgétaire à mi-parcours, un rapport de fin d'année sur le suivi budgétaire, un rapport d'audit, la participation du public au processus budgétaire, la force de la législation et les forces de l'institution de contrôle (IBP, 2012).

Indicateurs	1991-1995	1996-2000	2001-2005	2006-2010
Afrique				
Total des recettes et des subventions, dont :	22,1	21	23,8	28,2
Recettes fiscales, dont :	14,4	14	15	16,4
TVA	4,4	4,4	4,9	5,4
Taxe frontalière	5,3	5	4,2	4,2
Impôt sur le revenu, dont :	4	4,2	5,1	6,2
Impôt sur le revenu des sociétés	2,5	2,4	2,3	3,4
Autres recettes fiscales	0,7	0,4	0,8	0,6
Cotisations sociales	2	1,8	2,3	2,7
Autres recettes	5,6	5,3	6,5	9,1
Ratio impôt sur le revenu/TVA	0,91	0,95	1,04	1,15
Amérique latine				
Total des recettes et des subventions, dont :	21,3	22,7	23,9	27,3
Recettes fiscales, dont :	12,5	13,8	14,8	16,7
TVA	4,7	5,4	6,4	7,3
Taxe frontalière	1,8	1,6	1,3	1,2
Impôt sur le revenu, dont :	2,8	3,3	3,6	4,7
Impôt sur le revenu des sociétés	2	2,2	2,2	3
Autres recettes fiscales	3,2	3,5	3,5	3,4
Cotisations sociales	2,9	2,8	2,8	3,1
Autres recettes	5,9	6,1	6,3	7,5
Ratio impôt sur le revenu/TVA	0,6	0,61	0,56	0,64
Asie de l'Est, Asie du Sud et Asie du Sud-Est				
Total des recettes et des subventions, dont :	20,9	19,6	19,2	20,7
Recettes fiscales, dont :	14,4	13,8	13,7	14,9
TVA	4,5	4,5	5,2	5,6
Taxe frontalière	2,4	1,7	1,5	1,4
Impôt sur le revenu, dont :	4,8	5,4	5,4	6,2
Impôt sur le revenu des sociétés	3	3,1	3,5	4,3
Autres recettes fiscales	2,7	2,2	1,6	1,7
Cotisations sociales	0,7	1,2	2,2	3
Autres recettes	5,8	4,6	3,3	2,8
Ratio impôt sur le revenu/TVA	1,07	1,2	1,04	1,11
Pays développés				
Total des recettes et des subventions, dont :	42,8	42,2	41,5	41,8
Recettes fiscales, dont :	26,9	26,3	25,9	26
TVA	6,3	6,7	7	7,1
Taxe frontalière	1,1	1,1	0,8	0,6
Impôt sur le revenu, dont :	12,8	12,3	12	12,1
Impôt sur le revenu des sociétés	2,7	3,1	3,2	3,5
Autres recettes fiscales	6,7	6,2	6,1	6,1
Cotisations sociales	10,9	10,3	10,1	10
Autres recettes	5,1	6,1	5,4	5,3
Ratio impôt sur le revenu/TVA	2,03	1,84	1,71	1,7

Source : Tableau compilé par l'auteur à partir des données de la CNUCED (2012).

FIGURE 7.5 Ratio recettes fiscales/PIB par région, 2006-2010

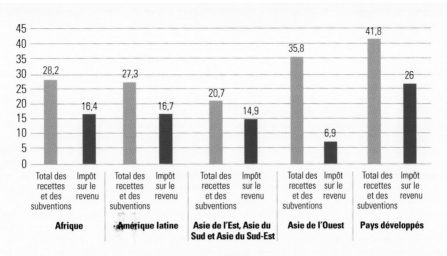

Source : Calculs de l'auteur à partir de données provenant de la base de données des Indicateurs du développement dans le monde consultée en décembre 2016.

La moyenne régionale tend à dissimuler les particularités nationales. Les 37 pays disposant de données régulières sur la part des recettes fiscales dans le PIB se répartissent en trois groupes distincts (tableau 7.2). Le premier groupe est composé de pays sous-performants. Quatorze de ces pays, avec au premier plan des pays richement dotés en ressources, tels que le Nigéria, la République du Congo et la République démocratique du Congo, ont enregistré un ratio recettes fiscales/PIB d'au moins 3 points de pourcentage en dessous de la moyenne régionale, établie à 17,71 % en 2013. Le deuxième groupe comprend des pays qui obtiennent des performances modérées par rapport à la moyenne régionale (c.-à-d. dans une fourchette de 3 points de pourcentage en dessous ou au-dessus de la moyenne régionale). Dans ces pays, le ratio recettes fiscales/PIB est compris entre 14,5 et 20,5 %. Le troisième groupe, qui surclasse la moyenne régionale de plus de 3 points de pourcentage, comprend le Lesotho, l'Algérie, les Seychelles, le Botswana et l'Afrique du Sud. Le Lesotho est en tête de ce groupe ; 50 % de son ratio recettes fiscales/PIB proviennent de l'Union douanière sud-africaine (FIAS, 2006). Les performances de l'Algérie, des Seychelles, du Botswana et de l'Afrique du Sud sont essentiellement portées par l'amélioration institutionnelle.

Les composantes des recettes fiscales ont été très dynamiques dans plusieurs régions. Les taxes sur le commerce international (par ex., les taxes frontalières) diminuent depuis 1990 dans toutes les régions. L'Afrique a enregistré la plus forte baisse à cet égard entre 1991 et 2010, alors que la région développée a connu la baisse la moins élevée. La taxe sur la valeur ajoutée a augmenté dans toutes les régions durant la période, la hausse la plus importante étant observée en Amérique latine et aux Caraïbes. L'impôt sur le revenu s'est accru dans toutes les régions en développement, alors qu'il a diminué dans la région développée (tableau 7.1). L'effet redistributif du système fiscal dépend de la part relative de l'impôt direct par rapport à l'impôt indirect, en particulier l'impôt sur le revenu, comparé à la valeur ajoutée et à la progressivité du barème de l'impôt pour les particuliers. Sur une note positive, la part de l'impôt sur le revenu dans la taxe sur la valeur ajoutée, par exemple, s'est accrue en Afrique.

TABLEAU 7.2 Ratio recettes fiscales/PIB (dernières valeurs, 2008-2013)

Pays ayant plus de 3 points de pourcentage en dessous de la moyenne régionale		Pays ayant 3 points de pourcentage en dessous ou au-dessus de la moyenne régionale		Pays ayant plus de 3 points de pourcentage au-dessus de la moyenne régionale	
Nigéria	1,56	Ghana	14,87	Mozambique	20,79
République du Congo	5,95	Burkina Faso	15,03	Liberia	20,88
République démocratique du Congo	8,35	Gambie	15,13	Tunisie	21,04
Éthiopie	9,21	Bénin	15,58	Namibie	23,12
République centrafricaine	9,46	Mali	15,63	Maroc	24,49
Madagascar	10,09	Kenya	15,90	Afrique du Sud	25,49
Ouganda	10,99	Zambie	15,96	Botswana	27,13
Niger	11,34	Togo	16,39	Seychelles	31,21
Sierra Leone	11,69	Cabo Verde	17,79	Algérie	37,36
Tanzanie	11,71	Angola	18,84	Lesotho	58,69
Égypte	13,16	Maurice	18,99		
Rwanda	13,67	Sénégal	19,18		
Sao Tomé-et-Principe	14,02	Guinée équatoriale	20,48		
Côte d'Ivoire	14,23				

Source : Tableau compilé à partir des données provenant de la base de données des Indicateurs du développement dans le monde (consultée en décembre 2016). .

7.3.2 Dépenses publiques

Qu'elles aient pour but de bénéficier à la société dans son ensemble ou qu'elles soient orientées vers des groupes spécifiques de personnes marginalisées ou vulnérables, les dépenses publiques peuvent être un instrument puissant pour s'attaquer à la pauvreté et aux inégalités. La mise en place de transferts monétaires ciblés ou soumis à des conditions de ressources pourrait contribuer à réduire l'extrême pauvreté, et la fourniture universelle de services d'éducation et de santé peut influer à la fois sur les inégalités et le développement économique. La forme de dépenses sociales à adopter dépend, dans une large mesure, de la capacité de l'État à lever des recettes de manière durable. Les pays ayant la capacité de lever efficacement des montants considérables de recettes et à en faire bon usage tendent à mieux utiliser les transferts sociaux et à fournir des services sociaux à la majorité de la population afin d'influencer la répartition des revenus.

L'élargissement de l'assiette de revenus depuis 1996 a créé une marge de manœuvre budgétaire qui permet d'augmenter les dépenses publiques en Afrique et Amérique latine (tableau 7.3). Le total des dépenses publiques en Afrique est passé de 23,8 % entre 1996 et 2000 à 27,6 % entre 2006 et 2010. Celles-ci ont été essentiellement la résultante de l'augmentation des dépenses de fonctionnement et d'investissement sur la période. La marge de manœuvre budgétaire, en d'autres termes la capacité à dépenser, a également été favorisée par des charges d'intérêts plus faibles résultant de l'allègement de la dette dont a bénéficié la région. En mars 2016, 31 des 36 pays pauvres très endettés (PPTE) qui répondaient aux conditions requises, étaient qualifiés, éligibles ou potentiellement éligibles pour recevoir l'assistance de l'Initiative en faveur des PPTE sont des pays d'Afrique[13]. Trois autres pays (l'Érythrée, la Somalie et le Soudan) ont atteint le point

---

[13] Pour consulter la liste de ces pays, voir http://www.imf.org/fr/About/Factsheets/Sheets/2016/08/01/16/11/Debt-Relief-Under-the-Heavily-Indebted-Poor-Countries-Initiative.

TABLEAU 7.3 Dépenses publiques dans certaines régions, 1991-2010 (en % du PIB actuel)

Indicateurs	1991-1995	1996-2000	2001-2005	2006-2010
Afrique				
Total des recettes fiscales et des dons, dont :	26,6	23,8	26,2	27,6
Dépenses d'investissement	5,5	5,5	6,6	7,8
Dépenses courantes, dont :	21,1	18,3	19,6	19,8
Paiement d'intérêts	2,7	2,4	2,5	1,7
Amérique latine				
Total des recettes fiscales et des dons, dont :	24,5	26,6	27,7	29,8
Dépenses d'investissement	5,2	5,3	4,6	5,7
Dépenses courantes, dont :	19,3	21,3	23,1	24,2
Paiement d'intérêts	2,8	2,8	3,3	2,3
Asie de l'Est, Asie du Sud et Asie du Sud-Est				
Total des recettes fiscales et des dons, dont :	5,7	5,1	4,8	4,8
Dépenses d'investissement	5,2	5,3	4,6	5,7
Dépenses courantes, dont :	16,3	15,5	16,7	17,3
Paiement d'intérêts	4,4	2,5	2,5	2,1
Asie de l'Ouest				
Total des recettes fiscales et des dons, dont :	37,7	33,6	32	30
Dépenses d'investissement	4,9	5	5,7	6,5
Dépenses courantes, dont :	32,8	28,5	26,3	23,6
Paiement d'intérêts	2,7	4,7	4,1	2,2
Pays développés				
Total des recettes fiscales et des dons, dont :	47,4	44,1	43,1	44,5
Dépenses d'investissement	5	4,6	4,3	3,7
Dépenses courantes, dont :	42,5	39,6	38,8	39,7
Paiement d'intérêts	5,2	3,9	2,7	2,3

Source : Tableau compilé à partir des données de la CNUCED (2012).

de décision. Le Fonds monétaire international (FMI, 2016) estime le coût total de l'allègement de la dette des 39 pays au titre de l'Initiative renforcée en faveur des PPTE à environ 75 milliards de dollars US en valeur actuelle nette à la fin 2014.

À la différence des mécanismes de protection sociale bien institutionnalisés en Amérique latine, la couverture de la protection sociale, sa qualité et son niveau d'assistance restent encore très limités en Afrique. Pourtant, de tels mécanismes en Afrique ont revêtu diverses formes, dont la fourniture gratuite de services nationaux de santé financés par l'impôt, l'utilisation de bons, de transferts monétaires et d'un système de cotisations tel que le régime d'assurance santé et de protection sociale. La mise en œuvre de la protection sociale est plus marquée dans les pays d'Afrique australe, dont certains disposent d'allocations de fonds publics à cet effet alors que d'autres financent la protection sociale par l'aide publique au développement (APD).

L'examen approfondi de la protection sociale en Afrique par la BAfD *et al.* (2011) montre son impact potentiel sur la pauvreté et la réduction des inégalités. Ainsi, cette étude révèle qu'à Maurice, le taux de pauvreté des personnes âgées vivant avec au moins une personne plus jeune était inférieur de 30 % à ce qu'il serait sans le régime de retraite universel. En Afrique du Sud, les allocations sociales ont permis de diminuer le nombre de personnes vivant dans la pauvreté de 4,3 %, l'écart de dénuement de 45 % et les allocations pour enfant à charge ont diminué de 47 % l'écart de pauvreté chez les bénéficiaires. Le système global de subventions sociales en Afrique du Sud a contribué à réduire le coefficient de Gini de trois points de pourcentage, doublant ainsi la part du quintile le plus pauvre au revenu national. La mise en place de transferts monétaires en Namibie a fait reculer l'incidence de la pauvreté de 4,3 %, l'écart de pauvreté de 18,4 % et la sévérité de la pauvreté de 27,5 %. Quant au Programme de filets de protection sociale productifs (Productive Safety Nets Programme, PSNP) appliqué en Éthiopie entre 2005 et 2008, il a permis d'éviter à des personnes vulnérables de vendre leurs actifs à la suite de chocs, et 55 % de ceux qui en ont bénéficié ont affirmé que le revenu de leur ménage s'en était trouvé amélioré. Par ailleurs, le programme a assuré la sécurité alimentaire à 7,8 millions de personnes qui dépendaient auparavant de l'aide alimentaire d'urgence.

Le régime des retraites en Afrique du Sud, au Lesotho, en Namibie et au Swaziland a bénéficié à près de 80 à 100 % des personnes âgées, à un coût estimé entre 1 et 3 % du PIB. Sur la base de ces résultats, la CNUCED (2012) en a conclu que la mise en œuvre de la protection sociale en Afrique était réalisable sur le plan budgétaire, administratif et politique. Des données factuelles (Odusola, 2015) indiquent par ailleurs que de nombreux pays africains sont encore fortement dépendants de l'APD pour les dépenses sociales. Il conviendrait qu'une part substantielle de cette aide soit consacrée au renforcement des capacités de l'administration fiscale.

Si elles sont bien gérées, les dépenses publiques ont à cette fin un rôle important à jouer dans l'élargissement du champ d'application des services sociaux, en particulier au profit des communautés rurales, des familles pauvres, des chômeurs et des groupes marginalisés qui n'auraient pas pu être atteints autrement par le libre jeu des forces du marché. Les dépenses publiques pourraient ainsi contribuer à remédier aux défaillances du marché en assurant la fourniture de services sociaux et de transferts monétaires dans un contexte de dotations inégales et de résultats connexes indésirables imposés par les forces du marché. Une stratégie importante pour donner une impulsion à l'égalité des chances et favoriser la mobilité intergénérationnelle consiste à améliorer l'accès des familles à faible revenu à un système éducatif de qualité, en particulier dans l'enseignement supérieur, en assurant la gratuité des frais de scolarité, les bourses et les prêts. Il conviendrait en outre d'améliorer l'accès aux services de santé de base, comme dans le cas de l'Égypte, de Maurice et de la Tunisie[14]. La mise en œuvre de ces services dans ces trois pays leur a permis de se hisser au rang des pays les plus égalitaires en Afrique et dans le monde, avec des coefficients de Gini inférieurs à 0,360 en 2013.

7.4 Efficacité de l'effet redistributif des politiques budgétaires en Afrique

Les explications fournies dans les sections précédentes montrent que les impôts, les transferts et les dépenses publiques sont des instruments importants de répartition des revenus et des opportunités économiques au profit de l'ensemble de la population. Le cadre de travail qui permet de mesurer l'efficacité de l'effet redistributif des politiques budgétaires dans les différents pays est tiré de l'Ensemble de données mondial normalisé sur les inégalités de revenus (SWIID). Cette efficacité est mesurée par la différence entre le coefficient de Gini brut (avant impôts et transferts) et le coefficient de Gini net (après impôts et transferts) (par ex., Solt, 2009 ; Cevik et Correa-Caro, 2015).

De nombreux pays africains ont connu une érosion de l'impact redistributif de leur politique budgétaires, car l'accroissement du taux du coefficient de Gini net est plus rapide que celui du coefficient de Gini du marché. Parmi les 47 pays dont les données sont disponibles, 29 pays ont enregistré des baisses de

---

[15] Pour des informations détaillées, voir Stiglitz (2015) pour Maurice, Verme *et al.* (2014) pour l'Égypte ainsi que Trablelsi (2013), BAfD (2011) et Aldana et El Fassi (2016) pour la Tunisie.

l'efficacité de leur politique budgétaires en termes de redistribution (voir Odusola, 2015). L'Afrique du Sud, l'Angola, le Mozambique, la République démocratique du Congo et le Togo figurent au nombre des pays qui affichent une performance notable (au moins 35 % d'augmentation) à cet égard. Ainsi, entre 1965 et 2011, en Afrique du Sud, le coefficient de Gini du revenu du marché a augmenté de 17,6 % et le coefficient de Gini net de 14,9 %. Le démantèlement de l'apartheid, l'élargissement de la couverture de la protection sociale et la gestion innovante des revenus en Afrique du Sud l'ont rendu possible.

L'efficacité de la politique budgétaire dans l'ensemble des pays africains disposant de données à cet égard, telle que mesurée par la différence entre le coefficient de Gini net et le coefficient de Gini du revenu du marché est illustrée à la figure 7.6. L'Afrique du Sud a enregistré la performance la plus élevée sur cet indicateur, suivie par le Burkina Faso, le Kenya et le Gabon. Ceci suggère que le niveau et la composition des impôts, la qualité des dépenses, ainsi que leur répartition entre les groupes et les emplacements géographiques contribuent à une réduction des inégalités dans la plupart de ces pays. De nombreux pays approfondissent leur imposition directe, alors que d'autres passent de l'imposition indirecte à l'imposition directe pour réduire les inégalités de revenus. La réforme du système de perception des impôts visant à

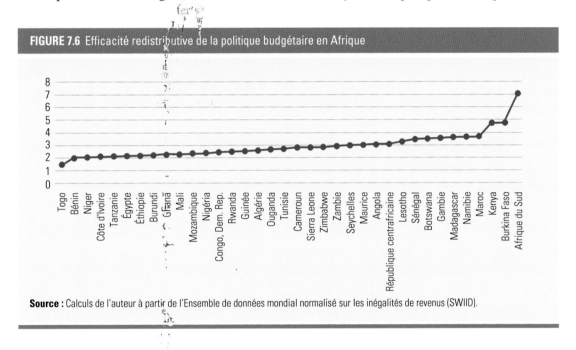

FIGURE 7.6 Efficacité redistributive de la politique budgétaire en Afrique

Source : Calculs de l'auteur à partir de l'Ensemble de données mondial normalisé sur les inégalités de revenus (SWIID).

bloquer l'évasion fiscale pratiquée par les sociétés et les particuliers en Afrique du Sud contribue également à la performance enviable de l'effet redistributif de la politique budgétaire dans ce pays. La mise en œuvre de la décentralisation budgétaire au Kenya, dont on considère qu'elle a favorisé l'efficacité de la répartition et de l'équité (Bakaga, 2008) pourrait être l'un des facteurs responsables de l'amélioration de l'efficacité de la redistribution budgétaire dans le pays. La vague croissante de participation publique au processus budgétaire et l'introduction de la matrice de redevabilité sociale dans les prestations de services au niveau des comtés (Banque mondiale, 2015) sont d'autres facteurs favorables à l'efficacité redistributive de la politique budgétaire au Kenya.

7.5 Analyse du lien entre politique budgétaire, redistribution et inégalités

7.5.1 Le cadre de travail analytique

L'amélioration de l'efficacité des politiques budgétaires renforce l'efficience économique et améliore la couverture redistributive. Les politiques budgétaires influent sur la pauvreté et les inégalités au moyen de l'impôt, des transferts et des dépenses publiques. Cette relation n'est ni automatique ni linéaire. Les impôts progressifs réaffectent les ressources et les redistribuent, en prenant aux riches et super-riches pour donner aux groupes marginalisés et vulnérables. La progressivité des impôts directs (tels que ceux qui sont prélevés sur les revenus, la richesse et l'héritage) et des impôts indirects (tels que les impôts sur la consommation) est une voie importante[15]. Des dépenses publiques efficaces et bien ciblées en matière d'éducation, de formation professionnelle et entrepreneuriale ainsi que des services de santé de base sont des vecteurs de réduction des inégalités de revenus. Par exemple, les dépenses publiques qui soutiennent de manière proactive l'éducation des filles et des femmes pourraient contribuer à lutter contre la pauvreté intergénérationnelle, alors que celles qui sont orientées vers les compétences professionnelles au profit des travailleurs non qualifiés pourraient accélérer la réduction des inégalités de revenus. Enfin, des investissements de qualité dans l'accumulation du capital humain (notamment par l'éducation et le développement des compétences) pourraient entraîner la réduction de la pauvreté et des inégalités.

Les canaux de transmission entre les politiques budgétaires et la réduction des inégalités sont constitués par les impôts progressifs, les transferts bien ciblés et les dépenses de qualité en faveur des pauvres. La redistribution efficace de la charge fiscale totale vers les riches au moyen de l'impôt sur le revenu des particuliers et des sociétés, et les réaffectations des dépenses publiques en faveur des pauvres et des groupes marginalisés jouent un rôle important dans la réduction substantielle de la pauvreté et des inégalités.

Un accès plus équitable aux ressources économiques, sociales et politiques améliore le bien-être de la population et favorise une meilleure redistribution des revenus (FMI, 2014). Même dans la majorité des pays africains où le budgétaire fiscal est en grande partie régressif, si les ressources mobilisées venaient à être utilisées pour financer la réorientation progressive des dépenses notamment pour répondre aux besoins des populations marginalisées, elles pourraient engendrer une redistribution progressive. On peut citer à cet égard l'utilisation des recettes de la taxe sur la valeur ajoutée pour soutenir l'augmentation progressive des dépenses portant sur l'éducation, la santé et les transferts en faveur des pauvres.

Des enseignements peuvent être tirés de la Chine et de la Thaïlande sur l'utilisation d'instruments budgétaires pour influencer la répartition des revenus. En ce qui concerne la Chine, Cevik et Correa-Caro (2015) montrent les effets contrastés de l'impôt et des dépenses publiques sur les inégalités. Les dépenses publiques induisent à ce titre des effets aggravants, alors que l'impôt prélevé par le gouvernement accentue les inégalités. L'aptitude des politiques budgétaires progressives à contrecarrer d'autres moteurs de pauvreté et d'inégalités importe également. Par exemple, les politiques budgétaires progressives qui sont en mesure de renforcer la redevabilité et la transparence dans la perception et l'utilisation des ressources publiques peuvent produire des effets plus prononcés sur la pauvreté et les inégalités.

En Thaïlande, les politiques redistributives ont ciblé les zones rurales et privilégié la protection sociale en faveur des ménages pauvres, notamment par les mesures suivantes : offre de transferts monétaires au profit des personnes âgées pauvres ; couverture médicale universelle ; gratuité de l'enseignement jusqu'à l'âge de 15 ans ; suspension de l'endettement des petits exploitants, une mesure qui concernait 1,9 million de familles ; introduction de plans de micro-crédit par l'intermédiaire d'un dispositif de fonds renouvelable ;

---

[15] Par exemple, voir Salotti et Trecroci (2015), De Freitas (2012) et Benhabib Bisin et Zhu (2011) sur la manière dont les prélèvements fiscaux (notamment les impôts sur le capital et les revenus, et les impôts fonciers) pourraient servir d'instrument pour réduire les inégalités de revenus et l'inégalité des chances.

la mise en œuvre du programme Un village, un produit (OVOP) ; et la fourniture d'intrants agricoles aux exploitants. L'application conjointe de ces politiques a sensiblement contribué à la réduction des inégalités (CNUCED, 2012 ; Boonperm, Haughton et Khandker, 2009). Le fonds renouvelable baptisé Thailand Village and Urban Revolving Fund a versé quelque 22 500 dollars US aux villages et communautés urbaines de Thaïlande à titre de fonds de roulement au profit de leurs différentes associations rotatives d'épargne et de crédit informelles implantées localement. Lancé en 2001 avec une enveloppe de 2 milliards de dollars US, le fonds avait attribué, en mai 2005, des prêts d'un montant total de 8 milliards de dollars US. En 2004, il a bénéficié à 74 000 villages et à plus de 4 500 communautés urbaines et privilégié les travailleurs agricoles pauvres. Les emprunteurs ont vu leurs revenus croître de 1,9 % en moyenne et leurs dépenses augmenter de 3,3 %, et acquis davantage de biens durables, à hauteur de 5 %. Du fait de la mise en œuvre des diverses réformes, le coefficient de Gini a baissé, passant de 0,452 en 1981 à 0,379 en 2013.

Au Pakistan, l'analyse d'équilibre général calculable (EGC) appliquée à l'impact de la politique budgétaire sur les inégalités de revenus indique qu'il est nécessaire de recourir à différents instruments fiscaux pour corriger la répartition existante (Bhatti, Naqvi et Batool, 2012). Les auteurs concluent qu'au Pakistan, les taxes sur les ventes ou les transferts pourraient réduire les inégalités de revenus, mais dans le même temps aggraver le déficit budgétaire. Une combinaison de politiques budgétaires appropriée associant les taxes de ventes, l'impôt sur le revenu et les dépenses publiques non seulement réduirait les inégalités de revenus, mais contribuerait aussi à relever le défi du déficit budgétaire.

Salotti et Trecroci (2015) ont cherché à établir la sensibilité des inégalités (aux extrémités inférieures et supérieures de la répartition des revenus) face à la politique budgétaire. En se basant sur les données disponibles concernant les pays avancés, ils ont constaté que le pouvoir de réduction des inégalités (au moyen d'instruments de dette publique) de la politique budgétaire variait de -0,05 à -0,18, alors que les valeurs des dépenses finales de consommation publique étaient comprises entre -0,23 et -0,55. Lorsque l'efficacité et la qualité des dépenses publiques sont assurées, celles-ci constituent un puissant outil de redistribution de la richesse et des opportunités aux quintiles inférieurs de la population (en termes de revenus). L'impact égalisateur de la dépense publique sur l'éducation, la santé et les dépenses sociales est proéminent.

L'expérience des pays de l'OCDE révèle l'importance des orientations expérimentales en matière de politique publique dans la réduction des inégalités de revenus issus du travail. Elle montre qu'une augmentation de 10 % des moyens affectés à l'enseignement supérieur, des prévisions d'emplois portant sur le travail temporaire eu égard à la moyenne des pays de l'OCDE et des adhésions syndicales réduisent de 0,04 à 0,08 la part des revenus des 10 premiers centiles par rapport aux 10 derniers centiles. Il apparaît également que les transferts monétaires, par exemple les retraites, les allocations de chômage et les allocations familiales constituent l'impact redistributif global, alors que les impôts en représentent un quart seulement. Cependant, l'impact dans l'ensemble des pays de l'OCDE varie en fonction de la taille, des composantes et de la progressivité des impôts et des transferts monétaires (OCDE, 2012 ; Joumard, Pisu et Bloch, 2012). Un enseignement majeur tiré des pays de l'OCDE nous apprend que la progressivité fiscale explique l'impact redistributif de l'impôt davantage que ce que les ratios recettes fiscales/PIB laissent suggérer. Plusieurs pays affichant un ratio élevé impôts/PIB présentent un impact redistributif plus faible en raison de niveaux plus bas de progressivité fiscale. La faiblesse de l'impact trouve son origine dans trois différents canaux : (i) la combinaison des prélèvements fiscaux favorisant les taxes à la consommation et les cotisations de sécurité sociale par rapport aux impôts plus progressifs perçus sur les revenus des particuliers, la fortune et l'héritage ; (ii) la progressivité limitée des barèmes de l'impôt, en particulier sur certains types de déductions ou de revenus tels que les produits d'intérêts, les intérêts hypothécaires et les dons à des organisations caritatives, en particulier dans les pays nordiques ; et (iii) l'accent mis sur les dépenses fiscales qui favorisent les groupes à hauts revenus (OCDE, 2012).

Le FMI (2014) procède à un examen complet des données disponibles de l'impact de la politique budgétaire sur les inégalités dans les économies des pays avancés et des pays en développement. Ses conclusions montrent que l'impôt direct sur le revenu et les transferts ont réduit les inégalités dans les pays avancés d'un tiers en moyenne. En conséquence, le coefficient de Gini du revenu du marché a régressé d'environ 14 points de pourcentage en 2005. La réduction opérée par le biais de l'impôt sur le revenu est même plus importante que les transferts soumis à des conditions de ressources. L'impact redistributif de la politique budgétaire a été atténué par la réduction considérable des bénéfices et la réduction de la progressivité des impôts. Il en a résulté une baisse de la variation en pourcentage du coefficient de Gini du revenu du marché, compensé par les impôts, qui est passé de 16,9 % durant les années 1985-1995 à 10,9 % dans les années 1985-2005. Les variations en pourcentage des transferts ont également baissé, passant de 46,7 % à 34,4 % durant les mêmes périodes. La conclusion principale du FMI est que les disparités de revenus observées dans l'ensemble des régions du monde durant la période 1990-2010, en particulier entre les deux régions les plus inégalitaires (Afrique subsaharienne et Amérique latine et Caraïbes) et les deux régions les plus égalitaires (pays émergents d'Europe et économies avancées) peuvent s'expliquer par des différences dans les niveaux et les composantes de l'impôt, des dépenses publiques et des institutions du marché du travail (FMI, 2014).

7.5.2 Méthodologie, données et sources de données

Différentes variantes d'indicateurs de croissance, de prélèvements fiscaux et de dépenses sociales ont été utilisées pour analyser la relation entre les inégalités de revenus, les politiques budgétaires et leur effet redistributif. La ventilation des politiques budgétaires selon ses composantes offre une bonne occasion d'examiner l'impact de chaque instrument sur les inégalités. Ceci est conforme à l'approche de Salotti et Trecroci (2015) et de Cevik et Correa-Caro (2015).

S'appuyant sur des données de panel provenant de 41 pays africains avec au moins deux points de données entre 1990 et 2012, la méthode ordinaire des moindres carrés a été retenue pour estimer les divers paramètres. Le modèle est exécuté sur 145 points de données. La variable dépendante est le coefficient de Gini, extrait de l'Ensemble de données mondial normalisé sur les inégalités de revenus (SWIID), version 5. Les variables explicatives sont indiquées dans les équations 1 et 2 ci-dessous. Une analyse de sensibilité sur l'impact des variables uniquement budgétaires est également fournie.

$$\text{Gini} = \beta_0 + \beta_1 \text{fd} + \beta_2 \text{g} + \beta_3 \text{rr} + \beta_4 \text{av} + \beta_5 \text{mv} + \beta_6 \text{sv} + B_7 \text{tr} + \beta_8 \text{st} + \beta_9 \text{he} + \beta_{10} \text{xr} + \beta_{11} \text{op} + B_{12} \text{ms} + \mu \quad (1)$$

$$\text{Gini} = \alpha_0 + \alpha_1 \text{tr} + \alpha_2 \text{st} + \alpha_3 \text{tgs} + \alpha_4 \text{cid} + \alpha_5 \text{tit} + \alpha_6 \text{tip} + \Omega \quad (2)$$

Où : Gini = coefficient de Gini ; fd = redistribution budgétaires mesurée comme la différence entre le coefficient de Gini du revenu du marché et le coefficient de Gini net extraits de l'ensemble de données SWIID, version 5 ; g = croissance du PIB ; rr = part de la rente de ressources naturelles dans le PIB ; av = valeur ajoutée agricole en pourcentage du PIB ; mv = valeur ajoutée manufacturière en pourcentage du PIB ; sv = valeur ajoutée des services en pourcentage du PIB ; tr = ratio recettes fiscales/PIB ; st = subventions et transferts en part des dépenses totales ; he = dépenses de santé par habitant ; xr = ressources externes consacrées à la santé en part du montant total des dépenses de santé ; op = frais et débours divers en part des dépenses privées de santé ; et ms = années de scolarisation moyennes. Autres variables : tgs = taxes sur les biens et services en part des recettes ; cid = droits de douane et autres droits d'importation en% des recettes fiscales ; tit = taxes sur le commerce international en % des recettes ; et tip = taxes sur les revenus, bénéfices et plus-values en % des recettes. β_i et α_i sont des paramètres estimés ; μ et Ω sont des termes d'erreur.

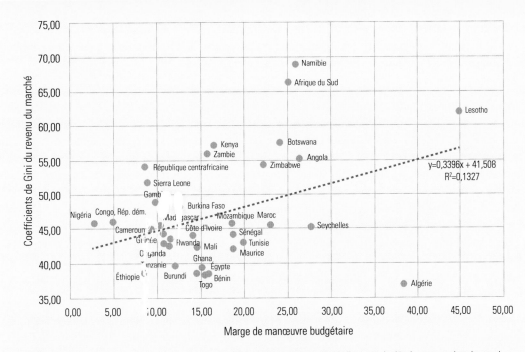

FIGURE 7.7 Corrélation entre la marge de manœuvre budgétaire et les coefficients de Gini du revenu du marché (moyennes)

Axe des ordonnées : Coefficients de Gini du revenu du marché

$y=0,3396x + 41,508$
$R^2=0,1327$

Axe des abscisses : Marge de manœuvre budgétaire

Source : Calculs de l'auteur à partir de données provenant de la base de données des Indicateurs du développement dans le monde consultée en décembre 2016.

Les chiffres du coefficient de Gini proviennent de l'Ensemble de données mondial normalisé sur les inégalités de revenus (SWIID), version 5. D'autres variables proviennent de la base de données des Indicateurs du développement dans le monde de la Banque mondiale, à l'exception de celles fournies par la base de données du Fonds des Nations Unies pour l'enfance (UNICEF) sur les variables liées à la santé.

7.5.3 Analyse des résultats empiriques et options de politiques

En Afrique, au cours de la période 1990-2013, les données disponibles tirées de l'analyse bivariée sur la relation entre d'une part, la marge de manœuvre budgétaire et d'autre part, les valeurs moyennes du coefficient de Gini du revenu du marché et du coefficient de Gini net (après prélèvements fiscaux et transferts) suggèrent l'existence de certains éléments de régressivité fiscale. Les coefficients de Gini sont positivement corrélés à la marge de manœuvre budgétaire (figure 7.7)[16]. Tous les pays affichant un ratio des recettes fiscales rapportées au PIB d'au moins 20 % (à l'exception de l'Algérie, du Maroc et des Seychelles) présentent des inégalités de revenus (coefficient de Gini du revenu du marché et coefficient de Gini net) supérieurs à 0,5. Ces pays (Algérie, Maroc et Seychelles) ne sont ni richement dotés en ressources naturelles ni largement dépendants des matières premières pour leurs exportations et leurs revenus. La nécessité d'améliorer les revenus des industries non extractives en réduisant la forte dépendance des gouvernements à l'égard des recettes du secteur extractif dans des pays tels que le Nigéria ou la République démocratique

---

[16] La relation entre la marge de manœuvre budgétaire et les inégalités de revenus est identique pour le calcul du coefficient de Gini du revenu du marché et du coefficient de Gini net ; seul le coefficient de Gini net est présenté ici.

du Congo pourrait contribuer à inverser cette relation positive. Ceci requiert également une amélioration de la progressivité de l'impôt dans des pays ayant suffisamment de marge de manœuvre budgétaire et affichant de fortes inégalités de revenus, comme le Lesotho, la Namibie, l'Afrique du Sud, l'Angola et le Zimbabwe. Le coefficient de détermination établi à 13,3 % est relativement élevé, tandis que les coefficients de corrélation pour les mesures des coefficients de Gini brut et net sont supérieurs à 0,36. À cette fin, un système d'impôts progressif et une diversification des recettes de l'État en dehors du secteur extractif pourraient contribuer à réduire les inégalités sur le continent.

Les données disponibles tirées de l'analyse multivariée confirment également la nature régressive des recettes fiscales en Afrique. La relation entre le ratio des recettes fiscales rapportées au PIB et les inégalités de revenus demeure positive, mais n'est pas statistiquement significative. C'est peut-être le résultat du faible ratio recettes fiscales/PIB en Afrique. Étant donné que l'amélioration des recettes renforce la capacité et la flexibilité de l'État pour opérer des choix en matière de dépenses qui ont un grand impact sur la pauvreté et les inégalités, en particulier dans le domaine de la santé, de l'éducation et des services sociaux, il est important d'encourager le puissant levier des politiques budgétaires en faveur de la réduction de la pauvreté et des inégalités. À cet égard, l'élargissement de l'assiette fiscale dans les pays africains demeure indispensable. Ceci impliquerait une application plus rigoureuse des leviers fiscaux existants et la perception de nouveaux impôts (Odusola, 2006), notamment par l'augmentation des taux marginaux d'imposition et par l'intégration du secteur informel dans la base imposable de manière à décourager les activités économiques souterraines. Les politiques favorables à la croissance économique augmentent également la base d'imposition de l'économie.

La rente totale des ressources naturelles en part du PIB semble avoir de faibles retombées sur les inégalités[17]. Compte tenu de l'isolement de ce secteur du reste de l'économie, de la persistance du syndrome hollandais (ou la malédiction des ressources naturelles), de la concentration de la propriété des actifs et des pertes d'efficacité qui y sont associées, on peut s'attendre à ce que la rente des ressources naturelles soit un facteur d'inégalités de revenus. Étant donné la thématique du développement durable et les importants flux de ressources provenant de ce secteur, il est impératif de s'assurer que la rente des ressources naturelles pourvoie aux besoins des générations actuelles et futures et exerce une influence majeure sur la réduction des inégalités. Le découplage des recettes de l'État et des ventes du secteur extractif pourrait contribuer à éviter les variations de revenus tirés des matières premières, telles que la baisse actuelle des prix des matières premières. L'augmentation des recettes fiscales provenant de l'impôt sur le revenu des particuliers et des sociétés contribue à renforcer la progressivité de l'impôt. Elle diffuse également le concept de citoyenneté budgétaire dans les différents pays. La citoyenneté budgétaire favorise la redevabilité et la transparence dans l'utilisation des deniers publics, tant au niveau des dépenses que des recettes. Les contreparties dans la gestion fiscale contribuent également à augmenter et faciliter les recettes dans les pays. La nécessité de découpler les recettes de l'État et celles du secteur extractif est encore renforcée par l'indice d'efficacité de la redistribution budgétaire, qui est positif et statistiquement significatif à 1 %. Une augmentation de 1 % du niveau de la redistribution budgétaire accroît les inégalités de revenus de 1,7 %. Ceci est clairement le fait de politiques distributives régressives. La plupart des avantages de la redistribution vont aux riches, non aux pauvres. Un examen approfondi des politiques et stratégies redistributives est indispensable pour inverser la nature régressive de la redistribution budgétaire en Afrique.

---

[17] Les rentes totales des ressources naturelles sont la somme des rentes du pétrole, du gaz naturel du charbon et du lignite, et des rentes minières et forestières, telles que définies dans les Indicateurs du développement dans le monde. Le regroupement des différentes rentes de ressources naturelles, dans divers contextes en termes d'intensité de capital et de main d'œuvre et de relations avec le reste de l'économie estompe l'impact sur les inégalités.

La mise en œuvre des subventions et des transferts semble rapporter des dividendes. Elle apparaît comme un facteur d'égalisation : la relation entre les subventions et transferts d'une part, et la réduction des inégalités de revenus et des inégalités économiques d'autre part, est statistiquement établie, à un niveau de signification de 1 %. Ceci tend à confirmer les conclusions de Younger, Myamba et Mdadila (2016) sur l'incidence budgétaire en République-Unie de Tanzanie. L'amélioration de la conception et de l'efficacité opérationnelle des subventions et des transferts, notamment par un meilleur ciblage, pourrait contribuer à réduire davantage les inégalités de revenus ainsi que les inégalités économiques en Afrique.

La croissance du PIB semble également agir comme un facteur d'égalisation. Une augmentation de 1 % de la croissance économique réduit les inégalités de 0,45 %. Une analyse structurelle de la croissance montre que la valeur ajoutée du secteur manufacturier, de l'agriculture et des services contribue à atténuer les inégalités en Afrique. Les résultats relatifs à la valeur ajoutée du secteur manufacturier et de l'agriculture sont établis à un niveau de signification de 5 %, et ceux de la valeur ajoutée des services à 10 %. La force relative de la valeur ajoutée du secteur manufacturier est la plus prononcée, suivie par celle de l'agriculture. Ceci tend à appuyer les conclusions du FMI (2011) qui font valoir que la croissance s'égalise dès que les opportunités d'emplois dans les zones rurales et l'intensité de la main d'œuvre dans le secteur manufacturier s'améliorent.

Les années de scolarisation moyennes aussi bien que les ressources externes des services de santé en pourcentage du montant total des dépenses de santé n'ont pas d'effet significatif sur les inégalités. Toutefois, les frais et débours divers par rapport au total des dépenses privées paraissent être un puissant facteur d'égalisation. Une augmentation de 1 % des frais et débours divers réduit les inégalités de revenus de 0,22 % et est statistiquement établie à un niveau de signification de 1 %. Ceci ne saurait s'appliquer de manière généralisée, notamment en ce qui concerne les pauvres et les marginalisés qui pourraient ne pas être en mesure d'engager des frais et débours divers, comme cela a été démontré dans le cas de la couverture de santé universelle à Maurice, en Égypte et en Tunisie. Le coefficient de corrélation de -0,216 indique que l'amélioration du taux de transition de l'enseignement primaire vers l'enseignement secondaire de premier cycle entre 1999 et 2013 tend à réduire les inégalités. Au moyen d'investissements substantiels dans des services accessibles et de qualité en matière d'éducation et de santé, la politique budgétaire est au carrefour de la réduction simultanée de la pauvreté et des inégalités en Égypte, en Tunisie, à Maurice et au Maroc. La politique budgétaire pourrait également être utilisée pour accroître de manière proactive les opportunités d'emploi, moderniser les économies de ces pays et maintenir en place des mécanismes de protection sociale efficaces et bien ciblés bénéficiant aux populations marginalisées. L'approfondissement des programmes d'acquisition de compétences pour les travailleurs non qualifiés et non instruits est d'une importance cruciale pour s'attaquer aux inégalités.

Il est indispensable que les instruments fiscaux deviennent un facteur d'égalisation. La comparaison entre les deux ordonnées à l'origine des deux modèles illustrés dans le tableau 7.4 indique une plus faible fonction de réponse du coefficient de Gini lorsque toutes les variables explicatives sont des instruments de politique budgétaire, contrairement au cas où celles-ci représentent une fraction des variables explicatives. Lorsque les variables décrivant les impôts et les transferts sont regroupées, seuls les impôts sur les revenus, les bénéfices et les gains en capital sont statistiquement significatifs. Ceci confirme une fois de plus que les impôts sont généralement régressifs sur le continent, ce qui suggère que l'impôt sur le revenu a une plus grande incidence

TABLEAU 7.4 Résultats de régressions obtenues à l'aide du coefficient de Gini comme variable dépendante

Variable	Modèle 1	Modèle 2
Ordonnée à l'origine	79,052 (5,892)*	26,724 (3,971)*
Ratio des recettes fiscales au PIB (tr)	0,117 (0,860)	0,148 (0,688)
Distribution budgétaire (df)	1,661 (4,020)*	
Subventions et transferts en pourcentage du total des dépenses (st)	-0,0001 (2,993)*	-0,0001 (1,262)
Part de la rente de ressources naturelles dans le PIB (rr)	-0,068 (0,670)	
Croissance du PIB (g)	-0,455 (1,601)***	
Valeur ajoutée agricole en pourcentage du PIB (av)	-0,262 (2,013)**	
Valeur ajoutée manufacturière en pourcentage du PIB (mv)	-0,332 (2,046)**	
Part des services en pourcentage du PIB (sv)	-0,252 (1,778)**	
Années de scolarisation moyennes (ms)	0,658 (1,388)	
Ressources externes de santé en pourcentage du total des dépenses de santé, (xr)	0,069 (1,064)	
Frais et débours divers en pourcentage des dépenses privées sur la santé (op)	-0,219 (5,421)*	
Dépenses de santé par habitant (he)	-0,008 (0,953)	
Taxes sur les biens et services en pourcentage du revenu (tgs)		0,081 (0,663)
Droits de douane et autres droits appliqués à l'importation en pourcentage des recettes fiscales (cid)		0,155 (1,085)
Impôts sur le commerce international en pourcentage des recettes (tit)		-0,055 (0,382)*
Impôts sur les revenus, les bénéfices et les gains en capital en pourcentage des recettes (tip)		0,588 (4,550)*
Statistiques estimées		
R au carré (R²) ajusté	0,712	0,513
Statistique F	14,817*	9,132*

Remarques : Les chiffres en parenthèses sont des statistiques t ; *, ** et *** indiquent respectivement des niveaux de signification de 1, 5 et 10 %.

sur les groupes à faible revenu dans la mesure où son impact l'emporte sur les impôts sur les bénéfices des sociétés et les gains en capital. Cette constatation fait ressortir l'urgente nécessité d'une réforme du système fiscal en Afrique. La réduction des inégalités de revenus nécessite l'accroissement de la progressivité du système fiscal, notamment en augmentant les taux d'imposition marginaux supérieurs, en réduisant les tranches d'impôt et en éliminant les niches et les exonérations fiscales, en particulier les exonérations temporaires d'impôt et les incitations fiscales accordées aux sociétés multinationales. L'élargissement de l'assiette de l'impôt face à l'étendue du secteur informel exige de valoriser l'administration de la taxe sur la valeur ajoutée et d'intégrer les nombreux acteurs qui évoluent hors des leviers fiscaux dans la base d'imposition de nombre de pays africains. La fiscalité doit être réorientée vers la classe moyenne et les hauts revenus, alors que les dépenses publiques doivent cibler les familles pauvres, les personnes âgées, les chômeurs et les populations marginalisées. Les contributions sociales en sont à leurs balbutiements dans de nombreux pays africains. Par conséquent, elles doivent être revues et renforcées dans les secteurs public et privé, afin qu'elles puissent promouvoir l'équité sociale et permettre le lissage des revenus dans le temps, tout au long du cycle de vie, en particulier durant la vieillesse ou pendant les périodes de chômage ou de sous-emploi.

7.6 Conclusions

À l'ère du Programme de développement durable à l'horizon 2030, s'attaquer aux inégalités n'est pas seulement crucial pour la stabilité politique et la cohésion sociale. Cela relève tout autant d'une pratique judicieuse de l'économie et constitue un impératif de développement. Cependant, des systèmes fiscaux régressifs caractérisés par une incidence élevée sur les groupes à faible revenu, des niveaux très bas d'impôts et de dépenses sociales et des effets de répartition des revenus non équitable induits par les instruments budgétaires limitent l'impact redistributif de la politique budgétaire en Afrique. Le volume et le niveau des dépenses publiques et de la couverture des transferts dépendent du total des revenus mobilisés. L'élargissement de la marge de manœuvre budgétaire (ratio recettes fiscales/PIB), qui passerait de son taux actuel de 17 % à plus de 30 % et la mise en place d'une combinaison optimale de mesures budgétaires appropriées sont hautement souhaitables pour infléchir l'horizon de la redistribution budgétaire et promouvoir la citoyenneté budgétaire. Qui plus est, l'accroissement de l'accès aux services sociaux et la mise en œuvre d'une protection sociale efficace sont réalisables en Afrique, tant sur le plan budgétaire, technique que politique.

Les analyses bivariées et multivariées font ressortir la nature régressive des prélèvements fiscaux en Afrique, bien que cela ne soit pas statistiquement établi. L'impact de la rente des ressources naturelles, sur laquelle repose la plupart des économies africaines, sur les inégalités demeure faible. Cette conclusion importante implique qu'il est urgent de découpler les recettes de l'État et celles du secteur extractif. La relation positive entre l'indice d'efficacité de la redistribution budgétaire et les inégalités de revenus constitue une nouvelle énigme à résoudre, à savoir qu'une augmentation de 1 % du niveau de la redistribution budgétaire accroît l'inégalité de revenus de 1,7 %, ce qui indique la présence de politiques redistributives régressives qui accordent aux riches plus d'avantages qu'aux pauvres. La croissance du PIB apparaît comme un facteur d'égalisation à cet égard, une augmentation de 1 % de la croissance économique réduisant les inégalités de 0,45 %.

Si elles étaient correctement formulées et mises en œuvre, les politiques budgétaires pourraient être des outils efficaces qui permettraient de limiter, directement et indirectement, l'inégalité de revenus en Afrique. Premièrement, des politiques budgétaires favorisant l'équité sont bonnes en soi parce qu'elles ont un impact direct sur la réduction des inégalités de revenus. Deuxièmement, elles servent également à contrôler d'autres moteurs des inégalités de revenus en renforçant l'accès à des services de qualité en matière d'éducation, de santé et de logement, à resserrer les écarts salariaux, à renforcer les capacités de l'administration fiscale et à promouvoir un processus budgétaire participatif, transparent et responsable. Par nécessité, les gouvernements africains doivent intégrer à leurs stratégies nationales de développement des politiques budgétaires progressistes visant à influencer positivement la redistribution des revenus, y compris par le biais de plans nationaux de développement et de budgets annuels. À cette fin, il est primordial que les gouvernements africains s'attachent à promouvoir une croissance économique qui soit génératrice d'équité. En règle générale, la politique budgétaire doit contribuer à une croissance plus riche en emplois, en étant renforcée par des compétences avancées et pilotée par le capital humain. Une telle croissance est porteuse de promesses pour l'avenir, en termes de durabilité, de prospérité partagée, de cohésion sociale et d'une plus grande marge de manœuvre budgétaire.

RÉFÉRENCES

Aldana, A.M. et S. El Fassi. 2016. Tackling Regional Inequalities in Tunisia. Centre Européen de Gestion des Politiques de Développement, Note d'information n° 84. Avril 2016.

Atkinson, A., T. Piketty et E. Saez. 2011. Top Incomes in the Long-Run of History. *Journal Economic Literature*, 49 (1), p. 3–71.

BAfD (Banque africaine de développement), CEA (Commission économique pour l'Afrique), UA (Union africaine) et PNUD (Programme des Nations Unies pour le développement). 2011. Évaluation des progrès accomplis en Afrique dans la réalisation des objectifs du Millénaire pour le développement : Rapport OMD 2011. Addis Abeba.

BAfD (Banque africaine de développement). 2011. Poverty and Inequality in Tunisia, Morocco and Mauritania. Economic Brief. Disponible à l'adresse suivante : www.afdb.org/fileadmin/uploads/afdb/Documents/Publications/North%20Africa%20Poverty%20Anglais%20ok_North%20Africa%20Quaterly%20Analytical.pdf.

Bagaka, O. 2008. Fiscal Decentralisation in Kenya: The Constituency Development Fund and the Growth of Government. Document rédigé pour présentation à la 20ᵉ Conférence annuelle de l'ABFM (Association for Budgeting and Financial Management), 23-25 octobre 2008, Chicago.

Banque mondiale. 2015. Kenya Devolution: Working paper –Summary Overview. Février 2015, Disponible à l'adresse suivante : www.wds.worldbank.org/external/default/WDSContentServer/WDSP/IB/2015/08/07/09224b082c25763/1_0/Rendered/PDF/Kenya000Enhanc0t000Summary0overview.pdf.

Banque mondiale. 2016. Indicateurs du développement dans le monde. Disponible sur l'adresse suivante : http://data.worldbank.org/indicator/SI.DST.05TH.20 (octobre 2016).

Barro, R. 2000. Inequality and growth in a panel of countries. *Journal of Economic Growth* 5: 5-32.

_____. 2008. Inequality and growth revisited. *Asian Development Bank Working Paper* n° 11.

Becker, G. S. et K. M. Murphy. 2007. The Upside of Income Inequality. *American* 1 (4), Mai/juin 2007.

Beegle, K., L. Christiaensen, A. Dabalen, et I. Gaddis. 2016. Poverty in a Rising Africa. Washington, D.C. : Groupe de la Banque mondiale.

Benhabib, J., A. Bisin et S. Zhu. 2011. The Distribution of Wealth and Fiscal Policy in Economies with Finitely Lived Agents. *Econometrica*, Econometric Society, 79(1), 123-157.

Bertola, G. 2010. Inequality, integration, and policy: issues and evidence from EMU. *Journal of Economic Inequality* 8, 345-365.

Bhatti, A. A., H.A. Naqvi et Z. Batool. 2012. Fiscal Policy and its Role in Reducing Income Inequality : A CGE Analysis for Pakistan. Disponible sur l'adresse : http://pide.org.pk/psde/pdf/AGM30/papers/Fiscal%20Policy%20and%20its%20Role%20in%20Reducing%20Income%20Inequality.pdf

Boonperm, J., J. H., Haughton et S.R. Khandker. 2009. Does the Village Fund Matter? *Policy Research Working Paper Series* 5011. Washington D.C. : Banque mondiale.

Bouvet, F. 2010. EMU and the dynamics of regional per capita income inequality in Europe. *The Journal of Economic Inequality*, 8(3), 323-344.

CEA (Commission économique pour l'Afrique). UA (Union africaine), Banque africaine de développement (BAfD) et PNUD (Programme des Nations Unies pour le développement). 2014. *Évaluation des progrès accomplis en Afrique dans la réalisation des objectifs du Millénaire pour le développement : analyse de la position commune africaine sur le programme de développement pour l'après-2015.*

Cevik, S. et C. Correa-Caro. 2015. Growing (Un)equal: Fiscal Policy and Income Inequality in China and BRIC+. *Document de travail du FMI* WP/15/68.

CNUCED (Conférence des Nations Unies sur le commerce et le développement). 2012. *Le rôle de la politique budgétaire dans la répartition des revenus.* Rapport sur le commerce et le développement, 2012. Genève.

Conard, E. 2016. *The Upside of Inequality: How Good Intentions Undermine the Middle Class.* New York: Penguin Group.

Cornia, G. A. (2015). Income Inequality Levels, Trends and Determinants in Sub-Saharan Africa: an overview of the main changes. A technical report on the UNDP's Project on Inequality in SSA, 28 février 2015.

De Freitas. 2012. Inequality, the politics of redistribution and the tax mix. *Public Choice*, 151 (3), 611–630.

Duclos, J. et A. Verdier-Chouchane. 2011. Growth, Poverty and Inequality in Mauritius and South Africa. *ADB Africa Economic Brief*, 2, (3).

Easterly, W. 2007. Inequality does cause underdevelopment: Insights from a new instrument. *Journal of Development Economics*, 84 (2007) 755–776.

Feld, L.P., J. Schnellenbach. 2014. Political institutions and income (re)distribution: evidence from developed economies. *Public Choice*, 159(3-4): 435-455.

FMI (Fonds monétaire international). 2011. World Economic Outlook, Washington D.C. : FMI.

_____ 2014. Fiscal policy and income inequality. *IMF Policy Paper*, 23 janvier 2014.

_____ 2016. Allégement de la dette au titre de l'initiative en faveur des pays pauvres très endettés (PPTE). Fiche technique. 8 avril 2016. International Budget Partnership. 2012. Open Budget Survey 2012. Open Budget Transforms Lives. International Budget Partnership. Disponible à l'adresse suivante : http://internationalbudget.org/wp-content/uploads/OBI2012-Report-English.pdf

Joumard, I., M. Pisu et D. Bloch. 2012. Less Income Inequality and More Growth – Are They Compatible? Part 3. Income Redistribution via Taxes and Transfers across OECD Countries. *Documents de travail du Département des Affaires économiques de l'OCDE*, n° 926. Publication de l'OCDE.

Lipton, D. 2013. Fiscal Policy and Income Inequality. Discours prononcé au Peterson Institute for International Economics, le 13 mars 2013. Disponible à l'adresse suivante : www.imf.org/en/News/Articles/2015/09/28/04/53/sp031314

Marreo, G.A. et J.G. Rodríguez. 2013. Inequality of opportunity and growth. *Journal of Development Economics* 104, 107-122.

McCall, L. et C. Percheski. 2010. Income Inequality: New Trends and Research Directions. *Annual Review of Sociology*, 36: 329-347.

OCDE (Organisation de coopération et de développement économiques). 2008. Croissance et inégalités : Distribution des revenus et pauvreté dans les pays de l'OCDE. Paris.

Odusola, A. 2006. Tax Policy Reform in Nigeria. UN-WIDER Research Paper No. 2006/03. Janvier 2006.

_____. 2015. Fiscal Space, Poverty and Inequality in Africa. Document présenté lors de la Conférence économique africaine 2015. Novembre 2015, Kinshasa.

ONU (Organisation des Nations Unies). 2015. Transforming Our World: The 2030 Agenda for Sustainable Development. New York.

OIT (Organisation internationale du Travail). 2008. Rapport sur le travail dans le monde 2008. Les inégalités de revenu à l'heure de la mondialisation financière. Juin 2009. Genève : ILO.

Oxfam. 2016. An Economy for the 1%: How privilege and power in the economy drive extreme inequality and how this can be stopped. 210 Oxfam Briefing Paper, 18 janvier 2016.

Piketty, T. 2014. *Capital in the Twenty-First Century.* Cambridge: The Belknap Press of Harvard University Press.

_____. 2015. Putting distribution back at the center of economics: reflections on capital in the twenty-first century. *Journal of Economic Perspectives*, 29(1), 67-88.

Piketty, T. et E. Saez. 2006. The Evolution of Top Incomes: A Historical and International Perspective. NBER Working Paper no 11955, janvier 2006.

PNUD (Programme des Nations Unies pour le développement). 2009. *Fiscal Space: Policy Options for Financing Human Development.* Rathin Roy et Antoine Heuty, éd. New York : PNUD.

_____. 2013. *Humanity Divided: Confronting inequality in developing countries.* New York : PNUD.

2013. *Humanity Divided: Confronting inequality in developing countries.* New York : PNUD.

_____. 2016. *Africa Human Development Report 2016: Accelerating Gender Equality and Women's Empowerment in Africa.* New York: PNUD Bureau Régional pour l'Afrique.

Ramos, X. et O. Roca-Sagalés. 2008. Long-term effects of fiscal policy on the size and distribution of the pie in the UK. *Fiscal Studies* 29(3), 387-411.

Reid-Henry, S. 2015. *The Political Origins of Inequality – Why a More Equal World is Better for Us All.* Chicago : University of Chicago.

Robalino, D.A. et P.G. Warr. 2006. Poverty Reduction through Fiscal Restructuring: An Application to Thailand, *Journal of the Asia Pacific Economy*, 11(3) 249-267.

Salotti, S. et C. Trecroci. 2015. Can fiscal policy mitigate income inequality and poverty? Disponible à l'adresse suivante : https://papers.ssrn.com/sol3/papers.cfm?abstract_id=2379441

FIAS (Foreign Investment Advisory Service). 2006. Sector Study of the Effective Tax Burden: Lesotho. Foreign Investment Advisory Service. A joint service of the International Finance Corporation and World Bank.

Solt, F. 2009. Standardizing the World Income Inequality Database. *Social Science Quarterly*, 90:231-242.

Stiglitz, J.E. 2012. Market Failures in the Financial System. New Vision. Disponible à l'adresse suivante : www.newvision.co.ug/news/633096-market-failures-in-the-financial-system.html
_____. 2015. *The Great Divide – Unequal Societies and What We Can Do About Them.* New York: W.W. Norton and Company.

Tanzi, V. 2000. Os determinantes fundamentais da desigualdade, pobreza e crescimento. In *Distribuicao de riqueza e crescimento economico*, Estudo NEAD 2, Brazilia.

Trablelsi, S. 2013. Regional Inequality of Education in Tunisia: An Evaluation by the Gini Index, *Region et Development* 37.

Verme, P., B. Milanovic, S. Al-Shawarby, S. El Tawila, M. Gadallah et E.A. El-Majeed (2014). Inside Inequality in the Arab Republic of Egypt. *Facts and Perceptions across People, Time, and Space.* Washington, D.C.: Banque mondiale.

Wang, C., G. Wan et D. Yang (2014). Income Inequality in the People's Republic of China: Trends, Determinants and Proposed Remedies. *Journal of Economic Surveys*, 28(4) 686-708.

Yao, G. A. 2007. Fiscal Decentralisation and Poverty Reduction Outcomes: Theory and Evidence. Dissertation, Georgia State University. Disponible à l'adresse : http://scholarworks.gsu.edu/econ_diss/26

Younger, S.D., F. Myamba et K. Mdadila. 2016. Fiscal Incidence in Tanzania. *Africa Development Review*, 28, 3: 264-276.

La protection sociale connaît un essor en Afrique, mais la couverture est trop faible pour réduire sensiblement les inégalités

QUELS SONT LES FACTEURS ÉCONOMIQUES, SOCIAUX ET POLITIQUES QUI SOUS-TENDENT LA PROTECTION SOCIALE EN AFRIQUE ?

1 Un taux de croissance élevé du PIB **ne se** traduit pas nécessairement par un accroissement des dépenses de protection

2 **Les pays dirigés par un régime démocratique** sont **plus susceptibles** de **consacrer une grande part de leur PIB** à des dépenses sociales publiques

3 **Les pays à revenu intermédiaire** ont tendance à **dépenser plus** dans la **protection sociale** que les pays à faible revenu

4 Les pays **non tributaires des ressources naturelles** consacrent plus de dépenses à la protection sociale que ceux qui dépendent de ces ressources

INDICE DE PROTECTION SOCIALE POUR L'AFRIQUE

Afrique du Sud	0,80
Maurice	0,69
Botswana	0,69
Libéria	0,63
Tanzanie	0,60
Lesotho	0,53
Swaziland	0,52
Mauritanie	0,50
Ghana	0,49
Ouganda	0,48
Gabon	0,47
Zambie	0,35
Namibie	0,30
Burkina Faso	0,29
Cameroun	0,27
Cabo Verde	0,26
Sierra Leone	0,25
Malawi	0,23
Congo, Rép.	0,23
Sénégal	0,21
Bénin	0,21
Kenya	0,21
Côte d'Ivoire	0,19
Togo	0,18
Mozambique	0,17
Rwanda	0,16
Éthiopie	0,16
Comores	0,15
Mali	0,12
Niger	0,08
Nigéria	0,07
Congo, Rép. dém.	0,07
Gambie	0,07
Madagascar	0,04

À QUOI TIENT LE POUVOIR DE RÉDUCTION DES INÉGALITÉS EXERCÉ PAR LA PROTECTION SOCIALE EN AFRIQUE ?

1 **Meilleur ciblage** de la **protection sociale** sur les quintiles les plus pauvres

2 **Volume des transferts** vers les populations ciblées

3 **Une augmentation** de la **valeur du transfert vers les quintiles les plus pauvres** plutôt qu'une augmentation des taux de couverture

4 Une conjugaison de l'**augmentation** de la **couverture du quintile le plus pauvre** et de l'**augmentation** de la **valeur unitaire des transferts** mène à une **réduction sensible des inégalités**

8 Protection sociale et inégalités en Afrique : analyse des interactions

HAROON BHORAT, AALIA CASSIM, ARABO EWINYU ET FRANCOIS STEENKAMP[1]

8.1 Introduction

Selon la Banque mondiale (2015), près de 1,9 milliard d'habitants des pays en développement, soit un tiers de leur population totale, ont bénéficié de programmes de protection sociale en 2014. Ces chiffres sont influencés de manière disproportionnée par la taille des programmes dans certains grands pays tels que la Chine et l'Inde. La Banque mondiale estime que près d'un tiers des habitants du monde en développement bénéficient de prestations versées dans le cadre d'un programme de protection sociale. On peut dresser une comparaison favorable entre cette statistique et le taux de couverture moyen en Afrique subsaharienne, estimé à 25 %. Ce taux semble indiquer qu'environ 250 millions de personnes en Afrique subsaharienne bénéficient d'une forme de programme de protection sociale ou d'une autre, soit un nombre presque équivalent à celui des bénéficiaires de la loi nationale sur la garantie de l'emploi dans les zones rurales (*National Rural Employment Guarantee Act* - NREGA) en Inde.

Au vu de son succès dans un certain nombre de marchés émergents et quelques pays africains, la protection sociale est considérée comme un outil permettant d'améliorer la vie des personnes au bas de l'échelle de répartition des revenus[2]. Après l'indépendance, plusieurs facteurs ont favorisé sur le continent la diffusion de la protection sociale. Premièrement, les guerres internes et la famine généralisée avaient engendré un nombre élevé de réfugiés et de personnes déplacées à l'intérieur de leur propre pays. Deuxièmement, la propagation d'épidémies telles que le VIH/sida et le paludisme avaient accru fortement la vulnérabilité des ménages. Enfin, la protection sociale était promue pour pallier les effets négatifs des programmes d'ajustement structurel (Banque mondiale, 2001). Ainsi, dans les années 1980, la protection sociale s'est développée par l'entremise de l'intervention de l'État en tant que stratégie à long terme visant à favoriser le bien-être des personnes et des ménages. Des organisations laïques et, souvent, des organisations non gouvernementales (ONG) ont progressivement pris le relais des missionnaires qui fournissaient alors les services de protection sociale. Certains pays ont défendu ces programmes comme droit plutôt que comme forme réactive d'assistance (Banque mondiale, 2001). Sous l'effet d'un regain d'intérêt dans la période suivant l'ajustement structurel et de

---

[1] Les auteurs souhaitent remercier Sibahle Magadla et Kavisha Pillay pour l'aide apportée au cours des recherches.

[2] La protection sociale englobe les politiques et les programmes conçus pour réduire la pauvreté la vulnérabilité en atténuant l'exposition des personnes et des ménages aux risques, et en renforçant leurs capacités à gérer les chocs négatifs d'ordre économique et social, tels que le chômage, l'exclusion, la maladie, le handicap et la vieillesse. La protection sociale peut-être divisée en quatre catégories : assurance sociale, assistance sociale, programmes du marché du travail et transferts privés.

l'amélioration du taux de croissance d'un certain nombre d'économies africaines, la protection sociale a fini par occuper une place prépondérante dans les politiques nationales des pays d'Afrique.

Toutefois, pour la majorité des pays d'Afrique subsaharienne, la fourniture d'une protection sociale reste coûteuse tandis que les institutions compétentes manquent souvent des moyens nécessaires, notamment en raison de l'absence de secteur formel structuré. La présence d'un vaste secteur informel a créé un double défi, étant donné que les travailleurs exerçant un emploi informel sont difficiles à cibler et qu'ils contribuent peu, voire aucunement, aux recettes fiscales globales.

La pauvreté reste omniprésente sur l'ensemble du continent africain. Une analyse de type Kuznets semble suggérer qu'à mesure que ces pays se développent, les inégalités augmentent. D'aucuns ont avancé que les niveaux élevés d'inégalité constituent un obstacle à la réduction de la pauvreté lorsque l'économie des pays est en pleine croissance (Cook et Pincus, 2014). Les inégalités se manifestent sous de nombreuses formes, notamment sur le plan de l'accès aux services sociaux et aux infrastructures, de la qualité de l'éducation et des revenus. La protection sociale est fréquemment utilisée comme un outil de gestion de ces déséquilibres dont souffrent les ménages pauvres, souvent en stabilisant le niveau de revenu des ménages ou en attribuant des financements permettant d'accéder à divers services.

Il existe peu d'études empiriques de l'impact de la protection sociale en Afrique, et la plupart d'entre elles se concentrent sur l'Afrique du Sud, en raison de la nature progressive et étendue de son système ainsi que de la disponibilité de données d'enquêtes fréquentes et de bonne qualité. Le présent chapitre examine les différentes composantes de la protection sociale, y compris la couverture, les dépenses budgétaires et le montant des transferts. Il est aujourd'hui communément admis que des interventions de protection sociale bien ciblées ont un impact positif sur la réduction de la pauvreté. En revanche, leur impact sur les inégalités de revenus est moins évident. Par conséquent, le présent chapitre étudie en détail la relation entre les différents éléments de la protection sociale et les inégalités pour un échantillon de 34 pays d'Afrique subsaharienne.

L'analyse empirique entreprise dans le présent chapitre se base sur les données de l'Atlas de la protection sociale : Indicateurs de résilience et d'équité (*Atlas of Social Protection-Indicators of Resilience and Equity* - ASPIRE), la première compilation d'indicateurs relatifs à la protection sociale et au travail (PST) de la Banque mondiale. Ces données proviennent d'enquêtes officielles internationales menées auprès des ménages dans l'objectif d'analyser les impacts des programmes de PST sur le plan de la redistribution et de la pauvreté, ce qui nous permet alors d'entreprendre une étude transversale de l'impact de différents programmes en Afrique subsaharienne, un exercice qui n'a encore jamais été entrepris à ce jour. Cette étude a toutefois pour inconvénient que les données ASPIRE sont uniquement disponibles pour 34 pays d'Afrique subsaharienne sur une période de temps disparate qui s'étale de 1998 à 2014, ce qui réduit les possibilités de comparaison au cours du temps. Par conséquent, cette étude est limitée dans la mesure où elle ne permet pas d'examiner de manière plus approfondie les effets dynamiques d'une augmentation des dépenses de protection sociale sur la pauvreté et les inégalités. Qui plus est, les données ne sont pas suffisamment ventilées au-delà de l'assistance sociale et des programmes d'assurance sociale pour permettre d'identifier le programme précis de protection sociale qui a le plus grand impact sur l'éradication de la pauvreté et la réduction des inégalités. Enfin, nous avons également utilisé la base de données de l'enquête sur la sécurité sociale de l'OIT, qui collecte, stocke et diffuse des données statistiques mondiales sur la sécurité sociale, les Indicateurs du développement dans le monde (WDI) de la Banque mondiale et l'indice Ibrahim pour la gouvernance africaine (IIAG).

Le présent chapitre est structuré comme suit : la section 2 étudie les tendances de trois mesures clés de protection sociale, à savoir le niveau global de dépenses, la couverture et le montant des transferts. Ensuite, la section 3 explore les déterminants sociaux, politiques et économiques de la protection sociale, tandis que la section 4 propose une analyse empirique de la relation entre les inégalités et les dépenses de protection sociale. Enfin, la section 5 conclut le chapitre.

8.2 Dépenses de protection sociale

Entre 2000 et 2008, les économies africaines ont enregistré à un rythme de croissance deux fois plus élevé que dans les années 1980 et 1990, soit à un taux supérieur à 5 % par an en moyenne, notamment sous l'effet de la flambée des prix des produits de base. Un certain nombre d'économies à forte croissance ont alors fait leur émergence en Afrique, dont le Nigéria, l'Éthiopie, le Kenya, la Zambie et le Ghana. Globalement, on peut observer une augmentation générale des dépenses consacrées à la protection sociale. Cependant, comme les besoins augmentent également, les niveaux de financement demeurent insuffisants. La Banque mondiale (2012) a indiqué qu'elle était disposée à élargir ses activités de prêt afin d'accroître la couverture des programmes sociaux efficaces. Cette initiative procède d'une décennie de prêts destinés à la protection sociale en Afrique, représentant un total de 4,4 milliards de dollars en projets, le volume du portefeuille ayant doublé entre la première et la deuxième moitié de cette période[3].

La figure 8.1 présente la relation entre le PIB et la part des dépenses de protection sociale dans celui-ci pour un échantillon de 34 pays d'Afrique subsaharienne et de 21 pays en développement d'Amérique latine, du Moyen-Orient et d'Afrique du Nord, et d'Asie. Elle présente également deux lignes ajustées de régression linéaire simple, l'une pour l'Afrique subsaharienne (« SSA [ajusté] ») et l'autre pour les pays en développement (« Autre [ajusté] »). On peut observer que la ligne du coefficient de régression est statistiquement négligeable pour les pays d'Afrique subsaharienne tandis qu'elle est positive et statistiquement significative pour les autres pays en développement. Ces données permettent de calculer l'élasticité des dépenses de protection sociale par rapport à la croissance, qui suggère qu'une augmentation annuelle de 1 % du PIB est associée à une augmentation annuelle de 0,2 % des dépenses de protection sociale pour l'échantillon de pays en développement. À leur tour, ces données semblent suggérer qu'en général, un PIB plus élevé dans le monde en développement se traduit par des dépenses de protection sociale plus élevées.

Pour l'Afrique subsaharienne, cette relation est statistiquement négligeable. Par conséquent, les données présentées ici suggèrent qu'en moyenne, les taux de croissance du PIB dans la région ne se traduiront pas nécessairement par une augmentation des dépenses de protection sociale. Un examen plus approfondi des données révèle cependant des résultats fortement hétérogènes d'un pays à l'autre. Par exemple, certains pays tels que la Zambie et le Mozambique, qui ont enregistré des taux de croissance annuels avoisinant les 8 % entre 2000 et 2011, ont également augmenté leurs dépenses de protection sociale, même si cette hausse s'élevait en moyenne à moins de 5 % par an. Pour ces pays, l'élasticité de la protection sociale par rapport à la croissance serait inférieure à 1, ce qui suggère que les dépenses de protection sociale augmentent à un rythme moins soutenu que la croissance économique. La figure 8.1 révèle un groupe de pays ayant enregistré de faibles taux de croissance (entre 3 % et 5 % par an) et augmenté leurs dépenses de protection sociale de moins de 10 % par an, ce qui suggère une élasticité positive de la protection sociale par rapport à la croissance. Ce groupe comprend un grand nombre de pays d'Afrique australe et d'Afrique de l'Ouest[4]. Toutefois, d'autres pays dont la croissance annuelle du PIB est faible, à l'instar de la République démocratique du Congo, ont augmenté de plus de 10 % par an leurs dépenses totales de sécurité sociale, ce qui indique une élasticité positive de la protection sociale par rapport à la croissance.

---

[3] Au cours de cette décennie, les fonds de protection sociale ont été dépensés en faveur de certains groupes des marchés du travail, des filets de protection sociale, du désarmement, de la démobilisation et de la réinsertion, ainsi que des fonds sociaux.

[4] Ces pays incluent la Côte d'Ivoire, la Gambie, le Togo, le Cameroun, le Sénégal, le Ghana, le Niger, l'Afrique du Sud, Maurice, le Lesotho, le Botswana et la Namibie.

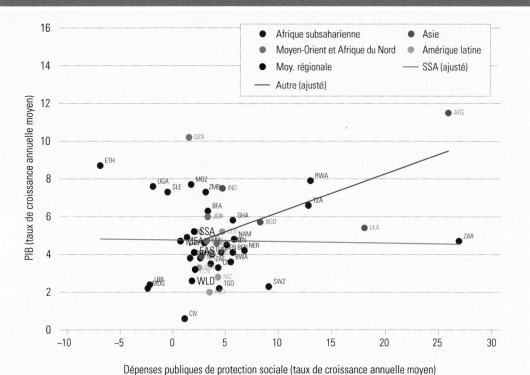

FIGURE 8.1 Croissance annualisée du PIB relativement à la croissance des dépenses publiques de protection sociale, 2000-2011

Source : Base de données de l'enquête sur la sécurité sociale de l'OIT (2013) ; Indicateurs du développement dans le monde de la Banque mondiale (2013).

Remarques :

1. Les données manquent pour Cabo Verde, les Comores, le Gabon, le Mali, le Malawi et le Nigéria.
2. La liste complète des pays est fournie à l'annexe 8.2.
3. CAM se rapporte au taux de croissance annuelle moyen.
4. SSA = Afrique subsaharienne ; MEA = Moyen-Orient et Afrique du Nord ; EAS = Asie de l'Est et Pacifique ; LCN = Amérique latine et Caraïbes ; WLD = reste du monde.
5. Le coefficient ajusté pour l'Afrique subsaharienne est de -0,008 ; il est statistiquement négligeable. L'autre coefficient ajusté est de 0,204 ; il est statistiquement significatif au seuil de signification de 10 %.
6. Toutes les abréviations sont définies à l'annexe 8.2.

Dans plusieurs pays (par ex., le Togo et le Libéria), les dépenses totales de protection sociale représentent une faible part du budget national et dépendent fortement de financements apportés par les bailleurs de fonds. Cette assistance internationale a continué de croître suite aux récents chocs internes tels que la sécheresse, les inondations, l'augmentation des prix alimentaires, de même que d'autres vulnérabilités macro-économiques (Banque mondiale, 2012a). À l'inverse, l'élasticité de la protection sociale par rapport à la croissance est négative pour Madagascar et le Libéria. Alors qu'ils ont connu des taux de croissance modestes, ces pays ont réduit leurs dépenses de protection sociale, probablement sous l'effet, entre autres, de la contraction des flux d'aide internationaux.

---

[5] Depuis 2008, le Libéria est parvenu à consacrer un pourcentage élevé de son PIB aux dépenses sociales, bien qu'il appartienne à la catégorie des pays à faible revenu, puisque ces financements proviennent principalement de bailleurs et visent à soutenir les personnes pauvres et vulnérables au sortir de la guerre civile.

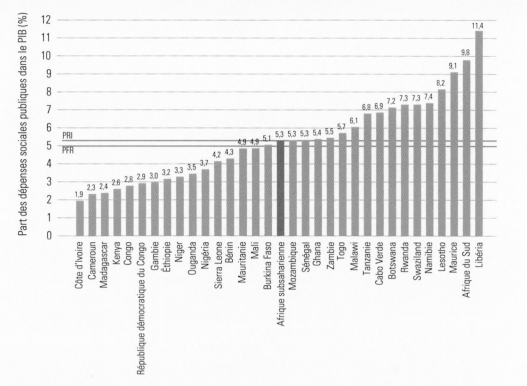

FIGURE 8.2 Part des dépenses sociales publiques dans le PIB en Afrique subsaharienne, 2010-2011

Source : Base de données de l'enquête sur la sécurité sociale de l'OIT (2013).
Remarque : Les derniers chiffres varient d'un pays à l'autre, les données de la plupart des pays s'étalant de 2009 à 2011, sauf pour la Sierra Leone (2005) et le Libéria (2005). PRI = pays à revenu intermédiaire ; PFR = pays à faible revenu..

La figure 8.2 illustre les dépenses de protection sociale en part du PIB pour 34 pays d'Afrique subsaharienne. Ces données montrent que le Libéria[5], suivi de l'Afrique du Sud et de Maurice, consacrent la plus grande part de leur PIB à des programmes de protection sociale, les dépenses budgétaires afférentes représentant environ le double de la moyenne de l'Afrique subsaharienne. Toutefois, l'Afrique du Sud et Maurice comptent parmi les rares pays africains qui financent leurs dépenses d'assistance sociale par leurs recettes internes, alors qu'un certain nombre de pays africains les financent grâce à l'aide internationale (Weigand et Grosh, 2008). Depuis les années 1970, les bailleurs ont fourni des financements dans le cadre de situations d'urgence sous forme d'aide alimentaire, d'aide aux victimes de la famine et d'assistance humanitaire. Ce n'est qu'au cours des 10 dernières années qu'une réorientation de l'aide d'urgence s'est opérée en faveur de programmes de protection sociale plus permanents (Barrientos, 2010). Des programmes pilotes de transferts en espèces et en nature ont été mis en œuvre au Ghana, au Kenya, au Malawi, au Nigéria, en Ouganda et en Zambie (Barrientos et Hulme, 2008). Plus généralement, on observe un biais en faveur de l'Afrique australe en ce qui concerne le volume des dépenses, dans la mesure où les dépenses du Botswana, du Swaziland et du Lesotho sont en moyenne 2 à 3 points de pourcentage supérieures à la médiane de l'Afrique subsaharienne, de même qu'à la moyenne des pays à revenu intermédiaire (PRI).

En moyenne, les pays à revenu intermédiaire (PRI) et les pays à faible revenu (PFR) consacrent tous légèrement plus de 5 % de leur PIB aux dépenses de protection sociale, ce qui suggère que les financements des bailleurs pourraient combler les lacunes en matière de protection sociale dans les PFR. Cela est particulièrement vrai pour le Libéria qui, en dépit de son statut de PFR, dépense le plus pour des programmes sociaux. C'est principalement en Afrique de l'Ouest et de l'Est que l'on observe les plus faibles niveaux de dépenses de protection sociale. Dans une certaine mesure, cela est surprenant puisque des pays tels que le Kenya[6], dont la croissance est l'une des plus dynamiques de la région d'Afrique de l'Est, affichent un niveau de dépense inférieur à la moyenne et à la médiane (5,19 %) des PRI. Parmi les pays qui dépensent le moins, on compte la Côte d'Ivoire, le Cameroun et Madagascar. L'élasticité négative de la protection sociale par rapport à la croissance de Madagascar pourrait découler en partie de la crise politique prolongée qui y sévit. Contrairement aux attentes, au cours de la période 2008-2010, le pays a réduit ses dépenses totales de protection sociale, et a choisi de concentrer ses efforts sur les caisses de retraite publiques plutôt que sur les programmes de protection sociale et de travail (PST)[7].

8.2.1 Couverture sociale

La question de la couverture est liée à la théorie plus générale des éléments qui façonnent la protection sociale dans un pays. Les données empiriques suggèrent que le ciblage du quintile le plus pauvre est souvent un bon prédicteur de résultats positifs sur le plan de la réduction de la pauvreté et des inégalités (OCDE, 2009). La figure 8.3 présente le ratio de couverture du quintile le plus pauvre par rapport à la couverture totale. Un ratio plus élevé ou supérieur à 1 indique que la protection sociale fournie par le pays est favorable aux pauvres. La Namibie, le Kenya, l'Afrique du Sud, le Botswana et le Swaziland se distinguent des autres pays dans la mesure où ils présentent le ratio le plus élevé de couverture du quintile le plus pauvre relativement à la couverture totale, ce qui signifie que la protection sociale y est principalement favorable aux pauvres. Toutefois, si la protection sociale fournie par le Kenya est favorable aux pauvres, il faut remarquer également que son niveau de couverture est inférieur à la moyenne de l'Afrique subsaharienne, ce qui indique que très peu de personnes bénéficient de cette protection sociale, mais qu'une proportion considérable de ceux qui en bénéficient sont des personnes pauvres.

L'Afrique australe occupe une position dominante en ce qui concerne l'ampleur de sa couverture ainsi que le ciblage des pauvres. On peut constater que le ciblage de la protection sociale pourrait être considéré comme favorable aux pauvres dans environ la moitié de l'échantillon des pays d'Afrique subsaharienne sélectionnés. Cependant, le ratio moyen pour l'Afrique subsaharienne est légèrement inférieur à 1. Parmi les pays qui se distinguent par un faible niveau de couverture du quintile le plus pauvre par rapport à la couverture totale, et où la protection sociale est considérée comme moins favorable aux pauvres, on peut citer le Rwanda[8], la Gambie et les Comores, dont le ratio inférieur est à 0,3. Dans ces pays, le niveau de protection sociale est généralement faible et, lorsqu'il existe une protection sociale, celle-ci couvre en fait très peu de personnes pauvres.

8.2.2 Montant des dépenses de protection sociale

En ce qui concerne le montant transféré sous forme de prestations sociales, les pays plus développés tendent à transférer des sommes plus élevées par jour et par habitant que les autres pays d'Afrique subsaharienne. La figure 8.4 illustre le montant moyen des transferts par chaque pays d'Afrique subsaharienne ainsi que la moyenne régionale de 0,51 dollar par jour et par habitant. À des fins de comparaison, les seuils de pauvreté

---

[6] Au Kenya, environ 80 % de la population active sont employés dans le secteur informel et environ 15 % sont couverts par des programmes de prestations de sécurité sociale, qui excluent donc un nombre considérable de bénéficiaires potentiels.

[7] Source : http://www.worldbank.org/en/news/feature/2014/10/28/a-new-approach-to-social-protection-in-madagascar-empowers-the-poor-to-help-themselves (dernière consultation : 4 novembre 2015).

[8] Il est important de noter qu'un pays pourra afficher un niveau relativement élevé de couverture totale, mais que si la protection sociale ne couvre qu'une petite portion du quintile le plus pauvre, le rapport entre la couverture de ce quintile et la couverture totale pourra être faible.

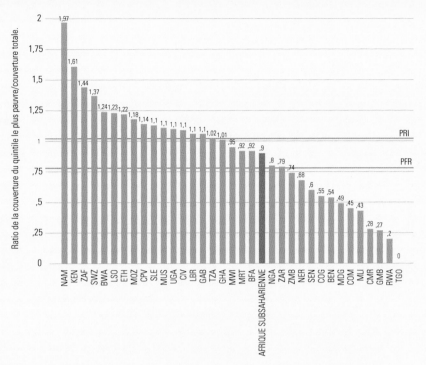

FIGURE 8.3 Ratio de la couverture du quintile le plus pauvre par rapport à la couverture totale pour les pays d'Afrique subsaharienne, données les plus récentes*

Source : Atlas de la protection sociale : Indicateurs de résilience et d'équité, Groupe de la Banque mondiale (2015).

Remarques :
1. Le Togo signale un taux de couverture de 0 % pour le quintile le plus pauvre.
2. *Les dernières années varient entre 1998 et 2014, en fonction de la disponibilité des données concernant les pays.
3. Toutes les abréviations sont définies dans l'annexe 8.2.

sont inclus dans la mesure où ils indiquent le coût minimal de l'éradication de la pauvreté (Haughton et Khandker, 2009).

La moyenne mondiale de 1,25 dollar par jour correspond au seuil de pauvreté standard tel que défini par la Banque mondiale. Le seuil international de pauvreté a été revu à 1,90 dollar par jour[9]. Seules cinq pays d'Afrique subsaharienne affichent un montant moyen des transferts supérieur à l'ancien seuil de pauvreté et seuls deux pays (la Zambie et Maurice) versent un montant supérieur au seuil révisé.

8.3 Déterminants de la protection sociale

La nature et l'étendue des dépenses de protection sociale en Afrique subsaharienne sont influencées par un éventail de facteurs sociaux, politiques et économiques, notamment les financements des bailleurs, des facteurs démographiques tels que le vieillissement, le type de régime et les institutions historiques.

---

[9] En octobre 2015, la Banque mondiale a porté le seuil de pauvreté international à 1,90 dollar par jour. Voir Ferreira, Jolliffe et Prydz (2015).

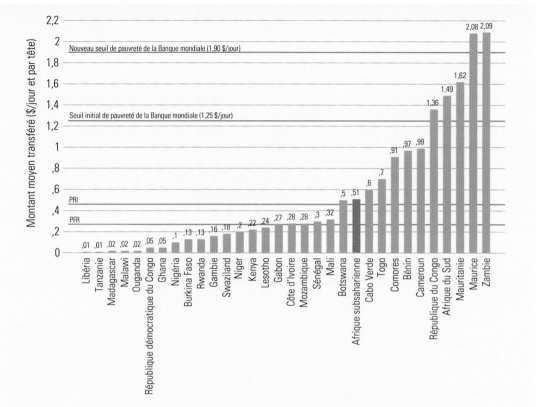

FIGURE 8.4 Montant moyen des transferts par les pays d'Afrique subsaharienne, dernières données disponibles*

Source : Atlas de la protection sociale : Indicateurs de résilience et d'équité, Groupe de la Banque mondiale (2015).
Remarque : *Les dernières années de disponibilité des données varient entre 1998 et 2014, en fonction de leur disponibilité dans les pays.

8.3.1 Protection sociale et gouvernance

Dans la présente sous-section, nous étudions le lien entre la solidité institutionnelle, par exemple la gouvernance, et les dépenses sociales. En particulier, nous examinons le degré de démocratie et l'étendue de la redistribution par l'État en appliquant l'indice Mo Ibrahim, élaboré spécifiquement pour les pays africains[10]. La figure 8.5 présente, sous forme de diagramme de dispersion, l'indice Mo Ibrahim et les dépenses publiques de protection sociale par pays. L'indice Mo Ibrahim tient compte de la participation du public et du développement humain. La ligne de régression suggère une relation statistiquement significative et positive entre cet indice et les dépenses de protection sociale. Elle révèle également que chaque augmentation d'un écart type du score de la composante politique de l'indice Mo Ibrahim se traduit par une hausse de 2,82 % des dépenses de protection sociale. Ce constat renforce l'idée selon laquelle les pays dotés d'un régime démocratique sont plus susceptibles de consacrer une part plus élevée de leur PIB aux dépenses publiques de protection sociale.

---

[10] L'indice Mo Ibrahim utilisé est le score global de l'indice Ibrahim pour la gouvernance africaine (IIAG), qui regroupe quatre indicateurs : sécurité et État de droit, participation et droits de l'homme, développement économique durable et développement humain. Le score « 0 » correspond à une autocratie, tandis que le score « 100 » correspond à une démocratie (Fondation Mo Ibrahim, 2014).

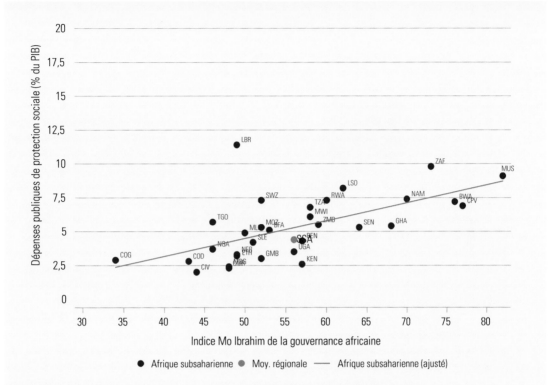

FIGURE 8.5 Rapport entre les dépenses publiques de protection sociale et l'indice Mo Ibrahim, 2013

Source : Base de données de l'enquête sur la sécurité sociale de l'OIT (2013) ; Fondation Mo Ibrahim (2014).
Remarque : Le coefficient ajusté pour l'Afrique subsaharienne est de 2,82 ; il est statistiquement significatif au seuil de signification de 5 %. Voir l'annexe 8.2 pour une définition des abréviations.

Les résultats de la section précédente suggèrent qu'en lui-même et de lui-même, le taux de croissance du PIB n'entraînera pas une hausse des dépenses de protection sociale. Cela pourrait provenir du faible niveau initial du PIB (c'est-à-dire un « effet d'échelle ») qui se traduit par une base d'imposition trop faible pour financer les interventions de protection sociale. En outre, et c'est d'ailleurs le deuxième élément de preuve que nous présentons ici, un autre facteur pourrait également influer sur les dépenses de protection sociale en Afrique : la présence d'une gouvernance démocratique. Tout compte fait, les données semblent suggérer que les États plus démocratiques sont en moyenne plus susceptibles de dépenser davantage dans ce domaine.

8.3.2 Protection sociale en fonction du revenu et de la dépendance à l'égard des ressources naturelles

En ce qui concerne le niveau de revenu, on a pu observer que les PRI de la tranche supérieure consacrent des sommes plus élevées à l'assistance sociale que ceux de la tranche inférieure (voir figure 8.6). Ces résultats sont influencés par le niveau élevé des dépenses de protection sociale en Afrique du Sud et à Maurice. Les PRI de la tranche supérieure se trouvent souvent à un stade différent de développement économique et disposent de davantage de ressources pouvant être affectées aux programmes de PST. Si l'on exclut l'Afrique du Sud, les dépenses médianes des PRI de la tranche supérieure baissent d'environ un point de

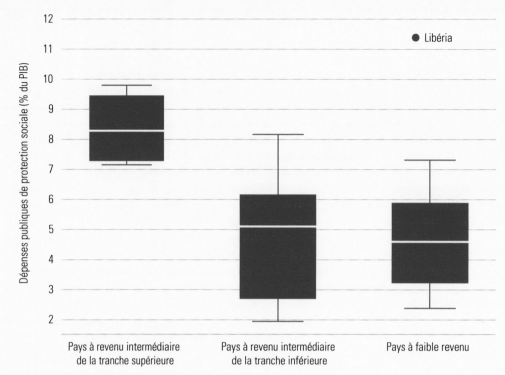

Source : Base de données de l'enquête sur la sécurité sociale de l'OIT (2013).
Remarque : *La dernière année dont les données sont disponibles varie entre 2009 et 2011, en fonction de la disponibilité des données concernant les pays.

pourcentage. Toutefois, ce taux demeure toujours de deux points de pourcentage plus élevé que les dépenses médianes des autres catégories de pays.

En revanche, les PRI de la tranche inférieure d'Afrique subsaharienne dépensent à peine plus que les PFR de la région. Il est important de noter qu'en raison de la faible base de recettes mentionnée précédemment, les PFR ne peuvent fournir que des prestations de protection sociale de base, qui incluent des allocations retraite, des prestations d'invalidité et des allocations familiales (OCDE, 2009), d'où le différentiel observé entre les dépenses.

Enfin, les dépenses de protection sociale sont examinées à la lumière de la dépendance à l'égard des ressources naturelles. La figure 8.7 révèle que les pays non tributaires des ressources naturelles dépensent plus, en moyenne, que les pays qui en sont tributaires. En effet, les premiers consacrent en moyenne 6 % de leur PIB à la protection sociale, contre 4 % pour les seconds. De plus, les pays tributaires de ces ressources présentent un éventail beaucoup plus restreint en matière de dépenses à l'échelle nationale.

Deux raisons peuvent être avancées pour expliquer les résultats ci-dessus. Premièrement, l'imprévisibilité des cycles des prix des produits de base empêche d'optimiser la planification du budget consacré à la

---

[11] Au cours de l'année 2014, les cours mondiaux du pétrole brut ont chuté de manière constante et presque monotone, passant d'environ 110 dollars le baril en août à environ 44 dollars en novembre.

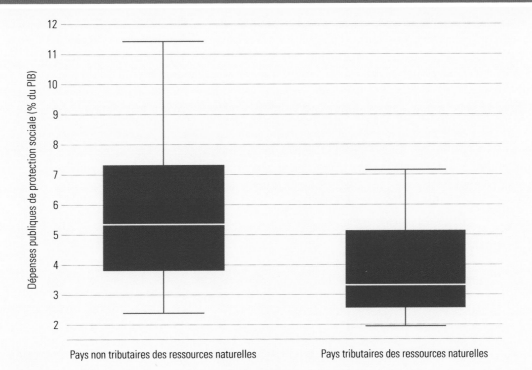

FIGURE 8.7 Dépenses publiques de protection sociale pour les pays tributaires et les pays non tributaires des ressources naturelles, dernière année dont les données sont disponibles*

Pays non tributaires des ressources naturelles

Pays tributaires des ressources naturelles

Source : Base de données de l'enquête sur la sécurité sociale de l'OIT (2013).
Remarques :
1. Un pays tributaire des ressources naturelles est défini comme un pays dans lequel ces ressources représentent au moins 50 % de la valeur totale des exportations. Ces pays sont identifiés à l'aide des données de la Banque mondiale (2012).
2. *La dernière année dont les données sont disponibles varie

protection sociale. En effet, pour les économies tributaires des ressources naturelles, il pourrait être difficile sur le plan politique et économique de concrétiser des engagements budgétaires en faveur de vastes segments de la population, dans de nombreux cas sous la forme de transferts monétaires en espèces. Par exemple, le déclin récent et abrupt du prix mondial du pétrole a fortement pesé sur les dépenses d'un certain nombre d'économies africaines qui en sont dépendantes, notamment l'Angola et le Nigéria[11]. Dans le contexte de telles fluctuations négatives des prix des matières premières, on peut aisément comprendre qu'il puisse être particulièrement difficile d'intégrer aux cadres budgétaires nationaux des dépenses comprenant une composante importante de transferts monétaires, inhérents à la plupart des types de dépenses de protection sociale. Deuxièmement, les pays tributaires des ressources naturelles sont susceptibles de se caractériser par des institutions moins transparentes et une plus faible gouvernance (Wantchekon et Jensen, 2004). Comme nous l'avons souligné précédemment (voir figure 8.5), la gouvernance pourrait être un facteur déterminant pour prédire les dépenses de protection sociale d'un pays. Il est donc possible qu'un niveau plus faible de gouvernance démocratique, probablement induit par une dépendance à l'égard des ressources, explique en partie la réticence de ces pays à engager des dépenses de protection sociale en faveur des populations cibles.

Faute de données suffisantes, notre analyse ne peut pas établir de corrélation entre le genre et les dépenses de protection sociale. Dans les pays en développement, les femmes sont plus vulnérables, plus susceptibles d'être au chômage ou d'exercer un emploi précaire, et moins instruites (ONU, 2014). Certains programmes de protection sociale choisissent de cibler les femmes pour ces raisons, mais aussi parce qu'elles sont plus susceptibles d'investir dans l'amélioration des conditions de vie de leurs enfants et de leur famille en général (Newton, 2016). Parmi les programmes favorables aux femmes, on peut citer les programmes bien connus de transferts monétaires conditionnels au Brésil et au Mexique, qui ciblent les mères et les femmes enceintes. En Afrique du Sud, celles qui bénéficient d'une allocation de soutien pour enfant à charge indiquent qu'elles se sentent plus autonomes, en particulier concernant les décisions du ménage (Patel, Hochfeld et Moodley, 2013). Cependant, le ciblage des femmes peut également avoir des retombées négatives, dans la mesure où ce type de politique peut renforcer les stéréotypes de genre et même engendrer des violences sexistes.

Les données descriptives ont présenté quelques tendances essentielles des dépenses de protection sociale, ce qui nous a permis de mieux comprendre les facteurs déterminants de ces dépenses dans la région. Si ces corrélations sont importantes, il n'en est pas moins crucial de déterminer si l'Afrique parvient à atteindre l'objectif central des dépenses de protection sociale, à savoir la réduction des niveaux d'inégalités. La section suivante se penche brièvement sur cette question.

8.4 Analyse empirique

8.4.1 Dépenses de protection sociale et inégalités

Les dépenses de protection sociale sont, de fait, nécessaires pour faire reculer, dans un premier temps, la pauvreté, mais aussi pour réduire potentiellement des inégalités de revenus des ménages dans un second temps (Cook et Pincus, 2014). Les données empiriques des différents pays ont révélé que le coefficient de Gini est influencé à la fois fortement et négativement par l'augmentation directe des revenus individuels et des ménages provoquée, par exemple, par un transfert monétaire. Ce type de transfert permet de soutenir les revenus de manière constante et régulière pour protéger les bénéficiaires des chocs liés à la pauvreté, et peut également favoriser un meilleur accès à la santé, à l'éducation, aux réseaux de recherche d'emploi et au transport. De surcroît, d'autres programmes de PST contribuant indirectement aux revenus, à savoir les transferts en nature tels que les bons d'alimentation, les programmes nutritionnels, les programmes de distribution alimentaire et d'autres mesures semblables de soutien d'urgence peuvent également avoir pour effet de réduire les inégalités de revenus. L'efficacité générale des transferts monétaires et en nature dépend de leur ciblage. En Amérique latine et en Asie, on a constaté que les mesures de protection sociale ciblant efficacement les pauvres et à un niveau suffisant avaient un impact positif sur les inégalités (Hulme, 2008).

La figure 8.8 illustre la relation entre l'évolution des dépenses publiques de protection sociale et celle du coefficient de Gini pour la région Afrique subsaharienne ainsi que pour les autres pays en développement d'Amérique latine, d'Asie, et pour la région Moyen-Orient et Afrique du Nord (MENA). Bien que cette figure suggère que l'impact moyen est positif tant pour l'Afrique subsaharienne (« SSA [ajusté] ») que pour les autres pays en développement (« Autres [ajusté] »), aucun des deux coefficients des lignes de régression n'est statistiquement significatif.

Toutefois, une analyse plus détaillée de chaque pays est révélatrice. Par exemple, seuls trois des pays de l'échantillon étudié (Ouganda, Madagascar et Sierra Leone) ont connu simultanément un déclin des inégalités et des dépenses publiques de protection sociale, ce qui pourrait suggérer que ces trois économies suivaient une trajectoire de croissance plus inclusive sans relation avec les dépenses de sécurité sociale.

---

[12] En effet, des données plus détaillées sur l'Afrique du Sud indiquent que le coefficient de Gini est sensiblement plus élevé lorsque les transferts sociaux sont pris en compte que lorsqu'ils sont exclus. Cela semble suggérer que dans ce pays, les dépenses sociales ont été fortement redistributives, mais pas suffisamment pour annuler les effets des autres facteurs qui contribuent conjointement à l'aggravation des inégalités globales (Bhorat *et al.*, 2009).

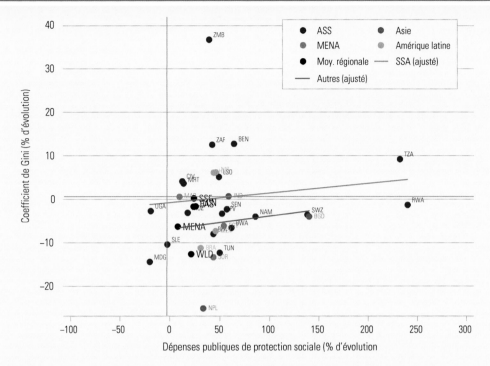

FIGURE 8.8 Taux de croissance annuels moyens des dépenses publiques sociales par rapport à l'évolution du coefficient de Gini, 2000-2011

Source : Indicateurs du développement dans le monde (2015) ; base de données de l'enquête sur la sécurité sociale de l'OIT (2013).

Remarques :

1. Le Sri Lanka n'est pas inclus dans le graphique, car ses valeurs sont aberrantes.
2. Le coefficient de Gini pour chacun des pays peut différer en fonction de la disponibilité des données ; toutefois, la première année est 2000 pour de nombreux pays tandis que la dernière année est 2009 ou 2010.
3. SSA = Afrique subsaharienne ; MENA = Moyen-Orient et Afrique du Nord ; EAS = Asie de l'Est et Pacifique ; LCN = Amérique latine et Caraïbes ; WLD = reste du monde.
4. « SSA (ajusté) » et « Autres (ajusté) » représentent respectivement les lignes ajustées pour l'Afrique subsaharienne et les autres pays en développement.
5. Le coefficient de l'Afrique subsaharienne est de 0,022 et le coefficient de l'autre ligne ajustée est de 0,029 ; les deux sont statistiquement négligeables.
6. Se reporter à l'annexe 8.2 pour une définition des abréviations.

En revanche, d'autres pays tels que l'Afrique du Sud et le Bénin ont affiché une augmentation simultanée des inégalités et des dépenses de protection sociale. Il faut toutefois préciser que, pour ces deux pays, la hausse des inégalités ne représentait qu'une fraction de l'augmentation des dépenses de protection sociale. En outre, les résultats observés pour l'Afrique du Sud semblent suggérer que d'autres facteurs, en dehors des programmes de PST, creusent ces inégalités[12]. Enfin, trois pays ont connu simultanément un déclin des inégalités et une augmentation des dépenses de protection sociale : le Botswana, la Namibie et la Tunisie.

Alors que l'on aurait pu s'attendre à une corrélation positive entre l'augmentation des dépenses de protection sociale et la réduction des inégalités, on constate que les estimations sont statistiquement non significatives. Il est donc difficile de confirmer si la protection sociale en Afrique est plus ou moins propice à la réduction des inégalités que dans le reste du monde. Les sections suivantes continuent d'examiner d'autres caractéristiques de la protection sociale qui pourraient avoir un impact sur les inégalités.

8.4.2 Couverture et inégalités

La figure 8.9 illustre la corrélation entre la couverture du quintile le plus pauvre et la réduction des inégalités. L'axe y mesure la réduction estimée du coefficient de Gini en fonction du taux de couverture du quintile le plus pauvre par les programmes nationaux de PST[13]. Les deux lignes de régression, qui ont été ajustées, sont à la fois positives et statistiquement significatives. Les données parlent d'elles-mêmes : une plus grande

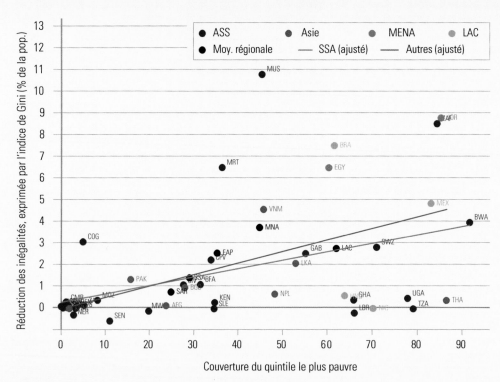

FIGURE 8.9 Protection sociale couvrant le quintile le plus pauvre par rapport à l'évolution du coefficient de Gini - Afrique subsaharienne et autres régions

Source : Atlas de la protection sociale : Indicateurs de résilience et d'équité, Groupe de la Banque mondiale (2015).

Remarques :

1. SSA = Afrique subsaharienne ; MENA = Moyen-Orient et Afrique du Nord ; EAS = Asie de l'Est et Pacifique ; LCN = Amérique latine et Caraïbes ; WLD = reste du monde.
2. Les informations pour l'Éthiopie, le Lesotho et la Namibie font défaut.
3. La période sur laquelle s'opère la réduction des inégalités exprimée par le coefficient de Gini va des années 1998 à 2014 et varie en fonction de la disponibilité des données concernant les pays.
4. Réduction du coefficient d'inégalité de Gini induite par les programmes de PST en pourcentage du coefficient de Gini avant les transferts. La réduction des inégalités de Gini est calculée comme suit : (inégalités avant les transferts - inégalités après les transferts)/ inégalités avant les transferts.
5. L'Afrique du Sud, l'Europe et la région Asie centrale ont été exclues.
6. Le coefficient ajusté pour l'Afrique subsaharienne est de 0,039 ; il est statistiquement significatif au seuil de signification de 5 %. Le coefficient ajusté pour les pays en développement est de 0,053 ; il est statistiquement significatif au seuil de signification de 10 %.
7. Toutes les abréviations sont définies à l'annexe 8.2.

---

[13] La réduction des inégalités exprimée par le coefficient de Gini est calculée comme suit : (inégalités avant transferts - inégalités après transferts)/ inégalités avant transferts.

couverture du quintile le plus pauvre par des programmes de protection sociale a pour effet de réduire les inégalités. Le coefficient de l'échantillon de pays d'Afrique subsaharienne est fortement significatif, ce qui suggère qu'un déclin de 1 % du coefficient de Gini se traduit en moyenne par une augmentation de 0,04 % de la couverture du quintile le plus pauvre.

Pour les autres régions, le coefficient est fortement significatif, ce qui suggère qu'un déclin de 0,05 % du coefficient de Gini se traduit en moyenne par une augmentation de 1 % de la couverture. Il semble donc que les effets de la protection sociale sur la réduction des inégalités sont plus faibles en Afrique subsaharienne que dans les autres régions en développement, où l'on observe une plus forte corrélation. Toutefois, un groupe d'économies africaines[14] (et quelques économies asiatiques) reste regroupé dans l'angle inférieur gauche de la figure 8.9, qui correspond à une faible couverture du quintile le plus pauvre de même qu'à une faible réduction du coefficient de Gini grâce aux programmes de PST.

8.4.3 Montant des transferts et inégalités

En moyenne, l'augmentation des dépenses de protection sociale par personne permet d'améliorer la redistribution. Cependant, l'efficacité des dépenses dépend également de la capacité des programmes à cibler efficacement les pauvres. Dans la figure 8.10, les auteurs étudient l'impact des dépenses moyennes quotidiennes par personne sur la réduction des inégalités globales. La ligne ajustée de l'Afrique subsaharienne (« SSA [ajusté] ») et celle des autres pays en développement (« Autres [ajusté] ») présentent toutes les deux une pente ascendante. En revanche, le coefficient n'est statistiquement significatif que sur la dernière, suggérant qu'un déclin de 1,79 % du coefficient de Gini est associé à une augmentation de 1 % du montant moyen des transferts par jour et par habitant. On observe donc une élasticité positive du montant transféré par rapport à la réduction du coefficient de Gini. La Banque mondiale (2015) corrobore cette relation et renforce donc le constat selon lequel la valeur absolue du montant transféré est cruciale pour la réduction des niveaux d'inégalité et de pauvreté. Un certain nombre de pays africains sont concentrés en bas à gauche de la figure 8.10, ce qui indique que, dans la plupart de ces pays, les transferts par habitant sont très faibles et se traduisent à leur tour par une réduction très limitée des inégalités de revenus.

8.4.4 Un indice de protection sociale pour l'Afrique subsaharienne

La présente section définit un indice composite de la protection sociale pour l'Afrique subsaharienne, basé sur les quatre composantes de PST suivantes : dépenses publiques totales de protection sociale en part du PIB ; couverture totale de la protection sociale ; couverture du quintile le plus pauvre par l'aide sociale ; et montant moyen des transferts. Chaque indicateur est normalisé selon une valeur comprise entre 0 et 1 puis la moyenne de chacun des quatre indicateurs normalisés est calculée pour chaque pays. Tous les aspects de l'indice sont pondérés de manière égale. Manifestement, l'indice de protection sociale est une mesure cherchant à assimiler différents indicateurs hétérogènes mesurant la protection sociale, mais aussi à fournir une mesure synthétique permettant de comparer les pays. Cet indice de protection sociale est résumé dans l'annexe 8.1, qui présente le classement des différents pays. L'Afrique du Sud, Maurice et le Botswana occupent le haut du tableau, tandis que la Gambie, la République démocratique du Congo et Madagascar en occupent le bas, conformément à certaines de nos conclusions précédentes.

8.4.4.1 Impact sur les inégalités

La figure 8.11 illustre la relation entre le pourcentage de réduction des inégalités consécutive aux programmes de PST et l'indice de protection sociale. Il présente également deux lignes de régression ajustées, l'une pour

---

[14] Il s'agit des économies africaines suivantes : Bénin, Madagascar, Nigéria, Niger, Gambie, Zimbabwe, Cameroun, Comores, Mali, Togo et Rwanda.

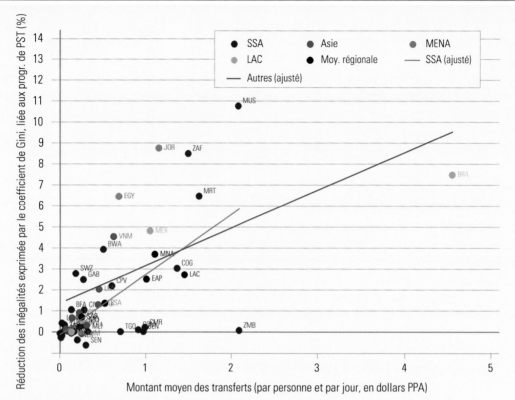

FIGURE 8.10 Montant des transferts de protection sociale et réduction des inégalités consécutive aux programmes de PST - Afrique subsaharienne et autres régions en développement

Source : Atlas de la protection sociale : Indicateurs de résilience et d'équité, Groupe de la Banque mondiale (2015).

Remarques :

1. SSA = Afrique subsaharienne ; MENA = Moyen-Orient et Afrique du Nord ; EAP = Asie de l'Est et Pacifique ; LAC = Amérique latine et Caraïbes ; WLD = reste du monde.
2. Le coefficient ajusté pour les pays d'Afrique subsaharienne est de 2,86 ; il est statistiquement négligeable. Le coefficient ajusté pour les pays hors Afrique subsaharienne est de 1,79 ; il est statistiquement significatif au seuil de signification de 5 %.
3. Le montant moyen des transferts par les programmes de PST à leurs bénéficiaires (par personne et par jour, en dollars PPA) est estimé pour la population entière. Pour chaque ménage, le transfert moyen par personne est calculé en divisant le total des transferts perçus par la taille du ménage.
4. Toutes les abréviations sont définies à l'annexe 8.2.

les pays d'Afrique subsaharienne (« SSA [ajusté] ») et l'autre pour les pays hors SSA (« Autres [ajusté] »), qui sont toutes les deux positives et statistiquement significatives. Ces lignes de régression indiquent qu'une protection sociale plus élevée se traduit par une réduction des inégalités. Le coefficient de régression estimé pour les échantillons de pays d'Afrique subsaharienne (voir la note de la figure 8.11) suggère qu'un déclin de 8,4 % des inégalités découle d'une augmentation de 1 % de l'indice de protection sociale. En ce qui concerne les pays hors Afrique subsaharienne, une plus grande augmentation de l'indice de protection sociale, à savoir 10,1 %, est nécessaire pour faire reculer les inégalités de 1 %.

En résumé, l'analyse descriptive de la présente section suggère que les initiatives visant à accroître et améliorer la protection sociale pour les habitants d'un pays auront probablement pour effet de réduire les inégalités. Dans le cas de l'Afrique subsaharienne, ce sont les efforts pour améliorer et renforcer l'assistance sociale qui ont les effets les plus perceptibles. Toutefois, l'analyse de la présente section et, en fait, de la

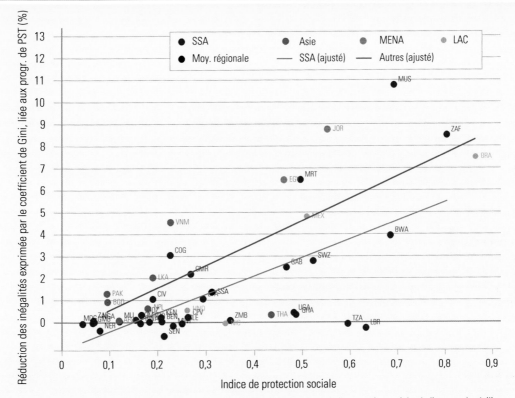

FIGURE 8.11 Indice de protection sociale et réduction des inégalités (coefficient de Gini) sous l'effet de la protection sociale - Afrique subsaharienne et autres régions en développement

Source : Base de données de l'enquête sur la sécurité sociale de l'OIT (2013) et Atlas de la protection sociale : Indicateurs de résilience et d'équité, Groupe de la Banque mondiale (2015).

Remarques :
1. « SSA (ajusté) » et « Autres (ajusté) » représentent respectivement les lignes ajustées pour l'Afrique subsaharienne et les autres pays en développement.
2. Le coefficient ajusté pour les pays d'Afrique subsaharienne est de 8,405837 ; il est statistiquement significatif au seuil de signification de 5 %. Le coefficient ajusté pour les pays hors Afrique subsaharienne est de 10,14049 ; il est statistiquement significatif au seuil de signification de 5 %.
3. Les dernières années varient entre 1998 et 2014, en fonction de la disponibilité des données concernant les pays.
4. Les estimations du coefficient de Gini de la réduction des inégalités ont été obtenues à partir de l'ensemble de données ASPIRE. La réduction du coefficient de Gini des inégalités est calculé comme suit : (inégalités avant transferts - inégalités après transferts)/ inégalités avant transferts.
5. Toutes les abréviations sont définies à l'annexe 8.2.

majorité du présent chapitre s'appuie sur des données qui sont essentiellement des corrélats de la relation entre les dépenses de protection sociale et la réduction globale du coefficient de Gini. Afin de peaufiner notre analyse, quoique partiellement et de manière imparfaite, nous fournissons ci-dessous des estimations économétriques expérimentales de la relation entre la protection sociale et les inégalités.

8.4.5 Réduction des inégalités par la protection sociale : une analyse économétrique

Alors que les corrélations simples présentées ci-dessus sont utiles, nous adoptons également ici une approche économétrique afin d'évaluer la robustesse de ces corrélations, en tenant compte d'autres facteurs. En principe, nous tentons de comprendre les effets redistributifs des programmes de PST, en tenant compte parallèlement d'un éventail de facteurs qui pourraient également avoir un impact sur les dépenses de protection sociale au niveau national. En utilisant une méthode simple des moindres carrés ordinaires (MCO), la variable dépendante a été définie en tant que pourcentage d'évolution du coefficient de Gini consécutive aux programmes de PST (en pourcentage du coefficient de Gini avant les transferts[15]). Cette approche est appliquée à un échantillon de 34 pays d'Afrique subsaharienne pour lesquels nous disposons de données récentes. Cependant, comme plusieurs observations n'étaient pas disponibles pour tous les pays, leur nombre est souvent inférieur à 34 dans chaque spécification. En ce qui concerne les variables explicatives, nous tenons compte de la couverture du quintile le plus pauvre en tant que mesure de l'étendue de la protection sociale, du montant moyen des transferts (en dollars US par jour) et des dépenses de protection sociale en part du PIB. On suppose qu'une couverture plus élargie, des montants transférés plus élevés et des dépenses de protection sociale plus importantes auront pour effet de réduire les inégalités, comme en témoignent les données internationales (Levine et al., 2009 ; Cosmin, 2012 ; Barrientos *et al.*, 2013). Le PIB, PIB par habitant, la taille de la population, l'emplacement régional, la dépendance à l'égard des ressources naturelles et les institutions politiques sont également contrôlés. Notre calcul est résumé ci-dessous :

$$\Delta Gini_i = \alpha_i + (SP)_i + (TR)_i + (PCov)_i + (PI)_i + (MI)_i + (GDP)_i + (GDP\ per\ capita_i) + (RD)_i + (Reg)_i + \varepsilon_i$$

Où, pour le pays *i* :

α_i représente la variable constante ;
$\Delta Gini$ représente l'évolution du coefficient de Gini ;
(SP/GDP) représente les dépenses publiques de protection sociale ;
TR représente le montant moyen des transferts ;
PCov représente la couverture de protection sociale du quintile le plus pauvre ;
PI représente l'indice Polity ;
MI représente l'indice Mo Ibrahim ;
RD est une variable muette relative à la dépendance à l'égard des ressources naturelles ;
Reg est une variable muette relative à la localisation du pays sur le continent ;
«GDP» et *«GDP per capita»* correspondent respectivement au PIB et au PIB par habitant et sont des contrôles supplémentaires ; et
ε représente la marge d'erreur non expliquée.

Essayer d'estimer un effet avec un si petit nombre d'observations présente des limitations évidentes. De plus, une régression multipays selon la méthode des MCO ne nous permet pas de détecter les effets fixes de pays, tandis que les données ne sont pas suffisantes pour réaliser une estimation sur données de panel qui annulerait ces effets. Nos conclusions sont résumées ci-dessous.

Dans la première spécification, nous avons procédé à une régression en incluant un certain nombre de contrôles. Toutefois, comme les indicateurs se rapportent à des aspects macro-économiques ou d'économie politique, il est fort probable qu'une corrélation existe entre les variables. Les auteurs ont donc conduit des tests de multicolinéarité en utilisant le « facteur d'inflation de la variance » ainsi que des matrices de corrélation[16]. Ainsi, la deuxième spécification a supprimé les variables qui, selon les premiers tests, semblaient être colinéaires, à savoir la population et le PIB. De plus, un seul des indices d'économie politique a été

---

[15] La réduction du coefficient de Gini des inégalités est estimée ainsi : (inégalités avant transferts - inégalités après transferts/inégalités avant transferts). Elle se rapporte à la réduction du coefficient d'inégalité de Gini consécutive aux programmes de PST en tant que pourcentage du nombre de personnes pauvres avant les transferts sociaux.

[16] Le facteur d'inflation de la variance quantifie l'intensité de la multicolinéarité dans une analyse de régression selon la méthode des MCO. Il fournit un indice qui mesure l'augmentation de la variance (la valeur au carré de l'écart type de l'estimation) d'un coefficient de régression estimé sous l'effet de la colinéarité.

inclus. Après avoir réalisé une autre vérification semblable, tous les indices d'économie politique et deux des trois régions ont également été exclus de la troisième spécification. Dans la quatrième spécification, tous les contrôles maintenant ces variables explicatives contrôlant la protection sociale ont été exclus. Dans le tableau 8.1, la valeur R-carré est la plus élevée dans la première spécification, où tous les contrôles ont été inclus, mais ce modèle présente également les niveaux les plus élevés de multicolinéarité. La valeur R-carré décline au fur et à mesure que nous supprimons certaines variables. De plus, nous observons que la valeur Statistique-F est significative tant pour la première spécification que pour la deuxième.

TABLEAU 8.1 Protection sociale et réduction des inégalités : résultats économétriques, Afrique subsaharienne

Réduction du coefficient de Gini	(I)	(II)	(III)	(IV)
Logarithme du PIB (2013)	74,621 (25,940)*			
Logarithme du PIB par hab. (2013)	-74,929 (26,128)*	1,228 (0,660) †	0,816 (0,509)	
Logarithme de la taille de la population	-74,318 (25,873)*			
Dépendance à l'égard des ressources	0,651 (0,848)	0,259 (1,170)	0,417 (0,831)	
Région australe	1,124 (1,011)	-0,229 (1,386)	-0,186 (0,761)	
Région orientale	2,300 (1,367)	0,676 (1,870)		
Région occidentale	0,559 (0,821)	-0,300 (1,100)		
Indice Polity	-0,102 (0,068)			
Indice Mo Ibrahim	-0,030 (0,045)	-0,052 (0,050)		
Couverture du quintile le plus pauvre	0,029 (0,014) †	0,021 (0,019)	0,028 (0,014) †	0,042 (0,111)*
Montant moyen des transferts	3,594 (0,611)*	2,006 (0,756)*	2,232 (0,697)*	3,082 (0,489)*
Dernières dépenses de protection sociale	0,348 (0,213)	0,188 (0,227)	0,070 (0,182)	0,015 (0,148)
Constante	-2,612 (5,853)	-6,531 (3,20) †	-6,464 (2,939)*	-1,503 (0,718)*
N	24	29	29	32
R-carré	0,9386 14,02 0,0001	0,7470 6,23 0,0004	0,7256 9,69 0,0000	0,6839 20,2 0,0000

Source : Indicateurs du développement dans le monde (2015) ; base de données de l'enquête sur la sécurité sociale de l'OIT (2013) ; Center for Systemic Peace (2014) ; indice Ibrahim pour la gouvernance africaine (IIAG) (2014) et Atlas de la protection sociale : Indicateurs de résilience et d'équité, Groupe de la Banque mondiale (2015).

Remarques : Un astérisque (*) indique une signification statistique au niveau de confiance de 95 % tandis qu'un obèle (†) indique des changements statistiquement significatifs au niveau de 90 %.

En ce qui concerne la première spécification, nous pouvons observer qu'en neutralisant les facteurs susmentionnés, les coefficients relatifs à la couverture du quintile le plus pauvre et au montant moyen des transferts sont statistiquement significatifs et positivement associés à une réduction du coefficient de Gini. S'agissant de l'élasticité, on a pu observer qu'une variation de 1 % de la couverture du quintile le plus pauvre entraîne une réduction de 0,03 % des inégalités, tandis qu'une augmentation de la couverture du quintile le plus pauvre et une augmentation de 1 % des montants des transferts monétaires réduisent les inégalités de 0,03 % et 3,54 % respectivement. Ces observations semblent indiquer qu'un meilleur ciblage et une augmentation du montant des transferts sont les moyens les plus efficaces de réduire les inégalités en recourant à la protection sociale. En outre, nous observons qu'une réduction du coefficient de Gini est corrélée positivement au PIB, mais négativement au PIB par habitant et à la taille de la population.

Dans la deuxième spécification, le PIB par habitant est désormais corrélé positivement à une réduction du coefficient de Gini. En ce qui concerne la protection sociale, nous observons qu'une augmentation de 1 % du montant moyen des transferts est associée à une réduction du coefficient de Gini, quoi que de moindre ampleur, à hauteur de 2,01 %. Dans la troisième spécification, alors qu'aucun de ces contrôles n'est significatif, nous observons qu'une augmentation de 1 % de la couverture de protection sociale et de 1 % du montant moyen des transferts entraîne une réduction du coefficient de Gini de 0,03 % et 2,23 % respectivement. Enfin, dans la quatrième spécification, après avoir exclu l'ensemble des contrôles, nous observons un coefficient également positif, mais plus élevé pour les variables de la couverture et du montant des transferts.

Les résultats de l'estimation ci-dessus confirment certaines des conclusions tirées de l'analyse descriptive. En dépit de la nature expérimentale de cette analyse économétrique, nos résultats suggèrent qu'à la marge, la couverture du quintile des personnes et des ménages les plus pauvres dans une société, ainsi que l'augmentation du montant des transferts, semblent être corrélés positivement à la réduction des inégalités de revenus. Enfin, il est également intéressant de noter que la réduction des inégalités est plus importante sous l'effet de l'augmentation de la valeur des transferts plutôt que de l'amélioration du taux de couverture.

8.5 Conclusions

Le présent chapitre avait pour objectif de comprendre le contexte de la protection sociale en Afrique subsaharienne, d'autant que les dépenses sociales y sont prévalentes et que la capacité de ces dernières à réduire la pauvreté et les inégalités est largement acceptée. Pour l'essentiel, on peut observer que la croissance du PIB ne se traduira pas nécessairement par une augmentation des dépenses de protection sociale. On peut donc en déduire que d'autres facteurs interviennent pour limiter l'expansion des dépenses budgétaires visant à élargir la couverture des programmes de PST.

La présente analyse a pris en compte les principaux facteurs suivants : gouvernance ou facteurs institutionnels ; différence du revenu national ; et volume des ressources naturelles. On peut observer une corrélation positive entre les dépenses de protection sociale et la présence d'un régime démocratique, ce qui indique que les gouvernements démocratiques sont plus susceptibles d'accroître leurs postes de dépenses liés à la protection sociale. En termes de revenus, les PRI de la tranche supérieure sont ceux dont les dépenses de protection sociale sont les plus élevées par rapport aux PRI de la tranche inférieure et aux PFR. Cette disparité est révélatrice des différents niveaux de développement auxquels ces pays se trouvent. Enfin, nous concluons que les pays non tributaires des ressources naturelles engagent de plus grandes dépenses en faveur de la protection sociale que les pays tributaires des ressources. Cette situation pourrait avoir une origine institutionnelle, dans la mesure où la dépendance à l'égard des ressources naturelles est corrélée à des institutions affaiblies.

Alors que le présent chapitre conclut que le lien entre les dépenses de protection sociale et la réduction des inégalités n'est pas évident, nous observons toutefois une corrélation positive entre cette dernière et la couverture des programmes de PST. Cela est particulièrement vrai lorsque ces programmes ciblent les pauvres de manière très efficace. De plus, nous avons estimé un indice de protection sociale pour l'Afrique subsaharienne en assimilant différents sous-indicateurs hétérogènes afin d'obtenir une seule mesure agrégée de la protection sociale. Cet indice nous permet d'observer des gains plus importants sur le plan de la réduction des inégalités dans les pays d'Afrique subsaharienne que dans les pays des autres régions, comme en témoigne son plus faible pourcentage d'augmentation dans ces derniers. Par conséquent, cet indice suggère qu'il est bénéfique de déployer un vaste éventail de programmes de PST dans la mesure où ils ont pour effet général de réduire les inégalités.

Enfin, nous avons entrepris une analyse économétrique, qui corrobore les conclusions antérieures quant à l'importance d'une couverture ciblant spécifiquement les pauvres. En général, on observe qu'une augmentation de la couverture du quintile le plus pauvre de la population, de même qu'une augmentation de la valeur unitaire des transferts, sont corrélées positivement à une réduction des inégalités.

Le présent chapitre a tenté de mieux apprécier et comprendre, de manière plus complète et avec de plus amples données empiriques, les facteurs tangibles de la protection sociale et leurs interactions avec les inégalités en Afrique subsaharienne. Bien qu'il existe certaines poches dans lesquelles la fourniture d'aide sociale s'accompagne de retombées positives, la région a encore beaucoup de progrès à faire en termes de ciblage et de priorité des dépenses de sécurité sociale afin d'atteindre les objectifs de développement. Toutefois, comme l'ont démontré les autres pays en développement, il est évident qu'un élargissement de la couverture, un meilleur ciblage et des transferts sociaux plus élevés peuvent simultanément améliorer les conditions de vie de la majorité des Africains.

RÉFÉRENCES

Arjona, R., M. Ladaique et M. Pearson. 2003. Growth, inequality and social protection. *Canadian Public Policy*, 29, 119-139.

Banque mondiale. 2001. Social Protection Sector Strategy: From Safety Net to Springboard. Washington, D.C.

_____. 2011. Managing Risk, Promoting Growth: Developing Systems for Social Protection in Africa. Washington D.C.

_____. 2012. A Diagnostic of Social Protection in Liberia. Human Development Department, Social Protection Unit, Africa Region.

_____. 2012. Africa's Pulse. Vol. 6, octobre 2012.

_____. 2015. The State of Social Safety Nets. Groupe de la Banque mondiale, Washington, D.C.

Barrientos, A. 2010. Social protection and poverty. *Social Policy and Development Programme Papers*, N° 42. Genève, UNRISD.

Barrientos, A. et D. Hulme. 2008. *Social Protection for the Poor and Poorest*. Basingstoke and New York, Palgrave.

Barrientos, A., V. Møller, J. Saboia, P. Lloyd-Sherlock et J. Mase. 2013. 'Grow ing' social protection in developing countries: lessons from Brazil and South Africa. *Development Southern Africa*, 30, Issue 1, p. 54-68.

Bhorat, H, C. Van der Westhuizen et T. Jacobs. 2009. Income and non-income inequality in post-apartheid South Africa: What are the drivers and possible policy interventions? DPR Working Paper 09/138, Development Policy Research Unit, Cape Town.

Bhorat, H. et A. Cassim. 2014. South Africa's Welfare Success Story II: Poverty-Reducing Social Grants. Brookings Institute. Disponible à l'adresse : www.brookings.edu/blogs/africa-in-focus/posts/2014/01/27-south-africa-welfare-poverty-bhorat

Bonnet, F. et C. Viegelahn. 2014. Social protection, living standards and economic development: overview of trends and assessment of policies. *World of Work Report*, 20(1), 109-148.

Center for Systemic Peace. 2014. The Polity Project. Center for Systemic Peace. Disponible à l'adresse : www.systemicpeace.org/polityproject.html

Collier, P. 2010. Social Protection in Resource-Rich Low-Income Countries. European Report on Development, Prepared for the Workshop: "Experiences and Lessons from Social Protection Programmes across the Developing World: What Role for the EU?" Paris, 17-18 juin 2010.

Cook, S. et J. Pincus. 2014. Poverty, inequality and social protection in Southeast Asia: An Introduction. *Journal of Southeast Asian Economics*, 1, 1-17.

Cosmin, E. 2012. Social protection public expenditures and income inequality. *Ovidius University Annals, Economic Sciences Series*, XII, N° 2, p. 1120-1125.

Ferreira, F., D.M. Jolliffe et E.B. Prydz. 2015. The international poverty line has just been raised to $1.90 a day, but global poverty is basically unchanged. How is that even possible? Banque mondiale. Disponible à l'adresse : http://blogs.worldbank.org/developmenttalk/international-poverty-line-has-just-been-raised-190-day-global-poverty-basically-unchanged-how-even

Haughton, J. et S.R. Khandker. 2009. Handbook on Poverty and Inequality. *Banque mondiale.* Disponible à l'adresse : http://siteresources.worldbank.org/INTPA/Resources/429966-1259774805724/Poverty_Inequality_Handbook_FrontMatter.pdf

Institute of Development Studies. 2006. Social Protection in Africa. Brighton: Centre for Social Protection.

Jauch, H., L. Edwards et B. Cupido. 2011. Inequality in Namibia. *Tearing Us Apart: Inequalities in Southern Africa*. Johannesburg, Open Society Initiative for Southern Africa.

Lavers, T. 2013. Food security and social protection in highland Ethiopia: linking the productive safety net to the land question. *Journal of Modern African Studies*, 51(3), 459-85.

Levine, S., S. van der Berg et D. Yu. 2009. Disponible à l'adresse : Measuring the impact of social cash transfers on poverty and inequality in Namibia, N° 25/2009, Working Papers. Stellenbosch University, Department of Economics.

Newton, J. 2016. Making Social Protection Gender Sensitive for Inclusive Development in Sub-Saharan Africa. *Women and Inclusive Development Dossier*. INCLUDE and the Gender Resource Facility (GRF).

Niño-Zarazúa, M., A. Barrientos, S. Hickey et D. Hulme. 2012. Social Protection in Sub-Saharan Africa: Getting the Politics Right. *World Development*. 40 (1) : 163-176.

OCDE (Organisation de coopération et de développement économiques). 2009. Promoting Pro-Poor Growth: Social Protection. Disponible à l'adresse : www.oecd.org/dac/povertyreduction/43573310.pdf

OIT (Organisation internationale du Travail). 2013. Employment and Social Protection in the New Demographic Context. International Labour Conference, 102nd Session, 2013.

Patel, L., T. Hochfeld et J. Moodley. 2013. Gender and child sensitive social protection in South Africa. *Development Southern Africa*. 30 (1) : 69-83.

Snyder, J.M. et I. Yackovlev. 2000. Political and Economic Determinants of Government Spending on Social Protection Programs. Massachusetts Institute of Technology. Disponible à l'adresse : http://economics.mit.edu/files/1207

Wantchekon, L. et N. Jensen. 2004. Resource wealth and political regimes in Africa. *Comparative Political Studies*, 37 (7), p. 816-841.

Weigand, C. et M. Grosh. 2008. Levels et Patterns of Safety Net Spending in Developing and Transitioning Countries. Washington, D.C.

BASES DE DONNÉES

Banque mondiale. 2015. *The Atlas of Social Protection: Indicators of Resilience and Equity.* Disponible à l'adresse : http://data.worldbank.org/data-catalog/atlas_social_protection

_____ . 2015. *World Development Indicators.* Disponible à l'adresse : http://data.worldbank.org/data-catalog/world-development-indicators

Mo Ibrahim Foundation. 2014. *Mo Ibrahim Index of African Governance.* Disponible à l'adresse : http://mo.ibrahim.foundation/iiag/data-portal/

OIT. 2013. *ILO Social Security Inquiry Database.* Disponible à l'adresse : www.ilo.org/dyn/ilossi/ssimain.home.

Rang	Pays	Région	Groupe de revenu	Indice de protection sociale
1	Afrique du Sud	Afrique australe	Revenu intermédiaire, tranche supérieure	0,80
2	Maurice	Afrique australe	Revenu intermédiaire, tranche supérieure	0,69
3	Botswana	Afrique australe	Revenu intermédiaire, tranche supérieure	0,69
4	Libéria	Afrique de l'Ouest	Faible revenu	0,63
5	Tanzanie	Afrique de l'Est	Faible revenu	0,60
6	Lesotho	Afrique australe	Revenu intermédiaire, tranche inférieure	0,53
7	Swaziland	Afrique australe	Revenu intermédiaire, tranche inférieure	0,52
8	Mauritanie	Afrique de l'Ouest	Revenu intermédiaire, tranche inférieure	0,50
9	Ghana	Afrique de l'Ouest	Revenu intermédiaire, tranche inférieure	0,49
10	Ouganda	Afrique de l'Est	Faible revenu	0,48
11	Gabon	Afrique centrale	Revenu intermédiaire, tranche supérieure	0,47
12	Zambie	Afrique australe	Revenu intermédiaire, tranche inférieure	0,35
13	Namibie	Afrique australe	Revenu intermédiaire, tranche supérieure	0,30
14	Burkina Faso	Afrique de l'Ouest	Faible revenu	0,29
15	Cameroun	Afrique centrale	Revenu intermédiaire, tranche inférieure	0,27
16	Cabo Verde	Afrique de l'Ouest	Revenu intermédiaire, tranche inférieure	0,26
17	Sierra Leone	Afrique de l'Ouest	Faible revenu	0,25
18	Malawi	Afrique australe	Faible revenu	0,23
19	République du Congo	Afrique centrale	Revenu intermédiaire, tranche inférieure	0,23
20	Sénégal	Afrique de l'Ouest	Revenu intermédiaire, tranche inférieure	0,21
21	Bénin	Afrique de l'Ouest	Faible revenu	0,21
22	Kenya	Afrique de l'Est	Revenu intermédiaire, tranche inférieure	0,21
23	Côte d'Ivoire	Afrique de l'Ouest	Revenu intermédiaire, tranche inférieure	0,19
24	Togo	Afrique de l'Ouest	Faible revenu	0,18
25	Mozambique	Afrique australe	Faible revenu	0,17
26	Rwanda	Afrique de l'Est	Faible revenu	0,16
27	Éthiopie	Afrique de l'Est	Faible revenu	0,16
28	Comores	Afrique de l'Est	Faible revenu	0,15
29	Mali	Afrique de l'Ouest	Faible revenu	0,12
30	Niger	Afrique de l'Ouest	Faible revenu	0,08
31	Nigéria	Afrique de l'Ouest	Revenu intermédiaire, tranche inférieure	0,07
32	Rép. dém. du Congo	Afrique centrale	Faible revenu	0,07
33	Gambie	Afrique de l'Ouest	Faible revenu	0,07
34	Madagascar	Afrique australe	Faible revenu	0,04

Source : Base de données de l'enquête sur la sécurité sociale de l'OIT (2013) et Atlas de la protection sociale : Indicateurs de résilience et d'équité, Groupe de la Banque mondiale (2015).

Pays	ISO	Pays	ISO	Pays	ISO	Pays	ISO
ALBANIE	ALB	ESTONIE	EST	LIBYE	LBY	ARABIE SAOUDITE	SAU
ALGÉRIE	DZA	ÉTHIOPIE	ETH	LITUANIE	LTU	SÉNÉGAL	SEN
ANGOLA	AGO	FINLANDE	FIN	MACÉDOINE, ERY	MKD	SERBIE	SRB
ARGENTINE	ARG	FRANCE	FRA	MADAGASCAR	MDG	SINGAPOUR	SGP
AUSTRALIE	AUS	GABON	GAB	MALAWI	MWI	RÉPUBLIQUE SLOVAQUE	SVK
AUTRICHE	AUT	GÉORGIE	GEO	MALAISIE	MYS	SLOVÉNIE	SVN
AZERBAÏDJAN	AZE	ALLEMAGNE	DEU	MALI	MLI	AFRIQUE DU SUD	ZAF
BANGLADESH	BGD	GHANA	GHA	MAURITANIE	MRT	ESPAGNE	ESP
BÉLARUS	BLR	GRÈCE	GRC	MAURICE	MUS	SRI LANKA	LKA
BELGIQUE	BEL	GUATEMALA	GTM	MEXIQUE	MEX	SOUDAN	SDN
BOLIVIE	BOL	GUINÉE	GIN	MOLDAVIE	MDA	SUÈDE	SWE
BOSNIE-HERZÉGOVINE	BIH	HONDURAS	HND	MONGOLIE	MNG	SUISSE	CHE
BOTSWANA	BWA	RAS DE HONG KONG, CHINE	HKG	MAROC	MAR	SYRIENNE, RÉPUBLIQUE ARABE	SYR
BRÉSIL	BRA	HONGRIE	HUN	MOZAMBIQUE	MOZ	TADJIKISTAN	TJK
BULGARIE	BGR	INDE	IND	NAMIBIE	NAM	TANZANIE	TZA
CAMBODGE	KHM	INDONÉSIE	IDN	PAYS-BAS	NLD	THAÏLANDE	THA
CAMEROUN	CMR	IRAN, RÉP. ISLAMIQUE	IRN	NOUVELLE-ZÉLANDE	NZL	TRINITÉ-ET-TOBAGO	TTO
CANADA	CAN	IRLANDE	IRL	NICARAGUA	NIC	TUNISIE	TUN
CHILI	CHL	ISRAËL	ISR	NIGÉRIA	NGA	TURQUIE	TUR
CHINE	CHN	ITALIE	ITA	NORVÈGE	NOR	TURKMÉNISTAN	TKM
COLOMBIE	COL	JAMAÏQUE	JAM	OMAN	OMN	OUGANDA	UGA
CONGO, RÉP.	COG	JAPON	JPN	PAKISTAN	PAK	UKRAINE	UKR
COSTA RICA	CRI	JORDANIE	JOR	PANAMA	PAN	ÉMIRATS ARABES UNIS	ARE
CÔTE D'IVOIRE	CIV	KAZAKHSTAN	KAZ	PAPOUASIE–NOUVELLE-GUINÉE	PNG	ROYAUME-UNI	GBR
CROATIE	HRV	KENYA	KEN	PARAGUAY	PRY	ÉTATS-UNIS	USA
CUBA	CUB	CORÉE, RÉP.	KOR	PÉROU	PER	URUGUAY	URY
RÉPUBLIQUE TCHÈQUE	CZE	KOWEÏT	KWT	PHILIPPINES	PHL	OUZBÉKISTAN	UZB
DANEMARK	DNK	KIRGHIZISTAN	KGZ	POLOGNE	POL	VENEZUELA, RB	VEN
RÉPUBLIQUE DOMINICAINE	DOM	LAO, RDP	LAO	PORTUGAL	PRT	VIETNAM	VNM
ÉQUATEUR	ECU	LETTONIE	LVA	QATAR	QAT	YÉMEN, RÉP.	YEM
ÉGYPTE RÉP. ARABE	EGY	LIBAN	LBN	ROUMANIE	ROU	ZAMBIE	ZMB
EL SALVADOR	SLV	LIBÉRIA	LBR	RUSSIE, FÉDÉRATION DE	RUS	ZIMBABWE	ZWE

Source : Indicateurs du développement dans le monde (WDI).

Comprendre le lien entre population et équité

Faits concernant la croissance et la structure démographiques en Afrique

1 La population africaine va quadrupler en passant de près de 1,19 milliard d'individus en 2015 à 4,39 milliards en 2100, soit 39,12 % de la population mondiale

2 L'Afrique sera à l'origine de 82,8 % de l'évolution nette de la population mondiale

3 La tranche de population la plus jeune (0 à 14 ans) devrait doubler, la tranche de la population en âge de travailler (15 à 64 ans) devrait tripler, et la tranche d'âge supérieure (65 ans et plus) devrait quadrupler d'ici 2050

4 La part de la population mondiale en âge de travailler que représente l'Afrique va progresser de 12,6 % en 2010 jusqu'à 41,2 % en 2100

5 L'Afrique est la région du monde qui compte le plus de jeunes individus, avec un âge médian de 19,4 ans, contre 29,6 ans au niveau mondial

6 Entre 2010 et 2014, le taux de fécondité moyen était de 5,4 enfants par femme en Afrique, contre 1,6 en Europe et en Asie centrale, et 1,7 en Asie de l'Est et au Pacifique

7 Parmi les cinq sous-régions d'Afrique, l'Afrique australe est la seule à avoir amorcé sa transition démographique

La plupart des pays ayant un taux de fécondité élevé affichent un coefficient de Gini faible

■ Taux de fécondité ■ Coefficient de Gini

Pays	Taux de fécondité
Afrique du Sud	2,54
Comores	4,84
Namibie	3,63
Zambie	5,77
République centrafricaine	4,78
Lesotho	3,41
Swaziland	3,65
Rwanda	4,66
Kenya	4,71
Gambie	5,79
Malawi	5,66
Togo	5,47
Mozambique	5,61
Ouganda	2,10
Congo, Rép. dém.	5,32
Cabo Verde	2,63
Bénin	5,25
Tchad	6,73
Côte d'Ivoire	5,02
Nigéria	5,87
Ghana	4,32
Gabon	4,13
Maroc	2,51
Cameroun	5,12
Madagascar	4,79
Mauritanie	4,92
Sénégal	5,20
Congo	6,51
Djibouti	3,64
Burkina Faso	5,99
Libéria	5,17
Tanzanie	6,28
Tunisie	4,96
Guinée-Bissau	5,19
Sierra Leone	5,36
Soudan	4,77
Sao Tomé-et-Principe	4,86
Guinée	5,46
Éthiopie	5,18
Burundi	6,43
Mali	6,60
Niger	7,67
Égypte	3,15

0 10 20 30 40 50 60 70

Comment mettre la croissance démographique au profit de l'amélioration de l'équité

1 Investir massivement dans le développement de l'enfance et de la jeunesse par le biais de politiques et de programmes d'éducation et de santé adaptés

2 Assurer la scolarisation d'un plus grand nombre de filles et prendre des mesures concrètes pour réduire considérablement les taux de mortalité infantile

3 Multiplier les qualifications proposées par les systèmes éducatifs africains afin de promouvoir l'employabilité de la population active

4 Accroître la productivité globale afin de tirer parti des dividendes démographiques en Afrique

5 Assurer une fiscalité et des transferts progressifs grâce à des taux d'imposition marginaux et à une protection sociale bien ciblée qui favorisent les 40 % les plus pauvres de la population

6 Promouvoir un secteur manufacturier à forte intensité de main-d'œuvre, la souplesse du marché du travail, la croissance de l'entrepreneuriat et le développement des infrastructures afin de créer plus d'emplois

7 Veiller à ce que la croissance se concentre dans les secteurs d'où les 40 % les plus pauvres de la population tirent leurs moyens de subsistance afin de la rendre inclusive

Inégalités de revenus et croissance démographique en Afrique

AYODELE ODUSOLA, FREDERICK MUGISHA, YEMESRACH WORKIE ET WILMOT REEVES

9.1 Introduction

La population africaine devrait presque quadrupler en passant de près de 1,19 milliard d'habitants en 2015 à 4,39 milliards à l'horizon 2100. Elle représenterait alors 39,12 % de la population mondiale, contre 16,14 % en 2015. Le continent reste la région du monde qui compte le plus de jeunes, puisque l'âge médian y est de 19,4 ans, contre 29,6 ans au niveau mondial, 29,2 ans dans la région d'Amérique latine et des Caraïbes (LAC) et 30,2 ans en Asie. En outre, plus de 60 % de la population africaine a moins de 25 ans, alors que ce groupe d'âge ne représente que 42 % de la population du globe. Tandis que la plupart des régions du monde connaissent un vieillissement de leur population, l'Afrique joue un rôle significatif dans les dynamiques démographiques mondiales, compte tenu de la taille de sa population, de la jeunesse de celle-ci et de la structure de la population mondiale.

Par ailleurs, l'Afrique est l'une des régions du monde qui présentent les niveaux les plus élevés d'inégalités, devant l'Amérique latine et les Caraïbes. S'il est vrai que l'Afrique subsaharienne compte parmi les régions les plus inégalitaires du monde, elle est également avec l'Amérique latine et les Caraïbes l'une des rares régions qui enregistrent un recul du niveau moyen des inégalités. En effet, entre 1990 et 2010, le coefficient de Gini a baissé de 0,472 à 0,445 en Afrique subsaharienne et de 0,497 à 0,486 dans la région Amérique latine et Caraïbes. En revanche, sur la même période, cet indicateur a augmenté respectivement de 0,284 à 0,301 dans les pays avancés, et de 0,347 à 0,373 dans la région Asie et Pacifique.

Un consensus est en train de se dégager selon lequel la question des inégalités constitue désormais l'un des plus grands défis du développement. Il ressort du sondage d'opinion du Forum économique mondial de 2014, mené auprès de représentants de gouvernements, d'universités, du secteur privé et de la société civile, que la question des inégalités se place en deuxième position parmi les défis du développement au plan mondial[1]. En effet, plus de 70 % des personnes interrogées en Afrique estiment que l'écart entre les riches et les pauvres constitue un problème de développement. Cette situation, aggravée par le nombre croissant de jeunes sans emploi en Afrique, et dans le contexte de la forte croissance démographique de cette tranche d'âge, peut constituer un obstacle à la croissance économique, fragiliser la cohésion sociale, menacer la paix et la sécurité et entraîner une instabilité

---

[1] Près de 80 % des pays participant à l'enquête considèrent les inégalités comme un problème majeur. Des informations plus détaillées sont disponibles auprès du centre de recherche américain PEW Research Center (2013).

politique et sociale dans les décennies à venir. Cette constatation a, en grande partie, guidé l'engagement fondamental de ne *laisser personne de côté*, souscrit dans le cadre des Objectifs de développement durable (ODD) adoptés par les dirigeants du monde en septembre 2015. De plus, l'un de ces 17 objectifs vise à « réduire les inégalités dans les pays et d'un pays à l'autre » et une de ses cibles ambitionne de « faire en sorte, au moyen d'améliorations progressives, que les revenus des 40 % les plus pauvres de la population augmentent plus rapidement que le revenu moyen national, et ce de manière durable ».

L'association de ces trois facteurs, à savoir une forte croissance démographique, des inégalités de revenus marquées et, dans une certaine mesure, un recul du niveau de l'inégalité, rend nécessaire une analyse approfondie de la relation entre démographie et inégalités de revenus. La question clé est de savoir de quelle façon les dynamiques démographiques affectent les inégalités de revenus en Afrique. Ce chapitre cherche à répondre à cette question.

9.2 Présentation et tendances démographiques en Afrique

Au cours des 70 prochaines années, l'Afrique aura un impact important sur le paysage démographique de la planète. La population du continent devrait en effet augmenter d'environ 3,7 milliards d'habitants entre 2015 et 2100, passant ainsi de 1,19 milliard à 4,39 milliards d'individus (tableau 9.1). L'Afrique serait alors à l'origine de 82,8 % de l'évolution démographique nette de la population mondiale au cours de cette période, ce qui représenterait une augmentation de 3,20 milliards d'individus sur les 3,86 milliards de personnes que le monde devrait compter d'ici là.

TABLEAU 9.1 Populations totales estimées, 2015-2100

Régions	Population (million)				% d'évolution
	Année				
	2015	**2030**	**2050**	**2100**	**2015-2100**
Monde	7 349	8 501	9 725	11 213	52,58
Afrique	1 186	1 679	2 478	4 387	269,89
Asie	4 393	4 923	5 267	4 889	11,29
Europe	738	734	707	646	-12,47
Amérique latine et Caraïbes	634	721	784	721	13,72
Amérique du Nord	358	396	433	500	39,66
Océanie	39	47	57	71	82,05

Source : Données compilées et calculées par les auteurs à partir de la base de données de la Division de la population des Nations Unies (Nations Unies, 2014).

La plupart des autres régions en développement, en particulier Asie et Amérique latine et Caraïbes, ont connu une transition démographique suite à la diminution de leur taux de croissance démographique à long terme au cours des 70 dernières années. L'Afrique n'a pas encore opéré cette transition, même si elle a déjà enregistré des baisses minimes à cet égard depuis le début du XXIe siècle (figure 9.1). La transition démographique a été rendue possible, dans la plupart des régions concernées, grâce aux efforts de planification familiale et à l'allongement de la durée moyenne de scolarisation.

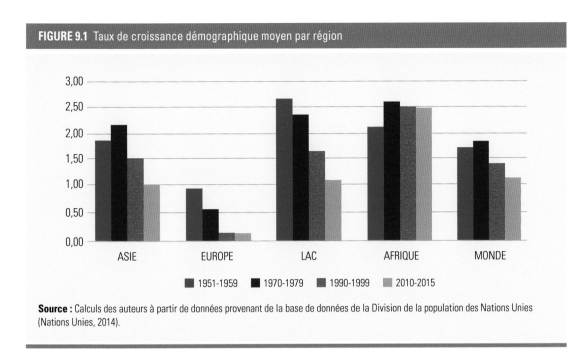

FIGURE 9.1 Taux de croissance démographique moyen par région

| | ASIE | EUROPE | LAC | AFRIQUE | MONDE |

■ 1951-1959　■ 1970-1979　■ 1990-1999　■ 2010-2015

Source : Calculs des auteurs à partir de données provenant de la base de données de la Division de la population des Nations Unies (Nations Unies, 2014).

La croissance démographique de l'Afrique a été très volatile et ne présente pas encore de signes clairs d'une réelle transition démographique. Le taux de croissance de la population du continent avait initialement progressé entre 1951 et 1985, passant de 1,98 % à un pic de 2,85 %. Établi à 2,44 % en 2000, il a grimpé à 2,6 % en 2013 du fait des hausses de population observées en Afrique centrale et en Afrique de l'Ouest. Durant cette période, la baisse démographique enregistrée dans les autres régions a été plus rapide que celle de l'Afrique du Nord (PNUD, 2016).

Parmi les cinq sous-régions d'Afrique, l'Afrique australe est la seule à avoir entamé sa transition démographique dès 1993, bien avant le reste du continent (figure 9.2). Plusieurs facteurs permettent d'expliquer cette différence, notamment le recul des taux de mortalité infantile et de fécondité, un allongement de la durée moyenne de scolarisation et la prévalence du HIV/sida par rapport aux autres régions. L'Afrique centrale a montré les premiers signes d'une transition démographique en 2004, alors que l'Afrique de l'Est et l'Afrique de l'Ouest ont amorcé la leur respectivement en 2010 et 2011. Selon le Fonds monétaire international (FMI, 2015), cinq pays sont à un stade avancé dans la transition démographique (Afrique du Sud, Botswana, Cabo Verde, Maurice et les Seychelles), 25 pays sont en cours de transition démographique et 15 pays n'en sont encore qu'à leurs premiers balbutiements en la matière[2].

La structure démographique est également en évolution, de même que les tendances de la croissance de la population. Ainsi, il est prévu que la population d'Afrique subsaharienne passe de 962,3 millions d'individus en 2015 à 2 milliards en 2050, et atteigne les 3,7 milliards d'habitants en 2100. Les innovations, l'amélioration des conditions sanitaires et la progression du niveau d'alphabétisation seront appelées à jouer un rôle majeur dans les dynamiques de la structure démographique dans les années à venir. D'ici à 2050,

---

[2] Les pays en cours de transition démographique sont les suivants : Bénin, Burkina Faso, Burundi, Cameroun, Comores, Côte d'Ivoire, Érythrée, Éthiopie, Gabon, Guinée-Bissau, Guinée équatoriale, Ghana, Kenya, Madagascar, Namibie, Lesotho, République centrafricaine, République du Congo, Rwanda, Sao Tomé-et-Principe, Sénégal, Sierra Leone, Swaziland, Togo et Zimbabwe. Les pays ayant juste entamé leur transition démographique sont les suivants : Angola, Gambie, Guinée, Libéria, Malawi, Mali, Mozambique, Niger, Nigéria, Ouganda, République démocratique du Congo, République-Unie de Tanzanie, Soudan du Sud, Tchad et Zambie.

FIGURE 9.2 Taux de croissance démographique en Afrique par région

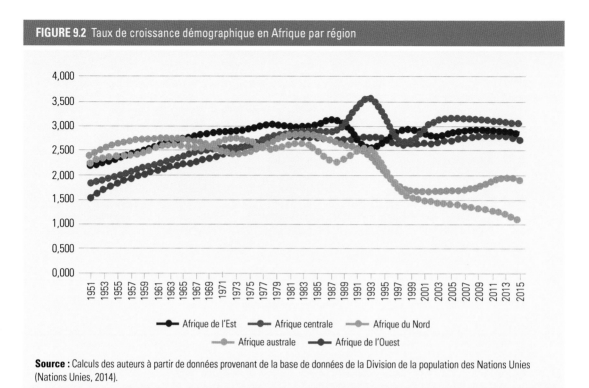

Source : Calculs des auteurs à partir de données provenant de la base de données de la Division de la population des Nations Unies (Nations Unies, 2014).

par exemple, la tranche d'âge inférieure (0 à 14 ans) devrait doubler pour atteindre quelque 685 millions de jeunes ; la tranche de la population en âge de travailler (15 à 64 ans) devrait tripler et compter jusqu'à 1,25 milliard de personnes ; et la tranche d'âge supérieure (65 ans et plus) devrait même quadrupler et s'établir à 100 millions d'individus (FMI, 2015). En 2015, 62,8 % de la population d'Afrique subsaharienne était âgée de moins de 25 ans, tandis que cette proportion n'était que de 40 % en Asie et dans la région d'Amérique latine et des Caraïbes. Pour libérer le potentiel que représentent ces atouts, il est nécessaire de réaliser des investissements importants en faveur du développement de l'enfance et de la jeunesse, afin de déclencher les transformations économiques structurelles et de favoriser la productivité totale des facteurs ainsi que le développement humain sur le continent.

La population en âge de travailler a donc un rôle important à jouer pour réduire les inégalités en Afrique. Entre 2010 et 2100, il est prévu que cette tranche d'âge[3] augmente de 2,1 milliards d'individus en Afrique contre un accroissement net de 2 milliards au niveau mondial. La proportion de la population africaine en âge de travailler est en hausse, alors que le reste du monde connaît un vieillissement de sa population. La part de la population mondiale en âge de travailler que représente l'Afrique devrait progresser de 12,6 % en 2010 jusqu'à 41,2 % en 2100 (Drummond, Thakoor et Yu, 2014), ce qui aura des conséquences importantes sur l'économie du continent. Si elle est bien gérée, cette hausse peut favoriser considérablement la capacité productive de l'Afrique en générant des dividendes démographiques. Ce potentiel de croissance pourrait rendre possible le fameux « miracle » africain tant attendu en termes de transformation structurelle et d'innovation. À l'inverse, cette évolution pourrait entraver la croissance du fait de l'instabilité sociale, du chômage et de la pauvreté qu'elle risque d'entraîner.

---

[3] La population en âge de travailler correspond à la tranche d'âge des 15-64 ans par rapport à la population totale.

Le taux de fécondité est un élément essentiel de ces dynamiques démographiques en Afrique, notamment celui de la population en âge de travailler. Les innovations scientifiques ont permis de réduire les taux de mortalité[4] à l'échelle mondiale, dans la mesure où le ratio entre le taux brut de mortalité et le taux brut de natalité, qui était de 51,3 % entre 1950 et 1955, a chuté à 41,8 % entre 2010 et 2015. Si la plupart des régions du monde ont opéré une transition en matière de fécondité, ce n'est pas le cas de l'Afrique, où le taux de fécondité moyen était de 5,4 enfants par femme entre 2000 et 2014, contre 1,6 en Europe et Asie centrale, et 1,7 en Asie de l'Est et Pacifique. La figure 9.3 illustre cette tendance sur la période 1970- 2014 dans les différentes régions du monde.

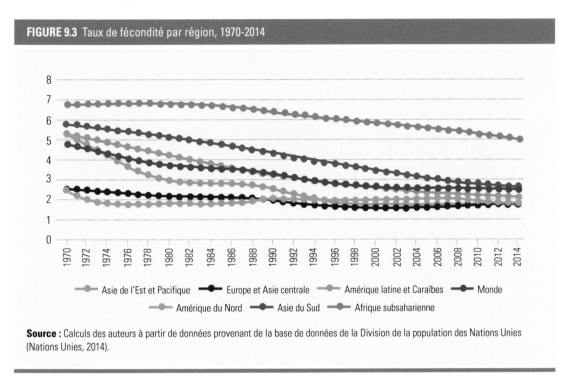

FIGURE 9.3 Taux de fécondité par région, 1970-2014

Source : Calculs des auteurs à partir de données provenant de la base de données de la Division de la population des Nations Unies (Nations Unies, 2014).

Tandis que les taux de fécondité de la plupart des régions du monde se stabilisent en moyenne autour de 2 enfants par femme, le taux observé en Afrique subsaharienne reste de 5 enfants par femme. Les régions Europe et Asie centrale, Asie de l'Est et Pacifique, et Amérique du Nord présentent des taux de fécondité en deçà du taux de renouvellement de la population[5]. Même si le taux de fécondité atteint le niveau de renouvellement des générations, avec une moyenne de 2 enfants par femme, la population continuera de croître, en raison de l'augmentation du nombre de jeunes. Par conséquent, compte tenu d'un taux de fécondité moyen d'environ 5 enfants (entre 2000 et 2014) en Afrique subsaharienne voire supérieur à 7 enfants par femme dans des pays comme le Niger ou la Somalie[6], les conditions structurelles sont déjà réunies pour permettre un accroissement rapide de la population à l'échelle du continent.

---

[4] Les données probantes relatives au taux brut de mortalité (pour 1 000 habitants) provenant de la base de données de la Division de la population des Nations Unies montrent que ce taux a chuté, passant de 19,1 ‰ entre 1950 et 1955 à 8,1 % entre 2010 et 2015.

[5] Le seuil de renouvellement de la population est atteint lorsqu'une génération est remplacée par la suivante, sans apport migratoire. Ce seuil correspondrait à un taux de fécondité de 2 enfants par femme.

[6] En Afrique, le seul pays à ne pas atteindre ce seuil est Maurice, qui présentent en 2014 un taux de fécondité inférieur à 2 enfants par femme (1,72), tandis que la Tunisie est le seul pays à s'approcher de ce seuil (2,08).

Le taux de fécondité reste élevé dans les pays ayant un taux de mortalité infantile élevé et des pratiques culturelles fermement ancrées telles que le mariage précoce, la préférence marquée pour les fils ou les connaissances limitées des femmes, notamment en matière de planification familiale (Nations Unies, 2014). Il existe en effet une forte corrélation entre le taux de fécondité et le mariage précoce. Par exemple, sur les six pays où le mariage précoce représente plus de 50 % des mariages, cinq affichent un taux de fécondité supérieur à 5 enfants par femme (figure 9.4). Dans certains cas, un taux élevé de fécondité peut être associé à des situations de conflit ou d'après-conflit[7].

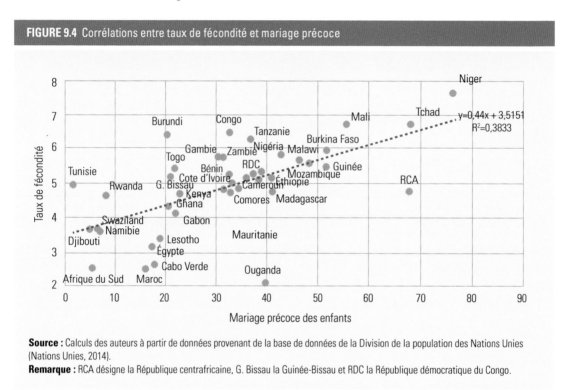

FIGURE 9.4 Corrélations entre taux de fécondité et mariage précoce

Source : Calculs des auteurs à partir de données provenant de la base de données de la Division de la population des Nations Unies (Nations Unies, 2014).
Remarque : RCA désigne la République centrafricaine, G. Bissau la Guinée-Bissau et RDC la République démocratique du Congo.

Du fait de leur enracinement structurel et de leur corrélation avec les normes sociales et les facteurs culturels tels que le mariage précoce et une durée moyenne de scolarisation limitée, il est peu probable que les taux de fécondité élevés puissent connaître une baisse conséquente dans un futur proche. Il est donc nécessaire d'examiner les implications de la taille et de la structure de la population sur les niveaux d'inégalité sur le continent, qui sont classés parmi les plus élevés au monde.

9.3 Lien entre les variables démographiques et les inégalités : aperçu de la littérature existante

La littérature couvrant le sujet abonde d'exemples sur les différents canaux par le biais desquels la croissance démographique affecte la croissance économique, le revenu par habitant et les inégalités. Le taux de

---

[7] Les pays présentant les taux de fécondité les plus élevés en termes de nombre d'enfants par femme au cours de la période 2010-2015 sont les suivants : Niger (7,63), Somalie (6,63), Mali (6,35), Tchad (6,31), Angola (6,2) et Burundi (6,08). La plupart de ces pays ont connu une situation de conflit ou sortent d'un conflit.

fécondité en est un. De la Croix et Doepke (2002) se sont penchés sur le rôle du différentiel de fécondité entre les familles riches et pauvres pour expliquer la relation entre inégalité et croissance économique. Ils estiment que les familles pauvres ont tendance à avoir plus d'enfants et à investir le moins possible dans leur éducation. Les inégalités ont pour effet de réduire l'investissement des ménages les plus modestes dans l'éducation, ce qui a une incidence négative sur la croissance économique. Le taux de fécondité, en termes d'accumulation de capital humain, est l'un des mécanismes de transmission permettant de corréler les inégalités à la croissance. La relation entre les inégalités et la croissance démographique, représentée sous la forme de « bosse » accrédite l'idée de l'existence d'une corrélation entre inégalités, croissance démographique et croissance économique. Le déclin de la fécondité permet aux femmes de travailler, et partant, d'augmenter leur niveau de revenu, ce qui induit une réduction de l'inégalité de genre (Bloom *et al.*, 2009). La suppression des obstacles institutionnels entravant la participation des femmes au marché du travail entraîne un recul de la fécondité et une hausse du revenu des ménages.

Un autre canal est la hausse de la proportion de la population d'âge actif, qui constitue un indicateur de transition démographique. Lorsque cette augmentation concerne la main-d'œuvre rémunérée, la hausse du revenu par habitant devient un important canal direct. Le cas échéant, cela implique non seulement un accroissement du revenu des ménages, mais aussi l'augmentation de la production nationale (FMI, 2015).

La croissance démographique affecte l'inégalité à travers le rapport de dépendance. Une croissance démographique rapide est associée à un ratio plus élevé de dépendance des jeunes. Par conséquent, les pays enregistrant une forte hausse de leur population accusent souvent un retard économique par rapport à ceux dont la croissance démographique est plus modérée (Rougoor et Charles, 2014). De même, les pays caractérisés par une croissance démographique très faible présentent souvent un rapport supérieur de dépendance des personnes âgées. En se fondant sur la théorie du cycle de vie, Deaton et Paxson (1997) soutiennent que la baisse des taux de croissance démographique entraîne une restructuration de la population en cohortes plus âgées et plus inégalitaires, et aggrave de ce fait l'inégalité au niveau national.

La hausse de la productivité de la main-d'œuvre quant à elle est également au nombre des canaux que nous essayons d'identifier. Le processus de transition démographique entraîne un accroissement du niveau d'investissement des ménages dans l'éducation et la santé de leurs membres, ce qui affecte par concomitance la productivité de la main-d'œuvre (Soares, 2005). Hassan, Sanchez et Yu (2011) font également valoir que dans le contexte de la transition démographique, l'augmentation du taux d'épargne peut stimuler les investissements et la croissance économique, et contribuer ainsi, toutes choses étant égales par ailleurs, à accélérer la réduction de la pauvreté et des inégalités. Dans le cas de l'insuffisance des dépenses publiques affectées à l'éducation et à la santé des jeunes de moins de 14 ans, l'épargne publique, peut aussi servir à améliorer la qualité des systèmes éducatif et sanitaire ou à combler le manque d'infrastructures qui entrave la croissance et la réduction de la pauvreté.

Ce type de canal est mis en avant par The National Academies Press (NAP, 1986), par le biais de la catégorie de personnes qui contribue à la croissance démographique et aux ajustements du marché du travail. Que l'évolution du taux de fécondité soit à l'origine de nouvelles inégalités dépend en effet du groupe de population responsable de l'augmentation de la fécondité nette. De fait, si un changement démographique important intervient au sein des classes les plus pauvres, il entraînera de nouvelles inégalités. L'inverse est également vrai pour les classes les plus aisées. Un accroissement rapide de la population pauvre conduit à une hausse de l'offre de main-d'œuvre non qualifiée par rapport à la demande, ce qui provoque une baisse des salaires relatifs des travailleurs non qualifiés et creuse l'écart de revenu entre travailleurs qualifiés et non qualifiés. À l'inverse, une croissance démographique plus lente réduit les inégalités de revenu en augmentant le taux de rendement du travail par rapport aux autres facteurs de production, tels que le capital.

La répartition des revenus en fonction des différents facteurs de production constitue un autre canal. À titre d'exemple, Boulier (1975) affirme qu'une croissance accélérée de la population peut entraîner une hausse des inégalités en altérant la répartition des revenus entre les gains tirés du travail, les profits, les rentes et les intérêts. Étant donné que les revenus générés par les rentes et les profits sont distribués de façon moins équitable que les revenus du travail, un accroissement plus rapide de la population risque d'induire une répartition moins équitable des revenus au fil du temps. Les revenus ont ainsi tendance à subir une distorsion en faveur des profits, des rentes et des intérêts.

La taille de la population influe également de manière directe sur les mesures de l'inégalité telles que le coefficient de Gini. Lorsqu'un pays connaît une croissance démographique accélérée, la pondération relative de ce facteur augmente en ce qui le concerne, en comparaison avec un pays où la population ne s'accroît pas aussi rapidement, et les inégalités en son sein s'accentuent, même si les deux pays affichent un PIB par habitant de même ordre (Rougoor et Charles, 2014).

De façon peu conventionnelle, Campante et Do (2006) font remarquer que les pays les plus densément peuplés ont tendance à être moins inégalitaires que les autres. S'appuyant sur l'explication qui privilégie le canal de la répartition, ils mettent en lumière une relation négative entre la taille et la densité de la population, d'une part, et les inégalités, d'autre part. Cette théorie est fondée sur l'existence d'autres canaux de la répartition dits « dérivés », comme dans le cas des avantages et des opportunités dont les citoyens bénéficient parfois de la part d'un gouvernement nouvellement désigné, ou des arguments en faveur d'une révolution ou d'une insurrection contre l'élite dirigeante. Lorsque la proportion de la population en mesure d'exiger un changement de la part du gouvernement est importante (par ex. les jeunes), la répartition sera d'autant plus notable. Par conséquent, les auteurs ont établi une relation négative entre les facteurs démographiques (taille et densité de la population) et les inégalités.

9.4 Méthodologie, données et sources de données

Dans leur analyse de la relation entre démographie et inégalité, Galor et Weil (2000) et Rougoor et Charles (2015) mettent en évidence la fécondité et la structure de la population par âge comme étant les deux principales variables qui entrent en compte dans la croissance économique et la part de la population en âge de travailler. En revanche, Firebaugh et Goesling (2004) proposent deux autres variables, à savoir la hausse des revenus et la croissance démographique, ainsi que leurs variations respectives au niveau régional ou mondial, en tant que facteurs clés pour aplanir les inégalités. L'éducation est utilisée à titre d'indicateur supplétif du capital humain, qui joue un rôle déterminant dans la transmission de l'incidence des inégalités sur la croissance économique (De la Croix et Doepke, 2002). Schultz (1998) quant à lui souligne l'importance du différentiel de salaires selon les compétences mesurées par le niveau d'instruction, pour expliquer, par exemple, la hausse globale des niveaux d'inégalité. D'autres, comme Soares (2005), examinent le rôle de la productivité de la main-d'œuvre dans la dynamique des inégalités

À partir de données de panel provenant de 43 pays africains, la méthode ordinaire des moindres carrés (MOMC) a été appliquée afin de mesurer les différents paramètres. Le coefficient de Gini et/ou la part de revenu de la tranche des 40 % les plus pauvres de la population est utilisé(e) comme variable dépendante, tandis que la croissance démographique, le taux de fécondité, le mariage précoce, le rapport de dépendance démographique, le PIB par travailleur, le taux de croissance économique, la proportion de la population active, la proportion de la population ayant suivi des études secondaires, le taux de pauvreté et le facteur de répartition (la part des revenus du centile le plus bas par rapport à celle du centile le plus haut) servent de variables indépendantes.

$$\text{Gini} = \beta_0 + \beta_1 p + \beta_2 f + \beta_3 e + \beta_4 d + \beta_5 gpw + \beta_6 g + \beta_7 wp + \beta_8 s + \beta_9 pr + \beta_{10} de + \mu \quad (1)$$

$$P = \alpha_0 + \alpha_1 e + \alpha_2 gpw + \alpha_3 g + \alpha_4 wp + \alpha_5 s + \alpha_6 pr + \Omega \quad (2)$$

L'équation 1 est exécutée selon une analyse bivariée et multivariée, tandis que l'équation 2 n'est calculée qu'au niveau multivarié : où Gini = coefficient de Gini ; p = taux de croissance de la population ; f = taux de fécondité ; e = mariage précoce ; d = rapport de dépendance démographique ; gpw = PIB par travailleur ; g = taux de croissance économique ; wp = part de la population active ; s = part de la population ayant suivi des études secondaires ; pr = taux de pauvreté ; et de = effet de répartition. β_i et α_i sont des estimations paramétriques, et μ et Ω les termes d'erreur. D'autres variables présentent un intérêt sont la croissance de revenus plus rapide/lente que la moyenne régionale et la croissance démographique plus rapide/lente que la moyenne régionale.

Les données démographiques sont extraites de la base de données de la Division de la Population des Nations Unies. Les données relatives au mariage précoce proviennent de la base de données du Fonds des Nations Unies pour l'enfance (UNICEF). Toutes les autres variables sont tirées de la base des Indicateurs du développement dans le monde de la Banque mondiale.

9.5 Données empiriques

Les conclusions empiriques tirées du présent chapitre font apparaître deux résultats distincts concernant les inégalités et la population : un grand impact négatif en l'absence de variable de contrôle, et un impact faible ou nul lorsque des variables de contrôle sont introduites.

Le tableau 9.2 illustre l'indice de corrélation entre les inégalités et la croissance démographique, les taux de fécondité, le mariage précoce, les rapports de dépendance et la population en âge de travailler. En se fondant sur les deux mesures possibles des inégalités (coefficient de Gini et part des revenus de la tranche des 40 % les plus pauvres de la population), il apparaît que les pays présentant les taux de fécondité les plus élevés ont tendance à enregistrer des niveaux plus faibles d'inégalité[8]. Comme le montre le tableau 9.2, les taux élevés de fécondité sont corrélés à une répartition dans laquelle une part plus importante des revenus revient à la tranche des 40 % les plus pauvres de la population. Cette corrélation est également mise en évidence à la figure 9.5. Tous les pays dont le taux de fécondité est de 6 enfants par femme et pour lesquels les données sont disponibles (Burundi, Mali, Niger, Nigéria, Tchad, République du Congo et République-Unie de Tanzanie) présentent un coefficient de Gini faible, inférieur à 0,44. Cependant, la plupart des pays d'Afrique subsaharienne considérés comme étant à un stade avancé de la transition démographique (voir FMI, 2015) affichent un niveau élevé d'inégalité. L'Afrique du Sud, le Botswana, la Namibie et les Seychelles, par exemple, enregistrent un coefficient de Gini supérieur à 0,6, alors que seuls Cabo Verde et Maurice présentent une situation équivalente à celle des pays à fécondité élevée.

Une relation similaire peut être observée à partir d'autres variables démographiques comme la croissance de la population, le mariage précoce et les rapports de dépendance. À titre d'exemple, les pays ayant une forte croissance démographique affichent une part de revenus plus élevée au profit de la tranche des 40 % les plus pauvres de la population. Cette constatation étaye l'analyse de Campante et Do (2006), qui

---

[8] En réalité, la croissance démographique est généralement corrélée à une hausse des inégalités parce qu'elle survient principalement dans les pays pauvres et donne lieu à une pauvreté intergénérationnelle. Cependant, la croissance démographique en Afrique est associée à un recul des inégalités, peut-être du fait que la croissance des revenus touche les secteurs de subsistance des plus pauvres, ou compte tenu de la prévalence du capital social, notamment l'emploi dans les entreprises familiales et le soutien communautaire en cas d'imprévu. Tous ces éléments affectent les ajustements du marché du travail, comme indiqué par Boulier (1975) et NAP (1986).

TABLEAU 9.2 Indice de corrélation entre le coefficient de Gini et les autres variables pertinentes

	Part de revenu des 40 % les plus pauvres	Taux de fécondité	Taux de pauvreté	MP	Intensité Gini	TCD	Rap. dépendance	Pop. active	PIB/ travailleur	% études secondaires	Croissance
Part de revenu des 40 % les plus pauvres	1										
Taux de fécondité	0,343	1									
Taux de pauvreté	-0,061	0,459	1								
MP	0,263	0,460	0,385	1							
Effet de répartition	0,901	0,278	-0,026	0,268	1						
TCD	0,331	0,699	0,528	0,653	0,373	1					
Rapport de dépendance	0,256	0,943	0,449	0,573	0,159	0,603	1				
Pop. active	-0,238	-0,934	-0,459	-0,535	-0,133	-0,567	-0,995	1			
PIB/travailleur	-0,223	-0,608	-0,523	-0,363	-0,118	-0,340	-0,610	0,618	10		
% études secondaires	-0,260	-0,550	-0,545	-0,678	-0,220	-0,628	-0,473	0,452	0,510	1	
Croissance	0,194	0,324	0,066	0,169	0,164	0,332	0,373	-0,348	-0,225	-0,181	1

Source : Calculs des auteurs.
Remarque : MP = mariage précoce (18 ans ou moins) ; effet de répartition = part des 10 % les plus pauvres par rapport au 10 % les plus aisés ; TCD = taux de croissance démographique (2000-2014) ; Rap. dépendance = rapport de dépendance (2000-2015) ; pop. active = part de la population active (2000-2015) ; PIB/travailleur = PIB par travailleur (2005-2015) ; et % études secondaires = part de la pop. ayant suivi des études secondaires (2008-2014).

se fonde sur le canal de la répartition. D'ordinaire, en l'absence des canaux de la répartition et de la menace insurrectionnelle tels que théorisés par Campante et Do (2006), les variables démographiques ont tendance à entraîner davantage d'inégalités. L'un des facteurs plausibles d'explication est la méthodologie de mesure du coefficient de Gini, qui se base principalement sur les enquêtes portant sur la consommation plutôt que sur les revenus. On estime généralement que les familles nombreuses consacrent une part plus importante de leur revenu à la consommation, et ce à l'aide de mesures relatives aux adultes comme aux enfants. En termes de consommation globale, cela peut laisser penser qu'il existe un niveau élevé de consommation[9]. Or, ce n'est pas forcément le cas si l'on se fonde sur la consommation par habitant.

À l'inverse, les familles nombreuses ont tendance à dépenser moins dans l'éducation et la santé de leurs membres, ce qui renforce la pauvreté intergénérationnelle. La corrélation entre le taux de pauvreté et les variables démographiques est positive (tableau 9.2). Elle varie de 0,449 pour le rapport de dépendance à 0,528 pour le taux de croissance démographique. Les pays caractérisés par une forte part de population active, par une proportion plus importante de la population ayant suivi des études secondaires et par un PIB par habitant plus élevé enregistrent généralement des taux de pauvreté plus faibles. En inversant

---

[9] Ernst Engel (1821–1896) a constaté une corrélation entre la hausse du revenu du foyer et la baisse de la *proportion* de revenus consacrés à l'alimentation, même si les dépenses alimentaires augmentent en valeur absolue. Ainsi, il apparaît que l'élasticité de la demande en produits alimentaires par rapport au revenu est comprise entre 0 et 1. À cet égard, si le « coefficient d'Engel » augmente, le niveau de pauvreté du foyer ou du pays se détériore par définition, ce qui entraîne une baisse du niveau de vie.

FIGURE 9.5 Corrélations entre taux de fécondité et coefficient de Gini

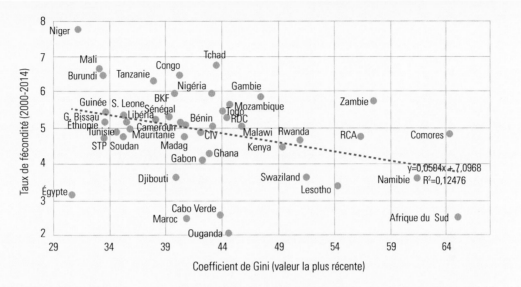

Source : Calculs des auteurs à partir de données provenant de la base de données des Indicateurs du développement dans le monde.

Remarque : STP désigne Sao Tomé-et-Principe, RDC la République démocratique du Congo, BKF le Burkina Faso, RCA la République centrafricaine, CIV la Côte d'Ivoire, Madag Madagascar, G. Bissau la Guinée-Bissau, S. Leone la Sierra Leone et Congo, la République du Congo.

cette relation entre taux de pauvreté et part de population active, la transition démographique a davantage tendance à se traduire par de faibles taux de pauvreté.

La notion de moteurs d'égalité et d'inégalité mise en œuvre par Firebaugh et Goesling (2004) ajoute une nouvelle perspective. Les deux auteurs proposent d'utiliser la croissance de revenus plus rapide que la moyenne régionale combinée à la croissance démographique plus rapide que la moyenne régionale. En termes d'analyse bivariée, l'impact d'une croissance démographique plus rapide ou plus lente que la moyenne régionale sur le niveau d'inégalité est négatif et sa corrélation significative est de 10 %. Cependant, l'analyse multivariée montre qu'en introduisant des variables de contrôle, les variables démographiques n'ont pas d'effet sur les inégalités (tableau 9.4).

En revanche, le taux de recul du coefficient de Gini peut être plus rapide dans les pays dont la croissance économique est plus lente que la moyenne régionale (figure 9.6). La relation établie est significative en termes de modèle de régression bivarié (voir tableau 9.4) si l'on se fonde sur les variations du coefficient de Gini depuis 2000. Cela implique que les quintiles supérieurs de la population dans les pays qui connaissent une croissance économique rapide profitent davantage des fruits de la croissance que les quintiles inférieurs. Au niveau de l'analyse mulitivariée, cette relation est positive et statistiquement confirmée pour les pays affichant un taux de croissance économique supérieur à la moyenne régionale. Une croissance supérieure de 1 % à la moyenne régionale entraîne une augmentation de 9 % du niveau d'inégalité. Comme l'illustre la figure 9.7, 8 des 11 pays où le taux de croissance rapide observé entre 2000 et 2015 était supérieur d'au moins 1,5 point à la moyenne régionale enregistrent une hausse des inégalités.

La progression de la proportion de la population ayant suivi des études secondaires, du PIB par travailleur et de la part de la population active ont tendance à générer davantage d'inégalités si l'on utilise à la fois

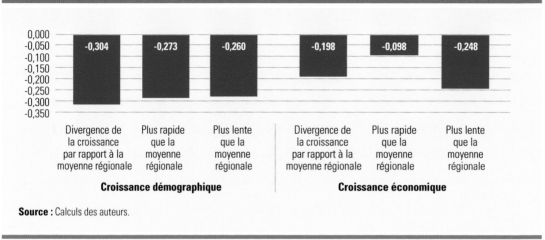

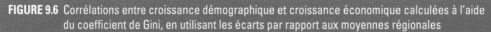

FIGURE 9.6 Corrélations entre croissance démographique et croissance économique calculées à l'aide du coefficient de Gini, en utilisant les écarts par rapport aux moyennes régionales

	Croissance démographique			Croissance économique		
Divergence de la croissance par rapport à la moyenne régionale	-0,304			-0,198		
Plus rapide que la moyenne régionale		-0,273			-0,098	
Plus lente que la moyenne régionale			-0,260			-0,248

Source : Calculs des auteurs.

le coefficient de Gini et la part de revenu de la tranche des 40 % les plus pauvres de la population. En effet, l'amélioration de ces trois variables induit une baisse de la part de revenu de la tranche des 40 % les plus pauvres. À mesure que les niveaux d'éducation et de revenu des ménages augmentent, la part du revenu consacrée à la consommation de base se réduit (selon la loi d'Engels). Cette constatation est caractéristique de la mesure des inégalités basée sur la consommation. D'autre part, l'amélioration des perspectives d'éducation, de revenu et d'embauche offre des possibilités d'expansion de la classe moyenne, qui fait remonter la majorité de la population initialement regroupée au sein de la tranche des 40 % les plus pauvres vers le troisième quintile, voire au-delà.

Les facteurs socio-économiques ont un impact considérable sur la croissance démographique en Afrique. La hausse de la part de la population ayant suivi des études secondaires et de celle de la population active mène généralement à une baisse de la croissance démographique. Cependant, seule la part active de la population est significative en termes statistiques. Une augmentation de 10 % de la part de la population active a pour effet de réduire la croissance démographique de 0,44 % (voir la dernière colonne du tableau 9.3). Le mariage précoce continue à stimuler la croissance démographique en Afrique : une augmentation de 10 % du nombre de mariages précoces entraîne une hausse du taux de croissance démographique de 0,13 %. Les facteurs économiques jouent également un rôle déterminant dans la dynamique de croissance démographique en Afrique – une indication que le continent n'a pas encore connu une véritable transition démographique. Une progression de 1 % de la croissance économique génère une augmentation d'environ 0,7 % de la croissance démographique, tandis qu'une hausse du niveau de pauvreté est également un vecteur de croissance démographique (un nombre important d'enfants au sein du ménage est perçu par les parents comme une assurance pour leurs vieux jours). Ces constatations semblent étayer celles d'Odusola *et al.*, (1997) et d'Oyediran et Odusola (2004).

9.6 Implications en termes de politiques et conclusions

La nécessité d'explorer le lien entre la croissance démographique et les inégalités de revenus en Afrique est aujourd'hui plus pressante que jamais, compte tenu de l'objectif visant à ne « laisser personne de côté » d'ici à 2030. Ce chapitre examine la relation entre les dynamiques démographiques et les inégalités de revenu en Afrique.

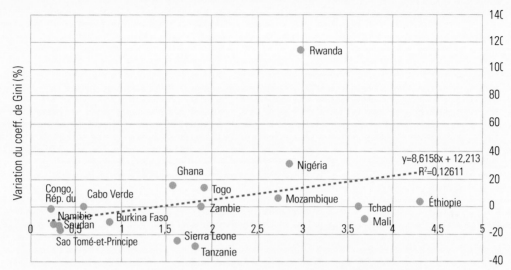

Source : Calculs des auteurs à partir de données provenant de la base de données des Indicateurs du développement dans le monde.
Remarque : S. Leone désigne la Sierra Leone, BKF le Burkina Faso et Congo la République du Congo.

Certaines régions de l'Afrique ont entamé leur transition démographique, en particulier en Afrique australe et dans des pays comme l'Afrique du Sud, le Botswana, Cabo Verde, Maurice et les Seychelles qui ont progressé en ce sens. L'émergence du rôle de l'Afrique au sein des dynamiques démographiques mondiales, en termes de taille et de structure, requiert un investissement conséquent dans le développement de l'enfance et de la jeunesse pour générer des dividendes démographiques. L'augmentation de la part de la population active en Afrique (qui recule en revanche dans la plupart des autres régions du monde) peut devenir un atout si les acteurs du continent (gouvernements, secteur privé et organisations de la société civile) investissent dans le développement de l'enfance et de la jeunesse par le biais de programmes et de politiques adaptés dans les domaines de l'éducation et de la santé, et s'ils sont accompagnés d'investissements en faveur de la formation professionnelle, de la science, de la technologie et de l'innovation. Le mariage précoce est un facteur important de la fécondité et de la croissance démographique. À cet égard, les efforts entrepris pour promouvoir la scolarisation des filles (en particulier dans l'enseignement secondaire et supérieur) et la réduction de la mortalité infantile sont déterminants pour favoriser la transition démographique.

Si les liens entre la pauvreté et les variables démographiques sont indéniables, les rapports entre démographie et inégalités restent équivoques en Afrique. Même si l'analyse bivariée met au jour une relation négative significative entre les inégalités de revenus et les différentes variables démographiques, ce n'est pas le cas de l'analyse multivariée. L'ensemble des pays où le taux de fécondité est d'au moins 6 enfants par femme (Burundi, Mali, Niger, Nigéria, Tchad, République du Congo et République-Unie de Tanzanie) présente un coefficient de Gini faible, en deçà de 0,44, alors que la plupart des pays avancés sur le plan de la transition démographique – comme l'Afrique du Sud, le Botswana, la Namibie et les Seychelles – affichent un coefficient de Gini de plus de 0,6.

Une analyse superficielle basée sur une variante du modèle de Kuznets[10] montre que le lien entre ces différentes variables réside dans l'évolution du revenu par habitant. Les pays ayant réussi à augmenter le niveau de revenu par habitant de 2 % ou moins annuellement ont réussi à réduire le niveau d'inégalité. On peut tirer la conclusion inverse pour les pays où le niveau de revenu par habitant a augmenté de plus de 2 % (voir figure 9.8). Lorsque la croissance annualisée du revenu par habitant est supérieure au taux de renouvellement de la population (qui est de 2 enfants par femme), la répartition des revenus a tendance à être plus favorable aux riches. Les ajustements du marché du travail tels que proposés par NAP (1986) et Boulier (1975) deviennent moins efficaces lorsque la croissance du revenu par habitant est plus rapide que le taux de renouvellement de la population. Cette constatation suggère que les efforts de développement menés dans certains pays africains ont été favorables aux pauvres, puisqu'ils ont permis de créer les conditions d'une croissance démographique plus forte parmi les classes les plus défavorisées. Cette dynamique doit être relancée au travers d'investissements visant à améliorer la qualité des systèmes de santé et d'éducation, et à enrichir le niveau de qualification du système éducatif afin de stimuler l'employabilité de la population active et de combler les défaillances infrastructurelles qui entravent le développement du secteur privé.

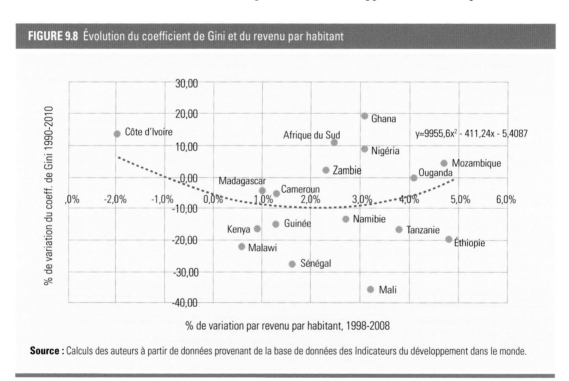

FIGURE 9.8 Évolution du coefficient de Gini et du revenu par habitant

$y = 9955,6x^2 - 411,24x - 5,4087$

% de variation par revenu par habitant, 1998-2008

Source : Calculs des auteurs à partir de données provenant de la base de données des Indicateurs du développement dans le monde.

La part de la population active est utilisée comme variable indicative de l'accès au travail décent. Un tel accès permet en effet de promouvoir la transition démographique et la réduction de la pauvreté. Les leçons tirées de la situation en Asie et dans la région Amérique latine et Caraïbes ont montré que la flexibilité du marché du travail et la promotion de l'industrie manufacturière, nécessitant une main-d'œuvre abondante, peuvent contribuer à créer des emplois. Les investissements en faveur de l'amélioration du niveau de qualification des systèmes éducatifs, de la création d'emplois pour les millions d'Africains qui entrent chaque année sur le marché du travail, et l'accroissement de la productivité globale sont autant d'éléments déterminants

---

[10] Cette variante consiste à prendre en compte l'évolution du coefficient de Gini et du revenu par habitant plutôt que les niveaux fixes de ces variables.

TABLEAU 9.3 Résultats de la régression intégrant le coefficient de Gini et la croissance démographique comme variables dépendantes

	Gini en tant que variable dépendante (M1 - M11)											Croissance démographique en tant que variable dépendante (M12)
	M1	M2	M3	M4	M5	M6	M7	M8	M9	M10	M11	M12
Ordonnée à l'origine	52,01*	55,31*	47,33*	58,24*	41,45*	47,25*	14,34	37,97*	59,44*	36,22**	22,06***	4,08**
Taux de croissance démographique	-3,55*										2,02	
Taux de fécondité		-2,47**										
Mariage précoce			-0,13***									0,013**
Rapport de dépendance				-0,18***								
PIB/travailleur					0,0002							0,001
Taux de croissance						-0,88					0,056	0,069***
Part de la population active							0,53***				0,493***	-0,044***
% études secondaires								0,10**			0,062	-0,008
Effet de répartition									-2,12*		-2,098*	
Taux d'évolution annuel de la population urbaine										1,46**		
Taux de pauvreté											0,059***	0,009**
R² ajusté	0,07	0,10	0,05	0,05	0,04	0,02	0,04	0,05	0,75	0,07	0,79	0,56
Statistiques F	4,16*	5,84**	3,12***	3,42**	2,55	1,68	2,96***	3,02***	28,54*	12,14**	26,80*	9,76*

Source : Calculs des auteurs.

pour tirer profit des dividendes démographiques à l'échelle du continent. Un environnement de politique macroéconomique propice à l'essor du secteur privé – protection des droits des investisseurs, réduction du coût des affaires, renforcement de l'état de droit et des cadres réglementaires – est également indispensable.

Les politiques susceptibles d'encourager les transferts de revenus du centile supérieur au profit du centile inférieur constituent un instrument utile pour lutter contre les inégalités. Des mesures d'incitation fiscale appropriées (impôts et transferts) visant une redistribution des richesses en faveur des 10 % les plus pauvres de la population contribuent à accélérer le recul des inégalités. La conception de ces instruments fiscaux doit s'appuyer sur l'expérience de la plupart des pays africains de façon à soutenir la réalisation de leurs objectifs en matière de répartition avec un maximum d'efficacité et à un coût minimum. Les politiques fiscales visant à accroître le capital humain des ménages à faible revenu contribueront à réduire les inégalités de revenus et à stimuler la croissance démographique. Le niveau et la composition des recettes fiscales doivent faire l'objet d'une analyse plus approfondie pour déterminer la façon de tirer le meilleur parti de telles mesures. La marge de manœuvre budgétaire (ratio impôts/PIB) en Afrique est assez restreinte. De plus, la composition des recettes fiscales repose en grande partie sur les impôts indirects de type TVA, qui sont moins progressifs que les impôts directs tels que l'impôt sur le revenu. Les dépenses publiques de protection sociale progressent, mais restent relativement faibles. Les gouvernements africains doivent prêter une attention particulière au rôle que peuvent jouer les impôts, les transferts et les dépenses publiques dans les efforts de redistribution.

Des études ont montré que 8 pays sur les 11 ayant enregistré une croissance d'au moins 1,5 % plus rapide que la moyenne régionale (entre 2000 et 2015) ont vu leur niveau d'inégalité augmenter. Ces conclusions invitent à s'engager en faveur d'une croissance inclusive. La croissance doit se concentrer sur les secteurs desquels la plupart des ménages défavorisés et les 40 % les plus pauvres de la population tirent leurs moyens d'existence, notamment l'agriculture, les microentreprises et les petites entreprises. À l'inverse, la croissance portée par les secteurs relativement isolés du reste de l'économie, tels que l'industrie extractive, est de nature à aggraver les inégalités.

TABLEAU 9.4 Croissance démographique et croissance du revenu plus rapides ou plus lentes que la moyenne régionale

	Modèles bivariés								Modèles multivariés	
	M1	M2	M3	M4	M5	M6	M7	M8	M9	M10
Ordonnée à l'origine	45,11*	41,83*	43,63	41,66	41,96	44,78	42,34	44,96	-7,37	-8,24***
Croissance démographique plus rapide que la moyenne régionale	-6,82***								11,23	16,7
Croissance démographique plus lente que la moyenne régionale	-4,49***							5,49		
Croissance économique plus rapide que la moyenne régionale	-0,68						9,03**	9,27*		
Croissance économique plus lente que la moyenne régionale	-2,01***					0,1				
% études secondaires supérieur à la moyenne régionale	0,14				-0,04	-0,31				
% études secondaires inférieur à la moyenne régionale	0,19			-0,28						
% population active supérieur à la moyenne régionale			0,53		1,28					
% population active inférieur à la moyenne régionale				1,22	5,07***	5,91**				
R² ajusté	0,052	0,045	0,015	0,039	0,032	0,027	0,013	0,049	0,259	0,161
F-statistiques	3,29***	2,97***	0,39	2,69***	2,36	2,16	1,55	3,15***	1,49	3,02**

Source : Calculs des auteurs.

RÉFÉRENCES

Bloom, D.E., D. Canning, G. Fink et J.E. Finlay. 2009. Fertility, Female Labor Force Participation and Demographic Dividends. *Journal of Economic Growth*, 14(2), p. 79-101.

Boulier, L.B. 1975. The Effect of Demographic Variables on Income Distribution. Woodrow Wilson School Princeton University, Discussion Paper N° 61.

Campante, F.R. et Q. Do. 2006. Inequality, Distribution and Population. Department of Economics. Disponible à l'adresse suivante : http://web.stanford.edu/group/peg/Papers%20for%20call/april06%20papers/Campante.pdf.

De la Croix, D. et M. Doepke. 2002. Inequality and Growth: Why Differential Fertility Matters. Disponible à l'adresse suivante : http://faculty.wcas.northwestern.edu/~mdo738/research/fertdif.pdf.

Deaton, A.S. et C.H. Paxson. 1997. The Effects of Economic and Population Growth on National Saving and Inequality. *Demography*, 34 (1), 97-114.

Drummond, P., V. Thakoor et S. Yu. 2014. Africa Rising: Harnessing the Demographic Dividend. IMF Working Paper (WP/14/143).

Firebaugh, G. et B. Goesling. 2004. Accounting for the Recent Decline in Global Income Inequalities. *American Journal of Sociology*, 110 (2), 283-312.

FMI (Fonds monétaire international). 2015. World Economic and Financial Surveys – Regional Economic Outlook: Sub-Saharan Africa – Navigating Headwinds. Avril 2015. Disponible à l'adresse suivante : www.imf.org/external/pubs/ft/reo/2015/afr/eng/pdf/sreo0415.pdf.

Galor, O. et D.N. Weil. 2000. Population, Technology and Growth: From the Malthusian Regime to the Demographic Transition. *American Economic Review*, 110, 806-827.

Hassan, M.K., Sanchez, B. et J. Yu. 2011. Financial Development and Economic Growth: New Evidence from Panel Data. *Quarterly Review of Economics and Finance*, 51, 88-104.

NAP (National Academies Press). 1986. Chapter 7, Will slower population growth decrease the degree of income inequality in the distribution of income? Disponible à l'adresse suivante : www.nap.edu/read/620/chapter/9#65.

Odusola, A.F., A.K. Oyediran, J.O. Bogunjoko et A.J. Adeyemo (1997). Adjustment Policy, Gender Dynamics and Family Size Reduction in Nigeria: The Case of Lagos State. *Nigerian Institute for Social and Economic Research's (NISER). Monograph*, Ibadan, Nigéria.

ONU (Organisation des Nations Unies). 2014. World Population Prospects. 2012 Revision. New York.

Oyediran, K.A. et A. F. Odusola. 2004. Poverty and the Dynamics of Women's Participation in Household Decision-Making in Nigeria. *African Population Studies/Étude de la Population africaine*, 19 (2), Sup. A, 2004, 115-139.

Pew Research Centre. 2013. Factank, News in the Numbers. The global consensus: Inequality is a major problem. 15 novembre 2013. Disponible à l'adresse suivante : www.pewresearch.org/fact-tank/2013/11/15/the-global-consensus-inequality-is-a-major-problem/.

PNUD (Programme des Nations Unies pour le développement). 2016. Rapport sur le développement humain en Afrique 2016 - *Accélérer les progrès en faveur de l'égalité des genres et de l'autonomisation des femmes en Afrique*. New York : PNUD, Bureau régional pour l'Afrique.

Rougoor, W. et V.M. Charles. 2014. Demography and Growth: Two Forces Leading to Rising Global Income Inequality. Amsterdam, SEO Economic Research.

_____. (2015). Demography, Growth and Global Income Inequality. *World Development*, 74, 220-232.

Schultz, T. P. 1998 Inequality in the Distribution of Personal Income in the World: How it is Changing and Why? *Yale University Economic Growth Centre Discussion Paper* n° 784.

Soares, R.R. 2005. Mortality Reduction, Educational Attainment and Fertility Choice. *American Economic Review* 95(3), 580-601.

L'intensité des inégalités et la pauvreté sont des facteurs de conflits en Afrique subsaharienne

L'intensité des conflits a baissé de 55 % en 2002 à 24 % en 2011

Parmi les conflits dans le monde, des progrès considérables ont été observés dans les pays suivants :

Seychelles   **Zimbabwe**
Cabo Verde   **Côte d'Ivoire**

L'Afrique abrite 11 des 20 pays qui présentent les plus fortes probabilités de conflit au monde

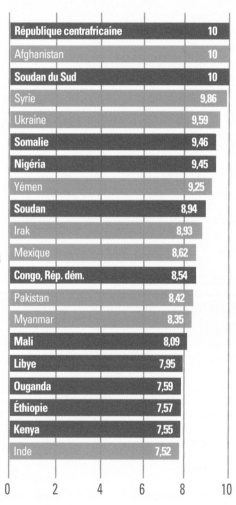

République centrafricaine	10
Afghanistan	10
Soudan du Sud	10
Syrie	9,86
Ukraine	9,59
Somalie	9,46
Nigéria	9,45
Yémen	9,25
Soudan	8,94
Irak	8,93
Mexique	8,62
Congo, Rép. dém.	8,54
Pakistan	8,42
Myanmar	8,35
Mali	8,09
Libye	7,95
Ouganda	7,59
Éthiopie	7,57
Kenya	7,55
Inde	7,52

Sept faits marquants concernant le lien entre conflits et inégalités en Afrique

1 La plupart des pays affichant un indice numérique de pauvreté supérieur à 60 % ont connu des conflits intenses.

2 Une gouvernance plus démocratique donne lieu à des sociétés plus pacifiques.

3 La polarisation ethnique et religieuse joue un rôle crucial dans la survenue des conflits. Par exemple, une augmentation de 1 % de l'indice de polarisation religieuse pourrait accroître les conflits de 1,19 % à 2,53 %.

4 Il est important de mesurer les conflits pour déterminer l'impact des inégalités. Le conflit mesuré au nombre de décès par habitant révèle cet impact ; ce qui n'est pas le cas de l'intensité ou de l'intensité cumulée de conflit.

5 Contre toute attente, les conflits en Afrique ne sont pas induits par les inégalités verticales mais par l'intensité des inégalités. Trois des pays les plus stables en Afrique présentent des coefficients de Gini supérieurs à 0,60 (Afrique du Sud, Botswana, et Seychelles).

6 La pauvreté multidimensionnelle détermine divers indicateurs de conflits en Afrique.

7 Il y a lieu de poursuivre les travaux de recherche sur les inégalités au sein de mêmes groupes de revenus et sur les déclencheurs de conflits.

10 Inégalités et conflits en Afrique : une étude empirique

AYODELE ODUSOLA, AMARAKOON BANDARA, ROGERS DHLIWAYO ET BECAYE DIARRA

10.1 Introduction

Les inégalités et la pauvreté sont des moteurs importants de l'exclusion sociale dont les conflits, les troubles sociaux et l'instabilité sont la manifestation. La prépondérance des conflits dans des sociétés pauvres et inégalitaires a été amplement décrite dans la documentation spécialisée[1]. Comme l'avance brièvement Nagel, « …le mécontentement politique et ses conséquences (manifestations, instabilité, violences, révolution) dépendent non seulement du niveau absolu de bien-être économique, mais aussi de la répartition des richesses » (Nagel, 1974:453). Selon la théorie de la courbe en U inversé de Kuznets, un degré élevé d'inégalité de revenus radicalise le prolétariat, accentue la polarisation des classes et diminue la tolérance de la bourgeoisie quant à la participation d'un groupe à faible revenu aux processus politiques et décisionnels (Muller, 1997).

Les inégalités et les conflits créent un cercle vicieux qui tend à se perpétuer et à propager encore plus le sous-développement. Le risque de conflit est plus élevé dans les pays pauvres et inégalitaires que dans les pays riches et moins inégalitaires dans la mesure où un énorme fossé entre le bien-être économique attendu et la situation réelle d'un groupe peut engendrer des conflits[2]. Les sociétés caractérisées par des niveaux élevés de pauvreté, d'inégalité et de chômage sont des terrains propices pour les rebelles et les groupes radicalisés. Et pour autant, la pauvreté et l'iniquité constituent aussi le prix à payer des conflits et d'une instabilité marquée. Les inégalités (liées ou non aux revenus) et non seulement les conflits ont un lien double de cause à effet, mais ils représentent aussi des entraves de taille au développement humain et national. Adopter une approche fondée sur ce lien double implique d'étudier les symptômes et les résultats. En effet, pour rompre ce cercle vicieux, il est essentiel d'analyser les éléments qui engendrent et renforcent les inégalités, ainsi que la façon dont ils influent sur les conflits.

---

[1] Les différentes dimensions du débat sont largement abordées dans la littérature spécialisée. C'est ainsi que Nagel (1974) se concentre sur la relation entre la pauvreté, l'inégalité et les conflits ; Lichbach (1989) explore les conflits sous l'angle du lien avec la politique, l'économie et l'inégalité ; Cramer (2005) examine les faiblesses théoriques et empiriques des diverses approches, et Willems (2012) étudie le rôle de la citoyenneté et des droits à la propriété pour expliquer la relation entre conflit et inégalité.

[2] D'après Humphreys (2002), les pays dont le PIB par habitant s'élève à 250 dollars ont 15 % de chances qu'une situation évolue vers un conflit, contre 4 % pour les pays dont le PIB par habitant s'élève à 1 250 dollars ou plus. Sambanis (2004) et Holmqvist (2012) ont également étudié les raisons pour lesquelles les risques de conflits et de guerres civiles sont plus élevés dans des communautés pauvres et inégalitaires. Collier et Hoeffler (2004) ont insisté sur le rôle de l'inégalité des revenus dans la propagation des conflits.

L'inégalité entre les pays et au sein d'un pays, de communautés et de groupes, est un critère essentiel pour mesurer la cohésion sociale. Elle s'accompagne souvent d'un degré de pouvoir qui peut difficilement être ignoré pour évaluer les résultats de développement. La prévalence de l'inégalité est une mesure tout aussi importante de l'exclusion économique et sociale, qui souvent se manifeste par des conflits et une instabilité. Malgré l'avalanche de publications sur la relation entre l'inégalité et les conflits, le débat sur leur corrélation et les effets qui en découlent n'est toujours pas tranché. Ces discussions peu concluantes ont été associées à diverses définitions de l'inégalité et des conflits, différentes méthodologies et des données comparables de qualité limitée sur l'Afrique.

Ce chapitre a pour vocation d'approfondir la compréhension des interdépendances entre inégalité et conflit en Afrique. Il vise à apporter des précisions sur la façon dont des inégalités peuvent provoquer des conflits et à quel moment. Présenter une description détaillée de cette situation en Afrique peut aider à mettre en œuvre des politiques contribuant à empêcher les conflits et les guerres sur le continent. Le chapitre utilise une mesure composite d'inégalité (les inégalités économiques et non économiques) afin d'élargir les perspectives pour mieux saisir la dynamique de la pauvreté et des conflits en Afrique. Cette méthode permettra d'étudier la façon dont sont traitées les inégalités (par l'entremise d'une approche non conventionnelle) afin de développer la cohésion et l'insertion sociales et d'éviter les conflits en Afrique.

Ce chapitre vise à contribuer efficacement à repousser les frontières du débat inégalité-conflit en Afrique et se divise en cinq parties. Après l'introduction, la section 10.2 donne un aperçu et décrit les tendances en matière d'inégalité et de conflits en Afrique. La section 10.3 examine la littérature théorique et empirique consacrée à la relation entre inégalité et conflits. La section 10.4 aborde le cadre de l'analyse et de l'étude empirique de la relation, tandis que la section 10.5 aborde l'importance des stratégies politiques et expose des conclusions.

10.2 Présentation et tendances des inégalités et des conflits en Afrique

L'Afrique a connu deux décennies de croissance économique soutenue, avec une hausse moyenne du produit intérieur brut (PIB) de 4,4 % par an entre 1995 et 2014, en particulier si elle est comparée aux résultats des années 1980 et du début des années 1990. Malgré cette hausse et une baisse des niveaux de pauvreté, les inégalités de revenus sont demeurées à peu près inchangées[3].

La proportion d'Africains vivant dans une extrême pauvreté (moins de 1,90 dollar par jour) a continué de se contracter. La proportion de personnes disposant de moins de 1,25 dollar par jour pour vivre en Afrique subsaharienne (SSA) est passée de 57 % en 1990 à 43 % en 2012, soit une baisse de 25 % environ. Avec un plus grand nombre de pays disposant désormais d'enquêtes comparables sur la consommation, le nombre de pauvres pourrait être inférieur aux estimations, à 37 %[4]. Le nombre absolu de personnes vivant en dessous du seuil de pauvreté a cependant augmenté, passant de 280 millions en 1990 à 330 millions en 2012 (Beegle *et al.*, 2016).

Cette évolution favorable du recul du taux de pauvreté reste marginale par rapport à d'autres régions en développement. Entre 1990 et 2012, la région Asie l'Est et Pacifique a réussi à réduire la pauvreté de 88,1 %, la région Amérique latine et Caraïbes de 68,6 %, et la région Moyen-Orient et Afrique du Nord

---

[3] Ce constat est fondé sur les dernières estimations de la Banque mondiale, qui reposent elles-mêmes sur un seuil international de pauvreté fixé à 1,90 dollar par jour selon la méthode de parité du pouvoir d'achat (PPA) calculé en dollars américains de l'année 2011, avec une baisse de la pauvreté dont le taux était de 56 % en 1990 contre 43 % en 2012.

[4] Consulter Beegle *et al.* (2016) pour une analyse détaillée de l'ajustement des tendances de la pauvreté.

de 54,8 % (voir la figure 10.1). Les pays à revenu faible ou intermédiaire ainsi que les pays à revenu intermédiaire de la tranche inférieure affichent respectivement une baisse de 66,4 % et 58,2 %. Les progrès remarquables enregistrés en Chine et en Inde ont contribué au résultat mondial de 65,7 %.

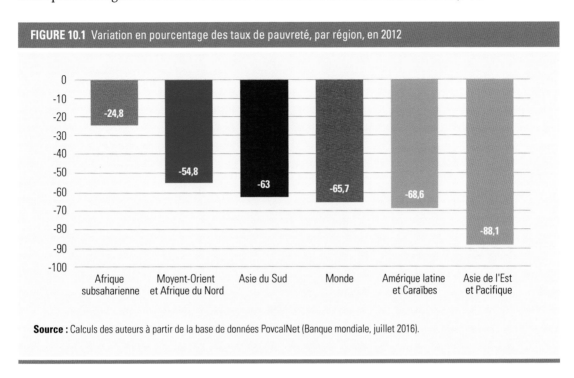

FIGURE 10.1 Variation en pourcentage des taux de pauvreté, par région, en 2012

Source : Calculs des auteurs à partir de la base de données PovcalNet (Banque mondiale, juillet 2016).

Six pays ont accompli des pas de géant : la Tunisie (79,7 %), la Mauritanie (73,5 %), la Guinée (61,8 %), la Namibie (57,3 %), l'Ouganda (51,2 %) et l'Éthiopie (50,6 %). Quatre autres (le Swaziland, l'Afrique du Sud, le Botswana et le Ghana) sont à moins de 5 points de pourcentage de la cible de réduction de 50 % de leur taux de pauvreté. Néanmoins, la pauvreté s'est aggravée à Madagascar, en Zambie, au Kenya, en Guinée-Bissau, en Côte d'Ivoire, au Malawi et au Maroc, entre autres. Au Kenya et en Guinée-Bissau, il s'agit même d'une régression (plus de 50 %), comme dans d'autres pays (entre 11 et 35 %). Tous les pays qui ont enregistré une hausse du taux de pauvreté présentaient un indice de fragilité de 80 sur 120 points, à l'exception du Maroc, dont le taux de pauvreté (3,12 % de la population) était très faible.

Les progrès ont toutefois été peu sensibles dans les pays fragiles et les zones rurales, et il subsiste un nombre substantiel de personnes vivant dans une pauvreté chronique, dont une large proportion se trouve au Kenya, à Madagascar et au Malawi. Tel que cela est illustré dans Beegle *et al.* (2016), la proportion des personnes qui ont sombré dans la pauvreté est quasiment égale à celles des personnes qui en sont sorties.

Bien que le rôle des inégalités sur les conflits et la fragilité reste à déterminer (Cramer, 2005), la répartition inégale des revenus affecte la manière dont la croissance économique influe sur la réduction de la pauvreté. La plupart des décideurs politiques en Afrique considèrent que l'inégalité est un défi de développement de taille auquel il convient de s'attaquer directement (Beegle *et al.*, 2016). Dans cette perspective, où en sont les pays en matière d'inégalités[5] ?

---

[5] Un aspect particulier sur l'inégalité de revenus en Afrique provient du fait que la plupart des pays utilisent des enquêtes portant sur la consommation là où d'autres États s'appuient sur des études concernant les revenus, dont les résultats débouchent souvent sur des inégalités plus élevées.

Faute de données suffisantes, il s'avère difficile d'obtenir une tendance globale crédible pour l'ensemble du continent. Selon une étude de Bhorat, Naidoo et Pillay (2016), les inégalités de revenus ont baissé de près de 11 %, sur la base du coefficient de Gini qui est passé de 0,48 entre 1990 et 1994 à 0,43 de 2010 à 2013[6]. D'après les données concrètes exposées au chapitre 7 du présent ouvrage, sept des 10 pays les plus inégalitaires se trouvent en Afrique (Afrique du Sud, Namibie, Botswana, République centrafricaine, Comores, Zambie et Lesotho). Les incidences sur la moyenne continentale auraient été élevées si la population des pays concernés avait été importante (hormis l'Afrique du Sud et la Zambie qui comptent plus de 5 millions d'habitants). Cependant, lorsque ces valeurs aberrantes servent de données de contrôle, le coefficient de Gini en tant que mesure de l'inégalité des revenus pour l'Afrique soutient favorablement la comparaison avec d'autres économies en développement. Sur les 50 pays les plus inégalitaires du monde, 23 sont situés sur le continent africain, soit 46 % des pays concernés.

L'inégalité de revenus la plus élevée est concentrée en Afrique australe, où le coefficient de Gini est supérieur à 0,5. À noter qu'il est aussi relativement élevé en Afrique centrale. Les résultats en Afrique de l'Est sont mitigés, tandis que l'Afrique de l'Ouest est la moins inégalitaire. Cornia et Martorano (2016) et Bhorat *et al.* (2016) avancent quelques causes historiques profondément ancrées des inégalités sur le continent, en particulier l'accumulation de terres durant la période coloniale. Les plantations à grande échelle en Afrique de l'Est et en Afrique australe, comparées aux systèmes familiaux de propriété foncière en Afrique de l'Ouest et en Afrique centrale expliquent, entre autres, les différences observées sur le plan des inégalités. Les inégalités de revenus n'ont pratiquement pas changé dans la région, car si le coefficient de Gini a baissé dans près de la moitié des pays, il a augmenté dans l'autre. Il a considérablement diminué au Burkina Faso et au Botswana, en Sierra Leone, en République-Unie de Tanzanie et en Ouganda, mais a considérablement augmenté au Malawi, en Éthiopie, au Togo, au Tchad et au Nigéria (voir la figure 10.2).

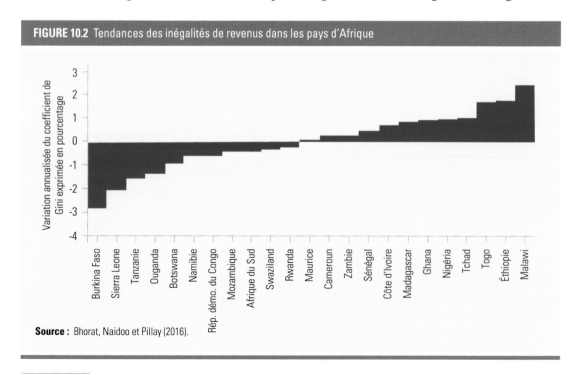

FIGURE 10.2 Tendances des inégalités de revenus dans les pays d'Afrique

Source : Bhorat, Naidoo et Pillay (2016).

---

[6] Les études de Beegle *et al.* (2016) vont à l'encontre des conclusions de WIDER, citées par Bhorat, Naidoo et Pillay (2016). Elles montrent que le coefficient de Gini a augmenté de 8,6 %, passant de 0,52 en 1993 à 0,56 en 2008. Cornia et Martorano (2016) donnent plusieurs explications à cette variation potentielle de la mesure des inégalités en Afrique.

Quelle est la situation du continent en ce qui concerne les conflits et la fragilité ? Ces dernières décennies, l'Afrique a été l'un des continents les plus exposés aux conflits. La bonne nouvelle est que l'intensité de ces conflits diminue. Si l'Afrique subsaharienne abritait 55 % des conflits mondiaux en 2002, ce pourcentage est descendu à 24 % en 2011[7]. Pour autant, 11 des 20 pays où la probabilité de conflits est la plus grande sont en Afrique (voir la figure 10.3). Selon l'indice de fragilité des États de 2016, seul un des 53 pays considérés comme stables est situé en Afrique (Maurice), tandis que les pays africains appartenant aux catégories « alerte », « alerte élevée » et « alerte très élevée » sont représentés de manière disproportionnée (près de 71 % du total mondial) (figure 10.4)[8].

Certains pays ont accompli des pas de géant au cours de la dernière décennie (2007-2016). Les Seychelles ont enregistré des progrès significatifs, et trois pays, à savoir Cabo Verde, le Zimbabwe et la Côte d'Ivoire

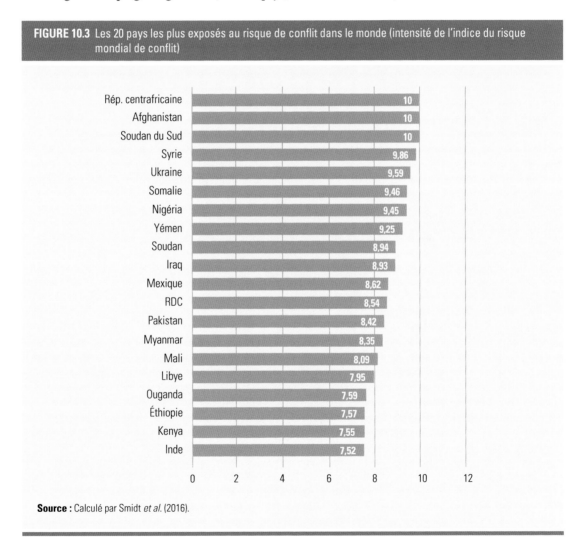

FIGURE 10.3 Les 20 pays les plus exposés au risque de conflit dans le monde (intensité de l'indice du risque mondial de conflit)

Source : Calculé par Smidt *et al.* (2016).

---

[7] Calculé à partir du baromètre des conflits pour l'année 2011.

[8] Les pays qui ont été classés par l'indice de fragilité des États de 2016 en situation d'« alerte élevée » sont le Zimbabwe, le Burundi, le Nigéria et la Guinée, et en « alerte très élevée » il s'agit de la République démocratique du Congo, du Tchad, du Soudan, de la République centrafricaine, du Soudan du Sud et de la Somalie (Fonds pour la paix, 2016).

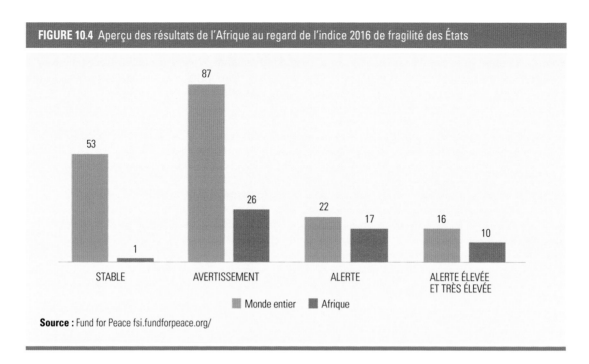

FIGURE 10.4 Aperçu des résultats de l'Afrique au regard de l'indice 2016 de fragilité des États

Monde entier ■ Afrique

Source : Fund for Peace fsi.fundforpeace.org/

(tableau 10.1) ont connu une amélioration remarquable. Comme l'illustre le tableau 10.2, six pays ont gagné entre 2 à 5,9 points et quatre ont vu leur indice augmenter de 0,5 à 1,9 point. L'indice s'est cependant détérioré pour 35 pays africains. Le Sénégal, le Mali, la Libye, l'Érythrée, l'Afrique du Sud, la République centrafricaine, la Guinée-Bissau, le Mozambique et la Gambie ont perdu plus de 10 points entre 2007 et 2016.

L'essor d'un extrémisme violent dans certaines parties de l'Afrique a compliqué les situations de conflit. On estime ainsi à plus de 24 000 le nombre de décès et à 1,2 million celui des personnes déplacées du fait du fondamentalisme extrémiste à tendance religieuse. Cette situation de conflit s'est considérablement détériorée à cause d'Al-Shabaab surtout présent en Somalie et au Kenya, de Boko Haram, qui sévit dans la région du bassin du Tchad, du Mouvement pour l'unicité et le jihad en Afrique de l'Ouest (MUJAO), qui opère dans les États du Sahel, du groupe Ansar Dine, semant principalement la terreur au Mali, et d'Al-Shabaab et Hizb-Al-Islam, présents en Somalie.

Une analyse de la corrélation entre l'indice d'inégalité et les conflits apporte certains éclairages (tableau 10.2). La corrélation entre le coefficient de Gini et les divers indices de conflit apparaît négative, allant de 0,333 à 0,401. Comme le démontre l'indice 2016 de fragilité des États, trois des quatre pays les plus stables en Afrique ont des coefficients de Gini supérieurs à 0,6 (Afrique du Sud, Seychelles, Botswana) et seul Maurice, le pays le plus stable d'Afrique, a un coefficient de Gini de 0,359[9]. Cette situation semble indiquer que des inégalités élevées offrent à un État ou à des personnes très riches la possibilité de neutraliser des actions collectives.

Cependant, une privation relative a tendance à jouer un certain rôle. L'intensité des inégalités, qui correspond à la part des revenus du quintile le plus pauvre par rapport au quintile le plus riche de la population, tend à influer positivement sur les divers indicateurs de conflits (indice de corrélation allant de 0,292 à 0,315),

---

[9] Ces données se fondent sur les Indicateurs du développement dans le monde, disponible à l'adresse : http://data.worldbank.org/indicator/SI.POV.GINI

	Statut	Points gagnés ou perdus	Nbre de pays africains par rapport au total	Pays
1	Amélioration notable	≥10 points gagnés	1 pays sur 6	Seychelles
2	Forte amélioration	6 à 9,9 points gagnés	3 pays sur 38	Cabo Verde, Zimbabwe et Côte d'Ivoire
3	Amélioration relative	2 à 5,9 points gagnés	6 pays sur 33	Sao Tomé-et-Principe, Guinée équatoriale, Botswana, Malawi, Sierra Leone et Soudan
4	Amélioration marginale	0,5 à 1,9 point gagné	4 pays sur 14	Togo, République du Congo, Gabon et Maroc
5	Changement négligeable	Entre 0,5 point perdu et 0,5 point gagné	4 pays sur 16	Maurice, Burkina Faso, Lesotho et Namibie
6	Détérioration marginale	0,5 à 1,9 point perdu	4 pays sur 17	Éthiopie, Ouganda, Tchad et Égypte
7	Détérioration relative	2 à 5,9 points perdus	11 pays sur 24	Comores, Zambie, Angola, Burundi, République démocratique du Congo, Somalie, Libéria, Tanzanie, Guinée, Algérie et Rwanda
8	Détérioration	6 à 9,9 points perdus	11 pays sur 17	Djibouti, Ghana, Tunisie, Mauritanie, Nigéria, Madagascar, Niger, Kenya, Bénin, Swaziland et Cameroun
9	Détérioration notable	10 à 14,9 points perdus	6 pays sur 7	Gambie, Mozambique, Guinée-Bissau, République centrafricaine, Afrique du Sud et Érythrée
10	Détérioration critique	≥16 points perdus	3 pays sur 5	Sénégal, Mali et Libye

Source : Calculs des auteurs, sur la base des données provenant du Fund For Peace (2016).

	Indice de fragilité	Réfugiés et PDI	Grief collectif	Élites divisées
Coefficient de Gini	-0,40183	-0,37008	-0,33352	-0,40043
Intensité des inégalités (proportion du quintile le plus pauvre/quintile le plus riche)	0,303191	0,292414	0,315016	0,293458
Indice de pauvreté multidimensionnelle (IPM)	0,398041	0,345477	0,068876	0,145394
Population en situation de pauvreté multidimensionnelle (nombre de pers.)	0,403488	0,388481	0,062905	0,119291
Intensité des situations de privation d'après l'IPM	0,352495	0,229196	0,034838	0,168651
Population quasiment en situation de pauvreté multidimensionnelle	0,012857	0,111446	-0,05879	-0,00923
Population en situation de pauvreté multidimensionnelle grave	0,368804	0,286465	0,048415	0,153138

Source : Calculs des auteurs.
Remarque : PDI = Personnes déplacées à l'intérieur de leur propre pays.

en particulier les griefs collectifs. Une population dans une situation de pauvreté pluridimensionnelle, l'intensité de cette pauvreté et une population en situation de privation pluridimensionnelle sévère sont autant de facteurs qui tendent également à peser sur les différentes mesures des conflits (tableau 10.2). Le rôle de la pauvreté dans les conflits en Afrique est également illustré dans la figure 10.5, où la plupart des pays affichant un taux de pauvreté par habitant de plus de 60 % ont connu ou connaissent des conflits graves ou intenses. Le Burundi, la République centrafricaine et la République démocratique du Congo en sont de bons exemples.

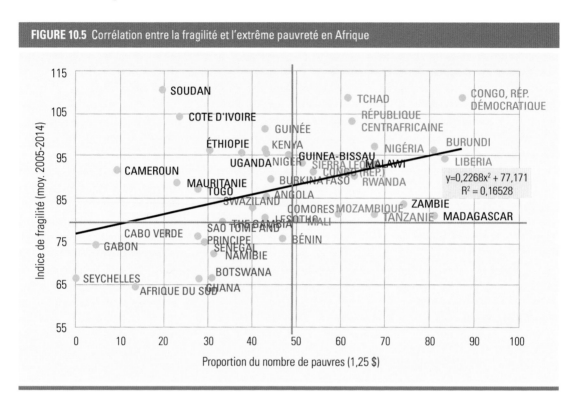

FIGURE 10.5 Corrélation entre la fragilité et l'extrême pauvreté en Afrique

L'analyse de la corrélation présentée ci-dessus ne fournit pas de paramètres fiables pour des rapports de causalité entre les variables étudiées, notamment l'inégalité, la pauvreté et les conflits. Il convient donc d'envisager une approche plus systématique et des perspectives plus larges qui examinent les dimensions économiques et non économiques alimentant les conflits en Afrique.

10.3 Liens théoriques et analyse documentaire

10.3.1 Liens théoriques

Démêler les interactions entre l'inégalité et les conflits exige des approches analytiques pouvant aider à organiser le processus de réflexion et compatibles avec la théorie économique. Dans le cas présent, on utilise les théories économiques néoclassiques. Il existe plusieurs théories sur les conflits violents, mais ce chapitre se concentre sur les trois axes suivants : inhérence/contingence, privation relative et théories de l'action rationnelle[10].

---

[10] Cramer (2005) fournit une analyse détaillée des diverses dimensions théoriques du débat sur la relation entre inégalité et conflit.

Les perspectives théoriques de la contingence et de l'inhérence des conflits telles qu'elles ont été exposées par Eckstein (1980), soulignent le rôle de la contingence ou d'une combinaison de facteurs aberrante (inhabituelle) dans le déclenchement d'actes de violence collective, par opposition à une propension inhérente (une option faisant partie intégrante de la vie sociale) à la violence, à savoir des actions rationnelles. Dans le cadre de la théorie de la contingence, l'inégalité constitue une source importante de «privation relative» perçue, mais ne conduit à la violence que si certains facteurs sont réunis. Cependant, en ce qui concerne la théorie de l'inhérence, la violence n'est pas particulièrement dépendante des inégalités structurelles, mais certaines formes d'inégalités collectives pourraient vraisemblablement être à l'origine de conjonctions d'intérêts conduisant à la violence (Cramer, 2005). Ces perspectives théoriques suscitent un certain attrait dans le contexte des pays africains. L'explosion démographique des jeunes pourrait constituer un facteur aberrant au regard de la théorie de la contingence, tandis qu'un continuum de développement centré sur les périphéries (l'argument du développement spatial) peut être un déclencheur dans le cadre de la théorie de l'inhérence. L'appartenance ethnique et la religion peuvent également se combiner à la pauvreté et aux inégalités de revenus pour déclencher cette forme de violence.

La théorie de la privation relative offre une autre perspective, qui se concentre sur l'écart entre la perception qu'ont les personnes quant à leurs attentes en matière de valeurs et leur capacité à les obtenir (Gurr, 1993)[11]. Conformément à la théorie de Kuznets, la privation relative devrait augmenter durant les premières phases de développement, entraînant méfiance et frustration, ainsi qu'une inclinaison inhabituelle à l'agression susceptible de déboucher sur des actes de violence collective. Dans un tel contexte, la violence émane de la privation relative par rapport à d'autres personnes (l'inégalité par exemple) et servant de prétexte à des griefs et à une frustration provoqués par des disparités quant aux conditions de vie, par des attentes inassouvies et la capacité à utiliser des ressources coercitives et institutionnelles.

La théorie d'une action rationnelle n'est pas élaborée en réaction aux autres, mais se fonde plutôt sur les chances, les coûts et les avantages. La hausse de l'inégalité peut conduire à une privation absolue, qui peut à son tour engendrer des actes de rébellion si les contraintes inhérentes à l'action collective sont surmontées. Une inégalité élevée a certains effets ambigus. Selon Cramer (2005), une inégalité élevée ne provoquera pas de rébellion par manque «d'opportunité». Néanmoins, en ce qui concerne les coûts, en particulier lorsque les personnes sont désespérées, il est probable que cela puisse déclencher des actions violentes, en particulier lorsque l'État aliène des groupes importants de personnes en ne respectant pas ses obligations. Même à supposer que les ressources de l'État ou de la bourgeoisie soient en mesure de neutraliser des actions collectives, si le pouvoir de l'État n'est pas suffisamment fort pour endiguer de manière efficace les risques de violence extrême, différentes souverainetés vont inévitablement s'affronter. Ces revendications incompatibles engendrent de la violence comme ce fut, ou c'est encore le cas, en Somalie, en République centrafricaine, au Mali, au Soudan du Sud, et dans le nord-est du Nigéria (exactions de Boko Haram).

La théorie économique néoclassique, fondée sur l'individualisme méthodologique et le choix rationnel, à la différence de l'approche de la privation relative, se fonde sur l'optimisation de buts utilitaires spécifiques. Sur la base de cette théorie, l'inégalité engendre des distorsions stratégiques et sur le marché qui ont un effet dissuasif en matière d'investissement (par ex. la violence) auprès des investisseurs privés. Collier (2000) affirme que la violence est un risque omniprésent et un choix qui s'offre à des individus rationnels, en s'appuyant sur le postulat économique néoclassique. La récente distinction analytique entre *cupidité* et *griefs* (Collier et Hoeffler, 2004) a également mis en évidence d'autres sources de conflit, où les griefs reflètent

---

[11] Les attentes des personnes en matière de valeurs sont liées aux biens et aux conditions de vie auxquels elles estiment à juste titre avoir droit tandis que leurs capacités à les obtenir sont fonction de la quantité de ces biens et des conditions qu'elles pensent être capables d'obtenir et de conserver (voir Gurr, 1993 et Cramer, 2005).

la théorie de la contingence (lien frustration-agression) et l'appât du gain trouve écho dans la théorie de l'inhérence (violence à dominante rationnelle). La distinction entre cupidité et grief a introduit l'inégalité dans la perspective néoclassique, car elle est un bon indicateur de la privation relative dans une société[12].

L'un des défis majeurs de la littérature spécialisée est d'utiliser l'indicateur d'inégalité le plus adapté pour mesurer la privation relative. Nafziger et Auvinen (2002) suggèrent d'utiliser l'inégalité verticale (de classe) ou horizontale (régionale ou communale), Stewart (2000) s'appuie sur l'inégalité horizontale (à savoir une distribution inégale dans une région, sur des critères religieux ou ethniques) et Midgley (1984) se fonde sur l'inégalité de marché. Le présent document utilise une combinaison d'inégalités verticales et horizontales pour mieux cerner les privations relatives.

10.3.2 L'analyse documentaire

Bien que le débat sur la relation entre les inégalités et les conflits ne date pas d'hier dans la littérature spécialisée, il reste non résolu. Selon une hypothèse presque universelle, une distribution inéquitable des ressources et des richesses peut susciter des ressentiments et des rébellions violentes. C'est souvent le cas quand le sentiment d'inégalité des personnes est légitimé et/ou accompagné d'un pouvoir et d'une répression suffisamment forts pour empêcher une action collective.

Les inégalités économiques, sociales et politiques peuvent nuire à la croissance économique si elles résultent d'une accumulation de mécontentements parmi certains groupes de population à des niveaux suffisamment élevés pour briser la cohésion sociale. S'il est vrai que tous les conflits sociaux et politiques ne sont pas animés par l'existence et/ou la persistance d'inégalités, plusieurs études ont suggéré que l'inégalité et une pauvreté persistante parmi certains groupes de population sont des causes importantes d'émeutes, d'insurrections et d'autres formes de soulèvements civils (par ex. Gupta, 1990 ; Stewart, 2002 ; Elbadawi et Sambanis, 2000 ; Dollar, Easterly et Gatti, 2000).

Outre le fait qu'elles freinent la croissance et la diminution de la pauvreté, des inégalités économiques élevées attisent le risque de conflits violents et elles constituent souvent un point de ralliement pour déclencher un conflit parmi des groupes qui se sentent lésés au sein de la société (Lichbach, 1989 ; Cramer, 2003 ; Stewart, 2008). Il ne faut pas pour autant accorder à l'inégalité une signification monolithique, au risque de jeter la confusion sur sa corrélation avec les conflits. Il convient de la considérer au sens large et d'y intégrer les dimensions économique, sociale et politique, car les interactions ne sont pas toujours aussi claires qu'on s'y attendrait. Selon Cramer (2003), l'inégalité économique n'est un facteur clé dans l'explication d'un conflit civil que si le facteur économique est considéré comme indissociable des facteurs sociaux, politiques, culturels et historiques. Se concentrer sur l'inégalité verticale uniquement, souvent mesurée par le coefficient de Gini, peut ne pas donner les résultats escomptés. Il convient donc d'examiner la manière dont est gérée l'inégalité dans une société, ainsi que la signification de ses différentes formes.

Les inégalités liées à une ségrégation horizontale plutôt que verticale entraînent des conflits quand les inégalités économiques coïncident avec des inégalités sociales, politiques et culturelles entre les groupes (par ex. Stewart, 2008 et 2010)[13]. Un conflit survient lorsqu'il y a une combinaison d'inégalités économiques,

---

[12] Voir Nafziger et Auvinen (2002), Collier et Hoeffler (2004) et Cramer (2005) sur la façon dont l'inégalité est intégrée dans le cadre néoclassique en tant qu'indicateur clé de la privation relative.

[13] Parmi les inégalités économiques, citons les inégalités de revenus, les chances de trouver un emploi, les ressources financières, humaines et naturelles et les biens sociaux. Les inégalités sociales comprennent l'accès aux services sociaux, tels que l'éducation, la santé et le logement. Les inégalités économiques font référence à la distribution inégale de chances politiques, tandis que les inégalités culturelles renvoient aux disparités en matière de reconnaissance d'une langue, d'une religion, de coutumes, normes et pratiques de différents groupes.

sociales (y compris des problèmes d'origine raciale ou ethnique), politiques ou culturelles qui peuvent être utilisées comme un facteur commun ou «un intérêt coordonné» pour mobiliser des partisans au sein de groupes de personnes lésées[14]. Certains ont avancé que l'inégalité ordinaire entre les riches et les pauvres n'était pas suffisamment forte pour engendrer des conflits violents. Un conflit armé pourrait néanmoins éclater lorsque le pouvoir et les ressources sont distribués de manière inégale entre les groupes qui se distinguent par ailleurs par d'autres aspects, tels que la race, la religion ou la langue (Annan, 1999, cité dans Østby, 2008b). Une analyse qui suggère clairement que l'inégalité horizontale s'avère plus explosive que l'inégalité verticale.

À l'aide du modèle comportemental du conflit, Esteban et Ray (2011) ont ainsi établi une relation uniforme entre l'indice de fractionalisation ou une mesure de polarisation et le coefficient de Gini. Leur proposition théorique montre que l'on ne s'attend pas précisément que l'inégalité au sein d'un groupe soit liée au déclenchement d'un conflit, mais elle pourrait être associée à la capacité d'un groupe à alimenter la violence. La capacité à alimenter un conflit dépend de l'accès d'un groupe à l'emploi et à des capitaux.

Diverses études ont apporté des preuves convaincantes sur ce point. Barrows' (1976) a établi une corrélation positive entre l'inégalité horizontale et l'instabilité politique dans 32 pays d'Afrique subsaharienne dans les années 1960[15]. Gurr (1993), en s'appuyant sur une perspective mondiale à propos des conflits ethnopolitiques a également montré un lien positif entre les insurrections de minorités et la privation relative[16]. Østby (2008a) soutient que lorsque l'on s'appuie sur les valeurs moyennes des différents indicateurs des inégalités, la probabilité d'un conflit est trois fois plus élevée que lorsque l'ampleur des inégalités horizontales sur le plan des avoirs entre les groupes ethniques est fixée au 95e centile. Elle est 2,5 fois plus élevée pour les inégalités horizontales interrégionales (c.-à-d. lorsque les indicateurs vont de la valeur moyenne au 95e centile). Huber et Mayoral (2014) constatent également une corrélation positive forte entre le niveau d'inégalité au sein d'un groupe et la propension dudit groupe à s'impliquer dans un conflit civil, mais cela n'a pu être établi en ce qui concerne des inégalités entre des groupes ethniques.

De manière similaire, Wimmer, Cederman et Min (2009), à partir de leur analyse transnationale, ont constaté que les politiques ethniques sont des outils aussi puissants et fiables pour prédire des guerres civiles que le niveau de développement économique d'un pays. Leurs conclusions en matière de régression montrent qu'une rébellion, des querelles intestines et des sécessions sont le résultat d'un degré élevé d'exclusion, de segmentation et de manque de cohésion. Inversement, des États plus multiethniques ne courent pas plus le risque de subir des conflits violents.

On a constaté que la prévalence d'inégalités élevées entre des groupes, mesurée en fonction du revenu par habitant, des avoirs d'un ménage moyen et de la durée moyenne de scolarisation, pouvait accroître les risques de conflit. C'est ainsi que certaines études[17] indiquent que l'incidence des inégalités sociales entre différents groupes était supérieure à celle des inégalités de revenus entre des groupes en tant que moteur de conflits. Daouda (2011) a établi que les conflits dans le nord du Niger étaient liés aux privations, mesurées par l'accès aux services sociaux de base. Selon Cramer (2003), l'inégalité économique joue un rôle déterminant dans l'explication du violent conflit en Angola si elle est abordée uniquement sous l'angle de

---

[14] Un propos illustré clairement par les inégalités économiques et politiques entre les groupes Hutu et Tutsi, qui se sont traduites par une guerre civile et des actes de violence au Kenya après les élections de 2007, alimentés de surcroît par des disparités entre les régions et les groupes ethniques. Boko Haram a également invoqué la pauvreté élevée, les inégalités et l'absence d'emplois pour mobiliser des partisans.

[15] La mesure d'une inégalité horizontale correspond à la part du pouvoir politique et à des variables socioéconomiques.

[16] Gurr définit la privation relative en des termes économiques, sociaux et politiques, sans se limiter à la dimension économique.

[17] Voir Østby (2008b) ; Cederman, Weidmann et Gleditsch (2010) ; ainsi que Cederman, Wimmer, et Min. (2010).

l'économie politique (là où le facteur économique est intrinsèquement lié aux forces politiques et sociales du pays).

D'autres sources, telles que l'Institute for Economics and Peace (2011) ou Collier et Hoeffler (2004), ont constaté que l'inégalité de revenus et les disparités en matière de propriété foncière n'étaient pas corrélées avec les conflits. En outre, selon des études de la Banque mondiale (2015) l'inégalité de revenus n'est pas un facteur décisif dans l'explication des origines d'un conflit politique : les conflits sont peu prononcés dans les pays caractérisés par une inégalité verticale. Il existe des pays, tels que la République centrafricaine, où l'inégalité élevée de revenus est associée à des conflits politiques. Pour autant, en Afrique australe, en particulier en Afrique du Sud, si l'inégalité de revenus est plus élevée, il n'y a pas de conflit à l'exception de fréquentes émeutes et protestations, ce qui semble impliquer une corrélation faible.

La pauvreté, d'autre part, semble être liée aux conflits en Afrique. Cela est attesté dans Elbadawi et Sambanis (2000), Collier et Hoeffler (2002), et Fearon et Laitin (2003). Des travaux de la Banque mondiale (2015) tendent à étayer cette affirmation. Par exemple, les conflits en République centrafricaine, en République démocratique du Congo, à Madagascar et au Nigéria sont provoqués par des niveaux croissants de pauvreté (ACLED, 2015). De fait, la pauvreté, les inégalités spatiales, entre les sexes et les revenus, fusionnent pour priver les personnes de leurs droits socioéconomiques élémentaires ainsi que d'un rôle dans le système, alimentant de la sorte des conflits politiques. La privation est également l'un des facteurs principaux mentionnés par les insurgés de Boko Haram. La pauvreté et le manque de perspectives d'emplois créent les conditions favorables au recrutement des jeunes et à leur intégration dans des groupes terroristes. Si ces jeunes avaient bénéficié d'une bonne éducation et d'emplois décents, Boko Haram aurait peut-être été privé des jeunes soldats qu'il utilise pour perpétrer des crimes haineux. En République centrafricaine, si les chrétiens et les musulmans ont vécu ensemble pendant des générations en relative harmonie, les pénuries, la privation et les inégalités ont dégénéré en conflits politiques. Des études de la Banque mondiale (2015) montrent de fait que l'inégalité de revenus et la pauvreté jouent un rôle crucial dans le conflit en République centrafricaine, mais qu'elles n'ont pas de rôle aussi prépondérant dans de nombreux autres pays.

Selon un courant de pensée, même si l'inégalité et la violence sont des constantes dans les sociétés humaines, les conflits politiques violents et organisés n'éclatent que de temps à autre et alternent avec des périodes de paix (Cramer, 2005). Cramer avance trois raisons pour étayer les résultats non concluants sur le débat inégalité-conflit :

a) L'inégalité n'est pas forcément une cause de conflit, ou elle n'est peut-être pas nécessaire ni suffisante pour déclencher un conflit violent.

b) Les caractéristiques de l'inégalité peuvent être un outil plus pertinent que le niveau moyen d'inégalité.

c) L'intensité de l'inégalité, mesurée de différentes manières, peut être un facteur pertinent dans le déclenchement d'un conflit violent (*ibid.*).

Cette démarche est soutenue par Huber et Mayoral (2014), qui affirment que les plus grandes inégalités au sein des pays concernent des groupes ethniques, tandis que les inégalités au sein d'un groupe représentent une faible proportion de l'inégalité nationale. Le fait que les variations du coefficient de Gini d'un pays soient généralement corrélées avec l'inégalité entre les groupes, mais soient bien moins importantes au sein des groupes explique pourquoi l'inégalité dans son ensemble pourrait ne pas aller de pair avec le conflit. Cela explique également pourquoi de nombreuses études ne trouvent pas de corrélation forte entre ces deux variables.

La conclusion de Stewart (2010), à savoir qu'un conflit violent a plus de risque d'éclater là où des inégalités économiques, sociales, politiques et culturelles surviennent simultanément et où certains groupes de personnes sont lésés pour chacun de ces aspects, apporte une lumière supplémentaire sur ce point.

Inversement, Bircan, Brück et Vothknecht (2010) examinent de quelle manière un conflit entraîne des inégalités. Ils affirment que l'inégalité de revenus tend à augmenter au plus fort des conflits. Ils ont analysé les effets distributifs de conflits violents, allant ainsi à l'encontre des publications précédentes qui se concentraient sur l'inégalité en tant que vecteur de conflit. Pour cela, ils ont utilisé des données d'un panel transnational pour la période de 1960 à 2005 afin d'évaluer les changements liés aux guerres dans l'inégalité des revenus. Les résultats indiquaient des niveaux d'inégalité en augmentation pendant une guerre, en particulier au début de la période de reconstruction post-conflit. Par exemple, l'inégalité de revenus (Gini) a augmenté de 1,6 point pendant la guerre et de 2,1 points pendant la période de reconstruction post-conflit. Les effets sont encore plus importants dans des situations de guerres prolongées. Cependant, cette augmentation de l'inégalité des revenus n'est pas permanente. Si l'inégalité atteint un pic cinq années environ après la fin d'un conflit, elle redescend à des niveaux d'avant la guerre à la fin de la première période post-conflit. Les effets décalés d'un conflit et les ajustements des politiques de redistribution qui n'intervienent qu'à la période de reconstruction post-conflit semblent être des explications valables de ces caractéristiques d'inégalité.

Certaines études démontrent de façon convaincante que la relation entre inégalité et conflit n'est pas monolithique. Les inégalités économiques, sociales, politiques et culturelles ne s'excluent pas mutuellement, mais au contraire elles se renforcent mutuellement dans l'explication de conflits. Selon Swearingen (2010) et Stewart (2010), les inégalités politiques entre des groupes sont plus susceptibles de motiver des meneurs là où des inégalités socio-économiques motivent des suiveurs. À cet effet, il convient d'évaluer de façon pluridimensionnelle les inégalités afin de cerner exhaustivement les effets directs et indirects de l'inégalité sur les conflits.

10.4 Caractéristiques du modèle et résultats empiriques

10.4.1 Caractéristiques du modèle

Comme établi dans la section précédente, le rôle de l'inégalité dans les conflits est incontestable. Il ressort cependant clairement des études sur le sujet qu'une approche globale de l'inégalité fournit de meilleurs résultats qu'une approche monolithique. C'est ainsi que l'inégalité de revenus, qui peut être un vecteur naturel, ne peut à elle seule expliquer toutes les ramifications d'un conflit. Les inégalités économiques sont tout aussi importantes. Cependant, les facteurs non économiques, tels que la question ethnique ou la religion, peuvent être des éléments clés d'un conflit social, et des inégalités politiques peuvent déclencher des conflits si des mécanismes existants sont perçus comme discriminatoires à l'égard de certains groupes de population. Ces éléments sont pris en compte dans le modèle comportemental formulé comme suit :

$$C_{it} = \alpha + \beta i + \delta I_{it} + y\, P_{it} + \sigma \vartheta_{it} + \varepsilon_{it} \qquad (1)$$

où C_{it} est un conflit, I_{it} est une mesure d'inégalité, P_{it} correspond à la polarisation ethnique ou religieuse, et ϑ_{it} est une mesure de la stabilité politique dans un pays i à l'instant t, respectivement. α est une constante ; β_i est un effet fixe immuable dans le temps ; et δ, y et σ sont des paramètres à estimer. ε_{it} est un terme d'erreur aléatoire. P_{it} est défini, selon Esteban et Ray (2011), Montalvo et Reynal-Querol (2005) et Reynal-Querol (2002), de la manière suivante :

$$P_{it} = \Sigma^n_{j=1} \pi_j^2 \, (1 - \pi_j) \qquad (2)$$

où π_j correspond à la proportion de personnes appartenant au groupe ethnique (religieux) j, et n, est le nombre de groupes.

10.4.2 Données et stratégies empiriques

Les auteurs ont collecté un ensemble de données de panel pour la période 1970 à 2013 pour 33 pays africains. Les données liées à un conflit proviennent de la base de données UCDP/PRIO. Deux variables de remplacement ont été utilisées pour la variable dépendante, conflit : une mesure d'intensité des conflits armés et du nombre de personnes décédées à cause d'un conflit.

Deux aspects de l'inégalité ont été utilisés ici comme indicateurs pour les inégalités sociales : l'inégalité de revenus et l'inégalité en matière d'éducation. Concernant l'inégalité de revenus, les auteurs se sont servis du coefficient de Gini à partir de l'Ensemble de données mondial normalisé sur les inégalités de revenus (SWIID v4). L'inégalité en matière d'éducation est mesurée avec un indice d'inégalité en matière d'éducation, défini comme le rapport entre les écarts associés à la moyenne des niveaux d'éducation des quintiles les plus riches et des quintiles les plus pauvres. Cet indice reflète l'intensité de l'inégalité dans le domaine de l'éducation. Les données proviennent de la Base de données mondiale sur l'éducation.

La polarisation ethnique ou religieuse est calculée sur la base de l'équation (2) avec des données du projet *Composition of Religion and Ethnic Group* (CREG) de l'université de l'Illinois, aux États-Unis. Les mesures de stabilité politique proviennent également de l'ensemble de données *Worldwide Atrocities Dataset*, et sont calculées par la *Political Instability Task Force* (PITF) en tant que variables explicatives dans l'analyse. Ces données ont vocation à évaluer le degré d'autorité d'un régime politique.

La stratégie empirique est motivée par les équations (1) et (2). En suivant le modèle, le principal intérêt dans notre cas consiste à examiner le lien entre inégalité et conflit. La principale hypothèse étant que l'inégalité engendre des conflits. S'il est certain que les auteurs ont tenté d'analyser l'inégalité sous diverses formes (notamment de revenus, d'éducation, de polarisation ethnique et religieuse et de systèmes politiques), les conflits peuvent être liés à de nombreux autres facteurs, notamment des forces externes. Il convient donc de tenir compte du défi éventuel que poserait un biais découlant de l'omission d'une variable. Des efforts ont été déployés en ce sens en présentant des caractéristiques incluant des contrôles supplémentaires et des effets fixes, invariants dans le temps. Des tests de causalité au sens de Granger ont également été utilisés pour éviter des problèmes de multicolinéarité.

Le modèle s'appuie sur des données provenant d'un panel non compensé. Compte tenu des limites des données, les auteurs ont cantonné leur analyse à 33 pays africains. Si le modèle est estimé par la méthode de régression des moindres carrés ordinaires (MCO), les auteurs ont également utilisé un modèle tel que Logit ainsi que la méthode des moments généralisée (GMM), afin de vérifier la robustesse des résultats et en tant qu'approche pour éluder d'éventuels problèmes d'endogénéité. Les résultats de ce dernier sont à interpréter avec précaution en raison du manque de données, sans oublier que l'estimation du GMM est asymptotiquement biaisée et incompatible avec des données restreintes.

10.4.3 Résultats empiriques

Le tableau 10.3 présente un résumé des statistiques. Les pays utilisés pour l'échantillonnage ont subi des conflits à des degrés divers. Sur la base des données relatives à l'intensité d'un conflit et de l'intensité cumulative des conflits, la majorité des conflits intenses a tendance à être limitée dans le temps. Les pays de l'échantillon avaient un taux de mortalité de neuf pour 100 000 personnes (ou 215 000) au cours de la période considérée. Si un résultat faible en matière de démocratie (DEMOC) implique un faible niveau de démocratie, un résultat négatif élevé pour *polity2* indique que les pays de l'échantillon sont en moyenne des régimes fortement autocratiques. Vingt-neuf pour cent de la population sont exclus et 10 % subissent des discriminations. L'inégalité de revenus telle qu'elle est mesurée avec le coefficient de Gini (net) est élevée (42 %), et varie de 23,6 % à 69,3 %. Il existe

TABLEAU 10.3 Variables et statistiques récapitulatives

Variable	Symbole variable	Moyenne	Médiane	Écart-type	Nombre d'observations
Intensité cumulative des conflits	CONF_CUM	0,751	1,000	0,433	453
Intensité d'un conflit	CONF_INT	1,351	1,000	0,478	453
Décès par habitant (*1,000)	DEATH_CAP	0,009	0,000	0,084	1 448
Démocratie fondée sur polity2	DEMOC	0,088	0,000	0,284	1 315
Proportion de personnes victimes de discrimination (%)	DISCPOP	9,9	0,000	0,225	1 299
Indice d'inégalité dans l'éducation	EIINDEX	1,320	1,182	0,632	113
Indice de polarisation ethnique	ETHPOLINDEX	0,133	0,154	0,066	1 518
Proportion de personnes exclues	EXCLPOP	29,0	0,170	0,306	1 299
Log du PIB par habitant (retardé)	GDPCAPL	1,357	0,972	1,240	1 312
Coefficient de Gini (net) (%)	GINI_NET	42,41	40,44	8,060	608
Production de pétrole par habitant (retardée)	OILPCL	0,312	0,000	0,842	1 312
Résultat combiné démocratie/autocratie de polity2	POLITY2	-3,225	-6,000	5,104	1 315
Proportion de personnes démunies (%)	PWRLPOP	18,3	0,005	0,271	1 299
Indice de polarisation religieuse	REPOLINDEX	0,150	0,190	0,081	1 518

aussi des inégalités non négligeables dans l'éducation comme le montre l'indice d'inégalité dans l'éducation. Une polarisation ethnique et religieuse est observable dans la plupart des pays de l'échantillon.

Les tests de causalité au sens de Granger par paire entre des échantillons ont été menés pour toutes les variables afin de déterminer le degré d'endogénéité. Les résultats indiquent la présence possible d'endogénéité et de multicolinéarité. En conséquence, les auteurs ont utilisé des effets fixes de période et des effets fixes sur les pays invariants dans le temps. Ils ont également calculé le facteur d'inflation de la variance (VIF) pour toutes les estimations par la méthode des MCO, qui a indiqué que la multicolinéarité ne constituait pas un problème gênant dans notre modèle.

Le tableau 10.4 présente les résultats pour la première mesure de conflit, la variable dépendante, qui est une intensité cumulée de conflit. Contrairement aux hypothèses précédentes et aux études, ces résultats indiquent que l'inégalité de revenus ou l'inégalité verticale, mesurées par le coefficient de Gini, ne semblent pas être à l'origine de conflits en Afrique ; il apparaît plutôt que les inégalités de revenus (coefficient de Gini par degré et retardé) tendent à avoir un effet légèrement négatif sur les conflits dans les pays de l'échantillon. Ces résultats sont cependant cohérents avec les conclusions de l'Institut pour l'économie et la paix (2011), de Collier et Hoeffler (2004), d'ACLED (2015), de Smidt *et al.* (2016) et de la Banque mondiale (2015).

Cela devrait-il être une surprise ? Non, car comme l'a mentionné Odusola (2015), tous les pays dont le quintile le plus pauvre représentait une part inférieure à 4 % de leurs revenus nationaux entre les années 1980 et 2000 sont situés en Afrique australe (Botswana, Afrique du Sud, Lesotho, Namibie, Seychelles et Zambie). Même les deux pays affichant l'intensité la plus élevée d'inégalité de revenus[18] en Afrique

---

[18] Cela représente la part du revenu national du quintile de revenu le plus faible par rapport au quintile le plus élevé.

TABLEAU 10.4 Variable dépendante calculée par la méthode des MCO : intensité cumulative des conflits

Variable	1	2	3	4	5	6
GINI_NET	-0,026***	-0,028***	-0,028***	0,006	0,006	-0,023***
	(0,006)	(0,006)	(0,006)	(0,017)	(0,017)	(0,006)
GINI_NET(-2)				-0,039**	-0,041***	
				(0,016)	(0,016)	
REPOLINDEX	1,189**	1,765***	1,161**	1,422*	2,525***	
	(0,558)	(0,616)	(0,560)	(0,737)	(0,808)	
ETHPOLINDEX		1,907**			3,429***	1,301
		(0,914)			(1,186)	(0,863)
POLITY2	-0,021**	-0,027***	-0,018*	-0,001	-0,016	-0,028***
	(0,008)	(0,009)	(0,009)	(0,012)	(0,013)	(0,010)
EXCLPOP	0,313**	0,207	0,328**	0,363**	0,209	0,850
	(0,144)	(0,151)	(0,146)	(0,174)	(0,177)	(0,683)
GDPCAPL	0,045*	0,061**	0,032	0,053	0,102**	-0,001
	(0,026)	(0,027)	(0,032)	(0,045)	(0,047)	(0,029)
PWRLPOP						-0,708
						(0,671)
DISCPOP						-0,193
						(0,715)
OILPCL			0,039	0,046	0,005	0,026
			(0,053)	(0,064)	(0,063)	(0,053)
Effets fixes de période	Oui	Oui	Oui	Oui	Oui	Oui
Effets fixes invariants dans le temps	Oui	Oui	Oui	Oui	Oui	Oui
R-carré	0,409	0,427	0,411	0,390	0,435	0,434
S.E.	0,404	0,399	0,405	0,411	0,398	0,400
VIF	1,691	1,746	1,698	1,639	1,768	1,765

Remarque : Pour toutes les estimations, les erreurs types robustes sont entre parenthèses.
***p <0,01, **p <0,05, *p <0,1
Voir le tableau 10.3 pour la liste des variables

(Botswana et Afrique du Sud) sont situés dans cette région. Accessoirement, ce sont des pays peu exposés à des conflits.

Par contre, la théorie de l'action rationnelle, qui est fondée sur les chances, les coûts et les avantages, tend à montrer que les ressources de l'État et celles de la bourgeoisie, qui ont beaucoup à perdre dans tout conflit violent, neutralisent les actions collectives des groupes lésés. La proposition théorique d'Esteban et Ray (2011) a montré que pour que des conflits violents aboutissent, il faut de la main-d'œuvre et des capitaux. Les ressources d'un État ou des personnes très riches peuvent neutraliser la main-d'œuvre et les capitaux d'un groupe lésé.

Le manque de données empêche d'établir un lien significatif entre l'inégalité en matière d'éducation et les conflits. Cette inégalité a en conséquence disparu de la plupart de nos estimations.

Variable	1	2	3	4	5
TABLEAU 10.5 Variable dépendante calculée par la méthode des MCO : intensité d'un conflit					
GINI_NET	-0,0016	-0,0046	-0,0063	-0,0046	-0,0059
	(0,0051)	(0,0056)	(0,0056)	(0,0056)	(0,0055)
REPOLINDEX			1,2477**		1,1092**
			(0,6166)		(0,5498)
ETHPOLINDEX	-0,3818	-0,4963	0,4586	-0,1274	
	(0,8246)	(0,8328)	(0,9147)	(0,8582)	
POLITY2	-0,0026	0,0018	-0,0068	-0,0034	-0,0053
	(0,0087)	(0,0096)	(0,0089)	(0,0100)	(0,0084)
EXCLPOP	0,2162	0,2384*	0,0835	0,3811**	0,1089
	(0,1376)	(0,1394)	(0,1508)	(0,1641)	(0,1417)
GDPCAPL		-0,0087	0,0435	-0,0114	0,0397
		(0,0284)	(0,0272)	(0,0283)	(0,0261)
PWRLPOP				-0,2890	
				(0,1776)	
OILPCL		0,0622		0,0540	
		(0,0528)		(0,0527)	
Effets fixes de période	Oui	Oui	Oui	Oui	Oui
Effets fixes invariants dans le temps	Oui	Oui	Oui	Oui	Oui
R-carré	0,3442	0,3522	0,3649	0,3649	0,3637
S.E.	0,4030	0,4035	0,3996	0,4011	0,3985
VIF	1,5240	1,5430	1,5740	1,5740	1,5710

La polarisation ethnique et religieuse joue un rôle crucial dans la survenue des conflits en Afrique. Elle semble avoir un effet plus important sur l'intensité cumulée des conflits. L'exclusion des groupes minoritaires du gouvernement peut également influer sur un conflit, mais pas aussi fortement que la polarisation. Le PIB par habitant fait également partie des effets positifs et significatifs. Les résultats n'indiquent pas de discrimination active, intentionnelle et ciblée de certains groupes minoritaires qui aurait un effet notable sur un conflit. De la même manière, la production de pétrole n'indique pas qu'il y ait des effets sur les conflits. Le dernier résultat a peut-être été influencé par un grand nombre de pays non producteurs de pétrole qui connaissent un conflit. Polity2 a un effet négatif conséquent sur les conflits, ce qui indique qu'un gouvernement plus démocratique contribue à garantir une société pacifique. Les variables muettes pour chaque pays sont invariables dans le temps et toutes positives et significatives.

Le tableau 10.5 montre les résultats pour la mesure alternative de conflit, l'intensité de conflit, comme variable dépendante. Le coefficient de Gini n'a pas d'effet notable sur l'intensité d'un conflit bien que les effets restent négatifs. Cela pourrait suggérer qu'une inégalité verticale n'a pas un grand impact sur le déclenchement d'un conflit. La polarisation religieuse et la proportion de groupes exclus de la population totale ont des effets positifs importants sur un conflit, comme l'illustre le tableau 10.5, lorsqu'un conflit est mesuré par l'intensité cumulée. La population démunie et la production de pétrole sont deux facteurs négligeables. Les effets du premier restent négatifs comme auparavant. Polity2 comporte le signe prévu, mais il est négligeable. L'effet de la polarisation ethnique est négatif, mais important.

Les résultats pour les décès associés à un conflit comme indicateur d'un conflit sont indiqués dans le tableau 10.6. Dans les trois premières colonnes, les résultats sont fournis avec le logarithme des décès comme variable dépendante. Les colonnes 4 à 6 donnent des résultats basés sur le taux de mortalité en tant que variable dépendante. L'idée qui sous-tend ces deux choix est d'éliminer les biais à l'encontre des pays plus petits. Le coefficient de Gini a un effet notable, mais négatif sur un conflit d'après la mesure du taux de mortalité et il est négligeable pour le logarithme des décès. La polarisation religieuse provoque des décès liés à des conflits et elle est notable, mais le signe devient négatif lorsque le taux de mortalité est utilisé

TABLEAU 10.6 Variable dépendante calculée par la méthode des MCO : décès dus aux conflits

Variable dépendante	Décès (logarithme)			Taux de mortalité		
Variable	1	2	3	4	5	6
GINI_NET	-0,011 (0,023)			-0,001** (0,000)	-0,001** (0,000)	0,0004** (0,0002)
GINI_NET(-2)		-0,029 (0,024)	-0,037 (0,031)			
REPOLINDEX	4,539* (2,333)	1,978 (2,350)	6,794** (3,422)	-0,072*** (0,026)		-0,072*** (0,026)
ETHPOLINDEX					-0,011 (0,027)	
EIINDEX				-0,009*** (0,002)	-0,006** (0,002)	-0,008*** (0,002)
POLITY2	-0,068** (0,032)	0,065 (0,048)		0,0000 (0,0003)	0,000 (0,000)	0,0003 (0,0003)
LPOPL		0,111 (0,151)	0,088 (0,199)			
GDPCAPL	0,032 (0,094)	0,038 (0,114)	0,226 (0,153)	-0,008*** (0,003)	-0,005** (0,002)	-0,010*** (0,003)
EXCLPOP		2,094*** (0,618)	1,520** (0,743)	0,013* (0,007)	-0,023 (0,045)	
PWRLPOP					0,039 (0,043)	
DEMOC		-1,009** (0,500)				
DISCPOP					0,028 (0,045)	
OILPCL		0,160 (0,206)	0,119 (0,267)	0,003 (0,003)	0,000 (0,004)	0,004 (0,004)
Effets fixes de période	Oui	Oui	Oui	Oui	Oui	Oui
Effets fixes invariants dans le temps	Oui	Oui	Oui	Oui	Oui	Oui
R-carré	0,194	0,257	0,300	0,404	0,340	0,365
S.E.	1,655	1,597	1,608	0,010	0,011	0,010
VIF	1,240	1,345	1,427	1,676	1,515	1,573

Variable : EIINDEX (inégalité en matière d'éducation)

en tant que variable dépendante, un phénomène qui souligne l'importance de la taille d'une population. L'exclusion a des effets notables et puissants sur les conflits dans les deux scénarios. En outre, la polarisation ethnique s'avère négligeable. Polity2 a également un effet négatif conséquent sur le taux de mortalité associé à un conflit comme au préalable. L'indice DEMOC indique également un effet négatif important sur un conflit. Le PIB par habitant a désormais un effet important, mais négatif sur un conflit si l'on utilise le taux de mortalité en tant que variable dépendante, mais pas si l'on utilise les décès comme base. Les groupes démunis, le pourcentage de personnes victimes de discrimination et la production du pétrole restent des facteurs non pertinents comme dans les estimations préalables.

Les auteurs ont également utilisé des techniques d'évaluation différentes, telles que Logit et la méthode de moments généralisée (GMM), en tant que tests de mesure de la robustesse afin d'évaluer le modèle en utilisant l'intensité cumulée d'un conflit comme variable dépendante, ce qui a donné des réponses plus pertinentes aux spécifications du modèle que l'intensité d'un conflit et le nombre de décès/le taux de mortalité. Des évaluations ont donc été pratiquées à l'aide des modèles GMM et Logit. Elles étaient limitées à l'usage du modèle GMM pour le panel, et il n'a pas été possible de faire une évaluation dynamique du panel en raison du manque de données, pas plus qu'il n'a été possible d'employer l'estimateur en deux étapes de Arellano-Bond pour vérifier la présence de l'endogénéité. En raison du manque de données, les auteurs se sont contentés d'utiliser des effets fixes de période et des effets fixes invariants dans le temps sur les pays pour traiter de cette question.

Les résultats de l'estimation du panel avec le modèle GMM (non publiés) sont similaires aux estimations par la méthode des MCO, aussi bien en ce qui concerne le signe que les degrés de pertinence pour toutes les variables. Les résultats obtenus avec la méthode Logit sont publiés dans le tableau 10.7. Malgré les limitations inhérentes aux données, ils sont très similaires aux résultats précédents. Le coefficient de Gini a un effet important, mais négatif sur un conflit. Comme prévu, la polarisation et les populations exclues ont des effets notables sur les conflits. Les résultats confirment également une relation inversement proportionnelle entre démocratie et conflit. Si ces résultats s'avèrent probants, les auteurs de l'étude en reconnaissent néanmoins les limites, en particulier en raison du manque de données disponibles en matière d'inégalité de revenus et d'éducation, susceptibles d'avoir une incidence sur les résultats.

10.5 Implications politiques et conclusions

Ce chapitre propose quelques implications politiques pertinentes dans le cadre d'un conflit violent et d'inégalités pluridimensionnelles en Afrique, attendu que les conflits violents sur ce continent découlent de ces inégalités. Se concentrer uniquement sur l'inégalité de revenus n'apportera pas nécessairement des résultats complets sur les moteurs des conflits en Afrique. Même en ce qui concerne un groupe lésé, aucun facteur n'est à lui seul une source de conflit. Si les meneurs des groupes s'intéressent davantage aux inégalités politiques entre groupes, leurs suiveurs sont plus motivés par les inégalités socioéconomiques.

Ce chapitre présente une combinaison de facteurs qui sont à l'origine des conflits en Afrique. Premièrement, un conflit est principalement induit par des inégalités non économiques, plutôt que par l'inégalité de revenus. Deuxièmement, la polarisation ethnique et religieuse semble avoir un effet supérieur à tout autre facteur sur les conflits. Troisièmement, l'exclusion a également des effets positifs conséquents. Quatrièmement, des systèmes plus démocratiques – qui s'éloignent d'un régime autocratique – ont un effet négatif notable sur les conflits.

Ces constatations permettent d'envisager certaines considérations politiques. Le fait qu'une inégalité de revenus (verticale) ait quelques effets modérateurs sur les conflits n'implique pas que l'inégalité économique

TABLEAU 10.7 Variable dépendante calculée avec le modèle Logit : intensité cumulée de conflits

Variable	1	2	3	4	5	6
GINI_NET	-0,108***	-0,109***	-0,109***	-0,135***	-0,085***	0,104
	(0,028)	(0,027)	(0,027)	(0,034)	(0,026)	(0,092)
GINI_NET(-2)						-0,176**
						(0,089)
ETHPOLINDEX	6,103	5,990	5,961	9,627**	2,927	9,031
	(4,609)	(4,573)	(4,556)	(4,705)	(4,265)	(5,981)
POLITY2	-0,100**	-0,097**	-0,096**	-0,158**	-0,079**	-0,104*
	(0,046)	(0,044)	(0,044)	(0,051)	(0,042)	(0,061)
GDPCAPL	0,027	0,014		-0,161	-0,056	0,160
	(0,131)	(0,117)		(0,153)	(0,119)	(0,154)
EXCLPOP	2,418***	2,434***	2,465***	6,109	2,453***	1,728*
	(0,838)	(0,832)	(0,793)	(5,184)	(0,861)	(1,043)
OILPCL	-0,056			0,035		-0,551**
	(0,234)			(0,253)		(0,254)
DISCPOP				-1,014		
				(5,482)		
PWRLPOP				-5,369		
				(5,213)		
Effets fixes de période	Oui	Oui	Oui	Oui	Oui	Oui
Effets fixes invariants dans le temps	Oui	Oui	Oui	Oui	Non	Non
R-carré	0,144	0,144	0,144	0,206	0,108	0,139
S.E.	0,425	0,424	0,423	0,413	0,429	0,416
Test de validité de l'ajustement						
Andrew's Stat	21,4	18,2	16,2	25,8	30,5	25,7
Prob. Chi sq	0,017	0,050	0,093	0,003	0,007	0,004

ait une incidence. Cela inciterait à creuser davantage la question de l'inégalité de revenus au sein d'un groupe ainsi que d'autres facteurs déclencheurs de conflit.

Le rôle prépondérant de la polarisation ethnique et religieuse invite à prendre des mesures politiques immédiates. La montée d'un extrémisme et d'un fondamentalisme violents (par ex. Boko Haram dans la région du bassin du Tchad et Al-Shabaab en Somalie et au Kenya), les émeutes ethniques postélectorales au Kenya et le conflit prolongé en Côte d'Ivoire requièrent des systèmes inclusifs qui tiennent compte de toutes les religions et de la diversité ethnique. Des actions stratégiques et concrètes pour lutter contre la polarisation doivent être mises au point et fidèlement mises en œuvre afin d'empêcher la récurrence de conflits violents engendrés par la polarisation religieuse et ethnique. L'adoption d'une démarche pluriculturelle dans les institutions gouvernementales sans compromettre le principe de la méritocratie demeure cruciale dans la prévention de la violence à caractère ethnique.

La population exclue joue un rôle prépondérant dans l'explication d'un conflit. Des efforts visant à renforcer leur sentiment identitaire permettraient d'éviter l'apparition de conflits. En outre, la suppression des politiques et lois discriminatoires à l'encontre de la population exclue serait une stratégie dont les effets s'apprécieraient à long terme. Toujours dans une démarche visant à réduire les disparités, une approche, qui peut s'exprimer à court terme, consiste à utiliser des actions positives et à établir des quotas. La formule du partage du pouvoir appliquée au Ghana et au Nigéria, où la présidence et la vice-présidence alternent entre le nord et le sud en est un bon exemple.

La prévalence d'un régime autocrate engendre la violence, tandis qu'une démocratie participative l'atténue. Favoriser la représentation des zones et des groupes désavantagés tend à réduire les griefs communautaires et la violence organisée. Il est également conseillé d'adopter la représentation proportionnelle en politique, par opposition au principe du *winners take all* (les gagnants raflent toute la mise), mais sans compromettre le rôle important que l'opposition joue dans la promotion de la bonne gouvernance. Une gouvernance décentralisée tend également à promouvoir l'inclusion et à rapprocher le gouvernement de ces citoyens dans certaines situations.

Bien que ce chapitre ne traite pas de l'inégalité au sein d'un groupe, les publications sont sans équivoque sur le fait que ce phénomène peut être associé à la faculté que les groupes ont d'alimenter la violence par l'accès à l'emploi et aux capitaux. Promouvoir des perspectives socio-économiques, y compris en matière d'emploi, d'accès au financement, d'accès aux services de santé et d'éducation, pour en citer quelques-uns, est essentiel pour éviter les griefs de groupes et les conflits violents. Des stratégies de développement complémentaires favorisant la croissance, l'emploi, et luttant contre la pauvreté restent des éléments clés pour maintenir une prospérité partagée, la paix et la stabilité. Il s'agit d'un aspect crucial, car il réduit l'offre de main-d'œuvre pour la poursuite des conflits violents.

RÉFÉRENCES

ACLED (Armed Conflict Location and Event Data) Project. 2015. *Conflict Trend (No. 41): Real-Time Analysis of African Political Violence, September 2015.* Disponible à l'adresse : www.crisis.acleddata.com/the-effect-of-inequality-on-conflict-in-africa/

Banque mondiale. 2015. Coefficient de Gini (Estimations de la Banque mondiale). Disponible à l'adresse : http://data.worldbank.org/indicator/SI.POV.GINI.

_____. 2016. PovcalNet. Disponible à l'adresse : http://data.worldbank.org/indicator/SI.POV.DDAY (consulté en juillet 2016).

Barrows, W.L. 1976. Ethnic Diversity and Political Instability in Black Africa. *Comparative Political Studies*, 9(2), 139-170.

Beegle, K., L. Christiansen, A. Dabalen et I. Gaddis. 2016. *Poverty in a Rising Africa: An Overview.* Washington. D.C. Banque mondiale.

Bhorat, H., K. Naidoo et K. Pillay. 2016. Growth, Poverty and inequality Interactions in Africa: An Overview of Key Issues. *UNDP Working Paper Series*, UNDP-RBA WPS N°1, juin 2016.

Bircan, C., T. Brück et M. Vothknecht 2010. Violent Conflict and Inequality. *DIW Berlin Discussion Paper* No. 1013. Berlin.

Cederman, L. Weidmann, N. et K.S. Gledditsch. 2010. *Horizontal Inequalities and Ethno-Nationalist Civil War: A Global Comparison.* Paper prepared for presentation at Yale University, April 2010. Disponible à l'adresse : www.iq.harvard.edu/calendar

Cederman, L., A. Wimmer et B. Min. 2010. Why Do Ethnic Groups Rebel: New Data and Analysis. *World Politics, 62(1)*, 87-119.

Collier, P. et A. Hoeffler. 2000. On the Incidence of Civil War in Africa. Disponible à l'adresse : http://citeseerx.ist.psu.edu/viewdoc/download?doi=10.1.1.201.1596&rep=rep1&type=pdf

_____. 2004. Greed and Grievance in Civil War, *Oxford Economic Papers*, 56(4): 563-95.

Collier, P., A. Hoeffler et D. Rohner. 2008. *Beyond Greed and Grievance: Feasibility of Civil War.* Department of Economics, University of Oxford.

Cornia, G.A. et B. Martorano. 2016. Building the Integrated Database and the Seven Sins of Inequality Measurement in sub-Saharan Africa. *UNDP Working Paper Series*, UNDP-RBA WPS N°2, juin 2016.

Cramer, C. 2003. Does Inequality Cause Conflict? *Journal of International Development*, 15, p. 397-412.

_____. 2005. *Inequality and Conflict: A Review of an Age-Old Concern.* United Nations Research Institute for Social Development (UNRISD). *Identities, Conflict and Cohesion Programme Paper 11.* Genève, UNRISD.

Dollar, D., W. Easterly et R. Gatti (2000), *What Causes Political Violence? A Research Outline.* World Bank Development Research Group, Washington, D.C.

Daouda, Y. H. 2011. Conflits armés, inégalités et pauvreté : quelles interactions dans la région nord du Niger. Université de Tahoua, Niger, LAREfi, Groupe d'économie du développement université Montesquieu-Bordeaux IV.

Elbadawi, E. et N. Sambanis. 2000. Why are there so many conflicts in Africa? Understanding and preventing violent conflict. *Journal of African Economies*, 9(3):244-69.

Esteban J., et D. Ray. 2011. Linking Conflict to Inequality and Polarisation. *American Economic Review*, 101, 1345-1374.

Fearon, J. et D.D. Laitan. 2003. "Ethnicity, Insurgency and Civil War". *American Political Science Review*, 97(1), 75-90.

FMI (Fonds monétaire international). 2015. *Regional Economic Outlook: Sub-Saharan Africa, Dealing with Gathering Clouds.* Disponible à l'adresse : www.imf.org/external/pubs/ft/reo/2015/afr/eng/sreo1015.htm.

Gupta, K. D. 1990. *The Economics of Political Violence: The Effect of Political Instability on Economic Growth.* Praeger, New York.

Gurr, T.R. 1993. *Minority at Risk: A Global View of Ethnopolitical Conflicts.* Washington D.C., United State Institute of Peace Press.

Holmqvist, G. 2012. Inequality and Identity: Causes of War? *Discussion Paper 72*, Nordiska Afrikainstitutet, Uppsala. p.11.

Huber, J.D. et L. Mayoral. 2014. Inequality, Ethnicity and Civil Conflict. 7 juillet 2014. Disponible à l'adresse : *polisci.columbia.edu/files/polisci/u86/huber%20mayoral_0.pdf.*

Humphreys, M. 2002. *Economics and Violent Conflict.* Harvard CPI Portal on Economics and Conflict, Framework Paper, p. 2.

IEP (Institute for Economics and Peace). 2011. *Structures of Peace: Identifying What Leads to Peaceful Societies.* Disponible à l'adresse : http://economicsandpeace.org/wp-content/uploads/2011/09/Structures-of-Peace.pdf.

Lichbach, M, V. 1989. An Evaluation of Does Economic Inequality Breed Conflict Studies. *World Politics*, 41(4):431-70.

Midgley, J., (1984) *Social Security, Inequality, and the Third World.* Chichester : John Wiley and Sons.

Montalvo, J.G. et M. Reynal-Querol. 2005. Ethnic polarisation, potential conflict and civil wars, *American Economic Review*, 95(3): 796-816.

Muller, E.N. 1997. Economic determinants of democracy. *In* M.I. Midlarsky (éd.), *Inequality, Democracy and Economic Development.* Cambridge University Press, Cambridge.

Nafziger, E., W. et J. Auvinen. 2002. Economic Development, Inequality, War, and State Violence, *World Development,* 30(2), 153-163.

Nagel, J. 1974. Inequality and discontent: A non-linear hypothesis. *World Politics*, 26, 453–472.

Odusola, A.F. 2015. Fiscal Space, poverty and inequality in Africa. Paper presented at the 2015 African Economic Conference. Novembre 2015, Kinshasa, RDC.

Østby, G. 2008a. Inequalities, the Political Environment and Civil Conflict: Evidence from 55 Developing Countries. *In* F. Stewart (éd.) *Horizontal Inequalities and Conflict: Understanding Group Violence in Multi-ethnic Societies.* Basingstoke Palgrave Macmillan. P.136-59.

_____. 2008b. Polarisation, Horizontal Inequalities and Violent Conflict. *Journal of Peace Research,* 45(2):143-162.

PNUD - Bureau régional pour l'Afrique. 2015. *Preventing and Responding to Violent Extremism in Africa.* Décembre 2015.

Reynal-Querol, M. 2002. Ethnicity, political systems and civil wars, *Journal of Conflict Resolution,* 46(1): 29-54.

Sambanis, N. 2004. Poverty and the Organisation of Political Violence. In: *Globalisation, Poverty, and Inequality. Brookings Trade Forum.* Washington D.C. : Brookings Institution Press, p. 165-211.

Smidt M., L. Vernaccini, P. Hachemer et T.D. Groeve. 2016. JRC Technical Reports: The Global Conflict Risk Index (GCRI) – Manual for Data Management and Product Output. European Union, Italy.

Solt, Frederick. 2014. The Standardized World Income Inequality Database. Working paper. SWIID Version 4.0. Septembre 2013.

Stewart, F. 2008. *Horizontal Inequalities and Conflict: Understanding Group Violence in Multi-ethnic Societies.* Basingstoke, Palgrave Macmillan.

Stewart, F. 2010. Horizontal Inequalities as a Cause of Conflict: A Review of CRISE Findings. *World Development Report 2011 Background Paper.* Disponible à l'adresse : www-wds.worldbank.org/external/default/WDSContentServer/WDSP/IB/2011/06/01/000386194_20110601051301/Rendered/PDF/620380WP0HORIZ0BOX0361475B00PUBLIC0.pdf.

Swearingen, M. 2010. Group Inequality and Conflict: Some Insights for Peacebuilding. Washington, D.C., *United States Institute of Peace.*

The Fund for Peace. 2016. Fragile States Index 2016. Washington, D.C.

Willems, Rens. 2012. When do inequalities cause conflict? Focus on citizenship and property rights. December 2012. Disponible à l'adresse : www.thebrokeronline.eu/Articles/When-do-inequalities-cause-conflict.

Wimmer, A., L.E. Cederman et B. Min. 2009. Ethnic Politics and Armed Conflict: A Configurational Analysis of a New Global Dataset. *American Sociological Review*, 74, 316-337.

Faits saillants concernant les inégalités et le développement humain en Afrique

1 Entre 2000 et 2010, l'Afrique subsaharienne **a connu une croissance plus rapide de son indice de développement humain,** qui progressait au rythme annuel de **1,68 %** en moyenne. Cela dit, ces **progrès sont inégalement répartis d'un pays ou d'un groupe à l'autre.**

2 Entre 2010 et 2014, plus de **90 %** des **pays d'Afrique subsaharienne ont réduit les inégalités en matière de santé ;** près de **la moitié les a réduites dans le domaine de l'éducation ;** et moins de **40 %** ont réduit les inégalités de revenus.

3 La perpétuation **des inégalités de résultats en matière de revenus, de santé et d'éducation** est liée à des combinaisons complexes **de normes sociales discriminatoires (en particulier à l'égard des femmes)** et à une répartition biaisée des prestations de services.

4 **La perte de développement humain potentiel due aux inégalités est plus élevée en Afrique subsaharienne que dans toute autre région du monde**

Bar chart values: Europe et Asie centrale **13,0**; Asie de l'Est et Pacifique **19,4**; Amérique latine et Caraïbes **23,7**; États arabes **25,4**; Asie du Sud **28,7**; Afrique subsaharienne **33,3**

5 **Les inégalités entre les genres et le développement humain sont inversement corrélés**

Les pays présentant un niveau d'inégalité de genre plus faible (p. ex., Maurice, Algérie et Afrique du Sud) **affichent généralement des niveaux de développement humain plus élevés alors que ceux qui enregistrent des niveaux d'inégalité de genre plus élevés** (p. ex., République centrafricaine, Tchad et Niger) **présentent des niveaux de développement humain plus faibles.**

6 La lutte contre **les causes profondes de l'inégalité de genre est un moyen d'améliorer la vie** des hommes et des femmes.

7 Investir dans **l'épanouissement des jeunes, l'égalité des genres** et **l'autonomisation des femmes** et renforcer **la résilience économique, sociale, politique** et **environnementale** sont **des mesures** cruciales pour **accélérer le développement humain.**

11 Inégalité, genre et développement humain en Afrique

SHANTANU MUKHERJEE, ANGELA LUSIGI, EUNICE KAMWENDO ET ASTRA BONINI

11.1 Introduction

L'Afrique subsaharienne a enregistré des progrès impressionnants sur le plan du développement humain au cours des 25 dernières années. En effet, selon l'Indice du développement humain (IDH), utilisé comme unité de mesure du développement, depuis l'an 2000, l'Afrique subsaharienne a connu un essor plus rapide que toutes les autres régions du monde, avec une progression de 1, 68 % entre 2000 et 2010, et de 0, 94 % entre 2010 et 2014 (PNUD 2015a). Dans certains pays, comme le Rwanda, l'Éthiopie et le Mozambique, cette augmentation a été particulièrement remarquable.

Parallèlement, l'inégalité est devenue un défi central pour la région, comme pour toutes les autres régions du monde. Les progrès ont été hétérogènes d'un pays à l'autre et entre les divers groupes socio-économiques, et des individus sont toujours en proie à de graves privations. L'inégalité de revenus est un aspect important de l'inégalité, mais les tendances en la matière ne reflètent qu'une partie de la réalité. La pleine réalisation du potentiel humain pour tous exige également que l'on tienne compte des inégalités dans l'accès aux ressources autres que le revenu, notamment les services de base comme la santé et l'éducation, la participation politique ainsi que l'accès à la propriété et aux ressources financières. Se pose, en outre, la question des groupes qui pâtissent systématiquement d'un accès moindre aux sources de revenus et autres ressources. Les femmes et les filles en particulier sont en moyenne davantage exposées aux privations que les hommes dans tous les pays de la région. Assurer aux jeunes filles et aux femmes l'égalité d'accès aux opportunités et aux services aurait une incidence positive considérable sur les avancées au titre du développement humain global en Afrique subsaharienne.

Ce chapitre utilise le cadre du développement humain pour examiner l'ampleur et la nature des inégalités en Afrique subsaharienne. Il souligne la complexité et la nature multidimensionnelle des inégalités dans la région, en insistant tout particulièrement sur l'inégalité de genre, et met en évidence les mesures publiques susceptibles de pallier les lacunes en la matière. La section 11.2 présente le paradigme du développement humain et fournit un aperçu de l'inégalité dans les dimensions clés du développement humain. Cette section décrit également quelques-uns des moteurs de l'inégalité concernant ces dimensions et les interdépendances entre les inégalités relevant de ces différentes dimensions (par exemple s'agissant de l'éducation et des revenus). La section 11.3 expose les tendances mondiales et régionales des inégalités suivant l'Indice de développement humain ajusté aux inégalités (IDHI). La section 11.4 explore les tendances de l'inégalité par sous-région en

Afrique et identifie certains défis majeurs pour les pays en ce qui concerne l'inégalité liée au genre. Enfin, la section 11.5 s'inspire de l'analyse précédente pour définir des priorités de politiques afin de réduire les inégalités en Afrique subsaharienne.

11.2 Interactions et moteurs de l'inégalité de revenus et du développement humain

11.2.1 Intersection de l'inégalité de revenus et du développement humain

Le paradigme du développement humain place les individus au centre du développement. De ce point de vue, « l'objectif du développement est d'instaurer un environnement propice pour que les individus aient des vies longues, saines et créatives. » (PNUD, 1990). Cela implique un élargissement des libertés politiques et une garantie des droits fondamentaux de l'homme. Toutes les personnes devraient posséder des connaissances et les capacités pour pouvoir choisir parmi un éventail d'options accessibles afin d'améliorer leur bien-être à chaque étape de l'existence. En termes simples, le développement humain consiste à élargir les choix des individus en améliorant leurs capacités, en élargissant leurs perspectives et en levant les barrières sociales, culturelles et politiques qui pourraient entraver leur liberté d'action.

Assurer l'équité et les opportunités universelles pour toutes les personnes de cette génération et des générations suivantes afin qu'elles puissent réaliser leur plein potentiel est une notion fondamentale dans le paradigme du développement humain. Les premiers rapports sur le développement humain mettent l'accent sur l'universalisme et la nécessité de tendre vers un monde où « aucun enfant [n'est] privé d'une éducation, où aucun être humain [n'est] privé des soins de santé et où tous [peuvent] développer leurs capacités potentielles » (PNUD, 1994). Ces rapports soulignent également le fait que toutes les personnes doivent jouir de droits économiques, sociaux et politiques qui leur permettent de faire des choix en accord avec leurs propres valeurs et leurs aspirations. La pleine réalisation de tous les êtres humains de leur plein potentiel exige une prise en compte par les politiques publiques des inégalités de ressources liées ou non aux revenus, y compris dans les services de base tels que la santé et l'éducation, la participation politique et l'accès à la propriété et aux ressources financières.

Au cours des 25 dernières années, de nombreux progrès ont été réalisés sur beaucoup d'aspects du développement humain. Les gens vivent plus longtemps et mènent une vie plus saine et plus créative. Ils sont mieux informés et ont accès aux ressources nécessaires pour bénéficier d'un niveau de vie décent. De plus en plus d'enfants sont scolarisés, les revenus sont plus élevés et davantage de personnes vivent sous des régimes démocratiques qui autorisent une plus grande mobilisation politique. En Afrique subsaharienne, le nombre d'enfants inscrits dans l'enseignement primaire a augmenté de 19 % entre 1990 et 2015 et la mortalité infantile a chuté de 178,5 à 91,2 décès pour 1 000 naissances vivantes durant la même période (PNUD, 2015a). Un progrès impressionnant dans la réduction de la pauvreté a été accompli en Gambie (une baisse de 32 % depuis 1990), au Burkina Faso, au Niger, au Swaziland, en Éthiopie, en Ouganda et au Malawi (CEA, 2015). Pourtant, dans bien des cas, les progrès dans la région sont marqués par des niveaux élevés d'inégalités, dans le domaine de la santé, de l'éducation et des revenus, et au niveau des capacités nécessaires pour influencer le changement. Ces avancées n'ont pas été universelles et de nombreuses personnes sont encore privées des moyens de subsistance les plus fondamentaux.

Il existe des différences significatives entre les femmes et les hommes en ce qui concerne le développement humain, tel que mesuré par l'IDH. Il en est ainsi même si les femmes dans cette région du monde ont une espérance de vie plus élevée que les hommes. Une grande partie de cet écart est due au fait que le revenu des femmes est loin d'être égal à celui des hommes et que le niveau d'éducation des femmes adultes est bien inférieur à celui des hommes adultes. En 2014, le revenu national brut (RNB) moyen par habitant pour les femmes était de 2 626 dollars contre 4 148 dollars pour les hommes (PNUD, 2015a). Et cela en dépit d'un taux d'activité relativement élevé chez les femmes en Afrique subsaharienne (65,4 %) par rapport aux autres régions du monde. La différence de revenus entre les hommes et les femmes est en partie liée à la nature du travail fourni par celles-ci. En effet, les femmes assument généralement une part disproportionnée du travail non rémunéré effectué dans le foyer. Et même quand elles ont un travail rémunéré, elles sont plus susceptibles d'occuper des emplois vulnérables et informels que les hommes.

Les personnes pauvres au bas de l'échelle des revenus, principalement des femmes et des filles, subissent souvent des privations dans plusieurs autres domaines du développement humain, ce qui a des répercussions sur leur mobilité socio-économique. Dans toutes les régions, les enfants issus du quintile le plus pauvre risquent davantage de mourir avant leur cinquième anniversaire que les enfants du quintile le plus riche. En Afrique subsaharienne, le taux de mortalité infantile est d'environ 67 % plus élevé dans le quintile le plus pauvre. Ces enfants sont également presque deux fois plus susceptibles de présenter des retards de croissance dus à la malnutrition chronique (PNUD, 2013a). Des écarts similaires peuvent être observés dans l'éducation. Les enfants des familles du quintile le plus riche de la région ont 60 % plus de chance de terminer l'école primaire que les enfants du quintile le plus pauvre. Les filles sont encore moins susceptibles que les garçons de terminer l'école primaire (*ibid.*).

Les privations dans les domaines de l'éducation et de la santé sont plus flagrantes dans les zones rurales que dans les zones urbaines. En Afrique subsaharienne, 77 % des femmes vivant en milieu urbain ont accès aux soins de santé maternelle contre seulement 38 % des femmes des zones rurales. À l'échelle mondiale, près de la moitié des habitants ruraux n'ont pas accès à des installations sanitaires améliorées, tandis que seulement 18 % de personnes vivant dans des zones urbaines en sont privées. Les enfants des zones rurales sont également moins susceptibles d'être scolarisés — à l'échelle mondiale, il y a deux fois plus d'enfants non scolarisés en milieu rural qu'en milieu urbain (NU, 2015). Parallèlement, les niveaux des inégalités de revenus et d'accès aux services, aux infrastructures et aux opportunités sont plus élevés dans les milieux urbains. Les populations des bidonvilles, qui constituent 63 % de la population urbaine dans la région, sont privées de nombreux services et opportunités de base (ONU-Habitat, 2013).

Il existe également des inégalités dans l'accès à l'information et à la technologie, des outils clés pour permettre aux gens de renforcer leurs capacités. En Afrique, seulement une personne sur cinq a accès à Internet (ITU, 2015). Les femmes sont touchées de façon disproportionnée par le manque d'accès à Internet dans les pays en développement, et sont 16 % de moins que les hommes à l'utiliser (UIT, 2013). Cette fracture numérique peut entretenir les inégalités d'accès à l'emploi et à l'éducation, et dans certains cas, limiter même les possibilités de participation à la vie politique.

Surmonter les inégalités de revenus et donner aux femmes les moyens de participer au marché de l'emploi et d'exercer des emplois de qualité constitue un moyen de faire en sorte que toutes les personnes aient la possibilité de réaliser leur plein potentiel dans la vie. Néanmoins, du point de vue du développement humain, il existe de nombreuses autres inégalités qui méritent l'attention des pouvoirs publics. Par exemple, un accès plus équitable aux services de santé, à l'éducation et à l'information, et l'égalité des droits pour participer aux décisions politiques peuvent considérablement élargir l'éventail des choix offerts aux individus, en particulier aux plus défavorisés (les femmes, les populations pauvres et celles vivant dans les zones rurales).

11.2.2 Inégalités de revenus et développement humain durable

L'inégalité de revenus peut renforcer les inégalités dans les domaines de la santé et de l'éducation, ainsi que dans l'emploi, la participation à la vie politique et la sécurité. Ces inégalités qui se superposent perpétuent l'exclusion et les privations tout au long de la vie et d'une génération à l'autre. Comme indiqué précédemment, les quintiles les plus pauvres de la population sont souvent ceux qui ont le moins accès aux soins de santé et d'éducation.

L'accès à des services de santé de qualité est souvent limité pour les personnes pauvres. Les disparités dans l'accès aux soins entre les différents groupes de revenus peuvent entraîner des écarts en matière de santé entre ceux-ci. Ainsi, en Zambie, les populations pauvres sont moins susceptibles d'avoir accès aux hôpitaux publics en raison d'obstacles financiers et matériels, bien qu'elles en aient plus besoin que les autres groupes de revenus. Ces populations sont également plus enclines à utiliser les établissements de soins de santé primaires tels que les cliniques, qui disposent de moins de ressources (Phiri et Ataguba, 2014). En Afrique du Sud, la prévalence du VIH est plus élevée parmi les groupes socio-économiques les plus pauvres. Cela peut être lié en partie au manque d'accès à l'information et aux tests de dépistage du VIH/sida. Dans une étude, seulement 20,5 % des pauvres déclarent avoir accès aux informations sur le VIH/sida contre 79,5 % des personnes issues de groupes jouissant d'un meilleur statut socio-économique (Wabiri et Taffa, 2013). Les personnes qui vivent dans des communautés pauvres courent également plus de risques de mourir de maladies non transmissibles, comme le cancer des poumons, le diabète et les maladies cardiovasculaires. Ceci est dû à un cumul d'inégalités, face aux risques aussi bien qu'en termes d'accès aux soins de santé (pour bénéficier d'un diagnostic et d'un traitement en temps opportun), deux types de facteurs liés au niveau socio-économique (Di Cesare *et al.*, 2013).

Des tendances similaires sont observées dans l'accès à l'éducation. Un nombre anormalement important de personnes démunies souffrent d'un déficit d'accès à l'enseignement, notamment au-delà des niveaux primaire et secondaire. Au Ghana, par exemple, des corrélations positives sont constatées entre l'incidence de la pauvreté et les inégalités dans l'éducation, qui touchent encore plus les filles et les habitants des zones rurales (Senadza, 2012). La situation est similaire dans plusieurs autres pays de la région. Une étude récente du Brookings Center for Universal Education intitulée Africa Learning Barometer révèle que les filles pauvres qui fréquentent les écoles des communautés rurales de la région ont beaucoup moins de chance que tous les autres enfants d'acquérir des compétences essentielles telles que la lecture, l'écriture et les mathématiques. Cette étude montre que les personnes peu instruites ayant à leur actif moins de deux ans de scolarisation sont moins enclines à apprendre (voir figure 11.1) (Agbor, 2012). Les inégalités de chances d'éducation, tout comme dans le domaine des soins de santé, sont liées à la pauvreté et au niveau d'accès inférieur pour les filles, les femmes et les personnes vivant en milieu rural.

Les inégalités de revenus, les inégalités entre hommes et femmes et les disparités entre zones rurales et urbaines, s'amplifient d'une génération à l'autre, car le manque d'accès à une éducation de qualité et aux soins de santé limite la possibilité de bénéficier de moyens de subsistance plus sûrs. En effet, des études menées dans un certain nombre de pays montrent que les niveaux de scolarité et de revenu des parents constituent deux des éléments prédictifs du niveau de scolarité des enfants (Duncan et Murnane, 2011). À l'heure où il est de plus en plus essentiel de disposer de compétences avancées pour travailler dans tous les secteurs et toutes les régions à travers le monde, de telles inégalités en termes d'éducation se traduisent ultérieurement par des inégalités de revenus (Autor, 2014). En Afrique du Sud, les pères transmettent à leurs fils les trois cinquièmes de leurs avantages sur le plan des revenus, qui s'expliquent en grande partie par leur niveau d'éducation (Piraino, 2015). Au Sénégal, l'éducation des parents est aussi clairement associée au

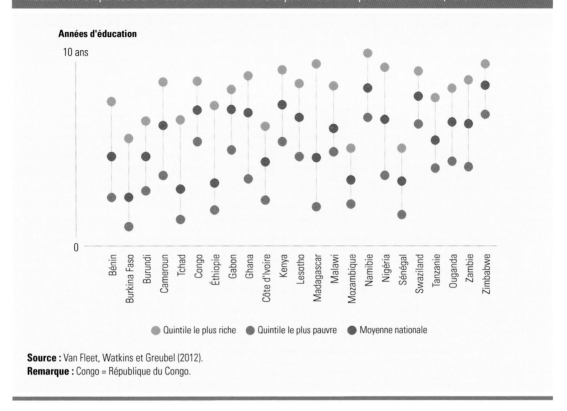

Source : Van Fleet, Watkins et Greubel (2012).
Remarque : Congo = République du Congo.

niveau de vie de leurs enfants, une fois arrivés à l'âge adulte, et le niveau d'éducation des mères a un effet positif bien supérieur à celui des pères (Lambert, Ravallion et Van de Walle, 2014).

Dans des sociétés fortement inégalitaires, la mobilité intergénérationnelle est limitée. Le niveau d'éducation, de revenu et de santé des parents peut considérablement influer sur les perspectives de leurs enfants, à moins que des interventions des pouvoirs publics n'améliorent les possibilités de mobilité. Ceci est particulièrement important pour les filles et les habitants des zones rurales, où le faible niveau d'accès à une éducation et à des soins de santé de qualité se fait ressentir plus fortement. Dans cette optique, le développement humain des générations futures dépendra des mesures prises aujourd'hui pour lutter contre les multiples dimensions de l'inégalité.

11.2.3 Moteurs de l'inégalité dans le développement humain

La perpétuation des inégalités de revenus, de santé et d'éducation est liée à des combinaisons complexes de normes sociales et de modes de prestation de services discriminatoires, auxquels s'ajoutent parfois des risques de conflit, entre autres facteurs. Les niveaux élevés de pauvreté et d'inégalité combinés aux asymétries dans l'accès aux services de santé et d'éducation sont problématiques. Aujourd'hui, de nombreux pays d'Afrique subsaharienne ressentent encore les effets des réductions budgétaires opérées dans l'éducation et les services de santé durant les années 1980 et 1990. C'est particulièrement le cas dans les zones rurales où les restrictions ont été les plus importantes et ont concerné davantage les filles, souvent contraintes de renoncer à l'éducation lorsque les familles ne peuvent pas se permettre d'envoyer tous leurs enfants à l'école (Ombati et Mokua, 2012). Les dépenses de santé et d'éducation avantagent souvent de manière disproportionnée les populations les plus aisées. C'est le cas au Ghana, en République-Unie de Tanzanie et en Afrique du Sud, où les services de santé ciblent davantage les populations riches même si la charge de morbidité est bien plus lourde pour les populations à faibles revenus (Mills *et al.*, 2012). Il s'avère que la participation à la vie démocratique pourrait contribuer à orienter les politiques et les dépenses publiques en faveur d'une amélioration des résultats de santé et d'éducation. Il existe une forte corrélation entre l'indice de démocratie 2015 établi par The Economist Group et l'IDH (0,60), qui indique que lorsque les citoyens ont plus de poids dans les décisions les concernant, le développement humain global s'en trouve renforcé.

Des études ont montré que l'un des leviers les plus efficaces pour rectifier les inégalités de chances dans la région est l'amélioration de l'accès à l'éducation, y compris l'accès à l'enseignement technique, professionnel et entrepreneurial qui accroît les compétences et l'employabilité (Anyanwu, Erhijakpor et Obi, 2016). Des systèmes d'éducation et de santé de qualité pour l'ensemble de la population sont essentiels. Il est peu probable que l'accès à l'enseignement public réduise les inégalités si les enseignants sont mal formés, si la taille des classes est inadéquate et les ressources limitées. Dans ce cas, les enfants des familles riches ont toutes les chances d'aller dans des écoles privées et de bénéficier d'une scolarité de meilleure qualité que celle du système public, ce qui perpétue les inégalités. Par exemple, au Kenya, après l'introduction du programme d'enseignement primaire gratuit (*Free Primary Education*, FPE) en 2003, la proportion d'enfants fréquentant des écoles primaires privées a augmenté de 7 points de pourcentage en 2007, comme conséquence de la réaction des parents devant la qualité de l'enseignement public (Nishimura et Yamano, 2013).

Les normes et les traditions sociales peuvent aussi engendrer des inégalités en limitant les possibilités offertes aux femmes et aux minorités. Par exemple, les traditions imposant aux femmes et aux filles une charge disproportionnée de travail non rémunérée au foyer limitent leurs perspectives par rapport aux hommes et aux garçons (PNUD, 2015a). Selon les enquêtes sur l'emploi du temps réalisées dans les pays en développement, les répartitions traditionnelles des tâches attribuent aux femmes plus des trois quarts du temps du travail non rémunéré dans le foyer. Au Mali, les hommes consacrent 21 minutes par jour à des tâches non rémunérées alors que les femmes y consacrent 241 minutes, soit 10 fois plus que les hommes, tandis que ces derniers n'accomplissent que 42 % de plus de travail rémunéré que les femmes (*ibid.*). Cette contribution disproportionnée des femmes aux travaux non rémunérés réduit le temps dont elles disposent pour l'éducation et les activités qui renforcent leur préparation au marché du travail. Elle limite également le temps qu'elles peuvent investir dans un travail rémunéré. Les femmes pâtissent également d'un accès limité aux soins de santé en raison des normes, qui réduisent leur pouvoir décisionnel au sein de la communauté et du foyer. En Tanzanie, au Ghana et en Ouganda, les enquêtes indiquent qu'elles sont moins susceptibles d'utiliser les services de santé maternelle lorsqu'elles vivent dans des zones relativement tolérantes à la violence à l'encontre des femmes (Adjiwanou et LeGrand, 2014). De plus, lorsque les normes traditionnelles encouragent les mariages et les grossesses précoces, les filles quittent l'école tôt et ratent les occasions d'étoffer leur éducation et d'acquérir des compétences qui pourraient leur permettre d'envisager d'autres moyens de subsistance.

Les conflits restent un obstacle à la lutte contre les inégalités dans de nombreux pays et communautés, bien que le nombre de pays en conflit en Afrique subsaharienne ait diminué ces 15 dernières années. Lorsque les individus vivent dans la peur de la violence (réelle ou perçue), leurs capacités à effectuer librement des choix et à bénéficier d'opportunités sont réduites. Les personnes peuvent aussi redouter de quitter leur foyer ou leur communauté, ce qui limite le travail, l'accès aux services de santé et à l'enseignement. Lorsque les parents craignent pour la sécurité physique et sexuelle de leurs filles, ils ont davantage tendance à ne pas les scolariser (Pinheiro, 2006). La violence peut amplifier les inégalités existantes au sein des sociétés lorsque certains groupes sont les cibles d'actes de violence. Par exemple, les femmes et les minorités sexuelles, ethniques et religieuses sont davantage exposées aux menaces de violence, réelles ou perçues, ce qui restreint disproportionnellement leurs perspectives (Stewart, 2008). Dans les zones touchées par les conflits, les déficiences dans l'accès aux services et aux moyens de subsistance peuvent avoir des effets durables, entravant le potentiel humain. Cela peut aboutir à des inégalités géographiques sur divers aspects du développement humain. Une action ciblée en faveur des populations touchées par les conflits peut contribuer à réduire ces disparités et à favoriser les progrès vers la paix et la cohésion sociale.

11.3 Mesure de l'inégalité en matière de développement humain

11.3.1 Indice du développement humain ajusté aux inégalités

Reconnaissant que l'inégalité constitue un défi central pour le développement humain durable, le rapport sur le développement humain (RDH, 2010) du PNUD a introduit un nouvel indice pour suivre les niveaux d'inégalité concernant différentes dimensions du développement humain. L'IDH ajusté aux inégalités (IDHI) est un indice composite mesurant l'inégalité dans les trois dimensions de l'IDH : la capacité à vivre longtemps et en bonne santé, l'accès aux connaissances et un niveau de vie décent. Il évalue les inégalités en « réduisant » la valeur moyenne de chaque dimension en fonction de son degré d'inégalité. En cas d'égalité parfaite, l'IDH et l'IDHI affichent les mêmes valeurs. Si la répartition des revenus, la couverture des services de santé et/ou d'éducation sont inégales, l'IDHI est inférieur à l'IDH. Plus le niveau d'inégalités est élevé dans une société, plus l'écart entre l'IDH et l'IDHI est grand. En ce sens, l'IDHI donne une indication du niveau réel de développement humain (tenant compte des inégalités), tandis que l'IDH représente le développement humain « potentiel », qui pourrait être atteint en l'absence d'inégalités. La perte de développement humain potentiel, due aux inégalités, est la différence entre l'IDH et l'IDHI, exprimée sous forme de pourcentage.

L'IDHI est calculé à l'aide des indicateurs et sources de données suivants[1] :

- La couverture de santé est calculée à partir des écarts d'espérance de vie, sur la base des données des tableaux de vie abrégée du Département des affaires économiques et sociales des Nations Unies (DAES).

- La répartition de l'éducation est calculée à partir des écarts de durée moyenne des études scolaires, sur la base de données issues d'enquêtes diverses menées auprès des ménages.

- La répartition des revenus est calculée à partir des données relatives aux écarts du revenu disponible des ménages ou de la consommation par habitant provenant d'enquêtes diverses menées auprès des ménages.

Les données liées à ces dimensions sont utilisées pour calculer un indice d'Atkinson sur l'inégalité[2]. Les mesures d'Atkinson établies pour chaque dimension servent à ajuster les dimensions respectives de l'IDH concernant l'inégalité. Ces dimensions ajustées sont ensuite regroupées à l'aide d'une moyenne géométrique pour déterminer l'IDHI (Alkire et Foster, 2010 ; Foster, Lopez-Calva et Szekely, 2005 : 1).

---

[1] Voir Notes techniques du Rapport sur le développement humain (PNUD, 2015b) pour plus de détails.

[2] L'IHDI s'appuie sur les mesures de l'inégalité selon Atkinson (1970) et fixe le paramètre d'aversion égal à 1,1. La mesure de l'inégalité est $A = 1 - g/\mu$, où g est la moyenne géométrique et μ la moyenne arithmétique de la répartition.

11.3.2 Modélisation de l'état de l'inégalité dans le développement humain entre les régions

L'IDHI est un outil efficace pour l'analyse de l'inégalité, qui révèle les tendances et les modèles susceptibles d'orienter l'élaboration des politiques. L'IDHI indique que l'inégalité est l'un des principaux obstacles aux progrès liés au développement humain, entraînant une perte globale de 22,8 % du potentiel de développement humain au niveau mondial. Le classement de certains pays figurant en tête de peloton de l'Indice du développement humain chute considérablement lorsque l'inégalité est prise en compte, à l'instar des États-Unis (environ 20 places), de la République de Corée (environ 19 places) et du Chili (environ

TABLEAU 11.1 Perte de développement humain liée aux inégalités par niveau de développement

Groupe de développement humain	Perte moyenne de l'IDH liée à l'ajustement des inégalités (%)
Niveau très élevé de développement humain	12,1
Niveau élevé du développement humain	19,4
Niveau moyen du développement humain	25,8
Niveau faible du développement humain	32,0

Source : PNUD, 2015a ; PNUD, 2015b.

13 places) en 2014. Pour les pays en développement, la perte moyenne dans l'IDH liée aux inégalités est de 25,7 %. La perte est plus élevée dans les pays à faible développement humain, ce qui indique que les niveaux de développement humain sont non seulement bas, mais qu'ils sont aussi extrêmement inégaux (voir tableau 11.1).

FIGURE 11.2 Perte globale de l'IDH (%) liée aux inégalités

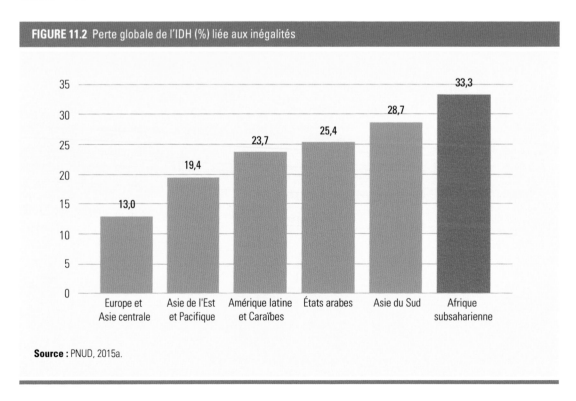

Source : PNUD, 2015a.

En Afrique subsaharienne, la perte du potentiel humain liée aux inégalités est de 33 %. En Asie du Sud et dans les États arabes, elle est supérieure à 25 % (voir figure 11.2). Dans quatre pays (République centrafricaine, Comores, Namibie et Sierra Leone), l'IDHI est inférieur de plus de 40 % à l'IDH, dans 35 autres pays, il est inférieur de 30 à 40 %.

Aujourd'hui, la préoccupation du public à l'égard des inégalités se concentre principalement sur le revenu, mais l'IDHI montre que globalement, au regard de l'indice d'inégalité d'Atkinson, les inégalités en matière d'éducation sont les plus élevées (27 %), devant les inégalités en termes de revenus (24 %) et de santé (17 %). Les inégalités dans le domaine de l'éducation sont les plus marquées en Asie du Sud (42 %), puis dans les États arabes (39 %) et en Afrique subsaharienne (35 %). Elles attirent moins l'attention que les inégalités de revenus, mais sont probablement plus inquiétantes sur le plan du développement à long terme, comme mentionné précédemment. Les inégalités en matière de santé sont plus importantes en Afrique subsaharienne (37 %) qu'en Asie du Sud (24 %). Les inégalités de revenus les plus criantes sont en Amérique latine et aux Caraïbes (35 %), suivies par l'Asie de l'Est et le Pacifique et l'Afrique subsaharienne (27 %). Ce constat est en adéquation avec les coefficients de Gini, qui sont aussi plus élevés pour l'Amérique latine et les Caraïbes (Banque mondiale, 2015).

Les tendances du changement observées au cours des dernières années augurent bien pour l'avenir à condition que les efforts pour réduire les inégalités soient intensifiés. Les inégalités de développement humain, telles que mesurées par l'IDHI, ont légèrement diminué dans la plupart des régions depuis 2010, excepté en Afrique subsaharienne, où elles stagnent. Ce recul est principalement dû à la réduction des inégalités de santé dans toutes les régions, alors que l'inégalité liée aux années de scolarisation est de manière générale restée stable, et que l'inégalité de revenus a augmenté dans plusieurs régions, y compris en Afrique subsaharienne et en Asie du Sud. Des baisses des inégalités de revenus ont cependant été observées dans certains pays d'Amérique latine et des Caraïbes, en Europe et en Asie centrale.

Les tendances régionales mises en relief par l'IDHI dissimulent encore beaucoup de variations entre les pays au sein des régions, en ce qui concerne les niveaux d'inégalité et les trajectoires de changement. En Afrique subsaharienne, par exemple, les figures 11.3 à 11.5 montrent les mesures de l'inégalité selon Atkinson pour chacune des dimensions de l'IDH par pays pour 2010 et 2014[3]. Les pays situés au-dessus de la ligne des 45 degrés affichent des niveaux croissants d'inégalité, tandis que ceux qui sont en dessous de la ligne montrent des niveaux d'inégalité en baisse. Presque tous les pays ont un faible niveau d'inégalité de santé avec une exception pour la Sierra Leone, les Comores et le Togo. Les changements concernant l'éducation et les inégalités de revenu sont plus variables, avec certains pays qui accomplissent de grands progrès pour réduire les inégalités et d'autres qui connaissent des niveaux croissants d'inégalité. L'inégalité de revenus a reculé considérablement au Mozambique et en Éthiopie, tandis que le Swaziland et Cabo Verde ont enregistré des avancées sur le front de l'équité dans l'éducation.

Les sections suivantes fournissent de plus amples détails sur les degrés d'inégalité multidimensionnelle dans la région et présentent certaines options de stratégie politique pour l'avenir en vue de parvenir à une répartition plus équitable des opportunités et du potentiel humain.

---

[3] Les mesures des inégalités peuvent provenir d'enquêtes datant d'années antérieures à celle mentionnée.

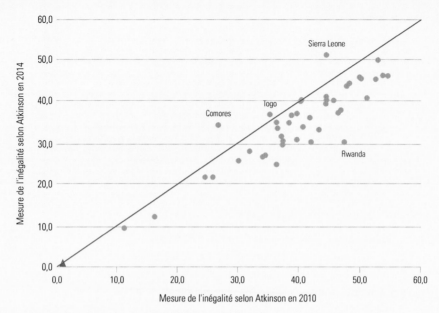

FIGURE 11.3 Évolution des inégalités de santé 2010-2014, Afrique subsaharienne

Source : Calculs des auteurs basés sur des données du PNUD (2015a).

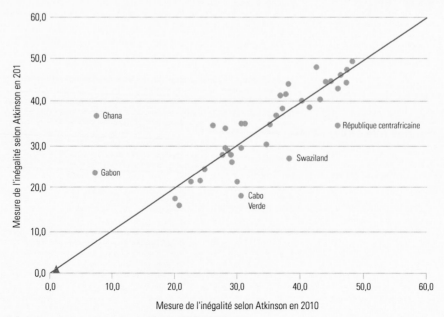

FIGURE 11.4 Évolution des inégalités d'éducation 2010-2014, Afrique subsaharienne

Source : Calculs des auteurs basés sur des données du PNUD (2015).

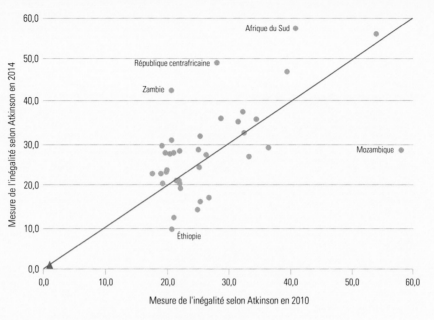

Source : Calculs des auteurs basés sur des données du PNUD (2015a).

11.4 Étude des tendances du développement humain et de l'inégalité de revenus

11.4.1 Tendances du développement humain par sous-région et par groupe de développement humain

Partie d'un niveau initial faible en 1990, l'Afrique subsaharienne a accompli d'importants progrès dans le développement humain. Entre 1990 et 2014, l'Afrique subsaharienne s'est hissée à la troisième place des régions les plus rapides en matière de développement humain, derrière l'Asie du Sud et l'Asie de l'Est. En 1990, le niveau de développement humain en Afrique subsaharienne était inférieur de 62 % à celui de la région affichant la meilleure performance, à savoir la région Europe et Asie centrale. En 2014, cet écart était tombé à 45 %, derrière l'Europe et Asie centrale et l'Amérique latine et Caraïbes, qui sont les deux régions les plus performantes. Le dernier Indice de développement humain révèle que 17 pays d'Afrique, toutes sous-régions confondues, ont désormais atteint un niveau de développement humain moyen ou élevé (PNUD, 2015).

Pourtant, la majorité des pays restent dans la catégorie des pays à faible développement humain, ce qui a une incidence négative sur le bien-être des générations présentes et futures. Trois Africains sur quatre vivent dans un pays dont les fondations du développement humain sont peu solides, tandis qu'au niveau mondial, une personne sur cinq vit dans un pays à faible développement humain (PNUD, 2015). L'Afrique est un continent jeune, avec une population âgée à plus de 50 % de moins de 18,5 ans et à 19 % de 15 à 24 ans (ONU DAES, 2015). Ce déficit de développement humain a par conséquent de considérables répercussions à court et long terme sur la croissance et le développement inclusifs.

Sous-région	Faible développement humain	Développement humain moyen	Développement humain élevé	Pays au développement plus rapide (2000-2014)
Afrique centrale	Cameroun République centrafricaine Tchad République démocratique du Congo Madagascar	République du Congo Guinée équatoriale Gabon		République démocratique du Congo République du Congo
Afrique de l'Est	Burundi Comores Djibouti Érythrée Éthiopie Kenya Rwanda Soudan du Sud Soudan Ouganda Tanzanie (République-Unie de)		Seychelles	Burundi Djibouti Éthiopie Kenya Rwanda Tanzanie (République-Unie de)
Afrique du Nord	Mauritanie	Égypte Maroc	Algérie Libye Tunisie	
Afrique australe	Angola Lesotho Malawi Mozambique Swaziland Zimbabwe	Botswana Namibie Sao Tomé-et-Principe Afrique du Sud Zambie	Maurice	Angola Botswana Malawi Mozambique Zambie Zimbabwe
Afrique de l'Ouest	Bénin Burkina Faso Côte d'Ivoire Gambie Guinée Guinée-Bissau Libéria Mali Niger Nigéria Sénégal Sierra Leone Togo	Cabo Verde Ghana		Burkina Faso Guinée Libéria Mali Niger Sierra Leone

Source : PNUD, 2015a.

Les avancées récentes dans le développement humain découlent des améliorations intervenues dans les dimensions du développement humain liées et non liées au revenu. Les pays africains qui progressent le plus rapidement ont enregistré des avancées tant sur le plan des revenus que sur les aspects non financiers du développement humain. Un bilan de la variation annuelle des dimensions du développement humain liées et non liées au revenu dans les 20 pays d'Afrique les mieux classés montre que de 2005 à 2012, 60 % des pays ont connu une amélioration de ces deux aspects. Les 35 % restants ont enregistré des progrès plus conséquents dans les dimensions non liées au revenu, tandis que seulement 5 % ont affiché principalement une amélioration en termes de revenus (PNUD, 2013b).

Il est important de noter que les pays africains affichant un faible développement humain rattrapent leur retard. Ils améliorent leur classement relativement plus vite que les pays africains au développement humain élevé. Les pays qui progressent le plus rapidement depuis 2000 sont l'Angola, le Burundi, le Botswana, le Burkina Faso, la République démocratique du Congo, l'Éthiopie, la Guinée, le Kenya, le Libéria, le Malawi, le Mali, le Mozambique, le Niger, la République du Congo, la Sierra Leone, la République-Unie de Tanzanie, le Rwanda, la Zambie, et le Zimbabwe. Ensemble, ces pays représentent une proportion considérable de la population du continent. Ils constituent également un éventail de pays riches en ressources naturelles et de pays économiquement plus diversifiés. Cela démontre l'importance d'une utilisation efficace des ressources disponibles, au-delà de la simple abondance des ressources, pour progresser sur la voie du développement humain. En outre, il semble que la paix ait une incidence positive, puisque les pays sortant d'un conflit rattrapent leur retard.

L'indice de pauvreté multidimensionnelle (IPM), qui examine à la fois l'incidence et l'intensité de la pauvreté dans le monde selon trois dimensions (la santé, l'éducation et les conditions de vie), dresse un tableau similaire à celui de l'IDH concernant les progrès de l'Afrique dans la réduction de la pauvreté. Une des principales conclusions de l'IPM mondial (2016) est que pour les 35 pays africains où l'évolution de la pauvreté a été analysée au fil du temps, 30 l'ont fait reculer de façon significative. Le Rwanda a connu la réduction la plus rapide de l'IPM, suivi par le Ghana, le Libéria, les Comores et la République démocratique du Congo. En outre, chaque indicateur de l'IPM a affiché un recul considérable au Burkina Faso, aux Comores, au Gabon, au Mozambique et au Rwanda. Certains pays, comme le Gabon, le Ghana, la Gambie, le Libéria, le Mozambique, le Malawi, le Niger et le Rwanda, ont réussi à réduire la pauvreté dans toutes les régions, ce qui indique que cette baisse s'est opérée de manière équitable (Alkire *et al.et al.*, 2016).

Cependant, le rythme de l'évolution du développement humain a ralenti depuis 2010. Par conséquent, bien que l'écart entre les pays à faible niveau de développement humain et les pays à développement humain élevé diminue, il reste nécessaire de soutenir cette croissance. En effet, son ralentissement est de toute évidence préoccupant, puisqu'au moins 17 pays africains demeurent dans la catégorie des pays à faible développement humain. Dans certains cas, cette situation résulte de l'insécurité, par exemple en République centrafricaine et au Soudan du Sud. L'impact de la crise financière mondiale sur le niveau des investissements directs étrangers dans les économies les plus intégrées au marché financier mondial est également manifeste, surtout en ce qui concerne les pays d'Afrique du Nord affichant un niveau de développement humain élevé. Enfin, l'instabilité des prix des produits de base a également joué un rôle dans la réduction de la croissance des revenus dans les pays dépendants des ressources naturelles et des produits agricoles, tels que le Botswana, la Guinée équatoriale, le Mozambique et l'Ouganda.

Ce ralentissement du rythme d'amélioration du développement humain n'est pas homogène dans les sous-régions. Dans les années 1990, l'Afrique de l'Est et l'Afrique du Nord ont connu l'amélioration la plus rapide à cet égard. L'Afrique de l'Est et l'Afrique de l'Ouest ont pris le relais à partir de 2000, et l'Afrique de l'Ouest et l'Afrique australe depuis 2010. Alors que l'on observe une tendance au ralentissement de

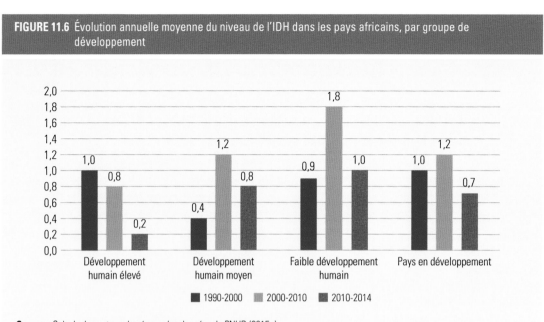

FIGURE 11.6 Évolution annuelle moyenne du niveau de l'IDH dans les pays africains, par groupe de développement

Source : Calculs des auteurs basés sur des données du PNUD (2015a).

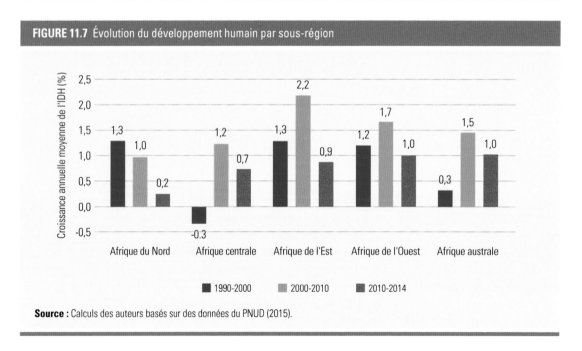

FIGURE 11.7 Évolution du développement humain par sous-région

Source : Calculs des auteurs basés sur des données du PNUD (2015).

l'amélioration du développement humain dans toutes les sous-régions, l'Afrique australe, l'Afrique centrale et l'Afrique de l'Ouest ont enregistré les baisses de cadence les plus faibles, passant de 30 à 40 %. Le taux d'amélioration a diminué plus fortement en Afrique de l'Est avec une réduction de 60 %, principalement en raison d'un ralentissement au Burundi, en Tanzanie et en Ouganda. Toutefois, malgré le ralentissement général, un certain nombre de pays ont continué de suivre une trajectoire ascendante, comme l'Afrique du Sud, le Gabon, le Lesotho, les Seychelles, et le Togo.

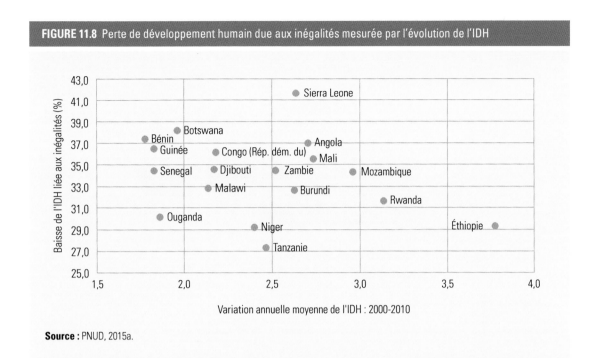

FIGURE 11.8 Perte de développement humain due aux inégalités mesurée par l'évolution de l'IDH

Source : PNUD, 2015a.

Les pays qui progressent le plus rapidement ont également tendance à avoir un faible niveau d'inégalité ; les pays dont les indicateurs de développement humain se caractérisent par des inégalités plus faibles ont enregistré des améliorations en moyenne plus rapides que ceux qui affichent des niveaux d'inégalité plus élevés. Par exemple, l'Éthiopie, le Rwanda, le Burundi et le Mozambique se sont développés plus rapidement que le Bénin, le Botswana et la République démocratique du Congo. Ces derniers présentent des niveaux d'inégalité plus élevés dans l'éducation, la santé et la répartition des revenus au sein de la population. Cela se traduit par une perte globale de développement plus élevée, telle que reflétée par l'écart entre l'IDH et l'IDHI, exprimé en pourcentage.

11.4.2 Tendances de l'inégalité par sous-région et par groupe de développement humain

Les pays ayant un développement humain élevé semblent être associés à de faibles niveaux d'inégalité globale au regard de l'IDH. Comme mentionné précédemment, les pays de l'Afrique subsaharienne enregistrent des pertes particulièrement élevées en potentiel de développement humain lorsque la répartition au sein de la population est prise en compte. Toutefois, en général, les pays africains affichant un faible développement humain sont confrontés à des niveaux d'inégalités plus élevés que les pays africains dont le développement humain est moyen ou élevé.

Pourtant, lorsque les dimensions de l'inégalité du développement humain sont prises en compte, on constate qu'à chaque groupe de pays correspond un facteur d'inégalité différent. Ainsi, l'inégalité en matière d'éducation dans les pays à développement humain élevé est supérieure aux inégalités en termes de revenus et de santé. Dans les pays à faible niveau de développement humain, la part des inégalités au titre de l'éducation et de la santé dans l'inégalité globale de l'IDH est relativement supérieure à celle de l'inégalité de revenus. Dans les pays à développement humain moyen, l'incidence de l'inégalité de revenus surpasse celle des inégalités liées à l'éducation et à la santé.

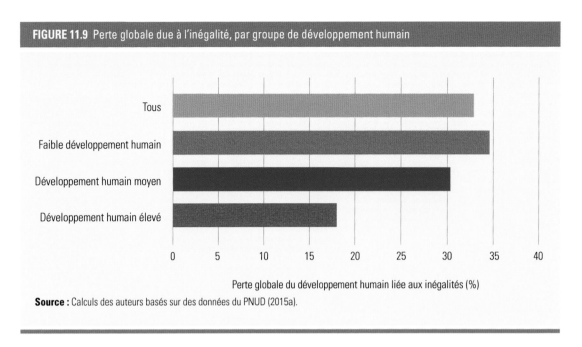

FIGURE 11.9 Perte globale due à l'inégalité, par groupe de développement humain

Tous

Faible développement humain

Développement humain moyen

Développement humain élevé

Perte globale du développement humain liée aux inégalités (%)

Source : Calculs des auteurs basés sur des données du PNUD (2015a).

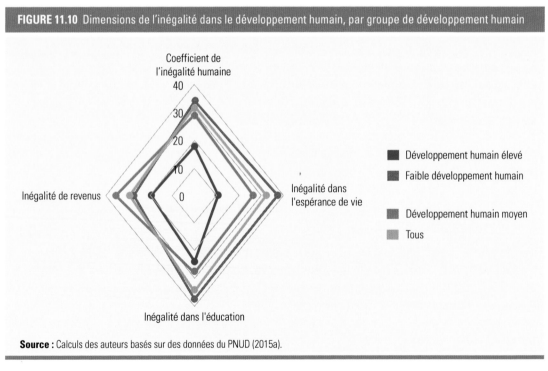

FIGURE 11.10 Dimensions de l'inégalité dans le développement humain, par groupe de développement humain

Coefficient de
l'inégalité humaine

Inégalité de revenus

Inégalité dans
l'espérance de vie

Inégalité dans l'éducation

- Développement humain élevé
- Faible développement humain
- Développement humain moyen
- Tous

Source : Calculs des auteurs basés sur des données du PNUD (2015a).

En plus de l'inégalité au sein de la population, tous les pays africains affichent une certaine forme d'inégalité de genre. L'indice d'inégalité de genre (IIG) du PNUD montre que dans l'ensemble, les pays à développement humain élevé enregistrent un écart plus faible entre les hommes et les femmes sur les plans de la santé, de l'autonomisation et de l'activité économique que les pays ayant un faible développement humain. L'IIG évalue les inégalités fondées sur le genre sur trois plans : la santé génésique, mesurée par le taux de mortalité maternelle et le taux de natalité chez les adolescentes ; l'autonomisation, mesurée par la proportion de sièges parlementaires occupés par des femmes, et le niveau d'études secondaires ou supérieures respectivement des femmes et des hommes ; et enfin, l'activité économique, mesurée par le taux de participation au marché du travail tant pour les femmes que pour les hommes. L'IIG peut être interprété comme la perte de développement humain liée aux inégalités entre les femmes et les hommes au regard de ces trois dimensions.

Cependant, des niveaux relativement plus faibles d'inégalités de genre dans les pays africains à développement humain élevé masquent d'importantes lacunes économiques liées à la participation des femmes au marché du travail. Par exemple, de nombreux pays d'Afrique du Nord sont confrontés à des difficultés pour assurer l'autonomisation économique des femmes à travers leur participation au marché du travail. En revanche, les pays à faible niveau de développement humain ont davantage de femmes qui accèdent au marché du travail, mais les inégalités en termes de santé et d'éducation restent très élevées. Cela peut avoir une conséquence négative sur la participation effective des femmes à la force de travail, car elles sont surreprésentées dans le secteur informel et dans les emplois précaires. L'inégalité de genre sur le marché du travail entraîne une perte des avantages à l'échelle de l'individu, des ménages et de la société. On estime à plus de 60 milliards de dollars par an les pertes économiques engendrées par ces inégalités de genre sur le marché du travail en Afrique subsaharienne (Bandara, 2015).

Sur le plan politique également, l'écart entre les genres subsiste dans la plupart des pays africains. Il reste particulièrement marqué dans la représentation politique et le leadership, malgré des progrès considérables accomplis dans certains pays à cet égard. Par exemple, le Rwanda, le Sénégal, les Seychelles, le Mozambique et le Zimbabwe ont enregistré des avancées spectaculaires sur ce front, avec une représentation de 40 à 50 % de femmes dans leurs parlements respectifs (UIP, 2016). Cela va bien au-delà du minimum d'un tiers inscrit dans la plupart des constitutions nationales. Cependant, il existe un écart important dans les résultats des pays africains : 37 ont un niveau de représentation inférieur à la moyenne de 23 % de l'Afrique subsaharienne. Dans au moins 10 pays, le niveau de représentation est inférieur à 10 %, les moins performants étant la République centrafricaine, la République démocratique du Congo, les Comores, le Nigéria et le Swaziland (UIP, 2016).

Les inégalités liées aux revenus et au genre sont aggravées par les inégalités dues à la situation géographique et à l'âge. À l'heure actuelle, la majorité des jeunes Africains vivent dans la pauvreté et travaillent à un âge précoce au lieu de poursuivre leurs études. On estime que plus de 17 % des jeunes Africains de 15 à 17 ans travaillent et ne sont pas scolarisés, contre 15 % en Asie et dans le Pacifique, et seulement 2,2 % dans la région Europe de l'Est et Asie centrale (OIT, 2015). Les jeunes de 15 à 24 ans qui travaillent, y compris ceux qui vivent en zone urbaine, sont plus susceptibles de vivre dans la pauvreté. Si à l'échelle mondiale, deux tiers des jeunes qui travaillent peuvent être qualifiés de travailleurs pauvres, en Afrique subsaharienne, neuf jeunes travailleurs sur 10 sont pauvres ou quasiment pauvres (OIT, 2015). La proportion la plus élevée de jeunes travailleurs pauvres se trouve en Asie du Sud (94 %), suivie de l'Afrique subsaharienne (93 %) et de l'Asie du Sud-Est et Pacifique (67 %). Ces taux reflètent vraisemblablement la proportion plus élevée de jeunes qui sont encore scolarisés dans ces régions plutôt que dans la population active.

11.4.3 Inégalités de genre et développement humain

Comme mentionné dans les sections précédentes, les causes sous-jacentes de l'inégalité des capacités humaines tiennent, entre autres, à la participation inégale à la vie politique et économique ; à l'accès inégal aux ressources économiques, financières et naturelles ; à l'absence de sécurité et de droits de l'homme ; et à l'inégalité des résultats et des opportunités pour les femmes et les hommes. La répartition inéquitable des

FIGURE 11.11 Développement humain et inégalité de genre en Afrique

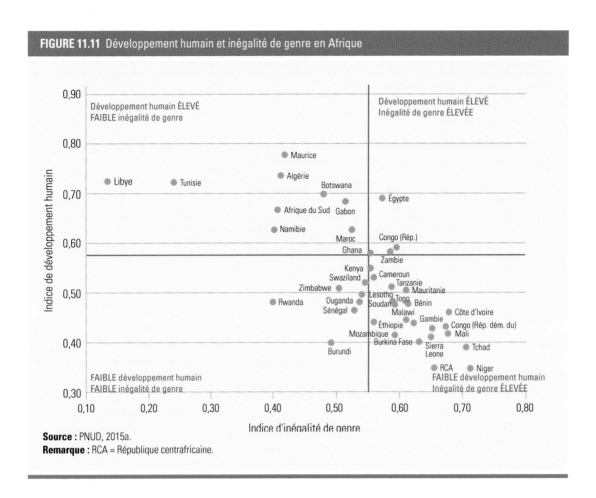

Source : PNUD, 2015a.
Remarque : RCA = République centrafricaine.

ressources nationales, les inégalités d'accès au pouvoir pour influer sur la prise de décisions, les institutions et les normes sociales discriminatoires existantes jouent, par ailleurs, un rôle clé dans la propagation de l'inégalité dans les pays africains, en particulier de l'inégalité de genre.

Il existe une relation négative entre le développement humain et l'inégalité de genre en Afrique, comme le montre la figure 11.11, qui associe le niveau de développement humain au niveau d'inégalité de genre. Les pays disposant d'un niveau globalement faible d'inégalité de genre, comme la Libye, la Tunisie et Maurice, ont généralement des niveaux élevés de développement humain. En revanche, des pays comme le Niger, le Tchad, la République centrafricaine, le Mali et la République démocratique du Congo, qui affichent des niveaux élevés d'inégalité de genre, ont généralement des niveaux de développement humain plus faibles.

Si les pays africains ont réagi aux inégalités de genre en instaurant des cadres législatifs et des institutions au niveau régional, sous-régional et national, en mettant en œuvre des programmes ciblés pour réduire les écarts en matière d'éducation et de santé, et en fournissant les ressources nécessaires, le problème demeure. Compte tenu de la persistance de l'inégalité de genre en Afrique, il est nécessaire d'en examiner les causes profondes afin d'apporter une réponse plus efficace. Le Rapport sur le développement humain en Afrique (PNUD, 2016) explore les options et les mesures politiques indispensables pour accélérer l'égalité des genres et l'autonomisation des femmes en Afrique. L'un de ses principaux constats est que les institutions et les normes sociales jouent un rôle essentiel dans la persistance des inégalités de genre. Par exemple, il est largement prouvé que les pays marqués par de fortes inégalités de genre et la présence d'institutions sociales discriminatoires, telles que pointées par l'indice d'inégalité de genre (IIG) du PNUD et l'indice Institutions sociales et égalité hommes-femmes (ISE) de l'OCDE, ont en général des résultats de développement humain plus faibles pour les femmes que pour les hommes. Ces institutions sociales discriminatoires qui limitent le pouvoir décisionnel et le statut des femmes au sein de leur foyer, augmentent leur vulnérabilité à la violence, engendrent des inégalités de soins entre les enfants (en faveur des fils), réduisent l'accès des femmes aux ressources ainsi que leur participation à la vie politique et à la vie publique.

Bien que ces constatations n'établissent pas de causalité, elles démontrent que la lutte contre les causes profondes de l'inégalité de genre peut être un moyen efficace d'amélioration de la vie des hommes et des femmes. À cet effet, le Rapport sur le développement humain en Afrique propose une approche en cinq étapes pour parvenir à un développement humain durable en accélérant l'égalité des genres et l'autonomisation des femmes. Cette approche consiste premièrement à mettre l'accent sur l'égalité des genres et l'autonomisation des femmes en tant que catalyseurs du développement plutôt que sur l'égalité des genres comme résultat distinct. Deuxièmement, elle encourage un leadership fort et la responsabilisation dans la lutte contre les normes sociales préjudiciables sous toutes leurs formes et à tous les niveaux. Troisièmement, elle appelle à des choix stratégiques de planification et de budgétisation renonçant aux acquis à court terme du statu quo au profit d'investissements dans une trajectoire de croissance plus autonome et inclusive. Elle plaide également pour des institutions plus adaptées, socialement plus responsables et représentatives, et pour la collecte de données de meilleure qualité aux fins de prises de décisions efficaces. Finalement, cette approche encourage une coopération régionale et Sud-Sud pour la conception et la mise en œuvre de politiques et initiatives axées sur la question du genre.

11.5 Réponse politique en faveur de la réduction des inégalités en matière de développement humain et de la réalisation de l'Agenda 2063 et des Objectifs de développement durable

Compte tenu de l'analyse précédente, cette partie s'appuie sur les conclusions d'un examen des progrès de l'Afrique dans la réalisation des objectifs de développement mondial et régional, y compris les objectifs du Millénaire pour le développement (OMD) (UA *et al.*, 2015). L'accent est mis sur l'apport de conclusions politiques clés qui contribuent à combler l'écart de développement humain en Afrique subsaharienne en accélérant la réalisation du nouveau Programme de développement durable à l'horizon 2030 (Programme 2030) et de l'Agenda 2063 de l'Union africaine.

La structure économique de l'Afrique apporte un certain éclairage sur la dynamique de la pauvreté, de la croissance et des inégalités sur le continent. La composition du PIB par secteur est révélatrice des canaux de distribution de la richesse pour la réduction de la pauvreté. Il y a eu des changements dans tous les secteurs entre 2000 et 2014, en particulier dans l'agriculture, qui fournit traditionnellement des moyens d'existence à la majorité de la population africaine, même si elle ne leur assure que le minimum vital. Contrairement à la transformation structurelle observée dans d'autres régions, l'emploi ne s'est pas déplacé de l'agriculture à l'industrie manufacturière à forte intensité de main-d'œuvre, mais plutôt vers les services, qui n'ont pas créé suffisamment d'emplois. Cette tendance est préoccupante, car elle n'a pas encouragé le développement d'une industrie et d'un secteur manufacturier léger à forte intensité de main-d'œuvre, propice à une croissance inclusive ni fourni des éléments de base pour la diversification et le dynamisme des économies locales.

Remédier aux causes sous-jacentes des dimensions multiples des inégalités dotera l'Afrique subsaharienne de bases plus solides pour un développement durable. Des niveaux élevés d'inégalité se sont révélés moins propices à la réduction de la pauvreté, car les bénéfices de la croissance profitent seulement à quelques individus (croissance non inclusive), d'où le ralentissement de la réduction de la pauvreté en Afrique malgré une décennie de forte croissance. Au regard du coefficient de Gini, l'Afrique subsaharienne affiche un niveau plus élevé d'inégalité que le reste du monde en développement. Le coefficient moyen de Gini en Afrique[4] est de 0,43, alors que pour les autres pays en développement non africains, il est inférieur à 0,39 (Bhorat, 2015). L'Afrique subsaharienne avait en 2015 un coefficient moyen de 0,44, légèrement plus élevé que la moyenne du continent (voir ci-dessous), principalement en raison des résultats de l'Afrique australe et de l'Afrique centrale, qui relèvent la moyenne de la région.

L'Afrique du Sud, l'Angola, le Botswana, les Comores, la Namibie, la République centrafricaine et la Zambie présentent des inégalités de revenus exceptionnellement élevées, qui ont eu pour effet d'augmenter le résultat global de l'Afrique. Si l'on retire ces sept pays faisant figure d'exceptions, l'Afrique se place au même niveau d'inégalité que les autres pays en développement (Bhorat *et al.*, 2016). Ces tendances reflètent presque, en sens inverse, les tendances de réduction de la pauvreté dans de nombreux pays. La pauvreté a eu tendance à diminuer beaucoup plus rapidement dans les économies caractérisées par des inégalités de revenus relativement plus faibles et des structures économiques plus diversifiées que dans les pays dotés de grands secteurs « fermés » avec des rendements des capitaux plus élevés que ceux de la main-d'œuvre. Finalement, pour que l'Afrique puisse réduire considérablement la pauvreté, sa structure économique doit évoluer davantage vers le secteur manufacturier et l'industrie légère afin de créer des emplois et d'engager le continent sur la trajectoire d'un développement humain plus durable.

11.5.1 Mesures macroéconomiques et sectorielles aux niveaux national, régional et continental

Transformation structurelle économique. L'Afrique doit transformer ses structures économiques pour diversifier sa base économique, créer des emplois pour les jeunes et les femmes au chômage, et commencer à inverser les tendances de l'inégalité (élevée) sur le continent. Les enseignements importants sont nombreux concernant l'impact sur la pauvreté et les tendances de l'inégalité qui caractérisent la croissance de l'Afrique ces 10 dernières années. Les progrès dans l'éradication de la pauvreté dépendront en grande partie de l'industrialisation durable et de la transformation agricole sur le continent.

Stabilité macroéconomique et stabilité politique. Le développement va de pair avec un environnement stable et propice aux investissements ainsi qu'à la croissance. Les taux de croissance enregistrés précédemment ont été stimulés en partie par des environnements stables. Les exemples sont légion en Afrique concernant les régressions en matière de développement liées à des environnements économique et politique instables. La réalisation de la plupart, voire de la totalité, des ODD dépendra de la stabilité des environnements opérationnels.

Urbanisation durable. L'Afrique a la possibilité de promouvoir une urbanisation durable pour accélérer la transformation structurelle inclusive ainsi que la réduction de la pauvreté et des inégalités. Cela impliquera la promotion de moyens de subsistance durables et un accès aux services publics (aux transports, aux infrastructures, au logement, à l'eau, à l'hygiène et l'assainissement, à l'énergie) pour une population africaine en augmentation. Les institutions nationales devront relever de front plusieurs défis environnementaux, tels que la pollution des sols, de l'eau et de l'air due à l'urbanisation rapide, y compris les pressions supplémentaires liées au changement climatique. Des investissements seront nécessaires pour

---

[4] Le coefficient de Gini évalue la mesure dans laquelle la répartition des revenus (ou, dans certains cas, des dépenses de consommation) entre les individus ou les ménages au sein d'une économie s'écarte d'une répartition parfaitement égale. Il s'exprime en pourcentage d'une surface maximale en dessous d'une ligne. Un coefficient de Gini de 0 représente donc une égalité parfaite, tandis qu'un coefficient de 100 représente une inégalité totale (Banque mondiale, 2016).

développer la connectivité urbaine afin de tirer parti des économies d'agglomération pour la transformation structurelle. Enfin, il est nécessaire de prendre des mesures pour atténuer l'impact de l'expansion urbaine dans les zones rurales, ce qui implique notamment un changement des modes d'utilisation et de répartition des terres, aujourd'hui biaisés.

11.5.2 Mise en place de cadres pour mobiliser de nouveaux acteurs et partenaires et de nouvelles opportunités

Mobilisation des ressources nationales. Le financement joue un rôle important dans la définition des domaines d'investissement et les résultats de développement. Le programme des OMD dépendait en grande partie de l'aide publique au développement (APD). Les pays doivent concevoir des politiques novatrices pour mobiliser des ressources nationales à l'appui des ODD. La transformation structurelle anticipée et la croissance s'accompagneront de changements dans les politiques fiscales nationales et mondiales, afin de répartir équitablement la charge du financement des dépenses publiques.

Développement des infrastructures. Les infrastructures peuvent contribuer au développement durable en facilitant la création d'opportunités économiques pour les citoyens et les entreprises. L'Afrique pâtit de gros déficits d'infrastructures dans les domaines du transport (routier, aérien et ferroviaire), de l'énergie (électricité et eau) et des technologies. Le fait de remédier à ces déficits permettrait de stimuler l'activité économique et la croissance, et d'entraîner des retombées positives considérables pour le développement humain. Investir dans les infrastructures en Afrique réduira drastiquement les coûts des entreprises sur le continent et dynamisera le commerce, tout en contribuant à la réalisation des objectifs d'intégration régionale dans le cadre de l'Agenda 2063, et à l'amélioration de la qualité de vie en favorisant l'accès aux marchés, à l'éducation et aux opportunités dans le domaine de la santé.

Intégration régionale. L'intégration régionale est un moyen pour les pays d'atteindre les objectifs économiques, sociaux et environnementaux prioritaires en vue d'un développement humain plus durable et plus équitable. L'intégration régionale consiste à réunir les pays, les institutions, les personnes et les idées en éliminant les obstacles au commerce, en harmonisant les normes et les cadres réglementaires, en facilitant les flux financiers et la mobilité de la main-d'œuvre, en adoptant des approches communes de politiques budgétaire et monétaire, en promouvant la paix et la prévention des conflits et en réalisant des investissements conjoints dans les infrastructures transfrontalières (transport, énergie, communication). Pour accélérer le rythme de l'intégration régionale, il faut une plus grande cohérence des politiques nationales et régionales, ainsi qu'un leadership plus affirmé des institutions régionales qui doivent rendre des comptes aux États membres. En plus de fournir le financement nécessaire, les ressources techniques et humaines indispensables, les institutions régionales doivent veiller à ce que les citoyens participent aux prises de décisions clés au niveau régional afin d'assurer une large adhésion.

11.5.3 Domaines clés de l'investissement avec des effets multiplicateurs pour la réalisation des Objectifs de développement durable

Développement du capital humain et autonomisation des jeunes. La construction du capital humain continuera d'exiger une attention à moyen et à long terme en Afrique. Si certains indicateurs de développement humain ont connu une amélioration, d'autres restent à la traîne, et la marge de manœuvre pour la réalisation des OMD en vue d'engager le continent sur la voie d'un développement véritable est bel et bien réelle. L'ODD 1 (éradication de la pauvreté), l'ODD 2 (sécurité alimentaire), l'ODD 3 (santé), l'ODD 4 (éducation), l'ODD 5 (égalité des genres) et l'ODD 6 (assainissement) doivent être au centre de cet objectif de développement.

Renforcement de la résilience. L'Afrique reste vulnérable aux chocs, aux catastrophes et aux conflits qui continuent de saper les progrès du continent en matière de développement. Les revers sur ce plan ont pour cause : la contraction des prix des matières premières, les conflits internes dans la plupart des pays, particulièrement en Afrique centrale, l'augmentation des activités issues de l'extrémisme violent, les effets du changement climatique observés au Sahel, dans la Corne de l'Afrique et dans les régions d'Afrique australe, et la récente crise d'Ebola. La mise en place de systèmes solides pour les questions socio-économiques, la gouvernance et l'environnement afin de faire face à ces chocs devra, outre la mise en œuvre de politiques et programmes de protection sociale efficaces, faire partie intégrante du nouveau programme de développement durable.

Accélération des progrès sur l'égalité des genres et l'autonomisation des femmes. Donner aux femmes accès aux mêmes opportunités économiques, sociales et politiques, en passant d'une égalité juridique à une égalité de fait constitue un levier de croissance économique et de développement humain plus inclusifs. Cela implique de soutenir l'adoption de réformes juridiques, de politiques et de programmes visant à promouvoir l'autonomisation des femmes. Cette démarche nécessite aussi d'appuyer les capacités nationales pour promouvoir et accroître la participation et le leadership des femmes dans les prises de décisions au niveau du foyer, dans l'économie et au sein de la société. En outre, les capacités de mise en œuvre d'approches multisectorielles pour atténuer les effets des pratiques discriminatoires dans les domaines de la santé et de l'éducation doivent être renforcées. Enfin, il est fondamental d'aider les femmes à accéder à la propriété et à assumer la gestion des ressources économiques et environnementales.

RÉFÉRENCES

Adjiwanou, V. et T. LeGrand. 2014. Gender inequality and the use of maternal healthcare services in rural sub-Saharan Africa. *Health & Place*, 29. p. 67-78.

Agbor, J. 2012. *Poverty, Inequality and Africa's Education Crisis.* The Brookings Institute.

Alkire S., C. Jindra, G. Robles et A. Vaz. 2016. Multidimensional Poverty in Africa, *Oxford Poverty and Human Development Initiative. Briefing 40.*

Alkire, S., et J.E. Foster. 2010. Designing the Inequality-Adjusted Human Development Index. *OPHI Working Paper N°37. Annual Review of Sociology*, 40, 619-642.

Anyanwu, J. C., A.E. Erhijakpor, A. E. et E. Obi. 2016. Empirical analysis of the key drivers of income inequality in West Africa. *African Development Review, 28*(1), 18-38.

Atkinson, A. 1970. On the measurement of economic inequality. *Journal of Economic Theory* 2(3): 244–263.

Autor, D. H. 2014. Skills, education, and the rise of earnings inequality among the 'other 99 per cent'. *Science* 344, N°6186 : 843–851.

Bandara, A. 2015. The economic cost of gender gaps in effective labor: Africa's missing growth reserve. *Feminist Economist*, 21/2, 162-186. Disponible à l'adresse : www.tandfonline.com/doi/pdf/10.1080/13545701.2014.986153

Banque mondiale. 2015. *Indicateurs du développement dans le monde.* Washington, D.C.

Bhorat, H., K. Naido et K. Pillay. 2016. « Growth, poverty and inequality interactions in Africa: An overview of key issues ». UNDP Working Paper Series (UNDP-RBA/WPS/1/2016).

Blanden, J. 2013. Cross-country rankings in intergenerational mobility: a comparison of approaches from economics and sociology. *Journal of Economic Surveys, 27*(1), 38-73.

CEA (Commission économique pour l'Afrique). 2015. *MDG Report 2015: Assessing Progress in Africa toward the Millennium Development Goals.* Addis Abeba.

DAES (Département des affaires économiques et sociales [Nations Unies]). 2015. World population prospects: The 2015 revision, key findings and advance tables. *Working Paper No. ESA/P/WP.241.* New York, Département des affaires économiques et sociales des Nations Unies, Division de la population. Disponible à l'adresse : http://esa.un.org/unpd/wpp/publications/files/key_findings_wpp_2015.pdf

Di Cesare, M., Y.H. Khang, P. Asaria, T. Blakely, M.J. Cowan, F. Farzadfar, R. Guerrero, N. Ikeda, C. Kyobutungi, K.P. Msyamboza, S. Oum, J.W. Lynch, M.G. Marmot et M. Ezzati. 2013. Inequalities in non-communicable diseases and effective responses. *The Lancet, 381* (9866), 585-597.

Duncan, G. J. et R.J. Murnane, éd. 2011. *Whither Opportunity? Rising Inequality, Schools, and Children's Life Chances.* Russell Sage Foundation.

Economist Intelligence Unit. 2015. Democracy Index 2014: Democracy and its discontents. *Report from The Economist Intelligence Unit.* 1-55.

Foster, J, E., L.F. Lopez-Calva et M. Szekely. 2005. Measuring the distribution of human development: methodology and an application to Mexico. *Journal of Human Development,* 6:1.

UIP (Union parlementaire internationale). 2016. Women in National Parliaments Database. Disponible à l'adresse : www.ipu.org/wmn-e/world.htm

Keswell, M., S. Girdwood et M. Leibbrandt. 2013. Educational inheritance and the distribution of occupations : evidence from South Africa. *Review of Income and Wealth, 59*(S1), S111-S137.

Lambert, S., M. Ravallion et D. Van de Walle. 2014. Intergenerational mobility and interpersonal inequality in an African economy. *Journal of Development Economics, 110,* 327-344.

Mills, A., J. E. Ataguba, J. Akazili, J. Borghi, B. Garshong, S. Makawia, G. Mtei, B. Harris, J. Macha, F. Meheus et D. McIntyre. 2012. Equity in financing and use of health care in Ghana, South Africa, and Tanzania: implications for paths to universal coverage. *The Lancet* 380, N 9837 : 126-133.

Nations Unies. 2015. *Rapport sur les objectifs du Millénaire pour le développement.* New York.

_____. 2015. *ICT Facts and Figures 2015.* Genève, ICT.

Nishimura, M. et T. Yamano. 2013. Emerging private education in Africa: determinants of school choice in rural Kenya. *World Development,* 43: 266-275.

OIT (Organisation internationale du Travail). 2015. *Global Employment Trends for Youth 2015: Scaling up Investments in Decent Jobs for Youth.* Genève.

Ombati, V. et O. Mokua. 2012. Gender inequality in education in sub-Saharan Africa. *Journal of Women's Entrepreneurship and Education,* 114-136.

ONU-Habitat (Programme des Nations Unies pour les établissements humains). 2013. *State of the World's Cities 2012/2013.* Kenya.

Phiri, J. et J.E. Ataguba. 2014. Inequalities in public health care delivery in Zambia. *International Journal* for *Equity* in *Health, 13:* 24.

Pinheiro, P.S. 2006. *World Report on Violence against Children.* New York, UNICEF.

Piraino, P. 2015. Intergenerational earnings mobility and equality of opportunity in South Africa. *World Development, 67,* 396-405.

PNUD (Programme des Nations Unies pour le développement). Bureau régional pour l'Afrique. 2016. *Rapport sur le développement humain 2016.* New York.

_____. 1990. *Rapport sur le développement humain 1990.* Oxford : Oxford University Press.

_____. 1994. *Rapport sur le développement humain 1994.* Oxford : Oxford University Press.

_____. 2013a. *L'humanité divisée : combattre les inégalités dans les pays en développement.* New York.

_____. 2013b. *L'essor du Sud : le progrès humain dans un monde diversifié.* New York. Disponible à l'adresse : http://hdr.undp.org/sites/default/files/hdr_2013_french.pdf

_____. 2015a. *Rapport sur le développement humain 2015. Le travail au service du développement humain.* New York.

_____. 2015b. *Rapport sur le développement humain 2015.* Technical Notes. Calculating the Human Development Indices - Graphical Presentation. Disponible à l'adresse : http://hdr.undp.org/sites/default/files/hdr2015_technical_notes.pdf

_____. 2016. *Accélérer les progrès en faveur de l'égalité des genres et de l'autonomisation des femmes en Afrique.*

Senadza, B. 2012. Education Inequality in Ghana: gender and spatial dimensions. *Journal of Economic Studies,* 39(6), 724-739.

Stewart, F., éd. 2008. *Horizontal Inequalities and Conflict.* London, Palgrave Macmillan.

Torche, F. 2014. Intergenerational mobility and inequality: the Latin American case.

UIT (Union internationale des télécommunications). 2013. *ICT Facts and Figures 2013.* Genève.

_____. 2015. *ICT Facts and Figures 2015.* Genève.

Union africaine, Commission économique pour l'Afrique (CEA), BAfD (Banque africaine de développement) et Programme des Nations Unies pour le développement (PNUD). 2015. *Rapport OMD 2015 - Évaluation des progrès réalisés en Afrique pour atteindre les objectifs du Millénaire pour le développement,* Commission économique des Nations Unies pour l'Afrique, Addis Abeba. Disponible à l'adresse : http://www.undp.org/content/undp/fr/home/librarypage/mdg/mdg-reports/africa-collection/

Van Fleet, J. W., K. Watkins et L. Greubel. 2012. *Africa Learning Barometer.* Disponible à l'adresse : www.brookings.edu/research/interactives/africa-learning-barometer

Wabiri, N. et N. Taffa, N. 2013. Socio-economic Inequality and HIV in South Africa. *BMC Public Health, 13*(1), 1.

PARTIE III
Étude de cas de pays

Faits relatifs aux inégalités au Malawi

Les inégalités **dépendent de la trajectoire** de développement choisie et sont caractérisées par **le dualisme** entre **les petites exploitations de subsistance et les grandes exploitations**

Le **programme Starter Pack** à l'intention **des petits exploitants, l'incidence du VIH/sida** et la **stabilisation des termes internationaux de l'échange** ont aidé **à réduire les inégalités** (1993-2005).

Le passage **d'une agriculture peu inégalitaire** à des **secteurs très inégalitaires** tels que les services, le commerce, les transports et la construction et la **migration urbaine ont exacerbé les inégalités** depuis 2005.

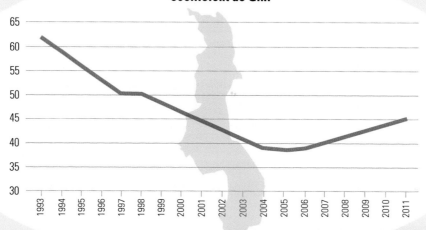

Coefficient de Gini

Le passage de **la production végétale à la production animale** et à **des activités informelles non agricoles** en zones urbaines et périurbaines ont **contribué à faire augmenter** le coefficient de Gini global.

Des politiques économiques peu viables, telles qu'une faible transformation du secteur manufacturier, la mauvaise gouvernance économique, le faible niveau des dépenses consacrées à l'enseignement secondaire et des engrais hors de portée des pauvres, ont **contribué augmenter le coefficient de Gini.**

La lutte contre les inégalités appelle **une transition** vers une agriculture moderne, à forte intensité d'intrants et **un fléchissement de la croissance.**

12

La dynamique des inégalités de revenus dans le cadre d'une économie dualiste : le Malawi entre 1990 et 2011[1]

GIOVANNI ANDREA CORNIA ET BRUNO MARTORANO

12.1 Contexte

Le Malawi est un petit État situé en Afrique australe. Sa superficie est de 118 000 km², pour 870 km de long et une largeur maximum de quelque 240 km. Le pays est enclavé et les ports les plus proches, Beira et Nacala (tous deux situés au Mozambique), sont à environ 1 000 km de Lilongwe, la capitale. Le Malawi est devenu une colonie britannique en 1893 et a obtenu l'indépendance en 1964. En 2011, la dernière année pour laquelle on dispose de données sur l'inégalité au Malawi, la population totale était de 15,5 millions d'habitants et le taux de croissance s'établissait autour de 3 % (Division de la population du Département des affaires économiques et sociales des Nations Unies [DAES], 2015). La densité de la population est élevée, avec 182,6 personnes au km², comparativement à une moyenne de 37 personnes au km² pour l'Afrique subsaharienne. La pierre angulaire de l'économie du pays est l'agriculture, qui emploie actuellement 65 % de la population active, génère environ 36 % du PIB et 90 % des recettes en devises. Ce secteur se caractérise, historiquement, par une dualité entre l'agriculture de subsistance des petits producteurs et les grands domaines dirigés par des colons blancs durant la période coloniale puis par des élites nationales après l'indépendance[2].

Ce chapitre vise à consigner et à expliquer l'évolution des inégalités entre 1991 et 2011 afin d'en tirer des enseignements en matière de politiques publiques pour l'avenir. L'analyse se fonde sur la littérature disponible, des données statistiques provenant de diverses sources nationales et internationales, sept enquêtes de consommation auprès des ménages et des enquêtes sur les revenus en rapport avec le projet RIGA consacré aux activités rurales génératrices de revenus en 2004 et 2011. La section 12.2 aborde les origines coloniales de l'inégalité de revenus et son évolution depuis 1964. En raison de l'importance de l'agriculture, la section 12.3 analyse la nature des institutions rurales et les politiques agricoles qui ont été appliquées durant les 30 dernières années ainsi que leur influence sur

---

[1] Les auteurs remercient de ses observations un rapporteur anonyme sur une version antérieure de ce chapitre, qui utilise des données de la base RIGA. Ils souhaiteraient également remercier Marco Tiberti et Alberto Zezza pour leur contribution initiale concernant l'utilisation de microdonnées du projet RIGA au Malawi. Les réserves habituelles s'appliquent.

[2] Ce dualisme fait référence à la coexistence de ces deux types de structures agricoles dans l'économie rurale, les petites exploitations et les grandes propriétés terriennes. La différence réside essentiellement dans la taille de l'exploitation, les variétés de cultures, les intrants utilisés, les technologies employées, les marchés d'exportation et la part des récoltes exportées.

la croissance et l'inégalité. La section 12.4 traite de la relation entre l'inégalité et un nombre de problèmes auxquels la population doit faire face. La section 12.5 étudie dans quelle mesure l'évolution de la structure de production et des sources de revenus a influé sur la brusque montée de l'inégalité entre 2004 et 2011. La partie 12.6 examine les incidences des politiques relatives au commerce, au cadre macroéconomique, et à la fiscalité et aux transferts sur l'inégalité. Pour finir, la section 12.7 résume les principales conclusions et suggère de nouveaux domaines dans lesquels la recherche pourrait être approfondie.

12.2 Origines coloniales de l'inégalité de revenus et évolution au fil du temps

Comme pour la plupart des pays d'Afrique subsaharienne, suivre l'évolution à long terme de l'inégalité au Malawi s'avère assez problématique. Tout d'abord, il n'existe aucune donnée entre 1985 et 1993. En ce qui concerne les autres périodes, les informations proviennent de différentes sources (déclarations d'impôt, répartitions non normalisées des dépenses de consommation par personne et répartitions normalisées de revenus par personne) qui font appel à divers concepts de revenus et se concentrent sur différents segments de leur répartition. Plus important encore, les enquêtes sur les revenus et les dépenses de consommation ne sont pas conçues de la même manière. Le Malawi n'échappe donc pas aux problèmes habituels lorsqu'il s'agit de mesurer les inégalités de revenus et de consommation dans la région (Cornia et Martorano, 2015).

Comme le suggère le titre du chapitre, celui-ci examine l'évolution de l'inégalité au cours des deux dernières décennies. Ces changements dépendent fortement des trajectoires choisies, mais afin de comprendre leurs évolutions à long terme, il est essentiel de remonter aux origines coloniales des inégalités et au chemin suivi après l'indépendance. L'évolution des inégalités au Malawi est ainsi résumée ci-dessous :

(a) Le Malawi est devenu un protectorat britannique en 1893. Bien qu'il n'y ait pas de données précises pour la période précoloniale, les inégalités de revenus et d'actifs étaient alors faibles, car le pays présentait une distribution égalitaire des terres agricoles dans le contexte d'un système foncier communal. La plupart des personnes pratiquaient l'agriculture de subsistance dans un contexte où les terres cultivables étaient abondantes. Les activités minières et manufacturières étaient très peu développées.

(b) L'inégalité s'est creusée dans le sillage de la colonisation. Les colons européens ont en effet annexé une partie des meilleures terres pour instaurer une économie fondée sur de grandes exploitations visant à exporter des cultures de rente comme le coton, le thé et le tabac (Sindima, 2002). Ces changements ont eu pour effet d'accroître les inégalités dans l'accès à la terre et au capital humain, entraînant une prolétarisation de la main-d'œuvre rurale par le biais d'un impôt foncier sur les cases (*hut tax*) et du système *thangata* (Kwengwere, 2011)[3]. Dans l'esprit du modèle de centre-périphérie typique de l'ère coloniale, les dirigeants se sont gardés de développer les industries manufacturières, l'éducation et les infrastructures matérielles, mais se sont concentrés sur la création « d'institutions extractives »[4] permettant d'exploiter les ressources du pays.

Avec la colonisation, l'économie du Malawi s'est diversifiée dans quatre secteurs principaux : le secteur à forte productivité des grandes propriétés contrôlant une part croissante des sols et qui,

---

[3] Comme l'a signalé Kwengwere (2011 : 130), « le système Thangata était un système où la terre était échangée contre de la main-d'œuvre et qui est entré en vigueur en 1904. »

[4] Acemoglu et Robinson (2012) soulignent le contraste entre la croissance des *Western offshoots* (ou rejetons occidentaux), à savoir l'Australie, le Canada, la Nouvelle-Zélande et les États-Unis, où les migrants européens ont mis en place des « institutions économiques et politiques inclusives », qui ont jeté les bases de la croissance économique, avec des inégalités modérées, et celle des pays en développement où seulement quelques Européens s'installèrent et où les puissances coloniales créèrent des institutions extractives destinées à l'exploitation des ressources locales. Le manque d'institutions adaptées a représenté une entrave majeure à la croissance après l'indépendance.

en 1978, représentait 16 % des terres des petits exploitants (Pryor 1988, tableau A2) ; un secteur comprenant un grand nombre de petits exploitants (1,3 million autour de 1990) ; un autre constitué d'exploitations agricoles de taille moyenne tournées vers la production de maïs et de cultures commerciales pour l'exportation (Lele, 1990) ; et une réserve de main-d'œuvre bon marché, qui a absorbé jusqu'à 12 % de la population active, employée dans les grandes propriétés malawites, les mines ou les plantations d'Afrique du Sud. Dans l'ensemble, ces évolutions ont creusé les inégalités, car les colons blancs se sont approprié une part considérable des loyers des terres dans la mesure où les revenus et salaires des quatre secteurs différaient substantiellement.

(c) Entre 1964 et le début des années 1980, le pays a enregistré une baisse de la part des 0,1 et 0,25 % de personnes aux plus hauts revenus (Atkinson, 2014) en raison du départ des élites européennes. Se fondant sur les déclarations d'impôt, Atkinson remarque que les parts des haut revenus : Les parts de revenus supérieurs au Malawi affichent un net déclin sur la période allant de 1964 à 1980. La part correspondant aux 0,25 % de personnes aux plus hauts revenus a baissé, de 7,7 % en 1964 à 5,3 % entre 1978 et 1980 ; celle correspondant aux 0,1 % de personnes aux plus hauts revenus est passée de 4,6 % à 3,6 % entre 1978 et 1980 (p. 51). Cependant, Pryor (1988) montre que sur la même période, les coefficients de Gini sectoriel et global ont considérablement augmenté (tableau 12.1).

TABLEAU 12.1 Coefficients de Gini des principaux secteurs économiques		
	1968/69	**1984/85**
Familles de petits exploitants	0, 203	0,453
Familles des grandes propriétés	0,187	s.o.
Familles vivant dans des petites villes	0,466	s.o.
Familles vivant dans les quatre villes principales	0,660	0,621
Total	**0,449**	**0,599**

Source : Pryor (1988).

En raison du déclin de la production de maïs par habitant entre 1985 et 1991, la hausse des inégalités consignée par Pryor (1988) pour la période 1964-1985 s'est poursuivie au moins jusqu'en 1991. Cette hausse était due, entre autres, à la baisse des termes de l'échange (troc net) enregistrée par le pays jusqu'en 1994[5] et aux conséquences des programmes d'ajustement structurel sur la répartition.

(d) En ce qui concerne la période 1993-2011, la figure 12.1 retrace la dynamique du coefficient de Gini pour la répartition de la consommation par habitant à partir de six enquêtes auprès des ménages. Elle montre que l'inégalité a baissé jusqu'en 2004-2005 (sans doute du fait de l'introduction du programme *Starter Pack* [kit de démarrage] entre 1998 et 2005 et d'autres facteurs exposés plus bas), mais qu'elle a ensuite augmenté de 6 à 7 points entre 2004/2005 et 2011.

(e) Enfin, pour finir, pour les années 2004 et 2011, les microdonnées utilisées provenaient de deux enquêtes intégrées menées auprès des ménages (IHS-2 et IHS-3) dans le cadre du projet RIGA

---

[5] Dans des économies dépendantes de l'exportation de produits de base, la dégradation des termes de l'échange a des effets négatifs sur les déclarations fiscales, le niveau des revenus, la balance des paiements et le taux de change. Une situation qui a entraîné une baisse du pouvoir d'achat des ménages, une perte d'emplois et une réduction des prestations de services sociaux qui affecte les ménages aux revenus les plus modestes.

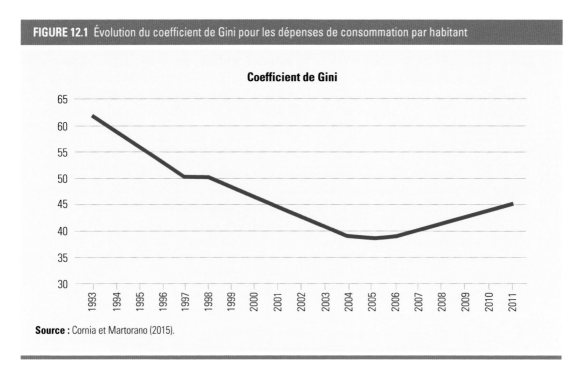

Coefficient de Gini

Source : Cornia et Martorano (2015).

mis en place par l'Organisation des Nations Unies pour l'alimentation et l'agriculture (FAO), la Banque mondiale et l'American University (Washington). Une comparaison de ces deux enquêtes suggère que le coefficient de Gini pour la répartition des revenus par habitant a augmenté de 12,5 points, autrement dit beaucoup plus que la hausse de 6 à 7 points enregistrée dans la répartition des dépenses de consommation des ménages par habitant dans la figure 12.1.

La section qui suit examine les facteurs à l'origine de cette évolution à long terme de l'inégalité en s'intéressant surtout aux 20 dernières années. Néanmoins, il convient de noter que les données susmentionnées sont biaisées par défaut dans la mesure où elles sont calculées d'après des enquêtes dont l'unité d'analyse est le ménage (et non l'individu). Cela sous-entend que tous les revenus d'une famille sont partagés de manière égale entre les membres d'un ménage, sans discrimination d'âge ni de genre. Or, ce n'est clairement pas le cas, dans la mesure où les inégalités entre les individus au Malawi sont également plus élevées qu'entre les ménages, notamment en raison de normes culturelles discriminatoires à l'égard des femmes en ce qui concerne l'accès à la propriété foncière, aux soins de santé, à l'éducation, au marché de l'emploi et à la vie politique et sociale. Cependant, des séries chronologiques sur l'inégalité entre les individus ou entre les genres sont difficiles à obtenir. Les inégalités de genre peuvent être indirectement mesurées à partir de statistiques administratives et de rares études ponctuelles en ventilant les résultats d'enquêtes sur les revenus/la consommation dans les ménages dont le chef de famille est un homme et ceux dont la chef de famille est une femme. À ce propos, le tableau 12.2 montre que les femmes du Malawi vivent plus longtemps que les hommes, que la discrimination pour l'accès aux soins de santé et à l'éducation a progressivement baissé (probablement en raison de l'accent mis par les OMD sur la lutte contre le sexisme), tout comme la discrimination économique (mesurée sur la base de la propriété foncière et du revenu par habitant).

Les inégalités entre zones rurales et urbaines se sont aggravées au cours des années 2000 avec la baisse du ratio du revenu par habitant en milieu rural rapporté à celui en milieu urbain, passé de 0,56 à 0,37 entre 2004 et 2011. De même, une décomposition de la hausse du coefficient de Gini montre qu'il est passé de

	1980-1985	1985-1990	1990-1995	1995-2000	2000-2005	2005-2010	2010-2015
Espérance de vie à la naissance (F/H)	1,06	1,06	1,04	1,02	1,00	1,03	1,04
Accès aux antirétroviraux (F/H)	...	...	...	...	...	1,29	1,33
Scolarisation dans le secondaire (F/H)	0,42	0,52	0,61	0,69	0,78	0,84	0,91
Années d'enseignement des membres de la pop. active F/H[3]	0,50	0,41	0,48	0,50	0,51	0,56	0,66
Terres privées gérées par F/H	...	...	...	...	0,88[1]	...	0,85[2]
Revenu des ménages dirigés par F/H	...	....	...	...	0,79[1]	...	0,70[2]

Source : Compilation des auteurs sur la base des travaux de la Division de la population du Département des affaires économiques et sociales des Nations Unies (DAES, 2015), des Indicateurs du développement dans le monde (WDI) et des enquêtes RIGA pour 2004 et 2011.

Remarques : [1]fait référence à l'année 2004 ; [2]fait référence à l'année 2011 ; et [3]les données sur l'éducation proviennent de Barro et Lee (2013) et concernent la première année de la période de référence.

0, 45 à 0,59 entre 2004 et 2011. Cela s'explique également par une hausse des inégalités entre les zones urbaines et rurales. En revanche, il n'y a aucun changement notable dans l'inégalité régionale. En raison du manque de données susmentionné, la section suivante porte uniquement sur l'inégalité de revenus et de consommation.

12.3 Indépendance et adoption d'un modèle de développement tiré par l'agriculture

12.3.1 Choix du modèle de développement

Au moment de l'indépendance, 87 % des terres non patrimoniales appartenaient à la communauté et 3 % de ces terres appartenaient à des particuliers. Il y avait peu de propriétaires africains. Leur nombre a cependant augmenté lorsque les terres patrimoniales ont été transférées à des élites liées au régime de Banda (Kwengwere, 2011). Le taux d'urbanisation était très faible et n'est passé que de 6 à 9 % entre 1968/1969 et 1984/1985. Comme le suggère la courbe de Kuznets, l'exode rural a accentué les inégalités, car les salaires ruraux représentaient 22 à 29 % des salaires urbains (Pryor, 1988).

Après l'indépendance, le pays a adopté une stratégie de développement fondée sur l'exportation de cultures de rente et les envois de fonds des travailleurs émigrés. Les petits exploitants avaient pour mission de produire du maïs ainsi que quelques cultures de rente, et ont dû fournir une main-d'œuvre bon marché aux grandes propriétés. En raison de la répartition égalitaire des terres non patrimoniales, cette politique a eu des effets potentiellement égalisateurs, qui ont cependant été atténués par le déclin presque continu des termes de l'échange sur les marchés internationaux (figure 12.2) liés à l'effondrement des prix du tabac et à la hausse des prix du pétrole et des engrais (Pryor, 1988). Cette dynamique a eu des effets négatifs sur les recettes fiscales, les salaires, l'emploi et la distribution des revenus. Les années qui ont suivi, les termes de l'échange se sont stabilisés, mais n'ont guère augmenté, même durant la période de croissance rapide de la Chine, pays pauvre en ressources naturelles.

Source : Compilation des auteurs d'après Pryor (2008) pour la période 1967 à 1985 et les Indicateurs du développement dans le monde pour les années suivantes.

12.3.2. Structure du secteur agricole

La production alimentaire est dominée par une agriculture de subsistance axée sur la culture du maïs et de tubercules. Seulement 10 % des ménages utilisent des techniques d'irrigation et, pour la plupart d'entre eux, la production alimentaire est vulnérable aux variations des précipitations et à la dégradation des sols. Bien que la concentration des terres ait été, et soit toujours, peu élevée[6], les revenus des petits agriculteurs, leurs capacités à accroître les intrants, la sécurité alimentaire et la pauvreté sont étroitement liés à la taille de leurs exploitations. Seuls les ménages disposant de plus de 0,8 à 1 hectare peuvent produire assez de maïs, élever suffisamment de têtes de bétail et obtenir un crédit pour des intrants agricoles. Cependant, en raison de la croissance démographique rapide, la proportion de petits exploitants possédant moins de 0,8 hectare est passée de 28,7 % en 1968/1969 à 55 % en 1980/1981 et a continué d'augmenter par la suite.

La pénurie croissante de terres a amplifié la prolétarisation et l'emploi informel. Cette tendance a été accentuée par l'accès intermittent des petits exploitants aux engrais, crédits et subventions, une conjoncture entravant leur capacité à réagir aux stimuli financiers introduits par les programmes d'ajustement structurel dans les années 1980 (Lele, 1990). La production agricole et les inégalités étaient, et sont toujours, soumises aux variations des prix des engrais et pesticides importés. La dépendance à l'égard des engrais importés est d'autant plus forte que leurs prix sont étroitement liés à ceux de l'énergie et qu'elle accentue donc la vulnérabilité du pays aux variations du cours du pétrole dans le monde (qui augmentent les coûts de production et peuvent faire chuter la demande d'engrais). Cela se traduit alors par une production réduite de maïs (dont le prix de vente augmente) et une sécurité alimentaire plus faible ou le passage à des cultures moins gourmandes en engrais telles que les racines et les tubercules. Au début des années 2000, le programme *Starter Pack* ainsi que des conditions climatiques favorables ont contribué à trois années consécutives de récoltes exceptionnelles. L'envolée du prix mondial du pétrole (un des intrants de base pour

---

[6] Le coefficient de Gini de la distribution de terres cultivées par ménage de petits exploitants agricoles est passé de 0,369 à 0,381 entre 1968/69 et 1984/85 (Pryor, 1988, Tableau A5). Si les grandes propriétés étaient prises en compte, le coefficient de Gini atteindrait presque 0,5.

la production d'urée) qui s'en est suivie et la dévaluation du kwacha en 2008 ont provoqué une hausse de 250 % des prix des engrais sur le marché intérieur (figure 12.3), et contribué à la famine de 2009-2010. Cette situation était la conséquence d'une hausse des prix des matières premières agricoles, qui a sans doute eu une incidence sur la production, comme cela a été suggéré par Cornia, Deotti et Sassi (2016).

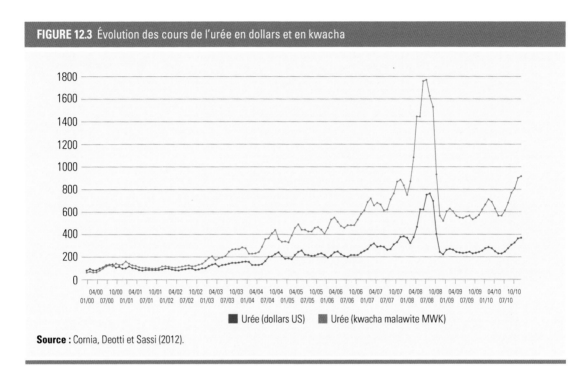

FIGURE 12.3 Évolution des cours de l'urée en dollars et en kwacha

■ Urée (dollars US)　■ Urée (kwacha malawite MWK)

Source : Cornia, Deotti et Sassi (2012).

12.3.3 Incidence des politiques agricoles sur l'inégalité

Dans la logique du choix d'un modèle de développement tiré par l'exportation de produits agricoles, le gouvernement a affecté, au cours des premières années, une grande partie des investissements publics à la mise en place d'infrastructures rurales et à l'intensification de l'usage d'engrais dans les régions du centre et du sud, où les terres sont peu fertiles. Si cette politique s'est traduite par une croissance de la production (figure 12.4), les politiques agricoles elles ont évolué au fil du temps. Les premières années, l'aide publique était principalement destinée aux petites exploitations. La quasi-totalité des investissements et des subventions servait ainsi à des projets en leur faveur, entraînant un effet égalisateur. Cependant, la production de maïs et de tabac des petits exploitants fluctuait fortement, provoquant des incertitudes dans les milieux gouvernementaux quant à leur capacité à promouvoir la croissance, garantir la sécurité alimentaire et dégager suffisamment de revenus pour la mise en œuvre de projets d'infrastructures clés. Pour cette raison, à la fin des années 1960, le gouvernement a changé de tactique et orienté sa stratégie vers les domaines des grands propriétaires et les exploitations de taille moyenne. Il a réattribué des baux fonciers, des licences de production, des crédits subventionnés et des engrais à ces exploitations, capables d'adopter de nouvelles techniques de culture, d'augmenter les rendements et d'introduire de nouvelles cultures. Si ce changement a généré une croissance rapide pendant 10 à 15 ans, son incidence n'a pas d'effet égalisateur (Pryor, 1988) puisque la terre, la main-d'œuvre et les bénéfices ne profitaient pas aux petits exploitants et que les salaires de la population rurale baissaient.

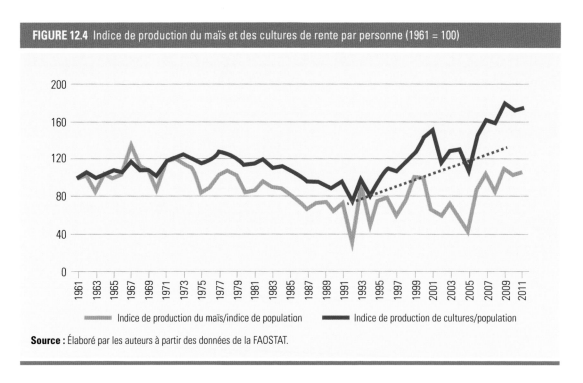

FIGURE 12.4 Indice de production du maïs et des cultures de rente par personne (1961 = 100)

Indice de production du maïs/indice de population Indice de production de cultures/population

Source : Élaboré par les auteurs à partir des données de la FAOSTAT.

Ces politiques ont accentué ce que Lele (1990) a appelé la dualité dans la dualité, à savoir un dualisme entre les petites et les moyennes exploitations dans le cadre de la dualité de l'ère coloniale entre grandes propriétés et petits exploitants. Cette réorientation politique a modifié la composition des productions agricoles. Tandis que le pays profitait d'une croissance rapide grâce aux cultures de rente à partir des années 1970, la production de maïs par habitant baissait (comme l'illustre la baisse rapide de l'indice de production du maïs dans la figure 12.4), les petits exploitants devenaient plus tributaires des revenus salariaux et les prix du maïs augmentaient. Cette situation a sérieusement affaibli le pouvoir d'achat de petits paysans marginaux qui sont des acheteurs nets de denrées alimentaires et payent plus cher le maïs que les familles mieux loties (Mussa, 2015).

Les programmes d'ajustement structurel des années 1980 ont aggravé l'inégalité d'accès aux engrais. Ils visaient en premier lieu à rétablir un équilibre macroéconomique après les chocs exogènes qu'a subis le Malawi à la fin des années 1970 et au cours des années 1980. Par la suite, ils ont inclus aussi des mesures de libéralisation des prix et du commerce et ont tenté de supprimer les subventions aux engrais. L'efficacité de ces politiques a été souvent remise en question. Dans des pays caractérisés par une forte densité de population comme le Malawi, où la taille des exploitations agricoles diminue, le coût des engrais importés est élevé, l'accès au crédit est biaisé, les services d'encadrement sont faibles et les marchés peu liquides, une intensification de l'agriculture dominée par le secteur privé a peu de chance de réussir et, par définition, ne favorise pas l'égalité. C'est dans ce contexte que le gouvernement a introduit le programme innovant de *Starter Pack* en 1998. Il proposait un petit paquet de semences de maïs et de légumes à haut rendement avec suffisamment d'engrais pour 0,1 hectare (Levy, Barahona et Chinsinga, 2004). Au cours des trois premières années, trois millions de kits ont ainsi été distribués, soit suffisamment pour tous les petits exploitants agricoles. Entre 2000 et 2001, 2001 et 2002, la portée du programme a été réduite et axée sur les paysans les plus pauvres. Entre 2002 et 2003 et l'année suivante, le programme a été étendu sur le principe de la couverture quasi universelle afin de répondre à la crise alimentaire survenue au début de l'année 2002.

Malgré d'importantes fluctuations annuelles, entre 1998 et 2005, ce programme a enrayé le déclin de la production de maïs par habitant entre 1981 et 1991 et aidé à réduire les inégalités sur période allant de 1993 à 2005 (figure 12.1). Les évaluations de son impact indiquent qu'il a augmenté la production de maïs d'environ 125 à 150 kg par ménage et maintenu les prix à un niveau bas pendant la saison creuse. Au niveau agrégé, au cours des premières années du programme, la production de maïs était de 67 % supérieure à la moyenne des 20 années précédentes (Banque mondiale, n d.).

La démarche concernant les engrais, la subvention et l'intensification de l'agriculture a changé de nouveau en 2005/2006 avec l'introduction du Programme de subvention des intrants agricoles (FISP, Farm Input Subsidy Programme). Ce dernier a permis de réduire récemment l'insécurité alimentaire au Malawi et est devenu un instrument de choix du gouvernement pour aider les agriculteurs à faibles revenus. À l'exception de la campagne 2008/2009, ce programme représentait la quasi-totalité des dépenses sociales (Banque mondiale, 2013). Ses effets sur les inégalités et la pauvreté n'ont cependant pas été satisfaisants (voir ci-dessous).

Les politiques agricoles sont mises en place par l'Agricultural Development and Marketing Corporation (ADMARC), une société parapublique créée en 1971. La mission de l'ADMARC consiste à promouvoir l'accès aux marchés privés et l'exportation des produits agricoles, à commercialiser des intrants agricoles, à intervenir comme acheteur de dernier recours, à régulariser les tarifs, à maintenir une réserve stratégique de maïs et à garantir la sécurité alimentaire par l'achat de ces produits à l'étranger et sur le marché intérieur. Les politiques de sécurité alimentaire de l'ADMARC ont souvent été critiquées. Si cette organisation a permis d'éviter la famine en 1998, entre 2000 et 2001, elle a dû vendre la plupart de ses réserves de maïs pour faire face à des problèmes financiers, juste avant la récolte médiocre de 2002, une décision qui a entraîné une pénurie alimentaire et la famine (Hartwig et Grimm, 2002). En 2002, la Banque mondiale a contraint l'ADMARC à réduire ses opérations commerciales afin de permettre une plus grande concurrence du secteur privé, des mesures qui ont également eu des résultats mitigés. Des conditions météorologiques défavorables et des interventions inadaptées de l'ADMARC sur le marché du maïs (par ex. le rationnement des ventes de maïs) ont entraîné une flambée des prix des produits alimentaires en 2002, 2005 et 2009/2010 (Cornia, Deotti et Sassi, 2012) qui ont nui à la répartition du pouvoir d'achat (Dorward et Chirwa, 2011 ; Chirwa et Muhome-Matita, 2013).

12.4 Croissance démographique[7]

À la faveur des changements stratégiques présentés à la section 12.3, les emplois formels ont augmenté considérablement dans les grandes propriétés avant de stagner à cause de l'épuisement des terres fertiles et de l'incapacité à créer des perspectives d'emploi de substitution dans les fermes. La croissance démographique (tableau 12.3) et la faible intensification technologique ont abouti à la mise en culture de toutes les terres disponibles et à une baisse de la taille des exploitations, qui a atteint 0,23 hectare en 2009, voire encore moins dans la région densément peuplée du sud. La diminution de la taille des exploitations et la baisse de la fertilité des sols sont devenues un obstacle à une production suffisante de nourriture pour l'autoconsommation, même durant les années de récolte favorable, et a augmenté la dépendance des ménages à l'égard des salaires d'emplois non qualifiés et d'autres sources de revenus, notamment des activités rurales non agricoles (Droppelman, Mukuwira et Khumwenda, 2012), engendrant aussi une migration vers les villes (tableau 12.3).

---

[7] Le chapitre 10 propose une description détaillée et des preuves empiriques sur la relation entre la dynamique des populations et les inégalités en Afrique.

	1965-1970	1980-1985	1985-1990	1990-1995	1995-2000	2000-2005	2005-2010
TABLEAU 12.3 Dynamique de la population au Malawi, 1980 à 2010							
Taux de fécondité total (TFR)	7,20	7,58	7,40	6,60	6,44	6,07	5,83
Taux de croissance démographique	2,39	3,05	5,20	1,06	2,55	2,64	2,99
Population totale (millions) *	4,5	7,2	9,4	10,1	11,3	12,9	15,0
Habitants au km²*	38,2	61,3	79,7	84,1	95,6	109,1	126,7
% de population urbaine *	6,1	10,2	11,6	13,3	14,6	15,1	15,5
Population urbaine (millions)	274	1,09	1,32	1,65	1,94	2,33	2,81

Source : Compilation des auteurs d'après des données de la Division de la population du Département des affaires économiques et sociales des Nations Unies (DAES), 2015.
Remarque : *Fin de période.

La croissance démographique élevée a non seulement eu une incidence sur la taille des exploitations et l'épuisement des sols, mais également sur l'usage abusif de la biomasse et la déforestation intensive puisque 98 % de la population utilise le bois comme source d'énergie pour cuisiner. Ces tendances ne sont pas durables et ont déjà entraîné une baisse de la productivité agricole qui affecte tout particulièrement les petits exploitants. Si des techniques agricoles plus performantes et un plus grand usage des engrais peuvent permettre d'alléger la baisse de productivité, l'utilisation intensive d'engrais peut quant à elle altérer la qualité de l'eau. Tous ces éléments suggèrent que la solution à ce problème environnemental doit venir essentiellement des politiques de régulation démographique visant à faire baisser le taux de fécondité total. En effet, depuis les années 1970, le taux de croissance démographique a oscillé autour de 3 %, à l'exception d'une baisse au début des années 1990 en raison de la hausse du nombre de décès liés au sida (figure 12.5). Si cela a soulagé temporairement la pression exercée sur les sols, l'épidémie de VIH/sida a eu des effets distributifs pervers, car la situation a appauvri les familles concernées en réduisant le nombre d'adultes actifs et en augmentant le temps que les adultes en bonne santé devaient consacrer aux soins destinés aux personnes atteintes du virus, ainsi que les sommes destinées aux médicaments et aux funérailles (Cornia, 2007). Au cours des 15 dernières années, certains progrès ont été enregistrés grâce à la diffusion plus large de traitements antirétroviraux[8] ainsi qu'aux programmes de sensibilisation et de soins palliatifs.

Par ailleurs, la pression démographique exercée sur les terres a également augmenté à mesure que les possibilités d'émigrer s'amenuisaient. Pendant la période coloniale, les ouvriers sans terre qui ne trouvaient pas d'emploi partaient en effet en Afrique australe. Cette tendance s'est poursuivie après l'indépendance, et en 1972, 10,3 % de la main-d'œuvre travaillait à l'étranger (Kwengwere, 2011). Cette migration a baissé au milieu des années 1970, quand le Malawi a commencé à faire revenir ses ressortissants après un accident d'avion qui a fait de nombreuses victimes parmi des mineurs malawites. Il y a eu de surcroît des mouvements d'expulsions d'expatriés malawites à cause d'une montée de la xénophobie en Afrique du Sud. Le taux de croissance net de la migration qui était de 18,8 % dans les années 1985 à 1990 est redescendu à 1,5 % entre 2005 et 2010 (Division de la population du Département des affaires économiques et sociales des Nations Unies [DAES] et UNICEF, 2014). Sur la même période, le nombre d'émigrants ayant fait des études supérieures a augmenté (Banque mondiale, 2011). Dans l'ensemble, entre 2002 et 2011, les envois de fonds des travailleurs émigrés représentaient entre 0,1 et 0,8 % du PIB.

---

[8] Au départ, les traitements antirétroviraux étaient fournis uniquement par les hôpitaux. Actuellement, ils sont également délivrés par des centres de soins et des infirmiers. La couverture du traitement antirétroviral entre 2011 et 2013 a ainsi doublé, passant de 300 à 600 sites. Le pourcentage de femmes enceintes séropositives sous traitement antirétroviral est passé de 44 % en 2010 à 73 % en 2013 (Gouvernement du Malawi, 2014).

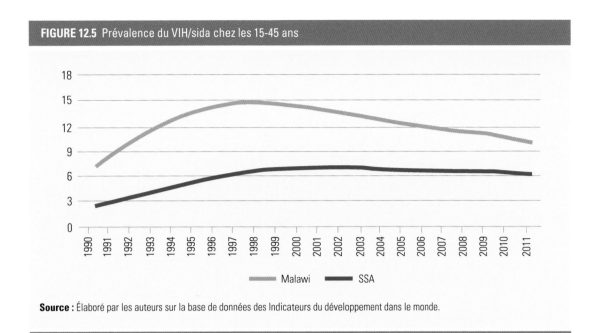

FIGURE 12.5 Prévalence du VIH/sida chez les 15-45 ans

Malawi ▬ SSA

Source : Élaboré par les auteurs sur la base de données des Indicateurs du développement dans le monde.

En raison de ces évolutions de la croissance démographique, de la taille des exploitations agricoles, de l'émigration, de l'exode rural, la composition sectorielle du PIB du Malawi s'est orientée de plus en plus vers les activités rurales non agricoles (RNA) et les activités dans un cadre urbain, en particulier les services, aux dépens de l'agriculture. Entre 1992 et 2012, la part de la valeur ajoutée de l'agriculture est passée de 50 à environ 30 % (figure 12.6), tandis que la part de la valeur ajoutée industrielle (minière, production manufacturière, construction et équipements collectifs) a baissé de 20 à 10 %, puis s'est stabilisée les années suivantes. Parmi les facteurs clés de cette baisse : de faibles investissements nationaux et étrangers, la libéralisation du commerce et, vers la fin des années 2000, un taux de change surévalué. Comme dans d'autres pays d'Afrique, la production manufacturière nationale a été supplantée par les importations chinoises et indiennes (BAfD et al., 2011). Le secteur de la construction a également connu un recul. En revanche, la valeur ajoutée du secteur des services a continué de croître, atteignant près de 50 % en 2012 (figure 12.6). La finance, la communication ainsi que les services privés et publics ont connu la plus forte progression (Charman, 2013 et figure 12.6).

Il convient de souligner que la croissance démographique rapide s'est traduite par une hausse des activités informelles urbaines, telles que les microentreprises, le petit commerce, les services aux particuliers et le commerce non réglementé (Durevall et Mussa, 2010). Mais en raison du nombre limité d'emplois créés dans les zones urbaines, la main-d'œuvre rurale au chômage a surtout trouvé à s'employer dans les activités rurales non agricoles. Droppelman, Mukuwira et Khumwenda (2012) montrent qu'entre 2004 et 2009, 40 % des emplois dans le domaine de la construction, 20 % des emplois dans l'industrie manufacturière et un sixième des emplois dans les services se concentraient dans les zones rurales.

La hausse des emplois informels restait néanmoins problématique. Si la plupart des emplois formels dans le secteur des services concernent la finance et les administrations publiques, le secteur informel se caractérise quant à lui par une faible productivité et, dans de nombreux cas, constitue davantage un moyen de subsistance qu'une activité productive. De plus, la répartition des revenus dans les services formels et informels urbains est plus inégale que chez les petits exploitants agricoles, ou que dans les industries manufacturières à forte intensité de main-d'œuvre et la construction. Cette « évolution sous-optimale de la

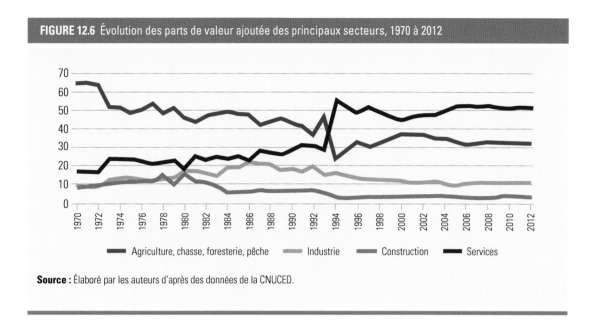

FIGURE 12.6 Évolution des parts de valeur ajoutée des principaux secteurs, 1970 à 2012

Agriculture, chasse, foresterie, pêche ■ Industrie ■ Construction ■ Services

Source : Élaboré par les auteurs d'après des données de la CNUCED.

structure de production » a eu une incidence sur la croissance (dans la mesure où les travailleurs passaient rarement d'emplois faiblement productifs à des emplois fortement productifs), tandis que la répartition des revenus empirait. En effet, le secteur informel se caractérise par une répartition plus inégale des revenus en raison d'un accès inégal aux biens, au capital humain, au crédit et aux intrants. En parallèle, l'inégalité a augmenté également dans le secteur formel comme nous allons le voir ci-après.

12.5 Test de l'hypothèse de « l'évolution sous-optimale de la structure de production » par micro-décomposition

Afin de mesurer de manière empirique les effets distributifs de la réaffectation des emplois et de la production dans les différents secteurs, les auteurs ont eu recours à une micro-décomposition[9] des changements survenus entre 2004 et 2011 avec le coefficient de Gini pour la répartition des revenus par habitant, calculée sur HIS2 et HIS3. Ils ont suivi l'approche Rao (1969) qui, après avoir éliminé des enquêtes toutes les absences d'observations, décompose le coefficient de Gini Gt en somme pondérée des coefficients de concentration C_{it} de chaque secteur, pondérée par leurs parts s_{it} sur la valeur ajoutée totale, c'est-à-dire :

$$G_t = \sum s_{it} \, C_{it} \qquad \text{avec} \quad \sum s_{it} = 1$$

---

[9] Il existe une littérature importante traitant de la décomposition du coefficient de Gini à un moment donné ou au fil du temps. Les résultats obtenus peuvent être légèrement différents selon la méthodologie suivie, en particulier s'il y a des répartitions spécifiques des sources de revenus ou des sous-groupes. Les résultats varient également selon que le coefficient de Gini est décomposé en « secteurs de production » (comme dans le tableau 12.4) ou en « sources de revenus » (comme dans le tableau 12.5), en particulier s'il y a de nombreux sous-groupes et si l'absence d'observations est prise en compte ou non dans les répartitions des sous-populations. La méthode initiale proposée est celle de Rao (1969), présentée dans le texte. Lerman et Yitzhaki (1985) ont proposé une autre approche, partant de l'hypothèse que la répartition des revenus totaux peut être différente de celle des sous-groupes. Ces auteurs ont élaboré la formule suivante : $G = \sum Rk \, Gk \, Sk$, selon laquelle le total du coefficient de Gini G est égal à la somme pondérée de l'indice sectoriel Gini Gk pondéré avec les parts de revenus respectives du revenu total Sk, multiplié par Rk, qui est la corrélation entre le coefficient de Gini du composant du revenu k et celui du revenu total. Wan (2001) a proposé une approche dynamique, où ∆Gini est égal à $\sum \Delta s_i C_{it} + \sum \Delta C_i \, s_{it} + \sum \Delta s_i \Delta C_i$. Le premier terme représente « l'effet structurel » (à savoir l'évolution du coefficient de Gini total lié à une modification des parts « s_i » des sources de revenus ou des sous-groupes), le deuxième correspond à « l'effet réel d'inégalité » (qui reflète les modifications des coefficients de concentration pour chaque secteur ou source de revenus) et le troisième est un « terme d'interaction » entre les deux premiers.

Cet algorithme permet d'identifier les contributions en valeurs absolues et relatives du coefficient de concentration de chaque secteur et la part de la valeur ajoutée sur l'inégalité globale. En comparant les changements dans les contributions relatives entre 2004 et 2011 (dernière colonne du tableau 12.4), on distingue les secteurs qui expliquent la hausse du coefficient de Gini. Sur la base de certains aspects méthodologiques (voir note de bas de page 7) et afin de tester les résultats obtenus avec la méthodologie Rao, nous avons également utilisé le module DASP (*Distributive Analysis Stata Package*) (Abdelkrim et Duclos, 2007), où les valeurs zéro sont incluses dans les répartitions des sous-groupes, ainsi que l'approche Ytzhaki-Lerman (1985). Comme le montre l'annexe 1 de Cornia et Martorano (2016), les résultats des différentes approches sont très similaires à ceux présentés ci-après.

Le tableau 12.4 montre qu'entre 2004 et 2011, le coefficient de Gini a connu une augmentation importante de 12,5 points (autrement dit, 6 à 7 points de plus que ce qui est illustré dans la figure 12.1, qui est basée sur la répartition de la consommation des ménages par habitant) et que cette hausse était due à :

- Un important « effet structurel », c'est-à-dire un changement dans l'activité économique et la création de valeur ajoutée d'une agriculture faiblement inégalitaire, qui subit une baisse de 19,2 points de pourcentage de sa part de valeur ajoutée, vers des secteurs où l'inégalité est prononcée (par exemple, le commerce, le transport et les télécommunications, les services et la construction). Les secteurs des mines, des industries manufacturières, des services d'utilité publique, et le secteur finance, assurances et immobilier (FAI) ont enregistré des variations plutôt modestes (tableau 12.4, figure 12.6).

- Un « effet d'inégalité réel » quasi universel, à savoir une hausse des coefficients de concentration de la répartition des revenus dans tous les secteurs à l'exception de l'agriculture, du secteur FAI, et d'autres secteurs.

TABLEAU 12.4 Décomposition selon Rao de la hausse du coefficient de Gini entre 2004 et 2011

Valeur ajoutée par secteur	2004				2011				Δ Contribution relative 2004-2011
	Part du revenu	Indice de concentration	Contribution absolue	Contribution relative	Part du revenu	Indice de concentration	Contribution absolue	Contribution relative	
Agriculture	0,648	0,312	0,202	0,449	0,456	0,277	0,126	0,220	- 0,229
Secteur minier	0,000	0,491	0,000	0,000	0,004	0,812	0,003	0,005	0,005
Industrie manufacturière	0,069	0,608	0,042	0,093	0,075	0,719	0,054	0,094	0,001
Services d'utilité publique	0,006	0,692	0,004	0,009	0,005	0,875	0,004	0,007	- 0,002
Construction	0,010	0,541	0,006	0,013	0,025	0,733	0,018	0,032	0,019
Commerce	0,084	0,615	0,052	0,115	0,152	0,809	0,123	0,214	0,099
Transport	0,018	0,775	0,014	0,031	0,043	0,885	0,038	0,067	0,036
Finance, assurances et immobilier	0,013	0,924	0,012	0,027	0,018	0,920	0,016	0,029	0,002
Services	0,137	0,787	0,107	0,239	0,227	0,833	0,189	0,330	0,091
Autres secteurs	0,015	0,713	0,010	0,023	0,002	0,714	0,002	0,003	-0,020
Total	1,000		0,450	1,000	1,000		0,575	1,000	0,000

Source : Élaboré par les auteurs sur la base de HIS2 et HIS3.

Dans l'ensemble, la hausse du coefficient de Gini résulte de la baisse de la part de la valeur ajoutée et du coefficient de concentration de l'agriculture ainsi que de l'augmentation parallèle de la part et du coefficient de concentration du commerce, du transport, des services et dans une moindre mesure, de la construction. Tous les autres secteurs n'ont eu qu'une incidence marginale sur l'inégalité globale.

Ces résultats valident l'hypothèse de « l'évolution structurelle sous-optimale » de l'économie au cours des sept dernières années, liée à l'incapacité de moderniser largement l'agriculture, ainsi que la baisse et la stagnation qui s'ensuivirent dans la construction et l'industrie manufacturière, deux secteurs à forte intensité de main-d'œuvre, à cause de la libération prématurée du commerce, des déficits d'infrastructures et d'un faible niveau d'épargne.

La hausse générale du coefficient de Gini sur la période 2004-2011 a également été décomposée par sources de revenus, dans ce cas, selon l'approche de Rao (1969). Les résultats (tableau 12.5) sont conformes à ceux du tableau 12.4. Ils montrent, par ordre d'importance, que :

- Le facteur clé de la hausse du coefficient de Gini correspond à l'augmentation de 4,5 points de la part du revenu généré par la production de bétail, et de manière encore plus significative, l'aggravation massive des inégalités dans ce secteur (dont le coefficient de Gini est passé de 0,4 à 0,716). Dans le cadre d'une économie dualiste, cela semble suggérer qu'avec l'épuisement presque total des terres cultivables dans le sud et le centre du pays, les agriculteurs et les grands domaines disposant de plus de capitaux se sont tournés vers une production animale plus économe en terres mais à forte intensité de capital, ce changement ayant été moins observé chez les petits agriculteurs, qui n'ont pas accès au crédit ni à de l'assistance technique.

- Le deuxième moteur de la hausse des inégalités correspond à un glissement de la création d'une valeur ajoutée des revenus de l'agriculture et de l'autoproduction vers des revenus informels dans des zones urbaines et périurbaines non agricoles, où l'inégalité de revenus est plus élevée, car l'accès aux biens, aux crédits et à la technologie est inéquitable. La diminution de la part des emplois faiblement inégalitaires dans l'agriculture et les petites exploitations (dont la part a chuté d'au moins 18,9 points de pourcentage entre 2004 et 2011, tableau 12.5) au profit de sources de revenus hautement inégalitaires a considérablement amplifié les inégalités.

- De plus, les salaires du secteur formel non agricole sont devenus inégalement répartis alors que leur part dans le revenu total a augmenté de 8 points. Ce qui reflétait une réorientation vers les emplois urbains et périurbains dans les domaines des services, du transport, du commerce et, dans une moindre mesure, dans le secteur manufacturier ainsi que celui du trio finance, assurances et immobilier (FAI), à savoir des secteurs où l'introduction de technologies modernes a augmenté la demande de compétences et la prime à la qualification. Ce dernier est également lié à l'accroissement limité du nombre de travailleurs ayant suivi des études secondaires, en particulier ceux qui font partie des quatre derniers quintiles de revenus (voir ci-après).

- Les revenus du capital (locations et autres revenus non précisés) ont partiellement contribué à la hausse globale des inégalités de revenus, car leur part a augmenté de 1,8 point et leur coefficient de concentration est passé de 0,439 à 0,778.

- La décomposition met en évidence l'incidence limitée des transferts publics et privés dans la redistribution des revenus aux pauvres, malgré l'introduction de programmes d'assistance sociale présentés à la section 5.3. Un grand nombre de ces programmes sociaux sont en phase pilote et dispersés entre de nombreuses activités, et ils n'ont pas encore produit les effets observés avec les programmes ayant une couverture étendue, comme le programme Bolsa Familia au Brésil, qui a réduit le coefficient de Gini de trois points (Cornia, 2014).

Source de revenus	2004				2011				Δ Contribution relative 2004-2011
	Parts	Indice de concentration	Contribution absolue	Contribution relative	Parts	Indice de concentration	Contribution absolue	Contribution relative	
Emplois rémunérés — agriculture et pêche	0,081	0,279	0,023	0,052	0,088	0,272	0,024	0,041	-0,011
Emplois rémunérés — activités non agricoles	0,224	0,755	0,169	0,387	0,305	0,814	0,249	0,423	0,036
Revenu annuel net lié à la production de cultures	0,437	0,286	0,125	0,286	0,248	0,236	0,059	0,100	-0,186
Revenu annuel net lié à la production de bétail	0,097	0,400	0,039	0,089	0,142	0,716	0,102	0,173	0,084
Revenu net annuel provenant d'une activité indépendante non agricole	0,122	0,592	0,072	0,166	0,166	0,785	0,131	0,223	0,057
Transferts secteurs privé-public annuels bruts	0,034	0,189	0,006	0,015	0,025	0,186	0,005	0,008	-0,006
Revenu annuel provenant d'autres sources (revenus locatifs, sources autres que des frais de main-d'œuvre)	0,006	0,439	0,002	0,006	0,024	0,778	0,019	0,032	0,026
Total	**1,000**		**0,436**	**1,000**	**1,000**		**0,587**	**1,000**	

Source : Élaboré par les auteurs à partir d'enquêtes normalisées datant de 2004 et 2011 auprès de ménages dans le cadre du projet RIGA.

12.6 Incidence des politiques économiques sur l'inégalité

12.6.1 Libéralisation du commerce, structure économique et inégalités de revenus

Comme on l'a noté, en raison des chocs macroéconomiques et de la récession mondiale au début des années 1980, le Malawi a adopté trois programmes d'ajustement structurel entre 1981 et 1988. Ils portaient initialement surtout sur la stabilisation macroéconomique, avant d'évoluer progressivement vers une libéralisation de l'agriculture, la promotion des exportations agricoles, la suppression des subventions aux engrais, la révision périodique des taux de change et d'intérêt, et la privatisation d'entreprises publiques. Puis, dans le cadre de la Facilité d'ajustement structurel renforcée (FASR) de 1987, le pays a réduit l'octroi de licences pour l'exportation et les taxes à l'importation avant d'assouplir en 1994 la réglementation régissant le contrôle des changes (Kwengwere, 2011).

L'industrie manufacturière n'a jamais été une activité phare de l'économie du Malawi, les entreprises n'ayant pas créé suffisamment de liens en amont avec l'agriculture. En conséquence, le pays a continué de dépendre des importations de produits agroalimentaires transformés, y compris des produits de base, bridant ainsi son potentiel de développement dans l'agroalimentaire et les textiles. Les problèmes de la production industrielle se sont exacerbés avec la libéralisation du commerce dans les années 1990. Au lieu de soutenir les industries naissantes, les programmes d'ajustement structurel ont entraîné une réduction des taxes à l'importation, ce qui a provoqué une baisse drastique de la part du secteur manufacturier dans la production totale (figure 12.7) et une arrivée massive de produits de Chine et d'Inde (tableau 12.6). À la fin des années 2000, les IDE provenant de ces deux pays investis dans l'industrie manufacturière, l'agriculture et le secteur pharmaceutique ont cependant progressé, ce qui fera peut-être renaître l'industrie malawite (Said et Singini, 2014 ; BAfD *et al.*, 2011).

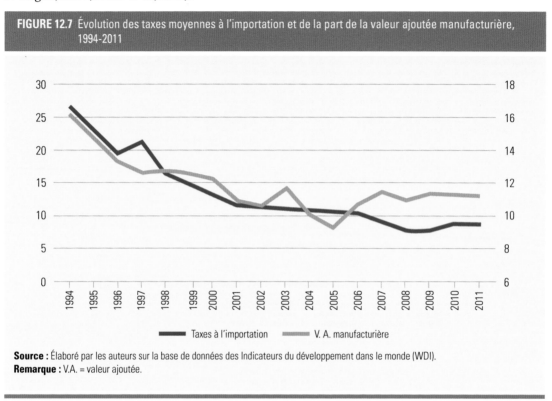

FIGURE 12.7 Évolution des taxes moyennes à l'importation et de la part de la valeur ajoutée manufacturière, 1994-2011

Source : Élaboré par les auteurs sur la base de données des Indicateurs du développement dans le monde (WDI).
Remarque : V.A. = valeur ajoutée.

12.6.2 Les politiques macroéconomiques et la crise de 2009-2011

Entre 2006 et 2009, le PIB a enregistré une croissance de 6 % par an et bénéficié d'un soutien régulier des bailleurs de fonds et d'une économie stable (tableau 12.6). La réforme fiscale a augmenté légèrement le recouvrement des recettes et amélioré la politique budgétaire. En 2006, le pays a également profité d'un allègement massif de sa dette (voir ci-après) et d'un afflux régulier de subventions étrangères.

Cette situation faste a pris fin en 2009 en raison d'une hausse importante des prix des engrais (figure 12.3), de l'importation de larges quantités de maïs, d'une augmentation des dépenses de cycle électoral de 1,2 % du PIB et d'une baisse des IDE (tableau 12.6) et des envois de fonds des travailleurs émigrés. Ces facteurs ont creusé le déficit fiscal (BAfD *et al.*, 2011 ; Said et Singini, 2014). De plus, une politique de taux de change fixe utilisée comme point d'ancrage nominal contre l'inflation a creusé le déficit chronique du compte courant, ce qui a provoqué une grave crise de change en 2001.

La crise macroéconomique des années 2010-2011 a déclenché une grande récession tandis que l'inflation s'est s'accélérée, la pauvreté a augmenté de dix points, la capacité d'absorption de main-d'œuvre a baissé (Beck, Mussa et Pauw, 2013) et l'inégalité s'est intensifiée, notamment à cause d'une rapide hausse des prix des denrées alimentaires (Mussa, 2015). En effet, la crise de 2009-2011 s'est accompagnée d'une hausse

	Début des années 1990	Milieu des années 1990	Début des années 2000	2005	2006	2007	2008	2009	2010	2011	2012
Taux de croissance du PIB par habitant	4,0	3,1	-3,3	0,5	-0,8	6,5	5,4	6,0	3,6	1,4	-1,0
Investissement total/PIB	20,4	19,5	14,5	22,7	25,7	26,5	25,7	25,6	26,0	15,3	16,9
Épargne nationale brute/PIB	15,1	5,5	7,6	10,7	14,4	27,4	16,0	20,7	30,4	9,4	12,5
Inflation, fin de la période de variation de l'IPC	15,3	49,2	28,6	16,6	10,1	7,5	9,9	7,6	6,3	9,8	34,6
Exportations de biens et de services/PIB	23,5	27,6	24,8	24,0	22,6	28,3	28,2	24,6	29,4	29,5	37,6
Importations de biens et de services/PIB	31,4	47,2	36,2	52,2	47,1	40,3	48,9	39,0	44,9	39,8	54,2
Investissements directs étrangers/PIB	0,0	1,1	0,9	5,1	1,1	3,4	4,6	1,0	1,8	2,3	3,1
Indice du taux de change effectif réel (2005 = 100)	194,2	139,5	147,5	99,7	96,3	94,1	97,1	106,3	100,0	95,6	78,5

Source : Base de données du FMI — Perspectives de l'économie mondiale et Indicateurs du développement mondial de la Banque mondiale.

importante du prix du maïs, ce qui a conduit à l'importation en urgence de produits alimentaires et entraîné une forte augmentation de la malnutrition chez les enfants (Cornia, Deotti et Sassi, 2016). À la différence d'autres famines, la crise alimentaire de 2009-2010 s'est produite dans le contexte d'un accroissement de la production de maïs. De fait, le ministère de l'Agriculture et l'ADMARC avaient encouragé l'exportation de maïs entre 2007 et 2009 en raison d'une surestimation systématique de la production de maïs. La spéculation nationale qui a suivi la hausse des prix des produits alimentaires dans le monde (Chirwa, 2009), les tensions inflationnistes, et la dévaluation et l'augmentation du coût de l'urée ont contribué à la hausse du prix des denrées alimentaires et à l'accroissement des inégalités associées.

12.6.3 La politique budgétaire et la redistribution des revenus

Au Malawi, la redistribution du revenu en espèces et en nature a toujours joué un rôle limité. Cela est principalement lié à des revenus faibles par habitant, à des difficultés d'imposition de l'agriculture et du secteur informel, à l'absence d'institutions jouant un rôle redistributif et à des problèmes de gouvernance économique qui se sont parfois traduits par le détournement de fonds publics destinés à l'éducation, la santé et l'agriculture[10]. Dans l'ensemble, « l'indice de perception de la corruption » (une note entre 0 [fortement corrompu] et 10 [très intègre]) est passé de 4,1 en 2000 à 2,7 en 2007 (Teorell *et al.*, 2015). De plus, Ndikumana et Boyce (2010) affirment qu'entre 1970 et 2004, les fuites de capitaux représentaient 133 % du PIB de 2004 du Malawi. Cette perte de ressources a entraîné une réduction des dépenses publiques dans certaines activités qui, si elles sont correctement mises en œuvre, ont un effet égalisateur. Pour autant, durant les années 2000, le ratio recettes fiscales moyennes/PIB a légèrement dépassé la moyenne pour 18 pays d'Afrique subsaharienne[11] (Cornia, 2015). Ces résultats encourageants étaient liés à la mise en place d'une administration fiscale semi-autonome et d'un registre fiscal électronique. Les impôts indirects

---

[10] Les problèmes de corruption sont passés au premier plan à partir de la fin des années 2000. Selon des audits financés par le Département de développement international du Royaume-Uni (DFID) en 2013, 8 milliards de kwachas ont été soustraits aux caisses de l'État. Des enquêtes ultérieures ont suggéré que ces détournements avaient commencé en 2009. Face à cette situation, les donateurs ont suspendu leur aide destinée à la santé et à l'éducation.

représentent la principale source de revenus, tandis que les taxes professionnelles ont baissé. La progressivité de ces mesures reste inexplorée. Pour une analyse détaillée de la relation entre les politiques budgétaire, la distribution et l'inégalité des revenus en Afrique, voir le chapitre 7.

TABLEAU 12.7 Évolution des principaux indicateurs fiscaux de l'État, 2001-2012

	2001	2002		2006	2007	2008	2009	2010	2011	2012
Revenu total et aide	**27,5**	**24,1**	...	**31,2**	**31,7**	**30,1**	**31,9**	**33,9**	**31,5**	**29,9**
Recettes fiscales	17,0	15,3	...	15,6	16,6	17,6	16,5	18,8	17,9	17,5
Aide	9,1	6,9	...	13,7	13,6	10,9	13,8	11,7	10,9	9,6
Dépenses totales	**33,4**	**31,9**	...	**31,2**	**33**	**32,8**	**35,5**	**35**	**37,9**	**37,3**
Dépenses actuelles	22,7	24,6	...	24,4	21,3	21,1	26,7	24,7	26,4	25,5
Hors intérêts	*18,0*	*19,4*	...	*19,7*	*17,8*	*18,9*	*24*	*22*	*24*	*23,5*
Traitements et salaires	5,2	6,9	...	5,3	5,1	5,5	5,7	5,7	5,8	5,8
Biens et services	6,8	8,1	...	8,6	6,6	7,7	11,9	10,4	12	11,8
Intérêts	4,6	5,1	...	4,7	3,5	2,3	2,7	2,7	2,4	1,9
Dépenses d'équipement	10,2	7,4	...	6,8	11,5	11,7	8,8	10,2	11,5	11,8
Déficit primaire	**-1,2**	**-2,8**	...	**4,7**	**2,2**	**-0,4**	**-0,8**	**1,5**	**-3,9**	**-5,4**
Déficit total	**-5,8**	**-7,9**	...	**0,0**	**-1,3**	**-2,7**	**-3,6**	**-1,1**	**-6,3**	**-7,4**

Source : Compilation des auteurs d'après la BAfD *et al.* (2011).

Le pays a également bénéficié d'un allègement de la dette dans le cadre de l'Initiative en faveur des pays pauvres très endettés (PPTE), qui a fait baisser la dette externe de 160 à 20 % du PIB et les paiements au titre du service de la dette de 4,7 à 1,9 % du PIB, libérant ainsi des ressources pour des dépenses intérieures. Au cours des années 2000, l'aide publique au développement (APD) est restée stable à environ 10 à 12 % du PIB (tableau 12.7). Ces changements ont conduit à un élargissement de la marge budgétaire, qui a permis au gouvernement d'augmenter ses dépenses en agriculture, éducation et protection sociale. Cependant, une mauvaise gestion de ces dépenses supplémentaires a entraîné une hausse du déficit budgétaire en 2011 (tableau 12.7). L'incidence des dépenses publiques sur l'inégalité est présentée ci-dessous :

- **Dépenses de santé et d'éducation.** En Amérique latine, la hausse des inscriptions dans le secondaire des enfants des familles démunies a été un facteur clé de la baisse des inégalités de capital humain, de la prime à la compétence et de l'inégalité en général (Cornia, 2014) pendant les années 2000. Au Malawi, la part des dépenses publiques d'éducation dans le PIB s'élevait à environ 5 % à la fin des années 2000 (EDSTATS de la Banque mondiale), une proportion élevée en Afrique subsaharienne. La plupart de ces fonds étaient affectés à l'enseignement primaire, qui a enregistré une hausse régulière des taux nets de scolarisation, en particulier pour les trois quintiles inférieurs (figure 8, panneau de gauche). En revanche, les dépenses dans l'enseignement secondaire étaient nettement inférieures. Avec des dépenses publiques limitées, la scolarisation dans le secondaire plafonnait entre 10 et 20 %. De plus, le taux de scolarisation des enfants du quintile inférieur n'était que de 2 %, comparé à 20 % pour les enfants du quintile supérieur (*ibid.*). De même, entre 2000 et 2010, l'accroissement de la scolarisation était inférieur pour les deux premiers quintiles par rapport aux trois suivants (figure 12.8, panneau de droite). Pour finir, les taux de scolarisation dans le supérieur sont restés bas, favorisant largement les plus riches.

[11] Burkina Faso, Cameroun, Côte d'Ivoire, Éthiopie, Gambie, Ghana, Guinée, Guinée-Bissau, Madagascar, Mali, Mauritanie, Mozambique, Niger, Ouganda, République centrafricaine, Rwanda, Sierra Leone et Tanzanie.

Les données sur l'effet redistributif des dépenses de santé publique sont plus limitées en raison du faible montant de ces dépenses. En ce sens, une enquête de la Banque mondiale (2013) pour 2011 suggère que le taux de fréquentation des centres de santé publics est largement proportionnel, tandis que dans des institutions privées, il est faussé en faveur des deux quintiles supérieurs. Il est conseillé d'envisager une analyse de l'effet distributif des dépenses publiques de santé.

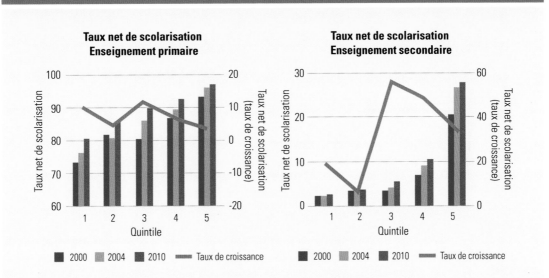

FIGURE 12.8 Taux nets de scolarisation dans le primaire (panneau de gauche) et le secondaire (panneau de droite), par quintiles de revenu, 2000, 2004 et 2010 et taux de croissance, 2000-2010

Source : Élaboré par les auteurs à partir de données de l'enquête démographique et sanitaire.

- **Subventions agricoles.** Le Malawi dépense plus que la plupart des autres pays d'Afrique subsaharienne en subventions agricoles. Par exemple, le Programme de subvention des intrants agricoles a absorbé 4,6 % du PIB en 2012/2013 et couvrait 1,5 à 2 millions de personnes (Beck, Mussa et Pauw, 2013). Les subventions agricoles sont de tradition l'instrument de choix pour stimuler la croissance des petites et moyennes exploitations agricoles. Elles absorbent autant de ressources que tous les autres programmes de protection sociale réunis (figure 12.9). Cependant, des études récentes (Chirwa et Muhome-Matita, 2013 ; Dorward et Chirwa, 2011) montrent que le Programme de subvention des intrants agricoles n'a pas pu régler la question du prix trop élevé des engrais pour les petits exploitants, et les couches les plus pauvres n'ont pas pu être atteintes, faute d'un ciblage adapté.

- **Transferts sociaux.** Traditionnellement, les transferts sociaux absorbent une part modeste du budget. Cependant, le gouvernement a modernisé le système de Protection sociale, qui repose depuis peu sur un large consensus selon lequel le programme de subvention des intrants agricoles n'était pas suffisant pour gérer le problème de la pauvreté et de l'inégalité, et que d'autres mesures devaient être mises en place (BAfD, OCDE et PNUD, 2014). En conséquence, en 2009, il a lancé la politique nationale de soutien social pour améliorer les conditions de vie des plus démunis (Charman, 2013).

Dans ce contexte, le Plan de transferts monétaires sociaux (*Social Cash Transfer Scheme* - SCTS) a été introduit en 2006 dans un district, puis élargi à 15 districts sur 28 (Galera Shaba, 2013). Son objectif est de rompre le cycle intergénérationnel de la pauvreté dans les ménages extrêmement pauvres et dont l'activité

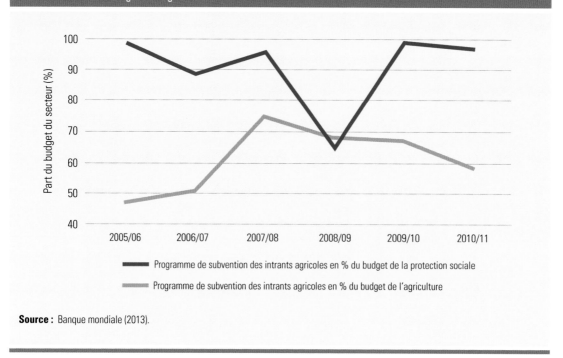

FIGURE 12.9 Programme de subvention des intrants agricoles en pourcentage du budget de la protection sociale et du budget de l'agriculture

Programme de subvention des intrants agricoles en % du budget de la protection sociale

Programme de subvention des intrants agricoles en % du budget de l'agriculture

Source : Banque mondiale (2013).

économique est limitée (tableau 12.8). Ce programme vise à accroître la scolarisation, à réduire le travail des enfants et à élargir l'accès aux services de santé. À cette fin, le gouvernement procède à un transfert monétaire inconditionnel de 4 à 13 dollars par mois, selon le nombre de personnes éligibles au sein des familles. À cela s'ajoute une prime de scolarisation au primaire (1,30 dollar par mois par enfant) et au secondaire (2,60 dollars par enfant) (Covarrubias, Davis et Winters, 2012). D'après des estimations récentes, le programme a des effets positifs sur les dépenses productives (Boone, 2013). D'autres programmes destinés aux pauvres sont recensés dans le tableau 12.8. Cependant, les groupes les plus vulnérables ne profitent pas de ces mesures.

12.7 Conclusion

Le modèle de développement tiré par les exportations agricoles adopté par le régime de Banda a favorisé les propriétaires terriens et les fermes de taille moyenne, aggravant ainsi les inégalités héritées de l'ère coloniale. En ce qui concerne la période 1985-1993, la suppression des subventions aux engrais liée aux programmes d'ajustement structurel a contribué à une polarisation de la production agricole et à une baisse de la production de maïs par habitant jusqu'en 1991-1993, alors que les conséquences de l'épidémie de VIH/sida intensifiaient les inégalités. Cette situation a également été aggravée par la conjoncture défavorable du commerce international. Une analyse plus détaillée des dynamiques de l'inégalité durant cette période est néanmoins recommandée.

La tendance à la baisse des inégalités entamée en 1993 semble être liée à la baisse de l'incidence du VIH/sida, l'adoption du programme *Starter Pack* entre 1998 et 2005, et la stabilisation du commerce international. Cette période a également été marquée par le début d'une transformation structurelle de la production, qui

Programme	Nb de districts	Groupe ciblé	Ménages	Personnes	Bénéfice par ménage en nature ou en kwacha malawite (MWK)
Programme de subvention des intrants agricoles (FISP)	28	Familles agricoles démunies	300 000	1 600 000	500 par an
Programme d'alimentation en milieu scolaire	13	Élèves du primaire		630 000	Quotidien
Plan de transferts monétaires sociaux (SCTS)	8	Foyers extrêmement pauvres, dont l'activité économique est limitée	28 000	100 000	2 700 par mois
Programme de travaux publics générateurs de revenus (rebaptisé Programme de développement des infrastructures rurales)	15	Ménages pauvres/ personnes vulnérables	s.o.	s.o.	s.o.
Programme de travaux publics du MASAF	28	Personnes pauvres capables de travailler	586 000	2 900 000	14 400 par an
Système des retraites publiques		Retraités	s.o.	30 000	

Source : Banque mondiale (2013).

a partiellement neutralisé la baisse de l'inégalité. Ce point nécessite là encore une étude approfondie afin d'identifier avec précision le lien entre les principales variables.

Pour finir, la hausse de l'inégalité entre 2004 et 2011 a été essentiellement provoquée par une transition structurelle sous-optimale de l'économie d'une agriculture de rente peu inégalitaire à des secteurs très inégalitaires, tels que la production de bétail, le commerce, le transport et les services formels et informels dans les zones urbaines et rurales. Cette transformation est liée, en partie, à un déclin du secteur manufacturier, induite par la libéralisation des échanges et la distribution inégale des revenus issus de la production du bétail. Bien que l'Initiative en faveur des pays pauvres très endettés (PPTE) ait permis d'accroître la marge de manœuvre budgétaire et les efforts pour augmenter les revenus, les effets potentiellement égalisateurs des dépenses publiques ont été entravés par l'absence d'institutions jouant un rôle redistributif et, dans certains cas, la corruption. Depuis 2005, cette redistribution repose sur le Programme de subvention des intrants agricoles qui, comme on l'a constaté, n'est pas un dispositif progressif, tandis que le nouveau Plan social de transferts monétaires, s'il est bien ciblé, n'a qu'une couverture limitée. De plus, la faible augmentation du nombre de travailleurs ayant suivi des études secondaires parmi les couches pauvres a entraîné une pénurie de main-d'œuvre qualifiée et a fait relever la prime à la compétence. Cette situation doit être prise en compte et assortie d'une analyse de l'incidence de l'imposition.

S'agissant des recommandations concernant les politiques, seules quelques priorités sont ici mises en évidence. Tout d'abord, la transition vers une agriculture moderne à forte intensité d'intrants et durable sur le plan environnemental n'a toujours pas été menée à bien. Le programme *Starter Pack* fournit quelques pistes quant à la manière de promouvoir la révolution verte au Malawi, mais il serait préférable qu'il soit intégré dans un ensemble de mesures visant à réduire son impact environnemental. Il est également nécessaire de recourir au crédit rural et à l'assistance technique pour étendre les systèmes de production animale économes en terres et à forte intensité de capital.

Une baisse plus rapide de la croissance démographique s'avère également inévitable et doit constituer une priorité. Dans des pays en développement pauvres comme l'Éthiopie et le Bangladesh, cet objectif a été atteint grâce à des services communautaires et publics de promotion de la maternité responsable, soutenue par des révisions des normes juridiques concernant l'âge du mariage et la discrimination sexiste, la distribution de contraceptifs et la mise en place d'un programme de protection sociale à moindre coût financé par l'État pour atténuer le besoin d'avoir beaucoup d'enfants. Un ralentissement de la croissance démographique est aussi nécessaire si l'on prend en compte le fait que la superficie des terres mises en culture a atteint ses limites et que l'emploi dans les activités rurales non agricoles et l'industrie manufacturière est entravé par une épargne faible, des coûts de transport élevés et une offre limitée de travailleurs ayant suivi des études secondaires. Dans tous ces domaines, les politiques publiques doivent s'efforcer d'introduire des changements visant à augmenter les investissements (notamment en encourageant les IDE et en luttant contre la fuite des capitaux), à renforcer la scolarisation dans le secondaire des enfants des familles pauvres, à soutenir les petites et moyennes entreprises et le secteur informel, et à réévaluer la politique de libéralisation du commerce en mettant en place des politiques industrielles compatibles avec les règles de l'Organisation mondiale du commerce (OMC).

RÉFÉRENCES

Abdelkrim, A. et J-Y. Duclos. 2007. DASP: Distributive Analysis Stata Package. PEP, Banque mondiale, PNUD et université de Laval.

Acemoglu, D. et J.A. Robinson. 2012. *Why nations fail: the origins of power, prosperity and poverty.* New York, Crown Business.

Atkinson, A.B. 2014. The colonial legacy: income inequality in former British African colonies. UN-WIDER Working Paper N° 045/2014. Helsinki, WIDER.

BAfD (Banque africaine de développement), OCDE (Organisation de coopération et de développement économiques) et PNUD (Programme des Nations Unies pour le développement). 2014. African Economic Outlook 2014. Malawi.

BAfD (Banque africaine de développement), OCDE (Organisation de coopération et de développement économiques), PNUD (Programme des Nations Unies pour le développement) et CEA (Commission économique pour l'Afrique). 2011. African Economic Outlook 2011. Malawi. Disponible à l'adresse : www.africaneconomicoutlook.org/fileadmin/uploads/aeo/Country_Notes/2011/Full/Malawi.pdf

Banque mondiale. 2011. Migration and Remittances Factbook 2011. Disponible à l'adresse : http://elibrary.worldbank.org/doi/book/10.1596/978-0-8213-8218-9.

_____. 2013. Malawi : Public Expenditure Review, Public Expenditure Review (PER). Washington, D.C., Groupe de la Banque mondiale. Disponible à l'adresse : http://documents.worldbank.org/curated/en/2013/11/19230252/malawi-public-expenditure-review

_____. Non daté. Jump-Starting Maize Production in Malawi through Universal Starter Packs. Disponible à l'adresse : www.worldbank.org/html/extdr/fertilizeruse/documentspdf/MalawiSP.pdf.

Barro, R. et J.W. Lee. 2013. A New Data Set of Educational Attainment in the World, 1950-2010. *Journal of Development Economics*, vol. 104:184-198.

Beck U., R. Mussa et K. Pauw. 2013. Did rapid smallholder-led agricultural growth fail to reduce rural poverty? Making sense of Malawi's poverty puzzle. Paper prepared for UNU-WIDER's Growth and Poverty Project (GAPP).

Boone, R. F. 2013. Conditional cash transfers and child health: the case of Malawi. CMC Senior Theses. Paper 579. Disponible à l'adresse : http://scholarship.claremont.edu/cmc_theses/579.

Charman, A. 2013. Social Protection and Labour Markets in Malawi: The Centrality of Agriculture. Disponible à l'adresse : www.undp.org/content/dam/undp/library/Poverty%20Reduction/Inclusive%20development/Social%20protection, %20growth%20and%20employment/Draft8_SPG&E_web.pdf.

Chirwa, E. et M. Muhome-Matita. 2013. Agricultural growth and poverty in rural Malawi. Paper presented at the GDN 14th Annual Global Development Conference on "Inequality, Social Protection and Inclusive Growth", 19-21 juin 2013, Manille, Philippines.

Chirwa, E. W. 2009. Sustained increases in food prices: effect and policies in Malawi. Paper presented at the FAO Regional Workshop on Policies for the Effective Management of Food Price Swings in African Countries, 2-3 avril, Kunduchi Hotel, Dar-es-Salaam, République-Unie de Tanzanie.

Cornia, G.A. 2007. AIDS, child wellbeing and public policy. Florence, UNICEF-ICDC.

_____ . 2014. Falling Inequality in Latin America: Policy Changes and Lessons. Oxford, OUP.

_____ . 2015. Income inequality levels, trends and determinants in sub-Saharan Africa: An overview of the main changes. Mimeo, UNDP Project on SSA Inequality.

Cornia, G.A., L. Deotti et M. Sassi. 2012. Food price volatility over the last decade in Niger and Malawi: extent, sources and impact on child malnutrition. Bureau régional du PNUD pour l'Afrique, WP 2012-002, February.

_____. 2016. Sources of food price volatility and child malnutrition in Niger and Malawi. Food Policy 60, 20-30.

Cornia, G.A. et B. Martorano. 2015. Building the IID-SSA inequality dataset and the seven sins of inequality measurement in SSA. Mimeo, UNDP Project on SSA Inequality.

_____ . 2016. The dynamics of income inequality in a dualistic economy: Malawi over 1990-2011. Mimeo, UNDP Project on SSA Inequality.

Covarrubias, K., B. Davis et P. Winters. 2012. From protection to production: productive impacts of the Malawi Social Cash Transfer scheme. _Journal of Development Effectiveness_, 4(1), 50-77.

DAES (Département des affaires économiques et sociales des Nations Unies). 2015. World Population Prospects 2015. New York.

DAES et UNICEF (Fonds des Nations Unies pour l'enfance). 2014. Migration Profiles—Common Set of Indicators.

Dorward, A. et E. Chirwa. 2011. The Malawi Agricultural Input Subsidy Programme: 2005-06 to 2008-09. _International Journal of Agricultural Sustainability (IJAS)_, 9 (1), 232–247.

Dorward, A., E. Chirwa, V. Kelly, T. Jayne, R. Slater et D. Boughton. 2008. Evaluation of the 2006/7 agricultural input subsidy programme, Malawi, Final report, School of Oriental and African Studies and Wadonda Consult and Michigan State University and Overseas Development Institute.

Droppelman, K., J. Mukuwira et I. Khumwenda. 2012. All eggs in one basket: a critical reflection on Malawi's development strategies. _Journal of African Development_, automne 2012, Vol. 14, N°2.

Durevall, D., et R. Mussa. 2010. Employment Diagnostics : Analysis on Malawi. Genève, Suisse, Gouvernement du Malawi et Organisation internationale du Travail.

Galera Shaba, W. 2013. Social protection and informal workers in Malawi. Paper Presented at a SASPEN and FES International Conference, Birchwood Hotel, Johannesburg, 16-17 septembre 2013.

Gouvernement du Malawi. 2014. Global AIDS Response Progress Report (GARPR): Malawi Progress Report for 2013. Disponible à l'adresse : www.unaids.org/sites/default/files/country/documents/MWI_narrative_report_2014.pdf

Hartwig, R. et M. Grimm. 2002. An assessment of the effects of the 2002 food crisis on children's health in Malawi. _Journal of African Economies 21 (1):124-165._

Kwengwere, P. 2011. Inequality in Malawi. Disponible à l'adresse : www.osisa.org/sites/default/files/sup_files/chapter_2_-_malawi.pdf

Lele, U. 1990. Structural adjustment, agricultural development and the poor: lessons from the Malawian experience. World Development, 18(9):1207-1219.

Lerman, R. I. et S. Yitzhaki. 1985. Income inequality effects by income source: a new approach and applications to the United States. _The Review of Economics and Statistics_, 151-156.

Levy, S., C. Barahona et B. Chinsinga. 2004. Food security, social protection, growth, and poverty: the Starter Pack programme in Malawi. Natural Resource Perspectives Paper N° 95. Londres, ODI.

Mussa, R. 2015. Do the poor pay more for maize in Malawi? _Journal of International Development_, 27(4), 546-563.

Ndikumana, L. et J. K. Boyce. 2010. Measurement of capital flight: methodology and results for sub-Saharan African countries. _African Development Review_, 22(4), 471–481.

Pryor, F. 1988. Income Distribution and Economic Development in Malawi. _WDP_ 36, août 1988. Banque mondiale.

Rao, V.M. 1969. Two decompositions of concentration ratio, _Journal of the Royal Statistical Society_, 132, 418-25.

Rural Income Generating Activities (RIGA) Project. Mars 2015. Disponible à l'adresse : www.fao.org/economic/riga/riga-database/en/

Said, J. et K. Singini. 2014. The political economy determinants of economic growth in Malawi. ESID Working Paper N° 40.

Sindima, H. 2002. Malawi's First Republic: An Economic and Political Analysis. University Press of America.

Teorell, J., S. Dahlberg, S. Holmberg, B. Rothstein, F. Hartmann et Richard Svensson. 2015. The Quality of Government Standard Dataset, version datée du 15 janvier. Université de Gothenburg, The Quality of Government Institute. Disponible à l'adresse : www.qog.pol.gu.se

Wan, Guang. 2001. Changes in regional inequality in rural China: decomposing the Gini index by income sources. _Australian Journal of Agricultural and Resource Economics_, 45(3), 361-381.

L'Éthiopie est un exemple en matière de croissance rapide, de réduction accélérée de la pauvreté et de stabilité des inégalités

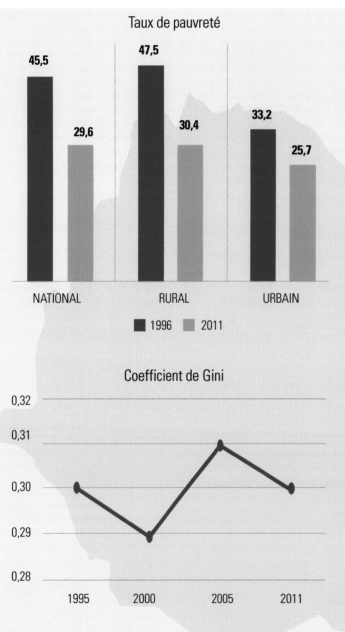

Taux de pauvreté

NATIONAL : 45,5 (1996) — 29,6 (2011)
RURAL : 47,5 (1996) — 30,4 (2011)
URBAIN : 33,2 (1996) — 25,7 (2011)

■ 1996 ■ 2011

Coefficient de Gini

1995 : 0,30
2000 : 0,29
2005 : 0,31
2011 : 0,30

Les inégalités en milieu rural dépendent des écarts en ce qui concerne :

1 l'accès à la terre et l'irrigation, la taille des exploitations agricoles et la proportion des terres sous culture extensive

2 l'incidence des **ménages dirigés par une femme, les taux de dépendance et l'emploi** dans les secteurs publics et dans l'industrie manufacturière rurale

3 les impôts et **taxes, les subventions et les dépenses publiques**

L'Éthiopie offre, sur le plan des politiques publiques, des enseignements utiles aux autres pays africains confrontés aux problèmes d'insuffisance en matière de productivité agricole, de forte croissance démographique et de faibles institutions chargées de la redistribution des richesses :

1 Une stratégie d'industrialisation tirée par le développement agricole qui a permis de moderniser l'agriculture, d'ouvrir les marchés agricoles et **d'investir dans les infrastructures** a largement contribué au succès du pays.

2 Le **modèle de transformation structurelle axé sur des activités à forte intensité de main-d'oeuvre et à faible intensité de qualifications** a eu un impact modeste sur les inégalités.

3 Les recherches sur **les politiques doivent porter essentiellement sur le déclin accéléré des taux de fécondité, la réforme des contrats de bail agricoles et l'expansion des activités rurales non agricoles, dont l'industrie manufacturière.**

13 Inégalités et croissance dans un modèle de développement axé sur l'agriculture : le cas de l'Éthiopie sur la période 1995-2011[1]

GIOVANNI ANDREA CORNIA ET BRUNO MARTORANO

13.1 Contexte, motivation et objectifs de l'étude

L'Éthiopie est un pays enclavé, écologiquement diversifié, et au peuplement multiethnique, couvrant une superficie de 1,1 million de kilomètres carrés pour 99 millions d'habitants, et une croissance démographique de 2,5 % par an (DAES). Le pays s'étend sur une grande partie de la Corne de l'Afrique, une zone exposée à la sécheresse et fréquemment affectée par la crise alimentaire. En dépit de ces handicaps structurels, entre 2000 et 2011, l'Éthiopie a enregistré une croissance du PIB de 8 %, une croissance de l'agriculture de 6 %, une augmentation de la production céréalière, un taux d'inégalités faible et stable, ainsi qu'une diminution de la pauvreté (tableau 13.1).

TABLEAU 13.1 Évolutions du taux de pauvreté sur la période 1996-2011 et de ses facteurs				
	Taux de pauvreté 1996 (%)	**Taux de pauvreté 2011 (%)**	**Variation totale du taux de pauvreté (%)**	**Due à la croissance (%)**	**Due à des évolutions des inégalités (%)**
Tous les ménages	45,5	29,6	- 15,9	-16,0	0,0
Ménages ruraux	47,5	30,4	-17,1	-16,2	- 0,9
Ménages urbains	33,2	25,7	- 7,5	-10,5	3,0

Source : Ministère des Finances et du Développement économique de l'Éthiopie (2013).

L'un des facteurs essentiels du succès de l'Éthiopie a été l'adoption en 1995 d'une stratégie d'industrialisation fondée sur le développement agricole (Agricultural Development-Led Industrialization – ADLI), qui, comme l'ont avancé Ranis et Fei (1963), considère que les investissements dans l'agriculture et l'accroissement des rendements de la terre sont des conditions

---

[1] Les auteurs tiennent à remercier James Wakiaga et Roza Mamuye du PNUD Addis-Abeba, Vasco Molini, Rawaa Harati, Rose Mungay et David Newhouse de la Banque mondiale, ainsi que le bureau central de statistique éthiopien (Central Statistical Agency of Ethiopia) d'avoir facilité leur accès aux enquêtes de l'HICE et aux microdonnées de WMS. Les auteurs souhaiteraient également exprimer leur reconnaissance à un rapporteur anonyme d'avoir apporté des commentaires sur une version précédente de ce chapitre. Toutes autres erreurs relèvent du seul fait des auteurs.

préalables à la réussite de l'industrialisation, de l'urbanisation et du développement. En effet, l'investissement dans l'agriculture a plusieurs retombées : l'amélioration de l'autosuffisance alimentaire, la réduction des prix alimentaires avec pour conséquence la baisse des salaires de l'industrie, l'augmentation des revenus ruraux et de la demande de biens manufacturés, la fourniture de matières premières à l'industrie et l'amélioration de la balance des paiements. Par ailleurs, dans des pays tels que l'Éthiopie, caractérisés par une distribution égalitaire de la terre, l'investissement agricole a des effets redistributifs favorables. Dans une phase ultérieure, l'ADLI a été incorporée dans le Programme de développement durable et de réduction de la pauvreté (SDPRP) du pays, qui englobe également des programmes à long terme notamment dans les secteurs de la santé, l'éducation, la construction routière.

L'accélération ne se serait pas produite sans un changement d'orientation politique et de stratégies de développement. En effet, le régime impérial qui dirigeait le pays jusqu'au coup d'État du Comité de coordination des forces armées, de la police et de l'armée territoriale (DERG) était caractérisé par une forte concentration des terres, une croissance stagnante et l'exploitation de millions de paysans appauvris. En 1974, le régime dirigé par le DERG a nationalisé la terre, l'a redistribuée aux cultivateurs et a introduit des politiques inspirées par les régimes communistes de l'Europe de l'Est. En 1991, le Front démocratique révolutionnaire du peuple éthiopien (FDRPE) a renversé le DERG et adopté une nouvelle constitution, mettant en avant la libéralisation du marché par un « État démocratique tourné vers le de développement» inspiré de l'Asie de l'Est.

Nombre des changements qui se sont produits en Éthiopie depuis 1995 sont louables. Le gouvernement a encouragé un modèle de développement entraîné par le marché, assisté par l'État et décentralisé au niveau régional et axé sur l'agriculture, qui a modernisé les institutions rurales, renforcé la diffusion d'intrants et favorisé la diversification des cultures. Il a également adopté des politiques fiscales et de dépenses progressives qui ont amélioré l'infrastructure rurale, les services sociaux et les dispositifs de protection sociale. Par ailleurs, il a pratiquement achevé le barrage Renaissance qui, une fois mis en service, couvrira l'essentiel des besoins énergétiques du pays. Ces résultats sont impressionnants lorsque l'on considère que durant les décennies précédentes, le pays a subi de graves bouleversements politiques et en 1984-1985 a été frappé par une famine qui a fait entre 500 000 et un million de victimes (Dercon et Porter, 2010). Malgré ces acquis, au cours des vingt dernières années, la structure productive a lentement évolué, alors que les populations quittant l'agriculture ont trouvé à s'employer principalement dans des services non marchands, très inégalitaires et nécessitant une main-d'œuvre qualifiée, ou dans le secteur informel. Jusqu'en 2011, l'emploi dans le secteur manufacturier a lentement augmenté.

Compte tenu de ce qui précède, ce chapitre consigne et explique l'évolution des inégalités de la consommation sur la période 1995-2011 afin d'en tirer des enseignements pour les orientations de politique publique. La section 13.2 aborde les tendances des inégalités en milieu rural et en milieu urbain. Compte tenu de l'importance de l'agriculture, la section 13.3 analyse la nature des institutions rurales et des politiques agricoles, leur impact sur les inégalités et les limites de la stratégie ADLI. La section 13.4 examine l'impact de la croissance démographique et de l'exode rural sur les inégalités urbaines ainsi que l'effet redistributif de la politique fiscale. La section 13.5 résume les principales conclusions et offre des suggestions pour des recherches plus approfondies.

13.2 Tendances des inégalités de la consommation par habitant

Les tendances des coefficients de Gini totaux, ruraux et urbains, de la répartition de la consommation des ménages par habitant ont été calculées au moyen d'enquêtes sur les revenus et les dépenses de consommation des ménages (Household Income and Consumption Expenditure Surveys - HICE) représentatives au niveau national, réalisées par le bureau central de statistique éthiopien, à savoir la Central Statistical Agency of Ethiopia pour les années 1995/1996, 1999/2000, 2004/2005 et 2010/2011. Par souci de simplicité, le chapitre fait référence à ces années en parlant de 1995, 2000, 2005 et 2011, respectivement. En raison de l'absence de données sur les revenus dans l'enquête de 2011, pour toutes les années, il faut utiliser les données sur les dépenses de consommation. Lorsque cela est nécessaire, les auteurs ont également utilisé des enquêtes de suivi du bien-être (Welfare Monitoring Survey - WMS), qui fournissent des informations sur des aspects du bien-être des ménages non liés aux revenus.

Les tendances des coefficients de Gini en matière d'inégalités de la consommation (ci-après les « inégalités ») figurant au tableau 13.2 indiquent que le coefficient de Gini national a oscillé dans une fourchette étroite comprise entre 0,29 et 0,31, alors que les inégalités intrarégionales ont diminué. Ces résultats sont similaires à ceux obtenus par Woldehanna, Hoddinott et Dercon (2008), le ministère des Finances et du Développement économique de l'Éthiopie (2013) et la Banque mondiale (2015). Compte tenu de la croissance rapide enregistrée durant la période analysée, le maintien des inégalités à un faible niveau et la diminution des inégalités régionales constituent une réussite. Ceci contredit les publications mentionnant le caractère inévitablement inégalitaire des changements enregistrés durant les phases initiales du développement (Hirschman, 1958).

TABLEAU 13.2 Tendance du coefficient de Gini en matière d'inégalités de consommation par habitant

	1995			2000			2005			2011		
	Total	Urbain	Rural	Total	Urbain	Rural	Total	Urbain	Rural	Total	Urbain	Rural
Tigré	0,26	0,29	0,25	0,27	0,35	0,26	0,37	0,49	0,30	0,35	0,38	0,30
Afara	0,34	0,21	0,31	0,41	0,35	0,40	0,34	0,38	0,29	0,31	0,35	0,26
Amahara	0,28	0,35	0,26	0,29	0,37	0,27	0,28	0,40	0,25	0,30	0,43	0,27
Oromiya	0,28	0,34	0,27	0,26	0,35	0,25	0,28	0,44	0,25	0,29	0,38	0,27
Somali	0,27	0,22	0,25	0,31	0,35	0,27	0,32	0,37	0,28	0,29	0,31	0,28
Benshangul	0,27	0,32	0,25	0,30	0,34	0,29	0,32	0,45	0,28	0,33	0,39	0,31
SNNP	0,29	0,33	0,29	0,27	0,36	0,26	0,29	0,41	0,27	0,31	0,37	0,29
Gambella	0,31	0,25	0,32	0,27	0,34	0,23				0,30	0,40	0,22
Harari	0,33	0,33	0,31	0,27	0,30	0,23	0,37	0,41	0,30	0,28	0,32	0,20
Addis-Abeba	0,36	0,36	0,27	0,43	0,43	0,24	0,45	0,45	0,33	0,34	0,34	
Dire Dawa	0,30	0,30	0,23	0,31	0,34	0,23	0,41	0,45	0,24	0,30	0,35	0,18
National	**0,30**	**0,35**	**0,27**	**0,29**	**0,38**	**0,26**	**0,31**	**0,44**	**0,26**	**0,30**	**0,38**	**0,28**

Source : Les calculs des auteurs sont basés sur des microdonnées des enquêtes HICE pour les quatre années correspondantes.

Toutefois, la stabilité des inégalités dans l'ensemble du pays au tableau 13.2 dissimule plus d'éléments qu'elle n'en révèle. Premièrement, les tendances régionales des inégalités divergent dans une certaine mesure : alors que la plupart des régions ont généralement enregistré des coefficients de Gini stables, les inégalités se sont accentuées dans le Tigré et le Benshangul, peut-être en raison de la croissance plus rapide que la moyenne de leur PIB. Cette divergence était non seulement due aux écarts de PIB par habitant (GDP/c) initial et de dotations en facteurs et infrastructures initiales, mais également aux normes culturelles et aux styles de vie de groupes spécifiques (par ex., les communautés pastorales) qui les empêchent d'accéder aux services publics (PNUD Éthiopie, 2014). Deuxièmement, les coefficients de Gini urbains et ruraux ont suivi des trajectoires différentes. Le coefficient de Gini rural a fluctué, entre 0,26 et 0,28 sur la période entière. En revanche, le coefficient de Gini urbain a fortement progressé entre 1995 et 2005, et a baissé durant les six années suivantes. Compte tenu de cette différence entre inégalités urbaines et rurales, le chapitre analyse les deux secteurs séparément. Enfin, la valeur à la baisse du paramètre de régression de la variable « femme chef de ménage » au tableau 13.7 semble suggérer que les inégalités de genre pourraient avoir légèrement diminué. Une réduction du parti pris sexiste est une composante essentielle de toute future stratégie visant à réduire les inégalités, globalement et par groupe.

Les données du coefficient de Gini au tableau 13.2 ont été calculées à partir des enquêtes HICE, lesquelles, comme toutes les enquêtes, sont affectées par des problèmes de mesure. En conséquence, elles doivent être interprétées avec circonspection et ajustées pour tenir compte de partis pris éventuels. Le premier de ces problèmes est l'augmentation rapide de l'inflation (Alem et Söderbom, 2011) depuis 2006-2007 (figure 13.1, panneau de gauche) qui ont probablement affecté les valeurs du coefficient de Gini 2011 par rapport à celles des années à faible inflation 2000 et 2005. En effet, plus l'inflation est élevée, plus l'erreur de mesure concernée l'est aussi, et plus la précision de la comparaison avec des enquêtes antérieures est faible. Une autre erreur est due à la hausse, entre 2001 et 2008, du ratio établi entre l'Indice des prix des produits alimentaires (IPA) et l'Indice des prix à la consommation (IPC) (figure 13.1, panneau de droite). Comme évoqué dans Günther et Grimm (2007) et au chapitre 15, une augmentation de ce ratio accroît le « coefficient de Gini corrigé du prix des produits alimentaires », étant donné que les pauvres, qui consacrent de 60 à 80 % de leurs dépenses à l'alimentation, subissent une baisse plus que proportionnelle de leur pouvoir d'achat. Une estimation du coefficient de Gini corrigé du prix des produits alimentaires basé sur la distribution quintile des dépenses de consommation dans l'enquête HICE 2011, retenant l'hypothèse de « parts de la consommation alimentaire » de 0,7, 0,6, 0,5, 0,4 et 0,3 du quintile inférieur au quintile supérieur, donne un coefficient de Gini plus élevé de 1,2 point que le coefficient de Gini non corrigé.

FIGURE 13.1 Tendance de l'IPC, 1995-2014 (panneau de gauche), du ratio IPA/IPC et de la production alimentaire moyenne par habitant (2001 = 100), 2001-2013 (panneau de droite)

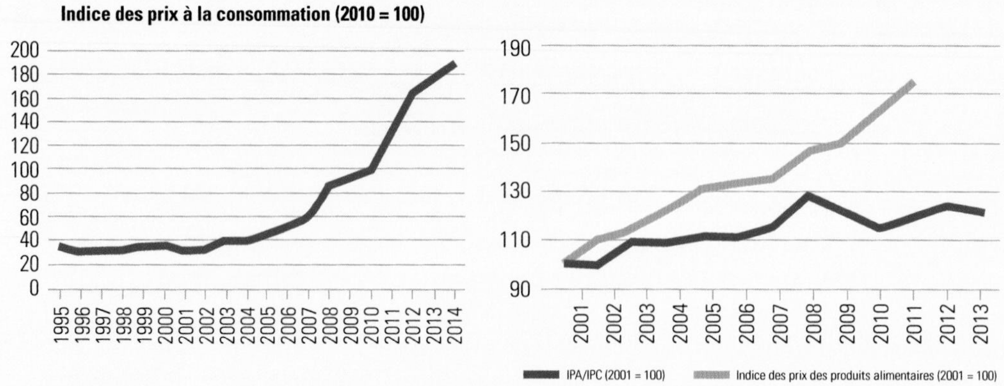

Source : Élaboration par les auteurs. Les données de l'IPC dans le panneau de gauche proviennent du Fonds monétaire international (Statistiques financières internationales). Les données sur l'IPC et l'IPA sur le panneau de droite proviennent de la base de données FAOSTAT (FAO).

Finalement, comme indiqué par Stifel et Woldehanna (2014), les méthodes de collecte des données utilisées dans les diverses enquêtes HICE diffèrent dans une certaine mesure et posent des problèmes de comparabilité. En outre, le nombre de denrées alimentaires répertoriées diffère d'une enquête à l'autre, alors que le niveau de consommation indiqué s'élève avec le degré de détail de la liste des denrées consommées. Deuxièmement, les enquêtes ont été réalisées à des mois différents, introduisant ainsi un biais de saisonnalité susceptible d'intensifier les inégalités si les enquêtes sont réalisées pendant la période de soudure.

13.3 Institutions et politiques rurales et leur impact sur la croissance et les inégalités

13.3.1 Institutions et politiques rurales et inégalités rurales

Les politiques et institutions rurales ont considérablement évolué au cours des 50 dernières années. Avant le coup d'État du DERG de 1974, l'Éthiopie avait un régime foncier archaïque dont bénéficiait la Couronne, la noblesse et l'Église copte. Après son arrivée au pouvoir en 1975, la junte du DERG a nationalisé toutes les terres rurales, aboli le métayage, interdit l'embauche de journaliers sur les fermes privées, placé les exploitations commerciales sous le contrôle de l'État et octroyé à chaque famille de paysans « des droits de possession » d'une parcelle de terre ne devant pas excéder 10 hectares.

La réforme agraire du DERG a changé les structures foncières en faveur des petits propriétaires terriens. Malgré cela, l'agriculture socialiste que le régime a mise en place a affaibli la productivité des terres pour cause de pénuries d'intrants, tandis que les exploitants ne livraient pas de céréales aux organismes d'État, provoquant ainsi des pénuries alimentaires dans les zones urbaines. Enfin, les redistributions périodiques de terres instituées par le DERG ont accentué la fragmentation foncière, aggravé l'insécurité du métayage et influé sur les incitations des exploitants à investir dans la terre.

Lorsque le FDRPE est arrivé au pouvoir en 1991, la plupart des politiques agricoles du DERG ont été abandonnées. Sans abroger la réforme agraire, le gouvernement a introduit des réformes de libéralisation des marchés durant la période 1992-1995 pour faire en sorte que les rendements céréaliers puissent atteindre ceux des pays voisins (Rashid et Negassa, 2012). Les investissements publics dans l'agriculture, l'infrastructure rurale, la santé et l'éducation ont également été au cœur de la nouvelle stratégie. À titre d'exemple, en 2005, le gouvernement a introduit le Programme de filets de protection sociale productifs (Productive Safety Net Programme – PSNP) dont le budget représentait 1,2 % du PIB et grâce auquel la pauvreté rurale a été réduite de deux points de pourcentage.

L'approche globale de cette politique consistait à promouvoir la commercialisation de la production des petits exploitants et le transfert de la main-d'œuvre du secteur agricole vers le secteur non agricole afin d'atténuer la pression exercée sur la taille des exploitations. Cette approche favorisait l'entrée du secteur privé dans les marchés d'intrants et d'extrants. En outre, la Constitution de 1995 a transféré aux gouvernements régionaux la responsabilité de l'élaboration des textes de loi sur les droits fonciers, la transférabilité des terres et leur imposition (Sciarra, 2013). Par exemple, le Tigré a mis fin à la redistribution des terres et l'Oromia l'a restreinte aux terres se prêtant à l'irrigation uniquement (*ibid.*). En 2005, le gouvernement central a encouragé la reconnaissance des titres fonciers afin de réduire la perception d'insécurité foncière et de favoriser l'accès au crédit. Une évaluation de l'impact de la reconnaissance des titres fonciers au Tigré a fait ressortir des effets significatifs sur l'investissement (Deininger et al., 2003). D'autre part, dans le contexte de la stratégie ADLI, le gouvernement a pris plusieurs initiatives visant à accroître la production céréalière en intensifiant l'emploi des engrais. Il a également favorisé l'amélioration des semences grâce à un système public de vulgarisation, et renforcé l'accès au crédit. Les autres mesures prises incluaient notamment la construction de routes reliant les exploitations aux marchés, le développement du crédit rural et l'accroissement des superficies des zones irriguées au moyen de barrages multifonctionnels (Sciarra, 2013). Ces changements de politiques ont intensifié l'emploi des engrais et permis l'amélioration les semences, les progrès en la matière concernant en premier lieu le maïs, bien que le pourcentage des terres irriguées n'ait augmenté que faiblement (tableau 13.3).

TABLEAU 13.3 Tendances de l'emploi d'intrants modernes et d'incitations tarifaires

	2002	2005	2010	2012
Consommation d'engrais (kilogrammes par hectare de terre arable)	17,0	10,9	21,8	23,8
Terres agricoles irriguées (% du total des terres agricoles)	0,3	0,4	0,4	0,5*

Source : Données extraites des Indicateurs du développement dans le monde.
Remarque : * renvoie à 2011.

Le réseau routier s'est quant à lui agrandi à un taux annuel de 9 %, c.-à-d. beaucoup plus vite que durant les régimes précédents (tableau 13.4). L'amélioration de l'infrastructure routière a été déterminante pour la croissance de l'agriculture et la réduction de la pauvreté, parce qu'elle a réduit l'isolement, intégré les marchés et fait baisser les coûts de commercialisation (Banque mondiale, 2015). Pourtant, ces progrès sont encore insatisfaisants, parce que « l'indice de l'accès rural » en Éthiopie est encore le plus bas de l'Afrique de l'Est et la densité du réseau routier interrégional varie considérablement.

TABLEAU 13.4 Tendances des mesures de la densité du réseau routier et de l'accès rural

	Densité du réseau routier pour 1 000 habitants	Densité du réseau routier par 1 000 km²	Longueur totale du réseau routier (km)
1997	0,46	24,14	26 550
2003	0,49	35,89	33 856
2009	0,57	42,60	46 812
2012/2013	1,00	78,20	85 966

Source : Sciarra (2013) et Autorité routière éthiopienne pour 2012/2013.

13.3.2 Impact des changements de politiques sur la croissance de l'agriculture et les inégalités rurales

Alors que la croissance agricole par habitant a baissé à l'époque de la monarchie et du DERG, elle a augmenté depuis le milieu des années 1990 (tableau 13.5), ce qui suggère que les politiques agricoles adoptées depuis 1995 ont eu un impact positif. En particulier, l'augmentation de la production alimentaire a réduit le « déficit alimentaire », une mesure approximative de la dépendance alimentaire calculée en retenant l'hypothèse de 220 kg de céréales par an pour les besoins moyens par habitant. Après une aggravation durant la période impériale et celle du DERG, le déficit alimentaire a baissé à partir du milieu des années 1990 et, en 2010, le pays avait atteint l'autosuffisance alimentaire totale, même s'il n'a pas éliminé la malnutrition en raison de problèmes de distribution.

TABLEAU 13.5 Tendance des principaux agrégats économiques et agricoles

	1995-1997	1998-1999	2000-2001	2002-2003	2004-2008	2009-2013
Taux de croissance du PIB par habitant	3,9	-2,0	4,2	-3,2	8,9	7,5
Agriculture, taux de croissance de la valeur ajoutée	7,6	-3,1	6,4	-6,2	12,7	6,4
Indice de la production alimentaire (2004-2006 = 100)	9,1	8,0	9,9	3,3	5,6	4,9
Indice de la production végétale (2004-2006 = 100)	9,8	8,6	8,1	4,5	6,2	5,5
Importations de céréales en % de la production	-44,1	2,4	-26,7	152,9	15,5	-25,0
Valeur des exportations agricoles (taux de croissance)	16,3	-16,1	-22,8	54,4	24,7	18,5

Source : Compilations des auteurs à partir de données des Indicateurs du développement dans le monde et de la base de données FAOSTAT.

Un autre résultat important de la stratégie ADLI a été une structure équilibrée de la croissance régionale. Compte tenu de l'hétérogénéité de la qualité des sols du pays, des précipitations et de l'infrastructure routière, il était plausible de s'attendre à une accentuation des inégalités régionales. Toutefois, les changements au fil du temps de la variance régionale de la consommation par habitant – 0,007 en 1995 et 0,005 en 2011 – suggèrent une baisse modérée des inégalités spatiales. Alors que les régions les plus riches (Addis-Abeba et Harari) sont restées en tête, le coefficient de corrélation de rang de Spearman entre 1995 et 2011 est très faible (rho = 0,0957). En effet, la croissance a été souvent plus rapide dans les régions où la pauvreté était la plus élevée en 1995, comme dans le Tigré et la région SNPP. En conséquence, en 2011, la proportion de la population vivant en dessous du seuil de pauvreté national a convergé dans quasiment toutes les régions à des niveaux d'environ 30 %.

13.3.3 Limitations de l'approche ADLI de la politique rurale

Le pays est confronté à un dilemme crucial. Dans la plupart des régions, la taille des exploitations est déjà trop réduite pour assurer la subsistance d'une famille et des nouveaux arrivants sur le marché du travail. Et pourtant, la norme relative à la propriété foncière (à savoir le fait que la terre soit confisquée si les personnes migrent, la louent ou ne la cultivent pas) décourage la migration, laquelle parallèlement est devenue inévitable en raison de la diminution de la taille des exploitations et du développement limité des activités rurales non agricoles (ARNA). Ces dernières représentent la source principale de revenus pour 11 à 14 % seulement de la population rurale, alors que 11 % de cette population gagne un quart de ses revenus dans ce secteur. Ces valeurs sont faibles en comparaison à d'autres pays africains, dans lesquels les ARNA représentent en moyenne 34 % des revenus ruraux (Haggbalde et al., 2010, cité dans Banque mondiale, 2015), avec des valeurs beaucoup plus élevées dans des pays caractérisés par une pénurie aiguë de terres telle que le Rwanda.

Le modèle ADLI doit donc promouvoir un développement plus rapide des ARNA, avec une plus importante accumulation de capital dans des activités urbaines à forte intensité de main-d'œuvre. Des enquêtes locales corroborent cette affirmation. Une enquête récente réalisée dans le *woreda* (district)

de Damot Galie (Gebeyehu, 2014) a montré qu'en raison de la pénurie de terres, chez la majorité des personnes interrogées il y avait un ou plusieurs membres de la famille qui se livraient à une ARNA, dont 84 % dans un petit commerce à faible productivité ou dans un emploi salarié. À l'exception des employés du secteur public, tous les chefs de ménage exerçant une ARNA possédaient en moyenne de 0,13 à 0,5 hectare de terre, une valeur qui continuera de baisser en raison de la croissance démographique et des obstacles à la migration urbaine, notamment la perte de terres, les perturbations familiales et l'insécurité des personnes. Les petites et moyennes entreprises (PME) rurales dans le secteur manufacturier et les services sont rares, alors qu'elles ont joué un rôle essentiel dans la transformation structurelle du Vietnam et de la Chine dans les années 1980 et 1990. Une plus grande disponibilité des centres de formation professionnelle assurant des formations à de nouvelles qualifications encouragerait une transition vers des activités plus complexes (*ibid.*). Il y a également des problèmes d'accès au crédit, car la plupart des établissements de microcrédit prêtent de l'argent à des groupes plutôt qu'à des particuliers. Dans les zones reculées, en particulier, la faiblesse des infrastructures reste problématique, parallèlement à un manque d'électricité et d'eau pour les entreprises exerçant le travail du bois et du métal et les boulangeries, c.-à-d. des produits pour lesquels il existe un marché local (Gebeyehu, 2014).

13.4 Déterminants des évolutions des inégalités

13.4.1 Déterminants de la pauvreté et des inégalités rurales

La réforme agraire de 1975 et ses modifications ultérieures ont très fortement réduit la concentration des terres et les inégalités rurales. La pauvreté rurale a baissé deux fois plus vite que la pauvreté urbaine (tableau 13.6), mais elle est encore élevée pour les raisons illustrées ci-dessus. Les fluctuations des extrants en raison de la sécheresse restent également problématiques. Si la pauvreté en Éthiopie est, dans une large mesure, une « pauvreté partagée » affectant de nombreux ménages, le risque de pauvreté varie toutefois en fonction des caractéristiques du ménage. Les sources principales de différenciation rurale sont examinées ci-dessous en se fondant sur des publications pertinentes et des analyses économétriques des enquêtes HICE 1995, 2000, 2005 et 2011.

TABLEAU 13.6 Évolution du taux de pauvreté	1995	2000	2005	2011	Δ 1995-2011
Total (basé sur le seuil de pauvreté national)	45,5	44,2	38,7	29,6	15,9
Urbain	33,2	36,9	35,1	25,7	7,9
Rural	47,6	45,4	39,3	30,4	17,2
Total (basé sur le seuil de pauvreté national de 1,25 dollar par jour)	60,5	55,6	39,0	30,7	29,8

Source : Banque mondiale (2015), à partir des enquêtes HICE, diverses années.

Regassa *et al.* (2010) ont analysé les déterminants de la pauvreté rurale à l'aide d'une enquête ponctuelle de 2005/2006 portant sur 1 024 ménages. Même si cette étude vise à mesurer l'impact de l'irrigation, elle offre également une vue d'ensemble des déterminants de la pauvreté et des inégalités rurales. Comme prévu, l'incidence de la pauvreté variait en fonction de la taille de l'exploitation, de la possession d'un cheptel important, du capital humain des chefs de ménage et des modes de culture. En ce qui concerne ces derniers, la pauvreté était la plus faible chez les agriculteurs affectant de 75 à 100 % de leurs terres à des cultures de légumes à forte valeur ajoutée, à forte intensité de main-d'œuvre et dépendantes de l'irrigation, mais était la plus élevée chez les agriculteurs affectant la majeure partie de leurs terres à des cultures extensives telles que les céréales, les tubercules et les fruits (*ibid.*). La taille des ménages et le taux de dépendance étaient également positivement corrélés à l'incidence de la pauvreté qui s'est accrue avec l'âge du chef de ménage, reflétant les différences de niveaux d'études entre les cohortes. L'accès à l'irrigation et la proximité des marchés entraient également en ligne de compte. L'analyse de la pauvreté réalisée en Éthiopie en 2014 par la Banque mondiale (Banque mondiale, 2015) est parvenue à des conclusions similaires, mais a également montré que les chefs de ménage pauvres étaient moins susceptibles de travailler dans la construction, les services sociaux et le commerce, et accusaient fréquemment un décès ou une maladie grave dans leur ménage.

En se penchant sur l'analyse économétrique des déterminants des inégalités rurales et sur leur impact évolutif sur la période 1995-2011, il est procédé à deux types de décompositions à l'aide des quatre enquêtes HICE mentionnées ci-dessus. Avec la première approche, la consommation des ménages par habitant est considérée comme relevant de plusieurs caractéristiques des ménages, dont beaucoup ont été examinées ci-dessus. À cet égard, Morduch et Sicular (2002) et Fields (2003) proposent de décomposer la consommation totale des ménages par habitant en fonction de caractéristiques essentielles des ménages. En particulier, la consommation totale des ménages par habitant (C) est régressée sur un ensemble de caractéristiques socio-économiques (X_i) dont les paramètres sont a_i. Formellement :

$$C = \sum_{i=1}^{I} a_i X_i \qquad (1)$$

alors que la contribution de la caractéristique socio-économique *i-th* aux inégalités de consommation totale est obtenue grâce à la formule :

$$s_m = (\hat{a}_i \sum_{h=1}^{H} b_h(c) x_{h,i})/I(C) \qquad (2)$$

où ($\hat{a}_i$) est le paramètre estimé de la caractéristique économique *i-th*, $\sum_{h=1}^{H} b_h(c)$ définit les pondérations, $x_{h,i}$ représente les caractéristiques attribuables au ménage *h*, et *I(C)* renvoie aux inégalités de consommation totale rurale. Cette approche implique, premièrement, la régression d'un nombre de caractéristiques des ménages sur la distribution de la consommation des ménages par habitant pour 1995, 2000, 2005 et 2011. Il est ensuite possible de calculer la contribution relative de ces caractéristiques aux inégalités de consommation totale. Finalement, en comparant au fil du temps la taille et le signe des paramètres de régression estimés et leur contribution relative aux inégalités de consommation totale, il est possible de déterminer si les déterminants des inégalités de la consommation rurale ont augmenté ou diminué en importance.

Avec la deuxième approche, comme l'indique Rao (1969), le coefficient de Gini de la consommation rurale totale par habitant G_t était décomposé dans les coefficients de concentration C_{it} de la consommation rurale par habitant des ménages dont le chef travaille dans le secteur i (agriculture, secteur manufacturier, services, etc.). Le coefficient de Gini de la consommation rurale totale par habitant est égal à la somme des coefficients de concentration des secteurs i des inégalités de consommation sectorielle par habitant pondérés par la part de la consommation du secteur i s_{it} dans le total, c.-à-d. :

$$Gt = \sum s_{it} C_{it} \qquad avec \ \sum s_{it} = 1 \qquad (3)$$

La contribution du secteur i aux inégalités de consommation totale au temps t est $s_{it} C_{it}$.

Les résultats, dérivés de l'équation (3) sont présentés à partir de la décomposition par régression des inégalités de consommation rurale, sur la base des 11 caractéristiques des ménages indiquées au tableau 13.7. L'interprétation de ces résultats doit prendre en compte la stabilité, au sens large, des inégalités rurales durant la période analysée. Les évolutions des paramètres des caractéristiques des ménages et de leurs contributions relatives reflètent par conséquent des changements de cap modérés et dont l'importance respective est mutuellement compensée au fil du temps. Comme en 1995 il n'y avait pas de données sur les actifs ruraux, l'analyse est axée uniquement sur la période 2000-2011.

Le tableau 13.7 montre tout d'abord que le résidu inexpliqué a augmenté au fil du temps. Ceci indique que les caractéristiques des ménages utilisées dans la régression sont significatives, mais qu'elles expliquent une part des inégalités rurales qui va diminuant. En ce qui concerne la part de variance expliquée, les déterminants les plus importants des inégalités rurales sont l'emploi du chef de ménage dans l'administration publique, le commerce et, dans une certaine mesure, le secteur manufacturier rural. La contribution du taux de dépendance est élevée et stable. De leur côté, les caractéristiques qui avaient une incidence importante en 2000 (par ex., la possession de terres et d'un cheptel important, ainsi que le niveau d'études primaires et secondaires) expliquent une part plus faible des inégalités rurales en 2011, peut-être en raison de la diminution de la taille des exploitations, de la redistribution actuelle des terres et d'une augmentation substantielle des niveaux d'études primaires et secondaires durant les années 2000. De son côté, l'emploi dans l'agriculture a un effet égalisateur, en raison de la distribution égalitaire des terres et du fait de l'expansion des systèmes publics de vulgarisation. Comme prévu, compte tenu des emplois de faible technicité disponibles dans les zones rurales, l'enseignement secondaire (en 2011) et l'enseignement supérieur expliquent une faible part des inégalités rurales. En revanche, les variables qui expliquent de

Zones rurales	1995	2000	2005	2011	1995	2000	2005	2011
	Paramètres de régression				Contribution relative aux inégalités			
Femme chef de ménage	449,2	81,6	113,4	38,3	0,068	0,027	0,039	0,017
Taux de dépendance	3,5 ^	-45,9	-57,6	-0,4	0,003	0,119	0,124	0,109
Possession de terre (oui - non)	..	386,6	309,7	47,8	..	0,046	0,054	0,024
Possession de cheptel important	..	8,2	0,1 ^	0,8 ^	..	0,059	0,000	0,001
Niveau d'études primaires du chef de ménage	241,6	76,6	76,1	38,7	0,089	0,058	0,046	0,017
Niveau d'études secondaires du chef de ménage	489,9	186,9	199,3	52,6	0,023	0,019	0,016	0,005
Niveau d'études supérieures du chef de ménage	625,0*	524,9	641,4	43,9	0,001	0,011	0,018	0,002
Le chef de ménage travaille dans l'agriculture	874,0	64,8	296,4	435,7	0,145	0,01	0,031	-0,102
Le chef de ménage travaille dans le secteur manufacturier	647,8	137,2	391,1	490,9	-0,003	0,004	0,015	0,023
Le chef de ménage travaille dans l'administration publique.	991,5	252,5	401,5	573,4	0,137	0,012	0,024	0,104
Le chef de ménage travaille dans le commerce	691,7	40,6	506,0	581,7	0,015	-0,001	0,043	0,099
Résidu inexpliqué		s.o.			0,523	0,635	0,589	0,702

TABLEAU 13.7 Décomposition par régression des évolutions des inégalités de consommation rurale, 1995-2011

Source : Élaborations par les auteurs à partir des enquêtes HICE et des enquêtes de suivi du bien-être (WMS).
Remarque : Tous les paramètres sont significatifs au niveau de 1 % sauf indication contraire ; * significatifs au niveau de 10 % ; ^ non significatifs.

plus en plus ces inégalités sont le taux de dépendance et l'emploi du chef de ménage dans l'administration publique et le commerce, c.-à-d. des secteurs à revenus plus élevés. L'emploi dans le secteur manufacturier rural est marginalement un facteur d'inégalités.

Pour 2011 uniquement, Cornia et Martorano (2016) ont appliqué la même décomposition par régression des inégalités rurales de la consommation par habitant uniquement aux ménages ruraux exerçant des activités agricoles, à l'aide des données des enquêtes de suivi du bien-être (WMS), une approche qui fournit des données supplémentaires sur les caractéristiques des ménages. Ils ont constaté que les inégalités augmentent modérément en fonction de la présence de femmes chefs de ménage et des taux de dépendance, et que la taille des exploitations et la possession de bétail semblent être réparties de manière assez égalitaire ne représentant qu'une part réduite des inégalités. En revanche, la culture de céréales est associée à des niveaux élevés d'inégalités, alors que la culture de légumes et l'utilisation d'engrais contribuent légèrement à l'accroissement des inégalités. En outre, dans ce test, le niveau d'études du ménage contribue légèrement à accentuer les inégalités pour les raisons évquées ci-dessus.

Avec la deuxième décomposition, l'impact des évolutions de la distribution de la consommation sectorielle par habitant par secteur d'emploi dans les zones rurales est exploré au moyen de l'approche de Rao (1969). Celle-ci ventile les inégalités de consommation totale en parts de la consommation sectorielle et en coefficients de concentration des neuf secteurs dans lesquels l'économie a été ventilée. En comparant les contributions relatives aux inégalités totales (tableau 13.8) entre 1995 et 2011, il apparaît que celles

TABLEAU 13.8 Décomposition des inégalités de consommation rurale par secteur d'emploi du chef de ménage

Zones rurales	1995				2005				2011			
	CS	CI	AC	RC	CS	CI	AC	RC	CS	CI	AC	RC
Agriculture	0,900	0,255	0,229	0,860	0,925	0,236	0,218	0,865	0,905	0,259	0,234	0,837
Extraction minière	0,001	0,340	0,000	0,002	0,001	0,455	0,001	0,002	0,003	0,539	0,002	0,005
Secteur manufacturier	0,010	0,153	0,001	0,006	0,020	0,367	0,007	0,029	0,012	0,371	0,004	0,015
Services publics	0,001	0,773	0,001	0,003	0,000	-0,527	0,000	-0,000	0,001	0,426	0,000	0,001
Construction	0,001	0,386	0,001	0,002	0,002	0,243	0,000	0,002	0,007	0,356	0,002	0,009
Commerce	0,015	0,359	0,006	0,021	0,025	0,499	0,013	0,050	0,030	0,526	0,016	0,057
Transport	0,001	0,721	0,000	0,002	0,001	0,618	0,000	0,001	0,009	0,457	0,004	0,014
Finance, assurance et immobilier (FAI)	0,000	0,000	0,000	0,000	0,002	0,489	0,001	0,004	0,001	0,396	0,001	0,002
Administration publique	0,070	0,399	0,028	0,105	0,024	0,489	0,012	0,047	0,032	0,509	0,017	0,059
Total	1,000	.	0,267	1,000	1,000	.	0,252	1,000	1,000	.	0,280	1,000

Source : Élaboration par les auteurs à partir des enquêtes HICE 1995, 2005 et 2011.
Remarques : Le secteur du commerce comprend également les restaurants et les hôtels ; le secteur du transport comprend l'entreposage et les communications ; FAI désigne la finance, les assurances et l'immobilier ; l'administration publique inclut également d'autres services (par ex., les services de proximité). Également, CS = Part de la consommation ; CI = Indice de concentration ; AC = Contribution absolue ; et RC = Contribution relative.

de 2011 ont augmenté en raison de la forte augmentation de la part de la consommation et/ou de son coefficient de concentration du commerce et de l'administration publique (et marginalement dans le secteur manufacturier, le transport et la construction).

13.4.2 Croissance de la population, exode rural et inégalités urbaines

Entre 1975 et 1995, le taux de croissance démographique de l'Éthiopie a largement suivi la moyenne de celle de l'Afrique subsaharienne, tandis que sur la période 1995-2005, il l'a dépassée (tableau 13.9). Malgré la baisse de l'indice synthétique de fécondité (ISF) sur les 20 dernières années et le ralentissement de la croissance démographique et la baisse du taux de dépendance, un taux de croissance démographique qui ne diminue que lentement reste un problème qui nécessite la prise de mesures supplémentaires de contrôle de la fécondité. Sur la période 2000-2015, la population s'est accrue annuellement de 2,1 millions de personnes. Cela signifie que sur la période 2015-2020, il y aura près de deux millions de nouveaux arrivants sur le marché du travail chaque année, dont au moins 400 000 dans les zones urbaines. Cet accroissement peut être difficile à absorber de manière productive.

TABLEAU 13.9 Croissance démographique, ISF, migrations et taux de dépendance des jeunes, 1975-2015									
	1975	**1980**	**1985**	**1990**	**1995**	**2000**	**2005**	**2010**	**2015**
Population, en millions d'habitants	32,6	35,2	40,8	48,1	57,2	66,4	76,6	87,5	99,4
Taux de croissance démographique*									
Éthiopie	2,7	1,6	2,9	3,3	3,5	3,0	2,8	2,7	2,5
Afrique subsaharienne	2,4	...	2,8	...	2,7	...	2,6	...	2,6
ISF									
Éthiopie	7,1	7,2	7,4	7,4	7,1	6,8	6,1	5,3	4,6
Afrique subsaharienne	6,7	6,8	6,7	6,5	6,2	5,9	5,7	5,4	5,1
Taux de dépendance (0-14)/(15-64)	85,7	87,2	90,7	91,6	92,7	92,2	91,0	85,0	75,2
% de la population									
Éthiopie	9,4	10,4	11,5	12,7	13,8	14,6	15,5	17,2	19,4
Afrique subsaharienne	20,3	22,4	24,7	27,1	29,1	30,8	33,0	35,4	37,9

Source : Compilation des auteurs sur la base de documents de la DAES-Division de la population, Nations Unies.
Remarque : * renvoie aux cinq ans se terminant dans le titre de la colonne (par ex. la valeur de 1975 renvoie à la période 1970-1975), et mn signifie million.

Ce problème pourrait être résolu par une accélération de la baisse de 2,8 points de l'ISF enregistrée entre 1990 et 2015, ce qui constitue une baisse plus rapide que celle de 1,4 point enregistrée en Afrique subsaharienne en moyenne. Cette baisse a été attribuée aux actions du FDRPE. Depuis son arrivée au pouvoir, il a considéré que le problème démographique de l'Éthiopie avait pour origine le sous-développement et la pauvreté et a fixé l'objectif d'un ISF de 4 points à l'horizon 2015. Pour y parvenir, le gouvernement a reculé l'âge du mariage de 15 à 18 ans et a rendu obligatoire l'enregistrement à l'état civil. D'autres mesures ont mis l'accent sur la poursuite de la scolarisation des filles, ont encouragé leur emploi dans le secteur moderne et les PME, et ont cherché à éliminer les restrictions à la participation des femmes aux activités économiques et à promouvoir une maternité responsable. Certaines mesures ont également comporté l'élargissement de la distribution de contraceptifs féminins et masculins, en encourageant tous les organismes publics et les organisations non gouvernementales (ONG) à faire face à la question de la croissance démographique et en établissant un Conseil national de la population. La mise en œuvre de ce programme s'est heurté à des obstacles, mais la baisse de l'ISF est en passe d'atteindre la cible visée.

À son rythme actuel, l'exode rural n'atténuera pas la pénurie de terres en dépit de la modernisation de l'agriculture et de l'introduction de dispositifs de protection sociale en milieu rural. La lenteur du taux d'urbanisation de l'Éthiopie est la résultante de politiques explicites visant à empêcher les migrations de grande échelle vers les zones urbaines compte tenu de l'absence d'accumulation adéquate de capital urbain et d'offre de services sociaux pouvant répondre aux besoins d'une population urbaine en expansion (Gebeyehu, 2014).

Bien que l'État octroie aux petits exploitants des droits d'utilisation des terres pour une durée indéterminée, les lois régionales en restreignent la cession et, comme cela a été constaté dans le cas des migrations permanentes, en prévoient la confiscation. Il est donc improbable que le gouvernement introduise à bref délai la propriété privée des terres et autorise leur vente. Au lieu de cela, la levée des restrictions sur les marchés de la location des terres pourrait atténuer la pression foncière et promouvoir les activités rurales non agricoles (ARNA) qui pourraient absorber le surplus de main-d'œuvre. Sans ces changements, les jeunes ne peuvent avoir accès à la terre que par le biais de l'héritage, de la subdivision ou de l'attribution par les autorités locales. Et pourtant, cette politique ne peut empêcher les migrations que si suffisamment de terres sont disponibles pour répondre à la demande croissante. Compte tenu de la pression démographique et de la réduction de la taille des exploitations qui en a résulté, les migrations de détresse vers les villes deviendront en dernier lieu inévitables.

13.4.3 Urbanisation, transformation structurelle et inégalités urbaines

Sur la période 1995-2011, l'économie n'a connu que des transformations structurelles modérées (tableau 13.10) ; sur la période 1995-2005, le secteur urbain a enregistré une hausse de 10 points du coefficient de Gini urbain et une baisse ultérieure de 6 points (tableau 13.2). Ces deux évolutions sont examinées dans l'ordre. Selon le tableau 13.10, la transformation de l'économie sur la période 1995-2011 a entraîné une baisse de 14 points de pourcentage de l'emploi agricole, accompagnée par une hausse de l'emploi de 4,3 points dans le secteur manufacturier (essentiellement urbain), de 2 points dans la construction et de 6,7 points dans le commerce et la restauration. Aucune évolution notable n'a été enregistrée dans les autres secteurs. Bien qu'elle soit modeste en valeur absolue, la hausse de la finance, des assurances et de l'immobilier (FAI) a été notable en valeur relative.

Le tableau 13.11 illustre la part sectorielle de la valeur ajoutée, de l'emploi et de leur taux pour 2005. Ce taux est une mesure de la productivité relative de divers secteurs. Alors que pour le secteur manufacturier et les services de proximité on constate des productivités deux fois plus élevées que dans l'agriculture, la productivité des secteurs de la finance, des assurances et de l'immobilier (FAI), à forte intensité de capital et nécessitant une main-d'œuvre qualifiée, est 72 fois plus élevée que celle de l'agriculture. La productivité dans les autres secteurs est de 8 à 11 fois plus élevée, en moyenne, que celle de l'agriculture.

En conséquence, du point de vue de la répartition, une transition vers le secteur manufacturier et les services de proximité n'accroîtrait que modérément les inégalités urbaines. Pourtant, les investissements sur le marché intérieur demeurent faibles, alors que les flux d'investissement direct étranger (IDE) sur la

TABLEAU 13.10 Évolution de la structure sectorielle de l'emploi, 1995-2011

	Agriculture	Extraction minière	Secteur manufacturier	Services publics	Construction	Commerce (commerce et restaurants)	Finance, assurances et immobilier (FAI)	FIRE	Services de l'État	Services de proximité
1995	87,3	0,2	2,3	0,1	0,3	4,1	0,4	0,1	2,4	2,7
2000	84,9	0,2	3,1	0,1	0,5	4,7	0,4	0,1	3,2	2,6
2005	83,2	0,3	4,1	0,1	1,1	5,8	0,5	0,3	2,2	2,4
2008	78,4	0,3	5,3	0,1	1,6	8,6	0,5	0,3	2,3	2,4
2011	73,4	0,7	6,9	0,1	2,3	10,8	0,5	0,5	2,4	2,2

Source : Élaboration par les auteurs à partir de Timmer, de Vries et de Vries (2014).

	Agriculture	Extraction minière	Secteur manufacturier	Services publics	Construction	Commerce	Finance, assurances et immobilier (FAI)	FIRE	Services de l'État	Services de proximité
Valeur ajoutée	42,1	1,4	4,4	1,1	6,1	24,4	4,5	10,8	8,1	2,8
Emploi.	83,2	0,3	4,1	0,1	1,1	5,8	0,5	0,3	2,2	2,4
Taux	0,51	4,7	1,1	11,0	5,5	4,2	9,0	36,0	3,7	1,2

Source : Les données sur l'emploi proviennent de Timmer, de Vries et de Vries (2014), et les données sur la valeur ajoutée proviennent du ministère des Finances et du Développement économique d'Éthiopie, (2014b).
Remarque : D'après les données de la Banque mondiale, on estime que la part de l'agriculture en 2004 est de 52 % (Banque mondiale, 2015).

période 2005-2011 ne constituaient que 1,6 % du PIB, bien qu'ils aient augmenté dans les secteurs à forte intensité de main d'œuvre du textile, de la confection et du cuir sur la période 2012-2014 (Dinh et al., 2014). En revanche, l'impact sur les inégalités de la transition vers les services (y compris l'administration publique) a été beaucoup plus important, parce que peu d'employés peu qualifiés travaillent dans ces secteurs, qui emploient une proportion notable de personnes ayant un niveau d'études secondaires et supérieures. En conséquence, sur la période 1996-2005, la demande croissante d'emplois qualifiés a accru la consommation par habitant dans les quartiles supérieurs. Par contre, la consommation a augmenté de façon plus prononcée dans les quartiles intermédiaires sur la période 2005-2011 (tableau 13.12) pour les raisons expliquées ci-dessous.

Comment s'explique la croissance des inégalités urbaines sur la période 1996-2005 ? Pour répondre à cette question, Leite, Sanchez et Ruggeri Laderchi (2009) ont décomposé les évolutions des inégalités à l'aide des enquêtes HICE pour ces deux années. Leur conclusion principale était que «... le nouveau profil des ménages urbains, et en particulier la probabilité accrue de ménages dirigés par de jeunes chefs de ménage d'un bon niveau d'études, vivants seul(e)s ou en couple ou sans enfants a également contribué à l'accroissement des inégalités...» (*ibid.* : 1). Ces conclusions suggèrent que la demande de travailleurs

Année	Percentile								
	1er	5e	10e	25e	50e	75e	90e	95e	99e
1996	1 062	1 683	2 023	2 924	4 391	6 736	9 800	12 459	17 225
2005	1 481	1 995	2 304	2 972	4 836	7 383	11 810	16 516	31 785
2011	1 680	2 592	3 259	4 701	6 911	10 800	16 480	21 431	37 265
% de variations									
1996 – 2005	39,5	18,5	13,9	1,6	10,1	9,6	20,5	32,6	84,5
2005 – 2011	13,4	29,9	41,4	58,2	42,9	46,3	39,5	29,8	17,2
1996 – 2011	58,2	54,0	61,1	60,8	57,4	60,3	68,2	72,0	116,3

Source : Élaboration des auteurs à partir des données du ministère des Finances et du Développement économique de l'Éthiopie (2013).

qualifiés urbains a dépassé l'offre ou que les rendements de l'éducation se sont élevés dans des secteurs dans lesquels il n'y a pas eu d'augmentation d'emploi mais plutôt une demande croissante de travailleurs aux qualifications avancées. Cornia et Martorano (2016, tableau 13) confirment les conclusions de Leite, Sanchez et Ruggeri Laderchi sur l'impact inégalitaire des différences des taux de dépendance entre les quintiles supérieurs et inférieurs.

La baisse du coefficient de Gini sur la période 2005-2011 était due à une croissance plus rapide de la consommation dans les deux quartiles intermédiaires (tableau 13.12), entraînée par des facteurs endogènes et des politiques publiques. Ces dernières ont encouragé les travaux d'infrastructures urbaines, la croissance du secteur de la construction et les micro et petites entreprises par l'octroi de crédits et la mise en place de formations ainsi que d'un environnement favorable aux investissements privés (ministère des Finances, 2013). La fourniture de produits alimentaires subventionnés aux citadins pauvres durant les années d'inflation élevée y a également contribué (section 5). Un autre facteur clé de la baisse des inégalités urbaines a été un accroissement des dépenses publiques dans le système éducatif (section 4.4), qui a permis l'élargissement de la couverture des services d'éducation, y compris pour les enfants issus de groupes à faible revenu ou à revenu moyen (Cornia et Martorano 2016, tableau 14). Après un intervalle, l'offre de main-d'œuvre qualifiée a augmenté, les rendements de l'éducation ont baissé, de même que le coefficient de Gini de la répartition des années de capital humain.

Pour identifier les facteurs expliquant les évolutions des inégalités urbaines, une décomposition par régression de leur hausse et de leur baisse ultérieure et une décomposition des inégalités par secteur d'emploi des chefs de ménages ont été effectuées (respectivement, aux tableaux 13.13 et 13.14). Avec la première approche, on peut observer que, sur la période 1995-2005, la part des inégalités totales expliquées par la présence de chefs de ménage ayant un niveau d'études supérieures s'est élevée par rapport à 1995. Ceci confirme un accroissement des rendements des études supérieures et une hausse de l'emploi de travailleurs qualifiés. Une part considérable des inégalités trouve son explication dans l'enseignement secondaire, mais son poids n'a pas augmenté au fil du temps, tandis que le poids de l'enseignement primaire entrait en ligne de compte mais a baissé parallèlement. Une contribution majeure à l'accroissement des inégalités urbaines a été l'emploi de chefs de ménage dans le commerce et « autres services ». L'importance de ce facteur s'est accrue par rapport à 1995, alors que l'emploi dans l'agriculture urbaine et le secteur manufacturier est devenu modérément un facteur d'égalité. Finalement, et de manière surprenante, le taux de dépendance explique globalement une part modeste et stable des inégalités urbaines, un résultat qui diffère des conclusions de Leite, Sanchez et Ruggeri Laderchi (2009).

TABLEAU 13.13 Décomposition par régression des inégalités du coefficient de Gini urbain mesurant les inégalités de consommation

Zones urbaines	1995	2000	2005	2011	1995	2000	2005	2011
	Paramètres de régression				**Contribution relative aux inégalités**			
Femme chef de ménage	790,9	375,9	337,4	251,4	0,158	0,020	0,034	0,079
Taux de dépendance	71,0	-28,7	-36,1*	-0,2	0,012	0,007	0,006	0,004
Niveau d'études primaires du chef de ménage	754,7	445,1	514,7	285,6	0,076	0,086	0,055	0,090
Niveau d'études secondaires du chef de ménage	1 297,1	725,7	825,7	278,5	0,259	0,272	0,226	0,034
Niveau d'études supérieures du chef de ménage	1 693,6	1 187,91	226,7	301,6	0,123	0,410	0,280	0,051
Le chef de ménage travaille dans l'agriculture	748,3	402,6	404,6	432,0	-0,018	-0,005	-0,004	-0,025
Le chef de ménage travaille dans le secteur manufacturier	886,2	347,0	279,6	390,3	0,052	0,017	-0,006	-0,002
Le chef de ménage travaille dans l'administration publique	555,4	133,3	249,4	542,3	0,037	0,046	0,041	0,346
Le chef de ménage travaille dans le commerce et autres	762,5	263,5	513,5	488,1	0,142	0,009	0,096	0,105
Résidu inexpliqué	s.o.		0,137	0,271	0,317	0,159		

Source : Élaborations par les auteurs à partir des enquêtes HICE et des enquêtes de suivi du bien-être (WMS).
Remarque : Tous les coefficients sont significatifs à la probabilité de 1 % sauf indication contraire. * significatifs à 10 %, ^ non significatifs.

En ce qui concerne la baisse des inégalités sur la période 2005-2011, le tableau 13.14 indique que le fait d'être diplômé de l'enseignement secondaire ou supérieur en 2011 a moins contribué aux inégalités urbaines qu'en 2005, alors que le coefficient de pondération des études primaires est resté négligeable. Ceci paraît suggérer que les investissements publics dans l'éducation ont progressivement augmenté l'offre de travailleurs qualifiés appartenant aux quintiles intermédiaires (tableau 13.13), entraînant ainsi une baisse des rendements de l'éducation. En revanche, l'emploi de chefs de ménage dans le commerce et, en particulier, à un degré encore plus important, dans l'administration publique, a contribué plus que précédemment aux inégalités totales. D'autre part, en 2011, la présence de ménages dirigés par une femme a également participé à la hausse des inégalités par rapport à 2005, alors que le taux de dépendance (facteur important pour expliquer les inégalités rurales, voir tableau 13.7) avait un effet négligeable sur les inégalités urbaines. Ceci était probablement dû à une baisse des indices de fécondité, également parmi les résidents urbains à faible revenu (tableau 13.13).

Une décomposition selon l'approche de Rao (1969) des inégalités totales est effectuée par secteurs de production, au nombre de neuf, dans lesquels l'économie a été ventilée. En conséquence, il était nécessaire d'analyser les évolutions de la part de la consommation des chefs de ménage travaillant dans chacun des neuf secteurs du tableau 13.14, des coefficients de concentration sectorielle et de leur contribution relative aux inégalités. L'analyse montre que l'augmentation de cette part sur la période 1995-2005 (de 0,32 à 0,41) était due à une augmentation générale, et par moments significative, des coefficients de concentration qui s'est produite dans pratiquement tous les secteurs. Ceci était probablement plutôt dû à un déséquilibre croissant entre la demande et l'offre de travailleurs qualifiés qu'à une orientation des parts de consommation vers des secteurs à inégalités élevées. La baisse de la contribution relative du commerce reflète probablement une réorganisation et une modernisation du secteur.

TABLEAU 13.14 Décomposition des inégalités urbaines par secteur d'emploi des chefs de ménage

	1995				2005				2011				Δ Contribution relative 2005-2011
	CS	CI	AC	RC	CS	CI	AC	RC	CS	CI	AC	RC	
Agriculture	0,082	0,097	0,008	0,024	0,159	0,285	0,045	0,111	0,149	0,221	0,033	0,092	-0,019
Extraction minière	0,006	0,196	0,001	0,004	0,007	0,415	0,003	0,007	0,004	0,438	0,002	0,005	-0,002
Secteur manufacturier	0,119	0,296	0,035	0,108	0,101	0,234	0,024	0,058	0,088	0,263	0,023	0,064	+0,006
Services publics	0,010	0,403	0,004	0,013	0,013	0,494	0,006	0,016	0,009	0,349	0,003	0,009	- 0,007
Construction	0,049	0,280	0,014	0,042	0,055	0,359	0,020	0,048	0,064	0,227	0,015	0,041	-0,007
Commerce	0,410	0,362	0,149	0,459	0,287	0,460	0,132	0,323	0,217	0,371	0,081	0,225	-0,098
Transport	0,042	0,490	0,021	0,064	0,049	0,478	0,023	0,057	0,104	0,403	0,042	0,117	+0,060
Finance, assurance et immobilier (FAI)	0,009	0,542	0,005	0,015	0,036	0,675	0,024	0,059	0,028	0,460	0,013	0,036	-0,023
Administration publique et autres	0,273	0,322	0,088	0,271	0,294	0,448	0,132	0,322	0,336	0,438	0,147	0,411	+0,089
Total	1,000		**0,324**	1,000	1,000		**0,409**	1,000	1,000		**0,358**	1,000	

Source : Élaborations par les auteurs à partir des données des enquêtes HICE.
Remarque : CS = Part de la consommation ; CI = Indice de concentration ; AC = Contribution absolue ; et RC = Contribution relative.

Sur la période 2005-2011, les parts sectorielles de la consommation ont varié modestement à l'exception de celles du transport et du secteur « commerce et autres », alors qu'il y a eu une inversion presque symétrique des hausses précédentes du coefficient de concentration dans le secteur du transport et dans celui de l'« administration publique et autres ». Dans tous les cas, l'accroissement marginal des coefficients de concentration des secteurs minier et manufacturier est une exception qui représente une petite part de l'évolution des inégalités totales. Cette baisse des coefficients de concentration a probablement pour origine la baisse des rendements de l'enseignement secondaire et supérieur mentionnée ci-dessus, ainsi que les mesures de soutien à l'emploi et les subventions introduites par le gouvernement. En dépit de la récente baisse des coefficients de concentration, il est important de souligner que les inégalités observées dans les secteurs urbains modernes nécessitant une main-d'œuvre qualifiée (commerce, services publics, transport, finance, assurances et immobilier, et administration publique) demeurent plus élevées (environ de 0,35 à 0,46) que celles de l'agriculture urbaine, du secteur manufacturier et de celui de la construction (de 0,20 à 0,26). Une approche de l'urbanisation conçue pour faire en sorte que les inégalités restent dans une fourchette acceptable pourrait par conséquent encourager un développement plus rapide des secteurs à forte intensité de main-d'œuvre.

13.4.4 Politique budgétaire, redistribution et inégalités

Le gouvernement du FDRPE a adopté une politique de décentralisation fiscale et de partage des subventions qui a cherché à égaliser dans une large mesure les ressources fiscales des différentes régions (PNUD Éthiopie, 2014). En outre, dans la dernière décennie, il a poursuivi une politique macroéconomique et fiscale prudente tendant à maintenir le déficit à un niveau viable (tableau 13.15). Par contre, la recrudescence de l'inflation de la fin des années 2000 n'a été ramenée à un niveau acceptable qu'en 2013.

En dépit de cette amélioration et d'un accroissement des revenus fiscaux, l'Éthiopie reste en retrait de ses pairs au regard de la mobilisation des revenus, car sur la période 1999-2010, son ratio des recettes fiscales rapportées au PIB se situait entre 10 et 13 %, par rapport à une moyenne en Afrique subsaharienne allant de 16 à 17 %. Au cours de ces dernières années, le gouvernement a perçu des recettes supplémentaires en améliorant l'administration fiscale et en facilitant le commerce (BAfD, OCDE et PNUD, 2014). Suite à ces initiatives, il était prévu que les recettes atteignent 13,3 % du PIB en 2014/2015 (FMI, 2014).

TABLEAU 13.15 Indicateurs fiscaux en pourcentage du PIB

	1999/2000	2004/2005	2010/11
Total des recettes et des subventions	**17,6**	**20,7**	**15,7**
Recettes	14,9	16,0	13,9
Recettes fiscales	10,1	12,7	11,6
Recettes non fiscales	4,7	3,3	2,3
Subventions	2,7	4,7	1,7
Total des dépenses et des prêts nets	**26,9**	**25,4**	**16,8**
Dépenses courantes	21,5	13,5	7
Dépenses d'investissement	5,4	11,9	9,9
Solde budgétaire global			
En incluant les subventions	*-9,3*	*-6*	*-1,2*
En excluant les subventions	*-12*	*-10,7*	*-2,9*

Source : Compilation des auteurs à partir de documents du FMI (2006, 2014).

De même que dans d'autres pays comportant un secteur de petites exploitations et un secteur informel importants, le système fiscal dépend principalement des taxes indirectes et des taxes sur le commerce, lesquelles en 2011/2012 représentaient 8,3 % du PIB, tandis que les impôts directs s'élevaient à 4,3 % du PIB. Les subventions étrangères représentent environ 2 % du PIB et sont sensiblement plus modestes que la moyenne régionale (Ferede et Kebede, 2015).

Malgré la prédominance des impôts indirects, Lustig et Higgins (2015) suggèrent que l'imposition en Éthiopie est progressive. Ceci est principalement dû à l'incidence progressive des impôts directs sur les sociétés, les ménages à hauts revenus et les bénéficiaires de revenus locatifs. Pourtant, l'impôt sur le revenu est perçu à un niveau très faible. Comme le remarquent Lustig et Higgins (2015 : 71) :

Actuellement, tout revenu individuel supérieur à … 1 800 birrs par an est imposé. Cela représente beaucoup moins que le seuil de pauvreté de 3 781 birrs par équivalent adulte et l'augmentation de cette valeur minimale réduirait la charge de l'impôt direct pour les déciles inférieurs.

Un autre problème est que l'incidence de l'impôt sur le revenu agricole est principalement régressive (figure 13.2).

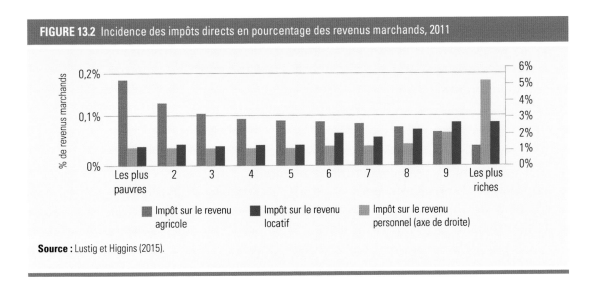

FIGURE 13.2 Incidence des impôts directs en pourcentage des revenus marchands, 2011

Source : Lustig et Higgins (2015).

En ce qui concerne les impôts indirects, Muñoz et Cho (2003) et Mekonnen, Deribe et Gebremedhin (2013) montrent que la TVA sur les produits alimentaires est régressive, alors que la TVA sur les articles non alimentaires est progressive et que les taxes sur les carburants ne sont progressives que dans les zones rurales. Geda et Shimeles (2005), quant à eux, montrent que les taxes sur le tabac, l'alcool et le butane sont progressives. À la lumière de ces constatations contrastées, il est difficile de parvenir à une conclusion à propos de la progressivité de l'imposition indirecte.

En revanche, les dépenses sociales sont pour l'essentiel bien ciblées et contribuent à la réduction des inégalités, alors que leur part du PIB est plus élevée que la moyenne régionale. Au cours des vingt dernières années, le gouvernement a mis en œuvre trois programmes d'assistance sociale : le Programme de développement durable et de réduction de la pauvreté de 2002/2003¬2004/2005 (une réponse ponctuelle à la famine de 2002) ; le Plan de développement accéléré et durable pour mettre fin à la pauvreté, sur la période 2005/2006-2009/2010 ; et depuis 2010/2011, le Plan de croissance et de transformation (GTP). Toutefois, ces programmes ne correspondaient pas à un système cohérent de protection sociale. Par contre, des progrès significatifs ont été réalisés au milieu des années 2000, lorsque de nouveaux programmes ont été lancés pour réduire la pauvreté, l'insécurité alimentaire et la malnutrition. Il en a résulté que près de 70 % des dépenses publiques sont actuellement affectées à des secteurs favorables aux pauvres (tableau 13.16).

L'initiative la plus importante a été l'introduction du Programme de filets de protection sociale productifs (PSNP) en 2004 (Banque mondiale, 2004). Son objectif est de protéger les populations exposées à l'insécurité alimentaire, d'empêcher l'épuisement des actifs au niveau des ménages et de créer les conditions permettant de s'extraire de la pauvreté. Le PSNP associe une composante de travaux publics et une assistance pécuniaire et alimentaire directe à des ménages dans lesquels aucun adulte n'est apte au travail. Le programme a

TABLEAU 13.16 Dépenses publiques favorables aux pauvres en part du PIB

	2010/11	2011/12	2012/13
Dépenses de secteurs favorables aux pauvres	**12,3**	**11,9**	**12,7**
Éducation	4,6	4,0	4,1
Santé	1,2	1,0	1,3
Agriculture	1,6	1,5	1,7
Eau	1,1	1,4	1,5
Routes	3,7	3,9	4,1

Source : Élaboration des auteurs à partir des données du ministère des Finances et du Développement économique (2014 a).

connu une expansion rapide : entre 2004-2005 et 2011-2012, le nombre de districts couverts est passé de 192 à 320 sur 550. Au cours de la même période, le nombre de bénéficiaires est passé de 4,83 millions à 7,64 millions, c.-à-d. près de 10 % de la population du pays (Banque mondiale, 2011). Le programme a absorbé 1,2 % du PIB de l'Éthiopie en 2009 et est principalement financé par des donateurs internationaux. Il est mieux ciblé que des programmes similaires et influe indirectement sur la pauvreté et les inégalités parce qu'il accroît l'utilisation d'intrants par ses bénéficiaires.

D'autres subventions ont été introduites en soutien des ménages à faible revenu. Toutefois, l'incidence des subventions au kérosène et à l'électricité est régressive (Kebede, 2006). Finalement, la Banque mondiale (2015) fait valoir que les dispositifs de protection sociale doivent être renforcés pour les personnes qui ne sont pas en mesure de participer au marché du travail en milieu urbain, telles que les personnes âgées, les personnes handicapées et les femmes chefs de ménage, qui sont plus vulnérables aux chocs que les groupes similaires dans les zones rurales.

Les dépenses de santé sont également progressives. En effet, des services gratuits sont fournis aux groupes vulnérables par l'intermédiaire de programmes de mobilisation sanitaire et de programmes nationaux de nutrition. Woldehanna et Jones (2015) montrent que sur la période 1996-2000, les dépenses engagées dans l'enseignement primaire ont été favorables aux pauvres et aux populations rurales. En revanche, l'enseignement secondaire était régressif et les inscriptions ont baissé en raison d'une faible scolarisation d'enfants issus des déciles inférieurs. Analysant l'incidence des dépenses en faveur de l'éducation en 2011, Lustig et Higgins (2015) confirment que la politique concernant l'enseignement primaire est progressiste (par ex., le gouvernement a ouvert une école primaire dans presque chaque village) et que la politique concernant l'enseignement secondaire est devenue progressiste en termes relatifs. L'enseignement supérieur est encore régressif.

Finalement, comme noté plus haut, le gouvernement a réalisé des travaux publics pour paver les rues et a fait construire des logements urbains pour développer l'emploi dans les zones urbaines, créant de la sorte plus de 1,1 million d'emplois. Le soutien aux micro et petites entreprises (MPE) a généré 1,5 million de nouveaux emplois (BAfD, OCDE et PNUD, 2014).

Pour conclure, l'impact global de la politique fiscale a contribué à modérer les inégalités, d'abord dans les zones rurales et, plus récemment, dans les zones urbaines. La majeure partie des dépenses sociales est bien ciblée, tandis que la participation aux prélèvements fiscaux est progressive, bien que perfectible. Dans l'ensemble, les impôts directs et les transferts ont réduit le coefficient de Gini d'environ deux points de pourcentage (Lustig et Higgins, 2015). Certaines améliorations sont toutefois nécessaires. Par exemple, la Banque mondiale (2015) fait valoir que lorsque l'on tient compte des impôts directs et indirects payés et des avantages obtenus, un ménage sur dix est appauvri. Une solution possible à ce problème est de relever le seuil de revenu à partir duquel l'impôt sur le revenu individuel et l'impôt sur le revenu agricole sont appliqués.

13.5 Résumé, conclusions quant aux politiques et suggestions pour des recherches plus approfondies

L'expérience du développement de l'Éthiopie sur la période 1995-2011 est un exemple de la manière dont une croissance rapide, des inégalités faibles et stables et une pauvreté baissant rapidement peuvent se produire simultanément. Il convient d'entreprendre des recherches supplémentaires pour vérifier l'impact de l'inflation, de la saisonnalité et d'autres facteurs sur le niveau réel et les tendances des inégalités. Les données portant sur la répartition des années d'études des chefs de ménage et l'analyse de l'impact des politiques d'éducation doivent également être améliorées. Toutefois, il est improbable que des données et des analyses plus précises modifient radicalement les conclusions précitées. À ce titre, l'expérience éthiopienne offre d'utiles enseignements en matière de politiques à suivre pour d'autres pays africains confrontés à une faible productivité agricole, à une croissance démographique élevée, et à de faibles institutions de redistribution.

Les résultats précités ont été obtenus par la mise en œuvre de la stratégie ADLI et d'autres plans sectoriels. La stratégie ADLI a encouragé la modernisation de l'agriculture à travers des services de mobilisation étatiques et privés, l'ouverture de marchés agricoles au secteur privé et des investissements dans l'infrastructure. Pourtant, les éléments d'observation économétriques présentés dans ce chapitre montrent que les inégalités rurales dépendent encore des différences dans l'accès à la terre et à l'irrigation, la taille des exploitations et la part des terres utilisées pour les cultures extensives. Ces inégalités dépendent également, en ce qui concerne les ménages, des différences au regard de l'incidence des ménages dirigés par une femme, des taux de dépendance ainsi que de l'emploi dans le secteur public, le commerce et le secteur manufacturier rural. En revanche, les différences de niveaux d'études n'influent pas sensiblement sur les inégalités rurales, bien qu'il soit probable que ce sera le cas lorsque les variétés de cultures à haut rendement et les techniques agricoles améliorées deviendront plus courantes. Finalement, les prélèvements fiscaux, les subventions et les dépenses publiques ont sensiblement contribué à réduire les inégalités rurales. Ces résultats soulèvent toutefois des questions cruciales relatives aux politiques à mettre en place. La première concerne la politique démographique. En effet, la baisse progressive de l'ISF engagée en 1995 n'atténuera que partiellement la pression démographique exercée sur les terres, le stock de capital et les services publics. Avec une croissance continue de la main-d'œuvre rurale et une baisse de la taille déjà réduite des exploitations, la migration de détresse des zones rurales vers les zones urbaines deviendra inévitable, avec pour conséquence l'aggravation des inégalités urbaines. Les recherches sur les politiques devront être axées sur les mesures permettant d'accélérer la baisse de l'ISF, la réforme des contrats locatifs dans l'agriculture et le développement des ARNA et des activités manufacturières.

Cette analyse montre que les inégalités urbaines dépendent, dans une large mesure, du modèle des transformations structurelles suivies au cours des 20 dernières années, en particulier de la croissance plus rapide de l'emploi dans le secteur très inégalitaire du commerce de biens non marchands, dans la finance, l'assurance et l'immobilier, les transports et l'administration publique, par rapport aux activités marchandes et à faibles inégalités de l'agriculture urbaine, du secteur manufacturier et de la construction. Ces dernières sont plutôt à forte intensité de main-d'œuvre et nécessitent moins une main-d'œuvre qualifiée, et leur expansion a une incidence modeste sur les inégalités. Suite aux initiatives de politiques engagées dans l'expansion de l'éducation, en 2011, les différences de niveaux d'études entre les ménages sont devenues moins importantes que dans les années précédentes, bien qu'elles demeurent significatives. Les inégalités sont encore liées à l'incidence des ménages dirigés par une femme. Par contre, compte tenu de leur baisse rapide dans les zones rurales, les écarts de taux de dépendance en milieu urbain influent désormais moins sur les inégalités urbaines. Les politiques fiscales et redistributives quant à elles ont contribué à la réduction des inégalités sur la période 2005-2011, bien que cela soit moins prononcé que dans les zones rurales. Les enjeux politiques majeurs pour le secteur urbain concernent le rythme optimal de l'urbanisation et les mesures à prendre en vue de favoriser le développement d'activités marchandes à faibles inégalités, de moderniser un vaste secteur informel, d'élargir les dispositifs de protection sociale urbains, de soutenir les ménages dirigés par une femme et d'aménager l'impôt sur le revenu pour les pauvres.

RÉFÉRENCES

Alem, Y. et M. Söderbom. 2011. Household-level Consumption in Urban Ethiopia: The Effects of a Large Food Price Shock. Department of Economics, Université de Goteborg.

BAfD (Banque africaine de développement), OCDE (Organisation de coopération et de développement économiques) et PNUD (Programme des Nations Unies pour le développement). 2014. African Economic Outlook 2014: Ethiopia.

Banque mondiale. 2004. Ethiopia - Productive Safety Nets Project. Washington, D.C., Banque mondiale. http://documents.worldbank.org/curated/en/2004/04/3334212/ethiopia-productive-safety-nets-project.

_____. 2015. Ethiopia Poverty Assessment 2014. Washington, D.C, Banque mondiale.

_____ 2011. Ethiopia - Productive Safety Nets Project (APL1). Washington, D.C., Banque mondiale. http://documents.worldbank.org/curated/en/2011/06/14540380/ethiopia-productive-safety-nets-project-apl1.

Cornia, G. A. et B. Martorano. 2016. Inequality and growth in an agricultural-led development model: the case of Ethiopia over 1995-2011. Mimeo, Projet PNUD sur les inégalités en Afrique subsaharienne.

DAES (Département des affaires économiques et sociales), Division de la population, Nations Unies. 2015. World Population Prospects, the 2015 Revision. http://esa.un.org/unpd/wpp/DVD/

Deininger, K., S. Jin, B. Adenew, S. Gebre-Selassie et B. Nega. 2003. Tenure security and land-related investment: evidence from Ethiopia. Policy Research Working Paper 2991. Washington, D.C., Banque mondiale.

Dercon, S. et C. Porter. 2010. Live Aid Revisited: Long-term Impacts of the 1984 Ethiopian Famine on Children. 15 octobre. WPS/2010-39. Centre for the Study of the African Economies.

Dinh H.T, V. Palmade, V. Chandra et F. Cossar. 2014. Light Manufacturing in Africa: Targeted Policies to Enhance Private Investment and Create Jobs. Banque mondiale.

Ferede, T. et S. Kebede. 2015. Economic growth and employment patterns, dominant sector, and firm profiles in Ethiopia: opportunities, challenges and prospects. Swiss Programme for Research on Global Issues for Development, R4D Working Paper 2015/2.

Fields, G.S. 2003. Accounting for income inequality and its change: a new method, with application to the distribution of earnings in the United States. _Research in Labour Economics_, 22: 1-38.

FMI. 2006. The Federal Democratic Republic of Ethiopia: Selected Issues and Statistical Appendix. IMF Country Report N° 06/122.

_____ 2014. The Federal Democratic Republic of Ethiopia: Staff Report for the 2014 Article IV Consultation. IMF Country Report N° 14/303

Gebeyehu, Z.H. 2014. Rural-urban migration and land and development policies in Ethiopia. Paper prepared for the 2014 World Bank Conference on Land and Poverty. Banque mondiale, Washington, D.C., 24-27 mars 2014.

Geda, A., et A. Shimeles. 2005. Taxes and tax reform in Ethiopia, 1990-2003. Research Paper, UNU-WIDER, Université des Nations Unies (UNU). N° 2005/65.

Günther, I. et M. Grimm. 2007. Measuring pro-poor growth when relative prices shift. _Journal of Development Economics_ 82, 245-256.

Hirschman, A.O. 1958. _The Strategy of Economic Development_. New Haven, Yale University Press.

Kebede, B. 2006. Energy subsidies and costs in urban Ethiopia: the cases of kerosene and electricity. _Renewable Energy_, 31, N° 13, p. 2140-2151.

Leite, P.G., A. Sanchez et C. Ruggeri Laderchi. 2009. The evolution of urban inequality in Ethiopia. Oxford, Centre for the Study of African Economies, University of Oxford. Mars 2009.

Lustig, N et S. Higgins. 2015. A fiscal incidence analysis for Ethiopia. Ethiopia Poverty Assessment. 2015. Washington, D.C., Banque mondiale.

Mekonnen, A., R. Deribe et L. Gebremedhin. 2013. Fossil fuel and food tax incidence in Ethiopia. *Eastern Africa Social Science Research Review* 29: 1-24.

MOFED (ministère des Finances et du Développement économique d'Éthiopie). 2013. Development and Poverty in Ethiopia, 1995/6-2010/1. Addis-Abeba.

_____. 2014. Growth and Transformation Plan Annual Progress Report for F.Y. 2012/13. www.mofed.gov.et/English/Resources/Pages/Resources.aspx

Morduch, J. et T. Sicular. 2002. Rethinking inequality decomposition, with evidence from rural China. *The Economic Journal*, 112: 93-106.

Muñoz, M.S., et S.S.W. Cho. 2003. Social impact of a tax reform: the case of Ethiopia. WP-03-232. Washington, D.C., FMI.

PNUD (Programme des Nations Unies pour le développement) Ethiopie. 2014. National Human Development Report – Ethiopia. Addis-Abeba, PNUD.

Ranis, G. et J.C.H Fei. 1963. A theory of economic development. *American Economic Review*, 53(3), 452-454.

Rao, V. M. 1969. Two decompositions of concentration ratio. *Journal of the Royal Statistical Society*, 132, 418–25.

Rashid S. et A. Negassa. 2012. Policies and performances of Ethiopian cereal markets in food and agriculture in Ethiopia: progress and policy challenges. ESSP Working Paper n. 21. Washington, D.C., IFPRI.

Regassa, N., G. Makombe, F. Hagos, A. Fitsum; A. et S. Bekele. 2010. Rural poverty and inequality in Ethiopia: Does access to small-scale irrigation make a difference? *Ethiopian Journal of Development Research*, 32(2):1-31.

Sciarra, M. 2013. The maize green revolution in Eastern Africa: progresses and challenges. Master's thesis, Florence, Université de Florence.

Stifel, D et T. Woldehanna. 2014. Utility-consistent poverty in Ethiopia, 2000–11: welfare improvements in a changing economic landscape. WIDER Working Paper 2014/125. Helsinki, UNU/WIDER.

Timmer, M.P., G.J. de Vries, et K. de Vries. 2014. Patterns of structural change in developing countries. GGDC research memorandum 149. Helsinki.

Woldehanna, T. et N. Jones. 2015. How pro-poor is Ethiopia's education expansion? A benefit incident analysis of education since 1995/96. Young Lives, Working Paper 23.

Woldehanna, T., J. Hoddinott et S. Dercon. 2008. Poverty and Inequality in Ethiopia: 1995/6 -2004/5. Mai 2008.

Le contexte national a son importance dans la promotion de l'équité : Les facteurs des inégalités sont hétérogènes au Burkina Faso, au Ghana et en Tanzanie

Le Burkina Faso a réduit les inégalités entre 1998 et 2014. Celles-ci se creusent au Ghana depuis 1987.

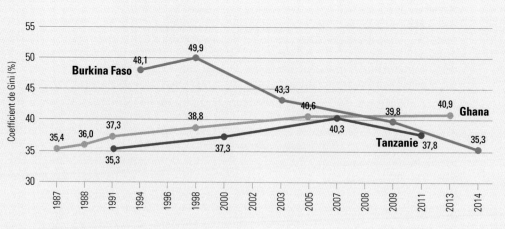

Moteurs des inégalités dans les trois pays

1 **Faible capacité de création d'emplois** de la croissance et faible productivité des travailleurs

2 **Politiques fiscales régressives** qui font peser un fardeau fiscal plus lourd sur les quintiles pauvres

3 **Inégalités de genre, fortes pressions démographiques** (p. ex, taux de fécondité élevés), **disparités dans l'éducation** et **faibles écarts de qualifications**

4 **Disparités dans les salaires** au sein des secteurs et d'un secteur à l'autre

5 **Faible productivité agricole**

6 **Inégalité d'accès aux services** de santé, d'éducation et autres services connexes

7 **Faible niveau de couverture et de financement** de la protection sociale

8 **Augmentation des taux d'inflation**

Enseignements qui se dégagent des trois pays

1 Promouvoir **une croissance inclusive et de qualité** – créatrice d'emplois

2 Stimuler **la productivité agricole**

3 Apporter de **la valeur ajoutée aux matières premières**

4 Gommer les **disparités régionales dans la répartition des infrastructures**

5 Promouvoir un **accès égal aux services** d'éducation et de santé

6 Adopter et mettre en **œuvre des stratégies intégrées de lutte contre les inégalités fondées sur le genre**

7 Institutionnaliser un **régime fiscal progressif** et **élargir la couverture d'une protection sociale bien ciblée**

8 Accroître **la productivité** des transferts de fonds et de l'APD

9 Protéger **les avoirs des pauvres contre** une dévaluation due à l'inflation

Analyse comparative des moteurs des inégalités de revenus au Burkina Faso, au Ghana et en République-Unie de Tanzanie

AYODELE ODUSOLA, RADHIKA LAL, ROGERS DHLIWAYO, ISIYAKA SABO ET JAMES NEUHAUS

14.1 Introduction

En Afrique, les niveaux et les dimensions des inégalités de revenus se caractérisent par leur hétérogénéité dans la mesure où leur intensité, leur diversité et leurs moteurs sont variables. Depuis 1990, les tendances des inégalités de revenus sur le continent sont multidimensionnelles et suivent une courbe ascendante, descendante, en forme de U ou en forme de U inversé (∩)[1]. Ces variations montrent à quel point il est important de parvenir à une meilleure compréhension de chacune de ces tendances en Afrique afin d'en identifier les principaux moteurs et de recommander diverses politiques pour les pays associés à chacune d'entre elles. En effet, en nous concentrant spécifiquement sur les moteurs des progrès en matière d'inégalités de revenus, nous pouvons comprendre clairement pourquoi certains pays réalisent de grandes avancées tandis que d'autres se laissent distancer. Enfin, en ce qui concerne les politiques, ce type d'analyse nous permet de tirer des enseignements au sujet des facteurs humains et institutionnels qui déterminent le succès et l'échec dans les pays africains.

Les moteurs des inégalités ne sont ni homogènes ni universels. Ils peuvent inclure la répartition inégale des terres ; des régimes fiscaux inéquitables ; une répartition inégale des dépenses et investissements publics ; un accès inéquitable aux capitaux et aux marchés ; des processus désordonnés de mondialisation et de transformation structurelle ; un accès discriminatoire à l'information, à la technologie, à l'éducation et aux services de santé ; l'exclusion des processus décisionnels publics et sociétaux ; des pratiques discriminatoires sexistes ; des politiques d'urbanisation biaisées ; la perpétuation de l'héritage colonial ; un système de corruption et de patrimonialisme échappant à tout contrôle ; et une gestion macro-économique inefficace qui engendre l'inflation et le chômage[2]. Les causes profondes sont rarement identiques d'un pays à l'autre. Et même lorsqu'elles le sont, leur contexte et leur structure diffèrent (processus, stratégies et dynamiques politiques). Dans certains pays, ces causes profondes ne sont pas apparentes, tandis qu'elles sont évidentes dans d'autres. Pour

---

[1] Voir Cornia et Martorano (2016) et le chapitre 2 du présent document pour une analyse détaillée des différentes catégories de tendances parmi les pays d'Afrique subsaharienne et la liste des pays appartenant à chaque catégorie. Le présent chapitre examine trois de ces quatre catégories : une courbe de tendance ascendante, une descendante et une en forme de U inversé.

[2] Voir, par exemple, Matotay (2014), Molini et Paci (2015) et Aryeetey et Baah-Boateng (2016).

comprendre le contexte et la structure des inégalités en Afrique, il faut d'abord mieux comprendre les moteurs des disparités de revenus et des exclusions au niveau de chaque pays.

En procédant à une comparaison et à une analyse des expériences des pays relativement aux différentes catégories d'inégalités, il nous est possible d'identifier le contexte et les particularités de ces différents groupes de pays. À cette fin, nous avons choisi un pays d'Afrique subsaharienne pour chacune des trois catégories suivantes : courbe d'inégalités ascendante (Ghana), courbe d'inégalités descendante (Burkina Faso) et courbe d'inégalités en forme de U inversé (∩) (République-Unie de Tanzanie)[3]. En dépit de leurs tendances divergentes, les inégalités de revenus dans ces trois pays demeurent inférieures à la moyenne de l'Afrique subsaharienne en 2013, qui s'élevait à 43,8 (Banque mondiale, 2016). Notre démarche part du principe qu'une analyse approfondie des inégalités de revenus basée sur des approches qualitatives et quantitatives permet de définir avec netteté le contexte des moteurs et des déterminants de ces inégalités pour la catégorie représentée par chacun de ces pays. Cette analyse nous aide également à tirer des enseignements permettant d'expliquer pourquoi certains pays tels que le Burkina Faso et la Tanzanie ont réussi à réduire plus rapidement les inégalités de revenus que la pauvreté et pourquoi le contraire s'est produit dans un pays tel que le Ghana.

L'objectif du présent chapitre est de comparer les performances des différents pays et d'identifier les facteurs qui sont à l'origine des progrès là où l'on observe un déclin des inégalités et ceux qui entravent le succès là où les inégalités de revenus se creusent. À cette fin, ce chapitre est divisé en quatre sections. À la suite de l'introduction, la section 14.2 fait un tour d'horizon des inégalités de revenus au Burkina Faso, au Ghana et en Tanzanie avant d'en décrire les dimensions spatiales. La section 14.3 poursuit avec une analyse comparative des moteurs des inégalités dans ces trois pays. Enfin, dernière section tire les enseignements et les conclusions du point de vue des politiques nécessaires à la mise en œuvre de programmes favorisant l'égalité en Afrique.

14.2 Tour d'horizon et dimensions spatiales des inégalités au Burkina Faso, au Ghana et en République-Unie de Tanzanie

Bien que ces trois pays soient parvenus à réduire considérablement la pauvreté relativement aux autres pays d'Afrique subsaharienne, seul le Ghana a été capable d'atteindre l'OMD consistant à réduire de moitié la pauvreté à l'horizon 2015 (en se basant sur le seuil international de pauvreté fixé à 1,90 dollar US par jour). En effet, ce pays a réussi à réduire son taux national de pauvreté de 57,2 % entre 1992 et 2012, trois ans avant l'échéance. Il est suivi par le Burkina Faso (47,4 % entre 1994 et 2014) puis la Tanzanie (33,8 % entre 1991 et 2011). Par rapport aux autres pays d'Afrique subsaharienne, ces trois pays affichent une bonne performance en matière de réduction de la pauvreté. Mais quelle a été leur performance sur le plan des inégalités de revenus ?

Le Burkina Faso demeure l'un des rares pays africains à être parvenu à réduire les inégalités de revenus pendant une vingtaine d'années environ. Après avoir augmenté entre 1994 et 1998, où il est passé de 48,07 à 49,94, le coefficient de Gini y a chuté à 35,30 en 2014 (en pourcentage). En comparaison, au Ghana, le coefficient de Gini a connu une hausse continue, passant de 35,35 en 1987 à 42,3 en 2013. Quant à la Tanzanie, elle affiche une courbe de tendance des inégalités de revenus en forme de U inversé (∩) : après être passé de 35,29 en 1991 à 40,28 en 2007, le coefficient de Gini a reculé pour atteindre 37,78 en 2011 (figure 14.1).

---

[3] La courbe de tendance des inégalités en forme de U n'a pas été retenue car elle présente des attributs communs à chacun des trois autres cas sélectionnés.

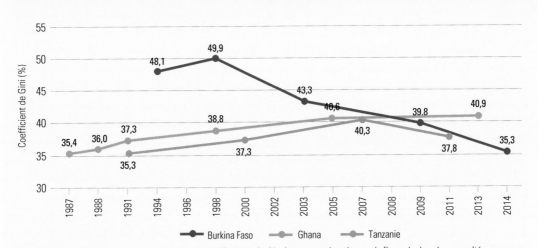

FIGURE 14.1 Coefficient de Gini global pour le Burkina Faso, le Ghana et la Tanzanie

Source : Calculs des auteurs à partir de données des Indicateurs du développement dans le monde [base de données consultée en janvier 2017].

Le coefficient global de Gini a tendance à masquer les informations concernant la performance des différents groupes de revenus sur l'échelle de répartition des revenus des trois pays. Le tableau 14.1 présente la part de revenu détenue par chaque groupe de revenu dans ces trois pays ; on observe que la part de revenu des 10 % de la population au bas de l'échelle représente moins de 5 % du revenu national. En outre, cette part a connu un déclin significatif au Ghana entre 1987 et 2005, de l'ordre de 32,6 %. Cependant cette répartition masque certaines évolutions encourageantes au sein des groupes de revenu. Selon Cooke, Hague et McKay (2016:16), au Ghana, les groupes au revenu le plus faible au sein des 10 centiles les plus pauvres et des 10 centiles les plus riches rattrapent petit à petit les personnes aux revenus les plus élevés dans leur groupe respectif. À l'opposé, la part du revenu de ce groupe a augmenté au Burkina Faso et en Tanzanie. On observe par ailleurs une tendance semblable pour la part de revenu des 20 % de la population au bas de l'échelle.

À l'autre extrémité de l'éventail des groupes de revenu, la part de revenu des 20 % de la population les plus riches est démesurément élevée. Au Burkina Faso, leur part du revenu national a chuté de 10,69 points de pourcentage, passant de 55,01 % en 1994 à 44,32 % en 2014. En revanche, les inégalités se sont creusées au Ghana (1987-2005) et en Tanzanie (1991-2011), la part du revenu de ce groupe y ayant augmenté de 5,91 % et 2,87 % respectivement. On observe également une tendance semblable pour la part du revenu des 10 % de la population les plus riches (tableau 14.1). Au Ghana, des données de la Banque mondiale (2016) de l'UNICEF (n.d.) et de Danquah et Ohemeng (à paraître) révèlent qu'entre 2005-2006 et 2012-2013, la consommation moyenne des 10 % les plus pauvres en milieu rural a augmenté de 19 %, mais que celle des 10 % les plus riches a augmenté de 27 %[4]. La croissance des activités non agricoles pourrait être liée à cette augmentation de la consommation en milieu rural.

Les Objectifs de développement durable (ODD) prévoient, entre autres cibles pour 2030, que la part du revenu des 40 % les plus pauvres de la population de chaque pays atteigne et maintienne une croissance

---

[4] Les 10 % les plus riches de la population ghanéenne représentaient un tiers de la consommation nationale, contre seulement 1,72 % pour les 10 % les plus pauvres.

TABLEAU 14.1 Part du revenu des différents groupes de revenus au Burkina Faso, au Ghana et en Tanzanie

Groupe de revenu	Burkina Faso		Ghana		Tanzanie	
	1994	2014	1987	2005	1991	2011
Part du revenu détenue par les 10 % les plus pauvres	2,25	3,6	2,82	1,9	2,7	3,09
Part du revenu détenue par le quintile (20 %) le plus pauvre	5,53	8,31	6,97	5,24	7,02	7,37
Part du revenu détenue par le deuxième quintile	8,67	11,69	11,72	9,89	12	11,14
Part du revenu détenue par le troisième quintile	12,04	15,05	16,3	14,63	15,95	14,95
Part du revenu détenue par le quatrième quintile	18,77	20,64	22,34	21,65	22,07	20,72
Part du revenu détenue par le quintile le plus riche	55,01	44,32	42,67	48,58	42,96	45,83
Part du revenu détenue par les 10 % les plus riches	39,47	29,6	27,34	32,69	27,12	30,95

Source : Calculs des auteurs à partir de données des Indicateurs du développement dans le monde [base de données consultée en janvier 2017].

supérieure à la moyenne nationale. Le Burkina Faso est un très bon exemple de pays s'employant à atteindre cette cible. La part du revenu des 40,0 % les plus pauvres y a augmenté de 42,55 % tandis que celle des 10 % les plus riches a chuté de 25,06 % entre 1994 et 2014 (figure 14.2). De plus, le revenu des 40 % les plus pauvres en tant que part du revenu des 10 % les plus riches de la population est également plus élevée au Burkina Faso (33,78 %) ; il est suivi par la Tanzanie (29,90 %) puis par le Ghana (23,14 %).

FIGURE 14.2 Évolution de la part du revenu des 10 % les plus riches et des 40 % les plus pauvres

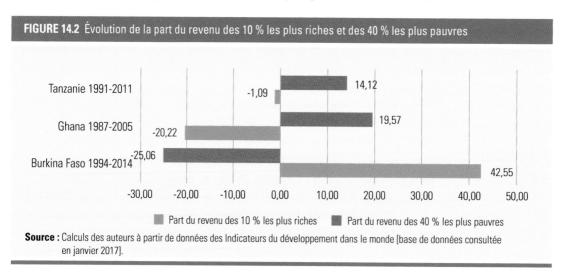

Source : Calculs des auteurs à partir de données des Indicateurs du développement dans le monde [base de données consultée en janvier 2017].

14.2.1 Dimensions spatiales des écarts de revenus

La dichotomie entre les économies rurales et urbaines est un moteur des disparités (Cornia, 2015) ; un vaste écart entre les zones urbaines et rurales dans l'accès aux services d'éducation, de santé et de logement exacerbe les inégalités de revenus et d'opportunités. Cet écart se traduit également par une faible mobilité intergénérationnelle (Lipton, 2013). En 2015, le Burkina Faso et la Tanzanie se caractérisaient par une économie principalement rurale (77,3 % et 70,1 % respectivement) par rapport au Ghana (50,1 %)[5].

---

[5] Pour le Ghana et la Tanzanie, consulter la base de données de la Division de statistique des Nations Unies (UNSD) : http://data.un.org/Data.aspx?q=rural+population&d=POP&f=tableCode%3a1.

En dépit de la nature rurale de l'économie de ces pays, la distribution des services sociaux et équipements collectifs y est défavorable à la population rurale. Par exemple, au Burkina Faso, 97 % de la population urbaine a accès à l'eau potable, contre 75 % de la population rurale. En 2012, 46 % de la population urbaine et 2 % de la population rurale avaient accès à l'électricité, respectivement (CEA *et al.*, 2012 et MNCE, 2010). Ces disparités sont encore plus prononcées en Tanzanie, où 85 % des ménages urbains et 43 % des ménages ruraux avaient accès à une source d'eau améliorée, tandis que 43 % et 1,3 % d'entre eux respectivement avaient accès à l'électricité (BNS, 2012a). De plus, les écoles urbaines de Tanzanie sont quatre fois plus susceptibles d'avoir l'électricité, l'eau courante et des installations sanitaires que les écoles rurales, dans la mesure où les dépenses de santé par habitant sont plus concentrées dans les zones urbaines que rurales (Banque mondiale, 2013). On observe une tendance semblable au Ghana, où 62,3 % des ménages urbains ont accès à l'eau courante, contre 17,1 % des ménages ruraux, et où 88,6 % de la population urbaine est raccordée au réseau électrique, contre 48,3 % de la population rurale (SSG, 2014). La répartition des autres facteurs socio-économiques, par exemple la santé, l'assainissement, les installations éducatives et l'infrastructure productive, présente de semblables asymétries, ce qui explique en grande partie pourquoi la pauvreté rurale est démesurément plus élevée que la pauvreté urbaine dans ces pays (figure 14.3).

En réaction à la répartition inégale des installations sanitaires (infrastructures et personnel) dans le pays, le Gouvernement du Burkina Faso a élaboré un Plan national de développement sanitaire (2011-2020), dont la mise en œuvre contribuera fortement à corriger les déséquilibres liés à la répartition de ces installations en milieu rural. Le Ghana et la Tanzanie pourraient reproduire ce plan afin de garantir que leur population rurale n'ait aucune difficulté à accéder aux installations sanitaires et ait accès à des infrastructures améliorées d'approvisionnement en eau.

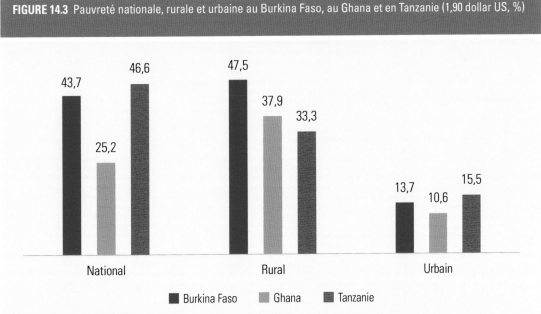

FIGURE 14.3 Pauvreté nationale, rurale et urbaine au Burkina Faso, au Ghana et en Tanzanie (1,90 dollar US, %)

Source : Calculs des auteurs à partir de données des Indicateurs du développement dans le monde [base de données consultée en janvier 2017].
Remarques : Le pourcentage de la population vivant dans la pauvreté selon le seuil de 1,90 dollar US par jour (PPP de 2011) est différent du taux de pauvreté selon le seuil national de pauvreté, qui était estimé à 40,1 % de la population au Burkina Faso, 27,2 % au Ghana et 28,2 % en Tanzanie. Les dernières données disponibles datent de 2011 pour la Tanzanie, 2012 pour le Ghana et 2014 pour le Burkina Faso.

En dépit de ces disparités dans la répartition des équipements, les inégalités de revenus au Burkina Faso et en Tanzanie demeurent défavorables aux centres urbains. Au Burkina Faso, le coefficient de Gini était de 27,3 en milieu rural et de 39,4 en milieu urbain pour l'année 2014, tandis qu'en Tanzanie, il s'élevait à 29,9 en milieu rural, à 36,04 à Dar-es-Salaam et à 40,12 dans les autres centres urbains pour l'année 2012. La prédominance de l'agriculture dans les zones rurales, où les écarts de revenus sont minimaux, pourrait être l'un des principaux facteurs du plus faible niveau d'inégalité relativement aux centres urbains, qui se caractérisent par de grandes différences en ce qui concerne les opportunités économiques et les structures salariales dispersées parmi l'ensemble des professions et des secteurs, en particulier les secteurs non agricoles. En revanche, au Ghana, la répartition des revenus est défavorable aux zones rurales. Par exemple, en 1991-1992, le coefficient de Gini était de 0,329 pour la population rurale contre 0,321 pour la population urbaine. En 2012-2013, il était passé à 0,40 en milieu rural et 0,388 en milieu urbain, indiquant par ailleurs une plus forte augmentation en milieu rural.

La ventilation des inégalités au sein des régions apporte également des informations précieuses. Les ménages ruraux les plus riches ont connu des niveaux de croissance beaucoup plus élevés que ceux qui étaient moins nantis. Dans les zones urbaines, la population qui vivait dans la plus extrême pauvreté a connu la croissance la plus élevée en matière de consommation, d'un niveau supérieur à celle des ménages les plus riches et à celle des ménages ruraux appartenant au même centile le plus pauvre. Au Ghana, la pauvreté urbaine a chuté plus rapidement que la pauvreté rurale alors que l'écart entre les zones urbaines et rurales s'est accentué au cours de la même période. Ainsi, en 2013, on estimait que la pauvreté rurale y était jusqu'à 3,6 fois supérieure à la pauvreté urbaine, contre 2,3 fois en 1992 (Cooke, Hague et McKay, 2016). Le tableau 14.2 donne de plus amples informations pour les trois pays.

Au Burkina Faso, le niveau d'inégalité varie d'une région à l'autre, la région Est étant la plus inégalitaire et le Sahel, la moins inégalitaire. Les conditions climatiques favorables de la région Est multiplient les possibilités de diversification des cultures agricoles et d'activités non agricoles, ce qui explique tant l'hétérogénéité des sources de revenus que les écarts des revenus. La ventilation des sources des inégalités de revenus au Burkina Faso révèle que l'agriculture est plus égalisatrice que les activités non agricoles : ces dernières représentaient en effet 33,97 % des inégalités de revenus, suivies par la culture des céréales (25,24 %) et les cultures de rente (19,86 %) (Ouedraogo et Ouedraogo, 2015).

Plusieurs facteurs clés ont été cités pour expliquer les inégalités spatiales en Tanzanie, notamment : la distribution inégale des ressources nationales entre les différentes régions ; le chômage ; le faible développement du secteur privé ; la corruption et la mainmise des élites sur l'État (politiciens, fonctionnaires et acteurs économiques puissants)[6] ; l'accès inégal aux services sociaux (par exemple : éducation, santé et assainissement) ; les inégalités d'accès aux terres ; les différences d'opportunités économiques et sociales en fonction du genre ; et l'héritage colonial (comme l'explique, par exemple, Matotay, 2014).

Au Ghana, on observe de profondes disparités entre le Sud, bien doté en ressources, et le Nord, qui l'est moins, ce dernier devenant plus inégalitaire que le premier (Cooke, Hague et McKay, 2016 ; Osei-Assibey, 2014). La région qui affiche le niveau le plus élevé d'inégalités est celle du Haut Ghana occidental, où le coefficient de Gini a également connu la plus forte augmentation depuis 1992 : de 0,326 à 0,477 en 2013. Comme l'ont démontré Cooke, Hague et McKay (2016), les régions du Centre, du Grand Accra, de l'Ashanti et du Haut Ghana oriental ont enregistré un déclin des inégalités de revenus entre 2006 et 2013.

---

[6] Selon Matotay (2014), les entreprises privées ont bénéficié de 25 % du total des exonérations fiscales entre 2011 et 2012. Les entreprises de grande taille et puissantes ne figuraient pas parmi les acteurs les plus performants en ce qui concerne les obligations fiscales.

TABLEAU 14.2 Tendances récentes des inégalités au Burkina Faso, au Ghana et en Tanzanie (coefficients de Gini)

	National	Rural	Urbain	
Burkina Faso				
1998	49,9	37,1	51,7	
2003	43,3	39,9	49,1	
2009	39,8	33,0	45,8	
2014	35,3	27,3	39,4	
Ghana				
1991	37,3	32,9	32,1	
1998	38,8	-	-	
2006	40,6	37,8	38,2	
2013	40,9	40	38,8	
Tanzania	**Rural**	**Urbain - autres**		**Dar-es-Salaam**
1991	35,3	-	-	-
2001	37,3	37,23	38,80	39,77
2007	40,3	35,54	39,96	38,14
2012	37,8	29,86	40,12	36,04

Sources : Pour le Ghana, les estimations du coefficient national de Gini sont tirées de Cooke, Hague et McKay (2016) et celles du coefficient de Gini en milieux urbain et rural de Danquah *et al.*, (à paraître).

Remarque : À des fins de comparabilité, les chiffres nationaux sont tirés des Indicateurs du développement dans le monde, tandis que les données rurales et urbaines proviennent de sources nationales.

En revanche, ces inégalités se sont creusées dans les régions du Nord et du Haut Ghana occidental au cours de la même période. Au Ghana, les inégalités sont stimulées par l'accélération de l'urbanisation et la transformation structurelle caractérisée par un recul de l'agriculture en faveur d'un secteur des services en rapide évolution, tandis que l'accès inégal aux infrastructures explique le creusement des inégalités entre le Nord et le Sud (Banque mondiale, 2009 ; Osei-Assibey, 2014). En outre, comme l'ont souligné Aryeetey, Owusu et Mensah (2009) et Annim, Mariwah et Sebu (2012), l'héritage colonial impliquant un investissement démesuré dans les régions produisant les biens destinés à l'exportation, y compris dans les infrastructures physiques et sociales, s'est perpétué sous les régimes qui se sont succédés, ce qui n'a fait qu'accentuer les inégalités entre les régions du sud et du nord du pays.

14.3 Moteurs des inégalités au Burkina Faso, au Ghana et en Tanzanie : une analyse bivariée

La présente section s'appuie à la fois sur une analyse de corrélation et une approche qualitative afin d'identifier les facteurs qui expliquent les dynamiques inégalitaires dans les trois pays. À la lumière de cette approche analytique, l'hétérogénéité des facteurs influençant les écarts de revenus sur le continent devient évidente.

14.3.1 Les liens entre croissance, pauvreté et inégalités sont indispensables à l'accélération de la réduction des inégalités

De très nombreuses publications présentent des exemples de l'importance des liens entre croissance, pauvreté et inégalités dans l'élaboration des politiques visant à réduire les inégalités de revenus (Fosu, 2008 ; Christiaensen, Chuhan-Pole et Sanoh, 2013 ; et Bhorat, Naidoo et Pillay, 2016). Par exemple, selon Fosu (2008), l'impact de la croissance sur la pauvreté est une fonction décroissante des inégalités tandis que l'élasticité de la pauvreté par rapport à la croissance se situe dans une fourchette de 0,02 à 0,68 parmi l'échantillon de pays africains étudiés. De la même manière, selon Christiaensen, Chuhan-Pole et Sanoh (2013), un niveau élevé d'inégalités initiales et un accroissement de la dépendance à l'égard des ressources naturelles en Afrique suggèrent une moindre conversion de la croissance en réduction de la pauvreté. Quel est l'état de ces liens dans les trois pays examinés ?

Les dynamiques de croissance de ces vingt dernières années au Burkina Faso se caractérisent par une croissance positive globale supérieure à 6 %. Toutefois, les tendances de cette croissance sont irrégulières et volatiles, principalement en raison de l'instabilité de la production agricole et de la vulnérabilité de l'économie face aux chocs externes. Au cours de la même période, la pauvreté, qui est passée de 83,1 % de la population en 1994 à 43,7 % en 2014, est restée endémique et circonscrite aux zones rurales, où plus de 90 % de la pauvreté nationale se concentre depuis 1994. Trois facteurs expliquent la faible capacité de la croissance à réduire la pauvreté au Burkina Faso : cette croissance s'appuie sur des secteurs peu générateurs d'emplois ; dans le secteur primaire, la productivité par travailleur est faible ; et la croissance démographique s'élève à plus de 3 % par an. Malgré cette dynamique, le Burkina Faso n'en est pas moins le pays où le processus de croissance est le plus inclusif, l'élasticité de la pauvreté[7] et l'élasticité des inégalités par rapport à la croissance ayant été continûment négatives entre 1994 et 2014 (tableau 14.3).

En Tanzanie, le PIB a enregistré une croissance de 7 % en moyenne entre 2000 et 2012. Cette forte progression s'est également traduite par un déclin notable de la pauvreté, de l'ordre de 45 %. En effet, le taux de pauvreté est passé de 84,7 % en 2000 à 46,6 % en 2011, soit un déclin annuel de 3,75 % au cours de cette période, significatif au regard de la performance générale de l'Afrique subsaharienne. La capacité de la croissance à réduire la pauvreté est devenue plus marquée depuis 2007, tandis que sa capacité à réduire les inégalités a atteint son sommet en 2011. La croissance est également plus inclusive depuis cette année-là, l'élasticité de la pauvreté et des inégalités par rapport à la croissance étant devenue négative. En revanche, l'élasticité de la pauvreté par rapport aux inégalités est positive tant au Burkina Faso qu'en Tanzanie (tableau 14.3), ce qui indique que le niveau élevé d'inégalités dans ces pays empêche une plus grande accélération de la réduction de la pauvreté.

L'analyse des liens entre croissance, pauvreté et inégalités au Ghana relève du casse-tête. Ces dernières années, le Ghana affichait un taux de croissance nettement supérieur à celui de la moyenne de l'Afrique subsaharienne[8]. Cette croissance rapide s'est également traduite par une réduction notable de la pauvreté, dont le taux a chuté de 57,2 % entre 1991 et 2012[9]. Il n'est donc pas surprenant que le Ghana présente la plus forte élasticité de la pauvreté par rapport à la croissance parmi les trois pays étudiés (tableau 14.3). Cette élasticité a cependant perdu en ampleur, si bien que l'augmentation des inégalités au cours de cette

---

[7] Le calcul de l'élasticité de la pauvreté par rapport à la croissance se base sur la formule suivante : $((\Delta P_0 / P_{ot-1}) / (\Delta GDP_r / GDP_{t-1}))$ (Grimm et Günther, 2005).

[8] En fait, le Ghana a atteint le statut de pays à revenu intermédiaire de la tranche inférieure (PRITI) en 2010, suite à une croissance élevée, au changement de base de son PIB en 2010 et à la découverte de pétrole en quantités commerciales autour de la même période.

[9] Comme l'ont souligné Cooke, Hague et McKay (2016), la pauvreté a chuté continuellement, de 56,5 % en 1991-1992 à 43,9 % en 1998, 31,9 % en 2000 et 24,2 % en 2012-2013. L'incidence de l'extrême pauvreté a également connu un déclin notable : de 33,2 % en 1991-1992 à 8,4 % en 2012-2013.

	Élasticité de la pauvreté par rapport à la croissance	Élasticité de la pauvreté par rapport aux inégalités	Élasticité des inégalités par rapport à la croissance
Burkina Faso			
1998	-0,036	-0,449	0,081
2003	-0,647	2,227	-0,290
2009	-0,035	0,426	-0,082
2014	-0,415	1,864	-0,222
Moyenne 1998-2014	-0,283	1,017	-0,128
Ghana			
1998	-2,130	-6,734	0,316
2005	-0,589	-3,797	0,155
Moyenne 1998-2005	-1,359	-5,266	0,236
Tanzanie			
2000	0,193	3,570	0,054
2007	-0,340	-4,728	0,072
2011	-0,202	1,873	-0,108
Moyenne 2000-2011	-0,116	0,238	0,006

Sources : Calculs des auteurs à partir de données des Indicateurs du développement dans le monde.

période semble préoccupante. Le coefficient de Gini a augmenté de 1,63 point de pourcentage entre 1991 et 1998 puis de 2,70 points entre 1998 et 2005. L'agriculture (le secteur égalisateur) a connu un recul en faveur d'une expansion importante du secteur des services (le secteur qui creuse les inégalités) lequel, en 2014, représentait plus de 50 % du PIB alors que la part de l'agriculture était tombée à environ 23 % (Molini et Paci, 2015 ; Cooke, Hague et McKay 2016). L'élasticité positive des inégalités par rapport à la croissance suggère qu'entre 1998 et 2005, la croissance du Ghana (tableau 14.3) n'était pas inclusive. Enfin, le résultat le plus intrigant concerne l'élasticité négative de la pauvreté par rapport aux inégalités, qui indique donc que le creusement des inégalités au Ghana a pour effet de réduire la pauvreté. La transformation structurelle qui en découle dans le pays est l'un des principaux moteurs de cette tendance.

14.3.2 Les politiques fiscales influencent fortement les inégalités spatiales à l'échelle nationale

Les politiques fiscales sont l'un des principaux facteurs expliquant les dynamiques des inégalités de revenus en Afrique (Odusola, 2015), tandis que les recettes, en part du PIB, expliquent au moins 13 % de l'évolution des inégalités de revenus sur le continent (Odusola, 2017). La relation entre les politiques fiscales et le coefficient de Gini semble indiquer la présence de quelques éléments de régressivité dans le système fiscal (Odusola, à paraître). Odusola observe que dans tous les pays où le ratio recettes/PIB est de 20 % ou plus (à l'exception de l'Algérie, du Maroc et des Seychelles), le coefficient de Gini est supérieur à 0,5. En effet, comme l'Algérie, le Maroc et les Seychelles ne sont pas des pays riches en ressources naturelles et que leurs exportations et leurs recettes ne dépendent pas largement des produits primaires, on peut en déduire que la prédominance du secteur extractif est susceptible d'affaiblir l'efficacité de la répartition fiscale sur le continent. Toutefois, l'accroissement des recettes tirées des industries non extractives pourrait contribuer à inverser cette relation positive en réduisant la dépendance du pays à l'égard des recettes des industries extractives. Il est également important d'améliorer l'imposition progressive dans les pays disposant d'une marge budgétaire considérable et où les inégalités de revenus sont élevées. (Voir le chapitre 7 du présent ouvrage pour une description des autres rôles des politiques fiscales et de leurs effets sur les inégalités en Afrique.)

En adoptant une approche basée sur la corrélation, une analyse superficielle de l'impact de l'efficacité de la redistribution[10] fiscale révèle que celle-ci est fortement corrélée au coefficient de Gini dans ces trois pays. Comme l'illustre la figure 14.5, la politique fiscale du Burkina Faso est particulièrement progressive, ce qui explique dans une grande mesure pourquoi son coefficient de Gini est plus faible (et en baisse) que celui du Ghana et de la Tanzanie, où les politiques fiscales sont considérées comme régressives. L'indice de corrélation positif du Ghana et de la Tanzanie, respectivement de 0,40 et 0,66, suggère qu'il est nécessaire de déployer des efforts considérables pour améliorer l'efficacité de ces politiques afin qu'elles puissent réduire les inégalités. Au Ghana, les données présentées par Younger, Osei-Assibey et Oppong (2015) révèlent que les dépenses sociales et les taxes ont peu d'impact sur la redistribution des revenus et la réduction de la pauvreté. Bien que le système de retenue à la source (*Pay As You Earn* - PAYE) soit progressif, les impôts indirects n'ont aucun effet sur les inégalités, alors qu'ils accentuent la pauvreté. Les dépenses consacrées à l'éducation sont à leur niveau le plus bas, tandis que les subventions à l'électricité sont régressives ; en revanche, les transferts en espèces et quasi-espèces, par exemple les programmes d'alimentation scolaire et le programme du revenu de subsistance contre la pauvreté (*Livelihood Empowerment against Poverty* - LEAP), sont largement progressifs. L'un des enseignements que l'on peut tirer ici concerne la nécessité de cibler efficacement les dépenses publiques et la taxation afin de réduire simultanément la pauvreté et les inégalités.

14.3.3 Les disparités entre les genres et les questions liées à la fécondité accentuent les inégalités de revenus

Les inégalités entre les genres représentent toujours une entrave majeure au développement humain, notamment en ce qui concerne l'accès aux services d'éducation et de santé ainsi que la réduction de la pauvreté et des inégalités de revenus. L'indice d'inégalité de genre (IIG) mesure ces inégalités dans trois aspects importants du développement humain : santé reproductive, émancipation (participation à la vie parlementaire et éducation secondaire) et participation à l'activité économique. Cet indice révèle des disparités entre les genres dans les trois pays étudiés. Plus la valeur de l'IIG est élevée, plus les disparités entre les hommes et les femmes sont importantes et plus grande est la perte sur le plan du développement humain (PNUD, 2015). L'IIG élevé du Burkina Faso, à 0,631, indique qu'il serait possible d'atteindre une plus grande égalité en réduisant ces disparités. La réduction de l'IIG au Ghana et en Tanzanie, où il s'élève à 0,554 et 0,547 respectivement, est également importante pour l'accélération des progrès dans ces pays.

Le taux de natalité actuel chez les adolescentes (pour 100 000 naissances vivantes) demeure très élevé, et beaucoup plus en Tanzanie (122,7 pour 1 000 naissances vivantes) et au Burkina Faso (115 pour 1 000 naissances vivantes) qu'au Ghana (58 pour 1 000 naissances vivantes)[11]. L'indice de corrélation à la fois positif et élevé entre le coefficient de Gini et le taux de natalité chez les adolescentes au Burkina Faso (0,709) et en Tanzanie (0,514) suggère que ce dernier pourrait ralentir les progrès dans la réduction des inégalités, dans la mesure où il implique souvent la déscolarisation des jeunes filles. De plus, ces taux de natalité élevés chez les adolescentes pourraient avoir contribué au très faible pourcentage de la population

---

[10] L'efficacité de la redistribution budgétaire est mesurée en tant que différence entre le coefficient de Gini du marché et le coefficient net de Gini.

[11] Pour de plus amples informations, voir http://hdr.undp.org/en/composite/GII

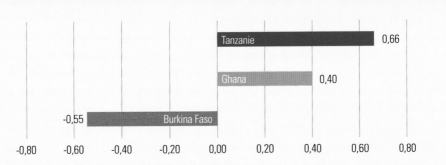

FIGURE 14.4 Indice de corrélation des inégalités et de la redistribution fiscale au Burkina Faso, au Ghana et en Tanzanie

Source : Calculs des auteurs à partir des données des Indicateurs du développement dans le monde (base de données consultée en janvier 2017) et de la Standardized World Income Inequality Database Version 5.0

ayant atteint le cycle d'enseignement secondaire, qui s'élève à 5,6 % en Tanzanie et à 0,9 % au Burkina Faso (voir le tableau 5 de l'indice d'inégalité de genre du PNUD, 2015). Enfin, l'indice de corrélation est également élevé pour les taux de fécondité (voir annexes 14.1 à 14.3).

Les femmes ont souffert d'un manque d'opportunités plus aigu. En plus d'être victimes de discrimination sur les marchés du travail, des actifs, des services et du crédit, la plupart d'entre elles exerce un emploi vulnérable[12]. Au Burkina Faso, le taux d'emploi vulnérable est de 93,1 % pour les femmes et de 86,7 % pour les hommes, alors qu'il est respectivement de 84,3 % et 68,9 % au Ghana et de 79,7 % et 68,5 % en Tanzanie (Banque mondiale, n.d.).

Les disparités dans la répartition des terres semblent être l'un des moteurs des inégalités basées sur le genre. La marginalisation des femmes dans le domaine de la propriété foncière est devenue une question particulièrement préoccupante en Tanzanie. Bien que la loi foncière N° 4 de 1999 garantisse l'égalité des droits pour les femmes et les hommes en matière d'accès, de propriété, de contrôle ou de cession des terres, l'insécurité foncière est particulièrement élevée parmi les petites agricultrices dans plusieurs parties du pays (Economic Research and Social Foundation, 2013). Au Burkina Faso également, malgré l'existence de lois garantissant clairement la non-discrimination dans l'accès aux terres, les pratiques traditionnelles continuent d'entraver l'accès des femmes. Au Ghana, l'accès des femmes à la propriété foncière s'est quelque peu amélioré en conséquence de la mise en œuvre de la deuxième phase du projet d'administration des terres (*Land Administration Project -* LAP). Ce dernier pourrait expliquer pourquoi l'incidence de la pauvreté était plus faible pour les femmes que pour les hommes dans ce pays en 2012-2013, à 19,1 % contre 25,9 % respectivement. Toutefois, des données indiquent que l'accès à la propriété et au contrôle des terres agricoles demeure l'un des plus grands défis pour les agricultrices, une situation qui entrave également leur accès au crédit et aux autres ressources.

14.3.4 Les disparités éducatives et les déficits de compétences freinent les progrès

L'éducation est une épée à double tranchant. Elle contribue à réduire la pauvreté, mais peut aussi creuser les écarts de revenus si elle ne s'accompagne pas d'un système d'imposition régressif et de programmes de protection sociale efficaces. Il est possible de lutter contre la pauvreté par la création d'emplois et contre

---

[12] L'emploi vulnérable englobe les emplois à mi-temps, saisonniers et peu rémunérés dans l'économie informelle.

les écarts de revenus par l'acquisition de compétences et de meilleurs salaires. L'éducation n'améliore pas seulement la productivité des travailleurs et la croissance économique (Romer, 1990 ; Odusola, 1998) : elle renforce également la capacité de l'économie à innover, de même que le pouvoir d'engendrer et d'adapter de nouvelles idées (Mankiw, Romer et Weil, 1992).

Les progrès notables dans le domaine de l'éducation sont l'un des facteurs contribuant au succès de la réduction de la pauvreté au Ghana, dans la mesure où l'éducation aide les Ghanéens à combler les écarts de revenus. Par exemple, les hommes sans instruction gagnent 57 % de plus que les femmes sans instruction, mais ce taux n'est plus que de 24 % parmi les femmes ayant atteint un niveau d'enseignement primaire et de 16 % parmi celles ayant un niveau d'éducation secondaire (UNESCO, 2014b).

Au Ghana, la proportion de la population active sans instruction a été quasiment divisée par deux entre 1991 et 2012, où elle est passée à 24 % après avoir chuté de 41 %. En 2012, les travailleurs avaient pour la plupart au moins achevé le premier cycle de l'enseignement secondaire, alors qu'ils n'étaient que 39 % dans ce cas en 1991. En revanche, un adolescent seulement sur quatre en âge de scolarisation dans le secondaire suivait effectivement un enseignement à ce niveau. En Tanzanie, un jeune sur trois suit un enseignement secondaire ; 14 % seulement de l'ensemble des adultes étaient diplômés du cycle secondaire et 2,3 % étaient diplômés d'une université ou avaient achevé un autre niveau d'enseignement (PNUD et Gouvernement tanzanien, 2015). Un niveau d'éducation plus élevé multiplie les opportunités pour acquérir de meilleures compétences, permet de saisir de meilleures possibilités d'emploi et d'être mieux rémunéré. Au Burkina Faso, la pauvreté est plus répandue parmi les chefs de ménage sans éducation et moins élevée parmi ceux qui sont instruits. Dans ce pays, le taux d'abandon élevé parmi les enfants en âge de suivre un enseignement secondaire (40 % en milieu urbain et 72 % en milieu rural) a des répercussions sur la pauvreté intergénérationnelle. En Tanzanie, environ 3 % de la population ayant atteint un niveau d'enseignement supérieur gagnaient plus de deux fois le montant gagné par la majorité de la population ayant achevé le cycle d'enseignement secondaire (BNS, 2012b).

La hausse de la pauvreté et des inégalités dans de nombreux pays africains peut être liée aux crises sur le marché du travail et dans le système éducatif. On observe une inadéquation entre la réussite scolaire et les réalités du marché du travail, qui contribue à une augmentation du chômage par niveau d'enseignement au Burkina Faso et en Tanzanie (tableau 14.4). L'échec des institutions de formation africaines à recentrer leurs activités sur les pauvres, en particulier les formations visant à augmenter la productivité et les salaires des bénéficiaires, a été associé à l'augmentation des niveaux de chômage, de pauvreté et d'inégalités (Bennell, 1999).

TABLEAU 14.4 Taux de chômage par niveau d'éducation au Burkina Faso et en Tanzanie

Niveau d'éducation	Burkina Faso			Tanzanie		
	1990	1999	% d'évolution	2000	2013	% d'évolution
Chômage, niveau d'enseignement primaire	29,0	47,0	62,1	71,6	84,1	17,5
Chômage, niveau d'enseignement secondaire	2,9	19,7	579,3	7,1	8,0	12,7
Chômage, niveau d'enseignement supérieur	3,9	6,1	56,4	-	2,7	-

Sources : Calculs des auteurs à partir de données des Indicateurs du développement dans le monde [base de donnée consultée en décembre 2016].

Le coefficient de corrélation pour le taux net de scolarisation dans le secondaire, qui s'élève à -0,649, semble suggérer que l'inscription au niveau du secondaire a un effet égalisateur (annexe 14.1). Cela contraste toutefois avec les conclusions d'Ouedraogo et Ouedraogo (2015), qui indiquent que l'éducation aurait tendance à accroître les inégalités. Les auteurs ont conclu en effet que le coefficient de Gini des chefs de ménage en fonction de leur niveau d'instruction était de 0,391 pour les ménages non alphabétisés et de 0,424 pour les ménages alphabétisés. Les inégalités s'accroissent au fur et à mesure que le niveau d'éducation du chef du ménage s'améliore. Par exemple, le coefficient de Gini des chefs de ménage n'ayant pas dépassé l'enseignement primaire est de 0,416, tandis qu'il est de 0,535 pour ceux ayant atteint le niveau du secondaire ou un niveau supérieur.

Au Ghana, le taux net de scolarisation des filles dans le secondaire est l'un des facteurs les plus influents, avec un indice de corrélation de -0,47 (annexe 14.2). Il suggère que l'inscription des filles à l'école secondaire, conjuguée à une amélioration de la qualité de l'enseignement dispensé aux filles à ce niveau, pourrait aider à réduire les inégalités au Ghana. Le taux d'achèvement progressif du premier cycle de l'enseignement secondaire au Ghana pourrait expliquer cette forte corrélation avec les écarts de revenus.

En Tanzanie, si l'on se base sur l'indice de corrélation, l'éducation ne semble pas être un prédicteur important du creusement des inégalités. Cependant, elle joue un rôle indirect en influant sur les facteurs qui sous-tendent généralement les inégalités de revenus, tels que le taux de dépendance des personnes âgées, le taux de fécondité total et l'accès à une source d'eau améliorée (annexe 14.3). Cette faible capacité prédictive pourrait être le résultat d'une baisse de la qualité de l'éducation en Tanzanie (UNESCO, 2014), qui pourrait elle-même agir comme une puissante entrave à l'accélération de la réduction de la pauvreté. Dans ces trois pays, la piètre qualité de l'éducation contribue à l'augmentation du chômage, à la croissance des emplois vulnérables et à l'expansion de l'informalité. Par conséquent, afin de réaliser des progrès, il est important d'améliorer les compétences transmises par le système éducatif et de promouvoir des formations professionnelles qui favorisent l'accroissement de la productivité et des revenus.

14.3.5 Les salaires jouent un rôle crucial dans la lutte contre la pauvreté et le creusement des inégalités

Dans les économies émergentes et en développement, les salaires réels augmentent depuis 2007, contribuant ainsi à la croissance des salaires au niveau mondial (OIT, 2015). Ces augmentations sont un bon signe pour des pays où, par le passé, les salaires accusaient un retard relativement à la croissance de la productivité. Bien que l'augmentation du taux de rémunération ait des implications sur le plan de la rentabilité et de la compétitivité, elle aide les personnes à dépasser le seuil de pauvreté et contribue à l'expansion de la demande globale. Pour garantir que la main-d'œuvre profite de la part de croissance et de revenu qui lui revient, de nombreux pays ont adopté un salaire minimum et des mécanismes de négociation collective. Un grand nombre de pays africains ont également déployé des efforts pour lutter contre les politiques discriminatoires et supprimer les entraves au marché du travail, notamment par des mécanismes visant à garantir un salaire égal pour les hommes et les femmes. En outre, dans la plupart des pays, tandis que les groupes aux revenus les plus bas dépendent de la protection sociale, les groupes à revenus élevés profitent d'une multitude d'exemptions et d'exonérations fiscales. Quant aux groupes de ménages à revenus intermédiaires, ils s'en remettent principalement à leur salaire. Les autorités orientent souvent la protection sociale en faveur des groupes aux revenus les plus bas et les exonérations d'impôt en faveur des tranches de revenu supérieures. Ainsi, grâce aux politiques salariales, les classes moyennes profitent également du processus de redistribution.

En ce qui concerne la croissance des salaires, l'Afrique est en retard par rapport aux autres continents. Par exemple, en 2013, les salaires y ont augmenté de moins de 1 % contre 6 % en Asie, environ 6 % en Europe de l'Est et Asie centrale, environ 4 % au Moyen-Orient et 5,9 % dans les pays émergents du G20 (*ibid.*). Un rapport de l'OIT (2015) associe également l'augmentation des inégalités dans les pays en développement aux inégalités salariales et aux pertes d'emplois. Ces deux facteurs représentaient 90 % de l'augmentation des inégalités en Espagne et 140 % aux États-Unis. L'évolution de la répartition des salaires et de l'emploi salarié représentait également 8,07 % et 72 % du déclin des inégalités de revenus entre les plus riches et les plus pauvres en Argentine et au Brésil, respectivement (*ibid.*).

Le chapitre 7 du présent ouvrage soutient que les faibles ratios de compression salariale (le ratio entre les salaires les plus élevés et les salaires les moins élevés) ont pour effet de renforcer l'égalité. Quel est le ratio de compression pour les trois pays considérés ?

La corrélation positive entre le ratio de compression salariale et les inégalités de revenus est illustrée à la figure 14.5. Les pays présentant un faible ratio de compression tendent à afficher de plus faibles inégalités de revenus. Cette figure montre que la compression salariale représente à elle seule 33,6 % de la variation des inégalités de revenus parmi les pays sélectionnés (y compris le Burkina Faso, le Ghana et la Tanzanie). Certains pays tels que le Mozambique et le Togo, dont le ratio de compression est élevé, affichent également des coefficients de Gini élevés. En revanche, les trois pays dont le ratio de compression salariale est le plus bas affichent également les coefficients de Gini les plus bas. Par conséquent, le coefficient de Gini élevé du Ghana n'est pas surprenant au vu du ratio de compression salariale du pays, élevé lui aussi. L'indice de corrélation entre le taux de compression salariale et le coefficient de Gini est de 0,579, ce qui confirme que les salaires influent sur les dynamiques de revenus en Afrique. Il est donc essentiel d'aligner les salaires, la productivité et les réalités économiques pour combattre les inégalités de revenus.

14.3.6 L'agriculture demeure un outil puissant pour accélérer la réduction de la pauvreté et des inégalités de revenus

Le chapitre 4 examine en détail le rôle de l'agriculture dans la réduction de la pauvreté en Afrique. L'agriculture demeure le pilier de l'économie africaine. En 2015, elle représentait 17,5 % de la valeur ajoutée totale du PIB en Afrique, et en particulier plus de 50 % en Sierra Leone et au Tchad. En 2010, la population agricole représentait 50,2 % de la population totale de l'Afrique tandis que 52,4 % de la population active y exerçait une activité agricole (chapitre 4 du présent ouvrage et Odusola, à paraître). Tenant compte de la prééminence du secteur dans l'économie du continent, Odusola (*ibid.*) conclut que la taille et la dimension des activités agricoles auront forcément un impact considérable sur l'économie globale, les moyens d'existence des ménages et les conditions de vie.

La productivité agricole joue un rôle démesuré au Burkina Faso, un pays à l'économie agraire, où plus de 80 % de la population active exerce une activité agricole (Odusola, à 2017). L'indice représentant la corrélation entre le rendement par hectare et les inégalités s'élèvent à -0,607 (annexe 14.1), ce qui suggère que l'augmentation de la productivité agricole pourrait contribuer à la réduction des inégalités. La part des matières premières agricoles dans le total des exportations de marchandises révèle également une corrélation inverse avec les inégalités de revenus, bien que cet indice de corrélation soit inférieur à celui du rendement agricole.

Au Ghana, la productivité agricole joue un rôle important dans la réduction des inégalités. Le rendement des céréales (en kilogrammes par hectare) est passé de 989,2 kg/ha en 1990 à 1 703 kg/ha en 2015, accompagné par un effet redistributif sur la communauté agricole. Le coefficient de corrélation du

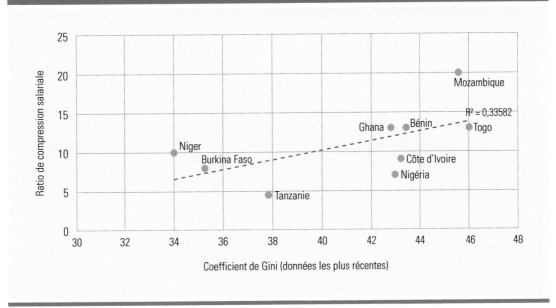

rendement des céréales relativement aux inégalités (-0,41) est plutôt élevé par rapport aux autres variables détaillées à l'annexe 14.2. Afin de réduire considérablement les inégalités, une amélioration accélérée des rendements agricoles pourrait s'avérer bénéfique, en améliorant l'accès aux intrants agricoles tels que les engrais, les semis et les tracteurs, de même que l'accès au crédit, à l'irrigation et aux systèmes post-récolte.

Une analyse bivariée des données pour la Tanzanie révèle que la productivité agricole est un puissant facteur de réduction des inégalités de revenus dans ce pays, avec un indice de corrélation s'élevant à -0,35. La Tanzanie est une économie agraire : 75 % de la population active travaille dans l'agriculture, qui représente environ un tiers de la production économique. La productivité agricole aurait pu avoir un effet encore plus important si les autorités étaient parvenues à maintenir le rendement céréalier de 2 047,4 kg/ha atteint en 2001 par rapport aux 1506,5 kg/ha de 1995. Malheureusement, l'instabilité de la productivité agricole a diminué la capacité de ce secteur à réduire considérablement les inégalités. Ainsi, les politiques promouvant l'investissement dans la productivité agricole, y compris la recherche-développement et les services de vulgarisation, pourraient contribuer à accélérer la réduction des inégalités de revenus en Tanzanie.

La faible croissance de l'agriculture explique le taux élevé de pauvreté rurale dans ces trois pays. Comme en témoignent la Tanzanie et le Ghana, l'exportation de matières premières agricoles tend à accroître les inégalités de revenus. Cela n'est pas surprenant dans la mesure où elle implique également une exportation des emplois qui, autrement, auraient été créés dans les chaînes de valeur locales, ce qui renforce les écarts des revenus à l'échelle nationale. Comme l'indique Odusola (à paraître), l'agriculture contribue davantage à la réduction de la pauvreté et des inégalités lorsque sa croissance entraîne une expansion hors du secteur agricole. Afin d'utiliser l'agriculture pour optimiser ses avantages sur le plan de la réduction de la pauvreté et des inégalités, il faut donc développer des stratégies visant à améliorer la productivité agricole et à utiliser les produits agricoles pour transformer le secteur manufacturier par le biais des chaînes de valeurs locales et régionales.

14.3.7 Il est crucial de combattre les inégalités d'accès à la santé et aux services connexes pour réduire les inégalités de revenus

La santé est une richesse. Une population en bonne santé est plus susceptible d'être productive et créative, et donc de gagner des revenus plus élevés. D'un autre côté, plus le revenu d'une personne est élevé et plus elle est en bonne santé. Kawachi et Kennedy (1999) consignent les mécanismes de transmission par lesquels la santé influe sur la répartition des revenus et vice versa.

Sur les trois pays étudiés, c'est au Burkina Faso que les dépenses de santé par habitant sont les plus faibles. Après avoir augmenté entre 1995 et 2009, passant de 11,58 dollars US à 41,19 dollars, elles ont de nouveau baissé pour atteindre 35,19 dollars en 2014. Elles s'élevaient en moyenne à 37,77 dollars sur la période 2010-2014, tandis que leur taux de croissance annuel était de 7,6 % entre 2000 et 2014. Bien qu'elle soit de faible ampleur, l'augmentation continue des dépenses de santé par habitant semble indiquer que celles-ci ont un effet modérateur sur les inégalités de revenus au Burkina Faso, avec un indice de corrélation de -0,705. L'élargissement de l'accès à des infrastructures d'eau améliorées tend également à réduire les écarts de revenus, en partie sous l'effet d'une plus faible morbidité qui se traduit par une hausse de la productivité et des revenus. Toutefois, la menace posée par le taux de mortalité des enfants de moins de 5 ans entrave l'accélération de la réduction des inégalités de revenus, puisque leur indice de corrélation est de 0,694 (voir annexe 14.1 pour de plus amples informations). Enfin, la mise en œuvre du Plan national de développement sanitaire (2011-2020) visant à promouvoir une répartition égalitaire des infrastructures et des personnels de santé dans l'ensemble des régions, ainsi que la mise en œuvre de la loi sur l'assurance maladie universelle, pourraient contribuer à renforcer la capacité des dépenses de santé à réduire les inégalités.

Au Ghana, la tendance des dépenses de santé par habitant est à la hausse, celles-ci étant passées de 19,01 dollars en 1995 à 84,53 dollars en 2013, avec un taux de croissance annuel de 10,06 % entre 2000 et 2014. Cette tendance devrait avoir pour effet d'atténuer les écarts de revenus. On observe une tendance identique pour le taux de mortalité des enfants de moins de 5 ans, qui a chuté, de 134 à 66,7 décès pour 1 000 naissances vivantes entre 1990 et 2015. Les indicateurs de santé n'exercent pas d'influence particulièrement forte sur les inégalités de revenus (annexe 14.2). Bien que la proportion de personnes couvertes par le plan national d'assurance maladie (*National Health Insurance Scheme*) ait augmenté, les inégalités relatives à la couverture des régimes d'assurance santé, introduits en 2003, et aux infrastructures sanitaires continuent toujours de freiner les progrès. Les données de la sixième Enquête sur le niveau de vie au Ghana (2012/2013) révèlent que le taux de souscription aux régimes d'assurance santé est plus élevé dans les zones urbaines (71,5 %) que dans les zones rurales (63,9 %). Toutefois, alors que 80,4 % de la population active indiquait n'avoir aucun accès à des installations médicales subventionnées, seuls 25 % avaient accès à des cliniques, des postes de santé ou des services de santé communautaire. Tous ces aspects tendent à limiter considérablement l'impact des services de santé sur les inégalités.

L'eau, c'est la vie : elle est vitale pour les moyens d'existence, la transformation économique et la durabilité environnementale. Avec un coefficient de corrélation négatif de -0,25, l'eau pourrait avoir un impact sur la redistribution des revenus. L'amélioration de l'accès à l'eau réduit le temps que les femmes et les filles consacrent à sa collecte, ce qui accroît le temps qu'elles peuvent consacrer à des activités productives et éducatives. Si les légers progrès dans l'accès à des sources d'eau améliorées (c'est-à-dire de 53,9 % en 1990 à 55,6 % en 2015) entraînaient un indice de corrélation de -0,25 (annexe 14.3), ceux-ci seraient substantiels si la cible de 77 % fixée dans le cadre des OMD pour la Tanzanie avait été atteinte. La capacité du Burkina Faso à combler son déficit hydrique en améliorant l'accès à l'eau de 43,6 % en 1990 à 82,3 % en 2015 explique, en grande partie, les immenses avancées du pays sur la réduction de la pauvreté. Il est donc vital d'accélérer l'accès à des sources d'eaux améliorées pour gagner la guerre contre les inégalités en Tanzanie.

14.3.8 L'impact des flux externes, tels que les envois de fonds et l'APD, sur les inégalités de revenus varie en fonction des pays

La relation entre les envois de fonds et les inégalités de revenus reste incertaine. Alors que la théorie de la « bosse migratoire » (« hump theory of migration ») suggère que les envois de fonds accentuent les inégalités, car seuls les ménages aux revenus intermédiaires sont capables de financer les coûts élevés de la migration (FMI, 2005), le caractère saisonnier et informel de la migration à l'intérieur de l'Afrique, principalement à destination de pays voisins, rend la migration égalisatrice en abaissant son coût (Rapoport et Docquier, 2005). Les envois de fonds se traduisent par des impacts directs et indirects sur les inégalités de revenus.

L'indice de corrélation élevé entre les envois de fonds et les inégalités de revenus suggère que les premiers ont un effet égalisateur dans les trois pays étudiés, l'impact le plus grand étant observé au Burkina Faso. Leur relation directe avec les inégalités de revenus est importante, comme en témoigne l'indice de corrélation de -0,821 (annexe 14.1). De plus, ils exercent également une très forte influence indirecte sur les inégalités de revenus, en particulier sur les autres facteurs qui affectent ces dernières, notamment l'indice synthétique de fécondité, le taux de dépendance des personnes âgées et le taux de mortalité des enfants de moins de cinq ans. Au Ghana, leur impact direct est minimal, mais leur influence indirecte est très étendue, en particulier sur des variables telles que l'indice synthétique de fécondité, le taux de dépendance des personnes âgées, le taux de mortalité des enfants de moins de cinq ans et l'accès à une source d'eau améliorée (voir l'annexe 14.2).

L'indice de corrélation de -0,29 (annexe 14.3) indique une relation inverse entre les deux variables. Une relation inverse entre les envois de fonds, l'indice synthétique de fécondité et le taux de mortalité des enfants de moins de cinq ans se traduit par des impacts indirects sur les inégalités en conséquence de la relation fortement positive entre les inégalités, l'indice synthétique de fécondité et le taux de mortalité des enfants de moins de cinq ans. La forte corrélation entre les envois de fonds et l'accès à des sources d'eau améliorées influe également sur les inégalités de manière indirecte.

L'indice de corrélation entre l'aide publique au développement (APD) et les inégalités de revenus est de -0,730. En plus de sa relation inverse directe et étroite, l'amélioration de l'efficience opérationnelle de l'APD et l'utilisation de cette dernière pour élargir l'accès à des sources d'eau améliorées, augmenter les dépenses de santé et renforcer la gestion de la santé, réduire le taux de mortalité des enfants de moins de cinq ans et accroître le taux d'inscription dans le secondaire, pourraient contribuer à surmonter d'autres obstacles à la réduction des inégalités de revenus au Burkina Faso. La corrélation positive entre l'APD et les inégalités de revenus au Ghana et en Tanzanie appelle à une plus grande efficience opérationnelle et à une amélioration de l'efficacité de l'APD dans ces deux pays. Cependant, il est important de noter que l'impact indirect de l'APD sur les autres variables est très élevé.

14.3.9 Les facteurs démographiques sont cruciaux pour gérer les inégalités de revenus

Le chapitre 9 du présent ouvrage examine l'impact de la transition démographique sur la pauvreté et les inégalités en Afrique. Par exemple, il soutient que le différentiel de fécondité est l'un des facteurs de séparation entre les pauvres et les riches. Les familles pauvres ont tendance à avoir plus d'enfants et à investir moins dans leur éducation. Les inégalités réduisent les investissements des ménages dans l'éducation, ce qui affecte la croissance économique (De la Croix et Doepke, 2002).

Les transitions démographiques (impulsées par un déclin du taux de fécondité et de la dépendance des personnes âgées) sont bénéfiques sur le plan de la réduction de la pauvreté dans la mesure où elles favorisent une augmentation du revenu par habitant des ménages de plus petite taille. Le Burkina Faso a commencé à observer un déclin de son taux de fécondité, qui est passé de 6,8 en 1994 à 5,5 en 2014. Son indice de corrélation est de 0,70 (annexe 14.1). Les transitions démographiques semblent être associées à des inégalités plus élevées. Les ménages dont la taille est plus petite tendent à investir lourdement dans l'éducation, les compétences particulières et la santé de leurs enfants, ce qui a pour effet de creuser un fossé sur le marché du travail entre les futurs salaires des enfants issus de familles de plus petite taille et ceux des enfants issus de ménages pauvres, qui n'ont pas bénéficié d'une éducation, de compétences et de services de santé de qualité. Ces observations confirment les conclusions d'Ouedraogo et Ouedraogo (2015), selon lesquelles les ménages de petite taille tendent à afficher un coefficient de Gini plus élevé que celui des ménages de plus grande taille. Le coefficient de Gini s'élève à 0,427, 0,377 et 0,390 pour les ménages dont la taille est comprise entre 1 et 6 personnes, 7 et 8 personnes et 9 personnes ou plus, respectivement. Les autres facteurs associés à de fortes inégalités sont la baisse du taux de dépendance des personnes âgées et la baisse du taux de mortalité des enfants de moins de cinq ans.

Bien que l'indice de corrélation entre le taux de fécondité et les inégalités de revenus soit faible au Ghana, il semble avoir un grand impact déstabilisant sur le taux de mortalité des enfants de moins de cinq ans, la scolarisation des filles dans le secondaire, le taux de dépendance des personnes âgées, et l'accès à l'eau et les dépenses de santé par habitant. Par conséquent, il atténue l'impact de certaines de ces variables (par exemple, l'accès à l'eau et la scolarisation des filles dans le secondaire) sur la réduction des inégalités de revenus tandis qu'il renforce l'impact d'autres facteurs défavorables (par exemple, le taux de mortalité des enfants de moins de cinq ans et le taux de dépendance des personnes âgées) sur le creusement des écarts de revenus dans le pays.

Comme indiqué à l'annexe 14.3, la corrélation est relativement élevée entre le taux de fécondité et les inégalités, de même qu'entre le taux de dépendance des personnes âgées et les inégalités. Le Gouvernement tanzanien doit s'attaquer aux facteurs qui freinent la réduction des inégalités, par exemple le taux de fécondité élevé (5,3 entre 2010 et 2014), le taux de fécondité élevé chez les adolescentes (121,8 pour 1 000 naissances vivantes entre 2010 et 2015) et le taux élevé de dépendance des personnes âgées (93,6 % entre 2010 et 2015). De plus, en vue d'atténuer en partie le creusement des inégalités provoqué par les transitions démographiques, il faudra déployer des efforts pour offrir un appui aux personnes ne tirant pas les fruits de ces transitions par le biais d'une éducation publique de qualité, de programmes d'acquisition de compétences et d'un accès à des services de santé de qualité.

14.3.10 Les programmes de protection sociale jouent un rôle important dans l'amélioration de l'égalité, mais des obstacles persistent sur le plan de la coordination, de l'échelle, du financement et de l'accès inclusif

Le chapitre 8 du présent ouvrage examine l'impact de la protection sociale sur les écarts de revenus en Afrique. La protection sociale joue un rôle de premier plan dans l'amélioration des résultats sur le plan de l'égalité, notamment en Amérique latine. Cependant, la mise en œuvre de programmes de protection sociale est toujours une initiative en cours dans les trois pays étudiés. Le Ghana est l'un des rares pays africains ayant mis en œuvre de nombreux programmes de protection sociale, avec un succès variable. Parmi ceux-ci, on peut citer le programme du revenu de subsistance contre la pauvreté (*Livelihood Empowerment against Poverty* - LEAP), le plan national d'assurance maladie (*National Health Insurance Scheme* - NHIS), le programme d'alimentation scolaire (*Ghana School Feeding Programme*), le programme d'uniformes scolaires et de manuels d'exercices gratuits (*Free School Uniforms and Exercise Book Programme*), une subvention forfaitaire par élève pour l'éducation de base (*Capitation Grant for Basic Education*), le programme de travaux publics à forte intensité de main-d'oeuvre (*Labour Intensive Public Works*) et la politique nationale de protection sociale de 2016 (2016 National Social Protection Policy)[13]. Ces programmes ont bénéficié aux populations appauvries de nombreuses manières et contribué à la réduction de la pauvreté[14], mais en raison de leur taille relativement petite, ils ont eu un impact limité sur l'égalité au niveau macro[15]. On estime que la plupart des programmes de réduction des inégalités au Ghana revêtaient la forme de dépenses publiques consacrées aux services de santé (Younger, Osei-Assibey et Oppong, 2015).

Depuis 2007, la Tanzanie a pris d'importantes mesures en vue de développer un cadre national de protection sociale[16]. Suite à la mise en œuvre réussie du Fonds d'action sociale de la Tanzanie (*Tanzania Social Action Fund* -TASAF) en 2000, le gouvernement a introduit en 2012-2013 un programme de filets de protection sociale productifs (*Tanzania Productive Social Safety Net* - PSNN) lié à son cadre national de protection sociale visant à stimuler la croissance de la consommation des ménages, améliorer les indicateurs de développement humain et promouvoir l'épargne et l'investissement parmi les bénéficiaires (Note d'information sur la protection sociale de l'initiative Unité d'action des Nations Unies). Au Burkina Faso, la Stratégie de croissance accélérée et de développement durable (SCADD) (2011-2015) a donné priorité à la protection sociale des groupes vulnérables, ce qui a abouti à l'adoption, en septembre 2012, de la Politique nationale de protection sociale (PNPS) pour 2013-2022. Le pays travaille également à la création d'un fonds national de protection sociale. Si ces trois pays se sont dotés de divers dispositifs de prestations de sécurité sociale (pour les employés du secteur formel) et d'un éventail de programmes d'assistance et de protection sociale, les principaux défis restent cependant l'accès, la coordination, la couverture et le financement.

Si l'on se base sur l'indice de protection sociale calculé pour les pays africains au chapitre 8, la Tanzanie obtient le meilleur classement (0,60), suivie du Ghana (0,49) puis du Burkina Faso (0,29). Pourtant, les dépenses publiques de protection sociale (hormis les prestations de santé en nature) exprimées en pourcentage du PIB restent faibles dans ces trois pays. Comme l'ont observé Molini et Paci (2015), la part de la protection sociale relativement au PIB est de 1,4 %. Ce taux a chuté au Burkina Faso, où il est passé de 1,5 % en 2000 à 0,8 % en 2009, tandis qu'il a augmenté en Tanzanie, de 0,4 % en 2000 à 1,1 % en 2007. En Tanzanie, les régimes obligatoires de sécurité sociale couvraient à peine plus de 8 % de la population[17]. La couverture sociale était également limitée, moins de 10 % de la population en bénéficiant (Banque mondiale, 2014). À ce jour, le programme PSSN a inscrit 1,1 million de bénéficiaires depuis son lancement en 2012. Selon les estimations, les programmes TASAF ont contribué à réduire le taux de pauvreté extrême (selon le seuil de pauvreté alimentaire) de 11,7 % en 2007 à 9,7 % en 2011-2012, de même qu'à accroître l'accès aux services d'éducation et de santé. Le Ghana semble mettre plus efficacement en œuvre que le Burkina Faso et la Tanzanie la plupart de ses programmes de protection sociale, en particulier en milieu

---

[13] Voir www.mogcsp.gov.gh/policies/National%20Social%20Protection%20Policy.pdf

[14] Les données présentées par Younger, Osei-Assibey et Oppong (2015) révèlent que le programme d'alimentation scolaire gratuite dans certaines écoles primaires et écoles secondaires de premier cycle, dont le coefficient de concentration est de -0,401, est le programme de dépenses publiques le plus efficace en faveur des pauvres au Ghana. Les dépenses publiques ciblant les niveaux d'enseignement préprimaire, primaire et secondaire du premier cycle ont également été jugées progressives, tandis que ce sont surtout les ménages les mieux nantis qui ont bénéficié des retombées positives de la formation des enseignants et des écoles professionnelles. Les écoles d'infirmières et l'enseignement polytechnique étaient répartis de manière inégale alors que l'enseignement universitaire était fortement plus concentré parmi les riches.

[15] Voir la fiche informative sur la protection sociale no 9 (2014) du ministère ghanéen du Genre, de l'Enfant et de la Protection sociale, selon laquelle seulement une personne sur 7 vivant dans l'extrême pauvreté a bénéficié du programme du revenu de subsistance contre la pauvreté (programme LEAP).

[16] Il est à noter que la Politique nationale de sécurité sociale, promulguée en 2003, visait entre autres à apporter une assistance sociale aux personnes vulnérables.

[17] Voir www.ilo.org/dyn/ilossi/ssiindic.viewMultiIndic2?p_lang=en&p_geoaid=834&p_show_descs=Y

[18] Pour de plus amples informations sur le caractère adéquat des avantages de la protection sociale dans ces pays, voir http://databank.worldbank.org/data/reports.aspx?source=1229#

rural[18]. Cependant, les interventions urbaines au Ghana ont besoin d'être mieux ciblées et davantage axées sur les résultats. En outre, il est important que les pays partagent leurs expériences en ce qui concerne la mise en œuvre des programmes de protection sociale. Enfin, il est crucial de résoudre les problèmes de coordination des financements et les difficultés en matière de couverture afin que la protection sociale devienne plus égalisatrice.

14.3.11 Il est indispensable de stabiliser l'inflation pour réduire les inégalités

La relation positive entre l'inflation et les inégalités de revenus a fait l'objet de débats dans les publications (King et Wolman, 1996 ; Bulĭr, 1998). Par exemple, King et Wolman (1996) estiment que les principaux actifs des pauvres (le travail) sont quasiment dépourvus de protection contre l'inflation, et soutiennent qu'un taux d'inflation annuelle de 12 % se traduit par une perte de six heures par trimestre relativement à une inflation plus faible de 5 %. D'un autre côté, Bulĭr (1998) soutient que les actifs des riches sont principalement non corrélés ou faiblement corrélés à l'inflation ou que leur rendement croît plus rapidement que le taux d'inflation. À cet égard, l'inflation peut contribuer aux évolutions cycliques des inégalités de revenus. Il conclut qu'une faible inflation renforce davantage l'impact de la redistribution fiscale en matière d'égalisation des revenus. Quant à Günther et Grimm (2007), ils affirment que les populations appauvries consacrent souvent jusqu'à 60 % voire 80 % de leurs dépenses à l'alimentation ; conformément à la loi d'Engel, leur pouvoir d'achat tend à décliner de manière plus que proportionnelle en cas de hausse de l'inflation.

Quelle est la performance des trois pays examinés sur le plan de l'inflation ? Les prix sont particulièrement stables au Burkina Faso par rapport à la Tanzanie et au Ghana. C'est en effet au Burkina Faso que le taux d'inflation annuel moyen entre 1990 et 2015 était le plus faible (3,17 %), suivi par la Tanzanie (13,59 %) puis le Ghana (20,52 %). Il n'est donc pas surprenant que ce soit également le Burkina Faso qui ait réalisé les plus grands progrès dans la réduction des écarts de revenus, suivi par la Tanzanie. Étant donné que les actifs des pauvres sont principalement corrélés et que les pauvres consacrent une part importante de leurs revenus à l'alimentation, les fortes tendances inflationnistes du Ghana se sont traduites par de profondes difficultés pour ces populations.

Les données tirées de l'indice de corrélation et de la régression selon la méthode des moindres carrés ordinaires (MCO) pour les trois pays révèlent que l'inflation ne joue pas de rôle particulièrement important au Burkina Faso en ce qui concerne les inégalités de revenus. L'impact de l'inflation est le plus important au Ghana, où l'indice de corrélation s'élève à -0,453 et le coefficient de détermination à 0,26, ce qui suggère que l'inflation explique la variation de 26 % des inégalités de revenus. Lorsque les autres variables sont neutralisées, son impact négatif est considérable, à hauteur de 5 %[19]. La tendance baissière de l'inflation porte ses fruits, bien qu'elle soit repartie à la hausse en 2012. Cette tendance pourrait finir par modifier la relation inverse entre l'inflation et les inégalités de revenus. Bien que l'indice de corrélation s'élève à 0,333 et le coefficient de détermination à 0,11, aucune relation n'est établie statistiquement.

---

[19] La régression de la méthode des MCO pour le Ghana a donné les résultats suivants : coefficient de Gini = 41,86 -0,074 inflation ; Statistique-F = 4,86** ; R² = 0,257.

(-2,204)**.

où **indique un seuil de signification à 5,00. Les données correspondent aux années 1991 à 2007.

14.4 Enseignements préliminaires et conclusions

Au Burkina Faso, les inégalités de revenus ont enregistré un déclin continu au cours des vingt dernières années. En Tanzanie, elles ont commencé à chuter en 2007 après avoir sans cesse augmenté au cours des 17 années précédentes. Enfin, au Ghana, elles ont augmenté sans interruption pendant les trente dernières années. Toutefois, ce dernier pays a réalisé des progrès impressionnants dans la réduction de la pauvreté, affichant une performance supérieure à celle du Burkina Faso et de la Tanzanie. Cette diversité d'expériences nous donne l'occasion de tirer des enseignements et de partager des expériences à l'échelle du continent africain. Une liste des principaux enseignements tirés du présent chapitre est donnée ci-dessous.

Enseignement n° 1 : La promotion d'une forte croissance économique est une condition nécessaire à la réduction de la pauvreté et des inégalités, mais garantir la qualité de cette croissance est une condition suffisante pour atteindre ces objectifs. Pour qu'une croissance économique forte s'accompagne d'une réduction rapide de la pauvreté et des inégalités, elle doit être inclusive, transformatrice et équitable, comme c'est le cas au Burkina Faso. Cette croissance doit également porter sur les secteurs d'où la majorité des pauvres tirent leurs moyens d'existence (par exemple, l'agriculture et les secteurs informels non agricoles) ; quant aux personnes ne bénéficiant pas des retombées de ce processus de croissance, un appui doit leur être apporté par le biais de politiques fiscales et de programmes de protection sociale. Afin que la croissance apporte des possibilités d'améliorer la productivité et de créer des emplois hautement rémunérés, il est vital d'opérer une diversification sectorielle en faveur des activités manufacturières et non agricoles.

Enseignement n° 2 : Il est impératif de stimuler la productivité agricole. Les trois économies étudiées, à savoir le Burkina Faso, le Ghana et la Tanzanie, demeurent principalement agraires. Comme il a été prouvé que l'agriculture a un effet égalisateur considérable, il est impératif de stimuler la productivité agricole par un meilleur accès aux engrais, aux systèmes d'irrigation, aux tracteurs, aux semences améliorées, au crédit, aux marchés et aux systèmes post-récolte. L'augmentation de la productivité agricole a un impact direct et simultané sur les revenus ruraux et urbains. Toutefois, il ne faut pas que l'augmentation de la productivité se limite au quintile supérieur, ni aux personnes les plus riches. Une meilleure productivité agricole permet de réduire à la fois la pauvreté et les inégalités, dans la mesure où la croissance agricole tend à stimuler la croissance des secteurs ruraux non agricoles, et peut contribuer à réorienter la main-d'œuvre vers des activités à plus forte productivité. L'amélioration de l'accès aux terres, en particulier pour les femmes, est indispensable pour que l'agriculture permette d'accélérer la réduction de la pauvreté et des inégalités. Enfin, il faut déployer les efforts nécessaires pour s'assurer que les gains obtenus grâce à l'augmentation de la productivité agricole ne finissent pas entre les mains des plus riches.

Enseignement n° 3 : Pour créer des emplois bien rémunérés et combler l'écart de revenu, il est indispensable d'ajouter de la valeur aux produits primaires grâce à la participation proactive du secteur privé. Au Ghana et en Tanzanie, l'exportation de matières premières agricoles contribue aux inégalités. L'exportation de produits primaires, sans qu'aucune valeur ajoutée ne leur soit apportée, s'apparente à une exportation d'emplois que des jeunes et des femmes pourraient exercer. Dans les trois pays étudiés, l'agriculture et l'extraction minière devraient servir de tremplin à l'industrialisation ; l'apport de valeur ajoutée aux produits agricoles et miniers contribue à promouvoir l'industrialisation. À cette fin, il convient également d'élaborer des stratégies qui intègrent les secteurs formels et informels en vue d'accroître la productivité, d'augmenter les revenus et d'améliorer les conditions de travail. En outre, il est impératif d'investir dans l'acquisition de compétences et le développement des infrastructures, y compris des centres d'incubation. Ces investissements ne doivent pas se limiter aux chaînes de valeur nationales : il est également crucial de collaborer et d'établir des partenariats à l'échelle régionale afin d'exploiter les chaînes de valeur régionales. Enfin, il faut aligner les programmes d'enseignement scolaire sur cet objectif stratégique en promouvant l'acquisition de compétences, y compris techniques et professionnelles, dans l'enseignement secondaire et supérieur, mais aussi en corrigeant les disparités éducatives entre les garçons et les filles en milieu rural et en milieu urbain, y compris dans les zones difficilement accessibles. Il est important d'améliorer la qualité de l'enseignement dans les écoles publiques afin d'éviter des arbitrages entre une éducation de qualité et des inégalités élevées. Les systèmes éducatifs africains doivent correspondre aux réalités du marché du travail.

Enseignement n° 4 : Il est crucial de corriger les disparités régionales relatives à la répartition des infrastructures, des installations et des ressources humaines. Le développement favorisant les zones urbaines n'a pas mis fin à l'exode rural ni à la misère urbaine, ni encore à la pauvreté rurale. Si les déficits d'infrastructures et de services observés actuellement dans la plupart des zones rurales ne sont pas corrigés, il ne sera pas possible de réduire simultanément la pauvreté et les inégalités. Il est donc vital de formuler et de mettre en œuvre des plans d'aménagement du territoire, comme cela a été fait pour le secteur de la santé au Burkina Faso (Plan national de développement sanitaire, 2011-2020) afin de remédier aux défaillances du marché et de rééquilibrer les opportunités de développement en faveur des régions désavantagées et des zones rurales. Il est également essentiel de s'assurer de la bonne gouvernance de ces programmes et de la disponibilité des financements sur le long terme. Le problème n'est pas la formulation de ces plans, mais leur mise en œuvre. Une solution consiste à élaborer des stratégies de mise en œuvre infaillibles, bénéficiant d'un engagement politique de haut niveau, notamment en vue de promouvoir un environnement plus favorable aux affaires, d'assurer la viabilité des financements, de lutter contre les problèmes énergétiques, de développer des politiques efficaces et locales pour le secteur des minéraux et les autres secteurs, et d'adopter une approche basée sur l'innovation et la résolution des problèmes pour promouvoir des chaînes de valeur inclusives et garantir l'égalité entre les genres.

Enseignement n° 5 : Il est vital de combattre les inégalités d'accès aux services d'éducation, de santé et d'eau afin de réduire les inégalités de revenus. Il est évident qu'il est indispensable de corriger les disparités dans l'accès à l'éducation (secondaire et supérieur), aux services de santé de base et à des infrastructures d'eau améliorées afin de combattre la pauvreté et les inégalités. Il est tout aussi primordial d'adopter des stratégies progressives donnant priorité à la réalisation de dividendes démographiques en engageant de manière productive la population jeune. L'essor des programmes d'alimentation scolaire, de la scolarité gratuite, des services de santé gratuits pour les enfants de moins de cinq ans et les femmes enceintes, de même que l'élargissement rapide de l'accès à des infrastructures d'eau améliorées, sont essentiels pour réduire rapidement la pauvreté et les inégalités. Les enseignements tirés de l'époque des OMD montrent qu'en ce qui concerne les résultats, la qualité ne peut pas être sacrifiée au profit de la quantité. Une éducation de mauvaise qualité forme des diplômés inemployables. Par conséquent, la question des compétences transmises par le système éducatif est vitale.

Enseignement n° 6 : Il est indispensable d'adopter et de mettre en œuvre des stratégies exhaustives visant à corriger les inégalités entre les genres et promouvoir l'émancipation des femmes. Les inégalités entre les genres sont omniprésentes dans les domaines de l'éducation, de la représentation politique, de la propriété des actifs et de l'accès à ces derniers, ou encore des possibilités d'emploi. Sous l'effet de cette discrimination, les femmes assument une part disproportionnée des emplois vulnérables au Burkina Faso, au Ghana et en Tanzanie. Les plans de développement sectoriels et nationaux doivent inclure des actions pour corriger cette situation, et allouer des financements suffisants aux stratégies et aux programmes axés sur le genre. À cet égard, il faut prêter une attention particulière au taux de fécondité chez les adolescentes et à l'indice synthétique de fécondité, tous les deux élevés, qui ont pour effet d'accroître la pauvreté et les inégalités. De nombreux pays africains, y compris les trois pays étudiés, se sont dotés de lois foncières qui garantissent aux femmes des droits égaux en matière d'accès aux terres et de propriété foncière. Pourtant, dans les faits, on observe trop souvent le contraire. Les pouvoirs publics et les organisations de la société civile doivent collaborer pour garantir que les femmes bénéficient d'un accès égal aux terres (tel que le prévoient les législations nationales), mener des campagnes de sensibilisation et protéger les droits des victimes de l'exclusion sociale aux niveaux national et infranational.

Enseignement n° 7 : Afin de réduire rapidement la pauvreté et les inégalités de revenus, il est essentiel de promouvoir des systèmes progressifs et d'élargir les mesures de protection sociale bien ciblées. Pour résoudre le casse-tête budgétaire (une importante marge budgétaire conjuguée à un coefficient de Gini élevé), il faut adopter un système fiscal progressif qui impose plus lourdement les revenus les plus élevés, donne priorité aux impôts directs plutôt qu'indirects et à une administration fiscale efficiente, et qui diversifie les recettes publiques pour réduire la dépendance à l'égard des industries extractives. Toutes ces politiques pourraient contribuer à réduire les inégalités (voir le chapitre 7). La lutte contre les flux financiers illicites, en particulier en provenance du secteur de l'extraction minière, et l'arrêt des fuites de capitaux provoquées par les facturations et les tarifications frauduleuses constituent d'autres politiques tout aussi bénéfiques. De surcroît, l'adoption de salaires minimums et de politiques de négociation collective favorisent une faible compression des salaires. Trois changements sont nécessaires pour que la protection sociale soit davantage axée sur les résultats : élargir la couverture à une grande proportion des pauvres, améliorer le ciblage des programmes de protection sociale et surmonter les difficultés de financement. Enfin, les autres pays pourraient tirer des enseignements des programmes d'alimentation scolaire et de transfert en espèces du Ghana, dont l'efficacité est reconnue.

Enseignement n° 8 : L'amélioration de la productivité des envois de fonds et de l'APD est essentielle pour accélérer la réduction de la pauvreté et des inégalités. Il est évident que les envois de fonds pourraient avoir un effet égalisateur dans les trois pays étudiés, et surtout au Burkina Faso. L'APD est également égalisatrice au Burkina Faso, tandis que son effet net (direct et indirect) est relativement égalisateur au Ghana et en Tanzanie. L'utilisation des envois de fonds pour surmonter les principaux obstacles à la réduction de la pauvreté et des inégalités, par exemple dans le cadre du barrage de la Renaissance en Éthiopie[20], pourrait avoir des effets multiplicateurs qui permettraient à une grande proportion de la population de sortir de la pauvreté et favoriseraient une réduction des écarts de revenus. Enfin, pour que l'APD soit suffisamment égalisatrice, il faut en améliorer la gouvernance (prévisibilité, alignement sur les plans et les processus nationaux, et ciblage efficace des interventions) dans des pays tels que le Ghana et la Tanzanie.

Enseignement n° 9 : Il est indispensable de protéger les actifs des pauvres contre leur dévalorisation sous l'effet de l'inflation. L'inflation contribue aux évolutions cycliques des inégalités de revenus. Il est également évident qu'une faible inflation renforce l'impact de la redistribution fiscale sur l'égalisation des revenus. Au Ghana, les inégalités seraient plus élevées si l'inflation n'avait pas connu une tendance à la baisse depuis 1995. Il est donc important de se fixer l'objectif d'une faible inflation pour s'attaquer aux inégalités.

---

[20] Une fois achevé, il devrait produire 6 000 MW et sera la plus grande centrale hydroélectrique en Afrique.

RÉFÉRENCES

Annim, S.K., S. Mariwah et J. Sebu. 2012. Spatial Inequality and Household Poverty in Ghana *Economic System* 36, p. 487-505. Aryeetey, E, G. Owusu et E.J. Mensah. 2009. An Analysis of Poverty and Regional Inequalities in Ghana. Working Paper 27, Global Development Network, New Delhi.

Aryeetey, E. et W. Baah-Boateng. 2016. Understanding Ghana's growth success story and job creation challenges. www.brookings.edu/research/understanding-ghanas-growth-success-story-and-job-creation-challengesBennell, Paul. 1999. Learning to change: skills development among the economically vulnerable and socially excluded in developing countries. *Employment and Training Paper N° 43*. Genève, Département des politiques de l'emploi, Bureau international du Travail. Bhorat, H., K. Naidoo et K. Pillay. 2016. Growth, poverty and inequality interactions in Africa: an overview of key issues. *UNDP Working Paper Series* (UNDP-RBA/WPS/1/2016).

Banque mondiale. 2009. Awakening Africa's Sleeping Giant: Prospects for commercial agriculture in Guinea Savannah zone and beyond. Washington D.C., Banque mondiale.

_____. 2013. Tanzania: Service Delivery Indicators – Education and Health. Washington DC : Banque mondiale. http://siteresources.worldbank.org/AFRICAEXT/Resources/SDI-Technical-Report-Tanzania.pdf

_____. 2016. Poverty and Shared Prosperity 2016: Taking on Inequality, World Bank, Washington, D.C., Banque mondiale et Base de données des Indicateurs du développement dans le monde.

Bourdet, Yves. 2014. Employment policy implementation in Burkina Faso. Employment Working Paper N°155. 2014. Genève, OIT. www.ilo.org/wcmsp5/groups/public/---ed_emp/documents/publication/wcms_250996.pdf.

Bulíř, Alīš. 1998. Income inequality: does inflation matter? IMF Working Paper (WP/98/7*).*

National Bureau of Statistics. 2001, 2007, 2010 et 2012. Tanzania Household Budget Surveys, Dar es Salaam National Bureau of Statistics. NBS.

_____ 2012a. Tanzania Population and Housing Census 2012. Dar es Salam : NBS. NBS. 2012b. Employment and Earning Survey – Analytical Report, National Bureau of Statistics, Dar es Salaam

Christiaensen, L., P. Chuhan-Pole, et A. Sanoh. 2013. Africa's Growth, Poverty and Inequality Nexus – Fostering Shared Prosperity. https://editorialexpress.com/cgi-bin/conference/download.cgi?db_name=CSAE2014&paper_id=381

Commission économique pour l'Afrique (CEA), Union Africaine (UA), Banque africaine de développement (BAfD) et Programme des Nations Unies pour le développement (PNUD). 2012. Assessing progress in Africa toward the Millennium Development Goals – Emerging Perspectives from Africa on the post-2015 Development Agenda.

Cooke, E., S. Hague et A. McKay. 2016. The Ghana Poverty and Inequality Report – Using the 6th Ghana Living Standards Survey. University of Sussex, UNICEF et Ashesi University.

Cornia G.A. et B. Martorano. 2016. Building the integrated inequality database and the seven sins of inequality measurement in sub-Saharan Africa. UNDP Working Paper Series (UNDP-RBA/WPS/2/2016).

Cornia, G. A. 2015. Income Inequality Levels, Trends and Determinants in Sub-Saharan Africa: An Overview of the Main Changes. A technical report on the UNDP's Project on Inequality in SSA, 28 février 2015.

Danquah, M. et W. Ohemeng (à paraître). Unmasking the factors behind Socio-economic inequalities in Ghana.

De la Croix, D. et M. Doepke. 2002. Inequality and Growth: Why Differential Fertility Matters. http://faculty.wcas.northwestern.edu/~mdo738/research/fertdif.pdf Economic and Social Research Foundation.2013. "Enhancing Land Tenure Security and Agricultural Productivity for Small Holder Famers, Especially Women".

FIDA (Fonds international de développement agricole). 2016. Rural Development Report. Rome.

FMI (Fonds monétaire international). 2005. World Economic Outlook. Washington, D.C., FMI.

_____ 2016a. The Bumpy Road to Economic Recovery. IMF Survey, 21 janvier 2016 in Ghana. 29 octobre 2015. www.commitmentoequity.org/publications_files/Ghana/Fiscal%20Policy%20Inequality%20and%20Poverty%20-%20A%20CEQ%20Assessment%20for%20Ghana%20Oct%2029%202015.pdf.

_____. 2016b. Case studies on managing government compensation and employment -- institutions, policies, and reform challenges.

_____.2016c. Burkina Faso: Selected Issues. Country Report N° 16/391.

Fosu, A. 2008. Inequality and the growth-poverty nexus: specification empirics using African data. *Applied Economics Letters*, 2008, vol. 15, N° 7, pp. 563-566.

Ghana Statistical Service (GSS). 2014. Ghana 6th Living Standards Survey Main Report http://www.statsghana.gov.gh/docfiles/glss6/GLSS6_Main%20Report.pdf.

Grimm, M. et I. Günther. 2005. Growth and poverty in Burkina Faso: A reassessment of the paradox. German Institute for Economic Research Discussion Papers 482. Avril 2005.

Günther, I. et M. Grimm. 2007. Measuring pro-poor growth when relative prices shift. *Journal of Development Economics*, 82 (2007) 245-256.

Honorati, M. et S. Johansson de Silva. 2016. Expanding Job Opportunities in Ghana. Directions in Development. Washington, D.C., Banque mondiale.

Kawachi, I. et B.P. Kennedy. 1999. Income inequality and health: pathways and mechanisms. *Health Services Research,* 34(1), 215-227 (avril 1999, Part II).

King, R. G. et A.L. Wolman. 1996. Inflation targeting in a St. Louis Model of the 21st century. *Review,* 78, 83-107 (mai/juin). https://pdfs.semanticscholar.org/7cc0/394b349ab9e262b5ec0f3f8aee3700367c64.pdf

Kolavalli, S. et E. Robinson, X. Diao, V. Alpuerto, R. Folledo, M. Slavova, G. Ngeleza et F. Asante (2012) "Economic Transformation in Ghana: Where Will the Path Lead?" IFPRI DP 01161 http://*www.ifpri.org/sites/default/files/publications/ifpridp01161.pdf*

Lanzano, C. 2016. Small-scale mining, natural resources and development in Burkina Faso. Project Brief. http://nai.uu.se/research/areas/small-scale-mining-natura/

Lipton, D. 2013. Fiscal Policy and Income Inequality. Speech delivered at the Peterson Institute for International Economics, 13 mars 2013. www.imf.org/en/News/Articles/2015/09/28/04/53/sp031314

Mankiw, N.G., D. Romer et D.N. Weil. 1992. A contribution to the empirics of economic growth. *The Quarterly Journal of Economics.* CVII: 407-437.Matotay, Edmund. 2014. A Draft Report on a Tanzania Country Case Study. Pan African Conference on Inequalities in the Context of Structural Transformation. Organisé par le Gouvernement du Ghana, en association avec CODESRIA, PNUD, CEA, UNICEF et autres, 28-30 avril 2014.

Matotay, E. 2014. A Draft Report on a Tanzania Country Case Study. Pan African Conference on Inequalities in the Context of Structural Transformation. Organisé par le Gouvernement du Ghana, en association avec CODESRIA, PNUD, CEA, UNICEF et autres, 28-30 avril 2014.

Ministère du Genre, de l'Enfant et de la Protection sociale. 2014. Social Protection Fact Sheet #9.

Ministère des Mines, des Carrières et de l'Énergie (MMCE) du Burkina Faso. 2010. Vision 2020 for Access to Modern Energy Services 2010.

Molini, V. et P. Paci. 2015. Poverty Reduction in Ghana: Progress and Challenges. Washington, D.C., Banque mondiale.

Odusola, A.F. 1998. "Human Capital Investment and the Empirics of Economic Growth in Nigeria, *Proceedings of the 1998 Annual Conference of the Nigerian Economic Society.* Ibadan, The Nigerian Economic Society (NES).

Odusola, A.F. 2017. Agriculture, rural poverty and income inequality in sub-Saharan Africa. Draft UNDP Working Paper Series.

_____. 2017. Fiscal space, poverty and inequality in Africa. *African Development Review 29,* Special Issue, 1-14.

_____. À paraître. Fiscal space, poverty and inequality in Africa. *African Development Review* 2017, pp. 1-14.

Organisation internationale du Travail (OIT). 2015. Global Wage Report 2014/15: Wages and Income Inequality. Genève, OIT.

Osei-Assibey, E. 2014. Nature and dynamics of inequalities in Ghana. *Development,* 57(3-4), p. 521-530.

Ouedraogo, S. et S. Ouedraogo. 2015. Household's income inequality in Burkina Faso: Analysis by the multi-decomposition of Gini index. *Journal of Economics and Sustainable Development,* 6(8), 2015

PNUD (Programme des Nations Unies pour le développement). 2012. Human development and decent work in Burkina Faso. *National Human Development Report 2012*

_____ 2015. Gender Inequality Index (GII). http://hdr.undp.org/en/content/gender-inequality-index-gii

_____. 2016. Africa Human Development Report 2016: Accelerating Gender Equality and Women's Empowerment in Africa.

PNUD et Gouvernement tanzanien. 2015. Tanzania Human Development Report: Economic Transformation for Human Development. Dar es Salaam.

Rapoport, H. et F. Docquier. 2005. The Economics of Migrants' Remittances. *Discussion Paper,* N° 1531. March 2015. Institute for the Study of Labour. http://ftp.iza.org/dp1531.pdf

Romer, P. 1990. Endogenous technological change. *Journal of Political Economy* 98 (5):S71-S102.

Tidemand, P., N. Sola, A. Maziku, T. Williamson, J. Tobias, C. Long et H. Tilley. 2014. Local Government Authority (LGA) fiscal inequities and the challenges of 'disadvantaged' LGAs in Tanzania. Final Report. https://www.odi.org/sites/odi.org.uk/files/odi-assets/publications-opinion-files/9144.pdf

UNESCO (Organisation des Nations Unies pour l'éducation, la science et la culture). 2014. National EFA 2015 Review Report: Ghana Country Report: Ghana Country Report.

UNICEF (Fonds des Nations unies pour l'enfance). One UN Tanzania. n.d. Social Protection in Tanzania: Establishing a national system through consolidation, coordination and reform of existing measures. Factsheet. UN Statistical Division. n.d. UNSD database. http://data.un.org/Data.aspx?q=rural+population&d=POP&f=tableCode%3a1

Younger, S. D., E. Osei-Assibey et F. Oppong. 2015. Fiscal incidence in Ghana. CEQ WP N° 35

ANNEXE 14.1 Indice de corrélation entre le coefficient de Gini et différentes variables d'intérêt au Burkina Faso

	Gini	ISF	Dépendance	TNS	Mortalité -5	MP agric	Rendement	Santé p. hab.	Eau	APD	Envois de fonds	PIBhab
Gini	1,000											
ISF	0,700	1,000										
Dépendance	0,637	0,969	1,000									
TNS	-0,649	-0,955	-0,853	1,000								
Mortalité -5	0,694	0,983	0,911	-0,987	1,000							
MP agric	-0,281	0,094	0,061	-0,246	0,125	1,000						
Rendement	-0,607	-0,743	-0,764	0,601	-0,703	0,222	1,000					
Santé p. hab.	-0,705	-0,920	-0,821	0,991	-0,964	0,032	0,642	1,000				
Eau	-0,672	-0,996	-0,985	0,925	-0,963	-0,093	0,748	0,889	1,000			
APD	-0,730	-0,666	-0,500	0,898	-0,757	0,196	0,556	0,865	0,608	1,000		
Envois de fonds	-0,821	-0,891	-0,793	0,922	-0,925	0,181	0,661	0,965	0,857	0,857	1,000	
PIBhab	-0,613	-0,987	-0,977	0,921	-0,957	-0,073	0,765	0,896	0,993	0,602	0,845	1,000

Remarque : Gini = coefficient de Gini ; ISF = indice synthétique de fécondité ; Dépendance = dépendance des personnes âgées (% de la population totale) ; TNS = taux net de scolarisation dans le secondaire ; Mortalité -5 = taux de mortalité des enfants de moins de 5 ans (pour 1 000 naissances vivantes) ; MP agric = exportations des matières premières agricoles en tant que part totale des exportations de marchandises ; Rendement = rendement céréalier par hectare ; Santé p. hab. = dépenses de santé par habitant ; Eau = accès à des sources d'eau améliorées ; APD = APD nette par habitant ; Envois = envois de fonds personnels ; et PIBhab = PIB par habitant.

ANNEXE 14.2 Indice de corrélation entre le coefficient de Gini et différentes variables d'intérêt au Ghana

	Gini	ISF	Dépen-dance	TNSf	Mortalité -5	MP agric	Rende-ment	Santé p. hab.	Eau	APD	Envois de fonds	PIBhab	Adolescentes
Gini	1,00												
ISF	0,04	1,00											
Dépendance	-0,06	0,99	1,00										
TNSf	-0,47	-0,91	-0,91	1,00									
Mortalité -5	-0,07	0,97	0,99	-0,90	1,00								
MP agric	0,08	0,73	0,74	-0,42	0,75	1,00							
Rendement	-0,41	-0,49	-0,43	0,37	-0,42	-0,38	1,00						
Santé p. hab.	-0,17	-0,59	-0,57	0,93	-0,65	-0,54	0,30	1,00					
Eau	0,00	-1,00	-1,00	0,91	-0,98	-0,74	0,47	0,60	1,00				
APD	0,42	-0,27	-0,35	0,70	-0,44	-0,64	0,18	0,72	0,32	1,00			
Envois de fonds	-0,08	-0,93	-0,95	-0,54	-0,92	-0,84	0,23	-0,65	0,93	-0,51	1,00		
PIBhab	0,05	-0,96	-0,98	0,95	-0,99	-0,78	0,42	0,72	0,98	0,46	0,94	1,00	
Adolescentes	0,01	1,00	0,99	-0,90	0,97	0,72	-0,48	-0,57	-1,00	-0,28	-0,94	-0,97	1,00

Remarque : Gini = coefficient de Gini ; ISF = indice synthétique de fécondité ; Dépendance = dépendance des personnes âgées (% de la population totale) ; TNSf = taux net de scolarisation des filles dans le secondaire ; Mortalité -5 = taux de mortalité des enfants de moins de 5 ans ; MP agric = exportations des matières premières agricoles en tant que part totale des exportations de marchandises ; Rendement = rendement céréalier par hectare ; Santé p. hab. = dépenses de santé par habitant ; Eau = accès à des sources d'eau améliorées ; APD = APD nette par habitant ; Envois = envois de fonds personnels ; PIBhab = PIB par habitant ; et Adolescentes = taux de fécondité chez les adolescentes (pour 1 000 naissances vivantes).

	Gini	ISF	Dépen-dance	TNP	Mortalité -5	MP agric	Rende-ment	Santé p. hab.	Eau	APD	Envois de fonds	PIBhab	Adoles-centes	TBP
Gini	1,00													
ISF	0,51	1,00												
Dépendance	0,57	0,53	1,00											
TNP	0,12	-0,74	-0,29	1,00										
Mortalité -5	0,18	0,92	0,36	-0,95	1,00									
MP agric	0,44	0,82	0,25	-0,53	0,78	1,00								
Rendement	-0,35	-0,15	-0,41	-0,08	-0,03	-0,27	1,00							
Santé p. hab.	0,10	-0,93	0,45	0,90	-0,94	-0,71	-0,18	1,00						
Eau	-0,25	-0,94	-0,28	0,89	-0,98	-0,77	0,02	0,96	1,00					
APD	0,20	-0,56	0,12	0,75	-0,77	-0,56	-0,18	0,80	0,76	1,00				
Envois de fonds	-0,29	-0,93	0,32	0,66	-0,81	-0,70	0,03	0,88	0,87	0,67	1,00			
PIBhab	-0,08	-0,86	-0,16	0,95	-0,98	-0,71	-0,04	0,96	0,97	0,84	0,85	1,00		
Adolescentes	0,51	1,00	0,53	-0,74	0,92	0,82	-0,15	-0,93	-0,94	-0,56	-0,93	-0,86	1,00	
TBP	0,24	-0,72	-0,23	0,99	-0,93	-0,54	-0,14	0,87	0,87	0,78	0,61	0,93	-0,72	1,00

Remarque : Gini = coefficient de Gini ; ISF = indice synthétique de fécondité ; Dépendance = dépendance des personnes âgées (% de la population totale) ; TNP = taux net de scolarisation dans le primaire ; Mortalité -5 = taux de mortalité des enfants de moins de 5 ans ; MP agric = exportations des matières premières agricoles en tant que part totale des exportations de marchandises ; Rendement = rendement céréalier par hectare ; Santé p. hab. = dépenses de santé par habitant ; Eau = accès à des sources d'eau améliorées ; APD = APD nette par habitant ; Envois = envois de fonds personnels ; PIBhab = PIB par habitant ; Adolescentes = taux de fécondité chez les adolescentes (pour 1000 naissances vivantes) ; et TBP = taux brut de scolarisation dans le primaire.

PARTIE IV

Mesure et analyse
économétrique des
déterminants des inégalités
en Afrique subsaharienne

Sept erreurs de mesure qui faussent l'évaluation des niveaux et tendances des inégalités de revenus

Différences dans les **hypothèses statistiques** et harmonisation des données **entre les pays**

1

Variations au fil du temps de la **conception des enquêtes** dans le même pays

2

Les enquêtes sur le budget des **ménages sous-estiment de plus en plus les revenus du capital** et la **valeur ajoutée totale nette**

3

Sous-échantillonnage **des** plus **hauts revenus**

4

5 Non-prise en compte **des revenus générés** par les avoirs détenus à **l'étranger par des** ressortissants de l'Afrique subsaharienne

Non-prise en compte de l'effet distributif des **différences de dynamique** entre **les prix alimentaires** et l'Indice global des prix à la consommation **6**

7 Non-prise en compte de l'effet distributif des différences dans **la prestation** des **avantages sociaux** entre les pays

15 Édification d'une base de données intégrée sur les inégalités et les « Sept péchés » de la mesure des inégalités en Afrique subsaharienne[1]

GIOVANNI ANDREA CORNIA ET BRUNO MARTORANO

15.1 Introduction

La bonne performance de l'Afrique subsaharienne sur le plan de la croissance au cours des 20 dernières années (figure 15.1) a été accompagnée par un recul modeste de la pauvreté, de 59 à 48 % sur la période 1993-2010, un fléchissement nettement inférieur à celui enregistré en Asie du Sud (Ferreira, 2014). Cette tendance, toutefois, dissimule d'importantes variations entre les pays. La question essentielle est alors de savoir comment peuvent s'expliquer de telles différences entre les taux de réduction de la pauvreté. L'approche classique (Bourguignon, 2003) montre qu'une évolution du pourcentage de l'incidence de la pauvreté peut être décomposée entre les évolutions du pourcentage du taux de croissance du PIB par habitant et celles du coefficient de Gini, plus un résidu modeste. À cet égard, il convient de noter qu'en Afrique subsaharienne, la croissance moyenne du PIB par habitant a oscillé dans une fourchette étroite, c.-à-d. entre 1,7 % dans les pays peu dotés en ressources naturelles et 2,6 % dans les pays richement dotés en ressources naturelles. La raison du recul de la pauvreté à des taux différents doit par conséquent se trouver dans la divergence des tendances des inégalités enregistrées dans les pays de l'Afrique subsaharienne. Effectivement, dans ce chapitre et dans le chapitre 2, il est avancé que sur la période 1991-2011, les inégalités de revenus se sont accrues dans plusieurs pays, mais ont baissé dans un nombre similaire de pays.

Une consignation appropriée des tendances des inégalités dans la région est par conséquent essentielle pour expliquer les écarts de réduction de la pauvreté entre les pays. Toutefois, cette tâche est entravée par la rareté des données sur les inégalités, ainsi que par l'absence d'une base de données complète de coefficients de Gini méthodiquement relevés. Cette situation devient encore plus déconcertante lorsque l'on considère qu'au cours des vingt dernières années, la formulation des politiques est devenue de plus en plus « fondée sur les éléments d'observation », c.-à-d. non seulement fondée sur des suppositions éthiques et économiques, mais également sur des résultats empiriques générés par un nombre croissant d'enquêtes sur le budget des ménages (EBM), d'enquêtes démographiques et de santé, d'enquêtes sur le patrimoine, d'enquêtes par grappes à indicateurs multiples, d'enquêtes sur la mesure des niveaux de vie (EMNV) et d'autres enquêtes. Les domaines d'étude qui ont bénéficié le plus de cette augmentation du nombre d'enquêtes sont ceux qui concernent l'atténuation de

[1] Les auteurs tiennent également à remercier Michael Grimm et un rapporteur anonyme d'avoir apporté des commentaires sur une version précédente de ce chapitre.

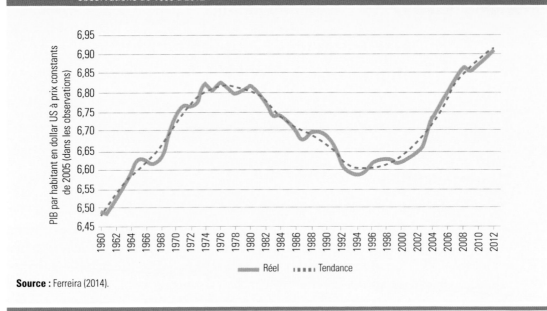

Source : Ferreira (2014).

la pauvreté et les inégalités de revenus. Dans la plupart des régions développées et en développement, les institutions universitaires et celles des politiques publiques ont édifié des bases de données retraçant l'évolution du coefficient de Gini sur au moins les vingt dernières années, comme, entre autres, dans le cas de l'étude du Luxembourg sur les revenus (LIS) pour les pays de l'Organisation de coopération et de développement économiques (OCDE), la base de données socio-économique pour l'Amérique latine et les Caraïbes (SEDLAC) et CEPALSTAT pour l'Amérique latine, TransMonEE pour les économies européennes en transition, etc. Finalement, durant la même période, plusieurs bases de données mondiales sur les inégalités ont été créées, notamment la base de données mondiale sur les inégalités de revenus (WIID), l'Ensemble de données mondial normalisé sur les inégalités de revenus (SWIID), l'ensemble de données All the Ginis, ainsi que d'autres bases de données qui sont examinées ci-dessous.

À la lumière des problèmes causés par la rareté et l'éparpillement des données sur les inégalités et par l'absence d'évaluation de leur qualité et de leurs défauts, ce chapitre a deux ambitions. Premièrement, la section 15.2 décrit l'Ensemble de données intégré sur l'inégalité (IID-SSA), qui est obtenu en comparant les coefficients de Gini inclus dans toutes les bases de données existantes ou provenant d'études nationales et, à partir d'un protocole standard, sélectionne les moins biaisés. Le but est de collecter et d'évaluer de manière comparative des données portant sur les inégalités de revenus provenant de toutes les sources, rendant ainsi possible l'analyse systématique, à l'échelle de toute la région, des évolutions des inégalités enregistrées durant les deux dernières décennies. Les tendances nationales émergeant de l'ensemble de données de l'IID-SSA sont illustrées à l'annexe 1 du Document de travail n° 2 du sous-groupe Approche fondée sur les droits (RBA) du PNUD[2]. Cette annexe retrace l'évolution de la tendance temporelle pour chacun des 29 pays avec au moins quatre points de Gini de bonne qualité et bien espacés. Elle fournit également des informations sur la disponibilité des coefficients de Gini pour les pays disposant de seulement 1 à 3 coefficients de Gini ou d'aucune donnée. La série chronologique des inégalités pour ces pays peut être

---

[2] Voir www.africa.undp.org/content/rba/en/home/library/working-papers/building-the-integrated-inequality-databaseand-the-seven-sins-of.html.

utilisée pour diverses finalités analytiques ou liées aux politiques, y compris le calcul des évolutions des taux de pauvreté dans le temps ou les régressions au moyen de données de panel des tendances des inégalités. En revanche, compte tenu des biais d'estimation examinés à la section 15.3, ces informations doivent être utilisées avec circonspection, c.-à-d. en vérifiant les résultats générés par les tendances en les comparant à ceux qui sont prévus par la théorie économique, l'histoire économique et d'autres ressources statistiques (telles que les comptes nationaux) et en introduisant, lorsque cela est faisable, les ajustements statistiques indiqués ci-dessous.

La section 15.3 examine les biais des données incluses dans l'IID-SSA et essaie, lorsque cela est possible, de mesurer leur impact sur le coefficient de Gini afin d'alerter les chercheurs travaillant sur les inégalités en Afrique au sujet des « sept péchés de la mesure des inégalités »[3] dans la région. La section 15.3 présente également les méthodologies actuellement adoptées pour remédier à ces problèmes lorsque cela est possible. Par ailleurs, la section 15.3 fournit une liste de contrôle des biais de mesure possibles dont doivent tenir compte les chercheurs, les statisticiens et les décideurs visant à établir le « vrai coefficient de Gini » d'un pays. En effet, la manière dont les données des inégalités sont habituellement calculées peut entraîner une simplification excessive de la réalité et mener à une sous-estimation des inégalités et à l'inaction politique. Les corrections suggérées dans ce chapitre nécessitent la disponibilité des microdonnées d'enquête. En procédant à ces corrections, il est possible de mieux comprendre la réelle situation d'un pays en matière de redistribution. Il est vivement conseillé aux chercheurs, décideurs et membres du personnel des institutions internationales d'envisager d'introduire de telles corrections lorsqu'ils travaillent sur la pauvreté et les inégalités au niveau des pays.

15.2 Établir une base de données de statistiques de synthèse sur les inégalités

15.2.1 Bases de données existantes sur les inégalités

L'un des problèmes affectant l'analyse des inégalités de revenus et de leurs évolutions en Afrique subsaharienne est l'absence d'une base de données regroupant les indices des inégalités, qui soit consolidée et normalisée, telle que la base de données socio-économique pour l'Amérique latine et les Caraïbes (SEDLAC) ou la LIS pour l'OCDE. Actuellement, les chercheurs travaillant sur les inégalités en Afrique subsaharienne ont recours aux statistiques sur les inégalités provenant de l'une des sources suivantes :

a) **L'Ensemble de données WIIDv3.0b sur l'inégalité des revenus à l'échelle mondiale de l'Institut mondial pour la recherche en économie du développement (WIDER)**[4], publié en septembre 2014, inclut les coefficients de Gini intégralement consignés et les distributions en déciles et en quintiles pour 44 pays de l'Afrique subsaharienne, souvent sur de longues périodes. Pour chaque point de données, cet outil inclut des informations et de la documentation standard sur les concepts de revenu utilisés (brut, net, revenu monétaire, bénéfices, dépenses de consommation en espèces et en nature), les unités élémentaires d'observation et de couverture de la population (ménage, famille et individus), les échelles d'équivalence, la taille des échantillons, etc. Par ailleurs, il y a fréquemment des informations à propos du questionnaire de l'enquête, de sa couverture (nationale, urbaine, rurale, etc.)

---

[3] Le lecteur pourrait penser que le choix du terme « sept péchés » a été inspiré par les « sept péchés cardinaux » (la luxure, l'avarice, la gourmandise, la paresse, la colère, l'envie, l'orgueil), qui font partie de la théologie chrétienne, ou par les *Sept piliers de la sagesse* de T.E. Lawrence. Toutefois, toute référence à ces concepts est une pure coïncidence.

[4] Voir www.wider.unu.edu/research/WIID3-0B/en_GB/database. Pour de plus amples informations, voir www.wider.unu.edu/research/WIID3-0B/en_GB/WIID-documentation.

et sur la disponibilité des rapports. Finalement, WIIDv3.0b attribue une note qualitative, allant de 1 à 4, à chaque coefficient de Gini ou chaque distribution par décile, principalement en fonction de la couverture de l'enquête, de la nature du questionnaire et de la méthode de collecte des données. Seules des données de bonne qualité classées sous « 1 » et « 2 » peuvent être utilisées de manière sûre dans les analyses de tendance et de régression. Les points de données en « 3 » ou « 4 » doivent uniquement être utilisés à des fins précises (par ex., pour évaluer le niveau des inégalités d'un pays). Les données de WIIDv3.0b sont établies à partir de différentes sources : enquêtes EBM produites par des bureaux nationaux de statistique (BNS), enquêtes sur la mesure des niveaux de vie (EMNV), base de données POVCAL ou des études de terrain indépendantes.

b) **La base de données POVCAL de la Banque mondiale**[5] calcule les coefficients de Gini sur les distributions par déciles dérivées des microdonnées d'enquêtes. POVCAL n'harmonise pas les microdonnées en fonction de critères standardisés avant de calculer les coefficients de Gini. Ses données recoupent partiellement celles de WIIDv3 de WIDER, mais ont une couverture plus limitée.

c) **La Base de données internationale sur la répartition des revenus (I2D2)**[6] **de la Banque mondiale** est une base de données à l'échelle mondiale dérivée d'enquêtes représentatives à l'échelon national sur les revenus et la consommation des ménages, d'enquêtes sur la population active et d'EMNV comportant un ensemble standard de caractéristiques liées à la population, à l'éducation, au marché du travail et aux ménages, ainsi que des variables sur les revenus et la consommation. I2D2 contient environ 50 variables harmonisées et couvre plus de 900 enquêtes concernant plus de 160 pays et remontant à 1960, bien que la plupart des données portent sur les deux dernières décennies. Grâce à ce long processus d'harmonisation, les données d'I2D2 facilitent les comparaisons entre les pays dans plusieurs domaines. Néanmoins, en date de ce jour (avril 2016), il n'est possible d'accéder qu'à quelques points de coefficient de Gini harmonisés d'I2D2. Un regard initial sur ces données ne suggère pas d'évolutions majeures dans les tendances identifiées au chapitre 2.

Afin d'améliorer la comparabilité entre les pays et au fil du temps, les données de toutes les enquêtes sont traitées conformément aux conventions statistiques classiques concernant les éléments suivants : la définition du revenu des ménages/des dépenses de consommation par habitant ; la définition du ménage ; les corrections tenant compte des différences entre les périodes de référence ; l'évaluation des flux de revenus tirés des logements occupés par leurs propriétaires ; les ajustements tenant compte des non-réponses ; l'imputation de données manquantes ou non fiables ; le traitement des revenus nuls ; également, les ajustements à la hausse des revenus ruraux nécessaires pour compenser les différences entre prix ruraux et prix urbains. Ainsi, par définition, les coefficients de Gini calculés sur I2D2 ne coïncident pas avec ceux qui sont générés par POVCAL et les Bureaux nationaux de statistique (BNS), puisqu'ils dépendent de conventions statistiques différentes. En outre, les valeurs des coefficients de Gini d'I2D2 sont calculées directement sur les microdonnées et doivent par conséquent être légèrement plus élevées que celles qui sont calculées sur les répartitions par décile.

d) **L'harmonisation des microdonnées** à inclure dans I2D2 est en cours de réalisation. La Banque mondiale a collecté environ 140 enquêtes pour l'Afrique subsaharienne, dont seulement 20 à 30 environ ont été traitées jusqu'en 2015. Le classement des pays dans les catégories d'inégalités (en hausse, en baisse, en forme de U et en forme de U inversé) présentées au chapitre 2 pourrait donc évoluer dans une certaine mesure si de nouvelles données harmonisées devenaient disponibles.

---

[5] Pour de plus amples informations, voir http://iresearch.worldbank.org/PovcalNet/index.htm.

[6] I2D2 a débuté en 2005 dans le contexte du Rapport sur le développement dans le monde : équité et développement.

e) **La base de données « All the Ginis » de Milanovic** compile des données de toutes sources et ajoute quelques observations tirées de données produites par les Bureaux centraux de statistique (BCS) ou d'enquêtes lancées dans le cadre de projets de recherche spécifiques. Aucun ajustement n'est effectué sur les données.

f) **L'étude du Luxembourg sur les revenus (LIS)** fournit des données LIS standardisées pour l'Afrique du Sud.

g) **La base de données SWIID de Szolt** comprend des coefficients de Gini de toutes sources et années, mais ne fournit aucune évaluation sur qualité ou la cohérence des données. La majorité des données est obtenue au moyen de plusieurs techniques d'imputation qui ne sont pas toujours rendues explicites. Alors que SWIID offre une couverture plus complète des pays et des années, son contenu est flou et dépend d'hypothèses opaques et arbitraires. Après une comparaison détaillée entre WIIDv3.0b et SWIID, Jenkins (2014) suggère de se fier à WIIDv3.0b à la condition que « lors de la sélection des observations, les chercheurs prennent à bras le corps les questions très réelles de qualité des données [c.-à-d. en sélectionnant uniquement les données de qualité 1 et 2] et vérifient si leurs conclusions résistent à différents traitements des données ». En raison de cette conclusion, il a été décidé de ne pas utiliser SWIID, même si cette décision implique le renoncement à un certain nombre de données (imputées) qui manquent dans d'autres bases de données. Jenkins (2014) observe qu'en Afrique subsaharienne, il y a une forte prévalence de données manquantes. Il en résulte qu'une plus grande proportion de données SWIID pour l'Afrique subsaharienne dépend de la validité de son modèle d'imputation, lequel, compte tenu du nombre élevé d'erreurs de mesure dans les données de base, varie considérablement.

15.2.2 Un ensemble de données intégré sur les inégalités pour l'Afrique subsaharienne (Integrated Inequality Database for SSA - IID-SSA)

Les différences dans les résultats de la recherche sur la dynamique des inégalités dépendent donc non seulement des différences dans la couverture des pays/des années, mais également de l'ensemble de données choisi. Pour surmonter ce problème et limiter l'utilisation de données de qualité inférieure/non consignées, un « ensemble de données intégré sur les inégalités pour l'Afrique subsaharienne » (IID-SSA) a été compilé. Il sélectionne, pour chaque pays/année, la meilleure donnée provenant des cinq ensembles de données décrits ci-dessus ou de quelques sources nationales. L'IID-SSA contient des informations annuelles pour les années 1991/1993-2011 concernant 44 pays produisant au moins un coefficient de Gini de bonne qualité. Dans plusieurs cas, les données des cinq ensembles de données sont similaires (comme dans WIIDv3.0b et POVCAL), alors que dans d'autres cas elles diffèrent légèrement ou substantiellement. Comme l'indique le tableau 15.1, la plupart des données sélectionnées pour l'IID-SSA proviennent de WIIDv3.0b. Quatorze des 44 pays sont situés en Afrique de l'Est, neuf en Afrique centrale, cinq en Afrique australe et 16 en Afrique de l'Ouest. Il n'y a pas une seule donnée pour la Guinée équatoriale, l'Érythrée, Sao Tomé-et-Principe, la Somalie et le Soudan du Sud. En conséquence, ces pays sont exclus de l'ensemble de données.

Il se peut que certaines des données incluses dans l'IID-SSA pâtissent d'erreurs de mesure pour les raisons examinées à la section 15.3. En revanche, une sélection judicieuse de toutes les sources disponibles atténue certaines de ces erreurs et renforce la cohérence et l'exhaustivité des données afin de fournir un ensemble de données le moins biaisé possible dans ce domaine. À cet égard, il convient de mentionner que la plupart des enquêtes sur les ménages en Afrique subsaharienne sont axées sur les dépenses de consommation par habitant. Ainsi, à l'exception du Botswana et de Maurice, qui utilisent le revenu disponible par habitant, le concept de bien-être adopté dans les enquêtes sur l'Afrique subsaharienne correspond aux « dépenses de consommation des ménages par habitant ». Il s'agit d'un concept qui atténue le biais des mesures, mais qui ne donne pas la possibilité de décomposer les évolutions des inégalités totales par source de revenus. Pour certains pays et années, il y a des enquêtes fournissant des données à la fois sur les revenus et sur la consommation par habitant[7]. La distance entre les coefficients de Gini établis pour les distributions entre revenus et consommation peut ainsi être mesurée.

Pour analyser la dynamique des revenus dans la région, les auteurs ont sélectionné une série chronologique adoptant le même concept de revenu et la même couverture de population pour chaque pays pour la période 1993-2011[8], bien qu'il soit impossible de s'assurer que les mêmes conventions statistiques aient été adoptées lors du traitement des données brutes de toutes les enquêtes. Dans les conventions statistiques entre les pays et dans le temps, il est probable que demeurent des différences qui accroissent le rôle du « bruit » dans l'analyse de régression.

Les auteurs ont sélectionné 29 pays des 44 pays inclus dans l'IID-SSA original (toutes les données) avec au moins quatre données de bonne qualité et bien espacées dérivées des enquêtes adoptant des conventions statistiques cohérentes dans le temps, qui décrivent raisonnablement bien les tendances des inégalités à moyen terme (tableau 15.1). En moyenne, il y a cinq points de données pour chacun des 29 pays sélectionnés qui constituent 81,8 % de la population de l'Afrique subsaharienne. Parmi les pays exclus, seule la République démocratique du Congo (qui a trois points de données) a une population importante. Les 14 autres pays exclus sont le Bénin, le Tchad, la République du Congo, le Libéria et le Soudan (qui ont un point de données chacun), Cabo Verde, Djibouti, le Gabon, la Namibie et le Togo (qui ont deux points de données chacun) et le Burundi, les Comores, les Seychelles et le Zimbabwe (qui ont trois points de données), pour un total de 30 observations fiables, qui n'ont pas été utilisées dans l'analyse de tendance.

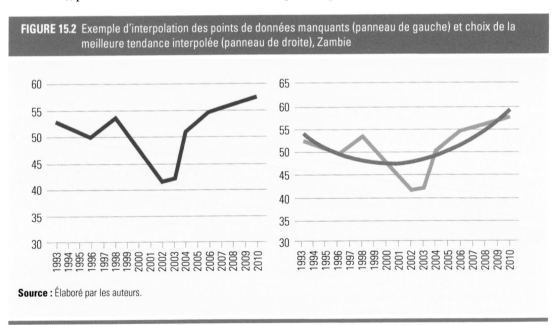

FIGURE 15.2 Exemple d'interpolation des points de données manquants (panneau de gauche) et choix de la meilleure tendance interpolée (panneau de droite), Zambie

Source : Élaboré par les auteurs.

---

[7] Par exemple, les enquêtes intégrées sur les ménages réalisées en 2004 et en 2011 pour le Malawi ont été standardisées par le projet Activités rurales génératrices de revenus (RIGA) de la FAO en termes de revenu des ménages par habitant. Elles sont utilisées pour décomposer les évolutions des coefficients de Gini par source de revenus (chapitre 13).

[8] En agrégeant les coefficients de Gini de ces deux pays dans leurs groupes respectifs (voir ci-après), les auteurs les ont multipliés par un facteur de correction de 0,81. Ceci correspond au ratio du coefficient de Gini de la distribution des dépenses de consommation par rapport à celui du revenu disponible pour cinq pays dans les années 1980 et au début des années 1990, découvert par Cogneau *et al.* (2007).

TABLEAU 15.1 Nombre des points de données sur la répartition des dépenses de consommation par habitant pour 29 pays présentant au moins quatre points de Gini bien espacés, 1991/1993-2011

Pays	Base de données à partir de laquelle nos données ont été extraites					Données retenues pour la période 1993-2011			Proportion de la population	Tendance des coefficients de Gini	Différence en points de Gini entre la première et la dernière année
	WIID V3	POVCAL	WB-I2D2	Tous les coefficients de Gini	Données nationales	Total des obs.	interpolées	Total			
Burkina Faso (1994-2009)		4		1		5	14	19	2,26	En baisse	-10,9
Cameroun* (1996-2007)	3					3	16	19	3,05	En baisse	-8,8
Éthiopie (1995-2011)					4	4	15	19	**12,82**	En baisse	0,0
Gambie (1993-2003)	4					4	15	19	0,24	En baisse	-13,6
Guinée (1994-2007)	3					3	16	19	1,61	En baisse	-1,0
Guinée-Bissau (1993-2005)	3			1		4	15	19	0,24	En baisse	-9,5
Lesotho (1993-2003)	5			1		6	13	19	0,32	En baisse	-5,4
Madagascar (1994-2010)	4	2		1		5	14	19	3,08	En baisse	-7,1
Mali (1994-2010)	4					4	15	19	2,01	En baisse	-17,5
Niger (1994-2008)	4			1		5	14	19	2,22	En baisse	-15,2
Sénégal (1994-2011)	3	1				4	15	19	1,9	En baisse	-1,0
Sierra Leone* (1995-2011)		2		1		3	16	19	0,86	En baisse	-18,8
Swaziland (1995-2010)	3			1		4	15	19	0,18	En baisse	-9,2
Total des pays en baisse	**36**	**7**	**0**	**7**	**4**	**54**	**193**	**247**	**30,79**	**En baisse**	**Moyenne -9,1**
Angola (1995-2009)	2		1	1		4	15	19	2,79	En forme de ∩	+18,4 -15,6
Mauritanie (1995-2008)	5					5	14	19	0,53	En forme de ∩	+3,5 -3,3
Mozambique (1996-2008)	5					5	14	19	3,54	En forme de ∩	2,6 -5,7
Rwanda* (1995-2011)	2	1				3	16	19	1,59	En forme de ∩	+9,1-4,1
Total des pays à forme ∩	**14**	**1**	**1**	**1**		**17**	**59**	**76**	**8,45**	**En forme de ∩**	**Moyenne +8,4 -7,2**
Botswana* (1994-2009)	2			1		3	16	19	0,31	En hausse	14,9
Côte d'Ivoire (1995-2008)	4					4	15	19	2,93	En hausse	8,0
Ghana (1993-2006)	4	1		1		6	13	19	3,6	En hausse	9,0
Kenya (1994-2006)	3	1				4	15	19	**6,02**	En hausse	3,8
Maurice (1991-2011)	3		7			10	9	19	0,21	En hausse	2,5
Afrique du Sud (1991-2011)		6		1		7	12	19	**8,02**	En hausse	5,7
Ouganda (1992-2010)	8					8	11	19	**4,84**	En hausse	1,4
Total des pays en hausse	**24**	**8**	**8**	**2**	**0**	**42**	**91**	**133**	**25,93**	**En hausse**	**Moyenne + 6,5**
République centrafricaine (1992-2008)	3			1		4	15	19	0,67	En forme de U	-17,7 + 12,7
Malawi (1993-2011)	6	1		1		8	11	19	2,18	En forme de U	-23,4 + 6,6
Nigéria (1993-2010)	3	1				5	14	19	23,5	En forme de U	-2,1 + 1,8
Tanzanie (1993-2010)	4				2	6	13	19	6,54	En forme de U	-4,9 + 2,4
Zambie (1993-2010)		7		1		8	11	19	1,93	En forme de U	-11,0 + 15,9
Total des pays à l'évolution en forme de U	**16**	**9**	**0**	**4**	**2**	**31**	**64**	**95**	**34,82**	**En forme de U**	**Moyenne -11,8 +7,9**
Total global	**90**	**25**	**9**	**14**	**6**	**144**	**407**	**551**	**100**	**Tous**	
% de parts	**16,3**	**4,5**	**1,6**	**2,5**	**1,1**	**26,1**	**73,8**	**100**	**100**	**Tous**	

Source : Compilation par les auteurs des bases de données indiquées plus haut et données démographiques fournies par DAES, Division de la population, Nations Unies (2015).

Remarques : *Fait référence à des pays produisant seulement trois observations des coefficients de Gini sur la période 1991/1993-2011, mais avec des données pour les années précédant immédiatement 1993, qui offrent des informations précieuses sur la forme de la tendance des coefficients de Gini.

Globalement, pour la période 1991/1993-2011, la matrice de l'IIDB-SSA inclut 551 (29 x 19) cellules, dont 168 (30,5 %) sont non nulles. Pour s'attaquer au problème des données manquantes, les données observées ont été connectées au moyen d'interpolations linéaires entre points (comme dans le panneau gauche de la figure 15.1). À l'annexe 1 du Document de travail n° 2 du sous-groupe Approche fondée sur les droits (RBA) du PNUD, les points de données retenus sont indiqués dans la dernière colonne de la matrice récapitulative de chaque pays. Les données interpolées sont indiquées en bleu clair. Finalement, pour classer chacun des 29 pays du tableau 15.1 dans une catégorie en hausse, en baisse, en forme de U ou en forme de U inversé, les auteurs ont interpolé la série chronologique de coefficients de Gini obtenue ci-dessus avec des fonctions linéaires et quadratiques, comme indiqué ci-dessous à la figure 15.2, panneau de droite, avec la Zambie à titre d'exemple. Dans ce cas, la meilleure configuration est clairement une forme en U. La forme de la tendance est décidée en fonction des meilleures statistiques R^2 et F. Enfin, chaque pays a été attribué au groupe en hausse, en baisse, en forme de U et en forme de U inversé (voir tableau 15.1).

Comme indiqué à l'annexe 1 du Document de travail n° 2 du sous-groupe Approche fondée sur les droits (RBA) du PNUD, la même approche a été suivie pour la totalité des 29 pays sélectionnés. Les figures de l'annexe 1 du document précité, dans la plupart des cas, montrent que les coefficients de Gini de différentes sources de données (identifiés par des points de différentes couleurs) tracent des tendances qui sont similaires à celles retenues à partir de l'ensemble de données IID-SSA (identifiées par la ligne orange). Les différences perceptibles entre les niveaux ou tendances sont manifestes pour seulement quelques pays/années, comme au Ghana (début des années 1990), au Lesotho (fin des années 1980), à Madagascar, au Mozambique, au Nigéria et en Afrique du Sud.

Les moyennes pondérées et non pondérées des coefficients de Gini des quatre groupes de pays indiqués au tableau 15.1 sont représentées dans la figure 2.3 du chapitre 2, qui est axé sur une discussion théorique *ex ante* des facteurs expliquant les différences entre les 29 pays analysés au regard des inégalités. Le chapitre 17 quant à lui présente une investigation économétrique de l'impact sur les inégalités de ces facteurs examinés au chapitre 2.

15.3 Limitations de l'IID-SSA et les « sept péchés de la mesure des inégalités » en Afrique subsaharienne

Les problèmes statistiques qui pourraient amoindrir la précision des estimations du niveau des données du coefficient de Gini de l'IID-SSA (et d'autres bases de données) sont abordés ci-dessous. En outre, si les biais de mesure examinés ci-dessous varient en intensité dans le temps, la tendance des inégalités pourrait également être affectée, comme le serait l'analyse de la dynamique des inégalités de revenus et de la pauvreté dans la région.

Bien que des progrès substantiels aient été réalisés ces dernières années, les données de l'enquête posent encore plusieurs problèmes qui rendent difficile l'identification précise du niveau réel et de la tendance réelle des inégalités en Afrique subsaharienne. Selon Klasen (2014), de nombreux facteurs contribuent à cette situation. Ils incluent les faibles capacités des BNS de la région et le poids de divers acteurs externes ayant différents besoins en informations dans la détermination de la nature des données à collecter. Ces deux conditions ont une incidence à la fois sur l'appropriation, la conception et la comparabilité des enquêtes. Cet état de choses a d'importantes conséquences concernant la qualité et la comparabilité des données (Sandefur et Glassman, 2013).

Ce qui suit est un examen détaillé des « sept péchés de la mesure » affectant l'évaluation des niveaux et des tendances des inégalités. Ces « péchés » sont courants dans plusieurs pays à faible revenu et, dans une moindre mesure, dans les pays développés. Pourtant, compte tenu des caractéristiques de la région (une économie hautement informelle et peu monétisée, d'importantes fluctuations saisonnières de revenu et de consommation, de faibles institutions statistiques, la dépendance à l'égard de l'assistance technique et de faibles systèmes de contrepoids politiques), les péchés de mesure sont davantage prononcés en Afrique subsaharienne et sont ainsi examinés ci-dessous.

15.3.1 Différences temporelles dans la conception d'enquêtes pour le même pays

La région a moins d'expérience des enquêtes sur le budget des ménages que d'autres régions en développement. La méthode de collecte des données évolue pour répondre à des critères plus exigeants et, en conséquence, la conception des enquêtes est souvent modifiée dans des vagues d'enquêtes ultérieures. Ces changements sont souvent liés à la disponibilité des données, tandis qu'à d'autres occasions, ils répondent à la nécessité d'améliorer la qualité des informations (Rio Group, 2006). Par exemple, Grimm et Günther (2005) montrent que la conception de l'enquête sur le budget des ménages burkinabé s'est continuellement améliorée au fil des ans. Plus particulièrement, ils font état du fait que l'EBM 1994 (EPII) et l'EPII 1998 ont été élaborées à partir de données collectées durant la période prérécolte (avril-août), alors que pour l'EBM précédente (EPI), les données ont été collectées pendant la période post-récolte (octobre-janvier). En outre, « tandis que l'EPI comporte une période de référence de 30 jours pour les produits alimentaires, l'EPII et l'EPIII comportent une période de référence de 15 jours pour les mêmes produits, et, enfin, la ventilation des dépenses s'est continuellement accrue entre 1994 et 2003 » (Grimm et Günther, 2005 :10).

De même, McCulloch, Baulch et Cherel-Robson (2000) font état du fait que la comparabilité des différentes vagues d'enquêtes représente un problème sérieux en Mauritanie. Alors que l'enquête sur la mesure des niveaux de vie (LSMS) de 1987/1988 inclut 62 produits alimentaires et 56 produits non alimentaires, le questionnaire de Priority Surveys de 1992 et 1993 a communiqué les informations pour seulement 12 produits alimentaires et aucune information pour les produits non alimentaires. Plus généralement, l'application de différentes méthodologies pour les journaux ou les entrevues de référence (Gibson, 1999) et les changements apportés à la période de base (Gibson, Jikun et Scott, 2003) ou au nombre de produits alimentaires inclus pour mesurer la consommation (Lanjouw et Lanjouw, 2001) pourraient compromettre la comparabilité des données dans le temps (Jolliffe, 2001), ce qui pose de sérieux problèmes à l'analyse des inégalités en Afrique subsaharienne. Comme mentionné, l'I2D2 de la Banque mondiale a pour ambition d'atténuer dans le temps ces problèmes de comparabilité, notamment des façons suivantes : en harmonisant les données d'EBM autant que possible, même a posteriori, en égalisant le nombre d'articles de consommation dans différentes enquêtes et en complétant les données manquantes. Bien que quelques progrès aient été enregistrés du point de vue de la comparabilité des données, certains des problèmes mentionnés plus haut entravent encore l'analyse des évolutions des inégalités dans de nombreux pays.

15.3.2 Différences dans les hypothèses statistiques et harmonisation des données entre les pays

Ces dernières années, l'utilisation de séries chronologiques et de l'économétrie de panels a accru la demande de formats de questionnaire homogénéisés pour assurer la comparabilité entre les pays. À titre d'exemples récents de ce type de projets, figurent les Statistiques de l'Union européenne sur le revenu et les conditions de vie (EU SILC) et le Programme pour l'amélioration des enquêtes et la mesure des conditions de vie en Amérique latine et dans les Caraïbes (MECOVI). En Afrique subsaharienne, malgré un nombre croissant d'enquêtes différentes (figure 15.3), des initiatives similaires ne sont pas encore en place, bien que les projets I2D2 et RIGA aient commencé à combler cette lacune. En conséquence, les différences entre les pays au regard des enquêtes en ce qui concerne la conception, les définitions, les degrés de ventilation, le concept de revenu utilisé, le moment choisi et l'envergure de l'enquête, la période de référence et les conventions afférentes au traitement des données tendent à réduire la comparabilité des données. Par exemple, la troisième enquête intégrée sur les ménages 2010/2011 du Malawi fournit des informations détaillées sur différentes sources de revenus, alors que l'Enquête intégrale sur les conditions de vie des ménages (2009/10) du Burkina Faso fournit des informations moins précises, notamment en ce qui concerne les transferts privés et publics. Même s'il est possible de résoudre certains de ces problèmes par l'utilisation de variables muettes (comme dans le cas de différents concepts de revenu), pour d'autres problèmes, la seule solution qui puisse assurer la comparabilité est l'harmonisation méthodique des données.

Pour assurer la comparabilité des données entre les pays, l'harmonisation doit commencer à partir des microdonnées et adopter, pour tous les pays et toutes les années, les mêmes conventions statistiques pour définir des variables telles que : « revenu/consommation des ménages par habitant » ; « ménage » (que cette notion inclue ou non des membres externes tels que les locataires, les domestiques et leurs familles) ; le regroupement des revenus du capital ; les corrections effectuées pour tenir compte des différences dans les périodes de référence ; l'imputation des flux de revenus/consommation obtenus de logements occupés par leur propriétaire ; les ajustements pour tenir compte des non-réponses (au moyen de techniques d'appariement ou des coefficients d'une équation Mincer) ; l'imputation des revenus et revenus en nature manquants ; le traitement des revenus nuls ; la pondération de la sous-déclaration des revenus ; les ajustements à la hausse des revenus ruraux pour faire ressortir les différences de prix entre zones rurales et urbaines.

Ce processus d'harmonisation améliore la comparabilité des données, mais signifie que les coefficients de Gini nouvellement produits diffèrent de ceux qui sont générés par les BNS, qui peuvent utiliser des hypothèses et techniques d'imputation différentes de celles qui sont adoptées par les bases de données ou les organismes internationaux. Dans plusieurs pays d'Amérique latine, l'écart entre les coefficients de Gini standardisés de la SEDLAC et des BNS est négligeable, mais dans d'autres, il atteint de 1,5 à 3 points. En revanche, il est rare que les différences dans les niveaux des inégalités soient accompagnées par des différences dans les tendances. Ce qui compte est que les tendances des inégalités coïncident - ce qui est généralement le cas.

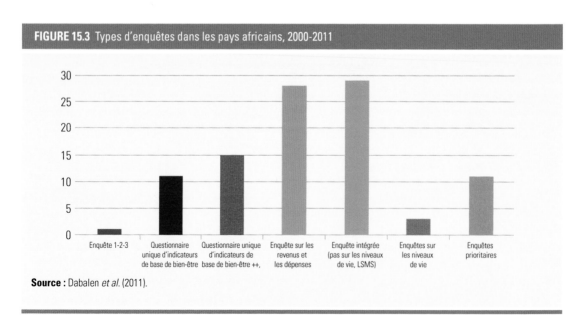

FIGURE 15.3 Types d'enquêtes dans les pays africains, 2000-2011

Source : Dabalen *et al.* (2011).

15.3.3 Sous-échantillonnage des plus hauts revenus

Les conclusions portant sur les niveaux et la dynamique des inégalités et qui sont établies à partir de l'IID-SSA sont susceptibles d'être biaisées par la comptabilisation incomplète des plus hauts revenus dans toutes les Enquêtes sur le budget des ménages (EBM). Ceci est dû à leur sous-échantillonnage et sous déclaration systématiques et à la troncature des très hauts revenus qui sont traités comme des aberrations. Une telle sous-estimation est plus grave en ce qui concerne les données relatives aux revenus que pour ce qui est des données relatives à la consommation (Deaton et Grosh, 2000), et elle est plus manifeste dans les pays en développement ayant un important secteur informel, de considérables ressources pétrolières et minières et de faibles institutions. Dans tous les cas, le « vrai coefficient de Gini » latent est plus élevé que le coefficient de Gini dérivé des EBM. Cette situation conduit à une sous-estimation du niveau des « vraies inégalités » à tout moment. En plus, si le biais dû à la sous-estimation évolue dans le temps, il peut dénaturer la tendance du coefficient de Gini, ce qui peut aboutir à l'identification de relations causales infondées.

On peut agir sur la sous-comptabilisation des plus hauts revenus en combinant les données des EBM avec celles obtenues à partir des déclarations d'impôt, ce qui donne la possibilité d'estimer la part du revenu des 1 % les plus riches ou d'autres percentiles supérieurs. À cet égard, la Base de données mondiale des plus hauts revenus (World Top Incomes Database - WTID)[9] a produit une grande quantité d'informations pour plus de 20 pays à ce jour, tandis que d'autres pays y sont progressivement ajoutés. Pour l'Afrique subsaharienne, la WTID fournit déjà des informations pour Maurice, l'Afrique du Sud et la République-Unie de Tanzanie (seulement pour 1950-1970), tandis que des études similaires ont été lancées pour le Botswana, le Cameroun, la Gambie, le Ghana, le Kenya, le Lesotho, le Malawi, le Nigéria, l'Ouganda, les Seychelles, la Sierra Leone, le Swaziland, la Zambie et le Zimbabwe.

Les études portant sur la part des plus hauts revenus dépendent fondamentalement de l'ampleur de l'assiette fiscale dans ces pays (dans lesquels souvent seuls quelques sociétés et particuliers font une déclaration de revenus) et de l'étendue de la fraude et de l'évasion fiscales. Néanmoins, elles fournissent des informations supplémentaires sur la partie supérieure de la répartition des revenus, qui est négligée par les EBM. Pour l'Afrique subsaharienne, par exemple, il apparaît que la part des revenus des 1 % les plus riches s'est fortement accrue durant les 20 dernières années à Maurice et en Afrique du Sud (figure 15.4). La tendance du coefficient de Gini basée sur les EBM au tableau 15.1 montre que les inégalités se sont accrues durant les dix dernières années. Toutefois, ces données sous-estiment l'ampleur d'un tel accroissement, comme indiqué ci-dessous.

Pour « corriger » ces estimations du coefficient de Gini basées sur les EBM, on ne peut dépendre que de la part des revenus des 1 % les plus riches ou des 0,1 % déclarés à l'administration fiscale pour calculer G^*, le « vrai coefficient de Gini » en utilisant la formule $G^* = G (1-S) + S$, où S est la part des revenus des 1 % les plus riches estimée à partir des déclarations de revenus (Alvaredo, 2010). Des éléments empiriques provenant des pays développés et des pays en développement indiquent que G^* est plus élevé de plusieurs points que le coefficient de Gini estimé à partir des données des EBM. Par exemple, les données des dix dernières années pour la Colombie, l'Argentine et l'Uruguay indiquent que G^* est toujours plus élevé que G de 3 à 6 points (Cornia, 2015). En Afrique du Sud (figure 15.5), cet écart s'accroît considérablement entre 1990 et 1995, mais ensuite il se stabilise pratiquement, ce qui suggère que la fin de l'apartheid a modéré la croissance du pouvoir des élites. En réalité, depuis 1995-1996, il y a donc un « effet de levier » et un modeste « effet de tendance », ce qui indique que les conclusions obtenues à partir des coefficients de Gini G non corrigés résistent à l'analyse, dans une certaine mesure.

---

[9] Voir http://topincomes.parisschoolofeconomics.eu.

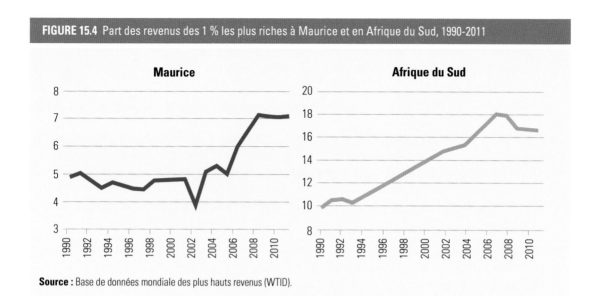

FIGURE 15.4 Part des revenus des 1 % les plus riches à Maurice et en Afrique du Sud, 1990-2011

Source : Base de données mondiale des plus hauts revenus (WTID).

15.3.4 Vérifications croisées des tendances du coefficient de Gini basé sur les EBM, par rapport aux tendances de la part du travail

Une autre manière de vérifier si les tendances des coefficients de Gini basés sur les EBM sont réalistes est de les juxtaposer avec celles de la part du travail (*labour share*, LS) dans la valeur ajoutée nette totale. Il est possible, en réalité, que le sous-échantillonnage des plus hauts revenus dans les EBM puisse empêcher une représentation correcte des revenus du capital due, par exemple, à la hausse des rentes minières. Ces effets peuvent être captés par un accroissement de la « part du capital » calculée à partir des comptes nationaux. Toutefois, l'estimation de cette dernière pose également des problèmes liés à l'exactitude des comptes nationaux, à l'hypothèse sur laquelle repose le calcul de la part du travail[10] et à de possibles tendances compensatoires en termes de redistribution des revenus bruts (par exemple, au moyen de l'imposition et de la redistribution des rentes minières). Une deuxième raison de vérifier les tendances des coefficients de Gini basés sur les EBM avec la tendance observée dans la part de travail est que les EBM sous-estiment sensiblement, et souvent de plus en plus, la valeur ajoutée nette totale. Par exemple, à partir de données de l'Inde pour les années 1990, Ravallion (2001) montre que le revenu moyen par habitant estimé à partir des EBM revenait à seulement 60 % de la valeur calculée à partir des comptes nationaux et que ce ratio a baissé dans le temps. Par contre, il a observé que la différence n'était pas aussi importante dans les pays de l'Afrique subsaharienne.

Les différences dans le niveau de la part du travail et des coefficients de Gini sont dans une certaine mesure physiologiques, car les informations sur lesquelles elles reposent sont collectées de différentes manières et à des fins différentes. Par exemple, les niveaux de la consommation et des revenus tirés des EBM reposent sur des informations qui sont autodéclarées par les ménages de l'échantillon et font l'objet d'erreurs de rappel et d'autres biais. En revanche, les revenus tirés des comptes nationaux sont calculés à partir de la

---

[10] Il existe plusieurs définitions de la part du travail. La plus simple, LS1, est la suivante : (rémunération des employés) /[valeur ajoutée totale – (impôts indirects + consommation de capital fixe)]. Toutefois, cette définition correspond mal à la réalité de pays dans lesquels la plupart des personnes sont des travailleurs indépendants. Dans ces cas, LS2 est plus appropriée : (rémunération des employés + 2/3 des revenus mixtes) /[valeur ajoutée totale – (impôts indirects + consommation de capital fixe)]. Il existe d'autres affinements théoriques, mais dans le cas de l'Afrique subsaharienne, les difficultés de l'estimation de la valeur ajoutée affaiblissent la solidité d'estimations plus élaborées de la LS.

production et des utilisations du PIB. Ensuite, les EBM renvoient au revenu et à la consommation des ménages, tandis que la valeur ajoutée totale mesurée par les comptes nationaux inclut également ceux des communautés (notamment les communautés religieuses, les militaires, les maisons de repos, les pensionnats, etc.). Finalement, les données des EBM renvoient généralement aux revenus nets (après impôts directs et transferts), tandis que la part du travail renvoie à la répartition du revenu marchand brut. Il n'est donc pas surprenant d'observer des différences de revenus et de consommation par habitant. Le problème survient lorsque les tendances de ces deux indicateurs évoluent dans la direction opposée.

Pour vérifier si les tendances des coefficients de Gini basées sur les EBM et celles de la part du travail évoluent dans la même direction, une analyse des résultats de Guerriero (2012) a été effectuée. Cet auteur a calculé les parts du travail pour 25 pays d'Afrique subsaharienne (parfois, seulement jusqu'aux années 1990) à l'aide de données nationales provenant des statistiques des comptes nationaux des Nations Unies et en appliquant différentes méthodologies pour calculer les parts du travail alternatives. Les résultats de Guerriero indiquent que la part du travail a baissé aux cours des dernières décennies dans plusieurs pays, en particulier à partir des années 1980. Ces tendances (figure 15.6) ne confirment que partiellement les tendances des coefficients de Gini recensées au tableau 15.1. Par exemple, au Sénégal, les deux tendances coïncident (la part du travail a augmenté, tandis que le coefficient de Gini a baissé). Les tendances de la part du travail et du coefficient de Gini sont cohérentes entre elles au Botswana (la part du travail a baissé tandis que le coefficient de Gini a augmenté). Au Kenya, les deux tendances sont cohérentes entre elles (hausse du coefficient de Gini et baisse de la part du travail) depuis 2003, mais pas avant. Par contre, la baisse de la part du travail au Lesotho ne concorde pas avec la baisse du coefficient de Gini.

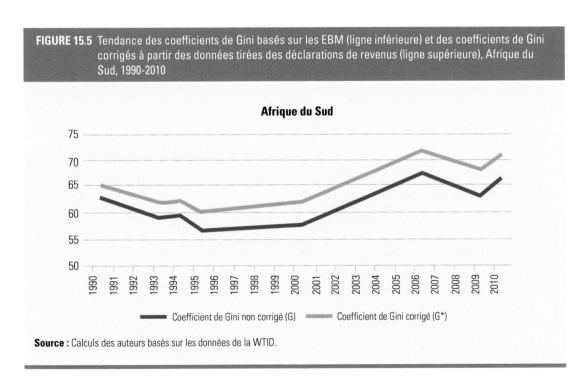

FIGURE 15.5 Tendance des coefficients de Gini basés sur les EBM (ligne inférieure) et des coefficients de Gini corrigés à partir des données tirées des déclarations de revenus (ligne supérieure), Afrique du Sud, 1990-2010

Source : Calculs des auteurs basés sur les données de la WTID.

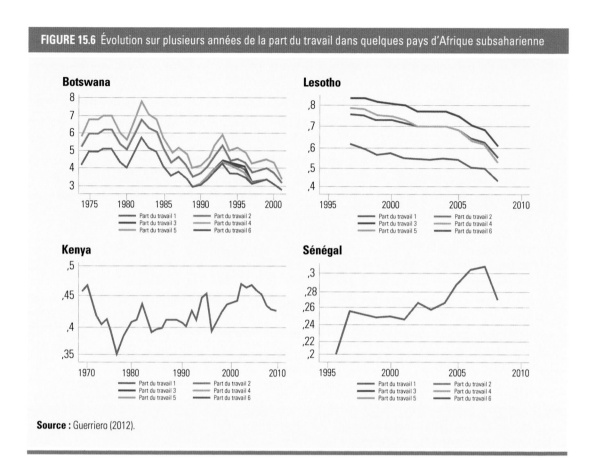

FIGURE 15.6 Évolution sur plusieurs années de la part du travail dans quelques pays d'Afrique subsaharienne

Source : Guerriero (2012).

15.3.5 La non-prise en considération des revenus accumulés des avoirs détenus à l'étranger par les ressortissants de l'Afrique subsaharienne

Même en partant du principe que les revenus intérieurs des riches sont entièrement déclarés dans les EBM (ou sont ajoutés aux données des EBM sur la base des déclarations de revenus), les données d'enquêtes fournissent un tableau partiel de la répartition des revenus nationaux lorsque les ressortissants de l'Afrique subsaharienne détiennent une part importante de leurs avoirs à l'étranger. En effet, les revenus générés par ces avoirs n'entrent pas dans le calcul des revenus nationaux et de leur répartition.

De nombreuses publications suggèrent que plusieurs pays d'Afrique subsaharienne sont une source d'importantes de fuites de capitaux, que des avoirs substantiels sont détenus à l'étranger et génèrent des revenus qui échappent à toute forme de comptabilité et d'imposition dans les pays d'origine. La publication des « Panama Papers » au printemps 2016 a illustré l'ampleur de ce problème dans les pays subsahariens.

Dans les pays qui ont libéralisé leur compte des opérations en capital, les sorties de capitaux peuvent résulter d'une diversification rationnelle des portefeuilles visant à orienter légalement une certaine épargne vers des pays offrant des rendements plus élevés sur les avoirs, une faible imposition ou un faible risque de défaut. Toutefois, ces flux constituent des fuites de capitaux si les normes nationales en matière d'imposition et de contrôles des capitaux les interdisent. Mais surtout, une part importante des fuites de capitaux implique le blanchiment de gains illicites (trafic de stupéfiants ou vol des ressources nationales) ou l'envoi de ressources à l'étranger obtenues en détournant le produit de l'exploitation des ressources naturelles. Les publications examinées par Ndikumana (2014) indiquent qu'au moins 8 % des rentes pétrolières obtenues par les pays riches en pétrole ayant de faibles institutions finissent dans des paradis fiscaux.

Il existe deux méthodes, indirecte et directe, pour estimer le volume des fuites de capitaux. Suivant Boyce et Ndikumana (2012), en utilisant la méthode indirecte, on peut estimer que les fuites de capitaux (KF) sont la différence entre les « entrées de devises étrangères » (entrées de capitaux générateurs d'endettement ajustés des fluctuations du taux de change, plus les investissements directs étrangers) moins les « utilisations des produits de change » (le financement du déficit des transactions courantes – CA – et les variations des réserves de change - ΔRES). En symboles, KF = (Δ DEBTADJ + FDI) - (CA +ΔRES). En principe, les deux termes du côté droit devraient s'égaler. Ainsi, toute différence indique une fuite de capitaux. À ce déséquilibre, on peut ajouter la valeur de la fausse facturation commerciale (surfacturation des importations et sous-facturation des exportations – MISINV) qui, selon l'ONG Global Financial Integrity, constitue environ deux tiers des fuites de capitaux. Finalement, une correction supplémentaire peut être incluse pour les écarts de flux d'envois (*remittance inflow discrepancy* - RID), c.-à-d. les envois non enregistrés (estimés à 50 % en Afrique subsaharienne) de telle sorte que l'équation ci-dessus devient : KF = (Δ DEBTADJ + FDI) - (CA +ΔRES) + MISINV + RID.

En suivant cette méthode, Ndikumana (2014) a estimé que les fuites de capitaux de 35 pays de l'Afrique subsaharienne sur la période 1970-2010 se sont élevées au total à 820 milliards de dollars US, et les capitaux détenus à l'étranger en 2010 (fuite des capitaux plus intérêts et gains accumulés) sont estimés à 1 067 milliards de dollars. Les fuites de capitaux ont été particulièrement importantes dans les pays riches en pétrole tels que le Nigéria, l'Angola, la République du Congo et le Soudan. Ces données suggèrent que l'Afrique subsaharienne est « créancière » (en termes nets) vis-à-vis du reste du monde, car la valeur des avoirs privés détenus à l'étranger dépasse les passifs (essentiellement publics) de 283 milliards de dollars dus aux créanciers étrangers. La fuite des capitaux semble s'être intensifiée ces dernières années, parallèlement aux prix des matières premières. Comme cela a été révélé par les « Panama Papers », dans de nombreux cas, la fuite des capitaux fait référence à des sociétés multinationales opérant dans le secteur pétrolier. En conséquence, la hausse des prix du pétrole à la fin des années 2000 pourrait être associée à la fuite croissante des rentes pétrolières vers les paradis fiscaux.

Un inconvénient de la méthode indirecte est l'hypothèse selon laquelle toutes les fuites de capitaux sont illicites, ce qui pourrait être dû au sous-enregistrement de transactions étrangères licites en raison de faibles capacités administratives. Pour s'attaquer à ce problème, la méthode directe est axée sur la mesure du résultat de la fuite des capitaux, c.-à-d. le volume de dépôts bancaires ou de biens immobiliers détenus à l'étranger par des ressortissants de pays en développement. Dans leur ouvrage non encore paru, Cogneau et Rouanet suivent cette approche [communication personnelle avec les auteurs] pour les dépôts détenus à l'étranger par des étrangers, y compris de 44 pays d'Afrique subsaharienne pour la période 1980-2010. Les données fournies par la Banque des règlements internationaux constituent la source d'informations de base pour ces estimations.

Ces données indiquent qu'en 2010, des ressortissants de l'Afrique subsaharienne détenaient des dépôts à l'étranger d'une valeur égale à environ 5,3 % du PIB (6,1 %, hors Afrique du Sud), 48 % de la valeur de la masse monétaire au sens large (M2), ou 16,6 % de monnaie intérieure et de quasi-monnaie. Ce ratio est de 9,7 % pour l'Amérique latine et est inférieur dans d'autres régions.) Ceci indique qu'une importante fraction de l'épargne est placée à l'étranger, plutôt que d'être investie dans le pays. En 2000, les principaux pays africains producteurs de pétrole (Angola, Nigéria, Gabon, République du Congo et Cameroun) ont transféré des dépôts d'environ 7 % de leur PIB à l'étranger. Les éléments disponibles cités par Cogneau et Rouanet semblent indiquer qu'entre 2 et 12 % des profits engrangés grâce aux prix du pétrole sont transférés dans des banques étrangères, les pays les plus importants étant ceux qui affichent les flux et stocks d'avoirs les plus importants détenus à l'étranger. En termes absolus, ces résultats sont similaires à ceux de Ndikumana, mais diffèrent s'ils sont exprimés en part du PIB. Quoi qu'il en soit, sauf pour l'Afrique du Sud, l'Afrique subsaharienne est la région qui présente le volume le plus important de dépôts à l'étranger par rapport aux masses monétaires nationales.

L'effet distributif de tout ceci est important, mais difficile à estimer. Compte tenu des avoirs considérables détenus dans les paradis fiscaux, les inégalités de revenus et la répartition de la richesse sont notablement sous-estimées par les instruments habituels de mesure. Si on accepte les estimations faites par Ndikumana de 1 067 milliards de dollars d'avoirs détenus à l'étranger par des ressortissants de l'Afrique subsaharienne en 2010 et si l'on retient l'hypothèse d'un taux moyen de rendement des avoirs de 5 %, alors quelque 53 milliards de dollars échappent aux comptes nationaux. En présupposant que ces revenus s'accumulent à l'échelon supérieur de la société, la moyenne régionale des coefficients de Gini augmenterait de 2 à 3 points. Les calculs des auteurs pour la Côte d'Ivoire en 2008 indiquent que si la fuite des capitaux était prise en compte, le coefficient de Gini augmenterait d'environ 1,5 point. Cet ajustement à la hausse concernerait notamment les exportateurs de pétrole.

15.3.6. Effet distributif des différences de dynamique des prix entre les prix alimentaires et l'IPC global

Les indices des inégalités de la distribution des revenus/de la consommation par habitant sont généralement calculés en prix courants. Ceci présuppose, implicitement, que tous les ménages paient le même prix pour les produits qu'ils consomment, que les variations dans le temps de ces prix affectent les ménages de la même manière et que les prix à la consommation enregistrés sur un mois ou une semaine sont stables tout au long de l'année. Ces présuppositions biaisent le coefficient de Gini à la baisse et sont donc examinées ci-dessous :

a) **Différences dans les prix alimentaires à tout moment.** Plusieurs études (par exemple, Gibson et Kim, 2013) ont trouvé des éléments montrant que les pauvres paient un prix plus élevé pour l'alimentation que les non-pauvres. Mendoza (2011) suggère que la raison en est que le fait d'atteindre les pauvres peut s'avérer plus onéreux, car ils vivent dans des zones reculées caractérisées par des coûts de transport élevés et davantage d'insécurité. Deuxièmement, même lorsqu'ils résident dans des zones urbaines et périurbaines, les pauvres peuvent payer les produits à des prix plus élevés en raison de contraintes de liquidité plus importantes. En effet, il se peut que les pauvres paient les produits alimentaires en petites quantités, dans des marchés moins concurrentiels ou pendant des périodes sous-optimales ou à crédit. Par conséquent, ils ne bénéficient pas des ristournes accordées pour les achats en gros et les paiements au comptant. Par exemple, Mussa (2014) montre, à partir d'enquêtes réalisées au Malawi en 2004 et en 2011, que, indépendamment de la localisation géographique et de l'année, les ménages pauvres paient davantage pour l'alimentation que les ménages non pauvres. Les inégalités fondées sur des données de la consommation ajustées en fonction des prix alimentaires sont donc plus élevées que celles qui sont calculées à partir de données non corrigées. Selon ses estimations, le coefficient de Gini nominal sous-estime le « vrai coefficient de Gini » de 2 à 3,5 points.

b) **Saisonnalité des prix des produits alimentaires.** La saisonnalité marquée des prix alimentaires, qui est caractéristique de nombreux pays en développement, affecte encore plus le pouvoir d'achat réel des pauvres. Par exemple, Cornia et Deotti (2014) montrent qu'au Niger les prix du mil atteignent leur pic en août à des prix qui sont de 30 à 40 % plus élevés qu'au mois post-récolte de septembre. Dans les années de crises alimentaires (comme en 2005), l'augmentation saisonnière des prix peut atteindre 100 % ou plus (figure 15.7). Alors qu'une telle saisonnalité affecte tout le monde, ce sont les pauvres qui endurent le plus la situation en raison d'un manque de liquidité et d'accès au crédit, de la nécessité

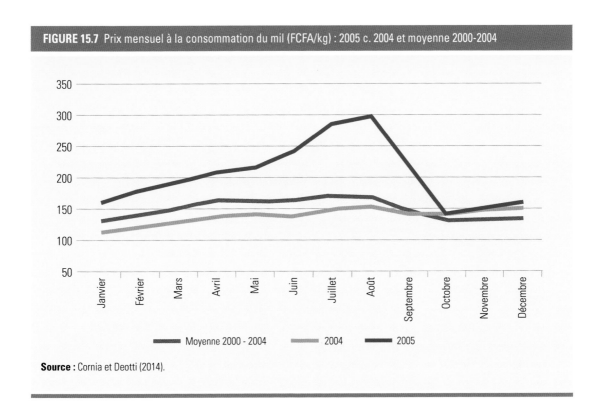

FIGURE 15.7 Prix mensuel à la consommation du mil (FCFA/kg) : 2005 c. 2004 et moyenne 2000-2004

Source : Cornia et Deotti (2014).

de rembourser les dettes engagées en vendant le mil immédiatement après la récolte à bas prix et du fait de l'absence d'installations appropriées d'entreposage post-récolte. En plus, le manque de banques de céréales augmente massivement le prix que ces dernières paient pour le mil, en particulier durant la saison creuse, lorsque les prix alimentaires augmentent sensiblement. Ce problème entraîne une sous-estimation considérable des inégalités de consommation/de revenus et est extrêmement courant en Afrique subsaharienne.

c) **Dynamique différentielle des prix entre les produits alimentaires et non alimentaires.** Comme cela a été observé par Arndt, Jones et Salvucci (2014 : 2) « Étant donné que les mesures des inégalités de revenus sont (généralement) invariantes d'échelle, il s'ensuit qu'il ne devrait pas y avoir de différence entre mesures nominales et mesures réelles des inégalités de revenus lorsqu'un seul IPC agrégé est utilisé pour déflater les observations nominales. » En revanche, les ménages du quintile inférieur ont un panier de consommation différent de ceux du quintile supérieur. En particulier, les plus pauvres consacrent jusqu'à de 70 à 80 % de leur consommation totale à l'alimentation, tandis que ceux du décile supérieur y consacrent de 20 à 30 %. Ainsi, lorsque l'indice des prix des produits alimentaires (IPA) et l'indice des prix à la consommation (IPC) divergent considérablement (comme observé à la fin des années 2000), le calcul du coefficient de Gini aux prix courants est substantiellement biaisé, car le pouvoir d'achat réel des pauvres est réduit plus que proportionnellement (Grimm et Günther, 2005). Ces auteurs montrent, par exemple, que l'IPC a augmenté de 23 % au Burkina Faso entre 1994 et 1998, alors que le prix des céréales a augmenté de plus de 50 % (figure 15.8). De même, Arndt, Jones et Salvucci (2014) ont établi que les inégalités au Mozambique se sont aggravées en raison d'une forte hausse des prix alimentaires sur la période 2007-2009, à un moment où les pauvres en zone urbaine dépendaient largement des produits alimentaires importés.

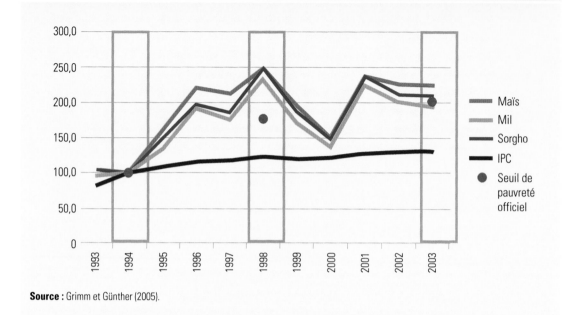

FIGURE 15.8 Tendances de l'indice du seuil de pauvreté officiel, IPC et prix des denrées de base (1994=100), Burkina Faso

Source : Grimm et Günther (2005).

L'effet distributif des variations observées du ratio IPA/IPC est ensuite testé ci-dessous, en calculant l'effet de ses variations sur le coefficient de Gini de quatre pays pour lesquels la base de données WIIDv3.0b fournit des distributions en quintiles pendant deux années au cours de la décennie 2000, une période caractérisée par de très fortes hausses des prix alimentaires. Deux pays où les inégalités se sont accrues ont été retenus (le Malawi et l'Afrique du Sud). Le ratio IPA/IPC a baissé la première année et augmenté la deuxième année (tableau 15.2 et figure 15.8). Deux pays qui ont tous deux connu une réduction des inégalités ont également été retenus ; l'un a enregistré une baisse du ratio IPA/IPC (le Mali) et l'autre une hausse (Madagascar).

TABLEAU 15.2 Résumé de l'effet des variations du ratio IPA/IPC sur le coefficient de Gini

Pays	Années	Tendance des inégalités	% de l'évolution du FPI/IPC	Δ Gini
Malawi	2006-2011	En hausse	- 9,1	- 0,6
Afrique du Sud	2000-2006	En hausse	+ 10,1	+ 0,3
Mali	2001-2010	En baisse	- 20,3	- 0,9
Madagascar	2001-2005	En baisse	+ 17,5	+ 1,5

Source : Élaboration par les auteurs.

Pour simuler l'effet de l'écart entre l'Indice des prix des produits alimentaires (IPA) et l'IPC, les auteurs ont utilisé les distributions en quintiles fournies par la base de données WIIDv3.0b et ont retenu le principe, pour les quatre pays, des « parts de consommation alimentaire plausible » des quintiles suivants, c.-à-d. 0,7 ; 0,6 ; 0,5 ; 0,4. Pour assurer la comparabilité entre les valeurs du coefficient de Gini de la première et

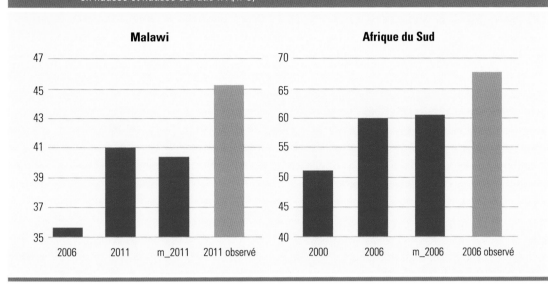

FIGURE 15.9 Effet sur le coefficient de Gini des variations du ratio IPA/IPC au Malawi (panneau de gauche, inégalités en hausse et baisse du ratio IPA/IPC) et Afrique du Sud (panneau de droite, inégalités en hausse et hausse du ratio IPA/IPC)

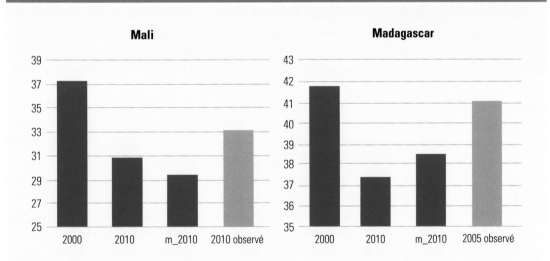

FIGURE 15.10 Effet sur le coefficient de Gini des variations du ratio IPA/IPC au Mali (panneau de gauche, inégalités en baisse et baisse du ratio IPA/IPC) et Madagascar (panneau de droite, inégalités en baisse et hausse du ratio IPA/IPC)

Source : Pour les deux tableaux 15.9 et 15.10, élaboration par les auteurs.

Remarques : Les deux premières barres sur la gauche représentent les coefficients de Gini calculés aux prix courants à partir de la distribution en quintile indiquée pour les années concernées dans la base de données WIIDv30b. La barre comportant un « m » (modifié) précédente a été corrigée en fonction des différences dans le ratio IPA/IPC. La dernière barre est la valeur du coefficient de Gini inclus dans l'IID-SSA, qui est plus élevée parce qu'elle est calculée à partir de microdonnées.

de la deuxième année (étant donné que le ratio IPA/IPC avait notablement varié), les auteurs recalculent au temps t+1 la distribution en quintiles corrigée en fonction des variations du ratio IPA/IPC à travers la formule suivante :

$$CQ_{it+1} = [(OQ_{it+1} \cdot sh_{food}) / ((FPI/CPI_{t+1})/(FPI/CPI_t))] + (1 - sh_{food})$$

où CQ_{it+1}, OQ_{it+1} sont les valeurs des quintiles ajustées et originales à t+1 du quintile i, et sh_{food} sont les parts de l'alimentation dans la consommation totale. Les résultats présentés dans les figures 15.9 et 15.10 sont récapitulés au tableau 15.2, ce qui montre que les variations simulées du coefficient de Gini sont généralement modérées, dans une fourchette de 0,3 à 1,5. Ceci est dû, en partie, à l'utilisation d'une distribution en quintiles qui génère des hausses du coefficient de Gini plus faibles que celles qui sont estimées sur les microdonnées, lesquelles sont indiquées dans la dernière barre de chaque figure. Ceci est généralement de 2 à 3 points plus élevé que ce qui est calculé sur les distributions en quintiles. Comme on peut l'observer, le coefficient de Gini a varié jusqu'à 1,5 point dans les quatre pays retenus (où les variations du ratio IPA/IPC étaient prononcées).

Le test est à présent élargi à 18 pays pour lesquels les auteurs ont ajusté les coefficients de Gini et les données du ratio IPA/IPC pour la période 2000-2012 (une période durant laquelle le ratio IPA/IPC a augmenté en Afrique subsaharienne de 5 à 30 %, alors qu'il n'a baissé que dans quelques pays). Cet élargissement avait pour but de déterminer si les variations de la dernière variable citée pourraient avoir affecté les valeurs et tendances des coefficients de Gini récapitulés au tableau 15.1 et utilisés pour analyser les tendances des inégalités en Afrique subsaharienne au chapitre 2. La relation bivariée a été testée entre les différences chronologiques de l'indice IPA/IPC (axe des x) et la première différence entre le coefficient de Gini corrigé et non corrigé (axe des y). Le test montre (figure 15.11) que le coefficient de Gini augmente de 0,52 point pour chaque hausse de dix points du ratio IPA/IPC. La relation est stable, comme le suggère un R2 de 0,62.

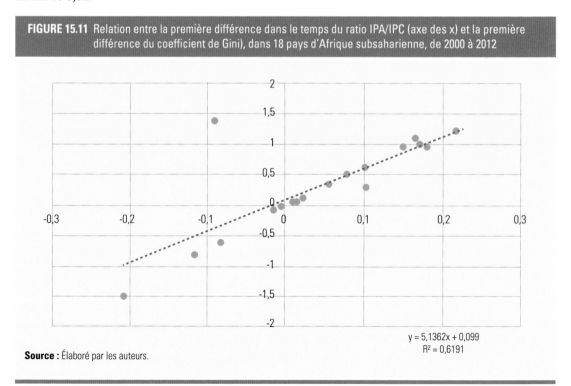

FIGURE 15.11 Relation entre la première différence dans le temps du ratio IPA/IPC (axe des x) et la première différence du coefficient de Gini), dans 18 pays d'Afrique subsaharienne, de 2000 à 2012

y = 5,1362x + 0,099
R² = 0,6191

Source : Élaboré par les auteurs.

15.3.7 Effet distributif des différences dans la prestation des avantages sociaux entre les pays

La discussion a été jusqu'à présent orientée sur la distribution des revenus privés et de la consommation (ce qui inclut des transferts d'espèces par l'État, là où ils existent). Pourtant, le bien-être individuel et celui des ménages dépendent également du montant de services fournis par l'État, en particulier concernant la santé et l'éducation. En effet, toute comparaison complète du bien-être doit tenir compte de la valeur et de l'incidence des services fournis en nature par l'État aux divers quintiles de la population. En l'absence de ces services de l'État, les ménages doivent se les procurer sur le marché, ce qui réduit leur capacité à consommer d'autres articles essentiels, tels que les produits alimentaires.

La valeur globale des dépenses publiques consacrées à la santé et à l'éducation en Afrique subsaharienne est faible en comparaison. Plus particulièrement, les dépenses de santé ont augmenté, passant de 2,4 % du PIB en 2000 à 2,8 % en 2010. Les dépenses d'éducation ont aussi progressé, passant de 3,5 % du PIB en 2000 à 4,3 % en 2010. Toutefois, il y a des variations considérables entre les pays. Comme indiqué au chapitre 2, tableau 2.4, sur un échantillon de dix pays et de neuf pays de l'Afrique subsaharienne à la fin des années 1990, l'incidence des dépenses de santé publique et d'éducation n'était pas progressive, même pour les soins de santé primaires et l'éducation élémentaire. Cependant, ces dépenses étaient moins régressives que la distribution des revenus privés et de la consommation, produisant ainsi un modeste effet redistributif. Parce que l'on a mis l'accent sur les OMD durant la dernière décennie, l'incidence des dépenses sociales s'est

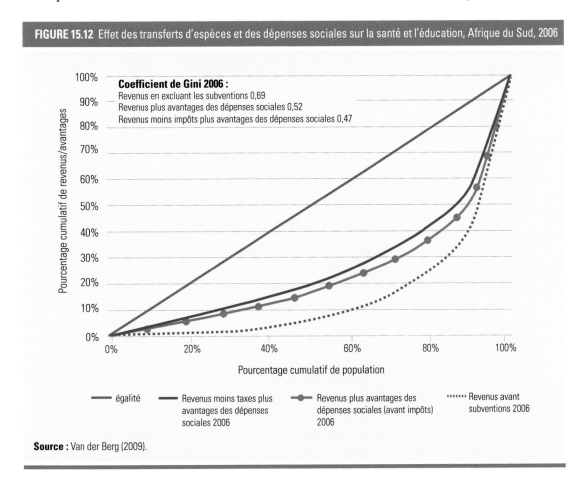

FIGURE 15.12 Effet des transferts d'espèces et des dépenses sociales sur la santé et l'éducation, Afrique du Sud, 2006

Coefficient de Gini 2006 :
Revenus en excluant les subventions 0,69
Revenus plus avantages des dépenses sociales 0,52
Revenus moins impôts plus avantages des dépenses sociales 0,47

Axe vertical : Pourcentage cumulatif de revenus/avantages
Axe horizontal : Pourcentage cumulatif de population

Légende :
— égalité
— Revenus moins taxes plus avantages des dépenses sociales 2006
—●— Revenus plus avantages des dépenses sociales (avant impôts) 2006
······· Revenus avant subventions 2006

Source : Van der Berg (2009).

probablement améliorée, entraînant de la sorte un effet favorable sur la distribution des revenus privés/de la consommation, y compris sur le salaire social.

Des publications spécialisées montrent que l'incidence des dépenses d'éducation et de santé tend à être plus favorable aux pauvres dans les pays riches que dans les pays pauvres. Par ailleurs, les pays démocratiques caractérisés par un niveau élevé d'inégalités (tels que l'Afrique du Sud) consacrent une plus grande part de ressources publiques bien ciblées, peut-être en raison de la volonté des décideurs de réduire les inégalités de revenus. La figure 15.12 portant sur l'Afrique du Sud montre que le coefficient de Gini du revenu brut, qui était de 0,69, a été réduit du fait des dépenses sociales de santé et d'éducation d'un montant considérable de 17 points de Gini, et des transferts d'espèces de 5 points supplémentaires. Tout ceci semble indiquer que les dépenses publiques en espèces et en nature peuvent être un outil puissant pour égaliser la somme de la distribution des revenus privés et sociaux, comme l'ont indiqué récemment Ostry, Berg et Tsangarides (2014) en se basant sur un groupe important de pays. Par contre, dans les pays d'Afrique subsaharienne plus pauvres, par exemple ceux de la région sahélienne, qui sont caractérisés par des dépenses publiques sociales limitées, le rôle redistributif de l'État par la prestation de services publics est plus limité.

15.4 Conclusions

Ce chapitre a tout d'abord illustré la procédure suivie dans l'établissement de l'ensemble de données IID-SSA, qui apporte une contribution importante à l'identification des tendances des inégalités dans la région, comme analysé au chapitre 2. La deuxième partie du chapitre a illustré les principaux problèmes rencontrés en mesurant les inégalités de revenus et de consommation en Afrique subsaharienne, et les ajustements possibles nécessaires pour produire des chiffres plus réalistes. Les décideurs, agences internationales et analystes de pays de la région pourraient envisager de les prendre en compte lorsqu'ils travaillent sur les inégalités et la pauvreté dans des pays spécifiques de l'Afrique subsaharienne. Les principales recommandations pour mesurer les niveaux et les tendances des inégalités sont résumées ci-dessous.

Toute analyse devrait commencer par un examen attentif des statistiques des inégalités afin de s'assurer que les données utilisées font référence, notamment, au même concept de revenu, à la même couverture géographique, à la même période de l'année, ainsi de suite. L'exclusion des données incohérentes lors de l'établissement de l'ensemble des données IID-SSA implique une perte d'informations, mais est compensée par une plus grande comparabilité entre les pays et un moindre risque d'identifier des relations causales infondées. Si possible, les microdonnées des enquêtes devraient être harmonisées *ex ante* en utilisant les mêmes questionnaires et conventions statistiques, comme cela se fait dans le projet RIGA depuis 2005 et dans des initiatives similaires en Amérique latine. L'harmonisation au préalable des données passées est également utile, mais nécessite de dépendre de certaines hypothèses qui peuvent à l'occasion être discutables. Les statistiques sur les inégalités calculées sur les données harmonisées a posteriori, comme cela est effectué actuellement par la Banque mondiale pour l'Afrique subsaharienne, diffèrent de celles qui sont calculées par les BNS, parfois dans une mesure de 1 à 3 points de Gini. Toutefois, dans le cas de l'Amérique latine, cette différence ne concerne que le niveau de tels indicateurs, et non pas leur tendance. Néanmoins, il peut y avoir des exceptions.

Même l'harmonisation des EBM ne reproduit pas nécessairement les « vraies inégalités » d'un pays parce que les plus hauts revenus sont sous-comptabilisés dans les EBM et les rendements des actifs détenus dans des paradis fiscaux par les élites ne sont pas inclus dans les enquêtes ou dans les comptes nationaux. Comme indiqué plus haut pour l'Afrique du Sud, l'inclusion des plus hauts revenus relève le coefficient de Gini de 3 à 5 points. De la même manière, l'inclusion du rendement des actifs détenus à l'étranger dans la distribution des revenus nationaux le relève de 2 points supplémentaires. Cela signifie que les données utilisées ici sous-estiment probablement le « vrai coefficient de Gini » de 5 à 8 points et, peut-être davantage dans le cas des exportateurs de matières premières de valeur. La question analytique essentielle ici est de savoir si une telle sous-estimation concerne uniquement le niveau du coefficient de Gini (un fait qui est certain) ou bien, également, sa tendance. La figure 15.4 sur l'Afrique du Sud semble indiquer qu'il y a moins d'incidence sur la tendance que sur le niveau, mais ceci pourrait ne pas être vrai dans des pays tels que l'Angola ou la Guinée équatoriale, où de récentes découvertes de pétrole ainsi que des institutions redistributives faibles sont peu susceptibles d'avoir amélioré le niveau du coefficient de Gini. Globalement, les coefficients de Gini de l'IID-SSA présentés au tableau 15.1 sont une estimation de la limite inférieure du « vrai coefficient de Gini ». Ceci est particulièrement vrai dans des pays qui connaissent un niveau élevé de concentration des actifs et exportent des matières premières de valeur.

Une hausse de 15 % ou plus de l'indice des prix des produits alimentaires par rapport à l'indice des prix à la consommation entraîne une hausse supplémentaire du coefficient de Gini. Dans ce cas, les chercheurs doivent prendre en compte cette divergence lorsqu'ils analysent les tendances et conçoivent des politiques. Les tendances dans la part du travail peuvent aider à faire une vérification croisée de la solidité des tendances des coefficients de Gini recensés par l'IID-SSA. Cependant, étant donné les problèmes rencontrés dans les économies très informelles, une telle comparaison peut être moins utilisable que dans les économies des pays industrialisés. Finalement, l'inclusion des services sociaux dans le calcul global du revenu (privé et public) des ménages/de la consommation des ménages par habitant est susceptible de réduire le coefficient de Gini même dans les pays pauvres de l'Afrique subsaharienne, ainsi que dans des pays à revenu intermédiaire tels que l'Afrique du Sud. Toutefois, d'autres travaux sont nécessaires pour estimer le volume et l'incidence de ces services publics. Ces informations sont utiles aux décideurs qui cherchent à améliorer la répartition du bien-être en procurant ces services sociaux dont on a prouvé la capacité à réduire les inégalités à court terme et entre les générations. Dans le cas de l'Afrique du Sud, l'effet redistributif des services en nature paraît beaucoup plus important que celui des transferts d'espèces.

RÉFÉRENCES

Alvaredo, F. 2010. A note on the relationship between top income shares and the Gini coefficient. CEPR Discussion Paper 8071. Londres, Centre for Economic Policy Research. www.cepr.org/pubs/dps/DP8071.asp.

Arndt, C., S. Jones, et V. Salvucci. 2014. When do relative prices matter for measuring income inequality? UNU- WIDER Working Paper 2014/129.

Bourguignon, F. 2003. The growth elasticity of poverty reduction: explaining heterogeneity across countries and time periods. Inequality and Growth: Theory and Policy Implications. T. Eicher and S. Turnovsky, eds. Cambridge, The MIT Press.

Boyce, J. K. et L. Ndikumana. 2012. Capital flight from sub-Saharan African countries: updated estimates, 1970-2010. PERI Working Papers.

Cogneau, D., T. Bossuroy, Ph. De Vreyer, C. Guénard, V. Hiller, P. Leite, S. Masplé-Somps, L. Pasquier-Doumer et C. Torelli, 2007. Inequalities and Equity in Africa. Paris, Agence Française de Développement.

Cornia G.A. 2015. Income inequality in Latin America: recent decline and prospects for its further reduction. WIDER WP 20/2015, UNU-WIDER.

Cornia G.A. et L. Deotti. 2014. Prix du mil, prix du mil, politique publique et malnutrition des enfants: le cas du Niger en 2005. *Revue d'économie du développement.* De Boeck Université, 22(1), 5-36.

Dabalen, A., Mungai, R. et N. Yoshida. 2011. Frequency and Comparability of Poverty Data in SSA. PREM Knowledge and Learning. Disponible sur : http://goo.gl/c0tSaZ.

Deaton, A. S. et M. Grosh. 2000. Consumption. *Designing Household Survey Questionnaires for Developing Countries: Lessons from 15 years of the Living Standards Measurement Study.* Margaret Grosh et Paul Glewwe, eds. Oxford University Press for the World Bank, 1, 91-133.

Ferreira, F. 2014. Growth, inequality and poverty reduction in Africa. www.studio-cx.co.za/gtac/wp-content/uploads/2014/11/Francisco-Ferreira-Presentation2.pdf.

Gibson J. et B. Kim 2013. Do the urban poor face higher food prices? Evidence from Vietnam. *Food Policy* 41:193-203.

Gibson, J. 1999. How Robust Are Poverty Comparisons to Changes in Household Survey Methods? A Test Using Papua New Guinea Data. Department of Economics, Hamilton, Nouvelle-Zélande, University of Waikato.

Gibson, J., H. Jikun et R. Scott. 2003. Improving estimates of inequality and poverty from urban China's Household Income and Expenditure Survey. *Review of Income and Wealth*, 49(1), 53-68.

Grimm, M. et I. Günther. 2005. Growth and Poverty in Burkina Faso: A Reassessment of the Paradox. Discussion Papers of DIW Berlin 482. DIW Berlin, German Institute for Economic Research.

Guerriero, M. 2012. The labour share of income around the world. Evidence from a Panel Dataset. Development Economics and Public Policy Working Paper Series WP N° 32/2012. University of Manchester.

Jenkins, S. 2014. World Income Inequality Databases: An Assessment of WIID and SWIID. N° 2014-31, septembre 2014. Institute of Economic and Social Research, www.iser.essex.ac.uk/research/publications/working-papers/iser/2014-31.pdf.

Jolliffe, D. 2001. Measuring absolute and relative poverty: the sensitivity of estimated household consumption to survey design. *Journal of Economic and Social Measurement*, 27, 1-23.

Klasen, S. 2014. Measuring Poverty and Inequality in Sub-Saharan Africa: Knowledge Gaps and Ways to Address Them. http://blogs.worldbank.org/africacan/measuring-poverty-and-inequality-sub-saharan-africa-knowledge-gaps-and-ways-address-them

Lanjouw, J. O. et P. Lanjouw. 2001. How to compare apples and oranges: poverty measurement based on different definition of consumption. *Review of Income and Wealth*, 47 (1), 25-42.

McCulloch, N., B. Baulch. et M. Cherel-Robson. 2000. Growth, Inequality and Poverty in Mauritania, 1987-1996. Poverty Reduction and Social Development Africa Region. Mimeo. Banque mondiale.

Mendoza R.U. 2011. Why do the poor pay more? Exploring the poverty penalty concept. *Journal of International Development* 23: 1-28.

Mussa, R. 2014. Food price heterogeneity and income inequality in Malawi: Is inequality underestimated? MPRA Paper N° 56080. http://mpra.ub.uni-muenchen.de/56080

Ndikumana, L. 2014. Capital flight and tax havens: impact on investment and growth in Africa. *Revue d'économie du développement*, 2014/2.

ONU DAES (Département des affaires économiques et sociales), Division de la population. 2015. World Population Prospects 2015. New York.

Ostry, D., A. Berg, C. G. Tsangarides. 2014. Redistribution, inequality, and growth. An IMF Staff Discussion Note 2014/02.

Ravallion, M. 2001. Measuring aggregate welfare in developing countries: how well do national accounts and surveys agree? Mimeo. Banque mondiale.

Rio Group. 2006. Compendium of Best Practices in Poverty Measurement, Expert Group on Poverty Statistics. Rio de Janeiro, Economic Commission for Latin America and the Caribbean.

Sandefur, J. et A. Glassman. 2013. The Political Economy of Bad Data: Evidence from African Survey & Administrative Statistics. Center for Global Development. Paper presented at UNUWIDER Development Conference, Inclusive Growth in Africa: Measurement, Causes and Consequences, Helsinki, 20-21 septembre.

Van der Berg, S. 2009. Fiscal Incidence of Social Spending in South Africa: A Report to the National Treasury. University of Stellenbosch.

Qu'est-ce qui est à l'origine des tendances des inégalités au sein des pays en Afrique subsaharienne ?

En matière de réduction des inégalités de revenus, l'Afrique de l'Ouest obtient de meilleurs résultats que les autres pays d'Afrique subsaharienne

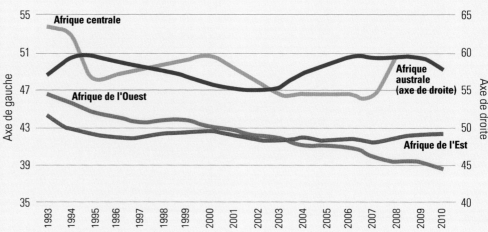

Axe de gauche

Afrique centrale

Afrique de l'Ouest

Afrique australe (axe de droite)

Afrique de l'Est

Axe de droite

Causes immédiates et sous-jacentes de l'inégalité en Afrique subsaharienne

Causes immédiates

 Le schéma de croissance compte. Plus particulièrement, une augmentation des rendements des terres et de l'activité manufacturiière réduit les inégalités ou les maintient à un niveau bas, mais la croissance de l'activité minière ou pétrolière les creuse.

 Une meilleure répartition des actifs de production, dont le capital humain (p. ex., l'enseignement secondaire et tertiaire), réduit les inégalités.

 Des politiques visant à réduire les taux de fécondité, comme celles appliquées en Éthiopie et au Rwanda, pourraient avoir un effet égalisateur.

Causes sous-jacentes

 Des politiques publiques progressives – telles que l'augmentation de la part des impôts directs dans les recettes totales, des dépenses sociales améliorées et efficaces, et des prix et un taux de change stables – ont un effet égalisateur.

 Les transferts de fonds effectués par les migrants ont un effet égalisateur, alors que les investissements directs étrangers (IDE) concentrés dans le secteur minier ont un effet contraire.

 Les chocs politiques et sanitaires – tels que l'intensité de la guerre et les incidences du VIH/sida – accroissent les inégalités.

16

Une enquête économétrique sur les causes de la bifurcation des évolutions des inégalités dans les pays en Afrique subsaharienne entre 1991 et 2011

GIOVANNI ANDREA CORNIA[1]

16.1 Introduction

La problématique des inégalités a récemment suscité une attention croissante en Afrique subsaharienne sur le plan de la recherche, des politiques publiques et de l'action politique. De fait, alors que les inégalités sont un déterminant clé de la pauvreté et de la plupart des autres ODD, leur consignation, l'analyse de leurs déterminants et le débat sur la façon de les réduire ont été limités à ce jour. Les principales raisons en sont l'accent mis exclusivement sur la croissance par les stratégies de développement passées, la disponibilité limitée de données et l'hétérogénéité des niveaux, des tendances et des facteurs déterminants des inégalités dans la région. Plus particulièrement, le tableau qui ressort de l'étude menée au chapitre 2 pour la période 1991-2011 fait apparaître une divergence des tendances nationales relatives aux inégalités. L'explication théorique de cette divergence et les éléments empiriques connexes ont été examinés au chapitre 15, tandis que les autres chapitres analysent les aspects spécifiques de ce problème. Ce chapitre porte sur la vérification économétrique des hypothèses de travail sur les déterminants des inégalités formulées au chapitre 2, étudiées sur microdonnées dans les chapitres 12 et 13, et examinées dans les modèles macroéconomiques et de panel dans plusieurs autres chapitres du présent ouvrage. Le test économétrique est effectué sur les 29 pays inclus dans l'Ensemble de données sur les inégalités des revenus pour l'Afrique subsaharienne (IID-SSA), qui englobe 81,8 % de la population africaine et une part plus grande encore de son PIB. Par conséquent, les résultats de ce test peuvent être considérés comme applicables globalement à la région dans son ensemble.

[1] L'auteur tient à remercier Bruno Martorano pour sa contribution à l'élaboration de la base de données utilisée dans ce chapitre, pour sa contribution à l'analyse de régression, et pour ses observations sur une ébauche antérieure de ce chapitre. Il tient à remercier également Haroon Borat, François Bourguignon, Francisco Ferreira et Ayodele Odusola pour les échanges sur la structure et certains des aspects de ce chapitre. Les remerciements s'adressent également à un lecteur spécialisé anonyme qui a passé en revue l'avant-projet de ce chapitre, ainsi qu'aux personnes qui ont commenté la version PowerPoint de ce chapitre présentée à l'occasion de la consultation au PNUD avec le personnel de terrain et les économistes du siège (New York, 8 avril 2015) ; lors du séminaire conjoint du PNUD et de la Banque mondiale portant sur les inégalités en Afrique subsaharienne (10 avril 2015, Washington), lors de la conférence du 30e anniversaire de l'UNU-WIDER (17-19 septembre 2015) ; à l'occasion de la seconde conférence annuelle sur l'économie du développement de l'Association italienne des économistes du développement (Florence, 24-25 septembre 2015) et lors de la 10e Conférence économique africaine de « Lutte contre la pauvreté et les inégalités dans le Programme de développement pour l'après-2015 » (Kinshasa, 2-4 novembre 2015).

Bien que le test économétrique présenté dans ce chapitre soit conforme à l'approche théorique évoquée ci-après, il est important de rappeler que, comme mentionné au chapitre 16, les coefficients de Gini dans l'Ensemble de données sur les inégalités des revenus (IID-SSA), ainsi que dans toute autre base de données sur les inégalités, sont une estimation de la valeur de la limite inférieure du coefficient de Gini réel mais non observable. Si l'écart entre le coefficient Gini de l'IID-SSA et le coefficient de Gini réel reste constant dans le temps et entre les pays, une telle évolution divergente reste constante. Les choses peuvent devenir plus complexes si le biais de mesure du coefficient de Gini évolue dans le temps, car cela peut réduire la précision des estimations des paramètres de régression. Les résultats de la régression doivent par conséquent être interprétés avec prudence, en veillant à ce qu'ils soient cohérents avec un cadre théorique bien énoncé. Deuxièmement, l'utilisation des données nationales pour déterminer les facteurs des inégalités peut ne pas permettre de saisir des effets observables au niveau microéconomique. C'est le cas, par exemple, de l'effet de la croissance démographique et des taux de dépendance qui sont statistiquement significatifs dans les études microéconométriques, mais pas dans les études macro-économétriques. L'interprétation des paramètres estimés sur les macro-panels doit donc être complétée par les résultats des microanalyses. Enfin, comme nous l'avons vu dans les chapitres 13 et 16, le coefficient Gini des dépenses moyennes de consommation des ménages par habitant issu des enquêtes courantes sur le budget des ménages (EBM) ne permet pas de faire ressortir tous les types d'inégalités, notamment les inégalités de genre et les inégalités raciales ou ethniques. La théorie économique et les rares études microéconométriques centrées sur les inégalités de genre et les inégalités raciales ou ethniques montrent que ces deux facteurs contribuent à expliquer le niveau et les changements de la répartition de la consommation par habitant beaucoup mieux que la norme établie par les EBM. Les données disponibles suggèrent toutefois que l'effet du biais du genre et du biais ethnique sur la répartition du revenu est relativement stable au fil du temps, de sorte que la sous-estimation du coefficient Gini introduite par l'analyse de la répartition des revenus entre les ménages est susceptible d'être assez constante dans le temps. Dans tous les cas, l'élaboration de recommandations

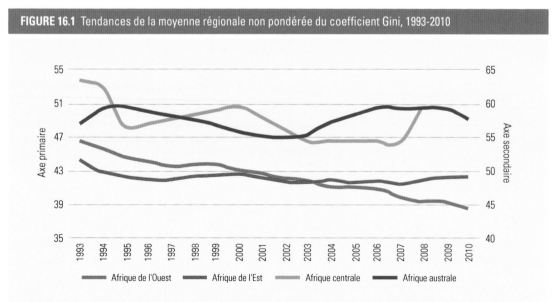

FIGURE 16.1 Tendances de la moyenne régionale non pondérée du coefficient Gini, 1993-2010

Afrique de l'Ouest — Afrique de l'Est — Afrique centrale — Afrique australe

Source : Conçu par l'auteur sur la base de données de l'Ensemble de données sur les inégalités de revenus pour l'Afrique subsaharienne (IID-SSA).

Remarque : L'axe primaire concerne l'Afrique centrale, l'Afrique de l'Est et l'Afrique de l'Ouest, et l'axe secondaire concerne l'Afrique australe.

TABLEAU 16.1	Mesures moyennes et de dispersion du coefficient Gini de la consommation des ménages par habitant, 29 pays, 1993-2010			
	1993	**2000**	**2005**	**2010**
Moyenne de coeff. Gini (non pondérée)	47,5	45,5	43,8	43,5
Écart-type	8,8	7,0	7,7	9,4
Coefficient de variation	0,185	0,154	0,176	0,216

Source : Conçu par l'auteur sur la base de données de l'Ensemble de données sur les inégalités de revenus pour l'Afrique subsaharienne (IID-SSA).

Remarque : Le coefficient de Gini pour 1993 se réfère à 25 des 29 pays.

de politiques réalistes pour régler ces problèmes exige de s'appuyer aussi sur des études spéciales dans ces domaines et sur une théorie économique solide.

Le chapitre 2 a montré que, dans les années 2000, l'inégalité a diminué dans 17 pays et a augmenté dans 12 autres. La figure 16.1, quant à elle, présente un schéma régional clair des tendances des inégalités. En Afrique de l'Ouest, l'inégalité a diminué de façon constante dans neuf économies (principalement agraires) sur douze, alors que seule une légère baisse a été enregistrée en Afrique de l'Est. En revanche, l'Afrique australe et l'Afrique centrale présentent une hausse depuis 2003. Ainsi, depuis le début des années 2000, il y a eu une divergence régionale dans les tendances de l'inégalité, puisque la plupart des pays à faible inégalité ont connu un fléchissement et les pays à forte inégalité ont connu une hausse ou une stagnation à un niveau élevé. Par conséquent, alors que le coefficient Gini moyen non pondéré pour l'Afrique subsaharienne a diminué, son écart type et son coefficient de variation ont augmenté depuis 2000 (tableau 16.1). Ce phénomène suggère que l'hétérogénéité de l'inégalité entre pays, initialement liée aux régimes fonciers et à la dotation en ressources pétrolières/minières, est devenue plus aiguë.

16.2 Cadre théorique et facteurs affectant les inégalités de consommation en Afrique subsaharienne

Le cadre analytique présenté ci-dessous distingue les causes immédiates et les causes sous-jacentes de l'inégalité. Dans le cas de l'Afrique subsaharienne, l'analyse des déterminants immédiats souligne d'abord l'inégalité « entre les secteurs » (due aux différences sectorielles de l'intensité factorielle de production et des hétérogénéités intrasectorielles), puis l'inégalité « au sein du secteur » (centrée sur la répartition des facteurs de production au sein de chaque secteur). Il se concentre ensuite sur le rôle des facteurs démographiques (croissance démographique et taux de dépendance). Les causes sous-jacentes de l'inégalité, à leur tour, sont celles qui affectent les causes immédiates ou, dans certains cas, influencent l'inégalité directement. Elles introduisent généralement des évolutions exogènes dans les politiques (fiscalité, dépenses sociales, etc.), des changements économiques mondiaux (les termes de l'échange, envois de fonds et IDE) et des chocs technologiques et sanitaires. Enfin, elles comprennent la « démocratie » et la « gouvernance », qui affectent l'efficacité et l'équité des politiques publiques. Compte tenu de la courte histoire postcoloniale de la plupart des États africains, la gouvernance et la démocratie sont encore à leurs premiers balbutiements, bien que les progrès démontrés dans ces domaines puissent améliorer sensiblement l'égalité.

16.2.1 Causes directes des changements dans les inégalités de consommation

Les causes directes des inégalités se rapportent au taux de croissance, au modèle de croissance qui affecte les inégalités entre les secteurs et aux questions relatives à population.

a) **Taux de croissance du PIB/habitant, schéma d'évolution et inégalité intersectorielle.** Le taux de croissance du PIB par habitant peut judicieusement être considéré comme un déterminant essentiel direct de la consommation des ménages par habitant, car, sans modification de la structure de production, une croissance plus rapide du PIB par habitant accroît l'absorption de la main-d'œuvre, réduit le sous-emploi et peut augmenter les revenus des populations pauvres, avec potentiellement des effets favorables sur l'inégalité. Cependant, la figure 16.2 montre qu'en Afrique subsaharienne il n'y a pas de relation statistiquement significative entre les valeurs annuelles de ces deux variables, ni pour les 29 pays échantillons, ni pour les années 1990-2011 (panneau supérieur), ni pour les deux sous-échantillons des années 90 et des années 2000 (panneau central) et ni pour les deux sous-groupes de pays marqués respectivement par la chute et la hausse des inégalités (panneau inférieur). Étant donné l'hétérogénéité des modèles de croissance en Afrique subsaharienne, il est évident que la croissance en tant que telle n'a pas affecté en moyenne les inégalités. La figure 16.2 écarte également implicitement la possibilité que la croissance ait affecté les inégalités, comme le suggère la courbe de Kuznets, puisque la plupart des 29 pays étudiés sont à faible revenu et devraient en principe montrer un essor des inégalités correspondant à la croissance du PIB par habitant.

Compte tenu de l'hétérogénéité structurelle des économies africaines, le « modèle de croissance » du PIB par habitant (c'est-à-dire sa composition) importe plus que le « taux de croissance ». Lorsque la croissance survient dans des secteurs caractérisés par une forte concentration d'actifs et une forte intensité de capital et de main-d'œuvre qualifiée, comme dans l'exploitation minière, dans le secteur finances, assurances et immobilier (FAI) et dans le secteur public, l'inégalité globale augmente (voir chapitre 2, figure 2.4). En revanche, les inégalités diminuent ou demeurent stables si la croissance intervient dans l'industrie manufacturière, la construction et l'agriculture à forte intensité de main-d'œuvre (sauf si la concentration foncière est élevée).

La question clé est alors de savoir comment la structure économique a évolué au cours de la période 1990-2011. La théorie de Rostow (1962) sur les étapes du développement économique, les travaux ultérieurs de Rodrik (2013) et d'autres experts suggèrent qu'une fois que les rendements des terres dépassent le seuil de subsistance, le surplus de la main-d'œuvre rurale dérive vers le secteur manufacturier, les services d'utilité publique et les services urbains. Cette mutation facilite l'industrialisation ainsi que le développement des banques, des compagnies d'assurance et de transport et de l'administration publique. En effet, lorsque le revenu par habitant dépasse le seuil de subsistance, cela accroît la demande du consommateur de produits manufacturés simples, dont la production requiert généralement une haute intensité de main-d'œuvre. Ce n'est que lorsque la demande de biens manufacturés et de services connexes a été saturée et le niveau de consommation de masse atteint, qu'on peut constater une baisse de la part de la valeur ajoutée du secteur manufacturier et une augmentation de celle des services, y compris les services à la personne et les loisirs, phénomène qualifié souvent de « tertiarisation ». Dans la pratique, le modèle de développement de chaque pays varie en fonction de ses dotations factorielles initiales et d'autres caractéristiques.

Comme le montre l'annexe 16.1, dans la plupart des 29 pays échantillons plus neuf autres pays (pour lesquels il n'existe pas de données sur les inégalités, mais pour lesquels on dispose d'informations sur la structure de la valeur ajoutée) cette « évolution physiologique » de la structure de production n'a pas eu lieu. Il est intéressant de noter que dans neuf pays dominés par l'agriculture en 1990, il y a eu

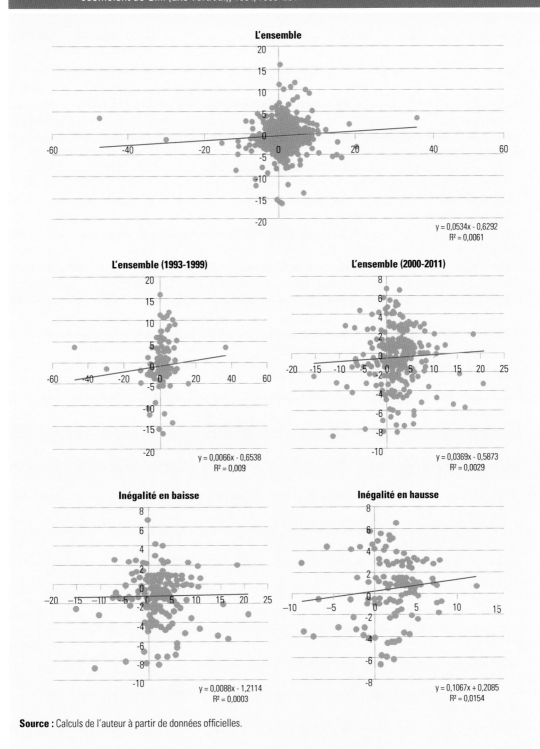

FIGURE 16.2 Relation entre le taux de croissance du PIB par habitant (axe horizontal) et le taux de croissance du coefficient de Gini (axe vertical), 1991/1993-2011

L'ensemble

$y = 0,0534x - 0,6292$
$R^2 = 0,0061$

L'ensemble (1993-1999)

$y = 0,0066x - 0,6538$
$R^2 = 0,009$

L'ensemble (2000-2011)

$y = 0,0369x - 0,5873$
$R^2 = 0,0029$

Inégalité en baisse

$y = 0,0088x - 1,2114$
$R^2 = 0,0003$

Inégalité en hausse

$y = 0,1067x + 0,2085$
$R^2 = 0,0154$

Source : Calculs de l'auteur à partir de données officielles.

une nouvelle hausse de la part de l'agriculture, reflétant ainsi soit une augmentation des rendements fonciers (chapitre 14), soit une hausse des prix des cultures de rente, soit un « recul vers la subsistance » dû à l'échec de la modernisation de l'économie.

Le secteur minier, facteur d'inégalités, a connu une progression rapide dans dix autres pays. Par exemple, en 2011, en Guinée équatoriale, le secteur pétrolier et minier a absorbé 89,4 % de la valeur ajoutée, contre 4,2 % en 1990. Dans neuf autres pays, il y a eu une « tertiarisation informelle », avec la majeure partie de la valeur ajoutée et des emplois dérivés vers des sous-secteurs présentant un haut niveau d'informalité, une faible valeur ajoutée par habitant et une inégalité élevée. En revanche, la part du secteur manufacturier n'a progressé que dans trois pays, alors qu'elle a sensiblement augmenté au cours de cette même période dans des pays asiatiques pauvres tels que le Bangladesh, le Bhoutan, le Cambodge, la République démocratique populaire lao et la Birmanie.

Dans l'ensemble, en dépit d'une croissance régionale du PIB par habitant de 4,1 %, sur la période de 1990-2011, la majorité des 38 pays étudiés d'Afrique subsaharienne adoptent un « modèle de croissance sous-optimal » caractérisé par une reprimarisation, une désindustrialisation et une tertiarisation informelle[2]. Ce n'est que dans quelques rares cas qu'il y a eu une transition vers une agriculture moderne, la construction, la production manufacturière et les services annexes à l'industrie. Ce modèle sous-optimal de la transformation structurelle était dû à la hausse des prix des produits de base, à l'accumulation limitée du capital, à une modernisation lente ou inexistante de l'agriculture et à une libéralisation rapide du commerce qui a remplacé les produits manufacturés nationaux par des produits d'importation. La figure 16.3 confirme que, en moyenne, la tournure de la croissance de la période 1991-2011 a entraîné les changements dans les tendances de la valeur ajoutée sectorielle qui viennent d'être décrits.

Cette transformation structurelle impliquait des effets distributifs évidents. En effet, comme le montre la figure 2.4 du chapitre 2, la croissance de la part de la valeur ajoutée de l'agriculture (et, de manière

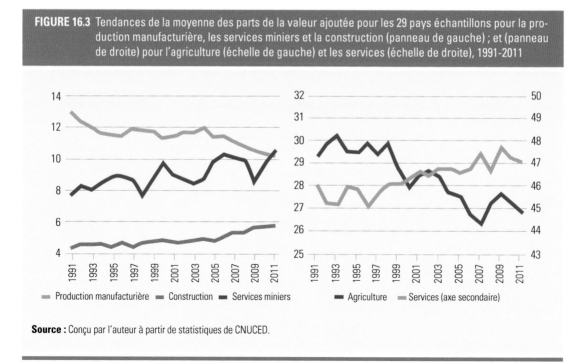

FIGURE 16.3 Tendances de la moyenne des parts de la valeur ajoutée pour les 29 pays échantillons pour la production manufacturière, les services miniers et la construction (panneau de gauche) ; et (panneau de droite) pour l'agriculture (échelle de gauche) et les services (échelle de droite), 1991-2011

Source : Conçu par l'auteur à partir de statistiques de CNUCED.

moins prononcée, du commerce de détail et de gros) a, toutes choses étant égales par ailleurs, des effets égalisateurs ; celle des parts de la valeur ajoutée de la production manufacturière, des services d'utilité publique, des transports et de la construction a un effet neutre ; tandis que celle des services miniers, des services urbains tels que le secteur FAI, les services gouvernementaux et les services à la personne a des effets déségalisateurs – toutes choses étant égales par ailleurs.

Pour tester économétriquement les effets distributifs du « modèle de croissance », les parts de valeur ajoutée de l'agriculture, de la production manufacturière et des « autres services » ont été incluses dans le facteur régression, en escomptant qu'elles aient des répercussions négative, non significative et positive sur les inégalités. L'effet de l'expansion du secteur minier/pétrolier est comptabilisé, à son tour, dans la régression en créant une interaction entre la « variable muette indicatrice de la richesse en ressources minérales » et les termes de l'échange.

b) Répartition du capital humain et inégalité. Dans chaque secteur, les inégalités dépendent de la répartition des facteurs de production parmi les ménages. Dans le secteur urbain, les seules dotations pour lesquelles on dispose d'informations sont les données de Barro et Lee (2011) sur le niveau d'éducation, en années de scolarité, de la population active. Ces données servent de mesure de substitution à la répartition du capital humain et permettent d'estimer la prime à la compétence, c'est-à-dire le rapport entre les salaires de main-d'œuvre qualifiée et non qualifiée. Dans le cas de la régression, la prime à la compétence est calculée par le rapport des travailleurs avec un niveau d'études secondaires et supérieures divisé par celui des travailleurs avec un niveau de scolarité inférieur ou pas du tout instruits. Plus l'offre d'une main-d'œuvre qualifiée est élevée, plus la prime à la compétence et les inégalités de revenus sont faibles. Un tel phénomène est particulièrement marqué dans le secteur moderne.

Dans les zones rurales, en particulier dans l'agriculture, les inégalités dépendent de la répartition des terres, des précipitations, de l'accès à l'irrigation, des intrants et du capital humain, là où les techniques agricoles modernes sont répandues. Par exemple, dans des pays comme l'Éthiopie, où la répartition des terres est égalitaire, une croissance rapide de l'agriculture a été un déterminant égalisateur, alors que ce n'était pas le cas de l'Afrique australe des colons blancs. Au cours des 20 dernières années, les réformes du régime d'occupation foncière et les programmes d'octroi de titres fonciers ont amélioré la sécurité des cultivateurs dans certains pays, mais la répartition des terres ne s'est généralement pas améliorée. Il est cependant impossible d'inclure cette variable dans le facteur régression en raison du manque de données (les quelques données sur la concentration des terres sont rapportées dans le tableau 2.1). Des tentatives ont été faites pour prendre en compte les différences dans la répartition des terres en introduisant les rapports homme/terre et les mesures de substitution régionales dans le facteur régression, mais les résultats furent insatisfaisants. Comme mentionné précédemment, l'élargissement de l'enseignement secondaire est essentiel pour augmenter les rendements des terres, car, contrairement au niveau d'études primaires qui n'assure souvent pas un niveau d'alphabétisation et de compétences en calcul fonctionnel, la scolarisation dans le secondaire favorise l'assimilation des informations sur les techniques agricoles modernes.

À cet égard, la figure 16.4 montre que si les taux de scolarisation primaire ont augmenté en moyenne de 18 points de pourcentage entre 1998 et 2012, les taux de scolarisation dans le secondaire ont augmenté d'environ 10 points de pourcentage, ce qui laisse supposer qu'il est encore possible d'améliorer la

---

[2] Une majeure partie du commerce de gros et de détail, des hôtels et des restaurants, du dépannage, des services domestiques, communautaires et à la personne emploie une main-d'œuvre peu qualifiée, est dominée par des relations de travail informelles, par l'adoption de stratégies de survie et par une polarisation importante du revenu.

croissance et la répartition des revenus agricoles dans l'avenir. En effet, comme le montre le tableau 16.3, l'interaction des taux de scolarisation dans le secondaire avec la part de la population rurale réduit les inégalités[3].

c) **Croissance démographique, taux de dépendance, exode rural et inégalités.** Contrairement à d'autres régions moins développées, la croissance démographique moyenne de l'Afrique subsaharienne n'a pas ralenti entre 1990-1995 et 2010-2015 (figure 16.5), elle s'est d'ailleurs accélérée en Afrique de l'Est et en Afrique de l'Ouest. Même en supposant que son taux de croissance diminuera légèrement à l'avenir, la population de l'Afrique subsaharienne atteindra 1,2 milliard d'ici 2050 en raison de la persistance du taux global élevé de fécondité. Cependant, des différences commencent à apparaître. Alors que pendant la période 1990-2015, l'indice synthétique de fécondité (ISF) au Niger a stagné à 7,6-7,7 %, en Éthiopie cet indice a chuté de 7,4 % à 4,6 % du fait d'une politique publique proactive. La majeure partie de la région n'a par conséquent pas bénéficié encore du « dividende démographique », alors que les inégalités ont progressé en raison de la pression croissante exercée sur les ressources privées et publiques. Cependant, les données nationales ne permettent pas de faire ressortir facilement cet effet dans l'analyse de la régression en raison de la similarité des taux d'accroissement démographique, malgré les différences des coefficients de Gini (figure 16.5).

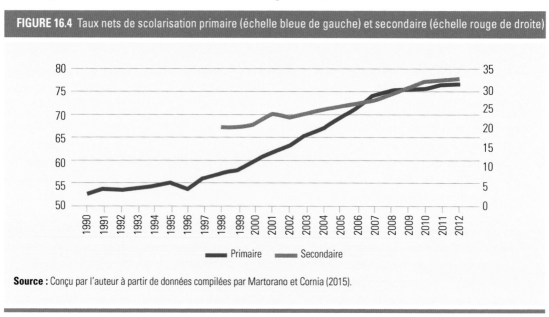

FIGURE 16.4 Taux nets de scolarisation primaire (échelle bleue de gauche) et secondaire (échelle rouge de droite)

Source : Conçu par l'auteur à partir de données compilées par Martorano et Cornia (2015).

Cependant, l'effet non égalisateur de la forte croissance démographique est évident d'après des microdonnées, en particulier dans les zones urbaines où les taux de dépendance sont plus faibles et diminuent plus rapidement parmi les ménages à revenu élevé (tableau 16.2), ce qui, toutes choses étant égales par ailleurs, accroît l'inégalité. Ainsi, le taux de dépendance global a été introduit dans le facteur régression, avec l'espoir qu'il présenterait une corrélation positive avec l'inégalité, tout en étant conscient, cependant, que ce résultat n'est pas facilement saisissable par les données nationales.

---

[3] La relation entre le capital humain et les inégalités s'améliorerait si on utilisait la proportion d'agriculteurs avec un niveau d'éducation du secondaire plutôt que les taux de scolarisation dans le secondaire. Cette information est disponible dans les séries Barro et Lee concernant l'économie globale, mais pas spécifiquement les secteurs urbain et rural. En outre, comme le montrent les chapitres 13 et 14 sur le Malawi et l'Éthiopie, d'autres facteurs tels que l'irrigation, les engrais et les précipitations influencent le niveau et la répartition de la production agricole.

Comme indiqué au chapitre 2, les inégalités sont généralement plus élevées dans les zones urbaines, en raison d'une plus grande dispersion des revenus marchands du secteur formel aussi bien que du secteur informel. Alors que la part des « autres services » (dont une majeure partie est basée dans les zones urbaines) a déjà été introduite dans le facteur régression, la première évolution dans le temps de la part de la population urbaine a également été incluse dans le facteur régression, afin d'appréhender les effets additionnels de l'urbanisation. Cependant, cette variable est étroitement corrélée à la prime à la compétence (annexe 16.3), provoquant ainsi un problème de multicolinéarité, ce qui la rend non significative. Le chapitre 10 fournit une analyse détaillée du rapport entre inégalité et croissance démographique et les variables connexes.

16.2.2 Causes sous-jacentes de l'inégalité

L'inégalité dépend, dans une large mesure, de ses causes sous-jacentes, qui, soit influencent les causes directes de l'inégalité, soit l'affectent directement.

d) **Changement des politiques stratégiques.** Les ratios recettes fiscales/PIB et l'incidence fiscale peuvent également avoir un effet sur la progressivité de la répartition des revenus en Afrique subsaharienne. Jusqu'à récemment, la fiscalité dépendait principalement du commerce régressif et des impôts indirects (chapitre 2, tableau 2.7 et chapitre 7). Pourtant, le ratio recettes fiscales/PIB et, dans plusieurs pays, la fiscalité directe (par rapport à la fiscalité totale) ont augmenté depuis 2003 (figure 16.6). Si une augmentation du ratio recettes fiscales/PIB pourrait ou non réduire les inégalités, une hausse des recettes fiscales directes est susceptible d'être un déterminant égalisateur. Cette variable a donc été

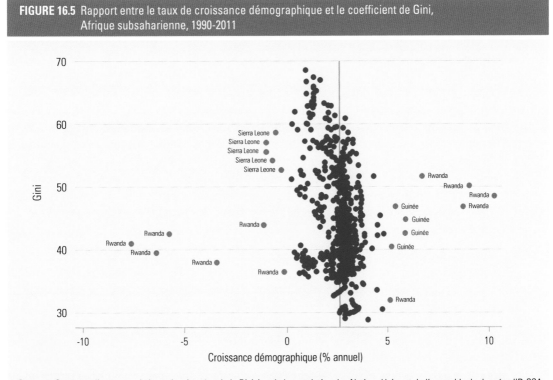

FIGURE 16.5 Rapport entre le taux de croissance démographique et le coefficient de Gini, Afrique subsaharienne, 1990-2011

Source : Conçu par l'auteur sur la base des données de la Division de la population des Nations Unies et de l'ensemble de données IID-SSA.

		Quintile I (les plus pauvres)	Quintile II	Quintile III	Quintile IV	Quintile V (les plus riches)
Rural	2000	N/A	N/A	N/A	N/A	N/A
	2005	57,3	56,0	53,6	49,3	45,3
	2011	55,8	53,5	53,0	51,1	46,1
Urbain	2000	41,9	42,5	39,7	37,0	26,8
	2005	46,4	42,6	40,7	36,7	30,9
	2011	41,9	42,5	39,7	37,0	26,8
	% de changement entre 2000-2011	- 15,0	-9,6	-8,6	-3,7	-17,3

Source : Conçu par l'auteur sur la base des données de l'Enquête auprès des ménages de l'Éthiopie.

incluse parmi les facteurs de régression. Toutefois, la progressivité de l'imposition ne s'est probablement pas améliorée dans les économies minières faisant face à des fuites de capitaux, malgré une hausse des recettes fiscales sur les sociétés.

De même, une augmentation des dépenses sociales publiques comme part d'un PIB généralement croissant est susceptible d'être un déterminant égalisateur même si la part reçue par les quintiles les plus riches est plus importante que celle reçue par les quintiles les plus pauvres (voir le chapitre 16, figure 16.12). Les dépenses consacrées à la santé et à l'éducation comme part du PIB ont augmenté dans une grande partie de la région, avec un meilleur ciblage, à travers l'accent mis par les OMD sur les dépenses publiques en faveur des populations pauvres. Si une plus grande disponibilité des services sociaux n'augmente pas les dépenses monétaires de consommation des ménages, elle remplace néanmoins les dépenses privées dans ces domaines, en augmentant ainsi la consommation d'autres produits de base. En Afrique australe et dans quelques autres pays, les dépenses publiques au titre des prestations sociales et des retraites ont également augmenté de manière sensible. La figure 16.7 (panneau de gauche) montre que cette augmentation allait avec une diminution des inégalités. En revanche, là où les dépenses sociales ont stagné (malgré un espace budgétaire croissant), le coefficient de Gini a augmenté. Pour faire ressortir ces effets, la variable « dépenses publiques en santé, en éducation et en transferts/PIB » a été introduite dans le facteur régression, avec l'attente qu'elle présente un signe négatif. Une analyse exhaustive de l'effet des politiques fiscales (impôts, dépenses et protection sociale) sur l'inégalité est présentée au chapitre 7.

Les politiques macroéconomiques affectent les inégalités de plusieurs manières : les taux d'intérêt réels affectent le rendement des actifs financiers et le niveau de l'emploi ; l'inflation réduit le pouvoir d'achat des ménages ; et les changements dans la politique de la dette affectent le ratio dette extérieure/PIB, la balance des paiements, les importations et l'allocation des fonds budgétaires entre le service de la dette et les importations et dépenses sociales essentielles. À son tour, l'appréciation du taux de change effectif réel (TCER) déplace les facteurs de production de l'agriculture et du secteur manufacturier à forte intensité de main-d'œuvre vers des produits non échangeables, dont certains sont à forte intensité de main-d'œuvre qualifiée et de capital, ou sont caractérisés par un haut niveau d'informalité et d'inégalité. Enfin, la libéralisation des échanges déplace le capital et la main-d'œuvre vers les secteurs

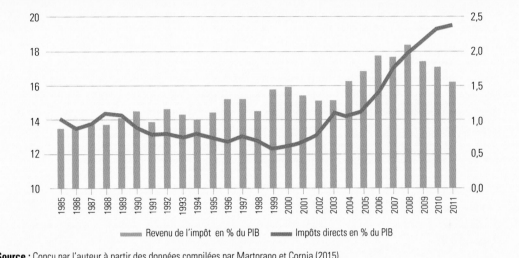

FIGURE 16.6 Moyenne régionale du ratio recettes fiscales/PIB (barres verticales, échelle de gauche) et recettes fiscales directes/PIB (échelle de droite)

Revenu de l'impôt en % du PIB   Impôts directs en % du PIB

Source : Conçu par l'auteur à partir des données compilées par Martorano et Cornia (2015).

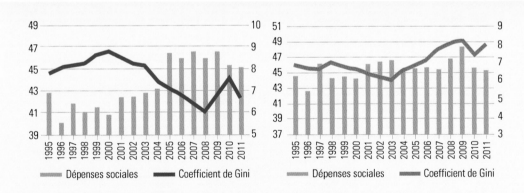

FIGURE 16.7 Évolution des dépenses publiques dans le domaine de la santé, de l'éducation et des transferts sociaux en part du PIB par rapport au coefficient de Gini dans les pays présentant un coefficient de Gini en baisse et en forme de U inversé (panneau de gauche), et ceux avec un coefficient de Gini en hausse et sous forme de U (panneau de droite)

Dépenses sociales   Coefficient de Gini   Dépenses sociales   Coefficient de Gini

Source : Conçu par l'auteur à partir de données compilées par Martorano et Cornia (2015).

présentant le plus grand avantage comparatif statique (le secteur primaire), mais pénalise la production manufacturière encore larvaire et l'accomplissement des avantages comparatifs dynamiques.

Les données recueillies pour les 29 pays échantillons d'Afrique subsaharienne pour la période 1985-2011 montrent que le taux d'intérêt réel était élevé (avec des valeurs modales de l'ordre de 20 à 25 %) et instable. Cependant, étant donné que 90 % des agents sont exclus de l'accès au crédit formel et des mécanismes de transmission monétaires faibles, cette variable ne risque pas d'affecter les inégalités et a donc été abandonnée. Deuxièmement, l'IPC (taux d'inflation) a enregistré un déclin général et régulier (tableau 2.13 du chapitre 2 de cet ouvrage), bien qu'il ait diminué plus rapidement dans les pays du franc CFA (où, à l'exception des années marquées par la mauvaise récolte, l'inflation cible généralement celle de la monnaie d'ancrage) qu'au Kenya, au Nigéria, au Lesotho, au Ghana et dans d'autres pays qui ont enregistré des taux d'inflation de 10-15 %. Un faible IPC est généralement supposé réduire les inégalités, mais si l'indice des prix des produits alimentaires (IPA) augmente plus rapidement que l'IPC, l'inégalité de consommation tend à augmenter (chapitre 15). La rareté des données ne permet toutefois pas d'introduire l'Indice des prix des produits alimentaires dans le facteur régression. Au lieu de cela, l'IPC a été introduit avec l'espoir que son coefficient aura un signe positif. Troisièmement, presque tous les pays de l'Afrique subsaharienne ont connu une réduction de leurs ratios dette extérieure/PIB, en particulier les pays PPTE (figure 16.8), avec des effets positifs sur le service de la dette, la balance des paiements, les importations, la marge de manœuvre budgétaire et les inégalités de consommation.

À son tour, le TCER s'est déprécié en moyenne entre les années 1990 et 2003/2004. Cependant, il a connu un essor dans les économies minières touchées par le syndrome hollandais. Depuis 2003/2004, il a également augmenté dans les pays qui exportent des produits agricoles et les pays du franc CFA (figure 16.9).

Enfin, avec la libéralisation du commerce, les taux tarifaires moyens ont diminué environ de 15 à 8 %. Toutefois, de telles mesures ont réduit la taille du secteur manufacturier à forte intensité de main-d'œuvre mis en place après l'indépendance, avec des effets susceptibles d'être déségalisateurs (figure 16.10), car ils ont contribué au déplacement des ressources du secteur manufacturier vers les services. La figure 16.10 confirme ainsi les résultats du bilan des travaux (Koujianou, Goldberg

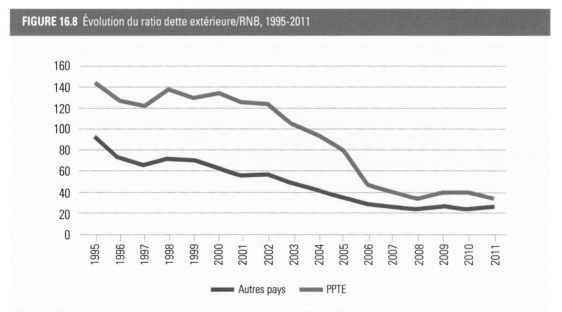

FIGURE 16.8 Évolution du ratio dette extérieure/RNB, 1995-2011

Source : Conçu par l'auteur à partir de données compilées par Martorano et Cornia (2015).
Remarque: Les PPTE sont le Burkina Faso, le Cameroun, l'Éthiopie, la Gambie, le Ghana, la Guinée, la Guinée-Bissau, Madagascar, le Malawi, le Mali, la Mauritanie, le Mozambique, le Niger, l'Ouganda, le Rwanda, le Sénégal, la Sierra Leone, la Tanzanie et la Zambie.

et Pavcnik, 2007) qui montre que la libéralisation des échanges entraîne une hausse des inégalités durant plusieurs années après son instauration. Toutefois, les données sur les droits de douane ne sont disponibles en moyenne que pour cinq à six ans et pas pour tous les pays, ce qui fait qu'il est impossible d'inclure cette variable dans le facteur régression.

e) **Changements dans l'environnement économique mondial.** La transition sous-optimale intervenue dans les structures économiques dont il est question au paragraphe a) des pages 391-395 s'explique non seulement par une accumulation limitée du capital, des taux de natalité élevés et la faiblesse des politiques commerciales et industrielles, mais également, surtout dans certains pays, par les changements des conditions de l'économie mondiale.

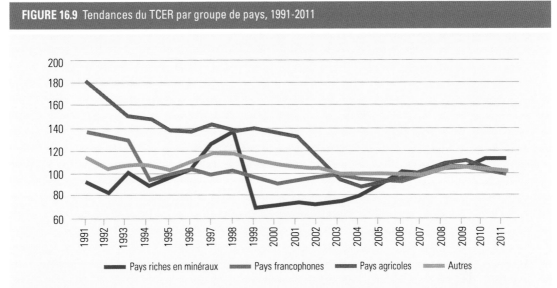

FIGURE 16.9 Tendances du TCER par groupe de pays, 1991-2011

Source : Conçu par l'auteur à partir de données compilées par Martorano et Cornia (2015). Légende : Le TCER fait référence au taux de change effectif réel.

Remarque : Les pays ne sont affectés qu'à un seul groupe, à quelques exceptions près pour les cas limites. La Mauritanie est incluse à la fois dans le groupe des pays riches en minéraux et celui des pays francophones, tandis que le Burkina Faso, la République centrafricaine, la Guinée et le Niger sont inclus dans le groupe des pays agricoles et aussi dans celui des pays francophones.

Comme nous l'avons vu au chapitre 2, l'indice régional des termes de l'échange et le ratio exportations/ PIB de l'Afrique subsaharienne ont augmenté au cours des années 2000. Parallèlement, les IDE (principalement dirigés vers le secteur pétrolier et minier) sont passés de 3 à 5,3 % du PIB en 2000-2011. Dans l'ensemble, il est probable que les améliorations des termes de l'échange dans les pays exportateurs de pétrole et de minéraux et les IDE croissants dans le secteur des ressources naturelles aient eu un effet non égalisateur en raison de la forte intensité du capital et de la main-d'œuvre qualifiée. Si ces gains avaient été accumulés par les autorités de l'État ou avaient été taxés et redistribués, leur hausse aurait pu engendrer des effets égalisateurs. Cependant, comme on l'a noté, les données montrent une relation faible entre les termes de l'échange et le ratio revenu/ PIB, en partie en raison de la fuite de capitaux. En revanche, les améliorations des termes de l'échange des cultures agricoles (tableau 2.9) ont eu un effet égalisateur, car leur développement est exigeant en termes de l'intensité de main-d'œuvre, et les petits exploitants contribuent de manière importante au rendement agricole.

Les envois de fonds enregistrés ont quadruplé entre 1990 et 2010 (chapitre 2, figure 2.6). Selon la

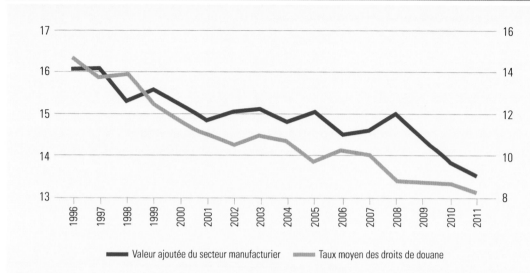

FIGURE 16.10 Taux régional moyen des droits de douane (ligne bleue, échelle de droite) et valeur ajoutée moyenne du secteur manufacturier (ligne rouge, échelle de gauche)

Légende : ━━━ Valeur ajoutée du secteur manufacturier ━━━ Taux moyen des droits de douane

Source : Conçu par l'auteur à partir de données compilées par Martorano et Cornia (2015).
Remarque : Les données aberrantes (c'est-à-dire les parts de valeur ajoutée de la production manufacturière> 30 ou <10) ont été abandonnées.

théorie de la « bosse migratoire », les fonds sont des facteurs d'inégalité, car seuls les ménages à revenu moyen sont en mesure de financer le coût élevé de la migration et, par conséquent, ces fonds bénéficient aux ménages les plus aisés (FMI, 2005). Les données concrètes provenant de l'extérieur de l'Afrique subsaharienne concernant les envois de fonds enregistrés confirment cette hypothèse (Ratha et al., 2011). Cependant, en Afrique, une majeure partie de la migration est saisonnière, informelle, à destination des pays limitrophes et à faible coût. Son effet sur l'inégalité peut également être induit par différents facteurs, dont la richesse cumulée, la productivité et les effets de réseau (Docquier et al.,2006). Les effets de la diaspora peuvent également être un facteur pertinent, comme dans le cas du barrage de la Renaissance en Éthiopie, dont la construction est financée, notamment, par un fonds de la diaspora. Pour ces raisons, les populations rurales pauvres peuvent également migrer et envoyer de l'argent à la maison. Une telle variable a donc été prise en compte dans le facteur régression, dans l'attente que son paramètre soit négatif. Entre 1990 et 2011, la région a connu des flux d'investissements de portefeuille marginaux ou négatifs. Toutefois, elle a enregistré une forte baisse du ratio dette extérieure/PIB du fait de l'achèvement de l'initiative PPTE. La première différence du ratio dette extérieure/PIB a donc été introduite dans le facteur régression. Enfin, l'aide extérieure à l'Afrique subsaharienne a baissé, passant de 25 à 15 milliards de dollars US entre 1990 et 2001, pour rebondir à environ 40 milliards de dollars en 2006-2007. La théorie et les données empiriques sont divisées quant à l'effet de l'aide sur l'inégalité. Certains prétendent qu'elle peut inciter les bénéficiaires – concernés par leurs intérêts propres- à s'engager dans un comportement de « quête de rente », tandis que les bailleurs peuvent répartir l'aide de manière qui va à l'encontre de leur rhétorique favorable aux pauvres (Herzer et Nunnekamp, 2012). Toutefois, en examinant la répartition de l'APD depuis 2000, Hailu et Tsukada (2012) estiment que l'aide était distribuée de manière à satisfaire les critères des OMD. La variable nette de l'APD perçue/ PIB a ainsi été introduite dans le facteur régression, avec l'attente que son signe soit négatif.

f) Chocs sanitaires, technologiques et politiques. Depuis le début des années 1990, l'incidence du VIH/sida a augmenté dans toutes les régions, mais avec des taux variables (figure 16.11). Les données microéconomiques indiquent que le VIH/sida a creusé l'écart de revenu entre les ménages non infectés et les ménages infectés qui doivent, eux, renoncer au revenu de l'adulte malade et à celui du membre de la famille qui le soigne, tout en supportant des coûts médicaux et funéraires élevés (Cornia et Zagonari, 2007). Afin de saisir cet effet, la variable « taux d'incidence du VIH/sida chez les adultes[4] » a été incluse dans le facteur régression, avec l'attente que son signe soit positif.

En revanche, au cours de la dernière décennie, l'Afrique subsaharienne a connu une diffusion endogène de technologies peu coûteuses et hautement divisibles telles que les téléphones cellulaires, l'Internet et les panneaux solaires, qui auraient pu contribuer à faire intégrer les producteurs et les consommateurs marginalisés au marché. Entre 2004 et 2011, le nombre moyen de personnes avec accès aux téléphones mobiles est passé de 10 à 60 % et celui des utilisateurs Internet à 10 %. Bien que l'effet de croissance d'un tel choc technologique ait été favorable, l'effet sur l'inégalité est probablement concave, puisque ces nouvelles technologies peuvent être acquises d'abord par la classe moyenne. L'inégalité ne peut commencer à décliner que lorsque leur utilisation est suffisamment répandue. Afin de tester l'impact des chocs technologiques, le nombre de téléphones cellulaires par 100 personnes a été inclus dans le facteur régression, avec l'attente que son signe soit positif, étant donné que la plupart des pays étaient dans la phase initiale de leur diffusion au cours de la période d'échantillonnage.

Entre 1993 et 2010, le nombre de conflits dans la région a diminué, passant de 25 en 1993 à 10 en 2010 (chapitre 2, figure 2.1). Un tel déclin a eu une incidence favorable sur la croissance et l'inégalité, car les pertes humaines causées par les guerres, la destruction des infrastructures et l'exode des réfugiés ont cessé, pendant que les marchés noirs s'estompaient, la production et l'emploi se redressaient et les

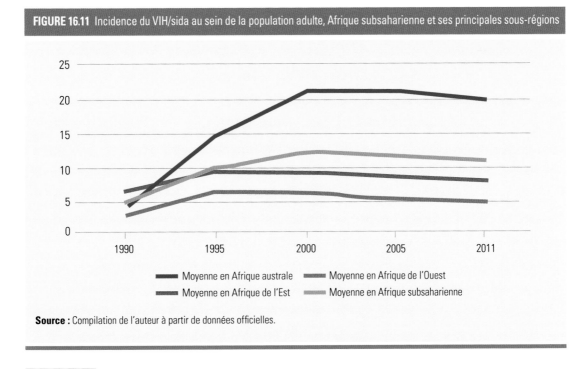

FIGURE 16.11 Incidence du VIH/sida au sein de la population adulte, Afrique subsaharienne et ses principales sous-régions

- Moyenne en Afrique australe
- Moyenne en Afrique de l'Ouest
- Moyenne en Afrique de l'Est
- Moyenne en Afrique subsaharienne

Source : Compilation de l'auteur à partir de données officielles.

---

[4] Une spécification exacte de cette variable nécessiterait l'introduction du décalage égal en nombre d'années requis au VIH pour se déclarer en sida avéré. Cela occasionnerait néanmoins une perte importante du degré de liberté.

instances étatiques et internationales commençaient à nouveau à fournir des services de base. Définir l'intensité de la guerre n'est pas simple. Ce chapitre utilise le fichier de données Épisodes majeurs de la violence politique (1946-2014), élaboré par le Centre pour la paix systémique (www.systemicpeace. org/warlist/warlist.htm), qui énumère tous les conflits majeurs, qu'ils soient inter ou intraétatiques, communautaires, ethniques, génocidaires, ou la guerre. On parle de guerre lorsque le conflit entraîne au moins 500 décès directs sur une période donnée et au moins 100 décès directs par année. L'intensité de la guerre est mesurée sur une échelle de 1 à 10. Une analyse plus détaillée du rapport entre les conflits et les inégalités en Afrique est présentée dans le chapitre 10.

g) **Démocratie et gouvernance.** Bien que la démocratie soit difficile à théoriser, à définir et à mesurer, la plupart des analyses affirment qu'elle a commencé à s'améliorer au milieu des années 1990. Si elle conduit à l'instauration d'institutions responsables, la démocratie a la capacité de provoquer un déclin des politiques de corruption et du clientélisme, et réduire ainsi les inégalités. L'unité de mesure utilisée ici pour jauger la démocratie se compose de deux indicateurs complémentaires (Vanhanen *et al.*, 2014): la « concurrence politique », qui mesure le succès électoral des petits partis visant à modérer le monopole des partis traditionnels ; et la « participation politique », qui mesure la participation électorale, en supposant que plus elle est élevée, plus le contrôle démocratique est important. Le produit des deux constitue « l'indice de la démocratie ». Pour saisir les changements dans la gouvernance, la variable « qualité de l'administration publique » a également été introduite dans le facteur régression. Ces variables devraient être égalisatrices, bien que la difficulté rencontrée pour mesurer la démocratie par des indices agrégés puisse réduire leur corrélation avec l'inégalité.

16.3 Ensemble de données, description des variables et stratégie d'estimation

Les hypothèses présentées à la section 16.2 sur l'effet de l'inégalité sur les causes immédiates et sous-jacentes de l'inégalité ont été testées sur des données de panel réunies par Martorano et Cornia (2015) pour les 29 pays disposant de données Gini de l'IID-SSA pour les années 1991/1993-2011. Quelques données pour 1985-1991/1993 ont été ajoutées au panel pour augmenter la taille de l'échantillon. Le panel a une dimension théorique d'environ 800 cellules, qui, cependant, diminue essentiellement en raison de données manquantes pour les variables dépendantes ou explicatives. Leur liste, avec les données métriques et les sources de données, figure à l'annexe 16.2. La variable dépendante est le coefficient de Gini de la répartition du montant des dépenses de consommation des ménages par habitant. Les variables explicatives ont été classées dans les groupes suivants : (i) le taux de croissance du PIB par habitant et le « schéma de croissance » (c'est-à-dire les parts de valeur ajoutée de l'agriculture, de la production manufacturière et des « autres services »), censés saisir l'inégalité « entre les secteurs » ; (ii) la répartition des dotations en facteurs dans les zones urbaines et rurales, de manière à déterminer l'incidence de l'inégalité « au sein de chaque secteur ». En raison du manque de données sur la répartition des terres et des capitaux, la seule variable qui pourrait être utilisée dans le facteur régression est le ratio travailleurs ayant un niveau d'éducation secondaire et supérieur/travailleurs avec un niveau d'éducation inférieur ou nul. Pour saisir l'incidence du capital humain dans l'agriculture, on a plutôt utilisé la proportion de travailleurs avec un niveau d'éducation secondaire, en rapport avec la part de la population rurale ; (iii) des variables démographiques telles que le taux de dépendance et la première différence du taux d'urbanisation ; (iv) les politiques économiques et sociales examinées ci-dessus ; (v) l'évolution de la conjoncture économique mondiale ; (vi) les chocs exogènes dans les domaines de la technologie, de la santé et des conflits ; et (vii) la démocratie et la gouvernance étayées par les indicateurs de Vanhanen *et al.* (2014).

La matrice des coefficients de corrélation bivariée des 25 variables explicatives utilisées dans le facteur régression montre que sur les 288 coefficients de corrélation bivariée, seulement deux (soulignés en jaune) sont significatifs (annexe 16.3) et pourraient soulever des problèmes de multicolinéarité . Le test de biais des variables omises (F = 0,533) échoue à rejeter l'hypothèse nulle, annulant ainsi l'existence d'un tel biais. Selon la structure en panel issue de l'ensemble de données de Martorano et Cornia (2015), l'estimation doit tenir compte du fait que chaque pays est étudié durant plusieurs années. Le modèle le mieux adapté à ce type de données est la méthode des moindres carrés avec des effets fixes (également appelée « modèle à un facteur à effets aléatoires »). La régression inclut une variable muette pour chaque pays et génère des interceptions spécifiques à chaque pays, représentant les différences géographiques, institutionnelles et des facteurs non observables. L'estimateur prend ainsi les formes suivantes :

$$GINI_{it} = \alpha + \beta X_{it} + \eta_i + e_{it}$$

où $Gini_{it}$ est le coefficient de Gini de la répartition des dépenses monétaires de consommation des ménages par habitant, X_{it} un vecteur de 25 variables explicatives, les indices i et t se rapportent aux pays et aux années modèles, η_i est l'effet fixe du pays constant dans le temps, e_{it} le terme d'erreur idiosyncrasique, et β sont les paramètres. Les sept groupes de régresseurs décrits ci-dessus ont été introduits avec un procédé par étapes à partir du modèle 1, qui comprend le taux de croissance du PIB, la valeur ajoutée des secteurs clés et les variables démographiques. Les modèles 2, 3 et 4 ajoutent progressivement les autres variables discutées ci-dessus.

Le modèle 2 a également été déterminé à l'aide de l'estimation par moindre carré avec des effets fixes par pays et par année (ou le « modèle à deux facteurs croisés à effets aléatoires »), afin de vérifier si les relations identifiées avec l'estimation par moindre carré ci-dessus sont influencées par des changements intervenus durant la période 1991-2011. Cependant, ce modèle génère des valeurs de paramètres qui sont pratiquement identiques à celles obtenues avec l'estimation par moindre carré, bien que leur importance s'améliore pour quatre paramètres et diminue pour trois. Cela semble indiquer qu'il n'y a pas eu d'impact de facteurs non observables spécifiques lors des années données. Un test F confirme que cet ensemble de variables muettes annuelles n'est pas significatif. En outre, le modèle 2 a également été régressé à l'aide de l'ANOVA, destiné à éliminer la variance inconnue entre les pays en faisant régresser, au fil du temps, la première différence de Gini sur les premières différences des régresseurs. Un tel estimateur génère les mêmes paramètres et la même signification statistique obtenus avec l'estimation par moindre carré, bien que, comme prévu, il réduise le R2 de 0,934 à 0,522. En bref, les paramètres du modèle 2 sont robustes aux différents types d'estimateurs[6]. Enfin, le modèle 5 adopte l'estimateur de la méthode GMM (en utilisant le modèle 2 comme référence) pour aborder les problèmes potentiels d'endogénéité en utilisant les valeurs décalées des variables explicatives pertinentes, puisqu'il est pratiquement impossible d'identifier des variables instrumentales significatives pour chacun des déterminants pour lesquels il pourrait y avoir une « causalité circulaire » avec le coefficient de Gini. De plus, en introduisant le coefficient de Gini retardé parmi les facteurs de régression, le Modèle 5 traite également de la question de la persistance de Gini dans le temps.

Les données manquantes réduisent le nombre d'années/pays avec des données complètes estimées à un nombre théorique d'environ 800 dans le modèle 1 à 430 dans le modèle 4. Cependant, les résultats de la régression confirment la plupart des hypothèses présentées dans la section 16.2 sur l'impact régional moyen des causes immédiates et sous-jacentes de la bifurcation des évolutions des inégalités entre les

---

[5] Comme mentionné dans la section 2, l'impact d'un plus grand nombre de variables explicatives potentielles a également été testé sur le coefficient de Gini, même si la théorie n'a pas fourni de raisons suffisantes pour introduire ces variables. Les résultats insatisfaisants obtenus suggèrent d'inclure seulement celles qui sont théoriquement et/ou empiriquement significatives dans la matrice de corrélation bivariée (voir l'annexe 16.2).

pays africains. Les estimations sont assez homogènes entre les modèles 1 à 4, car il y a peu de signes ou de changements significatifs quand on ajoute de nouveaux régresseurs. Dans l'ensemble, les résultats des modèles de régression présentés dans le tableau 16.3 indiquent que :

(a) alors que le « taux de croissance » du PIB par habitant n'est pas corrélé à l'inégalité de consommation, le « modèle de croissance » (c'est-à-dire sa composition sectorielle) est pertinent. En effet, une augmentation de la part de la valeur ajoutée de l'agriculture, de la production manufacturière et des « autres services » respectivement réduit l'inégalité, ne l'affecte pas de manière significative et tend à sa croissance (pour cette dernière, avec une perte de signification dans les modèles 3 et 4) ;

(b) une meilleure répartition ou un niveau plus élevé du capital humain réduit les inégalités dans les zones urbaines et rurales ;

(c) les taux d'urbanisation et de dépendance sont importants dans les études microéconomiques, mais pas dans le modèle macro en raison de leur variabilité limitée entre les pays échantillons ;

(d) parmi les causes sous-jacentes des inégalités, la part des impôts directs dans le revenu total, les dépenses sociales/PIB, l'IPC, la première différence entre le TCER et la dette extérieure/PIB ont le signe attendu et sont importants, confirmant ainsi que les politiques publiques peuvent réellement influer sur les inégalités ;

(e) les bénéfices issus du commerce des années 2000 ont contribué de façon significative à la récente baisse des inégalités dans une partie de la région, sauf lorsqu'ils ont été en interaction avec une variable muette relative à la richesse en minéraux. Dans ce cas, ils deviennent des facteurs fortement déségalisateurs. Quant aux envois de fonds des travailleurs migrants, ils constituent un facteur égalisateur dans tous les aspects, alors que le stock d'IDE/PIB (principalement affecté à l'exploitation minière) augmente notablement les inégalités. Enfin, le ratio net APD/PIB n'est pas significatif, en dépit des arguments présentés dans la section 2 sur l'allocation récente de l'APD en faveur des populations pauvres ;

(f) l'intensité de la guerre hausse immanquablement les inégalités. À l'exception du modèle 1, le VIH/sida contribue également modérément, mais de manière significative, à l'essor des inégalités, en raison de la variabilité inter-pays (figure 16.11). Le pourcentage de personnes possédant des téléphones cellulaires ne réduit pas l'inégalité, peut-être parce que ses effets peuvent être concaves plutôt que linéaires ;

(g) la concurrence et la participation politiques, ainsi que la qualité de l'administration publique ne sont pas statistiquement significatives, ce qui confirme les difficultés à faire ressortir, à l'aide d'indices synthétiques, l'impact des dispositifs et accords complexes politiques et de gouvernance. Pourtant, comme le suggère Gyimah-Brempong (2002), et comme on l'a vu dans des chapitres précédents de cet ouvrage, l'effet redistributif de la démocratie peut être représenté par le fait que les pays démocratiques, plus que les non démocratiques, redistribuent davantage les richesses par la fiscalité et les transferts sociaux, comme le confirme la signification de la variable « dépenses sociales/PIB ».

Les paramètres du tableau 16.3 reflètent l'impact régional moyen des facteurs régresseurs choisis sur les inégalités durant la période 1985-2011. Cet impact peut être différent selon les caractéristiques structurelles de chaque pays. Dans le tableau 16.3, le problème de l'hétérogénéité structurelle est géré en introduisant des variables parmi les facteurs régresseurs qui reflètent différentes structures de production (variables 3 à 5), la part de la population rurale (variable 7), l'augmentation du taux d'urbanisation (variable 8) et une variable muette relative à la richesse en minéraux (variable 19). À l'exception de la variable 8, toutes les variables reflétant l'hétérogénéité entre pays sont significatives.

---

[6] Pour des raisons d'espace, les résultats des deux facteurs croisés à effets aléatoires et les estimateurs ANOVA n'ont pas pu être inclus dans le chapitre, mais sont disponibles auprès de l'auteur ; ils sont également inclus dans RBA-WP n.3/2016.

Comme mentionné, le modèle 5 traite des questions de persistance des inégalités et de causalité circulaire. La méthode GMM est un estimateur approprié pour traiter ces problèmes, bien que son efficacité soit réduite par la taille limitée de l'échantillon (241 observations). Avant de commenter les résultats de cette étude, il est nécessaire de souligner que, sur les 586 coefficients de Gini de l'IID-SSA utilisés pour les 29 pays échantillons et sur la période 1985-2011, seuls 169 ont été observés, tandis que les 417 restants ont été interpolés de manière linéaire. Par construction donc, les données de Gini entre chaque couple de points observés présentent une tendance linéaire stable (voir l'Annexe 1 dans Cornia et Martorano, 2015). Ainsi, le grand nombre de données interpolées de manière linéaire explique en grande partie la valeur élevée du paramètre du coefficient de Gini retardé (0,76). En conséquence, la valeur des autres paramètres diminue alors que leur pertinence chute, puisque les variables explicatives sont plus faiblement associées au « résidu du coefficient de Gini », alors que leurs écarts types restent les mêmes. La réduction de la valeur et de la signification des paramètres est observée pour les 13 des 16 variables du modèle 5. Leurs signes, cependant, restent les mêmes.

Les problèmes d'endogénéité et de causalité inverse peuvent être écartés de façon plausible sur la base d'arguments théoriques dans le cas des conditions économiques mondiales (variables 15-19), de l'incidence du VIH/sida et de la diffusion des téléphones cellulaires (variables 21-22), de la structure de l'économie et des changements démographiques (variables 3 à 5 et 8-9). Cependant, la causalité inversée ne peut pas être exclue dans le cas de la croissance du PIB par habitant (puisqu'une inégalité faible peut engendrer la croissance), et des impôts directs/ensemble des recettes (puisqu'une distribution plus égalitaire peut favoriser la diffusion des services sociaux). De même, une inégalité élevée nuit à la répartition du capital humain (variables 6 et 7) parce que les ménages et l'État ne peuvent pas financer le coût de l'éducation en cas de pauvreté généralisée et lors de la résistance des élites à la fiscalisation, alors que les gouvernements peuvent augmenter les dépenses sociales/PIB pour contrôler une répartition inéquitable des revenus du marché. En outre, si l'inégalité atteint le seuil d'alarme, les tensions sociales peuvent se transformer en conflits ouverts. Pour faire face à ces problèmes potentiels d'endogénéité, l'approche de la méthode GMM est utilisée pour des variables endogènes mentionnées ci-dessus en utilisant les conditions momentanées des instruments à mesure différée pour les équations différenciées, ainsi que pour les équations en niveau. De cette façon, la méthode GMM génère des estimations des paramètres qui tiennent compte de la circularité de la relation entre le coefficient de Gini et les variables potentiellement endogènes. Les études statistiques de la méthode GMM confirment la validité de l'analyse. Le test AR2 nie la présence d'autocorrélation de l'ordre 2. De plus, le test de Sargan des restrictions d'identification excessive concernant la validité des instruments valide l'hypothèse nulle ; ainsi, les instruments passent le test. Les résultats du modèle 5 montrent que, par rapport au modèle 2, il y a trois changements en direction de la causalité : le taux de croissance du PIB par habitant devient un facteur de réduction des inégalités, alors que la part de la valeur ajoutée des « autres services » et la part des impôts directs dans les recettes globales (égalisation dans le modèle 2) deviennent non significatives.

Enfin, le tableau 16.4 présente un test de robustesse des paramètres appréciés pour la période 1985-2011 en utilisant comme référence le Modèle 2 du tableau 16.3. Le premier test limite la période d'estimation à 1995-2011 ; les deuxième et troisième tests les limitent à des pays avec des inégalités croissantes ou à la baisse ; et le quatrième test, au coefficient Gini non-interpolé uniquement. Avant d'évaluer ces résultats, il est essentiel de souligner que le nombre d'observations de chaque sous-échantillon est très restreint. Dans les modèles 3 et 5, il tombe à 92 et 81, alors que le nombre de paramètres à estimer est de 46 (17 plus 29 interceptions pays). Compte tenu de cela, il est normal de s'attendre à des résultats faibles. Dans l'ensemble, sur les 68 (17x4) paramètres des modèles 2-4 du tableau 16.4, cinq se sont révélés importants et possèdent le signe attendu par rapport au modèle de référence, tandis que les 14 autres sont révélés non significatifs, et deux (marqués par a ^) significatifs au niveau de probabilité de 15 %. Alors que le

	Signe attendu *ex ante*	1 Estimation par moindre carré	2 Estimation par moindre carré	3 Estimation par moindre carré	4 Estimation par moindre carré	5 Méthode GMM
1. Gini (t-1)	+					0,76***
(i) Taux et modèle de croissance						
2. Taux de croissance réel du PIB	- , ns	- 0,07**	0,01	-0,09	-0,09	-0,07**
3. % VA de l'agriculture	-	- 0,15*	-0,30***	-0,14	-0,31**	-0,14*
4. % VA de la production manufacturière	ns	- 0,00	-0,15	-0,10	0,04	-0,22*
5. % VA des « autres services »	+	0,33***	0,18*	0,13	0,00	-0,06
(ii) Distribution des facteurs de production						
6. % de travailleurs avec un niveau d'éducation secondaire et supérieur/ travailleurs avec un niveau d'éducation plus bas	+	0,61***	1,05***	1,25***	1,38**	0,47**
7. % de travailleurs avec un niveau d'éducation secondaire * % de la population rurale	-	- 0,02***	- 0,02***	- 0,02***	- 0,02***	- 0,01
(iii) Variables démographiques						
8. Δ % de population urbaine	+ , ns	3,87***	s.o.	-1,37	2,39	s.o.
9. Rapport de la population non adulte à la population adulte	+ , ns	- 0,36***	s.o.	0,02	0,13	s.o.
(iv) Politiques économiques/sociale						
10. Impôts directs/ensemble des taxes			- 0,05***	-0,10***	-0,09***	0,02
11. Dépenses sociales/PIB			-0,16^	-0,24*	-0,46**	-0,19*
12. Δ TCER	+		0,03*	0,04**	0,05**	0,03*
13. Δ Dette extérieure/PIB	+		0,03**	0,03**	0,03**	0,01
(v) Changements dans les conditions globales						
15. Termes de l'échange (TER)	+,-		-0,02	-0,05***	-0,09***	0,00
16. TER * variable muette rel. à la richesse en minéraux			0,12***	0,13***	0,17***	0,06
17. Envois de fonds de l'étrangers (% du PIB)	ns, -		-0,15***	-0,20***	-0,67***	-0,07***
18. IDE (% PIB)	+		0,13***	0,04	-0,25**	0,01
19. APD net/PIB	-		0,09	-0,00	0,10	0,13***
(vi) Chocs exogènes						
20. Intensité de la guerre	+		0,58^	0,74*	1,15**	0,16
21. Δ Impact VIH/SIDA	+		s.o.	0,68*	-0,51	s.o.
22. % de personnes possédant un téléphone cellulaire	+		s.o.	0,01	0,03	s.o.
(vii) Démocratie-gouvernance						
23. Inégalité politique	+				0,01	
24. Participation politique	-				0,03	
25. Admin. publique de qualité					-6,58	
Valeur constante		117,93***	58,24***	68,61***	62,89***	15,65
Variable muette pays		Oui	Oui	Oui	Oui	Oui
Observations		430	245	218	169	241
R²		0,797	0,934	0,943	0,946	
Test de Sargan						0,233

Source : Conçu par l'auteur à partir des données de l'Annexe 16.1.

Remarque: *** p<0,01, ** p<0,05, * p<0,1, ^ p<0,15, « ns » signifie « non sensiblement différent de zéro) et « VA » signifie valeur ajoutée.

TABLEAU 16.4 Vérification de la robustesse des résultats du modèle 2

Variables	Référence Modèle (n.2 dans tableau 16.3)	Base de référence modèle 1995-2011	Pays avec inégalités en baisse 1985-2011	Pays avec inégalités en hausse 1985-2011	Coeff. Gini observé seulement 1985-2011
	Modèle 1	Modèle 2	Modèle 3	Modèle 4	Modèle 5
Facteur d'estimation	Estimation par moindre carré	Estimation par moindre carré	Estimation par moindre carré	Estimation par moindre carré	Estimation par moindre carré
Différences dans le signe et la signification vis-à-vis du modèle de référence (16 variables)	N/A	1 changement dans Sig.	7 changement dans Sig.	7 changement dans Sig.	5 changement dans Sig.
(i) Taux et modèle de croissance					
2. Taux de croissance du PIB	0,01	0,06	0,12***	-0,11	-0,07
3. % VA de l'agriculture	-0,30***	-0,23**	-0,19**	-0,71***	-0,40**
4. % VA de la production manufacturière	-0,15	-0,14	-0,02	-0,88***	-0,05
5. % VA des « autres services »	0,18*	0,22*	0,16	-0,04	0,47
(ii) Répartition des facteurs de dotation					
6. % de travailleurs avec un niveau d'éducation secondaire Éducation supérieure Travailleurs avec un niveau bas d'études	-0,02***	-0,02***	-0,01*	-0,02***	-0,02***
7. % de travailleurs avec un niveau d'éducation secondaire * % de la population rurale	1,05***	1,72***	-0,49	1,19***	1,02**
(iv)) Politiques économiques/sociales					
10. Taxes directes (% de l'ensemble des taxes)	-0,05***	-0,05***	-3,00*	-2,52**	0,01
11. Dépenses sociales/PIB	-0,16^	-0,27*	-0,22^	-0,41*	-0,14
12. Δ TCER	0,03*	0,05**	-0,00	0,02	-0,00
13. Δ dette extérieure/PIB	0,03**	0,03*	0,01	0,07**	0,01
(v) Changements dans les conditions globales					
15. Termes de l'échange (TER)	-0,02	-0,02	-0,05***	0,02	-0,01
16. TER * variable indicatrice rel. à la richesse en minéraux	0,12***	0,12***	N/A	0,23^	0,15***
17. Envois de fonds de l'étrangers (% du PIB)	-0,15***	-0,25***	-0,15***	-0,17	-0,15
18. IDE/PIB	0,13***	0,03	0,17***	0,13	0,29***
19. APD nette reçue/PIB	0,09	0,11	0,04	0,16	0,17
(vi)) Chocs exogènes					
20 Intensité de la guerre	0,58^	0,45	1,57***	1,02*	-0,33
Valeur constante	58,24***	80,08***	61,93***	63,08***	82,37***
Variables muettes pays	Oui	Oui	Oui	Oui	Oui
Observations	245	197	92	109	81
R²	0,934	0,941	0,971	0,950	0,928

Source : Conçu par l'auteur à partir de données issues de Martorano et Cornia (2015).
Remarque : Comme dans le tableau 16.3 et « Sig. » signifie significations.

modèle 2 confirme étroitement les résultats du modèle 1 dans le tableau 16.3, et que le modèle 5 génère des résultats quasi conformes malgré quelques exceptions, les modèles 3 et 4 se révèlent être problématiques, car cinq et sept variables, respectivement, sur 16, changent de signification. Les variables qui présentent les résultats les plus instables sont la part de valeur ajoutée des «autres services », Δ du TCER, des IDE et de l'intensité de la guerre. En revanche, la part de la valeur ajoutée de l'agriculture, la croissance du PIB, la répartition du capital humain, le niveau de l'éducation secondaire dans les zones rurales, les termes de l'échange (seul et combiné avec la variable muette relative à la richesse en minéraux) et l'APD net confirment largement les conclusions du modèle de référence.

Dans l'ensemble, étant donné la petite taille des sous-échantillons et la diminution de la variance due au comportement similaire des pays d'un même sous-échantillon, le test de robustesse ci-dessus peut être considéré comme partiellement satisfaisant. Cela indique que pour au moins les quatre variables mentionnées ci-dessus, les résultats du tableau 16.4 sont également valables pour de petits sous-échantillons, tandis que 11 sur 17 sont aussi « largement significatifs » sur les sous-échantillons.

16.4. Conclusions, recommandations stratégiques et cadre de recherches plus poussées

L'analyse présentée dans ce chapitre constitue l'un des premiers essais d'étude des déterminants des inégalités en Afrique subsaharienne au cours des deux dernières décennies par le moyen d'analyse des données de panel macro-économétriques. Alors que les données doivent être considérées avec précaution, en raison de leur restriction, des erreurs affectant les variables dépendantes et explicatives, et des questions théoriques encore en suspens concernant le sens de la causalité, les faits présentés offrent une première description plausible de ce qui est advenu aux inégalités en Afrique subsaharienne durant les années 1990 et 2000. Les résultats confirment la plupart des hypothèses exposées dans les différents chapitres de cet ouvrage sur les effets des changements observés au cours des 20 dernières années. Ils sont aussi largement compatibles avec les désagrégations microéconomiques réalisées dans les chapitres 12 et 13.

Bien que les inégalités aient diminué dans une partie de la région, leur niveau dans plusieurs pays d'Afrique subsaharienne reste élevé. Une meilleure compréhension des dynamiques des inégalités de l'Afrique subsaharienne est essentielle en termes de stratégie politique, car, entre autres choses, elle réduit l'élasticité de la croissance de la région en matière de réduction de la pauvreté bien en deçà de celle des autres continents. La réalisation des ODD au cours des 15 prochaines années doit donc mettre l'accent sur la réduction des inégalités, en particulier dans les pays où elles ont augmenté ou sont restées élevées pour des raisons historiques ou institutionnelles.

Les résultats présentés dans les sections 16.2 et 16.3 suggèrent que l'augmentation du taux de croissance ne garantit pas une inégalité plus faible. Les estimations par la méthode GMM du Modèle 5 présenté dans le tableau 16.3 offrent une légère nuance à cette affirmation en indiquant qu'il existe un cercle vertueux par lequel les inégalités plus faibles favorisent la croissance qui, à son tour, réduit davantage les inégalités. Toutefois, cela n'est pas vrai dans les pays avec des inégalités initiales importantes. Il y a des preuves évidentes, plutôt, que le modèle de croissance affecte l'inégalité. L'augmentation du rendement foncier accélère la croissance tout en réduisant les inégalités ou en les maintenant à des niveaux acceptables (Banque mondiale, 2014). C'est le message principal du modèle de Ranis-Fei (1961), qui souligne que les investissements initiaux dans l'agriculture sont essentiels pour l'industrialisation et le développement de services modernes complémentaires[7]. Une telle approche nécessite des politiques en faveur du secteur agricole, la création d'infrastructures, la répartition équitable des terres, la diffusion de l'enseignement secondaire dans les zones rurales et un taux de change concurrentiel (comme le confirment les variables 7 et 12 du tableau 16.3). En augmentant les revenus ruraux, cette stratégie empêche également une grande migration de détresse vers le secteur informel urbain non égalisateur ou un retour à l'agriculture de subsistance lorsque les efforts de modernisation échouent, comme le montre le panel a) de l'annexe 16.1.

La croissance du secteur minier et pétrolier, mis en avant dans dix pays, présentée à l'annexe 16.1, panneau b), a eu un effet déségalisateur pour les raisons exposées au chapitre 2 et confirmées par les tableaux 16.3 et 16.4 par le signe positif de l'interaction entre les termes de l'échange et la variable indicatrice relative à la richesse en minéraux. Il est évident qu'une augmentation de la richesse minière est une bonne nouvelle, mais elle doit être gérée avec précaution, afin de minimiser la fuite des capitaux, d'éviter le mauvais sort réservé aux ressources naturelles, de créer des institutions redistributives (comme, par exemple dans le cas des économies minières à faible revenu, telles que la Bolivie et le Pérou) et de diversifier l'économie à moyen terme. En revanche, un modèle de croissance mettant l'accent sur le secteur manufacturier maintient les inégalités à un niveau bas, tout en modernisant l'économie en générant des économies d'échelle, en tirant des leçons par la pratique et par des retombées positives. Pourtant, comme présenté au panel c) de l'annexe 16.1, au cours des 20 dernières années, seuls trois pays ont augmenté leur part de la valeur ajoutée de la production manufacturière. Dans l'ensemble, les données indiquent qu'au cours de la période 1990-2011, plusieurs pays ont subi une transformation structurelle sous-optimale, avec le déplacement des ressources vers les secteurs à forte intensité de capital et de main-d'œuvre, ainsi que vers le secteur informel urbain, alors que, dans certains cas, il y a eu une rétrogression vers l'agriculture de subsistance. Par conséquent, cela a conduit à la rétrogression du secteur primaire, à la désindustrialisation, à la tertiarisation informelle et à la montée des inégalités dans la moitié de la région.

En ce qui concerne les inégalités intrasectorielles, l'analyse du chapitre 2 et les résultats du tableau 16.3 montrent que, et dans les zones urbaines et dans les zones rurales, les inégalités dépendent de la répartition des actifs de production. Pourtant, il y a peu d'informations empiriques à cet égard. Compte tenu de la part encore élevée de la population rurale dans la majeure partie de l'Afrique subsaharienne, les efforts importants nécessaires pour consigner l'évolution de la répartition des terres ne peuvent pas être différés. En revanche, les tableaux 16.3 et 16.4 montrent qu'une augmentation des diplômés du secondaire et du tertiaire affecte favorablement les inégalités parce qu'elle réduit la prime à la compétence dans les zones urbaines et facilite la diffusion des technologies modernes dans les zones rurales. En revanche, les données des années 1990 et 2000 indiquent une croissance cumulée insuffisante de l'enseignement secondaire, tandis que dans le chapitre 2, Ferreira (2014) montre que la croissance citée était faussée en faveur des riches dans les trois quarts des pays africains. La nécessité d'investir dans l'enseignement secondaire est particulièrement importante compte tenu du fait que l'Afrique subsaharienne a également enregistré une révolution technologique qui augmente la demande de travailleurs qualifiés.

La croissance de la population et ses effets sur le taux de dépendance, sur l'offre de main-d'œuvre et sur les inégalités doivent être considérés avec une plus grande attention. À l'exception de l'Afrique australe, le taux de croissance démographique est resté inchangé à 2,5-2,7 % et s'est accéléré dans certaines parties du continent. La croissance de la population augmente les inégalités en raison de la pression croissante sur les terres, des quartiers urbains défavorisés, des taux de dépendance élevés parmi les populations pauvres, de la baisse des taux de salaire et des efforts de petite envergure pour la péréquation par les dépenses sociales. Pour bénéficier du dividende démographique, les décideurs doivent redoubler d'efforts afin d'abaisser le taux de fécondité total et modérer les pressions sur les inégalités et la viabilité environnementale (Banque

---

[7] Ercolani et Zheng Wei (2012) soutiennent que le succès de la croissance de la Chine depuis 1978 était la conséquence d'une politique stratégique semblable à celle postulée par le modèle de Ranis Fei.

mondiale, 2015). Des politiques vertueuses en matière de population[8] ont été mises en œuvre en Éthiopie et au Rwanda, mais elles doivent maintenant être généralisées. En raison de l'inconstance restreinte de cette variable dans le macro-panel utilisé dans ce chapitre, il était impossible de saisir l'effet déségalisateur de la croissance démographique élevée sur les données agrégées, mais cet effet est évident dans les analyses présentées dans le chapitre 14.

Une conclusion encourageante de l'analyse économétrique est que « la politique stratégique compte ». En effet, les politiques économiques et sociales ont été considérées comme facteurs de réduction des inégalités. La tendance à augmenter la fiscalité et sa plus grande progressivité ont eu un effet favorable sur les inégalités, même s'il a été modeste. Si l'on créait une marge budgétaire supplémentaire (c'est-à-dire si la fiscalité globale et l'aide extérieure augmentaient et si les recettes exceptionnelles des exportations étaient redistribuées), cela pourrait entraîner des gains importants face aux inégalités dans les années à venir (voir variables 10 et 11 dans les tableaux 16.3 et 16.4). La tâche principale doit maintenant consister à créer des institutions redistributives ayant une couverture étendue.

Des politiques macroéconomiques appropriées peuvent également contribuer à réduire les inégalités. Les taux d'intérêt réels ne sont pas corrélés aux inégalités en raison de la faiblesse des mécanismes de transmission de la politique monétaire dans les économies informelles et rationnées par le crédit. Les principaux enjeux ici sont l'expansion du crédit et de la couverture bancaire. En revanche, un taux de change effectif réel stable et compétitif (TCER) est égalisateur, car il déplace la production vers le secteur des biens échangeables à forte intensité de main-d'œuvre tout en le protégeant des importations concurrentes. Il faudrait donc suspendre la récente réorientation vers sa réelle appréciation. Le fait de réduire l'inflation a été considéré comme égalisateur. Si la disponibilité des données le permet, l'indice des cours des produits alimentaires des années de forte hausse des prix des denrées alimentaires devrait également être inclus dans le facteur régression.

Le manque de données sur les droits d'importation a empêché de procéder à un test formel de l'effet de la libéralisation du commerce sur les inégalités, mais les données probantes (figure 16.12) et les travaux de recherche connexes confirment que cela a contribué au déclin du secteur manufacturier à forte intensité de main-d'œuvre. Renverser la désindustrialisation à laquelle sont confrontés les pays de l'Afrique subsaharienne (annexe 16.1) est un défi politique majeur pour le développement de l'Afrique. Comme en Amérique latine (Ocampo, 2012), la libéralisation du commerce a entraîné une redéfinition vers le secteur primaire des exportations et de la production, ainsi qu'une vulnérabilité persistante aux changements à long terme des termes de l'échange. Il est peu probable que ce modèle d'intégration dans l'économie mondiale favorise l'industrialisation et réduise les inégalités.

L'évolution des conditions extérieures a eu un effet mitigé sur les inégalités. Contrairement aux prédictions de la théorie traditionnelle, les envois de fonds de l'étranger semblent avoir été des facteurs égalisateurs (en raison de leur nature spécifique dans le contexte africain), de même que les gains en termes de commerce. En revanche, l'IDE/PIB et les termes de l'échange des pays riches en minéraux ont généré - sans surprise - un effet déségalisateur d'équilibre partiel. Le ratio APD/PIB était statistiquement non significatif, même si l'annulation de la dette publique dans les pays éligibles au PPTE a entraîné une baisse moyenne de trois points du coefficient de Gini.

Enfin, les chocs qui ont touché la région au cours des 20 dernières années ont généré des effets contrastés. La légère baisse du VIH/sida a réduit marginalement les inégalités dans certains modèles, mais pas dans d'autres, mais cela peut être dû à l'adoption d'une structure de délai inadéquate dans les caractéristiques choisies.

---

[8] Il s'agit de politiques visant à réduire le taux de fécondité.

Compte tenu de la prévalence encore élevée du VIH/sida (ainsi que du paludisme et de la tuberculose), les inégalités peuvent être sensiblement réduites dans les années à venir en élargissant la lutte contre ces maladies qui touchent davantage les ménages les plus démunis. En revanche, le déclin observé de l'intensité de la guerre a été égalisateur, bien que son impact et son importance varient selon la caractéristique choisie. Enfin, les résultats de la régression montrent systématiquement que la diffusion des téléphones cellulaires n'est pas encore statistiquement significative. L'effet distributif de la démocratisation et des améliorations de la qualité de l'administration publique demeure vague et doit encore être davantage étudié, même si ces deux facteurs ont probablement affecté les inégalités indirectement par une augmentation des dépenses sociales due à la nouvelle voix de groupes précédemment exclus.

Ces résultats peuvent être améliorés de trois manières principales. D'abord, des efforts supplémentaires sont nécessaires pour la collecte, la normalisation et la tabulation des données. Comme mentionné, cette analyse repose sur quelque 200 données Gini bien espacées et vérifiées et sur 417 données raisonnablement interpolées. Il manque des données pour une vingtaine de pays (y compris pour de grands pays comme la République démocratique du Congo et le Zimbabwe). Alors que le nombre et la qualité des enquêtes se sont améliorés depuis les années 2000, la région présente encore d'importantes lacunes en termes d'information, par rapport à l'Amérique latine et à l'Asie. Si les objectifs en termes d'éradication de pauvreté et des inégalités doivent être atteints et si la conception des politiques doit s'appuyer davantage sur des données probantes, les offices nationaux de statistiques et les agences internationales doivent intensifier considérablement leurs efforts dans ce domaine.

Les données sur les inégalités de genre, les ethnies et les ressources sont rares, ce qui biaise les analyses des causes et la conception des politiques stratégiques, laissant les décideurs dans le flou ou avec trop de pouvoir discrétionnaire. Des efforts supplémentaires de collecte de données sont également nécessaires pour ces variables explicatives (indice des cours des produits alimentaires, taux de tarification, transferts sociaux, envois de fonds de l'étranger, etc.) qui ne pouvaient pas être incluses dans les facteurs régression étant donné que seules quelques observations étaient disponibles. Même pour celles qui ont été introduites dans les facteurs de régression, les écarts de données existants ont réduit la précision des estimations. Des études sectorielles *ad hoc* sont nécessaires pour certaines des thématiques les plus tributaires de données, comme dans le cas du secteur des services, des activités rurales non agricoles et de la relation entre l'éducation, l'offre de la main-d'œuvre qualifiée et la prime de compétence. Enfin, la qualité et la pertinence des variables mesurant le degré de démocratie ainsi que l'orientation politique des régimes au pouvoir doivent être améliorées pour mieux comprendre la politique de l'élaboration des stratégies politiques.

Un deuxième domaine dans lequel la recherche peut être améliorée est l'approche empirique utilisée pour estimer les relations des causes rapportées ci-dessus. Bien que différents estimateurs économétriques aient été utilisés et qu'un grand nombre de tests aient été effectués, toutes les variables explicatives n'ont été spécifiées que sous forme linéaire. De même, il pourrait être utile d'introduire un plus grand nombre de variables d'interaction. Un troisième domaine à perfectionner concerne la méthode de modélisation choisie. L'approche de régression par formulaire simplifié multivarié présentée dans ce chapitre peut être intégrée à des études de cas basées sur des microétudes (comme dans les chapitres 12 et 13) et, là où cela est possible, à des modèles basés sur la MCS (Matrice de comptabilité sociale).

RÉFÉRENCES

Banque mondiale. 2014. Africa's Pulse. Vol. 10, Oct. 2014. Washington, D.C., Banque mondiale.

_____ . 2015. Development Goals in an Era of Demographic Change. Washington, D.C., Banque mondiale.

Barro, R. et J.W. Lee. 2011. *Educational Attainment Dataset.* www.barrolee.com

Chotikapanich, D., G. Hajargasht, W.E. Griffiths et C. Xia. 2014. Inequality and poverty in Africa: regional updates and estimation of a panel of income distributions. Paper Prepared for the IARIW 33rd General Conference, Rotterdam, 24-30 août 2014.

Cornia G.A. et F. Zagonari. 2007. The HIV and AIDS impact on the rural and urban economy. *AIDS, Public Policy and Child Well-being,* 181-208. Cornia, G.A. éd. Florence, UNICEF Centre de recherche Innocenti.

Division de la population [Nations Unies]. 2015. World Population Prospects: the 2015 Revision". http://esa.un.org/unpd/WPP/Graphs

Ercolani, M et Z. Wei. 2010. An Empirical Analysis of the Lewis-Ranis-Fei Theory of Dualistic Economic Development for China. Birmingham, University of Birmingham. janvier 2010, ftp://ftp.bham.ac.uk/pub/RePEc/pdf/10-06.pdf

FMI (Fonds monétaire international). 2005. World Economic Outlook. Washington, D.C., FMI.

Fosu, A.K. 2014. Growth inequality and poverty in sub-Saharan Africa: recent progress in a global context. CSAE Working Paper WPS/2014/17. Center for the Study of the African Economies

Gymah-Brempong, K. 2002. Corruption, economic growth, and income inequality in Africa. *Economics and Governance,* 3, 183-2009.

Hailu, D et R. Tsukada. 2012. Is the distribution of foreign aid MDG-sensitive? DESA Working Paper N° DWP/111, février 2012. Nations Unies, New York.

Herzer D. et P. Nunnekamp. 2012. The effect of foreign aid on income inequality: evidence from panel cointegration. Kiel Working Paper No. 1762, mars 2012. Kiel Institute for the World Economy.

Koujianou G. P. et N. Pavcnik. 2007. Distributional effects of globalisation in developing countries. Working paper 12885, NBER Working Papers series. Cambridge, NBER.

Martorano, B. et G.A. Cornia. 2015. A macropanel database for the estimation of the determinants of inequality changes in Sub-Saharan Africa, 1985-2011. Mimeo, UNDP Project on SSA Inequality.

Ndikumana, L. 2014. Capital flight and tax havens: impact on investment and growth in Africa. *Revue d'Economie du Développement,* 2014/2.

Niño-Zarazúa, M, A. Barrientos, D. Hulme et S. Hickey. n.d. Social protection in Sub-Saharan Africa: getting the politics right. Brooks World Poverty Institute, University of Manchester, Manchester.

Ocampo, J.A. 2012. The development implications of external integration in Latin America, WIDER Working Papers 2012/48. Helsinki, UNU-WIDER.

Ranis, G. et J. C. Fei. 1961. A theory of economic development. *American Economic Review,* 51, 533-558.

Ratha, D, S. Mohapatra, C. Ozden, S. Plaza, W. Shaw, et A. Shimeles. 2011. Leveraging Migration for Africa. Remittances, Skills, and Investments. Washington, D.C., Banque mondiale.

Rodrik, D. 2013. Structural Change, Fundamentals, et Growth: an Overview. Institute for Advanced Study. septembre 2013.

Rostow, W.W. 1962. *The Stages of Economic Growth.* London, Cambridge University Press.

Teorell, J., S. Dahlberg, S. Holmberg, B. Rothstein, F. Hartmann, F. et R. Svensson. 2015. The Quality of Government Standard Dataset, version 15 janvier. University of Gothenburg: The Quality of Government Institute. www.qog.pol.gu.se

Vanhanen, T. 2014. Measures of Democracy, 1810–2012 [computer file]. FSD1289, version 6.0 (2014-01-31). T. Vanhanen and K. Lundell [data collection]. Tampere, Finnish Social Science Data Archive.

ANNEXE 16.1 Variation des parts de valeur ajoutée (VA) par secteur entre 1990 et 2011, données de la CNUCED

	Secteur agricole		Secteur manufacturier		Secteur minier et services publics		Secteur de la construction		Secteur des services		Gini (moyenne sur la période)	Taux moyen de croissance du PIB 1990-2011
	Part VA 1990	VA Part 2011	Part VA 1990	VA Part 2011	Part VA 1990	Part VA 2011	Part VA 1990	Part VA 2011	Part VA 1990	VA Part 2011		
a) Les économies agricoles qui ont connu une hausse supplémentaire de la part de VA agricole												
Burkina Faso	28,7	34,9	14,3	7,8	1,8	14,3	4,9	4,1	50,2	38,8	44,0	5,3
Rép, Centrafricaine	47,5	54,8	11,3	6,5	4,7	2,8	3,7	4,4	32,7	31,4	52,0	2,7
Gambie	17,8	22,7	8,2	5,8	0,5	4,5	5,0	4,6	68,4	62,3	52,1	3,2
Guinée	19,5	24,6	3,0	6,2	21,6	20,2	8,7	6,8	47,1	42,2	40,3	3,3
Éthiopie	41,1	45,2	11,1	3,8	1,7	2,6	3,6	4,1	42,5	44,2	30,1	6,0
Libéria	53,4	70,0	11,2	5,7	2,0	3,0	3,3	2,6	30,0	18,6	…	3,1
Niger	34,0	41,4	6,4	5,1	8,4	9,5	2,5	2,7	48,5	41,1	44,8	3,0
Sierra Leone	48,1	56,1	3,5	2,3	3,2	4,5	2,3	1,3	42,8	35,8	47,3	2,4
Togo	37,9	46,6	10,5	8,3	11,3	6,7	3,4	3,4	36,9	34,9	…	2,4
Moyenne des 9	**36,4**	**44,0**	**8,8**	**5,7**	**6,1**	**7,6**	**4,2**	**3,8**	**44,3**	**38,8**	**44,4**	**3,5**
b) Les économies minières (+ les services publics) qui ont connu une hausse supplémentaire de la part de VA												
Angola	18,0	9,5	5,0	6,1	33,0	49,7	2,9	7,8	41,0	26,8	49,7	6,0
Rep, Démocratique du Congo	30,9	22,0	11,3	16,2	13,0	22,3	4,6	4,7	40,2	34,9	…	-0,3
Rép, du Congo	12,9	3,6	8,4	3,5	29,1	72,1	3,2	3,0	46,5	17,7	…	3,0
Gabon	6,9	3,8	5,6	5,8	35,5	48,9	4,1	5,8	47,9	35,8	…	24,1
Guinée équatoriale	61,9	1,4	1,6	0,1	4,2	89,4	4,7	6,1	27,6	3,1	…	2,0
Lesotho	18,5	8,6	9,6	12,1	2,1	14,7	7,3	6,3	62,4	58,2	59,1	3,9
Mali	47,7	39,1	8,1	6,3	2,3	10,0	3,0	5,8	38,8	38,7	41,6	4,6
Mauritanie	45,7	23,6	7,7	6,4	12,2	24,9	3,1	7,1	31,1	37,9	40,0	3,8
Soudan	41,4	33,9	6,0	8,0	1,2	15,3	4,9	4,2	46,5	38,6	…	5,3
Tchad	35,1	18,2	11,1	6,0	1,2	47,5	2,2	1,7	50,4	26,6	…	6,0
Moyenne des 10	**31,9**	**16,4**	**7,4**	**7,1**	**13,4**	**39,5**	**4,0**	**5,3**	**43,2**	**31,8**	**47,6**	**5,8**
c) Les économies qui ont connu une hausse de la part de la VA manufacturière												
Guinée-Bissau	44,6	47,0	7,4	11,5	0,8	0,4	10,0	1,2	37,1	39,9	40,5	2,0
Madagascar	31,8	27,7	12,2	14,3	1,0	1,6	0,8	3,7	54,1	52,5	42,5	2,2
Swaziland	10,4	7,0	36,8	41,2	3,3	1,5	3,0	2,1	46,5	48,1	52,1	3,3
Moyenne des 3	**28,9**	**27,2**	**18,8**	**22,3**	**1,7**	**1,2**	**4,6**	**2,3**	**45,9**	**46,8**	**45,0**	**2,5**
d) Les économies qui ont connu une hausse de la part de la VA du secteur de construction												
Côte d'Ivoire	29,7	32,1	19,8	14,9	2,4	5,5	1,8	4,9	46,3	42,6	41,2	1,3
Ghana	34,5	25,3	10,6	6,8	1,9	9,7	1,9	8,9	46,3	49,1	38,1	5,4
Tanzanie	30,9	28,5	11,2	9,0	2,0	5,9	4,8	8,6	50,9	48,0	36,0	5,2
Ouganda	41,8	24,3	5,3	8,9	2,1	4,0	6,7	14,0	44,0	48,8	41,1	7,0
Moyenne des 4	**34,2**	**27,6**	**11,7**	**9,9**	**2,1**	**6,3**	**3,8**	**9,1**	**46,9**	**47,1**	**39,1**	**4,7**
e) Les économies qui ont connu une hausse de la part de la VA sans le secteur des services												
Botswana	4,6	2,8	5,8	6,3	42,5	27,3	8,2	6,6	38,9	57,0	57,8	4,6
Burundi	52,4	38,2	0,8	0,9	16,8	9,6	3,4	3,5	26,5	47,7	…	1,0
Malawi	42,8	32,1	18,4	11,1	4,4	2,3	6,5	2,9	27,8	51,5	46,5	4,2
Rwanda	43,1	34,1	12,1	7,0	1,3	1,6	5,2	8,8	38,3	48,3	47,8	5,3
Sénégal	19,1	14,8	17,2	14,7	3,2	5,7	2,9	4,6	57,6	60,2	41,9	3,3
Zambie	17,6	19,2	30,5	8,3	15,6	6,4	3,2	22,1	32,9	44,0	50,9	3,2
Kenya	29,9	27,1	13,9	10,7	3,8	2,0	3,1	4,6	49,2	55,5	45,7	3,1
Île Maurice	11,9	3,7	26,4	17,6	1,6	1,8	6,3	6,6	53,8	70,2	37,5	4,6
Afrique du Sud	4,6	2,5	23,6	12,8	13,2	12,6	3,3	3,8	55,3	68,3	61,4	2,6
Moyenne de 9	**25,1**	**19,4**	**16,5**	**9,9**	**11,4**	**7,7**	**4,7**	**7,1**	**42,3**	**55,9**	**48,7**	**3,5**
f) Les économies qui ont connu une stabilité dans les parts de VA sectorielles												
Cameroun	21,7	23,4	19,8	14,6	7,3	9,3	3,5	5,5	47,8	47,2	45,2	2,1
Mozambique	37,1	30,8	12,7	12,7	1,1	5,9	4,5	3,1	44,4	47,5	44,2	6,5
Nigéria	31,5	31,0	5,5	1,9	38,1	41,2	1,6	1,2	23,2	24,7	44,6	5,8
Moyenne des 3	**30,1**	**28,4**	**12,7**	**9,7**	**15,5**	**18,8**	**3,2**	**3,3**	**38,5**	**39,8**	**44,7**	**4,8**
Total	**31,1**	**27,2**	**12,7**	**10,8**	**8,4**	**13,5**	**4,1**	**5,1**	**43,5**	**43,4**	**44,9**	**4,1**

Variables	Description	Unité de mesure	Source
Gini	Coefficient de Gini	Indice (0 – 100)	IID – SSA
Taux de croissance du PIB	Taux de croissance du PIB	Taux de croissance	Indicateurs du développement dans le monde
% VA agricole	% part VA de l'agriculture, chasse, sylviculture, pêche	% part de la valeur ajoutée	CNUCED
% VA secteur manufact.	VA du secteur manufacturier	% part de la valeur ajoutée	CNUCED
% VA autres services	VA des autres services	% part de la valeur ajoutée	CNUCED
% pop. urbaine	Population résidant dans les zones urbaines	% de population totale	Indicateurs du développement dans le monde
Niveau de qualification	Part de la population avec un niveau d'études secondaires et tertiaires par rapport à la proportion de la population avec un niveau d'éducation primaire ou sans éducation	Ratio	Barro and Lee (2011)
% pop. rurale	% de population vivant dans les zones rurales	Pourcentage de la population totale population	Indicateurs du développement dans le monde
Âge de depend. Ratio	Taux de dépendance	% de population en âge de travailler	Indicateurs du développement dans le monde
IPC	Indice des prix à la consommation	Indice 2005=100	Indicateurs du développement dans le monde
Taxes directes (% de l'ensemble des taxes)	Impôts directs sur les recettes totales	Ratio	Centre international pour la fiscalité et le développement (ICTD) Données du gouvernement sur le revenu
Dépenses sociales/PIB	Dépenses en matière d'éducation, de santé et de bien-être/PIB	Pourcentage du PIB	Base de données de SPEED et Indicateurs du développement dans le monde
Impact VIH/SIDA	% de prévalence du VIH dans la population âgée de 15 à 49 ans	% de population âgée de 15 à 49 ans	Indicateurs du développement dans le monde
Intensité de la guerre	Intensité de la guerre	Indice	Centre pour la paix systémique (CSP) Les Épisodes majeurs de la violence politique 1946-2013
% de personnes possédant un téléphone cellulaire	Nombre d'abonnements cellulaires mobiles	Pour 100 personnes	Indicateurs du développement dans le monde
Termes de l'échange	Termes de l'échange commercial de troc net	Indice 2000=100	Indicateurs du développement dans le monde
Envois de fonds de l'étranger/ Produit intérieur	Flux des envois de fonds des migrants	Pourcentage du PIB	Indicateurs de la BM pour le développement en Afrique
IDE/PIB)	Investissements directs étrangers, entrées nettes	Pourcentage du PIB	Indicateurs de la BM pour le développement en Afrique
Dette extérieure/RNB	Stock de la dette extérieure/revenu national brut	Pourcentage du RNB	Indicateurs du développement dans le monde
APD nette reçue	APD nette reçue/PIB	Pourcentage du PIB	Indicateurs du développement dans le monde
Inégalité politique	% de votes des petits partis	Ratio	Vanhanen (2014)
Participation politique	% de la population ayant voté aux élections	Ratio	Vanhanen (2014)
Qualité du gouvernement	Indicateur de qualité du gouvernement	Indice	Teorell et al. (2015)

Source : Compilation de l'auteur.

ANNEXE 16.3 Matrice des coefficients de corrélation bilatéraux pour les variables utilisées dans la régression

	Gini	Taux de crois-sance du PIB	VA Agic.	VA Manuf.	VA Serv.	Δ popu-lurb.	Edu2_rural	Qualif. Niv.	Âge depen.	% Dir taxes	Soc Ex	Δ TCER	IPC	Guerre	Δvih	Tél cell.	Ter	Ter-min	Envois de fonds de l'étranger	IDE	Δ.det-text	Aide	Polit. ineq	Partic. polit	Qual. Admin.
Gini	1,00																								
Tx PIB.	-0,18	1,00																							
VA Agric	-0,74	0,05	1,00																						
VA Manu	0,03	-0,29	-0,20	1,00																					
VA Service	0,71	-0,16	-0,71	0,01	1,00																				
Δ. popurb	0,30	-0,08	-0,43	-0,11	0,11	1,00																			
edu2_rur	0,54	-0,08	-0,57	-0,11	0,48	0,61	1,00																		
Niv. qualification	0,63	-0,10	-0,65	-0,07	0,53	0,66	0,94	1,00																	
Age dep.	-0,62	0,13	0,65	-0,21	-0,59	-0,47	-0,68	-0,81	1,00																
% Tax. dir	-0,06	0,23	0,04	0,12	-0,15	-0,15	-0,23	-0,19	0,05	1,00															
Social dep./ PIB.	0,28	0,04	-0,38	-0,44	0,42	0,23	0,41	0,39	-0,25	0,12	1,00														
Δ TCER	0,03	0,02	0,02	-0,01	0,02	-0,04	-0,02	-0,04	-0,02	0,08	0,05	1,00													
IPC	0,09	0,20	-0,01	-0,01	0,07	-0,39	-0,33	-0,27	-0,01	0,11	0,04	0,09	1,00												
Indice guerre	-0,04	-0,05	0,06	-0,02	0,07	-0,17	-0,18	-0,16	0,26	-0,07	-0,06	-0,07	0,00	1,00											
Δ VIH	0,30	0,00	-0,41	-0,10	0,19	0,54	0,32	0,33	-0,14	0,05	0,19	0,00	-0,45	-0,17	1,00										
Tel cell.	0,51	-0,03	-0,45	0,03	0,36	0,06	0,26	0,39	-0,58	-0,02	0,16	0,03	0,55	-0,15	-0,17	1,00									
Ter	-0,11	0,07	0,07	0,12	-0,21	0,06	-0,05	-0,04	0,04	0,07	-0,20	0,17	0,14	0,08	-0,20	-0,17	1,00								
Ter-min	0,48	0,05	-0,34	0,19	0,36	-0,05	0,28	0,28	-0,31	-0,06	-0,17	0,07	0,14	-0,10	0,00	0,00	0,37	1,00							
Envois de fonds	-0,19	0,14	-0,03	-0,12	-0,04	-0,19	0,01	-0,26	0,30	0,16	-0,02	-0,08	0,21	0,20	-0,28	-0,07	-0,01	-0,16	1,00						
IDE	0,05	0,31	-0,09	-0,21	0,09	-0,09	0,12	-0,06	-0,12	-0,06	0,21	-0,05	0,33	0,01	0,10	-0,28	0,13	0,23	0,01	1,00					
Δ dettex	0,15	-0,15	-0,14	-0,02	0,00	0,17	0,12	0,17	-0,12	-0,06	0,03	-0,49	-0,09	0,04	0,10	0,10	0,12	-0,13	0,10	-0,06	1,00				
Aide/PIB	-0,54	0,34	0,64	-0,29	-0,51	-0,53	-0,51	-0,57	0,61	0,38	-0,04	-0,02	0,16	0,01	-0,25	-0,30	-0,14	0,00	-0,12	0,23	-0,25	1,00			
Inégalité pol.	0,25	-0,15	-0,07	-0,21	0,24	-0,13	0,22	0,11	0,02	0,03	0,27	0,04	0,00	0,04	0,10	-0,04	-0,18	0,21	0,07	0,07	0,13	0,13	1,00		
Particip. politique	0,16	0,11	-0,11	-0,12	0,19	-0,11	0,27	0,25	-0,19	-0,10	0,00	-0,10	0,07	0,04	-0,01	0,21	-0,18	0,01	-0,12	0,07	0,10	0,19	0,19	1,00	
Qualité adm. publ.	0,18	0,05	-0,41	-0,15	0,28	0,32	0,48	0,39	-0,12	-0,16	0,32	-0,06	-0,45	-0,05	0,44	-0,06	-0,22	0,01	-0,15	0,03	0,07	-0,16	0,10	0,25	1,00

Remarque : Voir l'annexe 16.2 pour la liste des variables.

PARTIE V
Considérations politiques et conclusions

Semer les graines et entretenir les plantes de l'équité en Afrique

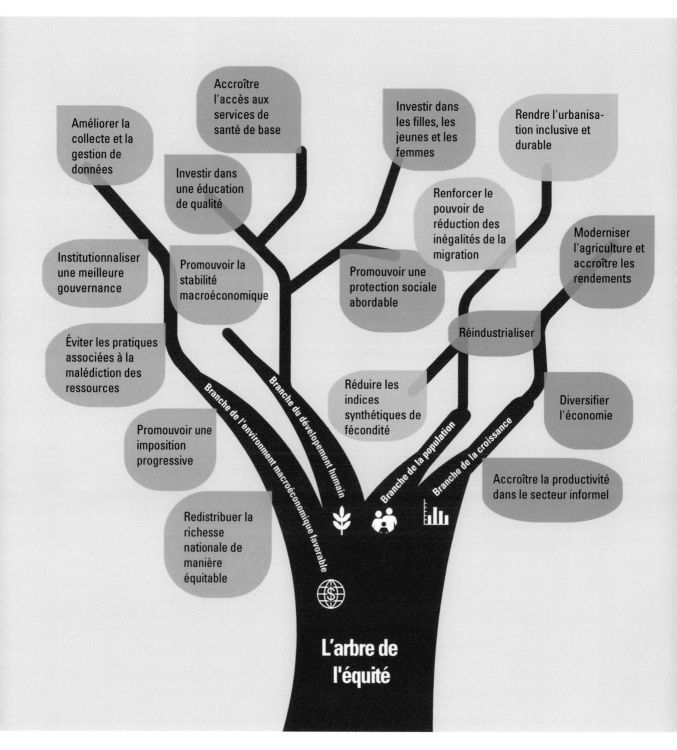

17 Conclusions et recommandations politiques

HAROON BHORAT, PEDRO CONCEICAO, GIOVANNI ANDREA CORNIA ET AYODELE ODUSOLA

17.1 Introduction

Cet ouvrage montre que l'Afrique subsaharienne a connu d'importants progrès au cours des 15 années qui ont marqué le tournant du XXe siècle. La croissance du PIB s'est accélérée après vingt-cinq ans de stagnation, la production agricole a augmenté dans certains pays après une période prolongée de recul et une stabilité macroéconomique interne et externe a été restaurée dans une grande partie de la région. En outre, bien que cela soit difficile à déterminer avec précision, les règles démocratiques se sont également étendues et, fait encore plus important, le nombre de conflits a diminué de moitié, bien que se manifestent de nouveaux épisodes d'extrémisme accompagnés d'actes de violence. L'incidence du VIH/sida et ses effets déstabilisants ont progressivement baissé depuis les années 2000 grâce à des campagnes de sensibilisation plus vastes et à une distribution accrue des traitements antirétroviraux. Ces actions ainsi que d'autres interventions dans le domaine de la santé, dont la lutte contre le paludisme, ont débouché sur une baisse très rapide du taux de mortalité des enfants de moins de cinq ans (TMM5) et sur des améliorations de l'état de santé général des habitants. Ces conditions ont fait passer l'espérance de vie à la naissance à 60 ans pour l'ensemble de la région. Plusieurs des cibles des OMD ont été atteintes, même s'il reste encore des progrès à faire pour réduire la mortalité maternelle et la malnutrition infantile. Par ailleurs, avec le développement des technologies hautement divisibles, la région a commencé à combler son retard par rapport à d'autres zones développées dans les domaines de la communication, des services bancaires en ligne, du marketing et des services. Pour finir, concernant le thème central de cet ouvrage, au cours des 20 dernières années, les inégalités ont diminué dans plus de la moitié des pays de l'Afrique subsaharienne. En revanche, plusieurs pays asiatiques (par exemple, le Bangladesh, la Chine, l'Indonésie, le Népal et le Sri Lanka), certaines économies en transition (Bosnie-Herzégovine, Géorgie et Monténégro) et des pays de l'OCDE (Australie, Canada, États-Unis et France) ont connu un accroissement des inégalités.

Il y a donc bien des raisons de se réjouir, même si la situation varie sensiblement dans l'ensemble de la région. Pour autant, il est nécessaire de déployer des efforts pour atteindre une croissance durable, réduire l'inégalité des revenus dans les pays où elle est trop élevée et répondre aux aspirations du

Programme de développement durable à l'horizon 2030 (ODD). En effet, malgré la réduction récente des inégalités dans une partie de la région, leur niveau reste très élevé dans plusieurs pays d'Afrique subsaharienne. Cela ramène l'élasticité de la croissance de la région par rapport à la réduction de la pauvreté bien en dessous de celle d'autres régions (Beegle *et al.*, 2016), ce qui va présenter des problèmes pour atteindre d'autres Objectifs de développement durable (ODD). Réaliser ces objectifs au cours des 15 prochaines années implique de se concentrer sur la réduction de l'inégalité, pour des raisons à la fois intrinsèques et impérieuses (de tolérance et d'équité), en particulier dans des pays où elle augmente ou reste élevée pour des raisons historiques ou institutionnelles. Ces questions doivent être réglées pour réaliser le Programme 2030.

Au regard des éléments concrets présentés dans les divers chapitres innovants du présent ouvrage, les principaux domaines d'intervention prioritaires des pouvoirs publics pour les vingt années à venir sont donc analysés. Cela englobe la période couverte par le Programme 2030 ainsi que le premier plan de mise en œuvre sur 10 ans associé à l'Agenda 2063 de l'Union africaine. Les problèmes ci-dessous présentés varient certainement jusqu'à un certain point au sein de la région (par. ex. entre l'Afrique australe et le Sahel), mais à de rares exceptions près, comme Maurice, les mesures envisagées s'appliquent à différents degrés à toute l'Afrique subsaharienne. Et tous les pays doivent relever les défis que pose l'inégalité sur la voie des ODD. Pour finir, les problèmes et les stratégies d'intervention avancés ci-après sont étroitement liés les uns aux autres, mais afin de simplifier l'énoncé, les thèmes sont traités par ensemble.

17.2 Modifier « le modèle de croissance » régional suivi entre 1999 et 2015

Le premier problème qui appelle une attention accrue des pouvoirs publics concerne l'évolution sous-optimale de la structure de la production économique qui a eu lieu au cours des 20 dernières années dans la plus grande partie de la région. Cette question a aussi concerné jusqu'à un certain degré l'Amérique latine (Ocampo 2012). Comme l'ont fait remarquer plusieurs auteurs (BAfD, OCDE et PNUD, 2016 ; Beegle *et al.*, 2016 ; McMillan, Rodrik et Verduzco-Gallo, 2014) et tel que cela a été abordé dans plusieurs chapitres de cet ouvrage, en particulier les chapitres 2, 14 et 16, une grande partie de la région a connu une « reprimarisation » de la production, une désindustrialisation et une tertiarisation informelle. La « reprimarisation » est une conséquence de l'augmentation de la part de la valeur ajoutée du secteur du pétrole et des mines, des cultures d'exportation et de l'agriculture, là où la modernisation rurale a échoué et où il y a eu un « repli sur un modèle de subsistance », ou là où le rendement des cultures vivrières et des cultures de rente a augmenté. En outre, à l'exception de trois pays sur 29 dont les données relatives à l'inégalité ont été analysées aux chapitres 4, 15 et 16, la part de la production manufacturière a clairement baissé, reflétant le « malaise du secteur manufacturier » traité au chapitre 5. Cette baisse constitue un contraste frappant avec la hausse mesurable de la production manufacturière dans tous les pays d'Asie à revenu faible pour la même période. Autour de 2010, l'ensemble de l'Afrique subsaharienne produisait moins de biens manufacturés que le Bangladesh (Page, 2012).

Précisons que le but recherché ici n'est pas de promouvoir un modèle de développement unique orienté exclusivement sur la production manufacturière. Les pays peuvent en effet suivre plusieurs voies de développement. Cela dépend de leur dotation en facteurs, de leur situation géographique, de la taille de leur marché, et d'autres facteurs, et il est normal de s'attendre à ce que les trajectoires de croissance en Afrique subsaharienne évoluent de manière différente. Cependant, on peut difficilement s'attendre à ce que l'ensemble de l'Afrique subsaharienne se développe à long terme sans créer une certaine masse critique d'activités manufacturières à forte intensité de main-d'œuvre et un secteur des services moderne qui puissent absorber l'exode rural à grande échelle et l'augmentation de la main-d'œuvre urbaine, deux phénomènes inévitables au cours des vingt prochaines années. Pour finir, avec les modèles de croissance des vingt dernières années, les secteurs informels à faible productivité de nombreuses villes d'Afrique ont été responsables d'une grande partie de l'augmentation des emplois dans le domaine des services. Ces secteurs comprennent désormais les artisans, les petits commerçants, les fournisseurs de services aux particuliers, les prestataires de services, les vendeurs de produits alimentaires et les prestataires de services de transport informels. Il convient de noter que pour la plupart des activités de ce secteur des services informels, il s'agit plus d'une question de « moyens d'existence » et de « stratégies de survie » que d'initiatives économiques.

Que peuvent faire les politiques publiques pour corriger cette transition structurelle sous-optimale ? L'objectif principal serait d'accroître la part de la valeur ajoutée de l'agriculture moderne (examinée au point suivant), des activités rurales non agricoles (ARNA), des services modernes, de la construction et des infrastructures publiques. Il faut également gérer les effets positifs, mais inégalitaires, de la richesse tirée de l'exploitation pétrolière et minière ainsi que les problèmes bien connus qu'ils engendrent, et stimuler la création de valeur ajoutée dans le secteur informel urbain. Dans la mesure où les coûts unitaires de main-d'œuvre sont particulièrement bas, trouver une solution aux coûts directs et indirects auxquels sont confrontées les activités industrielles sur le continent représente un énorme désavantage pour les entreprises africaines, que ce soit en matière d'importation ou de stratégies d'industrialisation orientées vers l'étranger. Il s'agit avant toute chose de mettre en place d'une part des infrastructures de base physiques (un approvisionnement fiable en énergie, le transport de marchandises et d'informations à un coût raisonnable) et, d'autre part, des infrastructures immatérielles minimales (procédures administratives prévisibles et exigences réglementaires raisonnables). Le manque de compétitivité des entreprises manufacturières africaines s'explique par l'échec massif du marché et des politiques qui imposent des coûts excessifs à l'industrie, absorbent la valeur produite par les fabricants et empêchent ces derniers d'obtenir des rendements suffisamment élevés pour continuer à verser des salaires élevés et attirer les investissements. Lorsque la priorité sera donnée aux infrastructures, les secteurs de l'agriculture et de l'industrie extractive pourront facilement devenir la clé de voûte de l'industrialisation en Afrique.

17.2.1 Moderniser l'agriculture et augmenter les rendements agricoles

Comme on l'a vu aux chapitres 2, 4, et 17, le nombre d'économies affichant une proportion en hausse de la valeur ajoutée agricole a augmenté, souvent à cause d'un « repli sur une économie de subsistance » lorsque le déploiement d'autres activités s'est heurté à divers problèmes, comme au Sahel. Dans ces pays et d'autres, 60 à 70 % de la main-d'œuvre est employée dans l'agriculture à cause d'une faible productivité des terres, mais cette activité ne génère que 25 à 30 % du PIB. Cette situation souligne deux des plus grands défis que doivent relever de nombreux pays d'Afrique subsaharienne, à savoir la diffusion limitée de technologies qui impulsent la Révolution verte (PNUD, 2012 ; et Conceicao *et al.*, 2016) et une croissance démographique sans cesse forte, comme indiqué au chapitre 9 et comme on le verra plus en détail ci-après.

En effet, les pays qui ont des rendements agricoles faibles, voire stagnants, alors que leur croissance démographique s'accélère, produisent actuellement 30 % de denrées alimentaires en moins par personne que dans les années 1960, même si cette tendance a connu une amélioration dans les années 2000 dans certains pays d'Afrique subsaharienne. Néanmoins de nombreux pays, en particulier leurs zones urbaines et dans une plus large mesure encore leurs grandes villes côtières, sont déconnectés de l'arrière-pays rural. Ils dépendent donc d'importations alimentaires estimées à 35 milliards de dollars US et d'importantes quantités d'aide alimentaire. Les perspectives à long terme sont encore plus inquiétantes dans la mesure où l'Afrique devra être en mesure de produire 300 % de produits alimentaires supplémentaires pour nourrir sa population en expansion rapide, qui devrait atteindre les 2,4 milliards d'habitants en 2050. Parallèlement, selon le Groupe d'experts intergouvernemental sur l'évolution du climat, l'Afrique subsaharienne serait la région la plus touchée par les changements climatiques défavorables (Ringler *et al.*, 2011). Ces experts prévoient en effet que, d'ici 2050, en dépit d'une augmentation des surfaces cultivées, la production de plusieurs cultures devrait chuter de 3,2 % sous l'effet d'une baisse de 4,6 % des rendements provoquée par le changement climatique. À l'échelle macroéconomique, une détérioration du changement climatique d'un point de pourcentage entraîne une baisse de 0,67 point de pourcentage de la croissance économique en Afrique et de pas moins de 1,11 point de pourcentage en République du Congo (Abidoye et Odusola, 2015). Si rien ne change sur ce front, l'Afrique subsaharienne risque de tomber dans le piège malthusien et de s'exposer à des risques si elle essaie de fuir le problème en augmentant les importations de nourriture et l'aide alimentaire. L'histoire de l'économie n'offre en effet aucun exemple d'un développement global réussi sans une hausse préalable des rendements agricoles. Certains avancent que des pays possédant une richesse considérable tirée de l'exploitation pétrolière et minière représentent une exception, mais comme on le verra ci-après, ces pays ont tendance à tomber dans le piège d'une croissance anémique à long terme.

Comment expliquer la persistance d'une productivité faible des terres et de la main-d'œuvre dans l'agriculture ? Le principal problème réside dans l'absence de techniques agricoles modernes. Une situation qui est liée au fait que les politiques ont négligé l'agriculture, longtemps considérée comme une réserve de main-d'œuvre, de nourriture, de matières premières et d'épargne à transférer au monde urbain. Il existe néanmoins des pays à faible revenu qui ont réussi à surmonter ce problème, dont le Bangladesh et l'Éthiopie. Durant les 15 premières années qui ont suivi l'indépendance du Bangladesh en 1971, la croissance a été soutenue par une hausse du rendement des terres et de la production de denrées alimentaires, et non pas par les exportations de l'industrie du vêtement ni par les envois de fonds des travailleurs expatriés, qui ne sont devenus importants qu'au cours des vingt dernières années. Cette évolution a été possible grâce à la mise en place d'une Révolution verte, marquée notamment par des semences de riz améliorées, l'irrigation à grande échelle, un meilleur usage des engrais, et le passage d'une à trois récoltes par an. En effet, au cours des périodes allant de 1974 à 1980 et de 1981 à 1990, la Révolution verte et une baisse rapide de l'indice synthétique de fécondité (ISF) expliquent l'évolution entre 45 et 75 % de la croissance du PIB par habitant (Traverso, 2015). La contribution de l'industrie du vêtement et des envois de fonds des travailleurs expatriés a commencé à se faire sentir dans les années 1990. L'Éthiopie est un autre exemple encourageant d'une avancée vers la modernisation de l'agriculture dans un contexte de grande pauvreté. Entre 2001 et 2012, sa production de denrées alimentaires par habitant a augmenté de 70 % et entre 2000 et 2015, le pays a augmenté la productivité agricole par travailleur de 74,79 %, en cessant de négliger l'agriculture et en favorisant les investissements dans ce secteur dans le cadre d'une stratégie d'industrialisation fondée sur le développement agricole (chapitre 13). Comme les marchés pour les semences et les engrais étaient inexistants ou incomplets et que l'assistance technique était inappropriée et les infrastructures insuffisances, cet objectif ne pouvait pas être atteint grâce uniquement à des politiques de libéralisation du marché ; il a fallu une intervention active de l'État.

Des mesures sont nécessaires pour moderniser l'agriculture. Tout d'abord garantir que la majeure partie de la population ait un accès égalitaire acceptable à la terre (indépendamment de la nature des titres fonciers), par le biais d'une réforme foncière, avec délivrance informelle de titres de propriété par les autorités nationales et locales, et d'autres mesures. Si dans certaines zones de l'Afrique, et en particulier en Afrique de l'Ouest, l'inégalité d'accès à la terre ne revêt pas une importance significative, c'est en revanche un problème dans plusieurs, mais pas tous, pays d'Afrique de l'Est et d'Afrique australe. Des investissements considérables sont nécessaires pour la délivrance et l'enregistrement des titres fonciers. Il convient de redoubler d'efforts pour réduire les coûts actuels de ces démarches qui représentent en moyenne 9,4 % de la valeur de la terre en Afrique, contre 4,4 % dans les pays de l'OCDE. Il faut également considérablement réduire les délais associés à ces démarches, sachant qu'elles prennent parfois près de dix ans dans certains pays (Odusola, 2014). Au cours des 20 dernières années, les programmes destinés aux réformes du régime d'occupation des terres et à l'enregistrement de titres de propriété foncière ont amélioré la sécurité foncière des cultivateurs dans certains pays, mais la concentration foncière n'a pas évolué. De plus, entre 2000 et 2010, on a observé des cas d'expropriation de terres dans 17 pays, dont certains avec de faibles ratios terre/habitant. De fait, selon les estimations, sur la période 2008-2010, le total des expropriations en Afrique subsaharienne équivaudrait à la superficie totale du Kenya (Odusola, 2014). Si certains considèrent que de telles actions peuvent aider à accélérer la croissance de l'agriculture en Afrique subsaharienne, il reste que les expropriations foncières peuvent aussi augmenter les inégalités de revenus et la concentration des terres.

Deuxièmement, afin de garantir l'expansion de la Révolution verte en Afrique, l'usage de semences améliorées et d'intrants agricoles modernes doit être intensifié. Là où il n'y a pas de marché de crédit, il convient d'envisager des subventions pour l'obtention de semences et d'intrants. La pertinence d'une telle politique a été fréquemment remise en question. Cependant, des programmes de cette nature semblent appropriés dans des pays comme le Malawi (voir chapitre 13) qui sont enclavés et caractérisés par une forte densité de population, une diminution de la taille des exploitations agricoles, un coût élevé des engrais importés, une distorsion de l'accès au crédit et des services de vulgarisation agricole peu efficaces. Par exemple, le programme « Starter Pack » subventionné par le gouvernement et mis en place en 1998 qui fournissait de petits paquets de semences de maïs et de légumes à haut rendement et des engrais pour 0,1 hectare, a augmenté la production de maïs par foyer de 125 à 150 kg entre 1998 et 2005 (Banque mondiale, n.d.).

Troisièmement, il convient de renforcer les capacités des populations autochtones à mettre en place et à adapter de nouvelles technologies agricoles, car la recherche et le développement dans le domaine des cultures vivrières locales a pris du retard. Une telle politique nécessite d'augmenter les dépenses publiques visant à promouvoir la diffusion de nouvelles technologies, de renforcer les capacités agricoles locales et de développer les infrastructures routières et électriques pour le stockage et la commercialisation des produits. Cela doit également se traduire par le rétablissement de l'appui budgétaire à l'agriculture des PMA, attendu qu'elle avait été supprimée au cours de l'ère où le « juste prix » était prôné. Les organisations internationales comme l'Alliance pour une révolution verte en Afrique (AGRA), le Groupe consultatif de la recherche agricole internationale (CGIAR), le Fonds international de développement agricole (FIDA) et l'Organisation des Nations Unies pour l'alimentation et l'agriculture (FAO) doivent soutenir la recherche et le développement dans les institutions de recherche nationales et veiller à ce que les semences améliorées restent un « bien public international » et que leur diffusion ne dépende pas des semences développées par des multinationales, qui bloquent souvent leur usage par des « clauses de verrouillage ». Depuis la Déclaration de Maputo sur l'agriculture et la sécurité alimentaire de 2003 visant à affecter au moins 10 % des budgets nationaux à l'agriculture, neuf pays ont atteint cet objectif. En fin 2013, seulement sept d'entre eux, à savoir le Burkina Faso, l'Éthiopie, la Guinée, le Malawi, le Mali, le Niger et le Sénégal, l'avaient atteint régulièrement (40 Chances et ONE, 2013). Tous les pays d'Afrique doivent atteindre cet objectif afin d'accomplir des progrès plus rapidement dans l'usage de l'agriculture comme moteur du développement national, tel que cela est expliqué au chapitre 4.

Pour terminer, l'ambivalence de la politique agricole des économies avancées et émergentes pour la production agricole en Afrique requiert une attention de toute urgence. Les pays les moins avancés essentiellement agricoles devraient envisager d'imposer des droits compensateurs aux produits alimentaires subventionnés importés de pays développés, qui ont entraîné une baisse de la production alimentaire et une dépendance accrue vis-à-vis de l'importation de denrées dans de nombreuses villes côtières africaines, tout en baissant les tarifs des semences, des engrais et de l'équipement de transport. Il est indispensable de traiter d'urgence la question des barrières tarifaires et non tarifaires qui nuisent aux produits agricoles et agroalimentaires, l'amélioration de l'accès aux marchés des pays de l'OCDE, y compris en éliminant les subventions qui perturbent le commerce, et en mettant au point des instruments pour faire face aux fluctuations des prix des produits agricoles (chapitre 4).

Les changements climatiques sont susceptibles d'aggraver les défis en Afrique, car ils affectent l'évolution des températures et des régimes des précipitations. Dans la mesure où les populations vulnérables vivent déjà dans des régions écologiquement menacées, cela peut exacerber les inégalités et l'exclusion. L'agriculture reste le pilier de l'économie subsaharienne : 62,3 % de la population vit en zones rurales (jusqu'à 80 % dans des pays comme le Burundi, l'Ouganda, le Malawi, le Niger, le Soudan du Sud et l'Éthiopie) et 66 % de la population active (à l'exception de l'Afrique du Sud) est employée dans le secteur de l'agriculture (chapitre 4). Les changements climatiques, qui se manifestent par l'élévation du niveau de la mer, des inondations, des sécheresses, aggravent les vulnérabilités et entraînent la perte ou la baisse de récoltes. Il est également à l'origine de migrations et de conflits. Cela a un effet notable sur la pauvreté et les inégalités. Pour autant, les petits États insulaires en développement et les pays en développement sans littoral, qui sont les plus touchés, manquent des capacités techniques et financières nécessaires pour gérer la modification du climat. Des mesures proactives doivent être prises pour s'adapter aux changements climatiques et en atténuer les effets afin de protéger les revenus et les moyens de subsistance de la majorité des Africains. À ce sujet, les efforts stratégiques visant à promouvoir l'adaptation aux évolutions climatiques au moyen de semis résistants à la sécheresse et de l'élevage d'animaux capables de s'adapter aux changements climatiques, ainsi que l'intensification des investissements dans la recherche et le développement agricoles, sont essentiels pour aller de l'avant.

17.2.2 Réindustrialiser

L'essor industriel de la Chine, du Vietnam, de l'Inde et du Bangladesh a été précédé d'une augmentation du rendement des terres et de la production agricole, tirée par des changements dans les institutions (par ex. une réforme agraire équitable en Chine et au Vietnam), les termes de l'échange sur le plan intérieur, et quelques subventions aux intrants modernes (voir ci-dessus). Même dans l'hypothèse d'une mise en œuvre réussie de ces politiques en Afrique subsaharienne, l'agriculture emploiera probablement moins de travailleurs à l'avenir. Les activités rurales non agricoles absorberont une partie de la main-d'œuvre, mais la plupart des nouveaux emplois devront être créés dans le secteur manufacturier et celui de la construction, ainsi que dans le développement d'infrastructures et de services modernes et remis à niveau. Cet objectif peut être atteint de différentes manières. Les pays disposant de marchés intérieurs importants (qui peuvent réaliser des économies d'échelle au niveau de la production) peuvent choisir de suivre une stratégie d'industrialisation fondée sur le marché intérieur et l'exportation. Pour les pays dont le marché intérieur est de petite taille, il serait avisé de se spécialiser dans un certain nombre de produits destinés à l'exportation (comme cela a été le cas à Maurice il y a vingt ans). Une démarche toutefois plus difficile à mettre en œuvre pour les pays enclavés.

Quels sont les obstacles au développement industriel dans de nombreux pays d'Afrique subsaharienne ? Les principales barrières sont constituées par la mobilisation limitée de l'épargne nationale, qui est toujours faible, mais pourrait être augmentée (en suivant l'exemple des « tigres asiatiques » entre les années 1950 et 1960), une insuffisance de l'investissement national et des IDE limités en raison du faible investissement public dans les infrastructures et de conditions politiques instables. À noter également l'insuffisance de main-d'œuvre spécialisée et semi-spécialisée, de crédit et de services financiers. Comme on l'a vu aux chapitres 5 et 16, il conviendrait de revoir les politiques en faveur de la libéralisation du commerce et l'appréciation des taux de change réels si la région veut se réindustrialiser.

Comment peut-on élargir les capacités dans ce secteur ? Pour commencer, il convient d'accroître l'approvisionnement en biens publics, en particulier en capital humain et en infrastructures publiques (routes, marchés, réseaux électriques, systèmes d'alimentation en eau et ports/aéroports), ainsi que l'accès aux infrastructures numériques. Les publications concernant les effets positifs de l'investissement privé dans les infrastructures publiques soutiennent fortement cette recommandation, qui est particulièrement pertinente en Afrique subsaharienne. Le développement des infrastructures qui a été mis en œuvre aux Seychelles, à Maurice, en Afrique du Sud, à Cabo Verde et au Botswana est conséquent, mais mérite d'être étendu. Même si des progrès notables caractérisent les TIC, la lenteur de la croissance des secteurs du transport, de l'énergie, de l'eau et de l'assainissement freine la croissance économique en Afrique[1]. Il est nécessaire d'améliorer le climat économique, de réduire les obstacles à l'exportation et de favoriser l'accès au crédit et à la technologie. Le point névralgique de cette démarche est clairement l'accroissement des investissements privés, en particulier dans les moyennes et grandes entreprises. Cependant, peu de sociétés privées en Afrique subsaharienne peuvent autofinancer leurs investissements en raison d'un manque de liquidités et du coût élevé des financements bancaires. La mise en place de systèmes de crédits efficaces et abordables peut prendre beaucoup de temps, mais elle est essentielle, comme l'ont démontré de nombreux ouvrages. Un cadre réglementaire solide et, le cas échéant, la surveillance des capitaux sont également requis pour éviter une instabilité du taux de change effectif réel (TCER) qui pourrait avoir des effets sur la production du secteur du commerce.

Les IDE dans les secteurs à forte intensité de main-d'œuvre offrent la possibilité de répondre aux insuffisances des investissements nationaux, d'encourager les changements structurels et les transferts de technologie et de générer des retombées positives. Actuellement, la plupart des IDE dans le secteur manufacturier sont destinés à des productions à faible valeur ajoutée, comme les textiles, l'habillement, le cuir et les chaussures, la transformation alimentaire, les boissons, l'assemblage de produits, les produits métalliques et les imprimeries (Chen, Geiger et Fu, 2015). En la matière, il est avisé de diffuser et tirer des leçons des expériences, des Seychelles, de Maurice, de l'Afrique du Sud, de Cabo Verde et du Botswana. Il est important d'identifier les obstacles qui empêchent une hausse des flux d'IDE provenant de Chine et d'autres économies émergentes qui connaissent une augmentation des salaires. La concentration dans les activités à forte intensité de main-d'œuvre mais à faible valeur ajoutée est utile à court terme et peut être envisagée comme une première étape vers l'intégration des entreprises africaines dans la chaîne de valeur mondiale. La création de zones franches de production à l'exportation (comme à Maurice) peut également servir dans la mesure où cela entraînerait la création d'entreprises mixtes si les problèmes de gouvernance étaient résolus. Une autre option capitale consiste à promouvoir les petites et moyennes entreprises (PME), des entreprises comme celles qui existent dans des villes et villages chinois, et les activités non agricoles rurales. Ces unités de taille relativement petite sont spécialisées dans la production d'une large gamme de biens qui peuvent aussi être fabriqués avec efficience à une échelle limitée ; elles sont verticalement intégrées au secteur primaire, produisent des biens consommés localement, ou lourds et qui sont donc protégés de la concurrence étrangère en raison de coûts de transport élevés. Cette stratégie implique de faciliter la création et le financement des PME. Par ailleurs, il convient de promouvoir les activités rurales non agricoles liées à l'élevage, à la pêche, à l'artisanat et aux secteurs des services, conformément à la demande locale des consommateurs. En Chine et au Bangladesh, les activités rurales non agricoles représentent 40 à 50 % des emplois ruraux, alors que dans les pays en développement africains, elles en représentent la moitié seulement. L'idée de développer les capacités concernant l'espace produit, examinée au chapitre 5, devrait se situer au cœur de la démarche à suivre par les décideurs politiques africains afin d'intervenir en matière de politique industrielle d'une manière plus innovante.

Une stratégie qui encourage le secteur manufacturier doit être soutenue par une « politique industrielle globale ouverte » qui ne revient pas à un système de quotas et de droits de douane ou à un « protectionnisme déguisé ». Avant toute chose, il convient de l'étayer par des politiques macroéconomiques qui, au-delà de

---

[1] Consulter les publications de la BAN (2016) concernant les performances des pays africains sur le plan du développement des infrastructures.

créer des infrastructures destinées à l'exportation, protègent les produits de substitution nationaux contre les importations concurrentes. Une telle protection pourrait être assurée par des tarifs douaniers conformes aux règles de l'OMS (en cas de menace majeure contre la balance des paiements), un taux de change réel compétitif et stable et des barrières non tarifaires (telles que des normes sur les règles d'origine qui sont largement utilisées dans les pays industrialisés). Attirer les IDE et promouvoir des partenariats public-privé pour la production de nouveaux biens (à l'instar de la production et l'exportation très réussies de saumon au Chili) sont une autre option. Une plus grande intégration régionale peut être une autre stratégie, même si par le passé l'expérience en la matière s'est avérée insatisfaisante.

17.2.3 Gérer les filons de ressources et promouvoir la diversification

Comme on l'a vu dans plusieurs chapitres de cette publication, la croissance du secteur minier et pétrolier observée dans plusieurs pays a en effet accéléré leur croissance économique globale, mais a creusé les inégalités (chapitre 6). Si l'augmentation des richesses issues de l'exploitation minière est une bonne nouvelle, ce filon doit être géré avec précaution afin de réduire les fuites de capitaux et d'éviter « la malédiction des ressources naturelles » et l'augmentation de la pauvreté et des inégalités. Pour ce faire, il est essentiel de créer des institutions destinées à la redistribution des richesses (comme dans des pays miniers à faible revenu tels que la Bolivie et le Pérou), de gérer les effets macroéconomiques de ces richesses, et de diversifier l'économie à moyen terme.

Si de nouvelles découvertes et de nouveaux gains sur le plan du commerce accélèrent la croissance à court terme, l'histoire de l'économie montre que les pays riches en ressources naturelles font face à divers problèmes, notamment une croissance lente sur le long terme et une forte concentration des biens et des revenus. Une des explications données à cette lenteur est que lorsqu'une manne tombe du ciel, elle entraîne paresse et facilité. Une autre suggère que la croissance du secteur de l'exploitation des ressources naturelles ne favorise pas un développement à l'échelle nationale, dans la mesure où les mines et les champs pétroliers

FIGURE 17.1 Les « supercycles » à long terme des prix réels des métaux (panneau de gauche) et du pétrole (panneau de droite)

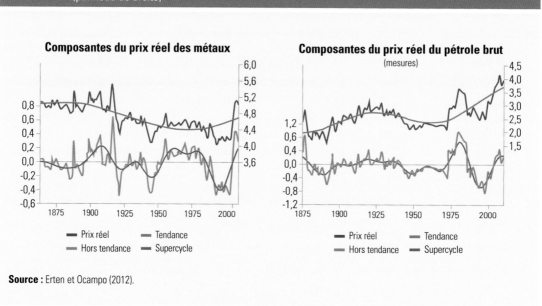

Source : Erten et Ocampo (2012).

ont peu de liens en aval et en amont avec le reste de l'économie. En outre, elle nuit également à la stabilité politique et accroît l'inégalité. Dans des cas extrêmes (comme en Angola et en Sierra Leone dans les années 1990), la concurrence pour tirer profit des rentes que génèrent les ressources naturelles peut provoquer des « conflits de cupidité » entre des factions déterminées à s'en emparer. Les fluctuations à long terme des prix des métaux, du pétrole et des récoltes destinées à l'exportation, comme l'illustre la figure 17.1 ci-dessous, posent un autre problème. Ces variations (en particulier celles des supercycles des prix des produits de base) consignées par Erten et Ocampo (2012) représentent une menace à long terme pour la stabilité de la croissance, les recettes fiscales et les dépenses publiques. Comme le fait remarquer Ocampo (2013), les envolées des prix des produits de base qui ont eu lieu jusqu'en 2013 ne se poursuivront probablement que si la Chine, l'Inde et d'autres pays en développement pauvres en ressources naturelles réussissent à rompre le lien avec les pays de l'OCDE dont la croissance est lente. Actuellement, la perspective que ce lien se défasse est plus qu'incertaine.

L'incapacité à diversifier les activités indépendamment du secteur des ressources naturelles à long terme constitue un autre problème. En l'état actuel des choses, ce point semble particulièrement urgent, au regard des prévisions du FMI sur la stagnation probable à un niveau bas de l'indice des cours des produits primaires jusqu'en 2020 au moins[2]. Les pays riches en ressources naturelles doivent également faire face à des problèmes immédiats : le syndrome hollandais, à savoir une appréciation du taux de change effectif réel entraînant une baisse de la production manufacturière et une croissance à long terme lente, une fois que les dépôts minéraux sont épuisés.

Des institutions fortes sont essentielles pour veiller à ce que les revenus des matières premières soient dépensés judicieusement. Cela signifie des capacités à lutter contre la corruption, étudier régulièrement les contrats des sociétés extractives et impliquer les organisations nationales et internationales chargées de la transparence en mettant en place des audits dans ces entreprises (PNUD, 2016a). Le Botswana est l'exemple vertueux de ces pays dépendants de leurs ressources naturelles qui ont réussi à résoudre ces problèmes par le biais d'actions politiques ayant évité la plupart des problèmes de corruption et d'économie politique qui caractérisent les économies reposant sur le principe de la rente, notamment par la gestion du « Pula Fund ».

Les politiques publiques devraient avoir pour objectif premier de promouvoir la diversification économique et d'éviter la reprimarisation. Il est essentiel d'utiliser des politiques à teneur locale pour l'agriculture et l'industrie extractive afin de favoriser les liens en aval et en amont avec le reste de l'économie nationale. Le Botswana est en ce sens un bon exemple, car il a su apporter de la valeur ajoutée aux diamants (en développant localement leur polissage et leur tri). Quelques pays à revenu élevé ou intermédiaire, comme le Chili, les Pays-Bas et les Émirats arabes unis, se sont efforcés de diversifier leur économie et d'accroître l'exportation de biens échangeables hors ressources naturelles caractérisés par des externalités positives à l'échelle de l'économie tout entière et fondées sur l'apprentissage par la pratique. Les politiques adoptées à cet égard intégraient la stabilisation du taux de change réel afin d'éviter les effets du syndrome hollandais. Ce même objectif peut également être atteint en « stérilisant » l'augmentation de la masse monétaire produite par la manne provenant des matières premières. En outre, adopter une politique industrielle générale constitue un atout de premier ordre pour parvenir à une diversification de l'économie. Des mesures politiques peuvent également modérer les effets des inégalités intragénérationnelles et intergénérationnelles. Par exemple, le Chili a introduit le fonds de compensation du cours du cuivre afin de réduire les effets de l'instabilité des prix sur le revenu national et le taux de change. Durant les années où les prix sont élevés (par rapport à un cours de référence à long terme), les excédents de recettes en dollars sont placés dans un fonds offshore

---

[2] Voir www.imf.org/external/np/res/commod/index.aspx

de stabilisation des prix du cuivre. Ces ressources sont réinjectées dans le budget national les années où le prix du cuivre est bas. Autre cas, le Gouvernement de la Norvège, pays producteur de gaz et de pétrole, a comblé des inégalités intergénérationnelles en créant un fonds de pension intergénérationnel qui absorbe annuellement près de 10 % du PIB, selon le niveau des prix du pétrole et du gaz. Le produit des intérêts courus à travers ce fonds qui ne cesse de croître sera dépensé au profit des futures générations.

Il convient également de s'attaquer à la question de la « paresse fiscale » qui touche les pays exportateurs de ressources énergétiques, lesquels ont souvent tendance à repousser sine die les réformes visant à élargir l'assiette fiscale. Les années où les prix des produits de base sont bas, cette paresse fiscale se traduit par une augmentation substantielle du déficit budgétaire ou par de fortes réductions des dépenses publiques déflationnistes et inégalitaires. Il est nécessaire d'appliquer des taxes directes sur la valeur ajoutée et d'éliminer les abattements fiscaux et l'évasion fiscale durant les périodes de prospérité. Pour terminer, il y a lieu de prévoir des réformes institutionnelles visant à garantir la transparence dans la gestion des profits tirés de ces ressources. Les publications étudiées par Ndikumana (2014) indiquent qu'au moins 8 % des profits du pétrole des pays africains qui en sont riches et dont la gouvernance laisse à désirer finissent dans les paradis fiscaux de pays avancés.

17.2.4 Augmenter la productivité et réduire l'inégalité dans les secteurs de la construction et du travail informel urbain

Le secteur des services est très hétérogène. D'une part, il comprend des services de biens échangeables et non échangeables modernes (banque, assurances, services publics de distribution, transport, tourisme, et services publics) qui se trouvent principalement dans des zones urbaines ; d'autre part, le secteur informel à faible productivité fait office d'éponge, absorbant le surplus de main-d'œuvre qui ne trouve pas d'emploi dans le secteur moderne. Du fait du taux d'urbanisation actuel très faible et de la croissance démographique élevée et continue dans de nombreux pays, l'exode rural devrait s'accentuer et la plus grande partie de cette nouvelle population urbaine devra chercher du travail dans le secteur informel.

Cette thématique appelle des mesures publiques suivant une approche fondée sur trois points. Avant tout, prendre des mesures préventives qui soutiennent la modernisation de l'agriculture, la construction et les activités manufacturières (chapitres 4, 13 et 14). Si ces secteurs se développent, moins de personnes devront se livrer à des activités de subsistance dans le secteur informel. Ensuite, développer des services modernes. Et pour finir, les gouvernements et organismes d'aide humanitaire devraient améliorer la productivité des activités informelles, en particulier si les deux premières démarches échouent. La mesure la plus importante doit s'orienter sur la création d'un secteur des finances et de l'assurance indépendant, accessible et en même temps correctement réglementé. Au Japon, une réforme de cette nature a ainsi permis d'augmenter les dépôts destinés à l'épargne et les crédits aux secteurs de production. À son tour, dans les années 2000, l'Amérique latine a introduit des réformes qui ont amélioré la réglementation prudentielle du système bancaire, la capitalisation, le financement et la supervision. Ces modifications ont également renforcé les mécanismes d'évaluation des risques dans de grandes banques, stimulé la mise en place de cadres comptable et juridique, et réduit les asymétries de monnaie (Rojas-Suarez, 2007). Réduire les taux de prêt qui sont actuellement élevés en Afrique et combler le déficit d'électricité constituent une priorité.

Le secteur informel, qui comprend des petites entreprises de 1 à 5 personnes, se caractérise par des moyens pauvres en technologie, une faible productivité et l'embauche de main-d'œuvre non qualifiée, essentiellement des femmes. Il est facile d'entrer dans ce secteur et d'en sortir, mais les inégalités y sont élevées. Le manque de crédit, de compétences, de technologie, d'espace et d'accès à l'eau et à l'électricité, ainsi que des normes administratives complexes, sont les principaux obstacles à l'évolution de ce secteur.

Les interventions des pouvoirs publics portent en général sur la formalisation du secteur informel tout en préservant ses capacités de création d'emploi et de génération de revenus en investissant dans un « développement local urbain intégré » (OIT, 2007). Cela suppose : investir dans la formation de capital humain (par ex. à travers des cours d'apprentissage) ; faciliter l'accès à des technologies plus performantes, à la numérisation et au crédit par l'entremise de coopératives de crédit assistées par des institutions bancaires et des institutions de microcrédit, en particulier pour les femmes (comme au Bangladesh avec la banque BRAC) ; délivrer des titres de propriété ; améliorer l'approvisionnement en eau et en énergie ; et mettre en œuvre des politiques positives qui améliorent la protection sociale pour les travailleurs du secteur informel. Pour mettre en place ces mesures, ce secteur devrait s'organiser et se concerter avec les pouvoirs publics afin d'élaborer des politiques qui lui sont favorables.

Il ressort du chapitre 9 une leçon importante, à savoir que les pays ayant réussi à augmenter le niveau de revenu par habitant de 2 % ou moins chaque année ont pu réduire le niveau des inégalités. On peut tirer la conclusion inverse pour les pays où le niveau de revenu par habitant a augmenté de plus de 2 %. Par conséquent, les quintiles les plus élevés de la population ont tendance à mieux profiter de la croissance si le revenu par habitant est supérieur à 2 %. Cela ne signifie pas que les pays ne doivent pas augmenter rapidement le revenu par habitant, mais qu'il faut avant tout redoubler d'efforts pour améliorer la progressivité de l'impôt et l'efficacité de la répartition.

17.3 Résoudre le « problème démographique »

17.3.1 Accélérer la réduction des taux de fécondité

La baisse rapide de la mortalité, et en particulier des enfants de moins de cinq ans, ainsi qu'un taux de fécondité élevé ont contribué à une croissance rapide de la population dans la plupart des pays d'Afrique subsaharienne. En effet, l'indice synthétique de fécondité, qui était de 6,5 enfants par femme en âge de procréer entre 1950 et 1955, était de 5,4 entre 2005 et 2010. À titre de comparaison, l'Asie de l'Est est passée de 5,6 à 1,6 sur la même période. Par rapport à d'autres régions, l'Afrique subsaharienne connaît une baisse extrêmement lente de la fécondité, qui augmente les taux de dépendance des jeunes et la pauvreté. Le chapitre 9 fournit une analyse détaillée de cette tendance.

Cependant, l'indice synthétique de fécondité dans la région est hautement hétérogène. Il est resté élevé au Niger, au Mali, au Tchad, en Angola, en République démocratique du Congo et au Burundi, au-dessus de 6 d'après la moyenne de 2010 à 2015[3]. Comme le montre le chapitre 9, le mariage précoce est l'un des facteurs d'un taux de fécondité élevé en Afrique. Dans un autre groupe de pays, auquel appartient notamment le Kenya, la fécondité a diminué rapidement dans les années 1980 puis a stagné à partir de 1995 (Canning, Raja, et Yazbeck, 2015). Dans un autre groupe encore, où se trouve l'Éthiopie, la fécondité a commencé à baisser en 1995, et en Afrique du Sud, elle a rapidement diminué tout au long de la période considérée. Le chapitre 9 a montré que cinq pays sont bien avancés dans la transition démographique (Maurice, les Seychelles, Cabo Verde, le Botswana et l'Afrique du Sud), 25 pays sont en cours de transition et 15 présentent les premiers signes de cette transition.

Selon les variantes de projection moyennes de la Division de la population des Nations Unies, la population en Afrique subsaharienne va plus que doubler d'ici 2050 (voir le chapitre 9, tableau 9.1), et une grande proportion de cette augmentation de la population mondiale (de 7,4 milliards en 2015 à 9,7 milliards en

---

[3] Voir http://data.worldbank.org/indicator/SP.DYN.TFRT.IN

2050) sera localisée en Afrique subsaharienne. Les objectifs de croissance rapide du PIB par habitant, de sécurité alimentaire, d'autonomie alimentaire et de réduction de la pauvreté et des inégalités ont peu de chances d'être atteints si l'on ne réussit pas à réduire rapidement les taux de fécondité et la croissance démographique dans la région.

Des indices synthétiques de fécondité toujours élevés influent en effet sur la pauvreté, les inégalités, la croissance et la stabilité de plusieurs manières[4]. Actuellement, dans la grande majorité des pays d'Afrique subsaharienne, le ratio terres/population a déjà baissé, de 0,1 à 0,2, et la pénurie de terres s'est aggravée. Malgré certaines améliorations récentes à l'échelle des sous-régions, l'Afrique subsaharienne continue de dépendre d'importations massives de denrées alimentaires et d'aide alimentaire. Force est de constater que la production alimentaire par habitant en 2011 reste en dessous du niveau qui était le sien entre 1960 et 1965. Une croissance élevée de la population creuse également les inégalités en raison d'une pression de plus en plus exercée sur le patrimoine commun (un phénomène qui a des conséquences non négligeables sur les plus vulnérables), un accroissement des émissions polluantes, une hausse des prix des denrées alimentaires, une baisse de la fertilité des sols (à moins que ne soient introduites des politiques agricoles efficaces) et un recul du couvert forestier. Cela provoque aussi une hausse des « primes à la compétence », qui débouche sur des évolutions inégalitaires des taux de dépendance des pauvres par rapport à ceux qui sont mieux nantis et un accès inégal à l'eau potable, à des emplois décents et à des services sociaux. Enfin, cela pourrait aussi menacer la stabilité politique.

Depuis les années 1990, le problème de la pénurie des terres s'est accru dans la plupart des pays d'Afrique subsaharienne en raison de la croissance démographique rapide, d'une nouvelle hausse de la valeur des terres, des conflits entre agriculteurs et éleveurs (comme c'est le cas dans les zones arides de l'Afrique de l'Ouest et de l'Afrique de l'Est), l'affaiblissement des institutions traditionnelles, des programmes de réforme foncière limités et l'achat de terrains par des investisseurs étrangers. De plus, de grandes migrations de groupes ethniques rivalisant pour trouver des terres ont accentué les tensions. Au Nord-Kivu, entre 1993 et 1997, ce phénomène a entraîné la mort de plus de 70 000 personnes et le déplacement de centaines de milliers d'autres (Cotula *et al.*, 2004). Au Burundi et au Rwanda, une pénurie de terres de plus en plus aiguë a été une source de conflits entre éleveurs et agriculteurs ainsi qu'entre différents groupes ethniques de paysans qui avaient auparavant cohabité en paix. La recrudescence d'épidémies est également à craindre. La migration interne et internationale aura un coût humain élevé et, dans plusieurs cas, des effets inégalitaires. En conséquence, une « transition démographique en panne » (Canning, Raja et Yazbeck, 2015) entraîne plusieurs problèmes et retarde l'apparition du dividende démographique[5].

---

[4] Des problèmes peuvent également survenir lorsque les indices synthétiques de fécondité sont trop bas. Dans des pays où les institutions collectives sont faibles dans les domaines des soins de santé et de la retraite, et où les transferts privés entre les membres d'une même famille sont faibles, un vieillissement rapide de la population a des effets déségalisateurs, car le nombre de familles présentant un taux élevé de dépendance des personnes âgées (et des revenus inférieurs à ceux de la population active) augmente, ce qui accroît les inégalités intergénérationnelles. Dans certains pays en développement, cela peut être compensé par des transferts au sein d'une même famille. Dans les économies avancées, où il est bas, l'effet inégalitaire du vieillissement peut être compensé par un régime de retraite mis en place par le secteur public, qui peut ou non augmenter les inégalités intergénérationnelles, selon le niveau des cotisations de sécurité sociale versées par la population active. En outre, les retraites constituent souvent une répartition inégale des prestations, car le minimum vieillesse ou les rentes sociales sont souvent très faibles, sources éventuelles d'inégalité intragénérationnelle.

[5] On ne parvient à concrétiser le dividende démographique et la croissance économique ne s'en suit automatiquement que si certaines autres conditions sont réunies. En effet, pour absorber la forte population en âge de travailler il faudrait qu'il y ait une hausse tout aussi importante de la demande de main-d'œuvre. Cela dépend de l'augmentation de l'accumulation de capital, d'une évolution vers des secteurs et/ou des techniques à haute intensité de main-d'œuvre, ou d'une baisse du prix de la main-d'œuvre ; sinon, la population active supplémentaire risque de grossir le rang des travailleurs sans emploi et sous-employés, une potentielle source d'instabilité politique et de montée de la criminalité. L'Asie de l'Est, l'Amérique latine et l'Afrique du Nord ont bénéficié à la fois de réductions substantielles des taux de fécondité et d'un accroissement de la population en âge de travailler.

La principale question d'économie politique qui se pose ici est de savoir si la baisse de la fécondité en Afrique subsaharienne peut être accélérée. Comme indiqué aux chapitres 9 et 16, certains pays en développement ont réussi à faire baisser rapidement l'indice synthétique de fécondité avec un PIB par habitant faible, notamment le Maroc et des pays très pauvres comme le Bangladesh, le Rwanda, et l'Éthiopie. En Éthiopie, par exemple, le gouvernement a identifié le sous-développement et la pauvreté comme étant les causes de la croissance démographique élevée. Afin d'inverser les effets négatifs de ce taux de fécondité élevé, le pays s'est donné comme objectif d'atteindre un indice synthétique de fécondité de 4 pour l'année 2015[6]. Pour y parvenir, il a reculé l'âge du mariage, de 15 à 18 ans, et a rendu obligatoire l'enregistrement des faits d'état civil. D'autres mesures portaient sur la poursuite de la scolarisation des filles, leur emploi dans le secteur moderne et les PME, et sur la suppression des restrictions à la participation des femmes aux activités économiques. Elles visaient également à promouvoir une maternité responsable en retardant l'âge de la première naissance et en augmentant l'espacement des naissances. Le gouvernement a également élargi la distribution de contraceptifs féminins et masculins, en encourageant tous les organismes publics et les organisations non gouvernementales (ONG) à aborder les questions de croissance démographique et en créant un Conseil national de la population. La mise en place d'un programme de planification familiale ne s'est pas faite sans heurt, mais la baisse programmée de l'indice synthétique de fécondité a presque atteint l'objectif fixé, cet indice ayant été ramené à 4,5 en 2015.

Le cas du Bangladesh est également instructif. Comme l'ont souligné Asadullah, Savoia et Mahmud (2014), la fécondité a commencé à baisser dans les années 1981-1985, et le déclin du taux s'est accéléré dans les années 1990. Cela a été possible grâce à une combinaison de la facilitation de l'accès aux moyens de contraception, du renforcement de l'éducation des femmes à ces questions et des campagnes massives de sensibilisation sociale élaborées par un réseau dense d'ONG, grâce notamment à une assistance étrangère à la planification familiale et à la santé reproductive et avec la bénédiction des autorités étatiques et islamiques. La transition démographique a modifié la pyramide des âges de la population du Bangladesh, avec des effets sur l'attribution des ressources au niveau des foyers et entraînant un dividende démographique au niveau global.

Le chapitre 9 a clairement montré le lien entre les variables démographiques et la pauvreté : un taux élevé de croissance démographique aggrave la pauvreté. Cependant, le lien entre la population et l'inégalité reste ambigu. À un niveau d'étude bidimensionnelle, une relation négative et significative entre les inégalités de revenu et les différentes variables démographiques est établie, mais ce n'est pas le cas dans le cadre d'une analyse multivariée. L'ensemble des pays où l'indice synthétique de fécondité est d'au moins six enfants par femme (Niger, Mali, Burundi, République-Unie de Tanzanie, République du Congo, Tchad et Nigéria) présente un coefficient de Gini faible, en deçà de 0,44, alors que la plupart des pays avancés dans leur transition démographique (comme le Botswana, l'Afrique du Sud, la Namibie et les Seychelles) affichent un coefficient de Gini supérieur à 0,6. Des recherches supplémentaires sont nécessaires pour clairement établir les mécanismes de transmission entre la croissance de la population et les disparités de revenus en Afrique et élaborer des politiques qui accompagnent la transition démographique pour accélérer la réduction des inégalités de revenus.

17.3.2 La migration régionale et internationale et le problème démographique

Certains considèrent que la migration à l'intérieur de l'Afrique subsaharienne et la migration internationale pourraient être la solution éventuellement nécessaire au problème de l'offre excédentaire de main-d'œuvre

---

[6] Pour plus d'informations à propos de cette politique, consulter https://cyber.harvard.edu/population/policies/ETHIOPIA.htm.

qui touche la région dans la mesure où les indices synthétiques de fécondité ne baissent pas rapidement. Certains estiment que les migrations hors de l'Afrique subsaharienne sont une solution prometteuse, au regard de la baisse et du vieillissement de la population observés en Europe de l'Ouest et en Europe de l'Est, en Asie centrale, au Japon, en République de Corée, et en Chine. De plus, de grandes migrations permanentes ou circulaires vers la Côte d'Ivoire, l'Afrique australe et d'autres sous-régions du continent plus riches ont déjà lieu. Les effets de l'émigration sur les inégalités et la croissance sont néanmoins controversés. Le Fonds monétaire international (FMI, 2005) considère que l'émigration accroît la croissance et la consommation à court terme, mais qu'elle augmente les inégalités et ne stimule pas la croissance à long terme. Des éléments traités au chapitre 16 contredisent ces conclusions, mais font simultanément ressortir la fuite des cerveaux qu'entraîne la migration de personnes qualifiées. De plus, la faisabilité politique d'une migration massive vers les zones les plus riches de la région ou des pays avancés est plutôt incertaine. Il n'est pas indiqué d'établir des parallèles avec les migrations européennes à destination du continent américain de la fin du XIXᵉ siècle et du début du XXᵉ siècle, car si les Amériques, à l'époque, manquaient énormément de main-d'œuvre et de financements, elles étaient riches en terres fertiles. La migration fut également négociée entre les États.

Comme le relève Klasen (2015), une sorte de « migration sous contrat » (à la différence de la migration actuelle, essentiellement irrégulière) pourrait être tentée dans des régions qui connaissent une baisse démographique et un vieillissement rapide de la population. Cette solution peut éventuellement altérer légèrement le problème, mais son succès dépend des régimes de migration choisis par ces pays qui, tout en subissant un vieillissement rapide, continuent d'avoir des taux de chômage élevés. Vers quels pays l'excès de main-d'œuvre de l'Afrique subsaharienne migrerait-il ? Pour des raisons historiques, l'Europe est un choix, mais il y a peu de chances que cela fasse la différence en raison du nombre déjà important de migrants et de la lente intégration de personnes d'origines différentes. La montée des partis de droite à travers l'Europe et en Amérique du Nord peut également freiner l'absorption de migrants africains. Le Japon, et bientôt la Chine, vont avoir besoin de travailleurs supplémentaires, mais il reste cependant à déterminer si des barrières culturelles ne vont pas limiter la migration d'Africains vers ces pays. Le besoin de faire venir des migrants en Chine sera aussi fonction du retour ou non de la « diaspora chinoise ».

17.3.4 Urbanisation et réduction de la fécondité

L'Afrique s'urbanise rapidement. Sa population urbaine est passée de 14 % en 1950 à 40 % en 2015, et il est prévu qu'elle atteigne 56 % d'ici 2050. Autrement dit, l'Europe, dont la population urbaine est passée de 15 % en 1800 à 40 % en 1910) a mis 110 ans là où l'Afrique en a mis 60. L'urbanisation en Afrique a augmenté de 5,9 points de pourcentage entre 2000 et 2015, suivie de l'Asie avec 10,7 points de pourcentage (BAfD, OCDE et PNUD, 2016). Par rapport à d'autres régions en développement, le taux d'urbanisation en Afrique subsaharienne reste en moyenne assez bas. La migration des campagnes vers les villes est inévitable, en raison des ratios terre/population très bas et du développement limité des activités rurales non agricoles dans la région. Cependant, l'exode rural a tendance à réduire, toutes choses égales par ailleurs, les incitations à avoir beaucoup d'enfants et facilite les programmes de contrôle des naissances. Comme cela est illustré à la figure 17.2, tous les pays classés agraires affichent un taux de fécondité d'au moins 5 enfants.

Comment l'Afrique peut-elle rendre l'urbanisation durable ? Les politiques de développement urbain doivent assurer une transformation structurelle inclusive, ainsi que la réduction de la pauvreté et des inégalités. Ces politiques doivent promouvoir des moyens de subsistance pérennes et l'accès aux services publics comme les transports, les infrastructures, le logement, l'eau, les équipements sanitaires et l'énergie pour la population urbaine croissante. Les institutions nationales devront relever des défis environnementaux simultanés, tels

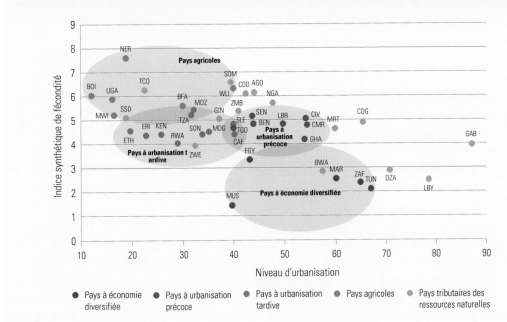

FIGURE 17.2 Les niveaux d'urbanisation et l'indice synthétique de fécondité selon la classification des pays africains

Source : BAfD, OCDE, et PNUD (2016).
Remarque : Les pays tributaires des ressources naturelles ne sont pas regroupés dans cette figure parce qu'ils sont plus dispersés. Le bilan et la capacité des pays en ce qui concerne l'investissement des rentes tirées des ressources naturelles peuvent avoir une incidence sur leur développement.

que la pollution des sols, de l'eau et de l'air due à l'urbanisation rapide, y compris les pressions supplémentaires liées au changement climatique. Des investissements seront nécessaires pour développer la connectivité urbaine afin d'exploiter les économies d'agglomération au profit de la transformation structurelle. Enfin, il est nécessaire de prendre des mesures visant à atténuer l'impact de l'expansion urbaine dans les zones rurales, ce qui implique notamment un changement des modes d'utilisation et de répartition de la terre et de répartition foncière, faussée actuellement, et de promouvoir le développement rural (chapitre 11).

17.4 Le développement humain comme source de croissance et d'égalisation des chances et des revenus

Les progrès du développement humain (éducation, santé et nutrition) ont été une source majeure d'égalisation des revenus dans de nombreux pays avancés et en développement. On l'a vu, un niveau plus élevé d'éducation des femmes permet de réduire l'indice synthétique de fécondité et d'améliorer le ratio interquintile de la fécondité ; le fait que les parents aient été scolarisés permet de réduire la morbidité et la mortalité infantiles ; des enfants mieux nourris et en meilleure santé ont de meilleurs résultats à l'école. Comme cela a été démontré en Amérique latine au cours des dix dernières années, une hausse du taux d'inscription dans le secondaire (et, le cas échéant, dans le supérieur) parmi les enfants des 50 à 60 % des plus pauvres de la population augmente l'offre de capital humain. Ce qui à son tour réduit les salaires des emplois qualifiés et les primes à la compétence, tout en améliorant la répartition de la main-d'œuvre, et en conséquence abaisse les inégalités de revenus (Cornia, 2014). Accroître la scolarisation des enfants pauvres a donc deux effets positifs sur le marché du travail : un effet sur les prix et un effet sur la répartition. Ces effets, encore plus conséquents dans les phases de mise à niveau technologique endogène qui génèrent une demande de travailleurs qualifiés, sont particulièrement visibles pour les compétences qui requièrent un niveau d'études secondaires ou supérieures. Il convient néanmoins de souligner que l'enseignement supérieur a fréquemment des effets inégalitaires. Investir dans un enseignement de qualité, des établissements de formation technique et des programmes d'alimentation scolaire contribue à créer des conditions de vie plus humaines, à obtenir de meilleurs résultats sur le plan du bien-être, et à diminuer l'inégalité des revenus à moyen terme. En Afrique subsaharienne, le choix de la langue d'enseignement est également primordial. Prodiguer des efforts pour se défaire des normes sociales qui empêchent ou entravent l'accès à l'éducation et aux services sociaux est tout aussi important.

L'Afrique subsaharienne a connu des progrès impressionnants en matière de développement humain depuis 2000. Son indice de développement humain (IDH) présente la croissance la plus rapide par rapport à toute autre région : 1,68 % entre 2000 et 2010 et 0,94 % entre 2010 et 2014. Les progrès ont été particulièrement remarquables dans certains pays, dont le Rwanda, l'Éthiopie et le Mozambique (chapitre 11). Pour que tous les Africains et Africaines réalisent tout leur potentiel, il faudra s'intéresser davantage aux inégalités multidimensionnelles, concernant notamment les revenus. Outre les leçons et les mesures publiques sur les inégalités de revenus dont il a été question plus haut, il est primordial d'accélérer l'accès aux ressources qui ne sont pas des revenus, notamment des services de base comme l'éducation, la santé, la participation à la vie politique, ainsi que l'accès à la propriété foncière et à des ressources financières, afin que les individus puissent réaliser tout leur potentiel. Il existe également des groupes qui ont systématiquement moins accès aux ressources (liées au revenu ou non) que d'autres. Les femmes et les filles en particulier sont en moyenne plus démunies que les hommes dans tous les pays de la région. Assurer aux jeunes filles et aux femmes, ainsi qu'aux jeunes, l'égalité d'accès aux opportunités et aux services aurait des conséquences importantes et positives sur le processus du développement humain global en Afrique subsaharienne.

L'inégalité est un obstacle majeur à l'accélération du développement humain en Afrique subsaharienne. Si l'on se sert de l'indice de développement humain ajusté des inégalités (IDHI), un indice composite qui tient compte de l'inégalité pour les trois axes de l'IDH (la capacité de vivre une vie longue et en bonne santé, l'accès à la connaissance et un niveau de vie décent), on s'aperçoit que la perte en potentiel humain due à l'inégalité est le plus élevée en Afrique subsaharienne (33 %). En République centrafricaine, aux Comores, en Namibie et en Sierra Leone, l'IDHI est inférieur de plus de 40 % à l'IDH, dans 35 autres pays, il l'est de 30 à 40 %.

Il est donc essentiel de trouver une solution au problème de l'inégalité afin de favoriser un niveau de développement élevé en Afrique. S'atteler à promouvoir et financer la réalisation de cet objectif relève donc des mesures centrales à prendre par les pouvoirs publics et qui exigent que l'on attribue plus de ressources à cette entreprise. Les questions concernant l'accessibilité à la protection sociale et aux pensions sont également fondamentales pour la réussite du développement humain et de la redistribution.

17.5 Élargir une protection ou une assistance sociale égalitaire

En Afrique subsaharienne ce sont les dispositifs de sécurité sociale informels, locaux, domestiques et familiaux qui ont longtemps dominé et dominent encore. Néanmoins, des programmes d'assistance/de sécurité sociale financés par l'État se sont avérés efficaces pour réduire considérablement l'inégalité de revenu (jusqu'à 3 points de Gini) en Amérique latine (Cornia 2014). Il y a de belles possibilités d'étendre et d'approfondir les programmes en cours dans la région. Il convient également de trouver le bon dosage des financements des bailleurs de fonds et de l'État afin de garantir la durabilité de ces dispositifs.

Les programmes de protection sociale qui ciblent bien les quintiles les plus pauvres de la population sont généralement très efficaces en Afrique. Une augmentation de la valeur unitaire de ces transferts est en effet positivement et significativement corrélée à une réduction des inégalités (voir chapitres 8 et 14). Le chapitre 8 montre qu'un élargissement de 1 % de la couverture du quintile le plus pauvre et une augmentation de 1 % des montants moyens des transferts réduisent le coefficient de Gini de 0,003 et 3,54 %, respectivement. En outre, il a été observé qu'une réduction du coefficient de Gini est corrélée positivement au PIB, mais négativement au PIB par habitant et à la taille de la population. En 2005, la mise en place du système de protection sociale en Afrique du Sud a permis de réduire le coefficient de Gini de 0,01 pour la population blanche et asiatique, à comparer à 0,04 et 0,01 pour les populations colorée (mixte) et africaine, respectivement (Bhorat *et al.,* 2009). L'Éthiopie est connue pour avoir mis en place avec succès les « Programmes de filets de protection sociale productifs », qui couvraient 10 millions de personnes, soit 11 % de la population (Banque mondiale, 2015 ; Roelen, Sabates-Wheeler et Devereax, 2016). Dans ce pays, l'impact conjoint de la répartition distributionnelle des impôts et de la protection sociale représentait 2 points de pourcentage dans le coefficient de Gini (Banque mondiale, 2015).

Tout ceci suggère que c'est en procédant à un meilleur ciblage et en accroissant les montants des transferts que l'on réduira les inégalités, par le biais de la protection sociale. Si quelques poches de prestations d'aide sociale positive existent dans la région, il faut beaucoup progresser pour passer à une plus grande échelle, assurer la sélection d'objectifs pertinents et donner la priorité aux dépenses de sécurité sociale, assurant ainsi une réduction substantielle de la pauvreté et des inégalités. Comme l'expérience l'a montré dans d'autres pays en développement, il est clair que si la couverture est élargie, que les objectifs sont définis et que les montants des transferts sociaux sont élevés, le niveau de vie de la majorité des Africains peut être simultanément amélioré. Comme l'a affirmé le PNUD (2016b), cibler la protection sociale sur les femmes et les enfants aura très probablement un impact plus grand sur la pauvreté et la réduction des inégalités, ainsi que sur l'évolution du développement humain en général.

17.6 Réduire les inégalités pour accélérer la réalisation des ODD dans les pays pauvres

Le Programme 2030 comprend des ODD et des cibles qui sont directement liés à l'inégalité, à la différence des OMD qui ne traitaient pas des problèmes de répartition. Cela reflète la manière dont a évolué le débat sur le développement humain durant la période qui a conduit à l'adoption du Programme 2030 en septembre 2015, élaboré notamment à partir de concertations et contributions citoyennes influentes du monde entier. Le message de ces citoyens était clair : l'inégalité est un élément intrinsèque de leurs perceptions du bien-être.

Mais la lutte contre l'inégalité est également essentielle pour progresser vers d'autres ODD, autrement dit, il s'agit là d'un combat primordial. Cet aspect a été illustré à travers plusieurs questions soulevées dans ce chapitre et dans l'ensemble de l'ouvrage. Il convient donc de mettre les bouchées doubles pour trouver des solutions aux problèmes d'inégalité afin de satisfaire aux aspirations du Programme 2030 et de ne laisser personne à la traîne.

Répondre à cette attente n'implique pas uniquement de fournir des services de santé et d'éducation supplémentaires ou de déployer des dispositifs de transferts monétaires. Cela signifie également qu'il faut comprendre les causes profondément ancrées de l'exclusion, qui dans certains cas sont fortement intégrées dans les structures politiques et sociales et se manifestent par des niveaux d'inégalité qui restent élevés ou sont en hausse. Trouver des solutions aux inégalités permet d'atteindre encore plus rapidement les ODD pour l'ensemble du Programme 2030, au-delà de la contribution aux ODD spécifiques à la riposte contre l'inégalité.

17.7 Un cadre macroéconomique favorable

Dans la plupart des cas, le débat sur les politiques à mettre en œuvre pour atteindre des niveaux plus tolérables d'inégalité a mis l'accent sur la « redistribution » nationale et internationale, et dans une moindre mesure, sur une répartition équitable des revenus du marché. Cette approche est réductrice : la marge de manœuvre budgétaire est limitée et les institutions chargées de la redistribution sont sous-développées. Des politiques macroéconomiques appropriées peuvent aider à réduire les inégalités de répartition des revenus du marché ; par exemple, des instruments fiscaux tels que les impôts et transferts directs doperont les revenus à la disposition des ménages pauvres.

Il est de toute évidence impossible de définir un ensemble de politiques macroéconomiques universelles favorables à l'accroissement des capacités de production dans tous les pays d'Afrique subsaharienne. Il n'en reste pas moins que de grands principes en offrent une application générale (Rodrik, 2003). Ces derniers se concentrent sur le maintien d'équilibres macroéconomiques acceptables, en orientant les principaux instruments de politique (taux d'intérêt, taux de change et réglementation financière) vers l'accroissement des capacités et en évitant des crises financières internes et externes, facteurs d'inégalités.

La première étape pour les pays d'Afrique subsaharienne consisterait, lorsque cela est possible, à réduire la dépendance vis-à-vis de l'épargne étrangère, diminuer la dette extérieure et mobiliser l'épargne nationale. L'exemple des « tigres asiatiques » dans les années 1950 et 1960 peut être une source d'inspiration. L'accumulation de capital doit donc être financée de plus en plus par l'épargne nationale. Cela signifie qu'il convient de renforcer et réglementer les institutions bancaires nationales et de renforcer les incitations des entreprises et sociétés à investir. Dans des pays affichant un faible ratio recettes fiscales/PIB, augmenter les impôts et l'épargne publique est une option possible pour accroître les investissements publics et l'accumulation de capital, et introduire des mesures qui découragent la fuite des capitaux, phénomène courant dans plusieurs pays riches en ressources naturelles (Ndikumana, 2014). L'augmentation du ratio recettes fiscales/PIB en Afrique subsaharienne entre la fin des années 1990 et 2011 (voir chapitres 2 et 7) doit être poursuivie en élargissant l'assiette fiscale (c.-à-d. en réduisant les dégrèvements, les exonérations et les évasions fiscales) et en améliorant l'administration fiscale[7].

Comme on l'a vu dans divers chapitres de la présente publication, les IDE peuvent contribuer à la réindustrialisation, à l'accroissement des capacités et des compétences et à la réduction des inégalités, en particulier lorsqu'ils sont destinés à des industries dont la capacité d'absorption de la main-d'œuvre est élevée. Pour autant, le recours aux investissements, existants ou nouveaux, dans ces secteurs permet d'éviter une forme de dépendance sur le plan du développement. En revanche, les investissements de portefeuille affectés au secteur extractif augmentent le risque des pièges financiers et d'instabilité des taux de change ; ils doivent donc être contrôlés par les États comme ils le jugent approprié.

Le choix du régime de taux de change est crucial. Lorsque cela est possible, ce taux doit viser à promouvoir les exportations tout en réduisant les crises monétaires. Les pays peuvent opter pour un taux de change

---

[7] Cet engagement pour un projet équitable couvre également huit pays d'Afrique subsaharienne (voir www.commitmentoequity.org).

effectif réel compétitif, qui s'est avéré un facteur primordial dans la relance de la croissance et l'amélioration des performances à long terme (Rodrik, 2003). De plus, les PMA devraient viser à atteindre un équilibre à long terme et relativement large de la balance des paiements courants. Comme on l'a vu, il est important de reconsidérer le paradigme de la « croissance financée par l'épargne étrangère » afin d'éviter des problèmes de dépendance, d'endettement et d'incapacité à contrôler le taux de change.

Les politiques de libre échange adoptées dans les années 1990 n'ont pas été inversées au cours des années 2000. Elles ont contribué à la reprimarisation, à la désindustrialisation, à l'expansion du travail informel dans le tertiaire et à l'essor d'une large économie informelle, toutes choses qui ont favorisé la croissance des inégalités dans les économies tributaires des ressources pétrolières et minières. La baisse des tarifs douaniers est allée de pair avec un ralentissement du secteur manufacturier. La libéralisation du commerce et la politique de change doivent donc être réexaminées afin d'éviter un nouvel effondrement du secteur manufacturier, fortement concurrencé par les importations, de promouvoir de nouvelles industries, de chercher activement à diversifier les exportations et à rééquilibrer les asymétries des échanges commerciaux avec la Chine et d'autres économies émergentes (Ocampo, 2012). Il convient aussi d'appliquer un taux de change approprié afin d'éviter que les villes côtières ne deviennent totalement dépendantes des importations alimentaires, tout en étant déconnectées de l'arrière-pays rural.

Contrairement au passé, les politiques fiscales doivent adopter une posture anticyclique autant durant les périodes de crise que pendant les phases d'expansion. Le Fonds de stabilisation des prix du cuivre mis sur pied au Chili illustre fort bien une telle politique, qui peut également être appliquée par le biais de règles budgétaires préétablies et de lois sur la responsabilité budgétaire. Les États doivent donc prendre de la distance par rapport aux politiques du Consensus de Washington qui préconisent des coupes budgétaires rapides, car de telles restrictions freinent la croissance, les investissements et les recettes fiscales sur le court terme, donnant lieu à un réajustement fiscal « illusoire ». De même, il convient de stocker des ressources lors de période d'abondance et de croissance forte. Dans les pays pauvres, il faut renforcer le soutien budgétaire en cas de chocs extérieurs extrêmes. Certes il est nécessaire de réduire les déficits, mais il convient de le faire graduellement, par exemple, de 1 à 1,5 % du PIB par an.

Les politiques fiscales doivent être renforcées, et dans les pays affichant de très faibles ratios recettes fiscales/PIB, il faut augmenter les recettes fiscales et réduire la dépendance à l'égard des rentes tirées de l'exploitation des ressources naturelles et combattre la « paresse fiscale ». Les hausses modérées du ratio revenus/PIB sont encourageantes, mais dépendent, en partie, des prix élevés des produits de base. Si les taux d'inflation ont baissé au cours des vingt dernières années, la politique monétaire peut encore jouer un rôle important dans l'accroissement des capacités de production. Dans les pays où existent de fortes rigidités structurelles, il peut s'avérer difficile de ramener l'inflation en dessous de 10 %, ce qui ne produit pas de gain de croissance sensible, tandis qu'une désinflation rapide provoque en général une contraction du PIB et, en raison du caractère endogène des recettes fiscales par rapport au PIB, une aggravation du déficit budgétaire. Des taux d'intérêt élevés sont donc à éviter, car ils augmentent les coûts et les prix. Si le contrôle de l'inflation est un principe sacro-saint, la manière dont il est ciblé et la vitesse à laquelle l'inflation est abaissée doivent tenir compte des considérations ci-dessus et être guidées par un régime flexible de cibles d'inflation. Pour finir, les banques centrales doivent procurer des liquidités à plus long terme et mettre l'accent sur des politiques anticycliques afin d'éviter la formation de bulles spéculatives, à l'origine de crises systémiques.

17.8 Promouvoir la stabilité politique, la démocratie et une meilleure gouvernance

Comme on l'aura noté dans l'introduction et au chapitre 10, le nombre de pays d'Afrique subsaharienne touchés par des conflits internes et externes a diminué. Cependant, une quinzaine de pays sont encore instables et les épisodes d'extrémisme violent, en hausse, posent problème. Atteindre les ODD et réduire les inégalités dans des conditions aussi sensibles nécessite d'introduire des mesures *ex ante* pour éviter le déclenchement de conflits, et des mesures *ex post* afin de favoriser la pacification et la reconstruction des pays concernés.

Parmi les principales mesures *ex ante* de prévention des conflits, il convient de citer la suppression ou la réduction d'une « inégalité horizontale aiguë », qui reste un problème majeur dans une région où la fragmentation ethnique ou régionale est utilisée pour accentuer ces inégalités horizontales, et à des fins politiques. Comme l'a suggéré Kimenyi (2006), la tâche consiste à améliorer la répartition des « biens publics » (et à éliminer les « biens parrainés »), les terres, les actifs, les emplois publics, l'enseignement supérieur, les hauts postes militaires et postes de direction, ainsi que les services sociaux au sein de différents groupes ethniques, religieux et régionaux. Il convient également d'éviter les défaillances des gouvernements et institutions politiques qui servent d'intermédiaire, et ce avec plus ou moins de succès, entre les intérêts de groupes ethniques et sociaux en concurrence. Il est particulièrement important d'éviter l'effondrement des fonctions de base de l'État en veillant à ce qu'il y ait suffisamment de fonds à l'appui du fonctionnement de services économiques et sociaux essentiels. Pour finir, lorsque des conflits éclatent à cause d'un effondrement prolongé de la croissance, une « économie d'échange » devient une « économie de pénurie » qui évolue vers une « économie d'expropriation » et de conflit. Dans de telles circonstances, il est de l'intérêt de la communauté internationale d'agir rapidement avec des fonds et une assistance légale afin d'éviter les coûts humains et économiques encore plus grands que représentent les conflits et la reconstruction qui en découle. Le cas récent du Soudan du Sud en est une parfaite illustration. Les publications sur l'assistance destinée aux pays où existent des risques de conflit soulignent que dans les contextes hautement fragiles, la croissance des États serait de 1,4 point de pourcentage inférieur en l'absence de l'aide (McGillavray et Feeny, 2008).

17.9 Améliorer la collecte de données pour concevoir des politiques destinées à réduire les inégalités

Consigner et analyser les inégalités, élaborer des politiques afin d'atteindre l'ODD 10 au cours des années à venir, tout cela exigera des efforts colossaux pour collecter des données sur divers aspects de l'inégalité et ses déterminants. Bien que le nombre d'enquêtes ait augmenté depuis les années 2000, la région connaît toujours un déficit important d'informations par rapport à l'Amérique latine et à l'Asie. Pour atteindre les objectifs concernant la pauvreté et les inégalités, et si les politiques doivent être fondées sur des données probantes, les bureaux nationaux de statistique et les organismes internationaux doivent redoubler d'efforts considérablement dans ce domaine. Il existe peu de données sur les inégalités liées au revenu/à la consommation et, malgré les connaissances acquises grâce à la création de l'Ensemble de données intégré sur l'inégalité en Afrique subsaharienne (IID-SSA), davantage d'efforts doivent être déployés dans ce secteur. Il y a très peu de données sur les inégalités de genre, ethniques, de biens, spatiales et environnementales, ou alors elles sont fragmentaires. Ce manque d'information biaise l'analyse causale et la conception des politiques, plaçant les décideurs politiques sous un voile d'ignorance ou les dotant d'un trop grand pouvoir discrétionnaire.

Des efforts supplémentaires sont également requis pour collecter des données servant aux variables explicatives (notamment l'indice des prix des denrées alimentaires, les droits de douane, les transferts sociaux, la distribution des terres, et les envois de fonds) qui pourraient être utilisées dans le cadre d'une analyse plus détaillée des déterminants de l'inégalité. En raison de la part toujours dominante de la population rurale en Afrique subsaharienne, il n'est pas possible d'ajourner plus longtemps les efforts nécessaires au suivi de l'évolution de la distribution des terres et des systèmes de délivrance de titres de propriété foncière. Il faut relancer les recensements agricoles et restaurer un cadastre rural. Ces démarches sont essentielles à la promotion de la paix et de niveaux acceptables d'inégalité. Le manque de données de ce type représente un coût très élevé.

Pour certains des sujets nécessitant énormément de données, des études ponctuelles sont requises, telles que dans le secteur des services, des activités rurales non agricoles ainsi que sur le lien entre l'éducation, l'offre de travailleurs qualifiés et les primes de compétence. Pour finir, il convient d'améliorer la conceptualisation, puis la qualité et la pertinence des variables mesurant le degré de démocratie et l'orientation politique des régimes en place afin de mieux comprendre ce qui sous-tend l'élaboration des politiques et d'identifier les mesures qui sont applicables, compte tenu des régimes politiques existants. Pour relever ce défi, il faut choisir les données à collecter ou à améliorer au cours des vingt ou trente années qui viennent, en utilisant, en guise d'orientation, les résultats de l'analyse du présent ouvrage parallèlement à d'autres études orientées sur l'objectif 9 des ODD et ses déterminants. Ces démarches demandent également ou la création d'un centre régional de recherches servant à centraliser la collecte et le traitement normalisé des données précédentes et à concevoir de nouvelles enquêtes.

RÉFÉRENCES

Abidoye, B.O. et A.F. Odusola. 2015. Climate change and economic growth in Africa: an econometric analysis. *Journal of African Economies* 24 (2), p. 277-301.

Asadullah, M.N, A. Savoia et W. Mahmud. 2014. Path to development: Is there a Bangladesh surprise? *World Development*, 62, 138-154.

BAfD (Banque africaine de développement), OCDE (Organisation de coopération et de développement économiques) et PNUD (Programme des Nations Unies pour le développement). 2016. African Economic Outlook 2016: Sustainable Cities and Structural Transformation.

BAfD (Banque africaine de développement). 2016. The Africa Infrastructure Development Index. Abidjan. Mai 2016.

Banque mondiale. 2015. Ethiopian Poverty Assessment. Addis-Abeba : Banque mondiale.

_____. n.d. Jump-starting maize production in Malawi through universal starter packs.

www.worldbank.org/html/extdr/fertilizeruse/documentspdf/MalawiSP.pdf

Beegle, K, L. Christiansen, A. Dabalen, et I. Gaddis. 2016. Poverty in a rising Africa. Washington D.C., Groupe de la Banque mondiale, Banque mondiale.

Bhorat. H., C. van der Westhuizen et T. Jacobs. 2009. Income and Non-income Inequality in Post-Apartheid South Africa: What are the Drivers and Possible Policy Interventions? Pretoria, Trade and Industrial Policy Strategies (TIPS), Development Policy Research Unit (DPRU).

Canning, D, S. Raja, et A. S. Yazbeck, eds. 2015. Africa's Demographic Transition: Dividend or Disaster? Africa Development Forum. Washington D.C., Banque mondiale.

Chen, G., M. Geiger et M. Fu. 2015. Manufacturing FDI in Sub-Saharan Africa: Trends, Impact, Determinants, and Impact. The World Bank Report. Washington D.C., Banque mondiale.

Conceição, P., S. Levine, M. Lipton et A. Warren-Rodriguez. 2016. Toward a food security future. *Food Policy* 60, 1-9.

Cornia, G.A. 2014. Falling inequality in Latin America: policy changes and lessons. Oxford, Oxford University Press.

Cotula, L., C. Toulmin et C. Hesse. 2004. Land tenure and administration in Africa: lessons of experience and emerging issues. February 2004. London, International Institute for Environment and Development.

Division de la population [Nations Unies]. 2015. World Population Prospects 2015. New York.

Erten, B. et J.A. Ocampo. 2012. Super-cycles of commodity prices since the mid-nineteenth century. *DESA Working Paper* 110.

FMI (Fonds monétaire international). 2005. World Economic Outlook. Washington D.C.

Forty Chances and ONE. 2013. The Maputo Commitments and the 2014 African Union Year of Agriculture. octobre 2013. https://s3.amazonaws.com/one.org/images/131008_ONE_Maputo_FINAL.pdf

Kimenyi, M. 2006. Ethnicity, governance and the provision of public goods. *Journal of African Economies*, 15(1): 62–99.

Klasen, S. 2014. "Implications of an (uneven) global population implosion". PowerPoint presentation at the SITES Annual Conference, Florence, 11 septembre 2014.

McGillivray, M. et S. Feeny. 2008. Aid and growth in fragile states'. *UN-WIDER Working Paper* 2008/003. Helsinki.

McMillan, M., D. Rodrik et I. Verduzco-Gallo. 2014. Globalisation, structural change and productivity growth with an update on Africa. *World Development*, 63, 11-32.

Ndikumana, L. 2014. Capital flight and tax havens: impact on investment and growth in Africa. *Revue d'Economie du Développement,* 2014/2.

Ocampo, J. A. 2012. The development implications of external integration in Latin America. UN-WIDER Working Papers 2012/48. Helsinki, UNU-WIDER.

_____. 2013. Super cycles of commodity prices since the mid-nineteenth century. Présentation au Fonds monétaire international, 20 mars.

Odusola, A.F. 2014. Land grab in Africa: a review of emerging issues and implications for policy options. *International Centre for Inclusive Growth's Working Paper Series* N° 24.

OIT (Organisation internationale du Travail). 2007. Upgrading work and enterprises in the informal economy: Organizing for voice and participation. Genève. www.ilo.org/wcmsp5/groups/public/---dgreports/--ntegration/documents/meetingdocument/wcms_084175.pdf

Page J. 2012. It's what you make, not how you make it: Why Africa needs a strategy for structural change. Old problems, new solutions: Harnessing technology and innovation in the fight against global poverty. The 2012 *Brookings Blum Roundtable Policy Briefs.* www.brookings.edu/wp-content/uploads/2016/06/10-blum-roundtable-full-report.pdf.

PNUD (Programme des Nations Unies pour le développement). 2012. Africa Human Development Report 2012: Towards a Food Secure Future. New York, PNUD, Bureau régional pour l'Afrique.

_____ 2016a. *Primary Commodity Booms and Busts: Emerging Lessons from Sub-Saharan Africa.* New York, PNUD, Bureau régional pour l'Afrique.

_____. 2016b. *Africa Human Development Report 2016: Accelerating Gender Equality and Women's empowerment in Africa.* New York, PNUD, Bureau régional pour l'Afrique.

Ringler, C., T.Zhu, X. Cai, J. Koo et D. Wang 2010. Climate Change Impact on Food Security in Sub-Saharan Africa: Insights from Comprehensive Climate change Scenarios. IFPRI, Working Paper N° 1042. Washington DC.

Rodrik, D. 2003. Growth strategies. NBER Working Paper 10050. Cambridge, MA, National Bureau of Economic Research.

Roelen, K., R. Sabates-Wheeler et S. Devereax. 2016. Social protection, inequality and social justice. *World Social Science Report 2016.* Paris, UNESCO and the ISSC. http://unesdoc.unesco.org/images/0024/002458/245877e.pdf.

Rojas Suarez L. 2010. The International Financial Crisis: Eight Lessons for and from Latin America. Centre for Global Development. Working Paper 202, janvier.

Traverso, S. 2015. Escaping from low level equilibrium poverty traps: the case of Bangladesh. Université de Florence. PhD term paper.

Union africaine. 2006. Policies on Post- conflict Reconstruction and Development' Policy framework adopted in Banjul, The Gambia. www.peaceau.org/uploads/pcrd-policy-framwowork-eng.pdf.

Glossaire

Agriculture de subsistance. Forme d'agriculture par laquelle presque toutes les cultures ou le bétail produits sont utilisés pour assurer la subsistance de l'agriculteur et de sa famille, laissant peu, voire aucun, excédent pour la vente ou le commerce. Voir les chapitres 2, 4, 12, 13 et 16.

Canal de distribution dérivé. Dans ce contexte, « dérivé » est emprunté au terme économique « demande dérivée », qui se réfère à la demande d'un produit de base ou d'un service découlant de la demande d'un autre produit. Il est utilisé ici dans un contexte politique pour se référer à la demande de voix électorales ou à la distribution de ressources nationales (soit par l'accès aux infrastructures, aux services et aux opportunités, soit par la fourniture de transferts monétaires) à un grand segment de la population en vue d'éviter une révolution. Voir le chapitre 4.

Coefficient de Gini (indice ou ratio). Mesure de l'écart, en comparaison avec une distribution parfaitement égale, de la distribution des revenus parmi les personnes ou les ménages d'un pays. Une valeur de 0 représente l'égalité absolue, tandis qu'une valeur de 1 (ou de 100 %) l'inégalité absolue. Voir les chapitres 1 à 17.

Complexité économique. Mesure de la connaissance d'une société transposée dans les produits qu'elle fabrique. Les produits les plus complexes sont les produits chimiques et les machines sophistiqués, tandis que les produits les moins complexes sont les matières premières ou les produits agricoles simples. La complexité économique d'un pays dépend de la complexité des produits qu'il exporte. La complexité est étroitement liée au niveau de développement d'un pays et à sa future croissance économique. Voir le chapitre 5.

Compression des salaires. Voir « compression salariale ». Voir le chapitre 7.

Compression salariale. Situation qui survient lorsqu'il n'y a qu'une petite différence de salaire entre les employés, indépendamment de leurs compétences ou expérience. Également désignée sous le nom de compression des salaires. Le ratio de compression salariale désigne le rapport entre l'employé le moins payé et celui le mieux payé. Voir les chapitres 7 et 14.

Création de valeur ajoutée. Création de valeur ajoutée sur un article, en supplément des coûts initiaux. Elle s'applique à des cas où une entreprise améliore son produit ou service avant de l'offrir à ses clients. Au plan macroéconomique, elle fait référence aux facteurs de production (par ex., capital et main-d'œuvre) afin d'augmenter la valeur d'un produit. Voir le chapitre 13.

Crête tarifaire. Droits de douane qui restent élevés sur quelques produits que le gouvernement considère comme sensibles (afin de protéger les producteurs nationaux). Certains affectent les exportations des pays en développement. Voir le chapitre 4.

Décentralisation fiscale. Processus consistant à transférer l'autorité budgétaire d'un gouvernement central à des gouvernements infranationaux élus afin de leur accorder le pouvoir de prendre des décisions à l'égard des impôts et des dépenses. Voir le chapitre 7.

Dépendance à l'égard des ressources. La théorie de la dépendance à l'égard des ressources se penche sur la manière dont les ressources extérieures (intrants tels que le capital, l'énergie, la main-d'œuvre et les matériaux) des organisations influent sur leur comportement. Toutefois, ce concept est utilisé ici dans le contexte des ressources naturelles et se réfère à l'intensité des exportations de produits miniers et énergétiques et des cultures. Un pays dépend des ressources si 25 % ou plus de ses recettes d'exportation proviennent de ses ressources naturelles. Voir les chapitres 3, 6, 8 et 14.

Dividende démographique. Accélération de la croissance économique ou hausse de productivité pouvant provenir d'une diminution de la mortalité et de la fertilité dans un pays et le changement qui en découle dans la structure par âge de la population. Une meilleure capacité d'absorption de la main-d'œuvre, la réalisation de plus grandes économies au niveau national, une meilleure santé et une demande globale accrue débouchent sur une productivité accrue. Voir les chapitres 2, 9, 14, 16 et 17.

Dotation en facteurs. Quantité de main-d'œuvre, de terres et d'argent et degré d'entrepreneuriat qu'un pays possède et pourrait exploiter pour ses activités productives. Les différences dans le développement et l'utilisation de ces facteurs expliquent les variations dans la productivité du pays. Voir les chapitres 1, 5, 13 et 16.

Dualisme sectoriel. Les principales hypothèses de ce concept sont l'existence d'une « main-d'œuvre excédentaire », le manque de commercialisation et la présence d'institutions économiquement oppressives dans le secteur « en amont », conduisant à un certain dualisme entre des secteurs concurrentiels et non concurrentiels. Voir le chapitre 4.

Effets distributifs. Impact de la distribution des gains ou des pertes de revenus, ou des deux à la fois sur les particuliers dans l'économie. Il peut également être considéré comme l'impact distributif d'un choc ou d'un changement politique parmi des personnes ou des secteurs de l'économie. Voir le chapitre 13.

Élasticité de la demande. Le degré de variation de la demande d'un bien ou d'un service en fonction de la fluctuation de son prix. Voir les chapitres 4 et 9.

Élasticité de la pauvreté par rapport à l'agriculture. Mesure dans laquelle la croissance agricole peut réduire la pauvreté (voir « élasticité de la pauvreté par rapport à la croissance »). Voir le chapitre 4.

Élasticité de la pauvreté par rapport à la croissance. Mesure de la manière dont la croissance économique contribue au recul de la pauvreté (autrement dit, la capacité de la croissance économique à réduire la pauvreté). Définie comme la réduction du taux de pauvreté associée à une hausse du pourcentage de la croissance économique. Voir les chapitres 1-3, 7, 14 et 15.

Élasticité de la réduction de la pauvreté par rapport à la croissance. Synonyme d'« élasticité de la pauvreté par rapport à la croissance », qui est le terme consacré, fait référence à la capacité de la croissance à réduire la pauvreté. Voir le chapitre 2.

Enrichissement. Consiste à transformer une matière première (produite par un processus minier, agricole ou extractif) en un produit plus fini, dont la valeur à l'exportation est plus élevée. Également appelé transformation à valeur ajoutée. Voir le chapitre 6.

Exploitation intensive. Se rapporte aux pratiques qui renforcent la productivité agricole et permettent aux agriculteurs de produire plus d'aliments à partir des terres et de l'eau disponibles. Ces pratiques peuvent inclure l'utilisation supplémentaire d'engrais et de pesticides. Voir le chapitre 4.

Facteur d'inflation de la variance (FIV). Quantifie la gravité de la multicolinéarité dans une analyse de régression selon la méthode des moindres carrés ordinaires. Il fournit un indice qui mesure le degré d'augmentation de la variance (le carré d'un écart-type estimé) d'un coefficient de régression estimé, du fait de la colinéarité. Défini d'une manière générale comme $(1/(1-R2)$, la règle de base étant qu'une FIV supérieure à 10 montre des signes de grave multicollinéarité et devrait être corrigée. Voir les chapitres 4, 8 et 10.

Flexibilité du marché du travail. Disposition et capacité des marchés du travail à répondre aux changements des conditions de marché, y compris en ce qui concerne la demande de main-d'œuvre et les taux de salaires. Des marchés de l'emploi flexibles se caractérisent par des facteurs tels que la capacité d'une entreprise à embaucher et à licencier des travailleurs, la mobilité de l'emploi (professionnelle et géographique) et la réglementation (capacité d'une entreprise à fixer des salaires — pas de salaire minimum — et à changer les heures de travail). Voir le chapitre 9.

Fuite de capitaux. Sortie massive d'actifs financiers et de capitaux d'un pays due à des événements tels qu'une période d'instabilité politique ou économique, une dévaluation, l'imposition de contrôle des capitaux ou des menaces pour la santé publique. La fuite de capitaux peut être légale, comme dans le cas où des investisseurs étrangers rapatrient des capitaux dans leur pays d'origine, ou illégale, particulièrement dans des pays où le contrôle des capitaux est très strict ou du fait de flux financiers illicites. Voir les chapitres 2, 6, 12, 15, 16 et 17.

Impôts directs. Impôts perçus par le gouvernement sur les revenus des particuliers et des entreprises (par exemple impôt sur le revenu des personnes physiques ou impôt sur les sociétés). Voir les chapitres 7, 9, 13, 14 et 16.

Indice de fractionalisation. Mesure de la diversité ethnique (hétérogénéité) ou degré auquel une société se divise en différents groupes. Voir le chapitre 10.

Indice de valeur d'opportunité. Mesure l'étendue des opportunités productives associées à la structure d'exportation d'un pays. Par exemple, les pays qui ont une valeur d'opportunité élevée ont des produits abondants qui peuvent être mis au point en fonction de leur panier d'exportations du moment, tandis que le contraire s'applique aux pays ayant une valeur d'opportunité faible. Plus l'indice de valeur d'opportunité est élevé, plus les possibilités de développer de nouveaux produits et d'acquérir les capacités manquantes nécessaires sont nombreuses, et vice versa. Voir le chapitre 5.

Industries extractives. Industries impliquées dans l'extraction ou l'exploitation de ressources pétrolières, minières et gazières. Les activités de ce secteur sont souvent caractérisées par des défis sociaux et environnementaux, ainsi que par des risques de transparence et de réputation. Voir les chapitres 1, 2, 3, 6, 7, 9, 14 et 17.

Inégalité intersectorielle. Inégalité résultant des différences dans le revenu moyen de deux secteurs ou plus. Un exemple est l'inégalité entre les secteurs agricoles et non agricoles. Lorsqu'elle se limite à deux secteurs, on parle de dualisme sectoriel. Voir les chapitres 1, 2 et 16.

Inégalité intra-sectorielle. Répartition des terres, du capital humain et d'autres actifs de production au sein de l'économie urbaine et rurale. Voir les chapitres 1, 2 et 16.

Intégration verticale en amont. L'intégration fait référence à l'acquisition d'une entreprise par une autre dans sa chaîne d'approvisionnement. L'intégration vers l'amont est un type d'intégration verticale par laquelle une entreprise cherche à s'approprier ou à contrôler son système d'approvisionnement en matières premières. Un exemple typique est l'acquisition d'une plantation de coton par une entreprise du secteur textile. Son objectif est d'accroître l'efficacité opérationnelle et de réduire les coûts. Voir les chapitres 4, 12 et 17.

Intégration verticale en aval. Stratégie commerciale qui implique une forme d'intégration verticale par laquelle une entreprise s'efforce de contrôler les canaux de distribution de ses produits ou ses opérations de financement. Cette stratégie permet à une entreprise de se placer plus en aval dans ses chaînes d'approvisionnement. Un exemple est une entreprise du secteur textile qui acquiert des distributeurs commercialisant des vêtements. Voir les chapitres 4 et 17.

Intensité factorielle de la production. Mesure des facteurs utilisés dans de relativement plus grandes quantités que d'autres facteurs de production. Par exemple, le raffinage de pétrole comporte une forte intensité de capital en comparaison avec l'industrie de la confection, car les raffineurs utilisent un ratio capital/travail supérieur aux fabricants textiles. Voir les chapitres 1 et 16.

Levier fiscal. Fait référence à l'assiette fiscale ou aux secteurs pour lesquels des taxes peuvent être facilement recouvrées. Voir le chapitre 7.

Libéralisation du commerce. Suppression ou réduction des restrictions ou des obstacles au libre-échange de biens entre les nations. Sont compris l'élimination ou la réduction des obstacles tarifaires, tels que les droits et les suppléments, ainsi que des obstacles non tarifaires, tels que les régimes d'autorisation, les quotas et d'autres exigences. Elle vise à promouvoir le libre-échange. Voir les chapitres 1, 2, 12, 16 et 17.

Loi d'Engel. Théorie économique proposée par Ernst Engel en 1857, selon laquelle la part du revenu alloué aux dépenses alimentaires est d'autant plus faible que le revenu est élevé, même si les dépenses allouées à l'alimentation augmentent en valeur absolue. En d'autres termes, au fur et à mesure que le revenu des ménages augmente, le pourcentage des revenus consacré aux dépenses alimentaires baisse tandis que celui consacré aux dépenses non alimentaires augmente. Par voie de conséquence, l'élasticité de la demande par rapport au revenu est comprise entre 0 et 1. Voir les chapitres 7, 9 et 14.

Malédiction des ressources naturelles. Se réfère à ce qui survient lorsqu'un pays concentre toute son énergie sur un seul secteur, par exemple le secteur extractif, et néglige tous les autres principaux secteurs. Malgré la richesse en ressources naturelles, de tels pays souffrent souvent d'un niveau élevé de pauvreté, situation connue sous le nom de paradoxe de l'abondance ou malédiction des ressources naturelles. La plupart des pays frappés de la malédiction des ressources naturelles se caractérisent par un niveau élevé de pauvreté, une mauvaise gouvernance et des conflits armés. Voir les chapitres 6, 16 et 17.

Marge de manœuvre budgétaire. Marge de manœuvre dans le budget d'un gouvernement qui lui permet de fournir des ressources à des fins spécifiques sans mettre en péril la durabilité de sa position financière ou la stabilité de l'économie. La marge de manœuvre budgétaire doit exister ou être créée afin de débloquer des ressources supplémentaires pour des dépenses gouvernementales souhaitables. Un gouvernement peut créer une telle marge en augmentant des taxes, en obtenant des subventions extérieures, en réduisant des dépenses de moindre priorité, en empruntant des ressources (auprès des citoyens ou des bailleurs de fonds étrangers) ou en empruntant auprès du système bancaire (et donc en développant la masse monétaire). Voir les chapitres 7 et 9.

Migration de détresse. Déplacement d'une personne de son lieu habituel de résidence du fait de conditions laissant à penser à l'individu et/ou à sa famille que la migration est la seule option qui lui permettra de survivre de manière digne. La migration vers des régions urbaines ou d'une zone de conflit à une zone de paix en est un exemple. Voir les chapitres 13 et 16.

Mobilisation des recettes. Efforts du gouvernement visant à lever des fonds à partir de sources internes ou externes afin de satisfaire les demandes de dépenses publiques, par exemple par des emprunts auprès des citoyens ou à l'étranger, au moyen de la création de monnaie ou par la taxation. Voir les chapitres 6, 7, 13 et 14.

Modèle de développement centre-périphérie. Modèle de structure spatiale du développement qui définit les pays moins développés par la dépendance d'une « périphérie » moins développée vis-à-vis d'un pays ou d'une région développé(e). Ce modèle de développement colonial reposait sur l'extraction de matières premières des pays à revenu faible (périphérie) afin de développer et de soutenir les économies des pays avancées (centre). Il souligne l'inégalité des niveaux de développement entre les deux. On peut également parler de modèle de développement cœur-périphérie. Voir les chapitres 5, 10 et 12.

Norme de Chenery. Part de l'industrie manufacturière dans le PIB d'un pays, c'est-à-dire le taux d'industrialisation du pays tel qu'estimé par son revenu par habitant et la taille de sa population. Ce terme est associé au professeur Hollis B. Chenery. Voir le chapitre 2.

Organisme parapublique. Entité ou entreprise appartenant au gouvernement, ou contrôlée ou partiellement contrôlée par celui-ci. Ces organismes sont distincts des gouvernements, mais leurs activités servent souvent l'intérêt de l'État, que ce soit directement ou indirectement. Voir le chapitre 12.

Piège malthusien. Théorie proposée par Thomas Robert Malthus en 1798 qui suppose l'existence d'une relation entre la croissance démographique et la croissance agricole. Selon Malthus, parce que l'augmentation de l'offre alimentaire est linéaire alors que la croissance démographique est exponentielle, il doit y avoir un stade où l'offre alimentaire devient insuffisante pour nourrir une population donnée. Toutefois, les révolutions industrielle et verte des dernières années ont permis d'éviter ce piège ou cette catastrophe. Qu'à cela ne tienne, cette théorie a été élargie à d'autres domaines, tels que l'inquiétude que les ressources s'amenuisent ou que l'environnement se dégrade à un degré non soutenable à cause de la surpopulation. Voir les chapitres 2 et 17.

Primarisation. Se réfère à une hausse de la proportion des produits primaires (tels que les produits agricoles et miniers) dans la composition des exportations. Voir le chapitre 2.

Prime à la compétence. Différence de rémunération entre la main-d'œuvre compétente et la main-d'œuvre non compétente, généralement mesurée dans les pays développés par la différence salariale entre les travailleurs ayant une formation universitaire et ceux ayant un niveau d'enseignement secondaire. Voir les chapitres 12, 16 et 17.

Principe d'accélération. Concept économique qui établit un lien entre le produit et l'investissement en capital. Selon ce principe, une augmentation de la demande de biens de consommation s'accompagne également d'une hausse de la demande de machines et d'autres intrants nécessaires pour produire ces biens (et vice versa). Voir le chapitre 7.

Productivité globale des facteurs (PGF). Part de la production qui ne s'explique pas par la quantité d'intrants (main-d'œuvre et capital) utilisés dans la production. Elle prend en compte les effets de la croissance de la production totale par rapport à la croissance des intrants de la main-d'œuvre et du capital mesurés traditionnellement. La PGF fait également référence à une productivité multi-factorielle ou à un changement technologique de long terme. On parle aussi de productivité totale des facteurs. Voir les chapitres 1, 4, 5 et 9.

Programmes d'ajustement structurel. Politiques économiques que des pays doivent adopter pour remplir les conditions pour obtenir de nouveaux prêts de la Banque mondiale et du Fonds monétaire international (FMI) en vue de les aider à rembourser d'anciennes dettes dues à des banques commerciales, des gouvernements et à la Banque mondiale. Elles requièrent des pays emprunteurs de mettre en œuvre des réformes de la politique macroéconomique tels que la dévaluation de leur monnaie, la privatisation des entreprises publiques, l'élimination des subventions afin de réduire les dépenses, et la libéralisation du commerce. Voir les chapitres 2, 4, 8 et 12.

Programmes de transferts monétaires conditionnels. Outil de réduction de la pauvreté qui fournit des fonds aux ménages à la condition qu'ils respectent certaines exigences prédéfinies. Ces conditions peuvent inclure une vaccination à jour, des visites régulières à un centre de santé, l'assiduité des enfants à l'école et la poursuite d'activités de promotion de la santé et de la nutrition. Dans cet ouvrage les termes « transfert monétaire » et « transfert en espèces » sont parfois utilisés de façon interchangeable. Voir les chapitres 8 et 12.

Progressivité des droits de douane. Processus de protection du secteur industriel d'un pays ayant recours à la fixation de droits de douane peu élevés pour des matériaux importés (bruts ou intermédiaires) utilisés par ce secteur et des droits plus élevés sur des produits finis afin de protéger les biens qu'il produit. Voir le chapitre 4.

Protection sociale. Filet de sécurité sociale ou assurance sociale fournis aux personnes durant leurs vieux jours ou lors d'une période de chômage, de maladie, d'invalidité, d'accident professionnel et de maternité au moyen d'initiatives publiques et privées. Elle prend la forme de transfert des revenus ou de consommation aux personnes pauvres en protégeant les personnes vulnérables contre les risques d'atteinte aux moyens de subsistance et en améliorant le statut social et les droits des personnes marginalisées. L'objectif est de réduire la vulnérabilité économique et sociale des groupes pauvres et marginalisés. Voir les chapitres 1, 3, 4, 6 à 9, 12 à 14, 16 et 17.

Réformes de la tenure à bail. Intervention visant à fournir aux locataires des droits fonciers plus sûrs et avantageux. Les réformes peuvent comprendre la réglementation de la location, la sécurité de la tenure à bail et le transfert de propriété aux locataires. Voir le chapitre 17.

Rentes provenant des ressources naturelles. Différence entre les coûts d'extraction et de production et les recettes provenant de l'extraction des ressources naturelles. Voir les chapitres 6 et 7.

Reprimarisation. Retour des produits primaires en tant que source principale des revenus de l'exportation. Voir le chapitre 17.

Révolution verte. Développement simultané de nouvelles variétés de plantes alimentaires et de pratiques agricoles modifiées qui accroît considérablement le rendement des cultures. Les initiatives qui ont commencé dans les années 1960 comprennent le développement de variétés de céréales à haut rendement, l'expansion d'infrastructures d'irrigation et la distribution de semences hybrides, d'engrais azotés et de pesticides. Voir les chapitres 2, 4, 12, 13 et 17.

Salaire d'équilibre. Salaire où la fourniture de main-d'œuvre est égale à la demande de celle-ci. Il s'agit d'un salaire déterminé en l'absence de fourniture excédentaire de main-d'œuvre (chômage) et de demande excédentaire pour celle-ci (pénurie de main-d'œuvre). Voir le chapitre 4.

Secteur enclavé. Industrie ou secteur qui n'a aucun lien avec des entreprises locales ou d'autres secteurs de l'économie qui pourraient fournir des intrants de production ou consommer ses produits (liaisons en aval/en amont). Ce terme est souvent utilisé dans le contexte des industries extractives qui sont détachées du reste de l'économie. Voir les chapitres 2, 7, 9 et 11.

Secteur tertiaire. Secteur économique qui fournit des services, par opposition au secteur primaire (matières premières) et au secteur secondaire (industrie). Voir le chapitre 3.

Sécurité alimentaire. Telle que définie par le Comité de la sécurité alimentaire mondiale des Nations Unies, condition à laquelle toute personne, à tout moment, a accès au plan physique, social et économique à des aliments sûrs, nutritifs et en quantité suffisante qui remplissent ses besoins et ses préférences alimentaires pour une vie active et saine. Voir les chapitres 1, 2, 4, 6, 11, 12 et 17.

Série temporelle. Séquence chronologique de valeurs d'une variable à des intervalles temporels fixes (par ex. mensuel ou annuel) ; utilisée à des fins d'analyse économique et de prévisions, entre autres. Voir les chapitres 1, 3, 12 et 15.

Syndrome hollandais. Terme économique qui se réfère aux conséquences négatives d'importantes appréciations de la monnaie d'un pays. Le terme tire sa source des craintes de désindustrialisation qui ont saisi les Pays-Bas compte tenu de l'appréciation de la devise néerlandaise après la découverte des dépôts de gaz naturel dans les années 1960. Il est essentiellement associé à une découverte de ressources naturelles, mais il peut également découler d'un important afflux de monnaie étrangère dans un pays, y compris l'investissement direct étranger, l'aide étrangère ou une augmentation considérable du prix des ressources naturelles. Voir les chapitres 2, 3, 6, 7, 16 et 17.

Taux de change effectif réel. Moyenne pondérée de la monnaie d'un pays par rapport à un indice ou un panier d'autres devises de premier plan, ajustée en fonction des effets de l'inflation. Les pondérations sont déterminées en comparant la balance commerciale relative de la monnaie d'un pays par rapport à chaque pays de l'indice. Voir les chapitres 2, 12, 16 et 17.

Taux de dépendance. Mesure la proportion de la population totale ne faisant pas partie de la population active (c.-à-d., les personnes de 14 ans et moins et de 65 ans et plus). Elle vise à rendre compte de l'influence de la structure par âge d'une population sur la croissance économique. Voir les chapitres 1, 2, 9, 13, 14, 16 et 17.

Taux de redevance. Part des recettes pétrolières et gazières que les gouvernements collectent en échange du droit accordé aux entreprises d'extraire des ressources naturelles, telles que du pétrole, du gaz naturel et des minéraux, sur des terres et des eaux publiques. Voir le chapitre 6.

Taxes indirectes. Taxes imposées par un gouvernement sur des biens et des services (par exemple taxe de consommation, taxe sur les prestations de service ou droit d'accises). Voir les chapitres 7 et 14. Voir les chapitres 7, 9, 12, 13, 14, 15 et 16.

Théorie de la « bosse migratoire ». Désigne le flux migratoire entrant à court terme induit par des politiques commerciales et économiques (telles que la libéralisation du commerce, l'investissement direct étranger et l'aide), en comparaison avec les tendances migratoires attendues en l'absence de telles initiatives. La théorie de de la « bosse migratoire » suggère que le commerce et la migration sont complémentaires à court ou moyen terme, mais s'alternent à long terme. Voir les chapitres 1, 9, 14 et 16.

Théorie de Kuznets. Cette théorie avancée par Simon Kuznets dans les années 1950 et 1960 examine la relation entre l'inégalité économique et le revenu par habitant au cours du développement économique. Selon elle, au fur et à mesure qu'une économie se développe, les forces du marché commencent par augmenter, puis par diminuer l'inégalité économique globale dans une société. Elle est également désignée sous le nom de courbe en U inversée de la trajectoire de Kuznets ou effet de ruissellement. Voir les chapitres 4, 7-10, 12 et 16.

Théorie néoclassique. Théorie économique reposant sur les hypothèses de base suivantes : 1) les individus ont des préférences rationnelles entre différents résultats ; 2) les individus maximisent l'utilité et les entreprises maximisent les rendements ; et 3) les individus agissent indépendamment sur la base d'informations complètes et pertinentes. Cette théorie est souvent utilisée pour déterminer la distribution des biens, des produits et des revenus sur les marchés au moyen de l'approvisionnement et de la demande. Voir les chapitres 5 et 10.

Transferts de revenus. Avantages, en espèces ou en nature (par exemple des soins de santé, une pension ou des prestations d'invalidité), visant à aider des personnes à faire face à un certain risque ou à équilibrer la consommation de biens ou de services au sein d'une société. Voir le chapitre 6.

Transformation structurelle. Réaffectation de l'activité économique entre les trois grands secteurs (l'agriculture, l'industrie et les services), accompagnant le processus de croissance économique moderne. Voir les chapitres 1, 3 à 5, 11à 14, 16 et 17.

Transition démographique. Évolution de la population au cours du temps qui résulte de la diminution des taux de natalité et de mortalité au fur et à mesure qu'un pays ou une région passe d'un système préindustriel à un système industrialisé ou économique plus sophistiqué. Voir les chapitres 1, 4, 9, 14 et 17.

Urbanisation de détresse. Urbanisation résultant de la migration de régions rurales vers des zones urbaines dans des conditions qui mènent à la migration de détresse. La hausse de l'urbanisation associée à la multiplication des habitants de taudis, à l'augmentation de la pauvreté urbaine et à l'incidence accrue des pratiques d'exploitation, telles que le travail des enfants, est signe d'une urbanisation de détresse. Voir le chapitre 16.

Vecteur propre. Il s'agit d'un vecteur non nul dont la direction ne change pas lorsqu'une transformation s'applique à elle. Voir le chapitre 5.

Zone CFA. Composée de deux unions monétaires, l'Union économique et monétaire ouest-africaine (UEMOA) et la Communauté économique et monétaire de l'Afrique centrale (CEMAC). Le franc CFA est le nom de deux monnaies (le franc CFA ouest-africain et le franc CFA d'Afrique centrale) utilisées en Afrique. Selon les dispositions relatives à cette monnaie, chaque pays est tenu de conserver au moins 65 % de ses réserves de change auprès du Trésor français, ainsi que 20 % supplémentaires pour couvrir les passifs financiers. Voir le chapitre 2.

Graphiques

FIGURE 2.1   Évolution du nombre annuel de conflits au fil des années   32

FIGURE 2.2   Évolution du coefficient moyen de Gini relatif aux dépenses de consommation par habitant pour 29 pays d'Afrique subsaharienne entre 1993 et 2011 : données non pondérées (panneau de gauche) et données pondérées en fonction de la population (panneau de droite)   34

FIGURE 2.3   Évolution du coefficient de Gini non pondéré relatif aux dépenses de consommation par habitant pour quatre groupes de pays, 1993-2011   35

FIGURE 2.4   Relation entre la part de valeur ajoutée (axe X) de 10 secteurs de production et le coefficient de Gini (axe Y) de 11 pays d'Afrique subsaharienne, valeurs annuelles de 1980 à 2011   38

FIGURE 2.5   Phase des rendements du maïs (hectogrammes/hectare) au Malawi (panneau de gauche) et en Zambie (panneau de droite), 1961-2011   41

FIGURE 2.6   Transferts de fonds et autres flux de ressources vers l'Afrique subsaharienne, 1990-2010   46

FIGURE 2.7   Taux de croissance du PIB réel et du PIB réel par habitant pour une sélection de sous-périodes   48

FIGURE 2.8   Taux de scolarisation des quintiles les plus pauvres (en bleu) et les plus riches (en vert) des 15-19 ans ayant achevé leur sixième année de scolarité, fin des années 2000   52

FIGURE 3.1   Répartition des coefficients de Gini : Afrique et autres économies en développement   62

FIGURE 3.2   Évolution du coefficient de Gini, 1990-2013   63

FIGURE 3.3   Taux de variation des inégalités de revenus en Afrique   64

FIGURE 3.4   Taux de pauvreté dans les régions Afrique, Amérique latine et Caraïbes, et Asie du Sud, 2010   66

FIGURE 3.5   Évolution de la part de PIB de l'industrie et du secteur manufacturier, en points de pourcentage (2000-2010)   69

FIGURE 4.1   Pauvreté rurale en Afrique   86

FIGURE 4.2   Afrique subsaharienne : valeur ajoutée de l'agriculture, du secteur manufacturier et des services (en % du PIB), 1981-2015   88

FIGURE 4.3   Taux de croissance de l'agriculture (%) par région   89

FIGURE 4.4   Consommation d'engrais par hectare de terres arables (kg), 2002-2013, par région   90

FIGURE 4.5   Productivité et valeur ajoutée de l'agriculture dans le PIB   91

FIGURE 4.6   Impact de la productivité globale des facteurs sur l'inégalité et la pauvreté rurale   104

FIGURE 4.7   Corrélation entre pauvreté nationale et productivité multifactorielle   104

FIGURE 5.1   Indice de complexité économique et logarithme du PIB par habitant pour les pays à revenu faible, intermédiaire et élevé, 2013   115

FIGURE 5.2   Complexité économique et nombre de produits manufacturés exportés, 2013   116

FIGURE 5.3   Espace produit : comparaison du Ghana et de l'Ouganda, 2013   120

FIGURE 5.4   Évolution de l'espace produit en Ouganda, 2005-2013   121

FIGURE 5.5   Complexité économique et valeur d'opportunité en 2013   121

FIGURE 5.6   Valeur d'opportunité sur le plan de l'exportation de produits manufacturés purs en 1995   123

FIGURE 5.7   Croissance du nombre de produits manufacturés purs par pays sur le plan de l'augmentation de la valeur d'opportunité, 1995   125

FIGURE 6.1   Degré de dépendance à l'égard des ressources naturelles, 2008 à 2012   138

FIGURE 6.2   Rentes provenant du pétrole, des minéraux et du gaz naturel, 2008 à 2012   139

FIGURE 6.3   Croissance du PIB et degré de dépendance à l'égard des ressources naturelles (2008- 2012)   140

FIGURE 6.4   Dépendance vis-à-vis des ressources naturelles et inégalité   141

FIGURE 6.5	Évolutions de l'inégalité (quintile le plus riche/quintile le plus pauvre) dans les années 1990	142
FIGURE 6.6	Indice de gouvernance des ressources : scores composites, 2013	144
FIGURE 6.7	Dépendance à l'égard des ressources naturelles et protection sociale, 2012	145
FIGURE 6.8	Formation brute de capital (% de croissance annuelle), 2008 à 2012	146
FIGURE 6.9	Flux illicites dans quelques pays d'Afrique, 2000 à 2009	149
FIGURE 6.10	Structure de la mine de cuivre de Mopani (MCM) en Zambie	150
FIGURE 7.1	Les 19 pays les plus inégalitaires à l'échelle mondiale	167
FIGURE 7.2	Variations du coefficient de Gini des 10 premiers et des 40 derniers centiles, années 1990 et 2000 (%)	169
FIGURE 7.3	Part de revenu des 40 derniers centiles dans les 10 premiers centiles	170
FIGURE 7.4	Corrélation entre le coefficient de Gini et la rémunération des parlementaires évaluée par rapport au revenu par habitant dans leur pays	172
FIGURE 7.5	Ratio recettes fiscales/PIB par région, 2006-2010	175
FIGURE 7.6	Efficacité redistributive de la politique fiscale en Afrique	179
FIGURE 7.7	Corrélation entre la marge de manœuvre budgétaire et les coefficients de Gini du revenu du marché (moyennes)	183
FIGURE 8.1	Croissance annualisée du PIB relativement à la croissance des dépenses publiques de protection sociale, 2000-2011	194
FIGURE 8.2	Part des dépenses sociales publiques dans le PIB en Afrique subsaharienne, 2010-2011	195
FIGURE 8.3	Ratio de la couverture du quintile le plus pauvre par rapport à la couverture totale pour les pays d'Afrique subsaharienne, données les plus récentes*	197
FIGURE 8.4	Montant moyen des transferts par les pays d'Afrique subsaharienne, dernières données disponibles*	198
FIGURE 8.5	Rapport entre les dépenses publiques de protection sociale et l'indice Mo Ibrahim, 2013	199
FIGURE 8.6	Dépenses publiques de protection sociale par catégorie de pays, dernières données disponibles	200
FIGURE 8.7	Dépenses publiques de protection sociale pour les pays tributaires et les pays non tributaires des ressources naturelles, dernières données disponibles	201
FIGURE 8.8	Taux de croissance annuels moyens des dépenses publiques sociales par rapport à l'évolution du coefficient de Gini, 2000-2011	203
FIGURE 8.9	Protection sociale couvrant le quintile le plus pauvre par rapport à l'évolution du coefficient de Gini - Afrique subsaharienne et autres régions	204
FIGURE 8.10	Montant des transferts de protection sociale et réduction des inégalités consécutive aux programmes de PST - Afrique subsaharienne et autres régions en développement	206
FIGURE 8.11	Indice de protection sociale et réduction des inégalités (coefficient de Gini) sous l'effet de la protection sociale - Afrique subsaharienne et autres régions en développement	207
FIGURE 9.1	Taux de croissance démographique moyen par région	219
FIGURE 9.2	Taux de croissance démographique en Afrique par région	220
FIGURE 9.3	Taux de fécondité par région, 1970-2014	221
FIGURE 9.4	Corrélations entre taux de fécondité et mariage précoce	222
FIGURE 9.5	Corrélations entre taux de fécondité et coefficient de Gini	227
FIGURE 9.6	Corrélations entre croissance démographique et croissance économique calculés à l'aide du coefficient de Gini, en utilisant les écarts par rapport aux moyennes régionales	228

FIGURE 9.7	Corrélations entre l'évolution du coefficient de Gini et une croissance plus rapide que la moyenne régionale, 2000-2015	229
FIGURE 9.8	Évolution du coefficient de Gini et du revenu par habitant	230
FIGURE 10.1	Variation en pourcentage des taux de pauvreté, par région, en 2012	237
FIGURE 10.2	Tendances des inégalités de revenus dans les pays d'Afrique	238
FIGURE 10.3	Les 20 pays les plus exposés au risque de conflit dans le monde (intensité de l'indice du risque mondial de conflit)	239
FIGURE 10.4	Aperçu des résultats de l'Afrique au regard de l'indice 2016 de fragilité des États	240
FIGURE 10.5	Corrélation entre la fragilité et l'extrême pauvreté en Afrique	242
FIGURE 11.1	Disparités dans l'éducation entre riches et pauvres en Afrique subsaharienne, 2010	263
FIGURE 11.2	Perte globale de l'IDH (%) liée aux inégalités	266
FIGURE 11.3	Évolution des inégalités de santé 2010-2014, Afrique subsaharienne	268
FIGURE 11.4	Évolution des inégalités d'éducation 2010-2014, Afrique subsaharienne	268
FIGURE 11.5	Évolution des inégalités de revenus 2010-2014, Afrique subsaharienne	269
FIGURE 11.6	Évolution annuelle moyenne du niveau de l'IDH dans les pays africains, par groupe de niveau de développement	272
FIGURE 11.7	Évolution du développement humain par sous-région	272
FIGURE 11.8	Perte de développement humain due aux inégalités mesurée par l'évolution de l'IDH	273
FIGURE 11.9	Perte globale due à l'inégalité, par groupe de niveau de développement humain	274
FIGURE 11.10	Dimensions de l'inégalité dans le développement humain, par groupe de niveau de développement	274
FIGURE 11.11	Développement humain et inégalité de genre en Afrique	276
FIGURE 12.1	Évolution du coefficient de Gini pour les dépenses de consommation par habitant	288
FIGURE 12.2	Évolution de l'indice des termes de l'échange commercial (troc net) entre 1967 et 2013 (1982=100)	290
FIGURE 12.3	Évolution des cours de l'urée en dollars et en kwacha	291
FIGURE 12.4	Indice de production du maïs et des cultures de rente par personne (1961 = 100)	292
FIGURE 12.5	Prévalence du VIH/sida chez les 15-45 ans	295
FIGURE 12.6	Évolution des parts de valeur ajoutée des principaux secteurs, 1970 à 2012	296
FIGURE 12.7	Évolution des taxes moyennes à l'importation et de la part de la valeur ajoutée manufacturière, 1994-2011	300
FIGURE 12.8	Taux nets de scolarisation dans le primaire (panneau de gauche) et le secondaire (panneau de droite), par quintiles de revenu, 2000, 2004 et 2010 et taux de croissance, 2000-2010	303
FIGURE 12.9	Programme de subvention des intrants agricoles en pourcentage du budget de la protection sociale et du budget de l'agriculture	304
FIGURE 13.1	Tendance de l'IPC, 1995-2014 (panneau de gauche), du ratio IPA/IPC et de la production alimentaire moyenne par habitant (2001 = 100), 2001-2013 (panneau de droite)	312
FIGURE 13.2	Incidence des impôts directs en pourcentage des revenus marchands, 2011	327
FIGURE 14.1	Coefficient de Gini global pour le Burkina Faso, le Ghana et la Tanzanie	335
FIGURE 14.2	Évolution de la part du revenu des 10 % les plus riches et des 40 % les plus pauvres	336
FIGURE 14.3	Pauvreté nationale, rurale et urbaine au Burkina Faso, au Ghana et en Tanzanie (1,90 dollar US, %)	337

FIGURE 14.4	Indice de corrélation des inégalités et de la redistribution fiscale au Burkina Faso, au Ghana et en Tanzanie	343
FIGURE 14.5	Compression salariale et inégalités de revenus dans quelques pays	347
FIGURE 15.1	Tendance du PIB par habitant à prix constants en SSA relevée dans les observations de 1960 à 2012	364
FIGURE 15.2	Exemple d'interpolation des points de données manquants (panneau de gauche) et choix de la meilleure tendance interpolée (panneau de droite), Zambie	368
FIGURE 15.3	Types d'enquêtes dans les pays africains, 2000-2011	372
FIGURE 15.4	Part des revenus des 1 % les plus riches à Maurice et en Afrique du Sud, 1990-2011	374
FIGURE 15.5	Tendance des coefficients de Gini basés sur les EBM (ligne inférieure) et des coefficients de Gini corrigés à partir des données tirées des déclarations de revenus (ligne supérieure), Afrique du Sud, 1990-2010	375
FIGURE 15.6	Évolution sur plusieurs années de la part du travail dans quelques pays d'Afrique subsaharienne	376
FIGURE 15.7	Prix mensuel à la consommation du mil (FCFA/kg) : 2005 c. 2004 et moyenne 2000-2004	379
FIGURE 15.8	Tendances de l'indice du seuil de pauvreté officiel, IPC et prix des denrées de base (1994=100), Burkina Faso	380
FIGURE 15.9	Effet sur le coefficient de Gini des variations du ratio IPA/IPC au Malawi (panneau de gauche, inégalités en hausse et baisse du ratio IPA/IPC) et Afrique du Sud (panneau de droite, inégalités en hausse et hausse du ratio IPA/IPC)	381
FIGURE 15.10	Effet sur le coefficient de Gini des variations du ratio IPA/IPC au Mali (panneau de gauche, inégalités en baisse et baisse du ratio IPA/IPC) et Madagascar (panneau de droite, inégalités en baisse et hausse du ratio IPA/IPC)	381
FIGURE 15.11	Relation entre la première différence dans le temps du ratio IPA/IPC (axe des x) et la première différence du coefficient de Gini), dans 18 pays d'Afrique subsaharienne, de 2000 à 2012	382
FIGURE 15.12	Effet des transferts d'espèces et des dépenses sociales sur la santé et l'éducation, Afrique du Sud, 2006	383
FIGURE 16.1	Tendances de la moyenne régionale non pondérée du coefficient Gini, 1993-2010	390
FIGURE 16.2	Relation entre le taux de croissance du PIB par habitant (axe horizontal) et le taux de croissance du coefficient de Gini (axe vertical), 1991/1993-2011	393
FIGURE 16.3	Tendances de la moyenne des parts de la valeur ajoutée pour les 29 pays échantillons pour la production manufacturière, les services miniers et la construction (panneau de gauche) ; et (panneau de droite) pour l'agriculture (échelle de gauche) et les services (échelle de droite), 1991-2011	394
FIGURE 16.4	Taux nets de scolarisation primaire (échelle bleue de gauche) et secondaire (échelle rouge de droite)	396
FIGURE 16.5	Rapport entre le taux de croissance démographique et le coefficient de Gini, Afrique subsaharienne, 1990-2011	397
FIGURE 16.6	Moyenne régionale du ratio recettes fiscales/PIB (barres verticales, échelle de gauche) et recettes fiscales directes/PIB (échelle de droite)	399
FIGURE 16.7	Évolution des dépenses publiques dans le domaine de la santé, de l'éducation et des transferts sociaux en part du PIB par rapport au coefficient de Gini dans les pays présentant un coefficient de Gini en baisse et en forme de U inversé (panneau de gauche), et ceux avec un coefficient de Gini en hausse et sous forme de U (panneau de droite)	399

FIGURE 16.8	Évolution du ratio dette extérieure/RNB, 1995-2011	400
FIGURE 16.9	Tendances du TCER par groupe de pays, 1991-2011	401
FIGURE 16.10	Taux régional moyen des droits de douane (ligne bleue, échelle de droite) et valeur ajoutée moyenne du secteur manufacturier (ligne rouge, échelle de gauche)	402
FIGURE 16.11	Incidence du VIH/sida au sein de la population adulte, Afrique subsaharienne et ses principales sous-régions	403
FIGURE 17.1	Les « supercycles » à long terme des prix réels des métaux (panneau de gauche) et du pétrole (panneau de droite)	428
FIGURE 17.2	Les niveaux d'urbanisation et l'indice synthétique de fécondité selon la classification des pays africains	435

Tableaux

TABLEAU 2.1	Coefficients de Gini moyens de la concentration des terres par type de régime foncier	27
TABLEAU 2.2	Ratio des salaires moyens dans les secteurs manufacturier et agricole	29
TABLEAU 2.3	Évolution de la part de la population urbaine	30
TABLEAU 2.4	Analyse de l'incidence bénéfique des dépenses publiques dans l'éducation et la santé dans les années 1990 en Afrique subsaharienne (moyennes non pondérées des dépenses sectorielles totales)	31
TABLEAU 2.5	Indice de production agricole par habitant (2004-2006 = 100) pour 26 des 29 pays de l'IID-SSA pour lesquels des données sur les inégalités sont disponibles	40
TABLEAU 2.6	Évolution de la part de la rente tirée des ressources minières dans le PIB, en pourcentage, 1990, 2000 et 2010	42
TABLEAU 2.7	Évolution du rapport impôt/PIB et importance relative des instruments fiscaux en Afrique	43
TABLEAU 2.8	Programmes de pension non contributifs en Afrique australe	43
TABLEAU 2.9	Prix unitaire des principaux produits de base agricoles exportés par l'Afrique subsaharienne	45
TABLEAU 2.10	Rapport dons officiels/PIB chez les principaux bénéficiaires de l'aide et les groupes de pays	46
TABLEAU 2.11	Tendances du taux de croissance démographique dans les principales sous-régions d'Afrique subsaharienne	48
TABLEAU 2.12	Prévalence du VIH chez les 15–49 ans dans les pays présentant un taux supérieur à 5 %	49
TABLEAU 2.13	Résumé des chocs macro-économiques moyens, des changements de politique et de leurs résultats en Afrique subsaharienne	50
TABLEAU 3.1	Les inégalités en Afrique comparativement aux autres économies en développement	61
TABLEAU 3.2	Ventilation de l'activité économique par secteur en Afrique, 1990, 2000 et 2010-2012	68
TABLEAU 3.3	Taux de scolarisation en Afrique, 2011	76
TABLEAU 4.1	Impact de la productivité agricole sur l'emploi total en Afrique subsaharienne	100
TABLEAU 4.2	Indice de corrélation entre les variables d'intérêt	101
TABLEAU 4.3	Impact sur l'inégalité et l'inégalité rurale en Afrique subsaharienne	103
TABLEAU 5.1	Explication des performances du secteur manufacturier en Afrique, 1995-2013 : la spécification néoclassique	128
TABLEAU 5.2	Explication des performances manufacturières pour la période 1995-2013	129
TABLEAU 6.1	Échelle et incidence fiscale de programmes élargis de protection sociale en Afrique	154
TABLEAU 7.1	Indicateurs des recettes fiscales dans certaines régions, 1991 - 2010 (en % du PIB actuel)	174

TABLEAU 7.2	Ratio recettes fiscales/PIB (dernières valeurs, 2008-2013)	176
TABLEAU 7.3	Dépenses publiques dans certaines régions, 1991-2010 (en % du PIB actuel)	177
TABLEAU 7.4	Résultats de régressions obtenues à l'aide du coefficient de Gini comme variable dépendante	186
TABLEAU 8.1	Protection sociale et réduction des inégalités : résultats économétriques, Afrique subsaharienne	209
TABLEAU 9.1	Populations totales estimées, 2015-2100	218
TABLEAU 9.2	Indice de corrélation entre le coefficient de Gini et les autres variables pertinentes	226
TABLEAU 9.3	Résultats de la régression intégrant le coefficient de Gini et la croissance démographique comme variables dépendantes	231
TABLEAU 9.4	Croissance démographique et croissance du revenu plus rapides ou plus lentes que la moyenne régionale	232
TABLEAU 10.1	Améliorations ou aggravations selon l'indice de fragilité des États, 2007-2016	241
TABLEAU 10.2	Corrélation entre les mesures de l'inégalité et les indicateurs de conflit	241
TABLEAU 10.3	Variables et statistiques récapitulatives	249
TABLEAU 10.4	Variable dépendante calculée par la méthode des MCO : intensité cumulative des conflits	250
TABLEAU 10.5	Variable dépendante calculée par la méthode des MCO : intensité d'un conflit	251
TABLEAU 10.6	Variable dépendante calculée par la méthode des MCO : décès dus aux conflits	252
TABLEAU 10.7	Variable dépendante calculée avec le modèle Logit : intensité cumulée de conflits	254
TABLEAU 11.1	Perte de développement humain liée aux inégalités par niveau de développement	266
TABLEAU 11.2	Pays africains par sous-région et niveau de développement humain	270
TABLEAU 12.1	Coefficients de Gini des principaux secteurs économiques	287
TABLEAU 12.2	Rapport femme/homme concernant les indicateurs économiques et sociaux	289
TABLEAU 12.3	Dynamique de la population au Malawi, 1980 à 2010	294
TABLEAU 12.4	Décomposition selon Rao de la hausse du coefficient de Gini entre 2004 et 2011	297
TABLEAU 12.5	Décomposition de la hausse du coefficient de Gini, par type de revenu, 2004-2011	299
TABLEAU 12.6	Principaux indicateurs macroéconomiques, début des années 1990 à 2012	301
TABLEAU 12.7	Évolution des principaux indicateurs fiscaux de l'État, 2001-2012	302
TABLEAU 12.8	Programmes et dépenses en matière de protection sociale au Malawi	305
TABLEAU 13.1	Évolutions du taux de pauvreté sur la période 1996-2011 et de ses facteurs	309
TABLEAU 13.2	Tendance du coefficient de Gini en matière d'inégalités de consommation par habitant	311
TABLEAU 13.3	Tendances de l'emploi d'intrants modernes et d'incitations tarifaires	314
TABLEAU 13.4	Tendances des mesures de la densité du réseau routier et de l'accès rural	314
TABLEAU 13.5	Tendance des principaux agrégats économiques et agricoles	315
TABLEAU 13.6	Tendances du taux de pauvreté	316
TABLEAU 13.7	Décomposition par régression des évolutions des inégalités de consommation rurale, 1995-2011	318
TABLEAU 13.8	Décomposition des inégalités de consommation rurale par secteur d'emploi du chef de ménage	319
TABLEAU 13.9	Croissance démographique, ISF, migrations et taux de dépendance des jeunes, 1975-2015	320
TABLEAU 13.10	Évolution de la structure sectorielle de l'emploi, 1995-2011	322
TABLEAU 13.11	Parts de la valeur ajoutée et de l'emploi et leur taux en 2005	322

TABLEAU 13.12	Évolution des dépenses urbaines par adulte, par percentile, 1996-2011	323
TABLEAU 13.13	Décomposition par régression des inégalités du coefficient de Gini urbain mesurant les inégalités de consommation	324
TABLEAU 13.14	Décomposition des inégalités urbaines par secteur d'emploi des chefs de ménage	325
TABLEAU 13.15	Indicateurs fiscaux en pourcentage du PIB	326
TABLEAU 13.16	Dépenses publiques favorables aux pauvres en part du PIB	328
TABLEAU 14.1	Part du revenu des différents groupes de revenus au Burkina Faso, au Ghana et en Tanzanie	336
TABLEAU 14.2	Tendances récentes des inégalités au Burkina Faso, au Ghana et en Tanzanie (coefficients de Gini)	339
TABLEAU 14.3	Liens entre croissance, pauvreté et inégalités au Burkina Faso, au Ghana et en Tanzanie	341
TABLEAU 14.4	Taux de chômage par niveau d'éducation au Burkina Faso, au Ghana et en Tanzanie	344
TABLEAU 15.1	Nombre des points de données sur la répartition des dépenses de consommation par habitant pour 29 pays présentant au moins quatre points de Gini bien espacés, 1991/1993-2011	369
TABLEAU 15.2	Résumé de l'effet des variations du ratio IPA/IPC sur le coefficient de Gini	380
TABLEAU 16.1	Mesures moyennes et de dispersion du coefficient Gini de la consommation des ménages par habitant, 29 pays, 1993-2010	391
TABLEAU 16.2	Tendances de la proportion des personnes à charge (<15,> 64), par zone et par quintile de consommation, Éthiopie	398
TABLEAU 16.3	Résultats de régression, variable dépendante de Gini de la consommation des ménages/hab., 1985-2011	408
TABLEAU 16.4	Vérification de la robustesse des résultats du modèle 2	409

Encadrés

ENCADRÉ 5.1	Explication technique de la mesure de la complexité économique	114
ENCADRÉ 5.2	Analyse du cadre de l'espace produit	118
ENCADRÉ 5.3	Mesure de la valeur d'opportunité	122
ENCADRÉ 6.1	Ghana : une croissance axée sur les ressources naturelles peut être plus inclusive	147
ENCADRÉ 6.2	Une fiscalité équitable : le cas du Niger et d'Areva	152
ENCADRÉ 6.3	Structures de propriété et croissance inclusive : les cas du Chili et de la Zambie	155
ENCADRÉ 6.4	Botswana : une utilisation efficace des richesses minières	157

Infographies

Chapitre 1	Cartographie des inégalités de revenus en Afrique	2
Chapitre 2	Aperçu des principales évolutions des inégalités de revenus en Afrique subsaharienne depuis le début des années 1990	24
Chapitre 3	La capacité de la croissance à réduire la pauvreté est faible en Afrique subsaharienne	58
Chapitre 4	Vers une réduction accélérée de la pauvreté et des inégalités de revenus en milieu rural induite par l'agriculture en Afrique subsaharienne	84
Chapitre 5	Qu'est-ce qui accélère la performance du secteur manufacturier africain ?	110
Chapitre 6	Vers une stratégie du secteur des industries extractives favorable à l'équité	136
Chapitre 7	Vers des politiques fiscales favorables à l'équité en Afrique	164

Chapitre 8	La protection sociale connaît un essor en Afrique, mais la couverture est trop faible pour réduire sensiblement les inégalités	190
Chapitre 9	Comprendre le lien entre population et équité	216
Chapitre 10	L'intensité des inégalités et la pauvreté sont des facteurs de conflits en Afrique subsaharienne	233
Chapitre 11	Faits saillants concernant les inégalités et le développement humain en Afrique	258
Chapitre 12	Faits relatifs aux inégalités au Malawi	284
Chapitre 13	L'Éthiopie est un exemple en matière de croissance rapide, de réduction rapide de la pauvreté et de stabilité des inégalités	308
Chapitre 14	Le contexte national a son importance dans la promotion de l'équité : Les facteurs des inégalités sont hétérogènes au Burkina Faso, au Ghana et en Tanzanie	332
Chapitre 15	Sept erreurs de mesure qui faussent l'évaluation des niveaux et tendances des inégalités de revenus	362
Chapitre 16	Qu'est-ce qui est à l'origine des tendances des inégalités au sein des pays en Afrique subsaharienne ?	388
Chapitre 17	Semer les graines et entretenir les plantes de l'équité en Afrique	420

Annexes

ANNEXE 5.1	Description des variables et sources	134
ANNEXE 5.2	Codes ISO pour les pays	135
ANNEXE 8.1	Classement des pays d'Afrique subsaharienne selon l'indice de protection sociale	213
ANNEXE 8.2	Codes alphabétiques à trois lettres de l'Organisation internationale de normalisation (ISO)	214
ANNEXE 14.1	Indice de corrélation entre le coefficient de Gini et différentes variables d'intérêt au Burkina Faso	358
ANNEXE 14.2	Indice de corrélation entre le coefficient de Gini et différentes variables d'intérêt au Ghana	358
ANNEXE 14.3	Indice de corrélation entre le coefficient de Gini et différentes variables d'intérêt en République-Unie de Tanzanie	359
ANNEXE 16.1	Variation des parts de valeur ajoutée (VA) par secteur entre 1990 et 2011, données de la CNUCED	415
ANNEXE 16.2	Description des données, unité de mesure et sources	416
ANNEXE 16.3	Matrice des coefficients de corrélation bilatéraux pour les variables utilisées dans la régression	395

Index

Programme de développement durable à l'horizon 2030, iii, 3, 8, 166, 186, 277, 422

Abidoye, B.O., 424

privation absolue, 243

principe d'accélération,

Acemoglu, D., 70, 157

ACLED, 246

ActionAid, 151

actions positives 255

Affognon, H., 92,102

Rapport sur le développement humain en Afrique 2016, 233

Africa Progress Panel, 65, 150

Banque africaine de développement (BAfD), 149

Système d'information sur les pertes post-récolte en Afrique (APHLIS), 92

Agenda 2063 de l'Union africaine, « valeurs aberrantes africaines » en matière d'inégalité, 2063, 277, 422

agglomération, 278, 435

Agricultural Development and Marketing Corporation (ADMARC), 293

agriculture,
  intensification de l'agriculture, 105, 292
  renaissance de l'agriculture, 107
  programme de développement axé sur l'agriculture, 87
    modèle de développement axé sur l'agriculture, 18
  de subsistance, 28, 29, 285, 286
  taxation, 342

Stratégie d'industrialisation fondée sur le développement agricole (ADLI), 310, 313, 315, 329 (voir Éthiopie)

Alaska,
  transfert de richesse tirée de la rente des ressources, 146

Algérie,
  emplois agricoles, 86
  productivité agricole, 84
  ratio recettes fiscales/PIB, 175, 176, 182, 183, 186, 438

Alkire, S., 265, 271

efficacité de l'allocation,

Al-Shabaab, 240, 254

Alvaredo, F. 373

American University, 288

analyse,
  analyse bivariée, 102, 182, 225, 227, 229, 339, 347
  analyse de l'équilibre général calculable,
  analyse comparative, 18, 333
  analyse de la corrélation, 240, 242
  analyse transnationale, 206, 210
  analyse descriptive, 206
  analyse économétrique, 12, 15, 112, 131, 207, 210, 211, 317, 412
  analyse empirique, 192, 193, 202
  analyse de type Kuznets, 192
  analyse multivariée, 44, 183, 227, 229, 433
  analyse de « l'espace produit », 116-131
  analyse de régression, 11, 208, 368, 389
  analyse structurelle, 184

Angola,
  Production agricole, 35, 37, 39,
  conflit, 234
  effet redistributif de la politique fiscale, 179   politique fiscale, 172, 178, 179, 181, 185-187, 301, 310, 326
  développement humain, 258-260   flux illicites, 149, 150, 154
  inégalités, 59, 262-273, 365-370
  une des économies africaines ayant affiché la croissance la plus dynamique, 59 imposition progressive, 156, 164, 342
  rentes que génèrent les ressources naturelles, 449
  part des mines dans le PIB, indice synthétique de fécondité, 433-435

Ansar Dine, 240

antirétroviraux, 49, 421

Anyanwu, J, C., 3, 264

Appleton, S., 64

Areva, 151-153

Argentine,
  vrai coefficient de Gini, 373, 378, 384

Arndt, C., 379

Asadullah, M.N., 433

actifs détenus à l'étranger, 384 indice d'Atkinson sur l'inégalitén, 251 Atkinson, A., 171, 287

Atlas de la complexité économique, 112, 117, 124, 128, 131

Indicateurs de résilience et d'équité (Atlas of Social Protection-Indicators of Resilience and Equity - ASPIRE), 192, 197, 198, 204, 206

Australia,

augmentation des inégalités, 346 autocorrélation, 407

régimes autocratiques, 44, 53

Autor, D.H., 262

Auvinen, J., 243

Ayinde, O.E., 96

Bandara, A., 235, 275

Bangladesh, 77, 95, 306, 394, 421-433

Banque des règlements internationaux, 156, 377

Barrientos, A., 98, 195, 208

Barrows, W.L., 245

érosion de la base, 153

Batool, Z., 181

Becker, G.S., 161

Beegle, K., 111, 236, 237, 422

modèle comportemental du conflit, 245

Benfica, R., 109

enrichissement, 145

Bénin,
    développement humain, 258, 259 258 inégalités, 192-195, 258-263

protection sociale, 191-196

Berardi, N., 4 4

intersectoriel, 8, 10, 34-36, 41, 44, 392

Bhatti, A.A., 181

Bhorat, H., 12, 59, 74, 76, 238, 277, 340, 421

Bigsten, A., 64, 71

Binswanger, H.P., 92

Bircan, C., 247

bifurcation, 25, 34, 166, 389-401

bipartite, 113

Boko Haram, 240, 243, 246, 254

Bolivie

Bonini, A., 259

Bosnie-Herzégovine, accroissement des inégalités, 421

Botswana,
    transition démographique, 218, 219, 223, 431, 433
    éducation, 51, 52, 71, 73,75
        croissance et inégalités, 165   258
    part de revenu, 170, 335 développement industriel, 426
        inégalités et conflits, 235-243
    inégalités, 14-17, 33-39, 57-66, 210-220, 264, 265
    pauvreté, 223-230
    dépendance dépendance à l'égard des ressources
        naturelles, 138, 148
    protection sociale, 185, 190-193
    productivité totale des facteurs, 99, 103, 220

Boulier, L.B., 224, 230

Bourguignon, F., 4, 25, 46, 363, 389

bourgeoisie, 235, 243, 250

Boyce, J.K., 301, 377

Bratton, M., 70

Bravo-Ortega, C., 97 Brésil,

Brésil,
    Bolsa Familia, 154, 298
    transferts monétaires conditionnels, 201

Africa Learning Barometer du Centre pour l'éducation
    universelle, Brookings Institution, 262

Brück, T., 247

Brunnschweiler, C.N., 143

Bul r, A., 352

Bulte, E.H., 72, 142, 143

Burkina Faso,
    agriculture, 37-41, 47, 52, 83-88, 329, 338, 346, 347,
        405, 406
    inégalité de genre, 276, 342, 343   dépenses de santé
        par habitant, 337 développement humain, 258
    Inégalités de revenus, 16-24, 228, 333-342
    salaire minimum, 171, 375
    réduction de la pauvreté, 260, 271
    dynamique des prix, 378
    inégalités entre zones rurales et urbaines, 288
    programmes de protection sociale, 102, 191, 195, 196,
        204, 279, 350-353 changement structurel, 61
    ratio de compression des salaires, 171

Burundi,
    agriculture, 26, 83-85, 405, 406 source de conflit, 432
    nombre moyen d'années de scolarité, 51 rôle de la
        pauvreté dans les conflits, 242 population rurale,
        405,408
    indice synthétique de fécondité, 424, 431

Byerlee, D., 39, 85, 86, 88, 97

Cabo Verde,
    agriculture, 84, 85
    Conflit, 234-235
    transition démographique, 218-230, 349, 431
    industrialisation à, 412
    inégalités à, 25

Cameroun,
    agriculture, 35-41, 83-85
    fuite des capitaux, 377, 378, 411
    part de revenu, 170
    structure de la production, 422

protection sociale, 185, 190

Campante, F.R., 16, 224-226

Canada,
   augmentation des inégalités, 346

Canagarajah, S., 64, 79

Canning, D., 431,432

capitaux,
   fuite des capitaux, 306, 377, 378, 411, 438
   Intensité de capital, 136, 140, 145, 298, 306
   compte de capital, 50,51
   transfert de fonds, 39 impact de, 20,21, 181, 182, 187,
      192, 404
   dans les économies tributaires des ressources
      naturelles, 188
   transfert en nature, 195
   transfert, 165-166
   transferts en quasi-espèces, 342

Cassim, A., 191

Cederman, L.E., 245

Centre pour la paix systémique (CSP, 416

République centrafricaine,
   conflit, iv, 15, 234- 257, 263
   développement humain, 258, 259, 261, 263-271
   IDH ajusté aux inégalités (IHDI), 412
   inégalités, 16, 57-63, 225, 254-267

Cevik, S., 178, 180,182

Tchad,
   agriculture, 84, 86, 87, 329, 331
   conflit, 234-245
   flux financiers illicites, 146, 148
   inégalités, 224, 225, 227
   indice synthétique de fécondité, 424, 431

Chelwa, G., 13, 137

Cheong, C., 37

Chili,
   Fonds de stabilisation des prix du cuivre, 439
      diversification économique, 429
   exemple de richesse en ressources naturelles comme
      bénédiction, 143, 147
   diversification des exportations, 131
   croissance inclusive, 153, 155, 156
   inégalité dans le développement humain, 263
   corporations nationales du cuivre du Chili, 155
   tests standardisés de mathématiques et de sciences, 76

Chine,

coefficient de Gini, 165
   élasticité de la pauvreté par rapport à la croissance, 60,
      65
   développement des infrastructures, 427
   réforme foncière, 424, 432
   augmentation des inégalités, 346

Chotikapanich, D., 33

Christiaensen, L., 139, 340

Christian Aid, 42

Chuhan-Pole, P., 139, 340

changement climatique, 24, 39, 93, 107, 278, 279, 424,
   435

Collier, P., 32, 235, 243, 246, 249

agriculture commerciale, 29, 172

Comores,
   développement humain, 435-537 412
   inégalités, 16, 59, 227, 229, 253, 262-267
   protection sociale, 185, 190
   Programme détaillé de développement de l'agriculture
      africaine, 13

Équilibre général calculable, 96, 181

Conceição, P., 3, 421, 423

intensité de conflit, 251

Indice des prix à la consommation (IPC), 10, 312, 378, 379,
   416, convergence, 51

Cooke, E., 335, 338, 339, 341

Comité de coordination des forces armées, de la police et
   de l'armée territoriale (DERG), 310

Fonds de stabilisation des prix du cuivre, 439

Cornia, G.A., 8, 21, 25, 39, 44, 49, 52, 167172, 238, 286,
   291, 319, 323, 363, 373, 379, 389, 421, 436

Correa-Caro, C., 178, 180, 182

matrice de corrélation, 405

corruption, 19, 20, 21, 44, 53, 73, 84, 99-105, 144, 153,
   157,159, 171, 305, 333, 338, 404, 429,

Indice de perception de la corruption, 301

Côte d'Ivoire,
   conflit, 15, 16, 234, 235, 240, 242-244
   complexité économique, 112-114
   flux financiers, 146, 148, 149, 159, 279,
   Inégalités, 31-36
   Taux de pauvreté, 224-226
      protection sociale, 185,190,
   changement structurel, 212, 215

Cramer, C., 235, 237,243-246

asymétries de monnaie, 430

Damania, R., 72, 142

Dasgupta, P., 113, 130
base de données
Base de données Land Matrix, 39 Fondation Mo Ibrahim, 199
Base de données RIGA, 271
Base de données SPEED, 416
Ensemble de données mondial normalisé sur les inégalités de revenus (SWIID), 9, 172, 179, 182, 364
Base de données de la Division de la population des Nations Unies, 218-222
Base de données de la Division de statistique des Nations Unies, 336
Base de données POVCAL, 237, 366
Base de données des Indicateurs du développement dans le monde de la Banque mondiale, 99,139, 141, 142, 145 182, 194, 225
Ensemble de données mondial normalisé sur les inégalités de revenus, 9, 172, 178, 179, 182, 248, 264
Base de données mondiale sur l'éducation, 248
Base de données mondiale des plus hauts revenus (WTID), 374
Base de données mondiale sur la richesse et le revenu, 5
ensemble de données 178, 179, 182, 207, 248, 364, 367, 379, 384, 389-391, 404, 405, 440
Ensemble de données sur la liberté économique, 50
Ensemble de données intégrée sur l'inégalité en Afrique subsaharienne (IID-SSA), 8
Datt, G., 66, 95, 140
de Janvry, A., 85, 86, 88, 97
De la Croix, D., 15, 223, 224, 349
Deacon, R.T., 72, 142
Deaton, A.S., 15, 223, 273
République démocratique du Congo, 16, 17, 52, 53, 65, 86, 91, 99, 104-198, 205- 275, 378, 413, 431,
conflit, 168, 222, 234, 238, 241
industries extractives, 14, 47, 71, 342
marge budgétaire, 302, 342, 355, 412,
développement humain, 270, 271, 275
flux financiers illicites, 146, 149
part du revenu comme indicateur de l'inégalité
niveau de pauvreté, 139, 228
protection sociale, 213
désindustrialisation, 88, 213, 413
Démographique iv, v
dividende, 131, 216, 220, 229
facteurs, 389, 391, 398

croissance, 413, 415
pressions, 316
transition, 432, 433
tendances, 12, 204, 213, 216, 219, 227
Demombyne G., 64
Deotti, L., 21, 27, 291, 293, 301, 378, 379   1
décolonisation, 31
dépendence,
taux de dépendance, 308, 317, 318, 319, 320, 323 408
taux de dépendance des personnes âgées, 345, 349, 350
taux, 6-18, 433, 434, 435
Devarajan, S., 156, 159
Dhliwayo, R., 18, 235, 333
Diarra, B., 16, 235
discriminatoire, 32, 247, 254, 258, 263
urbanisation de détresse, 412
Institutions sociales, 263, 275-277, 436
normes sociales, 32, 222, 258 distribution, 277, 286, 289, 290, 298, 301, 302, 305
décile, 328, 365
terres égalitaires, 407,420
équitable, 67, 112, 261
fiscal, 278, 286, 287, 289, 326, 328, 338, 341, 345
interpersonnel, 53
non ethniques, 44
quintile, 303, 353, 365, 379, 380, 381 382
polarisé, 29
progressif, 173, 179
sectoriel, 10, 35
biaisé, 248, 258, 278, 292, 333, 413
salaire, 70, 74, 75
richesse, 13, 25, 378
intrasectoriel, 34
Distributive Analysis Stata Package (DASP), 297 effets distributifs, 294, 296,395
diversification, 119
risque, 30
économique, 64, 65, 85, 408
exportation, 110, 112, 113, 122, 123, 124, 126
sectoriel, 353
portefeuille, 356
Doepke, M., 15, 223, 224, 233
République dominicaine, 171, 214
taux de compression des salaires, 14, 19
dualisme, 14-99, 100-103

économie dualiste, 285

dualisme généralisé, 97

dualisme sectoriel, 97- 103

syndrome hollandais, 51, 72, 136, 145, 146, 164, 184, 401, 429

mariage précoce des enfants, 222

Vallée du Rift, en Afrique de l'Est, 143

Easterly, W., 159, 161, 168, 188, 244, 255

économétrique, 5, 7, 12, 15, 97, 112, 125, 206, 207, 209

complexité économique, 112, 113, 114, 115, 116, 118, 134

Économies d'échelle, 49, 411, 426

Economic Research and Social Foundation, 343

éducation,

formel, 28, 29

post-primaire, 75, 92

primaire, 92, 262, 302, 328, 340, 383

Taux net de scolarisation (TNS), 345, 358, 359

secondaire, 13, 18, 19, 51, 52, 54, 75, 99, 158, 164

tertiaire, 388, 412, 416, 439

technique, 77, 106

Égypte,

complexité économique, 112

industrie manufacturière, 112, 130, 277

dépenses publiques, 175-179

vecteur propre, 114, 179

élasticité de la demande, 106, 226

endogénéité, 248, 249, 406, 407

Loi d'Engel, 168, 228, 352

Facilité d'ajustement structurel renforcée (FASR), 299

Guinée équatoriale,

valeur ajoutée agricole, 423

transition démographique, 216, 218, 219

développement humain, 258, 260

inégalités, 367, 369, 370

dépendance à l'égard des ressources naturelles, 340

ressources naturelles, 164

Érythrée,

conflit, 234

dépenses publiques, 175, 176

Erten, B., 428, 429

Esteban, J., 245, 247, 250 2

Éthiopie,

Stratégie d'industrialisation fondée sur le développement agricole (ADLI), 309-424

agriculture, 26, 84, 95, 296-315, 405-410, 411

Central Statistical Agency of Ethiopia, 309, 311

Investissement direct étranger, 8, 11, 18

taux de pauvreté, 66, 226, 227, 231, 236, 237242, 368

Programmes de filets de protection sociale productifs (PSNp), 437

transferts de fonds, 44, 388, 389

dépenses de protection sociale, 15, 192-210

indice synthétique de fécondité, 424, 431, 433, 435

inégalités rurales, 56

inégalités urbaines, 310, 320

(FDRPE), 310, 313, 320, 326

Indice de polarisation ethnique, 249, 250 Euro-obligations, 141

Ewinyu, A., 191

industries extractives, 11, 14, 47, 66, 71, 72, 136, 137, 141-146, 153, 154, 158, 159, 355

et politiques fiscales, 330, 334, 341, 342

Initiative pour la transparence dans les industries extractives (ITIE), 144, 147, 153

services de vulgarisation, 28, 39, 90, 95, 105, 425

dotation en facteurs, 10, 116, 422

Famine, 191, 195, 291, 293, 301, 310, 327, 330

Fan, S., 95, 108, 147

intensification des exploitations, 89

Feeny, S., 440, 442

Fei, J.C.H., 93, 309, 331, 411

Ménages dirigés par une femme, 21, 96, 324, 329, 330

Ferreira, F., 52, 55, 59, 79, 197, 212, 363, 364, 385, 389, 412

fécondité,

et inégalités, 59

et urbanisation, 434, 435

taux de fécondité moyen, 15, 1216, 221

taux de renouvellement de la population, 221, 230

fertilité des sols, 293, 432

Indice synthétique de fécondité, 24, 47, 320, 349, 354, 358, 359, 424, 431, 433, 435

Fields, G.S., 317, 330

Firebaugh, G., 224, 227 Financement du développement, 166

FAI (finance, assurance, immobilier), 11, 36, 297, 298

fiscal,

décentralisation, 179, 187, 189, 326

déficit, 298, 300, 302, 314, 326, 430, 439

distribution, 156-159, 244, 277, 286, 289, 290, 302, 305,306, 326, 330 incitations, 313

incidence, 165, 166,177

instruments, 172, 178, 180, 231

paresse, 428, 430, 439

mauvaise gestion, 147

solde budgétaire global, 326

politique, 8,9, 11, 14, 55, 59, 71, 136, 137, 142, 144, 146, 148, 148, 150, 152, 153, 154, 156, 157, 159

efficacité de, 157, 178, 179, 184

combinaison de politiques, 157, 178, 179, 181, 184

puzzle, 306

politiques fiscales progressives, 136, 153, 180,

règles, 421, 428,

marge, 11, 43, 54, 131, 173, 176, 182, 183, 186, 187, 208, 210, 232

transferts, 286, 298, 299

estimateur des effets fixes, 126, 130

Organisation des Nations Unies pour l'alimentation et l'agriculture (FAO), 16, 55, 92, 99, 288, 425

prix alimentaires, 15, 93, 96, 310, 362, 378, 379, 380

Indice des prix des produits alimentaires (IPA), 10, 11, 312, 379, 390, 385, 400

sécurité alimentaire, 12, 22, 39, 85, 89, 90, 94, 102, 109, 158, 178, 279, 290, 291, 293, 327, 425, 432

secteur formel, 28, 30, 31

investissements directs étrangers (IDE), 16, 45, 155, 271, 301, 377, 388, 416

Liens/intégration en aval, 94, 95

Foster, A.D., 94, 95

Foster, J.E., 265

Fosu, A.K., 33, 50, 60, 66, 79, 140, 161, 340, 356

France,

compression des salaires, 165, 171, 355

Freedom House, 73

Gabon,

flux financiers, 355

politique fiscale, 171

développement humain, 269

flux financiers illicites, 148,149   140

pauvreté multidimensionnelle, 271

Gambie

conflit, 240

pauvreté multidimensionnel, 271

niveaux de pauvreté, 236

protection sociale, 190, 194, 195

Gebeyehu, Z.H., 30, 316, 321, 330

inégalité de genre (inégalités de genre), 17, 19, 20, 21, 77,

223, 258, 259, 273, 275, 276, 342, 343

indice des inégalités de genre 325, 326

inégalité de genre et autonomisation des femmes, 274, 275, 276

accélération de l'égalité de genre et autonomisation des femmes, 279

méthode des moments généralisée (GMM, 248, 406, 407, 408, 411

Ghana,

accès à l'éducation, 262

agriculture, 83, 337

transfert en espèces, 355

moteurs des inégalités de revenus, 333-359

efficacité distributive des politiques fiscales, 18, 164

inégalités de revenus, 1 8, 24, 28, 33, 42, 328-330

programme du revenu de subsistance contre la pauvreté, 350

taux national de pauvreté, 16, 223, 256

espace produit, 116-122

transferts de fonds, 45

Plan national d'assurance maladie, 350 ressources naturelles, 139, 140-149, 152-153, 155, 158-160

formule du partage de pouvoir, 255

inégalités entre zones rurales et urbaines, 288

politiques sociales, 51, 59

programmes de protection sociale, 102, 191, 195, 343,

Ghana Statistical Service (GSS), 356

coefficient de Gini, 69, 165, 168, 171, 182, 183, 186, 202-204, 207-209, 216, 225, 227, 228, 230, 231, 238, 241, 277, 284, 287-290, 296-299, 311, 312, 317, 323 , 324, 334, 335, 338, 341, 342, 345, 350, 352, 355, 358, 362, 364-367, 370-374, 375, 377, 384, 404, 413

indice de Gini, 33, 34, 204

pondéré par la population, 33, 34, 62, 72, 141

Gini non observable, 390

non pondéré, 9, 31, 370

Glencore, 146, 150

Mine de cuivre de Mopani (MCM), 150

crise financière mondiale,

impact de, 271

mondialisation, 149

Goesling, B., 224, 227, 233

Gollin, D., 85, 86, 87, 93, 99

Gouvernance, 148

gouvernance responsable et transparente, 136

secteur agricole, 105

défis, 73

relation croissance, pauvreté et inégalité, 59

impact de l'aide internationale, 46

impact de la dépendance à l'égard des ressources naturelles, 142

gouvernance foncière, 39

Tests de causalité de Granger, 248

Révolution verte, 39, 95, 306, 423-424, 425

Griffin, K., 98

Grimm, M., 39, 55, 293, 312, 330, 340, 352, 363, 371

formation brute de capital, 145, 146

Croissance,

Miracle de la croissance africaine, 112

accélération, 24, 47, 310

croissance agricole, 89, 95, 314, 353

croissance démographique, 54

croissance de l'entrepreneuriat, 216

croissance égalisatrice, 79,

croissance équitable et inclusive, 4, 93, 153, 155, 231, 277, 332

branche de la croissance, 420

divergence de la croissance, 228

élasticité des inégalités par rapport à la croissance, 422

élasticité de la pauvreté par rapport à la croissance, 4, 60, 63, 66, 96, 139, 166, 168, 340

transformation structurelle entraînant la croissance, 13, 112

lien entre croissance, pauvreté et inégalité, 4, 23, 53, 54, 57, 59, 61, 66, 323, 324, 325

élasticité de la protection sociale par rapport à la croissance, 193, 194 hétérogénéité des modèles de croissance, 392

croissance industrielle, 85, 97

interactions, 60, 73

croissance de l'emploi, 111

croissance riche en emplois, 168

liens, 59, 60

croissance à long terme, 4, 25, 53, 77, 168, 429, 434

croissance à long terme, 119, 122, 123

trajectoire (ou chemin), 13, 61, 202

schéma de croissance, 10, 12, 67, 388, 405 capacité de la croissance à réduire la pauvreté, 58, 340

productivité, 39, 332

relation, 59

croissance dépendante des ressources, 14 croissance rurale, 95

croissance à court terme, 428

source de croissance, 435

typologie de la croissance, 61

croissance urbaine, 95

croissance des salaires, 345, 346

Guerriero, M., 375, 386

Gugerty, M.K., 71

Guinée,

emplois agricole, 86

agriculture, 87, 89

valeur ajoutée agricole, 423

transition démographique, 216

Mise en œuvre de la Déclaration de Maputo, 91, 425

intensité des inégalités de revenus, 167

Gini terres, 27

réduction de la pauvreté, 230

progrès en matière de développement humain, 271

proportion de femmes employées dans l'agriculture, 100

économie riche en/tributaire des ressources naturelles, 69, 146

Guinée-Bissau,

valeur ajoutée agricole, 423 transition démographique, 216

indice de fragilité, 237

pauvreté, 237

augmentation de la pauvreté, 235

indice de sévérité, 169

Günther, I., 312, 330, 340, 352, 371, 375

Gurr, T.R., 2243, 245

Gyimah-Brempong, K., 55, 407

Hague, S., 335, 338, 340, 341

Modèle de Harris-Todaro, 29

Harris, J.R., 30

Harris, M.K., 245

Haughton, J.H., 180, 196

Hausmann, 112, 113, 114, 116, 117, 118, 119, 122, 124, 126, 118, 119, 121, 122

Hazell, P.B.R., 94, 95

Initiative en faveur des pays pauvres très endettés (PPTE), 11, 51, 302, 305

Modèle de Heckscher-Ohlin, 116

Herault, N., 96

Hidalgo, C.A., 113, 115, 116, 118, 121, 123, 125, 130, 134

Higgins, S., 326-329

VIH/sida, 21, 24, 49, 53, 149, 191, 262, 284-304 388, 403, 406, 407, 408, 413, 416, 421

Hoeffler, A.D., 55, 235

Hoogeveen, J.G.M., 64

Inégalités horizontales, 24, 31, 32, 71, 98, 245, 440

Enquête sur le budget des ménages (EBM), 4, 10, 363, 366, 371, 373, 374, 376, 384, 391

Enquêtes sur les revenus et les dépenses de consommation des ménages (Household Income and Consumption Expenditure Surveys - HICE), 310-313, 316-319, 322

Huber, J.D., 245, 246

Hulme, D., 195, 202

accumulation de capital humain, 15, 67, 77, 223

développement humain, 15, 74, 77, 235, 258, 260, 261, 262, 263, 264, 269

    et inégalités, 16

    obstacles au développement humain, 342

    financement du développement humain, 435

    développement humain et inégalité de genre, 15

    développement humain et cohésion sociale, 168

    branche du développement humain, 436

    Indice de développement humain (IDH), 17, 152, 258, 259, 269, 436

    paradigme du développement humain, 259, 260

    Rapport sur le développement humain (RDH), 233, 265, 276

    ajusté aux inégalités (IHDI), 4, 17, 259, 265

    développement humain durable, 261, 265, 276

théorie de la « bosse migratoire », 349, 402

transferts de revenus, 158, 231

terme d'erreur idiosyncrasique, 405

flux financiers illicites, 72, 146, 148, 149, 150, 159, 355

effet de, 143

Indice de la gouvernance africaine (IIAG), 192

indice de la fractionnalisation, 245

Inde,

    liens entre l'agriculture et l'industrie, 98

    impact de l'agriculture sur la réduction de la pauvreté, 87-89 impact distributif de la croissance, 94

    IDE, 299.

    indice des inégalités de genre, 77

    indice des biens, 300

    essor industriel, 426

    Loi de garantie de l'emploi rural national, 154

    petits propriétaires agricoles dans la commercialisation de leurs produits, 87

inégalité,

    et conflit, 16, 233, 235

    inégalités intersectorielles, 34, 35, 36, 41, 54

bifurcation, 389, 406 (voir bifurcation)

    inégalité de consommation, 9, 16, 20, 33, 35, 286, 289, 310, 311, 317-319, 379, 391, 392, 401

    effet des politiques de protection sociale, 178-197

    effets du VIH/sida, 53

    et ressources naturelles, 72

    effet des politiques fiscales, 72, 142, 153

    genre (voir inégalité de genre) horizontales, 244

    intensité des inégalités, 233

    intergénérationnelle, 429

    Ensemble de données intégrée sur l'inégalité en Afrique subsaharienne (IID-SSA), 364 (voir ensemble de données)

    multidimensionnelle, 436

    inégalités spatiales, 41, 315, 338

    statistiques synthétiques sur les inégalités, 365

    « vraies inégalités », 373

    inégalités au sein des pays, 388

    verticales, 234

taux de mortalité infantile, 216, 219

infiniment élastique, 44

secteur informel, 18, 19, 28, 30, 53, 74, 75, 88, 184, 192, 295, 296, 301, 306, 310, 326, 330, 372, 373, 396, 397, 411, 420, 423, 430, 431

urbain 35, 36, 41, 315, 411, 433, 434, 430

informalisation

de l'emploi, 29

    du marché du travail, 53, 276

    urbaine, 36

développement des infrastructures, 279, 353, 427

Institute for Economics and Peace (IEP), 245, 249

Enquêtes intégrées menées auprès des ménages, 287

Ensemble de données intégrée sur l'inégalité en Afrique subsaharienne (IID-SSA), 26, 33, 364, 384, 389, 440 (voir ensemble de données)

intégration

du marché, 92

    en amont/en aval, 95

    régionale, 277-278

mobilité intergénérationnelle, 4, 25, 263, 336,

pauvreté intergénérationnelle, 180, 226, 344

Groupe d'experts intergouvernemental sur l'évolution du climat, 39, 423

Fonds international de développement agricole (FIDA), 425

Organisation internationale du Travail (OIT), 42, 78, 171,188, 212, 280

Base de données de l'enquête sur la sécurité sociale, 192

Fonds monétaire international (FMI) et la Banque, 41
Union parlementaire internationale (UIP), 260
seuil international de pauvreté, 197, 334
Union international des télécommunications (UIT), 261
répartition du revenu au sein des ménages, 391
Isham, J., 146
en U inversé ( ), 18, 33, 34, 93, 94, 333, 334, 366, 370,
    399,
Japon,
    population vieillissante, 434
    réforme du secteur financier, 430
    déclin de la population, 434
    secteur financier et secteur des assurances, 430
Jenkins, S.P., 9, 367
Jensen, N., 143, 161, 201
Jones, N., 328
Jones, S., 379
Juma, C., 93
Kamwendo, E., 259
Kaplinsky, R., 49
Karshenas, M., 91
Kenya,
    agriculture, 87
    conflit, 16, 234, 249
    complexité économique, 112
    éducation, 71
    décentralisation fiscale, 179
    Programme d'enseignement primaire gratuit (FPE), 264
    inégalité de genre, 32,
    développement humain, 270 inégalité et part du travail,
        374
    inégalités, 32
    redistribution des terres, 37
    ressources naturelles, 141 taux de pauvreté, 237
    structure productive, 116
    protection sociale, 193 -195
    lien entre fiscalité et inégalité, 42 indice synthétique de
        fécondité, 424
    écarts de salaires, 170
Khan, H., 65, 140
Khandker, S.R., 179, 196
Kharas, H., 67
Kimenyi, M., 31, 440
King, R.G., 351
Kirkpatrick, C., 98
Klasen, S., 49, 370, 434

Klinger, B., 116, 117, 131
Kohli, H., 67
Tests de Kolmogorov-Smirmov, 61
Théorie/courbe de Kuznets, 94, 102, 165, 192, 230, 235,
    243, 289, 392
Kuznets, S., 191, 229
Kwengwere, P., 286, 289, 294, 299
    main-d'œuvre,
    absorption, 93, 438
    agricole, 87, 88, 91-99, 101, 102, 106, 107
    conflit et, 241, 249, 254
    évolution démographique et, 73, 74
    éducation et, 332, 333, 344, 435
    inégalité de genre et, 77, 223, 258, 259, 273, 276,
    main-d'œuvre familiale, 26
    travailleurs sans terre, 27
    participation au marché du travail, 10, 274,
    secteurs à haute intensité de main-d'œuvre, 36, 47, 51,
        53, 66, 70, 112, 140, 145, 216, 277, 295, 298, 315,
        317, 336, 350, 392 ; 394, 399, 401, 412, 422, 427
    ajustements du marché du travail, 223, 230
    souplesse du marché du travail, 216
    productivité de la main-d'œuvre, 93, 223, 224
        croissance de la population et, 411, 433
    prolétarisation, 286, 290
    main-d'œuvre qualifiée, 395
    surplus, 392, 430
    main-d'œuvre non qualifiée, 4, 47, 73, 430
    secteur informel urbain, 28
Lal, R., 333
Lambert, S., 263
Terre,
    accaparement des terres, 37, 39, 89
    régimes fonciers, 6, 9, 26, 27, 313, 391
    noblesse terrienne, 27
    Laski, Harold, iv,
Amérique latine et Asie, 74, 413, 440
Amérique latine et Caraïbes (LAC), 13, 65, 66, 76, 88, 89,
    90, 171, 175, 181, 217, 218, 220, 230, 236, 267, 269,
    364, 365, 371
Baromètre sur l'apprentissage de la Brookings Institution,
    76, 262
variable muette, 395
Lederman, D., 97, 131
Leite, P.G., 48, 322, 323, 324
Lele, U., 286, 290, 292
Lesotho,

agriculture, 87

genre, 87

inégalité et conflit, 241

inégalités, 96, 158, 224

fiscalité progressive, 175

transferts de fonds, 45

protection sociale, 177, 190

Lewis, W.A., 88, 93, 98, 101

Libéria,

agriculture, 36

développement humain, 271

concentration des terres, 97

dépenses de protection sociale, 192-199

Libye,

conflit, 234

inégalité de genre, 17, 77, 275

Lichbach, M.V., 235, 244

Ligon, E., 97

Lin, L., 95

Lindert, P.H., 99

Lipton, D., 172, 336

Lipton, M., 6, 41, 92, 98

Étude sur la mesure des niveaux de vie, 366

Logit, 248

Lopez-Calva, L.F., 265

Pays à faible revenu, 15, 45, 67, 73, 96, 124, 130, 131

Lusigi, A., 259

Lustig, 326-348

Étude du Luxembourg sur les revenus (LIS), 364, 367

équilibre macroéconomique, 420

politiques macroéconomiques, 20, 105, 277, 300, 399, 412, 427, 438

chocs macroéconomiques, 299

stabilité macroéconomique, 11, 165, 166, 168, 172, 273, 421

Madagascar,

emploi agricole, 75, 87

conflit et pauvreté, 237

dépenses consacrées à l'agriculture, 89 inégalités, 38, 370

irrigation des terres, 89

industrie manufacturière/structure productive, 116-117

structure de production, changements, 36

pauvreté, 12, 84, 226

dépenses de protection sociale, 192, 193, 195, 200, 203

Mahmud, W., 433

programme de culture du maïs, 38

Malawi,

agriculture, 26, 37-39

subventions à l'agriculture, 292

modèle de développement axé sur l'agriculture, 309

Agricultural Development and Marketing Corporation, 293

économie agraire dualiste, 17

Programme de subvention des intrants agricoles (FISP), 292, 303

politique fiscale, 301

Indice d'inégalité de genre, 77

Système des retraites publiques, 305 Révolution verte, 306, 423

Inégalités de revenus, 36-37, 238, 377 projet RIGA du Malawi, 285

Troisième enquête intégrées menées auprès des ménages du Malawi, 371

Mise en œuvre de la Déclaration de Maputo, 92, 425

rendement par travailleur, 86

pauvreté, 237, 260, 271

proportion de la population rurale, 405

dépenses publiques consacrées à l'éducation, 383

Programme d'alimentation en milieu scolaire, 305

Plan de transferts monétaires sociaux (SCTS) 304, 305

programmes de protection sociale, 28, 343

Programme Starter Pack, 284

Programmes d'ajustement structurel, 28, 287, 290, 292 299, 300, 304

Troisième enquête intégrée menée auprès des ménages, 372

taux de compression des salaires, 346

Malawian Economic Justice Network, 151

Malaysie,

Indice de gouvernance des ressources, 144

Marché émergent le plus performant, 115

Mali

agriculture au, 85, 425

conflit, 234

transition démographique, 216

éducation, 51

dépenses consacrées à l'agriculture, 91

inégalité de genre, 17, 77, 258, 273

indice de production agricole par habitant, 39, 424

inégalités, 363

Gini terres, 27

Mise en œuvre de la Déclaration de Maputo, 425

adoption du salaire minimum, 171

progrès en matière de développement humain, 259

indice de sévérité des inégalités, 170

ratio recettes fiscales/PIB, 438

indice synthétique de fécondité, 424, 431, 433, 435

piège malthusien, 424

économies à la frontière manufacturière, 115

accès aux marchés, 425

défaillances du marché, 172, 178

Martorano, B., 238, 255, 389, 396, 399, 400, 401, 402, 404, 405, 407, 409, 414.

Marzo, F., 4

Mauritanie,

    conception des Enquêtes sur le budget des ménages (EBM), 363

    inégalité, 170

    réduction de la pauvreté, 223

    Maurice,

    agriculture, 86

    emplois agricoles, 86

    conflit, 233

    transition démographique, 216, 218, 219, 431

    complexité économique, 112

    taux de fécondité, 15

    accès gratuit à des soins de santé, 152, 261,

    inégalité de genre, 17, 77

    inégalités de revenus, 37, 165

    irrigation des terres, 91

    inégalités de revenus/structure de la production, 422,

    protection sociale, 39, 170, 185, 190, 192, 194, 196

    productivité globale des facteurs, 99

Mayoral, L., 245, 246

McCall, L., 171

McGillivray, M., 442

McKay, A., 335, 338, 339, 340

McMillan, M., 62, 103, 104, 422

transferts monétaires ou soumis à des conditions de ressources, 175, 181

Mehlum, H., 142

Mellor, J.W., 93, 99

Mensah, E.J., 355

Méthode des réflexions, 113

Mexique,

    programmes de transferts monétaires conditionnels, 201

    réduction des écarts de salaires, 171, 223, 224

    Indice de gouvernance des ressources, 144

    marché le plus performant, 115

Classe moyenne, 11, 67,168, 170, 185, 228,404

Pays à revenu intermédiaire (PRI), 195, 385

Moyen-Orient et Afrique du Nord (MENA), 202,204, 206, 236

migration, 402, 411

    changement climatique et, 424

    détresse, 321, 329, 411, 412

    Révolution verte et, 423, 424, 425, 306

    Théorie de la « bosse migratoire », 349, 402

    internationale, 433

    au sein de l'Afrique subsaharienne, 433

    propriété foncière et, 288, 315, 424

    transferts de fonds et, 45, 388

    zones rurales-zones urbaines, 30, 41,72, 141, 289, 305, 330, 337, 338, 305, 306,

    405, 406

    urbanisation et, 53, 412

Ensemble de données All the Ginis de Milanovic, 364 (voir ensemble de données)

Objectifs du Millénaire pour le développement (OMD), 151, 277, 383

398, 421

Min, B., 245

Équation Mincer, 372

rentes minières, 36, 134

enclaves minières, 41, 52

Indice Mo Ibrahim, 198, 199, 208

Moene, K., 142

Møller, N.M.,47

Mongolie,

    Indice de gouvernance des ressources, 144

    transfert de la rentes issues des ressources naturelles aux citoyens, 158

Montalvo, J.G., 247

structures de marché monopolistes, 144,

Monténégro, 421

Morduch, J., 317

Maroc,

    agriculture, 99

    complexité économique, 115

    éducation, 89

    effet de la politique fiscale sur les inégalités, 179, 328

    marge budgétaire, 182

    inégalités de revenus, 25

    industrie manufacturière, 112

    pauvreté au, 235

    indice synthétique de fécondité, 424

Mouvement pour l'unité et le Jihad en Afrique de l'Ouest, 240

Mozambique
agriculture, 85, 87, 96
conflit, 234
impact distributif de la politique fiscale, 164
une des économies à la croissance la plus rapide en Afrique, 137
genre et représentation politique, 275
inégalités de genre, 77
développement humain, 17, 342, 351, 435
inégalités de revenus, 42, 260, 378
ressources naturelles, 139
dépendance à l'égard des ressources, 142
changement structurel, 70
taux de compression des salaires, 346

Mugisha, F., 217
Mukherjee, S., 16
multicollinéarité, 100, 248, 249, 397, 405
privation multidimensionnelle, 242
Indice de pauvreté multidimensionnelle, 241
Murphy, K.M., 168
Mussa, R., 292, 295, 301, 303, 378

Myanmar,
Indice de gouvernance des ressources, 144
part de l'industrie manufacturière, 394

Nafziger, E., 244
Naidoo, K., 12, 74, 237, 238, 340

Namibie,
agriculture, 87
conflit, 250
transition démographique, 16, 214, 433
éducation, 76
marge budgétaire, 173
inégalité de genre, 77
lien entre croissance, pauvreté et inégalité, 59
développement humain, 17, 263, 435
inégalités au, 31, 62, 170, 225, 237, 277
pauvreté au, 229
fiscalité progressive, 180
protection sociale, 180, 191, 196
productivité totale des facteurs, 99, 103

Naqvi, H.A., 181
National Academies Press (NAP), 223, 230
Systèmes nationaux de recherche agricole, 39
Bureau national de statistique (BNS), 366, 384
Loi de garantie de l'emploi rural national (NREGA), 191

rentes provenant des ressources naturelles, 143, 429
ressources naturelles,
comme moteurs de la croissance économique, 143, 144
impact sur les inégalités, 5, 44, 192, 203
dépendance à l'égard des, 60, 70, 72, 78, 200, 201, 208, 210
gestion, 94, 98, 105, 147, 159,
fiscalité, 21, 73

Ndikumana, L., 38, 42, 141, 142, 286, 357, 358, 407, 414
Ndulu, B.J., 45
théorie économique néoclassique, 42, 47, 150, 151, 301, 376, 377, 430
Népal, 421
Neuhaus, J., 18

Niger,
agriculture, 85, 86, 425
mauvaises récoltes, 27
conflit, 245
éducation, 51
taux de fécondité, 15, 86, 216, 221, 222 saisonnalité des prix des denrées alimentaires, 378
développement humain, 260
développement humain et inégalité de genre, 275
inégalité de revenus, 187
population ayant moins de 1 dollar/2 dollars par jour pour vivre, 147
assurance sociale, 42
indice synthétique de fécondité, 378, 424, 431

Nigéria,
agriculture au, 84
fuite des capitaux au, 378
conflit, 234, 243
changements démographiques, 74 efficacité de l'éducation, 77
politique de change, 439
une des économies à la croissance la plus rapide en Afrique, 59
taux de fécondité, 216, 221
marge budgétaire, 173
écart entre les hommes et les femmes dans la représentation politique, 275
flux illicites, 149
inégalités, 25, 35, 229
extraction minière et entreprises d'utilité publique, 69
économies tributaires du pétrole, 378
niveaux de pauvreté, 60
transferts de fonds, 45

inégalités entre zones rurales et zones urbaines, 94, 96, 411

part de l'extraction minière dans le PIB, 69

programmes de protection sociale, 191, 195

indice synthétique de fécondité, 18, 424   évolution des inégalités en forme de U, 33

écarts de salaires, 171

Nikiemea, A., 39

organisations non gouvernementales 191, 321, 433

effet non linéaire, 132

faible productivité agricole, 90

Cheong, C., 37

pratiques de culture minimale, 106, 107

Nordman, C., 32

Norvège,

régime de retraite mis en place par le secteur public, 432 producteur de pétrole et de gaz, 430 rémunération des parlementaires, 172

Indice de gouvernance des ressources, 144, 148

Ocampo, J.A., 413, 422, 428, 429, 439

Odusola, A., 3, 85, 87, 88, 89, 103, 165, 171, 172, 173, 178, 184, 217, 228, 235, 249, 333, 341, 344, 346, 347, 389, 421, 424, 425

Aide publique au développement (APD) 11, 19-20, 149, 173, 278, 302, 332, 349, 355, 358, 403, 406, 410, 413

structures oligopolistiques, 136 modèle à un facteur à effets aléatoires, 405

Un village, un produit (OVOP), 180

Indice du budget ouvert, 136

indice de valeur d'opportunité, 13, 119, 124, 126, 129, 134

Moindres carrés ordinaires (MCO), 207, 248, 250, 152

Organisation de coopération et de développement économiques

(OCDE), 13, 15, 75, 84, 88, 89, 92, 106, 123, 131, 150, 171, 181, 195, 200, 276, 304, 326, 328, 421, 422, 424, 429, 434

plans d'action concernant l'érosion de la base d'imposition et transfert de bénéfices, 153

et régimes commerciaux défavorables, 84, 92, 107

contribution de l'agriculture au PIB, 83 productivité agricole par travailleur, 12, 89 transferts de fonds, 175

délivrance et enregistrement des titres fonciers, 424 structure des exportations, 119

impact du programme d'assurance sociale, 14 part du revenu, 228

salaire des parlementaires, 171

Indice des institutions sociales et de genre (SIGI), 276

espace produit, 116

protection sociale, 191, 196

principes de l'OCDE applicables en matière de prix de transfert à l'intention des entreprises multinationales et des administrations fiscales, 150

taux de compression des salaires, 165

principes de l'OCDE applicables en matière de prix de transfert à l'intention des entreprises multinationales et des administrations fiscales, 150

Osei-Assibey, E., 338, 339, 342, 351

Østby, G., 245, 246

Ouedraogo, S., 338, 345, 350

Oxfam, 150, 154, 155, 159, 164

Oyejide, T.A., 92

Pakistan,

impact des politiques fiscales, 181 Indice d'inégalité de genre, 77

Révolution verte, 95

forte probabilité de conflit, 234, 239 utilisation des taxes à la vente/transferts, 181

parapublique, 293

dépendant de la trajectoire empruntée, 8, 13, 26, 60, 65, 71, 116-119, 124

patrimonialisme, 70, 333

Pauw, K., 301, 303

Paxson, C.H., 15, 223

compression des salaires, 165, 354

Pay As You Earn (PAYE), 342

Pension,

pensions de vieillesse, 42

programmes de pension non contributifs, 43

caisses de retraite publiques, 195, 305

par habitant,

production agricole par habitant, 39, 41, 42

culture de rente/production de maïs par habitant, 287, 292, 304

dépenses de consommation par habitant, 33, 277, 278, 366, 367

inégalité de consommation, 9, 20, 286, 310

revenu disponible par habitant, 392

dépenses de santé par habitant, 182, 186, 3 37, 348, 350, 358,

consommation des ménages par habitant, 9, 17, 20, 265, 288, 297, 310, 317, 367, 372, 385, 391, 392, 404-405 PIB/revenu/production par habitant, 10, 16, 26, 29, 30, 47, 94, 99, 102, 113, 115, 147, 171, 172, 208, 210,

222-224, 226, 230, 245, 251, 253, 288, 311, 350, 358, 363, 392, 394, 405, 406, 410, 424, 431, 433, 437

terres agricoles par habitant, 30

APD par habitant, 358, 359

montant moyen des transferts (par personne), 196, 197, 205-210

valeur ajoutée par habitant, 11, 394

Percheski, C., 171

continuum de développement centré sur les périphéries, 243

Pérou,

éviter la malédiction des ressources naturelles, 428

concentration de la croissance sur les secteurs axés sur l'exportation, 97 disparité des revenus (entre zones rurales et urbaines), 172, 96

Philippines,

sortir de la pauvreté, 94

Piesse, J., 95

Piketty, T., 77, 165, 170

Pillay, K., 191, 238, 255, 340

Pingali, P., 94, 95, 105

répression politique, 31

Political Instability Task Force (PITF), 248

population,

population adulte, 403

taux de dépendance, 331, 332, 408

vieillissement (de la population), 217, 219, 257

populations agricoles, 97

40 % les plus pauvres de la population, 6

personnes victimes de discrimination, 248, 253

dynamique, 217, 219, 285

croissance économique et, 15

population exclue, 253, 254, 249

taux de croissance, 5, 8, 14-19, 23, 26, 29, 36, 47, 48, 59, 74, 218, 219, 223, 225, 226, 228, 294, 320, 397, 411

liens entre les inégalités et la population, 15, 220

évolution nette de la population, 216 sur-population, 21

quintile le plus pauvre, 15, 177

branche de la population, 420

contrôle des naissance, 434

densité de la population, 92, 94, 285

croissance démographique et inégalité, 15, 16

population souffrant de privations multidimensionnelles sévères, 16, 259, 260

en dessous du seuil de pauvreté, 65, 88, 90, 236, 315

pression démographique, 53, 54, 294, 321, 329

coefficient de Gini pondéré par la population, 33, 34, 36, 60, 69

population démunie, 251, 252

taux de renouvellement de la population, 221, 229, 230

population rurale, 51, 101, 291, 315, 337, 338, 396, 405, 407, 408, 411

population des bidonvilles, 261

structure, 216, 217

population ciblée, 190, 201

population urbaine, 30, 87, 231, 261, 294, 321, 337, 388, 397, 408, 430, 434

politiques vertueuses en matière de population, 412   population vulnérable, 426

population en âge de travailler, 42, 74, 216, 220, 221, 224, 225, 432

les plus jeunes/les jeunes, 224, 225 Programme de développement pour l'après-2015 (voir Objectifs de développement durable)

évaluation et gestion post-récolte, 105 PovcalNet (voir base de données)

élasticité de la réduction de la pauvreté par rapport à la croissance, 4, 25, 36, 47, 411, 422

élasticité de la pauvreté par rapport à l'agriculture, 95

capacité de la croissance à réduire la pauvreté, 58, 65, 66, 112, 340, 341

tertiarisation prématurée, 53

prix

prix des produits (agriculture), 10

prix de référence, 150

prix des cultures de rente, 44

prix constants, 90

Indice des prix à la consommation (IPC), 10, 312, 378, 379, 316

prix et volumes d'exportation, 44

Indice des prix des produits alimentaires (IPA), 10, 11, 312, 379, 380, 385, 400

subventions qui entraînent des distorsions de prix, 92

prix des produits de base/ boom, 19, 155, 193, 200, 271, 395, 429

prix saisonniers, 378

rapport entre les prix des biens échangeables et des biens non échangeables, 41

primarisation, 429, 439 (voir reprimarisation)

produits primaires, 117, 118, 119, 131

multidimensionnelles sévères, 16

en dessous du seuil de pauvreté, 101, 236, 315

pression démographique, 53, 54, 294, 321, 329

population démunie, 251

taux de renouvellement de la population, 221, 230

population rurale, 52, 101, 291, 315, 337, 338, 396, 405- 411

population des bidonvilles, 261

structure, 290-296

population ciblée, 43

population urbaine, 30, 87, 216, 294, 321, 336, 338, 397, 408, 430, 434

politiques vertueuses en matière de population, 412

population en âge de travailler, 42, 74, 220, 221, 225, 432

les plus jeunes/les jeunes, 224, 275, 278 Programme de développement pour l'après-2015 (voir Objectifs de développement durable), 188, 389

capacité de la croissance à réduire la pauvreté, 58

tertiarisation prématurée, 53

prix

prix des produits (agriculture), 11, 19, 20

prix des cultures de rente, 44, 394

Indice des prix à la consommation (IPC), 10, 11, 301, 312, 378, 379, 380, 381, 382, 400

prix et des volumes d'exportation, 44

Indice des prix des produits alimentaires (IPA), 11, 312, 379, 380, 385, 400

subventions qui entraînent des distorsions de prix, 92

prix des produits de base/ boom, 19, 155, 193, 200, 271, 429, 430

prix saisonniers, 92

rapport entre les prix des biens échangeables et des biens non échangeables, 41

primarisation, 429 (voir reprimarisation)

produits primaires, 117-119, 131, 341, 353

Indice de complexité du produit, 113, 122

espace produit, 116

capacités productives, 13, 116-124, 126, 131

productivité,

agricole, 6, 12, 13, 19, 36, 84, 89, 90, 91, 94, 294, 308, 309, 332, 346, 347, 353, 424

capital, 306, 315

secteur à forte productivité, 286

secteur formel, 351, 397

main-d'œuvre, 216, 217, 308, 309

terres, 286, 289, 290, 308, 411

faible productivité agricole, 90, 308, 309

par travailleur, 12, 19, 84, 86, 89, 90, 91, 99, 100, 340, 424

révolution de la productivité, 94

transferts de fonds, 45, 332, 388

productivité globale des facteurs, 13, 99, 100-129

prolétariat, 235, propension à économiser, 168

dépenses publiques favorables aux pauvres, 328

réglementation prudentielle, 430

Pryor, F., 287, 289, 290, 291

biens publics, 4, 7, 31, 72, 146, 168, 426

Partenariats public-privé, 428

Parité du pouvoir d'achat (PPP), 236

Rangarajan, C., 95

Ranis, G., 93, 102, 309, 411

Modèle de Ranis-Fei, 411

Rao, V.M., 296, 297, 298, 317, 319

Ratha, D., 45, 46, 402

théorie de l'action rationnelle, 250

Ravallion, M., 59, 66, 88, 95, 139, 140, 263, 374

Ray, D., 245, 247, 250

Taux de change effectif réel (TCER), 41, 50, 53, 400, 401, 406, 408, 409, 410, 412, 417, 427

Reeves, W., 217

Regassa, N., 316,

intégration régionale 97, 279, 428

théorie de la privation relative, 243 Indice de polarisation religieuse, 249

transferts de fonds, 8, 11, 19, 24, 45, 46, 332, 388, 389

écarts de flux d'envois (RID), 377 reprimarisation, 51, 395, 442, 429, 439

République démocratique du Congo, agriculture, 85

flux illicites, 148-150

développement humain, 259, 260, 262, 277, 435

Mise en œuvre de la Déclaration de Maputo, 91

ratio des recettes au PIB, 14
indice synthétique de fécondité, 424
dépendance à l'égard des ressources, 137, 199, 208-210, 340
recherche et développement (R&D), 95, 96, 105, 106, 107
malédiction des ressources naturelles, 8, 184, 428
enclave riche en ressources, 28
Indice de gouvernance des ressources, 144
Reuters, 151, 152
Reynal-Querol, M., 247
Ringler, C., 39, 423
Rio Tinto, 146
Robinson, J.A., 70, 71, 142, 143, 422
Rodrik, D., 6, 67, 70, 111, 112, 151, 392, 422
Rojas-Suarez, L., 430
crédit, 180
Rooney, C., 111
Rosenzweig, M.R., 94, 95
taux de redevance, 152

Rwanda,
emploi agricole, 75, 87, 102, 321
éducation, nombre moyen d'années de scolarité, 51
développement humain, 259, 260-277, 435
inégalités, 165, 262
pénurie de terres, 432
programmes de protection sociale, 102, 191
Théorème de Rybczynski, 116
Sabo, I., 333
Sachs, J.D., 2, 28
Sadoulet, E., 85, 86, 88, 97
Sala-i-Martin, X., 33, 138
Salotti, S., 1179, 181, 182
Salvucci, V.,379
Sanchez, A., 48, 322
Sanchez, B., 223
Sanoh, A., 139, 340
Sao Tomé-et-Principe,
inégalité, 165
test de Sargan des restrictions d'identification, 407
Sassi, M., 291, 293, 301
Savoia, A., 433
Schultz, T.P., 224

Schultz, T.W., 93, 98
Seconde Guerre Mondiale, 137
dualisme sectoriel, (voir dualisme) 97, 99, 100, 102
valeur ajoutée sectorielle, 395
secteur secondaire, 68
emploi indépendant, 68, 71
Sénégal,
agriculture, 37, 85, 87, 93, 423
conflit, 235
concentration des terres, 290
éducation des parents (impact sur les inégalités), 262
inégalités, 33-44
transferts de fonds, 52, 45, 46, 332
protection sociale, 191, 193, 196, 197, 199
sept erreurs de mesure qui faussent, 345-366 Seychelles,
agriculture, 85, 423
conflit en, 236, 245
transition démographique, 16, 218, 223, 225, 227, 229, 230, 349, 431, 432
politiques fiscales, 330
Investissement direct étranger, 321
développement humain, 259
ratio des recettes au PIB, 14
productivité totale des facteurs, 11, 94
Shimeles, A., 64, 71, 327
chocs,
exogènes, 11, 26, 53, 292, 392, 405, 409
sanitaires, 8, 78, 388
revenu, 26
internes, 191
macro-économiques, 194, 208
Sicular, T., 317
Sierra Leone,
agriculture, 85, 423
développement humain, 17, 258
inégalités, 165, 235, 262
rentes (générées par les ressources naturelles), 429, 439
dépenses de protection sociale, 193, 196, 203
prime à la compétence, 305, 395, 412,
services à forte intensité de compétences, 36
commerce des esclaves, 71
Smidt, M., 239, 249

Matrice de comptabilité sociale, 414

exclusion sociale, 335

Indice des institutions sociales et de genre (SIGI), 261

espace produit, 116

protection sociale, 345, 350, 351, 355, 399, 420, 431, 436, 437

    et politique fiscale, 165, 178, 179, 301, 326

Protection sociale et travail, 17

Solt, F., 178

Somalie,

    conflit, 235, 236, 237, 244

    taux de fécondité, 431

    marge budgétaire, 302 Afrique du Sud, agriculture au, 85, 423

    transferts de fonds, 332, 388

    conflit, 235

    transition démographique, 16, 19, 97, 218, 219

    éducation, qualité, 71

    inégalités ethniques, 31

    taux de fécondité, 431

    marge budgétaire, 302

    Investissement direct étranger, 321

    VIH/sida, 262

    développement humain, 259

    flux financiers illicites, 148

    distribution des terres, 313

    industrie manufacturière, 112

    migration, 284

    indice de valeur d'opportunité, 119

    réduction de la pauvreté, 346

    fiscalité progressive, 14

    réindustrialiser, 426

    transferts de fonds, 45

    dépendance vis-à-vis des ressources naturelles et inégalité, 141

    protection sociale, 14-36, 158-196, 399

    transformation structurelle, 79

    ratio des recettes au PIB, 14 productivité globale des facteurs, 13, 99, 103

    Soudan du Sud,

    agriculture, 85, 423

    conflit en, 236, 245, 264, 404

      Sri Lanka, 421

  Ssewanyana, N.S., 64

  Classification type pour le commerce international (CTCI), 118

Ensemble de données mondial normalisé sur les inégalités (SWIID), 9, 178 (voir base de données/ensemble de données)

hypothèses statistiques, 371

Stanwix, B., 137

Steenkamp, F., 111, 191

Stewart, F., 6, 21, 31, 32, 44, 71, 98, 246, 247, 265

Stiglitz, J., 165, 168, 165

Programmes d'ajustement structurel, (PAS), 29 91, 191, 290, 292, 299, 300

    impact, 44

effet structurel, 296

transformation structurelle, 13, 17, 67, 69, 70, 112, 321

Subramanian, A., 138

subsistance,

    agriculture, 26, 28, 29, 52 54, 70, 260

    secteur,28,41

     Soudan,

     agriculture, 85, 423

     conflit en, 234, 235, 264, 440

      marge budgétaire, 302

Sundberg, M., 46

Suriname, 171

conception des enquêtes, 10, 371

Objectifs de développement durable (ODD), 5, 19, 20, 25, 87, 151, 166, 168, 217, 278, 279

Swaziland, éducation, 258

    réduction de la pauvreté, 223, 230, 237

    protection sociale, 191, 193, 196, 197, 198, 205

Swearingen, M., 247

estimateur de la méthode GMM, 405

Szekely, M., 265

Taffa, N.,

Tanzanie,262

    agriculture, 346, 423

    moteurs des inégalité, 333-339-337

    taux de fécondité, 15, 16, 86, 216

    incidence fiscale, 184

    inégalité de genre, 258 services de santé, 261, 263

    développement humain, 256, 257

    inégalités de revenu, 262

    inégalités, 33, 55

    industrie manufacturière, 116, 117

taux de pauvreté, 17, 59

Programme de filets de protection sociale productifs, 333

transferts de fonds, 337

ressources (gaz naturel), 135

inégalités entre zones rurales et urbaines, 320

programmes de protection sociale, 333-334

tarif,

tarifs moyens, 16, 285, 380, 381

droits d'importation, 45, 84, 284, 391

barrières tarifaires et non tarifaires, 16, 84, 97, 403

progressivité des droits de douane, 84, 425

crêtes tarifaires, 93

agricole, 85, 87, 98, 100, 314, 315

éviter l'imposition, 151, 152

avantages fiscaux, 151

fardeau fiscal, 156, 332

exonérations fiscales, 173

évasion, 72, 146, 153, 173, 179, 373

leviers, 184, 185

paradis, 47, 151, 376, 377

incitations, 146, 151154, 168, 185

taux d'imposition marginaux, 164, 150

multinationales, 146, 150

recettes non fiscales, 31, 173

politique, 42, 165, 419

progressif, 31, 42, 44, 72, 156, 160, 166, 175, 178, 179, 182, 303, 310, 346, 383, 385, 407

effet redistributif, 175, 178, 179, 182, 303, 310, 346, 383, 385, 407

régressif, 14, 31, 165, 180, 185, 186, 328

recettes, 14, 31, 147, 151, 152, 153, 155, 156, 159

règles, 153

ventes, 181-184

Enseignement et formation techniques et professionnels (EFTP), 77

technologie,

impact, 100, 404, 405

technologie fondée sur la recherche scientifique, 94

réformes du régime d'occupation foncière (réformes du régime d'occupation des terres), 395

Teorell, J., 301, 416

termes de l'échange, 44, 92, 287, 289, 292, 395 401, 408

secteur tertiaire des services, 68

tertiarisation, 36, 53, 394, 395

Thaïlande,

politiques redistributives (ciblant les zones rurales), 180

marchés émergents les plus performants, 115

Thomas, S., 77

Thorat, S., 95

Thurlow, J., 96

données chronologiques, 60

Todaro, M.R.,

30 Togo,

agriculture, 85

développement humain, 259, 260

inégalités, 167, 191, 202, 235, 236

protection sociale, 191

compression des salaires, 355

Torvik, R., 142, 143

productivité globale des facteurs, 103, 104, 106, 127

Townsend, R.F., 92

libéralisation du commerce, 299, 300, 401, 412, 413

régimes commerciaux défavorables, 107

transferts,

régressifs, 31

assurance sociale, 42

canaux de transmission (mécanismes de transmission), 94, 180

Trecroci, C., 181, 182

vrai coefficient de Gini, 365

Tschirley, D.L., 96

Tsukada, R., 403

Tunisie,

agriculture, 87

complexité économique, 107, 112

accès gratuit à des soins de santé (services de santé essentiels gratuits), 152

inégalité de genre, 17,77, 273

industrie manufacturière, 112, 230

Taux de pauvreté,197, 199

protection sociale, 191, 197

productivité globale des facteurs, 103

Turquie, 76, 115

modèle à deux facteurs croisés à effets aléatoires, 405

en forme de U,

relation entre développement et inégalité, 102

inégalités en forme de U inversé, 22, 24,

334

  modèle, 422

  tendance, 137, 163

  Ouganda,

  agriculture, 85, 423

  inégalités, 31-34, 44

  industrie manufacturière en, 112, 230, 277

  croissance démographique, 48

  espace produit, 117

  transferts de fonds, 45

  population rurale, 101, 291

  dépenses de protection sociale, 193, 196

  données de panel, 248

Nations Unies (ONU), 77, 151, 152, 168, 201, 261, 269

Fonds des Nations Unies pour l'enfance (UNICEF), 182, 225

Conférence des Nations Unies sur le commerce et le développement
  (CNUCED), 31, 43

Département des affaires économiques et
  sociales de l'ONU (DAES), 265, 269, 285,
  294, 309

Programme des Nations Unies pour le développement (PNUD), 6, 8, 10, 77, 78, 87, 89, 219, 259, 260, 261, 264, 265, 268, 310-423
  312, 325, 326, 327, 369, 400, 401, 406, 411, 413

  Addis-Abeba, 2311, 315

  Indice d'inégalité de genre, 70, 259, 261

  Rapport sur le développement humain, 4, 265, 276

  développement (PNUD) en Éthiopie, 304, 309, 312, 326

Bureau régional pour l'Afrique du Programme des
  Nations Unies pour le développement (RBA), 7, 18, 23, 346, 349, 350

Commission économique d7, 115 es Nations Unies
  pour l'Afrique (CEA), 260, 337

Organisation des Nations Unies pour l'éducation, la science et la culture (UNESCO), 152,
  344, 345

Institut de statistique de l'UNESCO,
75 Assemblée générale des Nations
Unies, 166

Organisation des Nations Unies pour le développement industriel (ONUDI), 90

Programme des Nations Unies pour les établissements
humains (ONU-Habitat), 261 Université des Nations

Unies (UNU-WIDER, 4, 62, 63
  Base de données WIIDv3.0b de l'UNU-WIDER, 9, 63, 178, 182, 248, 364, 389

République-Unie de Tanzanie (voir Tanzanie)

États-Unis d'Amérique (É-U), 45, 173
  Indice de développement humain ajusté aux inégalités (IHDI), 265

  transferts de fonds, 45

  inégalité de salaires et pertes
d'emploi, 328

  université de l'Illinois (USA), 248

parti pris urbain, 8, 86, 91, 107

Uruguay, 373

création de valeur ajoutée, 282, 284, 285, 295, 402, 405, 406, 410, 427, 429, 430

taxe sur la valeur ajoutée, 31, 175, 180, 185

chaînes de valeur, 12, 19, 85, 92, 106, 347, 353, 354

facteur d'inflation de la variance, 103, 208, 249

Van de Walle, D., 263

Van de Walle, N., 70, 71

van der Geest, W., 28

van der Hoeven, R., 28 Vanhanen, T., 404, 405

Verdier, T., 142, 143

Verduzco-Gallo, I., 70

cercle vicieux, 235

Vietnam (Viet Nam), 135, 214, 316, 426
  industrialisation à, 412

  redistribution des terres, 313

Vigdor, J.L., 71

extrémisme violent, 240, 440

Voitchovsky, S., 4

Vothknecht, M., 247

Wabiri, N., 262

salaire,
  taux de compression, 14, 19, 346

  impact de la transition démographique, 349 différentiel, 223

  distribution, 67, 337

  emploi, 67-74, 288, 289

  équilibre, 93

  écarts, 167

  croissance, 335

  inégalités, 449, 51, 53, 54, 332-335

  salaires faibles, 91

  minimum, 345, 355

  non agricole, 86, 293, 295

  secteur des ressources naturelles, 143

  politique, 341

préférentiel, 28

prime, 148

salaire réel, 93

rural, 28, 87, 94, 99, 278, 285

qualifié, 413, 430

social, 386

structure, 14, 333

non qualifié, 223, 293, 395

urbain, 289

taux de salaire, 412

compression des salaires, 14, 19, 165, 171, 355 (voire compression salariale)

Wantchekon, L., 201

intensité de la guerre, 388, 404, 406 408, 409, 416

Warner, A.M., 28

Concensus de Washington, 166, 439

Wetta, C., 39

Williamson, J.G., 99

Wimmer, A., 99, 357

Inégalités intrasectorielles, 34,35, 36,41

Woldehanna, T., 311, 313, 328

Wolff, F.C., 32

Wolman, A.L., 351

Workie, Y., 217

base de données de la Banque mondiale sur la répartition des revenus dans le monde (I2D2), (I2D2), (voir base de données)

PovcalNet, (voir base de données) seuil de pauvreté standard, 197

Indicateurs du développement dans le monde (voir base de données), 62-64, 69, 99

Forum économique mondial, 217.

Indicateurs de gouvernance mondiaux (WGI), 148-149

Base de données mondiale sur les inégalités de revenus (WIID), (voir base de données), 364

Organisation mondiale du commerce (OMC), 306

xénophobie, 294

Jeunesse,

jeunes sans emploi, 217

explosion démographique de la jeunesse, v

taux de dépendance des jeunes, 320, 431 chômage des jeunes, 111 taux d'alphabétisme des jeunes, 147

population jeune, 354

chômage des jeunes, 111

Yu, J., 220

Zagonari, F., 49, 403

Zahler, A., 132

Zambie,

accès aux soins de soins, 262 agriculture, 86, 87, 91-96

programme zambien d'allocations sans conditions axé sur les enfants, 158 conflit et, 16, 21

complexité économique, 114-118

inégalité de genre, 77

développement humain, 259-265

inégalités, 153-169, 225-274

industrie manufacturière, 112

salaires minimum, 171

extraction minière et services utilité publique, 36-39, 353, 355

Taux de pauvreté, 225-227, 231, 236

richesse en ressources naturelles, 84, 150-155

dépenses de protection sociale, 193, 196, 202

lien entre fiscalité et inégalité, 42 évolution des inégalités en forme de U, 334 Zambian Consolidated Copper Mines, 150

Zimbabwe,

agriculture, 86

acquisitions obligatoires (de terres), 37

Éducation, nombre moyen d'années de scolarité a augmenté, 51

dépenses consacrées à l'agriculture, 91-93 écart entre les hommes et les femmes dans la représentation politique, 275 flux illicites, 149-150

industrie manufacturière, 112, 230

pauvreté rurale, 12, 84, 85

lien entre fiscalité et inégalité, 42

Zucman, G., 146